GUSTAV TEICHMÜLLER

# GESAMMELTE SCHRIFTEN

KOMMENTIERTE AUSGABE

HERAUSGEGEBEN VON

HEINER SCHWENKE

BAND 3



SCHWABE VERLAG BASEL

GUSTAV TEICHMÜLLER

# NEUE GRUNDLEGUNG DER PSYCHOLOGIE UND LOGIK

NACH DER POSTUMEN AUSGABE VON JAKOB OHSE

NEU HERAUSGEGEBEN VON HEINER SCHWENKE

SCHWABE VERLAG BASEL

Publiziert mit Unterstützung des Schweizerischen Nationalfonds zur Förderung der wissenschaftlichen Forschung und der Freiwilligen Akademischen Gesellschaft Basel
Gedruckt mit Unterstützung der Berta Hess-Cohn Stiftung, Basel


Umschlaggestaltung: Atelier Mühlberg, Basel
Gesamtherstellung: Schwabe AG, Basel, Schweiz
Printed in Switzerland
ISBN 978-3-7965-3245-0

rights@schwabe.ch
www.schwabeverlag.ch

# Vorwort zum Band

Im Jahr 1990 sah ich die Bibliothek des Philosophischen Seminars der Universität Freiburg im Breisgau nach Büchern mit Bezug zum Leib-Seele-Problem durch. Die Möglichkeiten elektronischer Recherche waren noch sehr begrenzt. Auch gab es keine umfassenden Abstract-Bände wie in den Naturwissenschaften. Daher ging ich die Regalbretter eines nach dem anderen durch. Dabei zog ich eines Tages ein Buch mit schwarzem Bibliothekseinband aus dem Regal. Der Autor war mir unbekannt, aber beim Überfliegen des Inhaltsverzeichnisses dieser *Neuen Grundlegung der Psychologie und Logik* fiel mir die Überschrift «Die Prädicate Wahr und Falsch sind auf das Bewusstsein nicht anwendbar» auf. Sie erinnerte mich an Gottlob Freges Aufsatz *Der Gedanke – Eine Logische Untersuchung* von 1918. Auch die im Buch vertretene Auffassung, dass Vorstellungen, Gefühle und Empfindungen nicht für sich existieren, sondern immer einem Ich zugehören, spielte in Freges Aufsatz eine wichtige Rolle. Zudem war der Stil des Autors sehr anregend. Hermann Lotze schrieb einmal darüber bei der Besprechung eines früheren Werkes: «[S]eine Methode der Darstellung, sie ist allerdings ein gedrucktes Gespräch, würde ich nicht geändert wünschen; sie ist nie langweilig und nie durch jene vornehme Unklarheit ermüdend, die so oft zu Vorschein kommt, wenn es sich darum handelt, einem Philosophen seine 'Stellung in der Geschichte' anzuweisen; sie ist vielmehr durch die Mannigfaltigkeit der zur Vergleichung herbeigezogenen Gedankenstoffe überall spannend und unterhaltend» (Göttingische gelehrte Anzeigen [1876] 460). Der erste flüchtige Blick in die *Neue Grundlegung der Psychologie und Logik* genügte jedenfalls, um eine nachhaltige Beschäftigung mit Teichmüller anzustoßen, die schließlich zur vorliegenden Edition führte.

Obwohl die *Neue Grundlegung* von Teichmüller nicht mehr abschließend überarbeitet werden konnte, erscheint in ihr sein Personalismus in reifster Gestalt. Das Kapitel über das Ich darf als einer der bedeutendsten Texte des Personalismus gelten. Systematisch bedeutsam ist auch das erste Kapitel über Bewusstsein und Erkenntnis. Für Teichmüller bestand Erkenntnis in einem notwendigen, kohärenten System der Gedanken. Dabei bleibt allerdings die Frage nach dem Wirklichkeitskontakt des Denkens unbeantwortet. Um diesen Mangel zu beheben, führte er mit seinem Bewusstseinsbegriff ein direkt-realistisches Element in sein System ein. Der direkte Realismus war in der Erkenntnistheorie lange Zeit eine Randerscheinung, wird aber seit den 1990er Jahren wieder ernsthaft in Erwägung gezogen, um das Problem des mentalen Zugangs zur Welt zu lösen.

Für seine Hilfe beim Abgleich der postum von Jakob Ohse herausgegebenen Erstausgabe der *Neuen Grundlegung* mit Teichmüllers Manuskript danke ich Nico Fehlbaum.

Basel, im Herbst 2014 Heiner Schwenke

# Inhalt

Ich will Jedermanns Schüler sein; aber ich kenne keinen Meister.

*Gustav Teichmüller an Adolf Lasson am 10. Juni 1887, Nachlass B 1661*

# Einleitung des Herausgebers

Teichmüllers *Neue Grundlegung der Psychologie und Logik* ist das dritte und wegen seines verfrühten Todes auch letzte seiner 'speculativen' Hauptwerke. Es ist sein letztes Buch überhaupt und nicht ganz vollendet. Verfasst wurde es im Wesentlichen 1887, herausgegeben 1889, ein Jahr nach seinem Tod, von seinem Schüler und Nachfolger auf dem Philosophielehrstuhl in Dorpat/Tartu, Jakob Ohse.[1] Bei der Herausgabe, die bis auf wenige kleinere Stellen streng dem Manuskript folgt, wirkte Teichmüllers Witwe Caroline Teichmüller(-Cramer)[2] intensiv mit.[3] Sie erstellte auch den Index.

Teichmüller charakterisiert das Buch als «Band speculat⟨iver⟩ Erörterungen über die Grundbegriffe meiner Philos⟨ophie⟩».[4] Mit dem großen Kapitel über das Ich (NGPL 147–236) enthält es einen der Gründungstexte des philosophischen Personalismus. Darin wird 'Personalismus' anscheinend zum ersten Mal im Bereich der deutschsprachigen Philosophie zur Selbstbezeichnung eines philosophischen Systems verwendet (NGPL 156–157).[5] Wahrscheinlich ist seine Philosophie das erste

1 Jakob Ohse (1860–1919) gilt als der erste akademisch ausgebildete lettische Philosoph. Er war Teichmüllers Nachfolger in Dorpat/Tartu und lehrte dort von 1889 bis 1918 Philosophie (siehe Hain Tankler, Algo Rämmer: Tartu University and Latvia [Tartu 2004] 44).

2 Caroline Cramer wurde 1844 in Joala bei Narwa (Narva) in Estland geboren, heiratete Gustav Teichmüller 1866, hatte mit ihm sieben gemeinsame Kinder und starb 1894 in Jena.

3 Aufschlussreich für ihre Rolle in der Edition ist ein an sie gerichteter Brief von Jakob Ohse von Ende Juli oder Anfang August 1888 (Nachlass BF 4z): «Im Korrekturbogen habe ich an ein paar Stellen mit Bleifeder meine Meinung angedeutet u. überlasse Ihnen die Entscheidung. Die Seitenüberschriften habe ich bis S. 261 deshalb nicht hingesetzt, weil ich nicht absolut sicher den Wortlaut kenne, von S. 263 an müßten wir, glaube ich einfach 'neue Def. der Erk.' drucken lassen. Ich bitte Sie, die Überschriften hinzuzufügen.»

4 Brief an Edmund Pfleiderer vom 29. Juli 1887 (Nachlass B 2318). Edmund Pfleiderer (1842–1902), Bruder des Theologen Otto Pfleiderer, war ab 1873 Professor für Philosophie in Kiel, ab 1877 in Tübingen (NDB XX 349).

5 Mit Sicherheit falsch ist die Behauptung in der Enzyklopädie *Philosophie und Wissenschaftstheorie*, hg. von Jürgen Mittelstraß, Bd. 3 (Stuttgart 1995) 92, 'Personalismus' sei

umfassend ausgearbeitete, konsequent personalistische System überhaupt. Die Selbsteinschätzung des führenden amerikanischen Personalisten Borden Parker Bowne[6] aus dem Jahre 1909, er sei der erste Personalist «in any thorough-going sense»,[7] trifft eher auf Teichmüller zu.

Teichmüller ist überzeugt, dass sein Personalismus der «natürliche[n] und wahre[n] Menschheitsphilosophie» (NGPL 147) entspricht. Wie in früheren Bänden will er keine neuen Ideen entwickeln, sondern diese allgemeine Menschheitsphilosophie nur wissenschaftlich formulieren. Viele philosophische «Sektierer» vergäßen, «dass die durch alle Jahrhunderte reichende Zustimmung der Menschheit immer zu der wünschenswerthesten Ausstattung eines philosophischen Systems gehört» (NGPL 147).

In der *Neuen Grundlegung* entfaltet Teichmüller seine Unterscheidung von Bewusstsein und Erkenntnis. Von ihr aus führt eine direkte Linie zu Nikolaj Losskijs Intuitivismus, eine Form des direkten Realismus, der den problematischen neuzeitlichen Repräsentationalismus zu überwinden sucht.[8] Bisher kaum beachtet, aber bemerkenswert sind Teichmüllers Lehre von der entscheidenden normativen Rolle des Gefühls in der Erkenntnis und seine erotetische Theorie des Erkenntnisfortschritts, die er in der *Neuen Grundlegung* entwirft, sowie seine hier weiter ausgebaute relational-holistische Begriffstheorie und konstruktivistische Theorie der Kategorienbildung.

## Entstehung und Stellung im Werk

Den Anstoß zur *Neuen Grundlegung* gab die Kritik an der im Oktober 1886 erschienenen *Religionsphilosophie*. Eigentlich wollte Teichmüller ihr einen zweiten Band folgen lassen, der «die Philosophie des Christenthums» als «dritte[] und letzte[] Stufe religiöser Bildung» (RPh 541) enthalten sollte. Noch am 17. November 1886 schrieb Teichmüller an Guido Pingoud, er sei «völlig in die Philos. des Christen-

zuerst 1903 von Charles Renouvier zur Selbstbezeichnung eines philosophischen Systems verwendet worden.

6 Borden Parker Bowne (1847–1910), ab 1876 Professor der Philosophie in Boston, war eine führende Figur des amerikanischen Personalismus; siehe sein Werk *Personalism* (Boston 1908).

7 Brief Bownes an seine Frau vom 31. Mai 1909, abgedruckt in: K. M. B.: An Intimate Portrait of Bowne, in: The Personalist 2 (1921) 5–15 (Zitat 10).

8 Siehe dazu näher Heiner Schwenke: Zurück zur Wirklichkeit. Bewusstsein und Erkenntnis bei Gustav Teichmüller (Basel 2006) 263–286.

thums vertieft u. hoffe damit im nächsten Jahre herauszurücken».[9] Dann melden sich die ersten Leser der *Religionsphilosophie* mit ihrer Kritik. Der Dorpater Theologe Alexander von Oettingen, der allerdings nur das Vorwort gelesen hatte, bezweifelte am 24. November in einer mündlichen Unterredung die Neuheit der Unterscheidung von Bewusstsein und Erkenntnis, die Teichmüller im Vorwort der *Religionsphilosophie* ins Zentrum seiner Philosophie gerückt hatte.[10] Wahrscheinlich am 26. November traf ein empörter 36-seitiger Brief seines Schülers, des Theologen Rudolf Kallas, ein: «[D]anach, was ich in diesem Buch vom Christenthum zu hören bekommen habe, kann ich natürlich nur wünschen, dass Ihre Philosophie des Christenthu⟨m⟩s lieber gar nicht erscheinen möchte».[11] Tags darauf stellt Heinrich von Stein, Teichmüllers engster Freund unter den deutschen Philosophen, wie von Oettingen die Neuheit der Unterscheidung von Bewusstsein und Erkenntnis in Frage und bezweifelt zudem ihre «Wahrheit».

Offensichtlich bewirken diese Kritiken eine kurzfristige Änderung der Publikationspläne. Am 29. November 1886 teilt Teichmüller seinem Schüler und Vertrauten Ohse mit:

> K⟨allas⟩ in Walk[12] ist außer sich, weil ihm der A.T. Gott[13] genommen u. die θαύματα[14] des N.T.[15] [...] Ihnen sage ich, dass die Ph⟨ilosophie⟩ d⟨es⟩ Chr⟨istenthums⟩ enthalten wird 1. Quellenkritik u. Methodologie 2. Leben J⟨esu⟩ 3. R⟨e⟩lig⟨ion⟩ J⟨esu⟩ 4. die unreinen Formen des Christ⟨en⟩th⟨ums⟩ d.h. die Confessionen u. Kirchen. -- Vorher denke ich bis Semesteranfang[¿] ein kurzes Buch: 'specul⟨ative⟩ Theologie' zu vollenden.[16]

Drei Tage später schreibt Teichmüller in seiner Antwort an Heinrich von Stein:

> Übrigens wird das 'Neue' bei mir, das nach Ihrer Meinung 'nicht wahr' sein soll, in meinem nächsten Buche in ganz üppiger Fülle hervortreten, da ich mich entschlossen habe, zunächst die speculative Theologie herauszugeben u. dabei die Theorie des Bewusstseins umfassend darzustellen.[17]

9 Nachlass B 2383; fast gleichlautend am selben Tag an Heinrich von Stein: «Jetzt bin ich ganz in der Phil. des Christenthums» (Nachlass B 2771).
10 Siehe Teichmüllers Brief an Alexander von Oettingen vom selben Tag (Nachlass B 2239).
11 Brief vom 25. November 1886 (Nachlass B 1494); Kallas schrieb als Jahreszahl irrtümlich 1883.
12 Walk ist das estnische Valga, knapp 90 km südlich von Dorpat gelegen.
13 Der Gott des Alten Testaments.
14 θαύματα: Wunder.
15 N.T.: Neues Testament.
16 Nachlass B 2198.
17 Brief vom 2. Dezember 1886 (Nachlass B 2773).

Von einem 'kurzen Buch' ist bereits nicht mehr die Rede.

Teichmüllers Antwort an von Stein spricht sehr dafür, dass die Reaktionen der Leser der Auslöser für den Einschub eines weiteren Werkes zwischen dem soeben erschienenen ersten und dem geplanten zweiten Teil der *Religionsphilosophie* waren, und zwar vor allem die Kritik an seinem Bewusstseinsbegriff.[18] Diese These wird durch seinen Brief an den Berliner Theologen Bernhard Weiss[19] von Mitte Dezember 1886 untermauert:

> Ich beabsichtige, ehe ich meine Philosophie des Christhenthums herausgebe, erst noch eine neue philos. Theologie erscheinen zu lassen, an der ich jetzt arbeite. Da soll die Theorie des Bewusstseins, die ich andeutete, ganz entwickelt werden; denn dies ist der eigentlich wissenschaftliche Weg, der zum Christenthum führt.[20]

Warum führt die neue Theorie des Bewusstseins zum Christentum? Für Teichmüller ist das Bewusstsein, genauer: das Ich- oder Selbstbewusstsein im Unterschied zur Selbsterkenntnis, der einzige Weg zur Person, zu einem individuellen, substanzialen Ich. Das Ich kann nicht mit der Erkenntnisfunktion gefunden werden, denn dann wäre es nach Teichmüller bloßer Gedankeninhalt (ideelles Sein). Da nach Teichmüller die Lehre eines unsterblichen, substanziellen Ich für das Christentum zentral ist und sie sich in anderen Religionen «höchstens als eine Ahnung» finde (PhChr 22), ist folglich auch die Theorie des Bewusstseins als einziger Weg zum substanziellen Ich für eine wissenschaftliche Erklärung des Christentums unersetzlich. Philosophie und Christentum sind bei Teichmüller keine völlig verschiedenen Sphären, sondern das Christentum ist für ihn wie alle anderen Religionen «eine Weltansicht [...], deren Erklärung auf metaphysischen Begriffen beruht» (PhChr 21). Der Bewusstseinsbegriff ist noch in anderer Hinsicht für das Verständnis der Religionen im Allgemeinen wichtig. Gott offenbart sich im Bewusstsein, nicht in der Erkenntnisfunktion. Die Besonderheit Jesu war sein Gottesbewusstsein: In ihm erwachte «zuerst das Bewusstsein eines von Gott nicht getrennten Wesens» (PhChr 30).

Im Januar 1887 sind die Arbeiten an dieser «philosophischen Theologie» bereits fortgeschritten. Teichmüller schreibt, dass er «in der positiven Darlegung des Christenthum⟨s⟩ begriffen» sei, doch habe er diese Arbeiten, bei denen er sich auf

18 Teichmüller sah selbst literarische Produktionen ganz wesentlich durch gegnerische Angriffe bestimmt und verwendet dieses Postulat zur Bestimmung der Chronologie der platonischen Dialoge (siehe LF I u. II).

19 Bernhard Weiss (1827–1918) war Professor für evangelische Theologie ab 1863 in Kiel und ab 1877 in Berlin. Er verfasste zahlreiche, insbesondere textkritische Werke zum Neuen Testament (Biographisch-Bibliographisches Kirchenlexikon, hg. von Friedrich Wilhelm Bautz, ab Band 3 fortgeführt von Traugott Bautz, Bd. 13 [Hamm 1998] 666–672).

20 Brief vom 16. Dezember 1886 (Nachlass B 3186).

das Material seiner Vorlesungen stützen kann, zugunsten der spekulativen Grundlegung hinausgeschoben:

> [S]o kommt jetzt erst die streng wissenschaftliche Theologie, von der wohl schon ein Drittel fertig ist; dann allein kann die historische Analyse vom Christenthum überzeugend wirken, weil man ohne diese Voraussetzung nur glauben würde, Bilder u. Gleichnisse zu hören, ohne denselben einen Werth als mit der Wissenschaft übereinstimmende Wahrheit zuschreiben zu können.[21]

Ähnlich heisst es im März an Hugo Sommer:[22]

> Ich bin jetzt in einer rein speculativen Arbeit ganz versunken, da ich vor der Darstellung des Christenthums erst die philosophische Theologie herausgeben will, damit die christl. Gedanken nicht als bloße Metaphern betrachtet werden können. Ich finde da unendlich viel Neues zu sagen u. hoffe Sie auch zu gewinnen.[23]

Er hofft, das Buch noch 1887 zu beenden.[24]

Wissenschaftlich wertvoll und wahrscheinlich von spürbarem Einfluss auf die Arbeit an der *Neuen Grundlegung* ist der Briefwechsel mit dem Hegelianer Adolf Lasson[25] in der ersten Hälfte des Jahres 1887. Teichmüller schreibt am 22. Februar 1887 an Lasson:

> Ich will dagegen einen ganz neuen Ausgangspunkt nehmen, der bis jetzt noch niemals in der Gesch. d. Philos. ⟨–⟩ ist, soviel ich davon Kenntniss besitze; denn auch Leibnitz ist bloßer Dogmatiker. Darum kann mir auch Hegel's System nicht dienen; denn er hat eine Psychologie, bei der die Gefühle (Willen) u. Bewegungen u. das Ich in die vernünftige Erkenntniss aufgenommen u. von ihr verschluckt werden, wobei sich die Vernunft den Magen verderben muss, weil die drei Ingredienzien durch vernünftige Magensäfte nicht verdaut werden können. In meinem Buche, das jetzt unter der Feder ist, wird das, wie ich

21 Brief an seinen Schüler Nicolai Jaskowsky vom 19. Januar 1887 (Nachlass B 1437).

22 Der Philosoph und Jurist Hugo Sommer (1839–1899) war ein Anhänger Lotzes und verfasste neben seiner richterlichen Tätigkeit in Blankenburg am Harz zahlreiche philosophische Abhandlungen (siehe ADB LIV [1908] 391–392).

23 Brief vom 9. März 1887 (Nachlass B 2677).

24 Im Brief vom 4. März 1887 an den Astronomen Ernst Hartwig (Nachlass B 1172) schreibt Teichmüller, er sei «ganz versenkt in Ausarbeitung eines anderen Buches, das hoffentlich in diesem Jahr fertig wird». Hartwig (1851–1923) entdeckte 1885 von der Sternwarte Dorpat (Tartu) aus eine Supernova im Andromeda-Nebel und wurde 1886 zum Direktor der Bamberger Sternwarte berufen (siehe NDB VIII 14–15).

25 Adolf Lasson (1832–1917) studierte Philosophie u. a. bei Adolf Trendelenburg sowie Klassische Philologie, Jurisprudenz und Theologie. Er war 1860–1897 Lehrer am Luisenstädtischen Real-Gymnasium in Berlin, seit 1877 Privatdozent für Philosophie und seit 1897 ordentlicher Honorarprofessor an der Universität Berlin (siehe NDB XIII 679–681).

> hoffe, mit voller Klarheit hervortreten, wie ⟨die⟩ Nichtunterscheidung von Bewusstsein u. Erkenntn⟨iss⟩ für Hegel u. für d. ganzen Idealismus verhängnisvoll ist. Ich freue mich darauf, Ihnen das ⟨Buch⟩ zu schicken[.][26]

In seiner Antwort vom 10. April 1887 widerspricht Lasson fast allen Positionen Teichmüllers.[27] Dieser antwortet am 10. Juni desselben Jahres:

> Was Sie dann ferner sagen, dass Sie keine abstracte Identität wollen, dass alle Geistesvermögen Modificationen des Denkens sind, dass das Ich immer durch Denken vermittelt würde, dass die Kategorien uns hätten u. nicht umgekehrt, dass das Scheinbare auch wirklich sei, dass wir von Zeit u. Raum das Object nicht lösen könnten, dass d⟨er⟩ Widerspruch dem Objectiven selbst angehöre, dass das Ich Alles sei, die sinnl. wie die geistige Welt, dass alles wahrhaf⟨t⟩ Seiende begriffliche Form hätte, dass die Natur nur Metapher u. Abbild sei u. s. w. – all dieses habe ich in Ihrer mir sehr angenehmen Ausdrucksweise mit Vergnügen gelesen, da dieser ganze Platonismus ja eine verhältnismäßig sehr vornehme u. edle Gesinnung ausdrückt u. über das positivistische Proletariat, wozu z. B. Wundt gehört, hoch hinausragt; ich kann hier aber nicht darauf eingehen, so gern ich im persönlichen Gespräch mit Ihnen Punkt für Punkt erörtern u. Ihnen so sehr gerne zeigen möchte, dass ich diese Sätze schon lange tausendmal hin u. her erwogen u. immer zu leicht befunden habe. Man kann leider nicht Alles auf einmal fertig bringen. So bin ich selbst Schuld, wenn ich solche Antworten von Ihnen erhalte, denn sicherlich habe ich dieselben nicht im Voraus durch einleuchtendes Räsonnement abgeschnitten. Jetzt kommt aber bald mein neues Buch, welches meine neue Methode, eine absolute Dialektik der Coordination exponirt u. die Hegelsche ausführlich erklärt u. damit überwindet. Außerdem wird Bewussts. u. Erkenntniss jetzt erst gründlich geschieden werden u. damit Licht auf einige der Hauptargumente der früheren Philosophie fallen. Kurz, ich kenne die gegnerische idealis-

26 Nachlass B 1658.

27 Lasson bestreitet die Lehre von den drei grundlegend verschiedenen Seelenfunktionen, er leugnet ein nicht-ideelles, genuin substanzielles Ich, lehnt die Konstruktivität der Kategorien ab, ebenso den Begriff der semiotischen Erkenntnis und kritisiert die Vorstellung eines unmittelbaren, nichtbegrifflichen Bewusstseins und damit auch die Unterscheidung von Bewusstsein und Erkenntnis. Siehe auch die folgenden Auszüge aus seinem Brief: «Auch das Ich haben wir nicht unmittelbar; auch das Ich ist ein Begriff u gleichzeitig ein Anschauungsbild. Nicht aus dem Selbstbewusstsein kommen wir zum Begriff der Substanz, sondern vermittelst der Kategorie der Substanz, an die unser Denken gebunden ist, zum Begriff des Selbstbewusstseins […]. Die Kategorien haben wir nicht, sondern sie haben uns; sie constituieren das Ich». Ein unmittelbares, nichtinferenzielles, nichtbegriffliches Bewusstsein könne es nicht geben: «Niemals werde ich etwas zugeben, was mir nicht bewiesen werden kann. Das wäre in jedem Fall Aberglauben. Dass uns Gegenstände unmittelbar gegeben sind, ist unzweifelhaft; aber die Aufgabe ist gerade, denkend hinter diese Unmittelbarkeit zu kommen, sie aufzulösen, sie auf ihre Quellen zurückzuführen u das bildende Ich in allem scheinbar Unmittelbaren nachzuweisen. Ein Bewusstsein, das schlechterdings nicht begrifflich wäre, kann es nicht geben» (Nachlass B 1660).

tische Argumentation, wie sie auch in Ihrem Eckhart so schön und überredend auftritt, aus langer Freundschaft u. will gern das scheinbar Richtige darin anerkenn⟨en⟩, aber es ist doch alles nur scheinbar u. kann mich schon lange nicht mehr befriedigen. Es ist Projecti⟨vis⟩mus, so gut wie die materialistische Lehre. Jed⟨es⟩[¿] neue Buch von mir wird Ihnen eine Menge neuer Punkte zeigen, die sich als Lösung alter Problem⟨e⟩ ungezwungen darbieten[.][28]

Teichmüller betont auch seine Unabhängigkeit gegenüber den bestehenden philosophischen Richtungen:

Wenn Sie mich an Fichte u. Schelling anschließen wollen, so ist nichts dagegen einzu⟨wenden⟩, weil ich auch ⟨–⟩ [von ihnen] gelernt habe; aber ich habe bei Allen gelernt u. am Meisten bei den Alten. Einen unmittelbaren Anschluss an die modernen Philos. konnte ich nicht nehmen, weil ich kein Schüler eines modernen Philosophen geworden bin, nicht einmal zeitweise von Trendelenburg, wie Sie mit Recht bemerken, obgleich ich ihn als meinen Exegeten[¿] u. ⟨–⟩ verehre. Ich will Jedermanns Schüler sein; aber ich kenne keinen Meister.[29]

In der *Neuen Grundlegung* behandelt Teichmüller zahlreiche der von Lasson kritisierten Punkte. Wahrscheinlich ist die Auseinandersetzung mit Hegels Dialektik wegen Lasson so ausführlich geraten; vermutlich hat dessen Kritik auch zur Abfassung des umfangreichen Kapitels über das Ich beigetragen, in dem Teichmüller seine Lehre rekapituliert und abrundet. Das Thema des Ich klingt zu dieser Zeit auch in einem anderen Zusammenhang an. Am 5. März 1887 berichtet er Ohse, er habe sich mit dem jungen, hochbegabten französischen Gelehrten Lucien Herr, der einen Monat bei ihm zu Gast war, viel über das Ich unterhalten.[30]

Danach tritt die *Neue Grundlegung der Logik* in den Vordergrund. Darin wendet Teichmüller seine Lehre der Unterscheidung von Bewusstsein und Erkenntnis und seine Neuordnung der Seelenfunktionen auf die Frage der allgemeinen Denk-

28 Nachlass B 1661.
29 Nachlass B 1661.
30 «Lucien Herr ist ein eminenter Gelehrter, dem nicht nur überhaupt nichts fremd ist, sondern der auch Alles zu beurtheilen versteht. Er hat sich bei uns sehr wohl gefühlt u. wird gewiss unser Freund bleiben. [...] Über das Ich hatten wir viele Gespräche; er konnte es Anfangs nicht recht auffassen; jetzt aber sieht er die Sache. Aber in der Theologie ist er noch im Unklaren; ich habe ihn auf mein jetziges Buch vertröstet; denn ich mochte nicht gern mir selbst vorgreifen.» (Nachlass B 2205). Der Elsässer Lucien Herr (1864–1926) war ein bekannter sozialistischer Intellektueller. Er bestand mit 22 Jahren die Rekrutierungsprüfung (*Agrégation*) in Philosophie für den höheren Schuldienst, war dann 38 Jahre lang Bibliothekar der Ecole Normale Supérieure, engagierte sich maßgeblich in der Dreyfus-Affäre und galt als Graue Eminenz der Dritten Republik (siehe Sir Paul Harvey: The Oxford Companion to French Literature [Oxford 1959] 164).

methode an. Es besteht somit eine enge innere Verbindung zwischen den beiden Teilen.[31] Im April 1887 schreibt er an Ohse: «Was die Methode betrifft, so habe ich jetzt viel Neues vorbereitet u. will eine allg. wiss. u. psychol. Meth. der Hegelschen Dialektik, wie der alten Aristot. u. Überwegschen entgegenstellen. Es ist ein gewisser Schematismus, wie bei Hegel, immer wünschenswert. Strammheit!»[32] Einige Wochen später heißt es ebenfalls an Ohse: «Ich habe inzwischen auch meine Methodenlehre ausgearbeitet, so dass Sie auch mancherlei Neues hören können, wie ich meinerseits auf Ihre neuen Arbeiten begierig bin.»[33]

Im August schreibt Teichmüller an den Philosophiehistoriker Alfred William Benn:[34] «In alter Philosophie habe ich ein bisschen weitergearbeitet für die Vorlesungen; aber sonst bin ich ganz eingetaucht und fast verloren in meine neue Arbeit; ich nenne sie Theologie, worin aber auch viele andre menschliche Dinge vorkommen. Wegen dieser thörichten Versunkenheit in neue Methoden und dergl. müssen Sie mir verzeihen, wenn ich Ihrer [...] nur im Stillen und im Kreise der Meinen gedacht habe, ohne Ihnen zu schreiben.»[35]

Das Manuskript scheint im Sommer weiter Fortschritte zu machen.[36] Es hat jetzt den Charakter einer grundlegenden Weiterführung der Philosophie Teichmüllers. An Edmund Pfleiderer schreibt er: «Ich [...] hoffe im Laufe des Jahres Ihnen einen Band speculat. Erörterungen über die Grundbegriffe meiner Philos. zugehen lassen zu können.»[37] Der ursprüngliche Arbeitstitel 'Speculative Theologie' passt nicht

31 Teichmüller hatte bereits Anfang der 1880er Jahre mit einer Abhandlung zur Logik begonnen. Sie sollte anscheinend den zweiten Band zu *Die wirkliche und die scheinbare Welt – Neue Grundlegung der Metaphysik* bilden bzw. ein wesentlicher Bestandteil des zweiten Bandes werden. Er legte das 270 Druckseiten umfassende Manuskript, das 1940 von W. Szyłkarski unter dem Titel *Logik und Kategorienlehre* herausgegeben wurde, wahrscheinlich 1883 beiseite. Allerdings verwendet er daraus keine Teile für die *Neue Grundlegung der Logik*. Auch die Themen überschneiden sich nur wenig. Seine frühere Theorie der Ideen als «das Wesen des Realen selbst» (LK 105) modifiziert er in der *Neuen Grundlegung* (siehe insbes. NPGL 265–275, 284–298).

32 Brief vom 4. April 1887 (Nachlass B 2207).

33 Brief an Ohse, ohne Datum, auf der Briefkopie von anderer Hand mit Bleistift notiert «Mai ? 87» (Nachlass B 2211).

34 Der englische Philosophiehistoriker und Schriftsteller Alfred William Benn (1843–1916) verfasste zahlreiche philosophiehistorische Werke, insbesondere über die griechische Philosophie (International Journal of Ethics 26 [1916] 282–283).

35 Brief vom 22. August 1887 (Nachlass B 143), Hervorhebung H. S.

36 Vgl. den Brief vom 16. Juni 1887 an Lucien Herr (Nachlass B 1244): «Mein Buch aber rückt stark vorwärts u. nimmt jetzt [...] meine ganze Zeit in Anspruch.»

37 Brief vom 29. Juli 1887 an Edmund Pfleiderer (Nachlass B 2318). Zur Hoffnung, das Buch noch 1887 gedruckt zu sehen, siehe den fast gleichzeitigen Brief an Adolf Lasson vom

mehr recht.[38] Im September 1887 nennt er Ohse den endgültigen Titel des Buches und ein weiteres Thema, die Theorie der Ideen:

> Mein neues Buch soll unter dem Titel 'Neue Grundlegung der Psychologie und Logik' erscheinen. Ich habe noch viel hineingearbeitet, z. B. meine neue Theorie über die Ideen, die nun ganz ihren projectivischen Theaterequipagencharakter verlieren.[39]

Anfang Oktober bezeichnet er gegenüber Rudolf Haym das Werk als eine «metaphysische Arbeit», die ein notwendiges «Zwischenglied» zwischen der *Religionsphilosophie* und der *Philosophie des Christentums* darstelle.[40]

Gegen Ende 1887 fährt er zu einem längeren Aufenthalt nach Berlin,[41] was die Fertigstellung des Buches hinauszögert: «Mir wird die Reise schwer, weil ich mich von unvollendeten Arbeiten trennen muss. Das neue Buch wird wohl erst Ostern fertig.»[42] Von dieser Reise kommt Teichmüller im Februar 1888 mit Magenkrebs zurück und wird die *Neue Grundlegung* nicht mehr vollenden können. Am 22. Mai 1888 stirbt er. Auf dem Sterbebett klagt er: «Wenn ich an meine unvollendeten Arbeiten: Leben Jesu, Philosophie des Christenthums, neue Grundlegung der Logik und Psychologie denke, so möchte ich weinen.»[43] Teichmüllers Manuskript der *Neuen Grundlegung der Psychologie und Logik* war zwar unvollendet, aber in den bestehenden Teilen weit-

5. August 1887 (B 1664): «Ich werde mich mit ihm [Masci] in d. Vorrede meines nächsten Buches, das noch in diesem Jahre erscheinen soll, auseinandersetzen.»

38 Siehe den im vorigen Absatz zitierten Brief an Alfred Benn.

39 Brief vom September 1887 (Nachlass B 2218).

40 Brief vom 7. Oktober 1887 (Nachlass B 1192): «Dass Sie die Darstellung des Christenthums so sehr vermisst haben, ist mir eher lieb, als leid; denn diese Lücke hoffe ich bald stopfen zu können u. in solcher Energie mich auszusprechen, dass man die Relig.ph. darüber vergessen wird. Darum schadet der Zeitverlust nicht, u. ich werde bald erst noch eine metaphysische Arbeit veröffentlichen, die mir als Zwischenglied nothwendig zu sein scheint.»

41 Teichmüller wollte in Berlin zum einen seine dort lebenden Kinder besuchen. Seine beiden ältesten Söhne, Hans (1867–1890) und Georg (1868–1898), studierten dort am Köllnischen Gymnasium; zu ihrer Betreuung war seine älteste Tochter, Anna (1861–1940), ebenfalls nach Berlin gezogen. Ein weiterer Zweck der ausführlichen Berlinreise war vermutlich, eine Möglichkeit zur Rückkehr nach Deutschland zu finden, die Teichmüller nicht nur wegen des von ihm immer wieder angeführten 'sibirischen' Klimas, sondern wohl auch wegen der fortschreitenden Russifizierung der Universität Dorpat geboten schien.

42 Siehe den Brief vom 23. Dezember 1887 an Heinrich von Stein (B 2773).

43 Brief an Ohse vom 27. April 1888 (Nachlass B 2225). Gegenüber seinen in Berlin studierenden Söhnen Georg und Hans drückt er seinen Schmerz über das unvollendete Lebenswerk verhaltener aus: «Leider bleiben meine liebsten Arbeiten unvollendet. Aber auch dafür wird sich mit der Zeit wer finden, der auf dieselben Gedanken kommt» (Brief vom 7. April 1888, Nachlass BF 1d).

gehend druckfertig. In seinem Vorwort schreibt Jakob Ohse, dass ein Kapitel über den Begriff der Wahrheit und ein Exkurs über die Kunst ungeschrieben blieben und drei Abschnitte, deren umfangreichster der erste Teil des Kapitels über Bewusstsein und Erkenntnis war, hätten umgearbeitet werden sollen (NGPL III). Dem Wunsch Teichmüllers nach Kürzungen des Textes entsprach Ohse nicht.

## Überblick über den Inhalt

Das Werk ist zweigeteilt in eine «Neue Grundlegung der Psychologie» und eine «Neue Grundlegung der Logik». In der «Psychologie» behandelt er die Unterscheidung von Bewusstsein und Erkenntnis, die Seelenfunktion der Bewegung oder Handlung sowie das Ich. Die Trennung von Bewusstsein und Erkenntnis, die Teichmüller im ersten Kapitel vornimmt, ist für ihn eine Frage der Psychologie, da es um eine rechte Bestimmung der Seelenvermögen geht.[44]

Teichmüller beabsichtigt keine umfassende Behandlung der im Titel genannten Gebiete. Vielmehr konzentriert er sich auf Grundbegriffe seines philosophischen Systems, die «hier neu erforscht werden und erst in die Wissenschaft einzuführen sind» (NGPL 40). Seine Psychologie enthält fünf grundlegende Elemente: das Ich mit seinen drei Funktionen Erkennen, Fühlen (Wollen) und Handeln (Bewegen) sowie das von der Erkenntnisfunktion unterschiedene Bewusstsein. Seine neue Lehre der Identität von Gefühl und Wille hatte er bereits in der *Religionsphilosophie* dargelegt (RPh 26–67). In der «Neuen Grundlegung der Psychologie», dem ersten Teil des Buches, behandelt er daher vor allem das Ich, die Bewegungsfunktion sowie die Unterscheidung von Bewusstsein und Erkenntnis, während er sich im zweiten Teil, der Logik, seinem neuen Erkenntnisbegriff zuwendet. Dort beschreibt er in Abgrenzung von Hegel eine allgemeine Methode des Erkenntnisgewinns, eine neue erotetische Dialektik, in der alle drei seelischen Vermögen zusammenwirken.

### Theoretische Grundlagen aus früheren Werken

In der *Neuen Grundlegung der Psychologie und Logik* legt Teichmüller Konzepte zugrunde, die er in der *Wirklichen und scheinbaren Welt* und der *Religionsphilosophie* entwickelt hatte. Dazu zählt als Erstes seine *relational-holistische Begriffstheorie*. Da-

44 Siehe auch RPh VII.

nach sind Begriffe keine *Summen* von Merkmalen, sondern bilden spezifische *Funktionen*, in denen *Beziehungspunkte* (oder Merkmale) unter einem *Gesichtspunkt* verknüpft sind. Da Begriffe selber Beziehungspunkte für andere Begriffe seien, bildeten alle Begriffe ein zusammenhängendes «Netz» (WSW 14) oder «Coordinatensystem» (RPh 68). Ein Begriff werde *nur* durch seine Beziehungen zu anderen Begriffen definiert (RPh 68). Eine Definition gebe somit den 'logischen Ort' eines Begriffes in diesem Koordinatensystem an (WSW 61, 16), der stets konstant bleibe (RPh 229). Da alle Begriffe ihren Ort hätten, seien *alle Begriffe* definierbar (RPh 444, vgl. WSW 76). Zweitens ist Teichmüllers *Topik des Seins* zu nennen, die er entwickelte, um das Sein des Ich bestimmen zu können. Er unterscheidet drei Formen des Seins. Das *ideelle* Sein ist der Bereich der Gedankeninhalte. *Reales* Sein haben für ihn hingegen die Akte des Ich, die er meist Seelentätigkeiten nennt: Denken, Wollen bzw. Fühlen und Bewegen. Ideelles und reales Sein seien aufeinander bezogen, es gebe keine Seelentätigkeit ohne Inhalt und keinen Inhalt ohne Seelentätigkeit. Die Seelentätigkeit gebe es aber wiederum nicht ohne Zugehörigkeit zu einem Ich. Denken, Empfinden und Handeln seien immer an ein Subjekt, an ein Ich, gekoppelt. Das Ich, der Inbegriff des *substanzialen* Seins, wird bei Teichmüller also ebenfalls relational definiert durch seinen Bezug auf das reale und über dieses auf das ideelle Sein. Diese drei Seinsformen bestünden immer zusammen und seien nicht aufeinander reduzierbar (WSW 51–79, 169–180). Drittens vertritt Teichmüller die *Idealität von Raum, Zeit, Bewegung und Dingheit* (WSW 181–350). Die materielle, raumzeitliche Welt gehört für ihn zum ideellen Sein. Sie existiere nur in unseren Gedanken. Wirklich sei nur, wie bei Leibniz, die Welt der psychischen Individuen. Die sinnlichen Erscheinungen entsprängen nur den Wirkungen des einen psychischen Wesens auf das andere. Aus Teichmüllers Lehre von der Scheinbarkeit der Zeit fließt sein *Eternalismus*. Die Welt ist für ihn ein zeitloses, fertiges Ganzes, nur die Beschränktheit des menschlichen Bewusstseins, die das Ganze nie auf einmal erfassen könne, sondern stets wechselnde, einander verdrängende Ausschnitte davon, erzeuge die Illusion der Zeit, die für das unbeschränkte Bewusstsein Gottes jedoch nicht bestehe. Den Glauben an eine reale, äußere materielle Welt erklärt Teichmüller durch *Projektion* von Bewusstseinsinhalten, ebenso die idealistische Realsetzung von Allgemeinbegriffen. Mit der Bewusstseinsprojektion gehe die *Selbstvergessenheit* einher, der Grundfehler der traditionellen philosophischen Systeme, die nur die sinnlichen und begrifflichen Bewusstseinsinhalte (das ideelle Sein) betrachteten und dabei das Ich *vergäßen*, das dieses Bewusstsein hat (WSW XV–XVI, 346; RPh 464). Um erkenntnistheoretisch aus der Fixierung auf das ideelle Sein auszubrechen, entwickelt er das Konzept der *semiotischen Erkenntnis*, die er von der *spezifischen Erkenntnis* abgrenzt. Aus zwei Gründen sei Erkenntnis zunächst auf das Gebiet des ideellen Seins beschränkt. Teichmüller teilt erstens die traditionelle Ansicht, dass Erkenntnis Kongruenz von Gedanken und Gegenstand, von Subjekt und Objekt voraussetzt (WSW 91–95; RPh 534). Dies sei aber nur im Falle ideeller Gegenstände (ideellem Sein) möglich, da nur Gedanken mit Gedanken vollkommen kongruent sein können. Die Erkenntnis, die ideelles Sein zum Gegenstand hat, nennt Teichmüller *spezifische* Erkenntnis. Zweitens bestehe Erkenntnis in Verknüpfung von Gedanken. In dieses System des ideellen Seins können das reale und das substanziale Sein nicht integriert werden. Um dennoch eine Erkenntnis des nichtideellen Seins zu ermöglichen, was für seinen anti-idealistischen Personalismus essentiell ist, führt Teichmüller den Begriff der *semiotischen* Erkenntnis ein (WSW 91–119; RPh 68). Das reale und das substanziale Sein werden nicht selbst zu einem Teil des Systems aller Begriffe, sondern kämen bloß zeichenhaft (semiotisch) darin vor.[45] Schließlich wird die neue Einteilung der Seelenfunktionen vorausgesetzt, die Teichmüller in der *Religionsphilosophie* vorgenommen hatte. Er verwirft die traditionelle Einteilung in Gefühl, Wille und Denken (RPh 27). Hinzukommen müsse das Bewegungsvermögen, das vom Willen verschieden sei, was man daran sehe, dass bei einer Lähmung der Wille, aber nicht die Möglichkeit der Bewegung vorhanden sei. Teichmüller vermehrt aber nicht die Zahl der Seelenfunktionen auf vier, sondern postuliert die *Identität von Wille und Gefühl* (RPh 36).

## Bewusstsein und Erkenntnis

Der Abschnitt über Bewusstsein und Erkenntnis ist, wie bereits erwähnt, allem Anschein nach motiviert durch die Kritik einiger Leser der *Religionsphilosophie*, die Trennung dieser beiden Elemente sei weder neu noch möglich. Dementsprechend versucht Teichmüller in einem historischen Abriss die Neuheit seiner Unterscheidung nachzuweisen und die grundsätzliche Verschiedenheit von Bewusstsein und Erkenntnis darzulegen.[46] Bewusstsein sei vor ihm stets als eine Art oder Stufe der Erkenntnis behandelt worden. Er stellt dagegen fest, dass Erkenntnisse sowohl bewusst als auch unbewusst sein können (NGPL 18). Das gelte auch für die anderen geistigen Funktionen, das Gefühl, welches er mit dem Willen identifiziert, und das Handlungs- oder Bewegungsvermögen. Bewusstsein falle im Gegensatz zur Erkenntnis unter die Kategorie der Intensität, es könne also mehr oder weniger intensiv sein, Erkenntnis hingegen nicht. Er definiert, Bewusstsein sei «ursprünglich ein specifischer Grad der Intensität einer einzelnen elementären geistigen Function»

45 Teichmüller verwendet den Begriff der semiotischen Erkenntnis allerdings nicht eindeutig (siehe dazu H. Schwenke: Zurück zur Wirklichkeit, 181–188).

46 Vgl. auch ebd. 221–224. Zum Folgenden ebd. 159–224.

(NGPL 23). Er spricht auch von «Akte[n] des Bewegungs- und des Gefühls-Vermögens [...], die von solcher Intensität sind, dass sie bewusst werden» (NGPL 220). Das Ichbewusstsein sei ebenfalls keine «reflexive Art Wissen und Denken», sondern «bloss eine intensivere Wirklichkeit des numerischen Ichs oder der Seele selbst», «wodurch die unbewusstere Art des Daseins in Bewusstsein übergeht» (NGPL 220). Darüber hinaus kennt Teichmüller auch ein Bewusstsein von Gott, der *im* Ich, aber nicht identisch mit dem Ich sei. Nicht ganz eindeutig ist er in Bezug auf ein Bewusstsein von Erkenntnissen, also ideellem Sein. Einerseits sagt er, dass nur etwas bewusst sein kann, «was real vorhanden ist, also ein Akt oder eine Substanz» (NGPL 289), andererseits spricht er davon, dass Gedankeninhalte, «sofern sie bewusst werden, [...] die Beziehungspunkte für neue Erkenntnissarbeit abgeben können» (NGPL 38). Auch eine Idee, die für ihn fraglos ideelles Sein ist, müsse «selbst an sich bewusst werden [...], ehe sie definirt wird» (NGPL 139, siehe auch RPh IV).

Die Bedeutung von «Bewusstsein» ist in der *Neuen Grundlegung* nicht eindeutig. Sie schwankt erstens zwischen Intensität als *Eigenschaft* von Bewusstsein und Bewusstsein *als* Intensitätsgrad einer geistigen Funktion. Neben diesen beiden zuständlichen Formen von Bewusstsein kennt Teichmüller zweitens ein intentionales, kognitives Bewusstsein im Sinne einer unmittelbaren Kenntnis einer Sache (NGPL 117). Da für ihn Erkenntnis stets mittelbar und inferenziell ist, ist diese Unklarheit für seine Unterscheidung von Bewusstsein und Erkenntnis insofern unerheblich, als diese beiden Formen von Bewusstsein einfach und beziehungslos sind und keinen Schluss darstellen. Erkenntnis fasst Teichmüller einerseits sehr eng, da er keine unmittelbare nicht-inferenzielle Erkenntnis kennt: Alle Erkenntnis ist ein Schluss (NGPL 47), und alle Erkenntnisse bilden ein zusammenhängendes System, «einen Inbegriff von Coordinatensystemen» (NGPL 124). Man darf Teichmüllers Erkenntnisbegriff relational-holistisch nennen. Wegen ihrer Inferenzialität sei alle Erkenntnis auch beweisbar und lehrbar, Bewusstsein hingegen nicht. In anderer Hinsicht dehnt Teichmüller seinen Erkenntnisbegriff über das normale Verständnis des Wortes hinaus aus, da er nicht nur gewöhnliche Schlüsse und Urteile, sondern auch Begriffe zur Erkenntnis zählt. Erkenntnis, so definiert er, sei ein Coordinatensystem oder eine Function, in welcher mindestens zwei Beziehungspunkte unter einem Gesichtspunkt zu einer Beziehungseinheit verknüpft werden (NGPL 19, 263). Da er unter den Beziehungspunkten die «Gründe» und unter der Beziehungseinheit die «Folge» versteht, alle Begriffe aber Verknüpfungen von Beziehungspunkten zu einer Beziehungseinheit darstellen, so ist es zwangsläufig, dass auch Begriffe Schlüsse enthalten und somit zur Erkenntnis zählen (NGPL 27, 35–36, 47–48, 263). Seine Erkenntnisdefinition bringt es auch mit sich, dass er mitunter falsche Meinungen und Irrtümer der Erkenntnis zuschlägt (NGPL 68). An anderer Stelle präzisiert er jedoch, dass diese zur «Erkenntnisssphäre», dem ideellen Sein, zählen

(NGPL 34). Das Merkmal der Erkenntnissphäre ist, dass alles, was zu ihr gehört, «unter den Gesichtspunkt von wahr und falsch fällt» (NGPL 69), während «das Bewusstsein keines von diesen Prädicaten vertragen kann» (NGPL 34). Dies trifft nach dem normalen Sprachgebrauch allerdings nur auf die zuständliche Bedeutung von Bewusstsein zu, nicht auf die kognitive Form.

Teichmüller benutzt seine Bewusstseinskonzeption auch, um sich deutlich von Hermann Lotze abzusetzen. Zur Zeit der Abfassung des Manuskripts hatte er einen Brief von Rudolf Haym[47] erhalten, der ihm eine Philosophie «auf Lotzeanischer Grundlage» attestierte,[48] was Teichmüller sichtlich verstimmte. Zwar hatte er freundschaftliche persönliche Beziehungen zu Lotze gehabt, der sogar Patenonkel von Teichmüllers ältester Tochter Anna war; aber seine Philosophie sei «in ihren Coordinaten schon fest bestimmt» gewesen, bevor er Lotze kennenlernte, schreibt er in einem Entwurf eines Briefes an Haym. Außerdem habe er auch Lotze beeinflusst, schreibt er wenige Monate zuvor an Edmund Pfleiderer.[49] Vor allem aber hatte

47 Rudolf Haym (1821–1901), Literaturhistoriker, Publizist und Politiker, Studium der Philosophie und Theologie, Abgeordneter in der Frankfurter Nationalversammlung, ab 1860 Professor für neuere Literaturgeschichte in Halle, biographische Werke u. a. zu Schopenhauer, Herder, Wilhelm von Humboldt und Hegel (NDB VIII 152–153).

48 Brief vom 8. Februar 1887 (Nachlass B 1190): «Auch aber teile ich Ihre auf Lotzeanischer Grundlage sich aufbauenden Anschauungen u. bewundre dabei Ihr systematisches und didaktisches Geschick, womit Sie Halt und Zusammenhang in die Ideen und Winke des allzu elastischen Mannes bringen.»

49 Siehe den Brief an Haym vom 7. Oktober 1887 (Nachlass B 1192): «In Ihrem Brief war mir merkwürdig die Stellung, die Sie mir zu Lotze anwiesen. […] Ehe ich mich in Göttingen habilitirte⟨,⟩ es war 1860, hatte ich von Lotze kaum dem Namen nach etwas gehört; denn ich steckte ganz in Aristotelischen Arbeiten. […] Trotz meiner großen Zuneigung zu Lotzens liebenswürdigem Geiste wüsste ich aber doch nicht gerade die Punkte zu nennen, die ich etwa als von ihm gesetzt zum Ausgang genommen hätte, da ich ziemlich viel Zeit zur Vertiefung in alle die großen Philosophen gebraucht hatte, ehe ich Lotze's Bekanntschaft machte, u. mein Gemeinsames mit ihm auf weiter zurückliegende Quellen beziehen konnte. Ich fühle mich sogar mehr als früher in principiellem Gegensatz gegen die Gedanken, die Lotze wohl für seine wichtigsten halten möchte». In einem Entwurf des Briefes deutet er an, dass Lotze auch von ihm profitiert habe (Nachlass B 1191): «[D]a ich sechs Jahre lang College von Lotze war, so weiß ich recht gut, was ich auf sein Guthaben zu setzen habe, u. weiß auch, was er mir, dem jüngeren u. ganz unbekannten Clienten, zu kreditieren hat. […] Ich weiß aber, dass im Jahre 1860, wo ich nach Göttingen ging, meine ganze Geistesrichtung schon in ihren Coordinaten festbestimmt war, ehe ich Lotze u. seine Schriften kennen lernte.» Über seinen Einfluss auf Lotze auch in einem Brief an Edmund Pfleiderer vom 29. Juni 1887 (Nachlass B 2318): «Lotze hat sicherlich in unserem Verkehr in Göttingen von mir Vieles beherzigt, was in seinen seit 1860 erschienenen Schriften untermischt mit früheren Ansichten zu Tage getreten ist. Da er kein speculativer Baumeister

Lotze in seiner *Metaphysik* von 1879[50] die Substanzialität des Individuums geleugnet.[51] Damit löste er Teichmüllers Entschluss aus, endlich seine eigene Philosophie auszuarbeiten und zu publizieren. In der *Neuen Grundlegung* hält er Lotze vor, wie Herbart Bewusstsein für eine Art der Erkenntnis zu halten. Deshalb habe er die Tatsache mehr oder weniger bewusster Vorstellungen leugnen müssen (NGPL 26–28).

Teichmüller unterscheidet aber nicht nur Bewusstsein und Erkenntnis, sondern setzt sie auch ins Verhältnis. Das Bewusstsein biete dem Erkennen die zu verknüpfenden Beziehungspunkte. Ohne das Gegebene des Bewusstseins könne es keine Erkenntnis geben, wobei auch «frühere Erkenntnisse», also ideelles Sein, vom Bewusstsein der beziehenden Tätigkeit des Erkenntnisvermögens präsentiert werden könnten. Das Bewusstsein vom Ich und seinen Funktionen (sowie das Gottesbewusstsein) sind bei Teichmüller die Quellen der Erkenntnis. Hingegen sei die Erfahrung keine unmittelbare Erkenntnisquelle, weil sie «erst der Arbeit der Vernunft an den unmittelbar bewussten Akten [entspringt], welche allein Erkenntnisquellen im eigentlichen Sinne zu heissen verdienen» (NGPL 221).

## Bewegung

Bei der Untersuchung der Bewegung geht es Teichmüller nicht um raumzeitliche Bewegungen, die der scheinbaren Welt angehören und ideelle Phänomene sind (siehe WSW 295–331), sondern um reale, d. h. seelische Bewegungen. In der *Religionsphilosophie* hatte er eine neue Einleitung der Seelenvermögen vorgenommen. Im Gegensatz zur traditionellen Unterscheidung von Vernunft, Gefühl und Wille identifizierte er Wille und Gefühl, und fügte, da der Wille selbst unfähig sei, eine

war, so finden sich überall bei ihm verschiedene Baustile, u. er blieb zeitlebens Einflüssen sehr zugänglich [...]. Ich werde einmal die Punkte bezeichnen, die er durch meinen Umgang zu sehen u. zu beachten begann; denn im Publicum weiß man nichts davon».

50 Hermann Lotze: System der Philosophie. Zweiter Theil: Metaphysik – Drei Bücher der Ontologie, Kosmologie und Psychologie (Leipzig 1879).

51 Nach der ersten Lektüre schrieb Teichmüller an Lotze: «Ich befinde mich noch in einer Art Überraschung über Ihre Beseitigung des Substanzbegriffes für die endlichen Wesen, da man Sie des vollständigen und nackten Pantheismus oder Akosmismus zeihen wird [...]. In den kleinen Arbeiten über Unsterblichkeit und Darwinismus habe ich mich [...] bemüht, wenigstens in der Vorrede Ihre jetzt allein maßgebende Philosophie zu feiern [... I]ch muß mich auf die Freiheit berufen, die Sie Ihren Freunden lassen, denn ich kann nicht ganz Ihren Wegen folgen» (Brief vom 12. März 1879, Nachlass B 1752, abgedruckt in Hermann Lotze: Briefe und Dokumente. Zusammengestellt, eingeleitet und kommentiert von Reinhardt Pester [Würzburg 2003] 659–660).

äußere Bewegung hervorzurufen, das Bewegungsvermögen hinzu, durch das die Seele mit anderen Wesen interagieren könne. In einem weiteren Sinne sei aber das ganze reale Sein ein Vermögen der Bewegung oder Handlung (NGPL 41). Entsprechend den verschiedenen Seelenvermögen teilt er das Gebiet der Bewegung ein.

Es gebe Denkbewegungen, die das ideelle Sein vermitteln, Gemüts- oder Gefühlsbewegungen, die unsere «Gemüthszustände bedingen» (NGPL 57) und eben Bewegungen, die nur durch Beziehungen zu anderen Wesen zustande kämen (NGPL 72). Letztere nennt Teichmüller auch physische Bewegungen. Ihnen ist das Kapitel über Bewegung überwiegend gewidmet.

Das Problem, das sich Teichmüller stellt, ist, wie man von physischen Bewegungen wissen kann. Denk- und Gefühlsbewegungen seien durch den ihnen zugehörigen ideellen Inhalt erkennbar, der gedacht bzw. bewertet wird. Physische Bewegungen richteten sich aber auf keinen Inhalt. Wir könnten sie aber nur kennen, wenn sie zumindest zum Teil bewusst ablaufen. Die bewussten physischen Bewegungen identifiziert Teichmüller mit den Empfindungen.[52] Diese sind bei Teichmüller also erstens nichts Passives und zweitens auch keine Form der Erkenntnis.

Er rechnet auch die Sprache den physischen Bewegungsvermögen zu (NGPL 94). Sie bestehe «aus lauter gefühllosen und erkenntnislosen, aber bewussten Bewegungsakten, d.h. aus Empfindungen» (NGPL 94). Die Sprache, ursprünglich Gebärde, vermittle mechanisch das ganze Seelenleben.

Über die Bewegung im Bereich des Gefühls handelt Teichmüller nicht weiter, wohl aber über Bewegung im Bereich der Erkenntnis. Die spekulative Erkenntnis sei über die Sprache und Vorstellungen, ohne die sie nicht arbeiten kann, an das (physische) Erkenntnisvermögen gebunden (NGPL 141). Besonders bemerkenswert erscheinen in diesem Kapitel aber die Überlegungen zur Rolle des Gefühls in der Erkenntnis, die im zweiten Teil des Buches noch einmal aufgegriffen und vertieft werden. Wenn die intellektuelle Bewegung, die in Denkoperationen besteht (NGPL 124), im Koordinatensystem aller Erkenntnisse beliebige Wege läuft und an kein Ziel kommt, bleibe das Gefühl unbefriedigt. Wenn hingegen «die Bewegung des Denkens immer dieselben Coordinaten trifft» (NGPL 125), stelle sich «Zustimmung oder Befriedigung des Gefühls ein» (NGPL 142). Wahrheit ist danach kein Prädikat für eine rein ideelle Entität, sondern beruhe auf einem Dreiklang von

52 Neben der Definition von Empfindungen als «die bewusst werdenden Akte des Bewegungsvermögens» (NGPL 71) findet man auch ihre Bestimmung als das Bewusstsein der physischen Akte (NGPL 87, 88). Im ersten Fall sind Empfindungen Akte, im zweiten Fall ein Bewusstsein von Akten. Drittens redet Teichmüller manchmal auch von unbewussten Empfindungen (NGPL 5, 20, 77). Vgl. dazu auch H. Schwenke: Zurück zur Wirklichkeit, 206–215.

Gedankenbewegung, Vorstellung einer bestimmten Koordination von ideellen Beziehungspunkten und dem «Gefühl logischer Befriedigung» (NGPL 142).

In diesem Abschnitt präzisiert Teichmüller auch sein Konzept des ideellen Seins. Ideelles Sein im weiteren Sinne habe auch der «Inhalt des Bewusstseins» (NGPL 101), sofern er von der Erkenntnisfunktion aufgefasst wird, weshalb auch Empfindung und Gefühl ideelles Sein im weiteren Sinne hätten. Ideelles Sein im engeren Sinn habe dagegen nur der «Inhalt der Erkenntnissfunction» und nicht das reale Sein, also z. B. Gefühle und Empfindungen (NGPL 101). Diese Fassung des ideellen Seins kann als Vorläufer von Freges drittem Reich und Poppers Welt 3 gelten.

## Das Ich

Die bedeutende Abhandlung über das Ich enthält weniger völlig neue Gedanken als eine Konsolidierung und Zusammenfassung seiner bereits in der *Wirklichen und scheinbaren Welt* entwickelten Lehre. Hier verwendet Teichmüller jedoch zum ersten Mal den Ausdruck 'Personalismus' zur Bezeichnung seiner Philosophie, in Abgrenzung von der theologischen Bedeutung des Wortes in der Diskussion um die Personalität Gottes seit dem Ende des 18. Jahrhunderts.

Teichmüller unterscheidet in einer historisch-systematischen Übersicht projektivische und kritische Auffassungen des Ich. 'Projektivisch' bedeutet bei ihm, dass Gedankeninhalte, also ideelles Sein, 'nach außen' projiziert und für objektive Wirklichkeit gehalten werden. Ein typischer Fall sind raumzeitliche Dinge, die in Wahrheit nur unsere gedanklichen Konstrukte, also ideelles Sein, seien. Projektivische Ich-Vorstellungen fassen dementsprechend nach Teichmüller das Ich als eine Art (feinstoffliches oder unräumliches) Ding oder als Eigenschaft oder Funktion von räumlichen Dingen (Harmonie bzw. Entelechie des Leibes). Kritische Ich-Theorien durchschauten die Illusion der Gedankenprojektion und behandelten das Ich nicht mehr wie einen äußeren Gegenstand. Dabei habe man aber, wenn man von der kantischen Tradition absieht, «das Ich immer bloss in einer seiner Functionen [gesucht], entweder im Willen» (wie Schopenhauer), «im Intellekt» (wie Hegel), oder «in der zu Erscheinungen führenden Handlung» (wie Goethes Faust) (NGPL 229 mit 153–155). Die Seelenakte würden aber erst durch das Ich erst wirklich. Lieben und Denken existierten nicht für sich, sondern erst in Verbindung mit einem Ich (NGPL 160, 167): «Wenn man nämlich das kleine Pronomen 'Ich' vor den Verben 'Wollen, Denken, Fühlen und Leiden' weglässt, dann behält man lauter prächtige Zahlen übrig, die mit Null multiplicirt werden.» (NGPL 229).

Ein ähnliches Argument bringt Teichmüller auch gegen die Vorstellung vom Ich (nicht als Erkenntnisvermögen, sondern) als Produkt der Erkenntnistätigkeit. Das

Ich sei kein «Product der Erkenntnissarbeit» (NGPL 158), weil es sich dann «in seine Beziehungspunkte, die nicht Ich sind, zersplittern würde, wie die Begriffe von Flotte, Herde» (NGPL 160) und somit «kein einheitliches Wesen» darstellte. Er rügt die Selbstvergessenheit der Wissenschaftler, die glauben, «dass ihre Wissenschaften mit dem Ich nichts zu thun hätten». Für alle Theorie gelte, dass sie «doch schliesslich einem Ich zugehört und nicht für sich allein im Weltall umherwandelt» (NGPL 167).

Die zweite kritische Auffassung sei die kantische Lehre vom Ich als formaler Einheit der Apperzeption oder des Bewusstseins. Dieses Ich-Konzept habe unter anderem zur Folge, dass das Ich dann nichts Wirkliches sei und «nicht selbst als Wesen in Beziehung zu Wesen treten und [...] eine Gemeinschaft begründen» könne (NGPL 224), sondern nur «ideelles Sein habe als Begriff oder allgemeine Beziehungseinheit» (NGPL 224). Teichmüllers Personalismus als dritte kritische Ich-Konzeption sieht das Ich als Bezugspunkt der Seelentätigkeiten und ihrer Inhalte (NGPL 167). Es werde im Selbstbewusstsein erfasst, das die Beziehungspunkte und Grundlage für alle Erkenntnis des Ich biete. Diese Unterscheidung von Ichbewusstsein und Selbsterkenntnis ist für Teichmüllers Personalismus zentral.

Er erteilt allen Versuchen eine Absage, das Ich nach Maßgabe herkömmlicher Kategorien zu verstehen. Die aristotelischen und kantischen Kategorien seien «sämmtlich auf das anschauliche Gebiet der Erkenntniss bezogen», die Hegel'schen Kategorien wollten nur «die Formen des Denkens bestimmen». Das Ich liege aber «jenseits des Gebietes der Vorstellungen und Begriffe» (NGPL 165). Insbesondere sei das Ich kein Ding mit Merkmalen. Ohne das Ich als Bleibendes im Wechsel der Vorstellungen gäbe es auch keine Zeiterfahrung (NGPL 169). Diese Einsicht richtet Teichmüller auch gegen Kants Konzeption vom Ich als formaler Einheit des Bewusstseins. Dort hätten wir nur eine Reihe von Bewusstseinsakten, die «nichts Verbindendes untereinander haben, was während ihres Wechsels stehen bliebe» (NGPL 169). Das Ich sei kein Konstrukt nach dem Vorbild raumzeitlicher Dinge, sondern erschaffe vielmehr umgekehrt raumzeitliche Dinge nach dem Vorbild seiner selbst. Es ist in Teichmüllers griffiger Formulierung der «Prototyp» der Substanz (NGPL 147, 171–172; vgl. 116). Die Anschauungsbilder selbst enthielten keine Beziehungspunkte für diesen Begriff. Substanz würden sie erst dadurch, dass ein Ich «nach Analogie mit sich» (NGPL 174) ihnen seine eigene Substantialität beilege.

Nicht nur die Kategorie der Substanz, auch die Kategorie der Ursache könne «aus den Naturerscheinungen nicht abgeleitet werden» (NGPL 198). Das Urbild von Ursache und Wirkung sei vielmehr das Ich, das die seelische Bewegung als Wirkung hervorbringe. Es sei «sinnlos [...], von Ursache und Wirkung zu sprechen, wenn man kein Ich annehmen will» (NGPL 202). Der Regelmäßigkeit in der Natur liege «im Geheimen» (NGPL 201) eine Kausalität individueller Wesen nach Analogie mit dem Ich zugrunde.

In diesem Zusammenhang setzt sich Teichmüller auch näher mit dem Problem der Willensfreiheit auseinander. Mit seiner Konzeption eines zeitlos fertigen, abgeschlossenen 'Blockuniversums' ist der konventionelle Begriff von Willensfreiheit als freier Handlungskausalität nicht vereinbar. Entsprechend seiner Theorie der Seelenfunktionen verbindet er Willen nicht mit der Bewegung, sondern mit dem (sittlichen) Gefühl. Die Handlung werde durch unsere Vorstellungen und Gefühle determiniert. Freiheit und Verantwortung lägen in der Ausbildung des sittlichen Gefühls, das man «stärken, verschärfen und verfeinern» müsse (NGPL 194).

Das Verhältnis des Ich zum Leibe sei kein Verhältnis zu einem «äussere[n] Wesen, Körper genannt» (NGPL 206). Der Leib sei nur ein Zusammenhang von Erscheinungen. Das, was da erscheint, sei ein System von seelischen Wesen, die der Bewegungsinitiative des Ich folgen (NGPL 210) und somit in seinem Dienst arbeiten (NGPL 209). Das Wesen des Leibes bestehe nicht in den fremden Wesen, sondern in der Bewegungsfunktion des Ich (NGPL 212). Wenn die Beherrschung der in unserem System arbeitenden fremden Wesen schwächer werde, träten Krankheit und schließlich Tod ein, wodurch «der Zusammenhang des Ichs mit den fremden Wesen, die den scheinbaren Leib bildeten, aufhört» (NGPL 215).

Teichmüller lehnt unter dem Stichwort «völkerpsychologische Phantasie» (NGPL 224) Versuche ab, die individuellen Personen zu bloßen Modi oder Erscheinungen hypostasierter Allgemeinbegriffe wie Familie, Geschlecht, Stamm, Volk, Staat, Kirche zu machen: «Das was wirklich existirt, sind nur die einzelnen Personen» (NGPL 226).

Teichmüller schließt die *Neue Grundlegung der Psychologie* mit der Abgrenzung von Ich (Person) und Persönlichkeit. Das «Ich mit dem Ichbewusstsein [ist] schon bei dem Thier anzunehmen» (NGPL 230). Zur Persönlichkeit muss aber sowohl Selbsterkenntnis als auch die «metaphysische Erkenntniss» anderer Wesen hinzukommen. Das Ich müsse sich «als Wesen einem anderen Wesen gegenüber ins Verhältnis setzen» (NGPL 235). Der Begriff eines Ich oder Selbst könne sogar nur in Abgrenzung von einem anderen Ich oder Selbst gewonnen werden (NGPL 236).

## Die absolute Methode, die Dynamik des Denkens und der Begriff der Frage

In der *Neuen Grundlegung der Logik* geht es um die wissenschaftliche Methode schlechthin. Sie sei identisch mit der Methode des Denkens überhaupt. Dessen «zerstückelte […] Gesetze, Regeln und Formen» sollen auf «das eine und allgemeine Wesen des Denkens» zurückgeführt werden (NGPL 243). Es bestehe darin, «Beziehungseinheit[en] bewusst gewordener Beziehungspunkte nach einem Gesichtspunkte» zu bilden (NGPL 312).

Teichmüller lobt Hegel für die Forderung nach einer einzigen und daher absoluten Methode des Denkens. In der Durchführung sei er allerdings an seinem Intellektualismus gescheitert. Hegel kenne nur «die Welt der Vorstellungen» (NGPL 255), also das ideelle Sein. Das Ich (das substanziale Sein) und seine Tätigkeiten (das reale Sein) habe er «rücksichtslos und bewusst mit dem Ideellen oder Logischen identificirt» (NGPL 254), deren Selbständigkeit und Lebendigkeit aber stillschweigend auf das ideelle Sein übertragen und sich so die Dynamik der Dialektik erschlichen. Sein «philosophische[r] Stil, in welchem das Ich und Wir, der Leser und Schriftsteller verschwunden sind, weil sich der objective Gedanke selbst in grandioser Sachlichkeit fortbewegt, [ist] nichts als ein schülerhaftes, stilistisches Kunststück, das nur Gedankenlose täuschen kann» (NGPL 327).

Im Gegensatz zu Hegel identifiziere der «gutgemeinte Idealrealismus» Schleiermachers und Trendelenburgs nicht die «logischen Formen» mit den «Seinsformen», sondern lasse beide «parallel laufen» (NGPL 253). Er kranke aber daran, dass er das «metaphysische Correlat» der logischen Formen «nicht finden» und es daher auch nicht als «Urbild für das '*Nach*denken' nehmen könne. Die Idealrealisten erschüfen «den metaphysischen Gegenstand durch Projection ihrer Vorstellungen» und «ließen nachher ihre Vorstellungen durch dies Phantasma verificiren» (NGPL 254). Die nichthegelschen Logiken böten keine Erklärung der Dynamik der Dialektik; sie hätten im Gegensatz zu Hegel noch «nicht einmal gefragt, woher die Bewegung oder der Fortschritt im Denken stamme» (NGPL 327). Auch die formale Logik setze «in naiver Weise» voraus, dass «irgend ein draußen stehender Regisseur das todte Maschinenwerk in Bewegung bringe und gebrauche, da es für sich selbst unlebendig» sei (NGPL 327).

In Teichmüllers absoluter Denkmethode, seiner neuen Dialektik, wirken alle drei Seelenfunktionen zusammen. Das Erkenntnisvermögen könne nur Unordnung und Unvollständigkeit, Fehler und Widersprüche feststellen und würde dabei stehen bleiben, wenn das Gefühl nicht diese Feststellung bewertete, nämlich unzufrieden damit wäre und durch diese Unzufriedenheit eine neue Bewegung auslöste, die neue Gedanken nach sich zöge (NGPL 303). Wissenschaft und Denken allgemein bedürften also der normativen «Leitung des Gefühls» (NGPL 307). Die Methode des Denkens sei mithin «nicht bloss formal», sondern beruhe auf der «Mitwirkung aller drei geistigen Functionen» (NGPL 339).

Zentrales Element im Erkenntnisprozess ist für Teichmüller der Begriff der Frage, deren Natur erst durch seine neue Einteilung der Seelenfunktionen verständlich werde. Der «früheren Logik» habe die Einsicht gemangelt, «dass die geistigen Functionen der Erkenntniss, des Gefühls und der Handlung in einem Coordinatensystem einanderzugeordnet sind und dass desshalb auch das Wesen der Frage gar nicht bloss durch die Erkenntnissfunction, sondern nothwendig auch noch durch die zugehörigen Coordinaten der anderen beiden Vermögen erklärt werden muss» (NGPL 304). Die Frage wird nach Teichmüller also durch das Zusammenwirken von allen drei Seelenfunktionen konstituiert: ein bestimmter Gedanke erzeugt ein unbefriedigtes Gefühl, das seinerseits einen Bewegungsakt auslöst (NGPL 305), der sich bei Angelegenheiten der Erkenntnis (im Unterschied zu praktisch-sittlichen und technischen Themen) als «Forschung oder Hypothesenbildung» (NGPL 307) manifestiert, die erst beendet wird, wenn das Gefühl befriedigt ist.

## Holistisch-topologische Erkenntniskonzeption

Bei der Frage, was Erkenntnis sei, setzt sich Teichmüller scharf von abbild- und repräsentationstheoretischen Erkenntniskonzepten ab: «Man redet sich ein, die äussere Welt spiegele sich in unserem Inneren, und man will die Aussenwelt im Bewusstsein abbilden. Das sind Kindergeschichten.» (NGPL 278). Die Außenwelt sei in diesen Theorien nur eine nach außen projizierte Kopie der eigenen Bewusstseinsinhalte. Dieses vom Denkenden selbst erschaffene «Phantasma» (NGPL 253) werde dann als Urbild der eigenen Vorstellungen aufgefasst. Er weist auf den logischen Zirkel der Abbildtheorie hin: Wenn Erkenntnis die Wirklichkeit reproduziere, müsse man doch die Wirklichkeit «schon erkennen […], ehe [man] sie reproduzieren kann, weshalb die Reproduction überflüssig ist» (NGPL 262).

Dagegen setzt er seine holistisch-topologische Erkenntniskonzeption. Er macht, wie wir bereits mehrfach sahen, keinen grundsätzlichen Unterschied zwischen Begriffen, Urteilen und Schlüssen. Alle drei seien Formen der Erkenntnis und Beziehungseinheiten oder Funktionen, in denen Beziehungspunkte unter einem Gesichtspunkt aufeinander bezogen würden (NGPL 264). Alles Denken bestehe in der «Auffassung von Coordinatensystemen» (NGPL 339). Wahrheit liege in jedem Fall in der Bestimmung des richtigen Ortes, im Auffinden der «zugehörigen Coordinaten» eines Problems (NGPL 323). Das subjektive Kriterium der Wahrheit sei, wie erwähnt, die «Zustimmung und Beruhigung des Gefühls», die dann auftrete, wenn «die Bewegung des Denkens immer dieselben Coordinaten trifft» (NGPL 125), was er als Anzeichen dafür nimmt, dass «die ideellen oder objectiven Coordinaten der in Frage gezogenen Erkenntnis» gefunden wurden (NGPL 323–324) und «der Kreis der Erkenntnis sich schliesst» (NGPL 325).

Zum Grundproblem der abendländischen Erkenntnistheorie, dem «Zusammenhang» der «gedachten Welt […] mit der realen» (NGPL 325), sagt Teichmüller zwar, dass «die absolute Coordination der Welt in der Coordination unserer Functionen zu Tage tritt» (NGPL 340), führt den Zusammenhang beider Sphären aber nicht näher aus.

Aus Teichmüllers relational-holistischer Begriffstheorie folgt auch, dass es keine unbeweisbaren Prinzipien der Logik gibt. Beweisen besteht für Teichmüller in der Angabe der Koordinaten eines Begriffs oder Satzes. Der Satz der Identität beispielsweise dürfe nicht «als ein unergründbares Axiom angestaunt und wie ein Fetisch an die Spitze der Logik gestellt werden», sondern sei «ein controlirbarer Schluss, den wir aus der Betrachtung des Denkens ableiten» (NGPL 333). Dasselbe gelte für den Satz vom Widerspruch und den Satz vom Grunde.

## Konstruktiver Ursprung der Kategorien

Die «Platonischen Ideen, [...] Aristotelischen Kategorien und apriorischen Principien» (NGPL 265) seien weder angeboren und würden auch, wie der Nominalismus meine, nicht durch «Aussiebung aus der Erfahrung» gewonnen (NGPL 274), in dem «durch sogenannte Abstraction, d. h. durch Weglassung des Besondern, das Allgemeine» (NGPL 274) herausgezogen werde. Sie stellen bei Teichmüller vielmehr, wie alle Begriffe, Konstrukte dar, nämlich Koordinationen von Beziehungspunkten zu einem System, einer Funktion (NGPL 287). Sie seien mithin Schlüsse und gehörten zum Bereich der Erkenntnis, und seien daher selbst keine Erkenntnisquellen, wie der Idealismus fälschlich annehme. Wir bildeten apriorische, transzendentale Ideen oder Kategorien dann, wenn «wir die Coordination unserer Functionen zu einem beliebigen, ideellen Object bemerken» (NGPL 294). Teichmüller erläutert an Beispielen, wie aus der Reflexion auf das Zusammenspiel von Vorstellung, Gefühl und Bewegung Kategorien entwickelt würden (z. B. NGPL 293–294). Er demonstriert, dass die Bildung der Kategorie der Teleologie in seinem System der Seelenfunktionen der Kategorie der Kausalität vorausgeht (NGPL 285–286). Er glaubt mit seinem Ansatz die widerstreitenden Positionen des Nominalismus und Idealismus versöhnen zu können, weil die Beziehungspunkte der Konstruktion einer Idee sowohl aus der Erfahrung wie auch aus den Konstanten der menschlichen Seelenfunktionen stammten (NGPL 286–287). Das Empirische liege im vom Umgang mit der Außenwelt abhängigen Inhalt des Bewusstseins (NGPL 284), den wir «nicht erfinden, sondern vorfinden oder zu erwarten haben» (NGPL 284), das Apriorische stamme aus Reflexion auf unsere Seelenfunktionen (NGPL 284).

# Rezeption

Die *Neue Grundlegung* wurde vor allem von osteuropäischen Philosophen (u. a. Jakob Ohse,[53] Jewgeni Alexandrowitsch Bobrow,[54] Alexej A. Koslow,[55] Nikolai Onufriewitsch Losskij,[56] Wladimir Szyłkarski[57]) sowie von den Theologen Eduard Tennmann[58] und Emil Pfennigsdorf[59] rezipiert. Dabei standen seine Unterscheidung von Bewusstsein und Erkenntnis sowie sein Personalismus im Vordergrund. Zur Ver-

53 Zu Jakob Ohse siehe Fn. 1.

54 Jewgeni Alexandrowitsch Bobrow (1867–1933) studierte in Dorpat bei Teichmüller und war ab 1899 Professor für Philosophie in Kazan, ab 1906 in Warschau und später noch in Rostow am Don.

55 Alexej Alexandrowitsch Koslow (1831–1901) lehrte Philosophie in Kiew und zog sich 1886 wegen der Folgen eines Schlaganfalls nach St. Petersburg zurück. Sein System weist teilweise frappierende Ähnlichkeiten mit Teichmüllers Philosophie auf (siehe dazu auch N. O. Lossky: History of Russian Philosophy [New York 1951] 158; Routledge Encyclopedia of Philosophy, ed. Edward Craig, vol. 5 [London, New York 1998] 834). Zur Übernahme Teichmüller'scher Gedanken durch Koslow siehe H. Schwenke: Zurück zur Wirklichkeit, 265–269 und die Hinweise in M. Schabad: Die Wiederentdeckung des Ich in Teichmüllers Metaphysik, 52, 152–153.

56 Nikolai Onufriewitsch Losskij (1870–1965) studierte zusammen mit Koslows Sohn, Sergej Alexejew Askoldow (1870–1845), Philosophie in St. Petersburg. Losskij lehrte dort ab 1900 und wurde 1916 Professor für Philosophie. 1922 wurde er aus Russland ausgewiesen und lehrte in Prag, Bratislava, Paris und New York (siehe Routledge Encyclopedia of Philosophy V, 834). Als seine Hauptleistung sieht er selbst seinen Intuitionismus an, eine Form des direkten Realismus. Eine Übernahme Teichmüller'scher Gedanken findet sich explizit in seinem Erstlingswerk *Die Grundlehren der Psychologie vom Standpunkte des Psychologie* (Leipzig 1904), wo er Teichmüllers Unterscheidung von Bewusstsein und Erkenntnis übernimmt (insbes. ebd. 73). Eine indirekte Rezeption von Teichmüllers Philosophie (über Koslow) findet sich auch in *Die Grundlegung des Intuitivismus* (Halle 1908). Dort (ebd. 193–194) macht er sich Koslows – auf Teichmüller zurückgehenden – Begriff des unmittelbaren Gottesbewusstseins zu eigen (siehe H. Schwenke: Zurück zur Wirklichkeit, 265–273).

57 Wladimir Szyłkarski (1889–1960), Professor für Philosophie in Tartu, Kowno/Kaunas und Bonn, veröffentlichte zahlreiche Beiträge über Teichmüller. Grundlegend ist sein Aufsatz: *Teichmüllers personalistische Seinslehre*, in: Blätter für Deutsche Philosophie – Zeitschrift der deutschen philosophischen Gesellschaft 9 (1935/36) 174–193.

58 Eduard Tennmann (1878–1936) lehrte von 1919 bis 1936 Theologie in Tartu. Siehe zu Teichmüller inbesondere seine *Voraussetzungen zur Philosophie des Christentums nach dem System Teichmüllers*, in: Eduard Tennmann: G. Teichmüllers Philosophie des Christentums. Acta et Commentationes Universitatis Tartuensis (Dorpatensis) B (Humaniora) XXII.1 (Tartu 1931) 135–216.

59 Emil Pfennigsdorf (1868–1952) war ab 1913 Professor für Religionsphilosophie, Praktische Theologie und Apologetik in Bonn.

breitung des Teichmüller'schen Personalismus hat wahrscheinlich auch sein Schüler Wincenty Lutosławski beigetragen, der den Terminus 'Personalismus' noch vor Teichmüller selbst in einer Publikation zur Bezeichnung von dessen Philosophie verwendete.[60] Die Rezeption Teichmüllers wurde in Osteuropa durch den Kommunismus behindert. Heute findet sein Personalismus dort wieder Beachtung. Bereits zu Lebzeiten lasen ihn amerikanische Philosophen, nachweislich der Personalist Borden Parker Bowne, zitierten ihn aber anscheinend nicht.[61] Im deutschen Sprachraum ist Teichmüllers Personalismus weitgehend unbekannt. In *Historischen Wörterbuch der Philosophie* und in der *Enzyklopädie Philosophie und Wissenschaftstheorie* sucht man seinen Namen unter dem Stichwort 'Personalismus' vergebens.

60 Siehe Wincenty Lutosławski: El Personalismo – un nueva sistema de filosofía, in: Revista de España 118 (1887) 321–336, insbes. 330–331, 335; auch als Separatum in Buchform (Madrid 1887). Der Aufsatz widmet sich ausschließlich der Darstellung der Philosophie Teichmüllers. Lutosławski hat möglicherweise nicht nur in Spanien und in seinem Heimatland Polen, sondern auch in den USA zur Verbreitung des Teichmüller'schen Personalismus beigetragen. Insbesondere lässt sich ein engerer Kontakt zu William James nachweisen. James schrieb ein Vorwort zu Lutosławskis *The World of Souls* (London 1924) 5–8 (dazu Lutosławski ebd. 14–15), in dem er ausdrücklich das in der Tradition Teichmüllers stehende monadologische System Lutosławskis würdigt: «[H]e believes in individual souls as ultimate and irreducible facts. He calls them 'substances' […] which is that each of us in his inner individuality is a permanently receptive and permanently active part of the universe. The universe is a great hierarchive system of such individual souls. In other words, Wincenty Lutosławski is not monist either in the materialist or the idealistic sense, but a pluralist, a monadologist.» (Ebd. 6–7). Siehe auch den Dank von William James an seinen «friend» Lutosławski im Vorwort seiner *Varieties of Religious Experience* (New York ²1902) IV.

61 Zu Bowne siehe Fn. 6. In seinem Brief an Teichmüller vom 13. Januar 1883 (Nachlass B 2279) schreibt der Philosoph und langjährige Präsident des Yale-College, Noah Porter (1811–1892), sein Freund Prof. Bowne von der Boston University habe ihm Teichmüllers *Wirkliche und scheinbare Welt* zur Lektüre empfohlen. Borden Parker Bowne (1847–1910) gilt als Hauptfigur des amerikanischen Personalismus. Sein Buch *Personalism* (Boston 1908) weist deutliche Parallelen zu Teichmüllers Philosophie auf. Ein Indiz für eine zumindest indirekte Rezeption der *Neuen Grundlegung* durch den Amerikanischen Personalismus wird in Komm. 372 beschrieben. Symptomatisch für die angelsächsische Rezeption ist, dass Teichmüller in Jan Olof Bengtsson: The Worldview of Personalism: Origins and Early Development (Oxford 2006) nicht erwähnt wird.

# Hinweise zur Edition

Die Edition basiert auf der 1889 bei Wilhelm Koebner in Breslau erschienenen Druckausgabe (DA), auf die sich die Seitenangaben im Text beziehen. Die Druckausgabe wurde mit dem vorliegenden Manuskript Teichmüllers (Nachlass A III 16) verglichen (Ms). Das Manuskript enthält einige Korrekturen und Reinschriften von anderer Hand, das von Caroline Teichmüller erstellte Sach- und Namenverzeichnis sowie das Inhaltsverzeichnis. Die Korrekturen von anderer Hand werden im Apparat nur ausnahmsweise vermerkt. Differenzen zwischen dem Manuskript und der Druckausgabe werden im Apparat vermerkt. Das Manuskript wird bevorzugt, wenn die Druckausgabe offenkundige Fehler enthält oder wenn es dem besseren Verständnis dient. Wenn der Text sowohl vom Manuskript als auch von der Druckausgabe abweicht, wird dies im Apparat angegeben.

Auf eine Modernisierung der Rechtschreibung und grammatischen Formen wurde verzichtet. Ebenso wurde die Zeichensetzung übernommen. Offensichtliche Druckfehler wurden stillschweigend korrigiert, uneinheitliche Schreibweisen, die offenkundig auf Druckfehlern beruhen, wurden vereinheitlicht (bspw. eigenthümlich/eigentümlich). Hervorhebungen im Text der NGPL werden wie in der Druckausgabe gesperrt wiedergegeben, in Zitaten in Kommentar und Einleitung des Herausgebers hingegen kursiv. Hervorhebungen in Zitaten aus anderen Handschriften werden wie im Original, d. h. in der Regel durch Unterstreichungen, wiedergegeben. Inhaltsverzeichnis und Sach- und Namenverzeichnis der Originalausgabe wurden stillschweigend korrigiert; die Seitenzahlen der Originalausgabe wurden beibehalten.

Die Literatur wird bei Erstnennung vollständig angegeben, alle weiteren Nennungen erfolgen nach Kurztiteln. Ausgenommen davon sind die im Siglen- und Abkürzungsverzeichnis aufgeführten Titel.

Erklärungen griechischer bzw. lateinischer Ausdrücke erfolgten, soweit nichts anderes angegeben, nach Wilhelm Gemoll: Griechisch-deutsches Schul- und Handwörterbuch (München $^{10}$2006) bzw. Josef Maria Stowasser: Lateinisch-deutsches Schulwörterbuch (München 2006).

Seitenverweise auf die *Wirkliche und scheinbare Welt*, die *Religionsphilosophie* und die *Neue Grundlegung der Psychologie und Logik* erfolgen nach der Paginierung der Originalausgaben, auf die *Vorlesungen über Philosophie des Christenthums* nach der Paginierung des Nachlassmanuskripts A I 28d.

## Editorische Zeichen

| | |
|---|---|
| – [...] | Durch die Zitation bedingte Auslassungen bzw. Hinzufügungen des Herausgebers werden in eckigen Klammern angegeben. |
| – [sic] | fehlerhafte oder eigentümliche Schreibweise im Originaltext. |
| – ⟨...⟩ | Eingriffe des Herausgebers *in den Wortbestand des Originaltextes* (etwa bei unklaren Abkürzungen, fehlenden oder unentzifferbaren Wörtern usw.) werden in Winkelklammern vermerkt. |
| – [¿] | unsichere Entzifferung |
| – ⟨–⟩ | ein unlesbares Wort |

## Abkürzungen und Siglen

Antike Autoren und Werktitel werden nach dem *neuen Pauly*, biblische Bücher werden nach den Loccumer Richtlinien abgekürzt. Stellenangaben und Originalzitate aus Platons Werken erfolgen nach Platonis Opera: Recognovit Brevique Adnotatione Critica Instruxit (as Ioannes Burnet), 5 Bde. (Oxford 1900–1907). Stellenangaben und griechische Zitate aus Aristoteles' Werken erfolgen nach Aristoteles Graece, ex recensione Immanuelis Bekkeri, edidit Academia Regia Borussica, Bde. 1–2 (Berlin 1831). John Locke wird nach der Ausgabe *The Works of John Locke in Nine Volumes* (London $^{12}$1824) zitiert.

| | |
|---|---|
| AA | Immanuel Kant: Kants gesammelte Schriften, hg. von der Königlich Preußischen Akademie der Wissenschaften, 29 Bde. (Berlin 1900ff.) [= Akademie-Ausgabe] |
| ADB | Allgemeine Deutsche Biographie, auf Veranlassung und mit Unterstützung Seiner Majestät des Königs von Bayern Maximilian II. hg. durch die Historische Commission bei der Königl. Akademie der Wissenschaften, 56 Bde. (Leipzig 1875–1912) |
| AF III | Gustav Teichmüller: Aristotelische Forschungen, Bd. 3: Geschichte des Begriffs der Parusie (Halle 1873) |
| A/T | Œuvres de Descartes, publ. par Charles Adam, Paul Tannery, 13 v. (Paris 1897–1913) |
| ax. | Axiom |
| BE | Brockhaus Enzyklopädie, hg. vom Bibliographischen Institut & F. A. Brockhaus, 30 Bde. (Leipzig, Mannheim $^{21}$2005–2006) |

| | |
|---|---|
| DA | Druckausgabe der NGPL (Breslau 1889) |
| def. | definitio |
| DGWDS | Das große Wörterbuch der deutschen Sprache in zehn Bänden, hg. vom Wissenschaftlichen Rat der Dudenredaktion (Mannheim ³1999) |
| DK | Die Fragmente der Vorsokratiker, hg. von Hermann Diels, Walter Kranz, 2 Bde. (Berlin ⁶1951) |
| DNP | Der neue Pauly: Enzyklopädie der Antike, hg. von Hubert Cancik, Helmuth Schneider, Manfred Landfester, 16 Bde. (Stuttgart 1996–2003) |
| ebd. | ebenda |
| HWPh | Historisches Wörterbuch der Philosophie, hg. von Joachim Ritter, Karlfried Gründer, Gottfried Gabriel, 12 Artikelbde., 1 Registerbd. (Basel 1971–2007) |
| KpV A | Immanuel Kant: Kritik der praktischen Vernunft, 1. Auflage Riga 1788 (A), zitiert nach: Theorie-Werkausgabe Immanuel Kant, Werke in zwölf Bänden, hg. von Wilhelm Weischedel, Bd. 7 (Frankfurt a. M. 1968) |
| KrV A/B | Immanuel Kant: Kritik der reinen Vernunft, 1. Aufl. Riga 1781 (A), 2. Aufl. Riga 1787 (B), zitiert nach: Theorie-Werkausgabe Immanuel Kant, Werke in zwölf Bänden, hg. von Wilhelm Weischedel, Bde. 3–4 (Frankfurt a. M. 1968) |
| KU A/B | Immanuel Kant: Kritik der Urteilskraft, 1. Aufl. Berlin, Libau 1790 (A), 2. Aufl. Berlin 1790 (B), zitiert nach: Theorie-Werkausgabe Immanuel Kant, Werke in zwölf Bänden, hg. von Wilhelm Weischedel, Bd. 10 (Frankfurt a. M. 1968) |
| LF | Gustav Teichmüller: Literarische Fehden im 4. Jh. vor Chr. 2 Bde. (Breslau 1881, 1884) |
| LK | Gustav Teichmüller: Logik und Kategorienlehre, aus dem Nachlass hg. von Wladimir Szyłkarski, in: Archiv für spiritualistische Philosophie und ihre Geschichte 1 (Amsterdam 1940) 1–272 |
| MGKL | Meyers Großes Konversations-Lexikon, 20 Bde. (Leipzig ⁶1905–1909) |
| Ms | Manuskript der NGPL (Nachlass A III 16) |
| NDB | Neue Deutsche Biographie, hg. von der Historischen Kommission bei der Bayerischen Akademie der Wissenschaften, bisher 24, geplant 28 Bde. (Berlin 1953ff.) |
| NGPL | Gustav Teichmüller: Neue Grundlegung der Psychologie und Logik [postum 1889], in: ders.: Gesammelte Schriften, hg. von Heiner Schwenke, Bd. 3 (Basel 2014) – Seitenangaben folgen der Originalausgabe |
| NSGB III | Gustav Teichmüller: Neue Studien zur Geschichte der Begriffe, Bd. 3 (Gotha 1879) |

| | |
|---|---|
| PhChr | Gustav Teichmüller: Vorlesungen über Philosophie des Christenthums, in: ders.: Gesammelte Schriften, hg. von Heiner Schwenke, Bd. 2 (Basel 2014) |
| prop. | propositio |
| PUL | Pierer's Universal-Lexikon, 19 Bde. (Altenburg [4]1857–1865) |
| RPh | Gustav Teichmüller: Religionsphilosophie [1886], in: ders.: Gesammelte Schriften, hg. von Heiner Schwenke, Bd. 2 (Basel 2014) – Seitenangaben folgen der Originalausgabe |
| SBG | Gustav Teichmüller: Studien zur Geschichte der Begriffe (Frankfurt 1874) |
| TWA | Georg Friedrich Wilhelm Hegel: Werke in zwanzig Bänden (Theorie-Werkausgabe), auf der Grundlage der «Werke» von 1832–1845 neuedierte Ausgabe von Eva Moldenhauer und Karl Markus Michel (Frankfurt a. M. 1969–1971) |
| US | Gustav Teichmüller: Ueber die Unsterblichkeit der Seele (Leipzig 1874). |
| WPhB | Rudolf Eisler: Wörterbuch der philosophischen Begriffe, 2 Bde. (Berlin [2]1904) |
| WSW | Gustav Teichmüller: Die wirkliche und die scheinbare Welt. Neue Grundlegung der Metaphysik [1882], in: ders.: Gesammelte Schriften, hg. von Heiner Schwenke, Bd. 1 (Basel 2014) – Seitenangaben folgen der Originalausgabe |

# Bibliographische Angaben

## 1. Verzeichnis der Schriften von Gustav Teichmüller

### Monographien

Die Aristotelische Einteilung der Verfassungsformen. Besonderer Abdruck aus dem Programm der St. Annenschule in St. Petersburg (St. Petersburg 1859).

Die Einheit der Aristotelischen Eudämonie. Abdruck aus dem Programm der St. Annenschule in St. Petersburg (St. Annen-Schule) 1859. Bulletin hist.-phil. de l'Académie Impériale des Sciences de St.-Pétersbourg, T. XVI, No. 20–23, 3./15. Juni 1859, wiederabgedruckt in: Mélanges Gréco-Romains Tirés du Bulletin de l'Académie Impériale des Sciences de St.-Pétersbourg, Tome II, 1866, 101–180.

Aristotelische Forschungen. – Bd. 1. Beiträge zur Erklärung der Poetik des Aristoteles (Halle: E. Barthel 1867).

Aristotelische Forschungen. – Bd. 2. Aristoteles Philosophie der Kunst (Halle: E. Barthel 1869).

Aristotelische Forschungen. – Bd. 3. Geschichte des Begriffs der Parusie (Halle: E. Barthel 1873).

Ueber die Unsterblichkeit der Seele (Leipzig: Duncker und Humblot 1874, 2. erw. Aufl. 1879).

Studien zur Geschichte der Begriffe (Frankfurt a. M.: Baer 1874).

Die Platonische Frage. Eine Streitschrift gegen Zeller (Gotha: Fr. A. Perthes 1876).

Neue Studien zur Geschichte der Begriffe. – Bd. 1: Herakleitos (Gotha: Fr. A. Perthes 1876).

Ueber die Frauenemancipation (Dorpat: Mattiesen 1877).

Darwinismus und Philosophie (Dorpat: Mattiesen 1877).

Wahrheitsgetreuer Bericht über meine Reise in den Himmel, verfaßt von Immanuel Kant (Gotha: Fr. A. Perthes 1877).

Neue Studien zur Geschichte der Begriffe. – Bd. 2: Pseudohippokrates de diaeta – Herakleitos als Theolog – Aphorismen (Gotha: Fr. A. Perthes 1878).
Ueber die Reihenfolge der Platonischen Dialoge (Dorpat: Mattiesen, Leipzig: K.F. Köhler 1879).
Ueber die Unsterblichkeit der Seele (Leipzig: Duncker und Humblot 1874, 2. erw. Aufl. 1879).
Neue Studien zur Geschichte der Begriffe. – Bd. 3: Die praktische Vernunft bei Aristoteles (Gotha: Fr. A. Perthes 1879).
Ueber das Wesen der Liebe (Leipzig: Duncker und Humblot 1879).
Literarische Fehden im vierten Jahrhundert vor Chr., Bd. 1 (Breslau: W. Koebner 1881).
Die wirkliche und die scheinbare Welt. Neue Grundlegung der Metaphysik (Breslau: W. Koebner 1882).
Literarische Fehden im vierten Jahrhundert vor Chr., Bd. 2 (Breslau: W. Koebner 1884).
Religionsphilosophie (Breslau: W. Koebner 1886).
Neue Grundlegung der Psychologie und Logik, postum hg. von Jakob Ohse (Breslau: W. Koebner 1889).

## Aufsätze

Zur frage über die reihenfolge der bücher in der Aristotelischen politik, in: Philologus 16 (1860) 164–166.
[Über die Differenz von Tragödie und Epos bei Aristoteles], in: Verhandlungen der fünfundzwanzigsten Versammlung deutscher Philologen und Schulmänner in Halle vom 1. bis 4. Oktober (Leipzig 1868) 48-50, Diskussion 50–53.
Ungedruckte Briefe von Kant und Fichte, in: Zeitschrift für Philosophie und philosophische Kritik 66 (1875) 173–185.
Ueber den ursprung des terminus ἐπαγωγή, in: Philologus 34 (1875) 567–568.
Der Begriff des Raumes bei Lukrez, in: Rheinisches Museum für Philologie 32 (1877) 309–313.
Charakteristik der Araber. Eine völkerpsychologische Skizze, in: Baltische Monatsschrift 26 (1878 25–64.
Zur Pädagogik der Elementarschulen, in: Baltische Monatsschrift 26 (1878/1879) 255–264.
Pädagogische Fragen, in: Baltische Monatsschrift 26 (1878/1879) 384–400.
Über ἐπαναγωγή und ἐπαγωγή, ἐπαναφέρειν und ἐπιφέρειν, in: Rheinisches Museum 36 (1881) 309–312.

Zur Erwiderung [auf eine anonyme Rezension der Lit. Fehden I], in: Philologische Rundschau 2 (1882) Sp. 957–960.
Ueber den Ursprung des Bewußtseyns, in: Zeitschrift für Philosophie und philosophische Kritik 83 (1883) 225–245.

## Herausgebertätigkeit

Historia philosophiae graecae et romanae ex fontium locis contexta. Locos collegerunt, disposuerunt, notis auxerunt H. Ritter et L. Preller. Editio quinta. Curavit G. Teichmüller (Gotha: Fr. A. Perthes 1875).

## Rezensionen und Selbstanzeigen

Trendelenburg. Naturrecht auf dem Grunde der Ethik, in: Göttingische gelehrte Anzeigen (1861) 1–37.
Thilo. Die theologisierende Rechts- und Staatsrechtslehre, in: Göttingische gelehrte Anzeigen (1862) 131–151.
Piderit. Gehirn und Geist, in: Göttingische gelehrte Anzeigen (1864) 1954–1960.
Hanne. Bekenntnisse oder Drei Bücher vom Glauben, in: Allgemeine Kirchliche Zeitschrift (1865) 165.
Taine. Les philosophes français du XIXe siècle, in: Göttingische gelehrte Anzeigen (1866) 401–428.
Teichmüller. Aristotelische Forschungen. Bd. I. Selbstanzeige, in: Göttingische gelehrte Anzeigen (1866) 1935–1944.
Eucken. De Aristotelis dicendi ratione, in: Göttingische gelehrte Anzeigen (1866) 2027–2040.
Trendelenburg. Historische Beiträge zur Philosophie. Bd. III, in: Göttingische gelehrte Anzeigen (1869) 1841–1868.
Teichmüller. Geschichte des Begriffs der Parusie, in: Göttingische gelehrte Anzeigen (1872) 2049–2056.
Teichmüller. Studien zur Geschichte der Begriffe, in: Göttingische gelehrte Anzeigen (1874) 1157–1168.
Harms. Ueber den Begriff der Psychologie, in: Göttingische gelehrte Anzeigen (1875) 402–411.
Ritter und Preller. Historia philosophiae graecae et romanae ex fontium locis contexta, in: Göttingische gelehrte Anzeigen (1875) 1185–1199.
Bywater. Heraclit, in: Göttingische gelehrte Anzeigen (1877) 825–832.

Teichmüller. Ueber die Reihenfolge der Platonischen Dialoge, in: Göttingische gelehrte Anzeigen (1879) 1313–1326.

Tocco. Ricerche Platoniche, in: Göttingische gelehrte Anzeigen (1880) 257–274.

Tannery. Thales et ses emprunts à l'Égypte, in: Göttingische gelehrte Anzeigen (1880) 1063–1070.

Physiological Metaphysics; or the apotheosis of science by suicide, in: Göttingische gelehrte Anzeigen (1880) 1139–1147.

Mettig. Katharina von Siebenbürgen, in: Literarisches Centralblatt, No. 18 (1880) Sp. 570.

Ritter. Die Grundprinzipien der Aristotelischen Seelenlehre, in: Philologische Rundschau, 1 (1881) Sp. 97–100.

Sillén. Platonis de antiquissima philosophia testimonia, in: Philologische Rundschau 2 (1882) Sp. 1413–1418.

Friesendorff. Grundriß der Unterrichtslehre, in: Rigasche Zeitung, April 1883, Nr. 83, 91, 92.

Lutosławski. Erhaltung und Untergang der Staatsverfassungen nach Platon, Aristoteles und Machiavelli, in: Literarisches Centralblatt, No. 17 (1888) Sp. 580–581.

## Veröffentlichung von Manuskripten aus dem Nachlass

Über den Zweck des Lebens, hg. vom Emil Pfennigsdorf, in: Der Geisteskampf der Gegenwart – Monatsschrift für christliche Bildung und Weltanschauung (früher: Beweis des Glaubens) 64 (Gütersloh 1928) 177–187.

Ueber das Wesen, die Ursachen, die Heilmittel und über die ethische Beurteilung des unpraktischen Habitus, hg. von Hubertus Grützner, in: Hubertus Grützner: Gustav Teichmüller, in: Vierteljahrsschrift für wissenschaftliche Pädagogik 5 [1929] 384–401 (391–401).

Max von Werther, in: Das pädagogische Tagebuch Gustav Teichmüllers, hg. von Hubertus Grützner, in: Vierteljahrsschrift für wissenschaftliche Pädagogik. Reihe A der Ergänzungshefte: Abhandlungen. Heft 7 (Münster: Münsterverlag 1931) 27–90.

Characteristicum Maximi, in: Das pädagogische Tagebuch Gustav Teichmüllers, hg. von Hubertus Grützner, in: Vierteljahrsschrift für wissenschaftliche Pädagogik. Reihe A der Ergänzungshefte: Abhandlungen. Heft 7 (Münster: Münsterverlag 1931) 91–96.

G. Teichmüllers Vorlesungen über die Philosophie des Christentums. 2 St. II. Sem. 1886. [Text von Caroline Teichmüller, erstellt auf der Grundlage von Teichmüllers Vorlesungsmanuskript unter Hinzuziehung von studentischen Vorlesungsmitschriften], in: Eduard Tennmann: G. Teichmüllers Philosophie des Christentums. Acta et Commentationes Universitatis Tartuensis (Dorpatensis) B (Humaniora) XXII.1 (Tartu 1931) 1–57.

Kritik der bisherigen Theologie, in: Eduard Tennmann: G. Teichmüllers Philosophie des Christentums. Acta et Commentationes Universitatis Tartuensis (Dorpatensis) B (Humaniora) XXII.1 (Tartu 1931) 58–95.

Theologie. Erkenntnistheoretischer Beweis für das Dasein Gottes, in: Eduard Tennmann: G. Teichmüllers Philosophie des Christentums. Acta et Commentationes Universitatis Tartuensis (Dorpatensis) B (Humaniora) XXII.1 (Tartu 1931) 96–104.

Meine Theologie, in: Eduard Tennmann: G. Teichmüllers Philosophie des Christentums. Acta et Commentationes Universitatis Tartuensis (Dorpatensis) B (Humaniora) XXII.1 (Tartu 1931) 105–108.

Schöpfung, in: Eduard Tennmann: G. Teichmüllers Philosophie des Christentums. Acta et Commentationes Universitatis Tartuensis (Dorpatensis) B (Humaniora) XXII.1 (Tartu 1931) 109–115.

Sünde, in: Eduard Tennmann: G. Teichmüllers Philosophie des Christentums. Acta et Commentationes Universitatis Tartuensis (Dorpatensis) B (Humaniora) XXII.1 (Tartu 1931) 116–118.

Logik des Neuen Testaments, in: Eduard Tennmann: G. Teichmüllers Philosophie des Christentums. Acta et Commentationes Universitatis Tartuensis (Dorpatensis) B (Humaniora) XXII.1 (Tartu 1931) 119–123.

Logik und Kategorienlehre, hg. von Wladimir Szyłkarski, in: Archiv für spiritualistische Philosophie und ihre Geschichte 1 (Amsterdam: Pantheon Akademische Verlagsanstalt 1940) 1–272.[62]

62 Der Band ist ohne Jahresangabe. Sein Erscheinungsjahr wird auch mit 1939 angegeben (vgl. etwa M. Schabad: Die Wiederentdeckung des Ich in Teichmüllers Metaphysik, 141, 143, 168). Nach Aussage des Herausgebers erschien er jedoch erst 1940 (Wladimir Szyłkarski: Gustav Teichmüller. Der Neubegründer der deutschen Philosophie des tätigen Geistes, in: Zeitschrift für philosophische Forschung 8 [1954] 595–604 [hier 602]).

## 2. Sekundärliteratur

### Rezensionen zur *Neuen Grundlegung der Psychologie und Logik*

von Stern, Maurice Reinhold: Streifzüge durch die neueste deutsche Erkenntnißtheorie, Psychologie und Logik. Gustav Teichmüller, Neue Grundlegung der Psychologie und Logik, in: Stern's Literarisches Bulletin 2 (1893) 137–140, 147–150.

Bobrow, Jewgenij A.: Rezension, in: Voprosy philosophii i psychologii, Buch 9 (1891) 79–88 (russisch).

### Weitere Literatur zur *Neuen Grundlegung der Psychologie und Logik*

Hollmann, Rudolf: Abriss der Psychologie und Erkenntnistheorie als Einführung in die Logik nach Teichmüller (Riga 1914).

Pfennigsdorf, Emil: Bewusstsein und Erkenntnis. Mit besonderer Beziehung auf die Philosophie Teichmüllers, in: Zeitschrift für Philosophie und philosophische Kritik 111 (1897) 81–107.

### Weitere Literatur zu Teichmüllers systematischer Philosophie

Bobrow, Jewgenij A.: O ponyatii bytija [Über den Begriff des Seins. Die Lehre G. Teichmüllers und A. Koslows.] (Kazan 1898), bes. 6–46.

– Vospominanie o G. Tejchmjuller [Erinnerung an G. Teichmüller], in: ders.: Filosofia v Rossii (Kazan 1899) 25–48.

Dickopp, Karl-Heinz: Zum Wandel von Nietzsches Seinsverständnis – African Spir und Gustav Teichmüller, in: Zeitschrift für philosophische Forschung 24 (1970) 50–71.

Dyroff, Adolf: Über Teichmüllers Bedeutung, in: Archiv für spiritualistische Philosophie 1 (1940) V–XXIV.

Gabriel, Gottfried: Die Bedeutung von Begriffsgeschichte und Metaphorologie für eine systematische Philosophie, in: Literaturwissenschaft als Begriffsgeschichte, hg. von Christoph Strosetzki [= Archiv für Begriffsgeschichte, Sonderheft 8] (Hamburg 2010) 17–28.

– Gustav Teichmüller and the Systematic Significance of Studying the History of Concepts, in: Studia Philosophica Estonica - Online First (2013) http://www.spe.ut.ee/ojs-2.2.2/index.php/spe/author/submission/158.

Hanne, Johannes Robert: Teichmüller's neue Grundlegung der Philosophie, in: Protestantische Monatshefte 3 (1899) 1–18.

Jurevičs, Paul: Deux philosophes de la conscience: Teichmüller et Bergson, in: Archiv für spiritualistische Philosophie 1 (1940) 273–306.

Koslow, Alexej Alexandrowitsch: Gustav Tejchmjuller, in: Voprosy filosofi i psikhologi 24 (1894) 523–536; 25 (1895) 661–681.

Kühne-Bertram, Gudrun: Zur Rezeptions- und Wirkungsgeschichte des Materialismus-Streits in den Philosophien von Schülern F.A. Trendelenburgs, in: Weltanschauung, Philosophie und Naturwissenschaft im 19. Jahrhundert, hg. von Kurt Bayertz, Myriam Gerhard, Walter Jaeschke, Band 1: Der Materialismus-Streit (Hamburg 2007) 142–176.

Kulpa, Rudolf: Oleva problem Gustav Teichmülleril [Das Problem des Seienden bei Teichmüller] [Magisterarbeit Universität Tartu] (Tartu 1934).

Lutosławski, Wincenty: El personalismo. Un nuevo sistema de filosofía, in: Revista de España 118 (1887) 321–336; als Separatum in Buchform (Madrid 1887).

Masci, Filippo: Un metafisico antievoluzionista Gustavo Teichmuller – memoria letta all'Accademia delle Scienze Morali e Politiche della Societa Reale di Napoli / dal socio ordinario Filippo Masci (Napoli 1887).

Müller, Adolf: Die Metaphysik Teichmüllers, in: Archiv für systematische Philosophie 6 (1900) 1–27, 156–175, 341–373.

Nohl, Herman: Eine historische Quelle zu Nietzsches Perspektivismus: G. Teichmüller, Die wirkliche und die scheinbare Welt, in: Zeitschrift für Philosophie und philosophische Kritik 149 (1913) 106–115.

Ohse, Jacob: Personalism i projektivism v metafizike Lotze [Personalismus und Projektivismus in der Metaphysik Lotzes] (Dorpat 1897), insb. 184–245, 461–467.

Orsucci, Andrea, Alessandro Savorelli: Gustav Teichmüller filologo e metafisico tra Italia e Germania, in: Giornale critico della filosofia italiana (Serie 6) 17 (1997) 47–111. – I. Teichmüller, Nietzsche e la critica delle 'mitologie scientifiche', 47–63 (Orsucci). – II. Teichmüller e gli amici napoletani, 64–84 (Savorelli). – Appendice: Il carteggio di Gustav Teichmüller con Antonio Labriola, Bertrando Spaventa, Augusto Vera e Alessandro Chiappelli, 85–111.

Pello, Ottmar: Über Teichmüller-Tennmanns Philosophie des Christentums, in: Charisteria Iohanni Kõpp octogenario oblata (Papers of the Estonian Theological Society in Exile Nr. 7) (Stockholm 1954) 148–160.

Pfennigsdorf, Emil: Die erkenntnistheoretischen und religionsphilosophischen Grundgedanken G. Teichmüllers, in: Theologische Studien und Kritiken 68 (1895) 530–586.

– Conscience et connaissance religieuses. Importance de leur discrimination pour la théologie, in: Revue d'Histoire et de Philosophie religieuses 19 (1939) 159–171.

– Teichmüllers Religionsphilosophie und ihre Bedeutung für die Gegenwart, in: Archiv für spiritualistische Philosophie 1 (1940) XLVIII–LVI.

Rother, Wolfgang: Gustav Teichmüllers Theorie der Begriffsgeschichte, in: Literaturwissenschaft als Begriffsgeschichte, hg. von Christoph Strosetzki [Archiv für Begriffsgeschichte. Sonderheft 8] (Hamburg 2010) 29–41.

Rumer, J.: Panteizma i teizma v philosophii Tejchmjullera [Pantheismus und Theismus in der Philosophie Teichmüllers], in: Woprosy philosophii i psychologii 126 (1915) 62–105.

Sandmayer, Paula: Das Ich in Gustav Teichmüllers neuer Philosophie [Dissertation] (Münster 1944).

Schabad, Michael: Die Wiederentdeckung des Ich in der Metaphysik Teichmüllers (Basel 1940).

Schwenke, Heiner: Zurück zur Wirklichkeit. Bewusstsein und Erkenntnis bei Gustav Teichmüller (Basel 2006).

– Teorija poznaniya kak osnova ontologii. Novyj vzglyad na filosofiju Gustava Tejchmjullera. [Erkenntnistheorie als Grundlage der Ontologie. Ein neuer Blick auf die Philosophie Gustav Teichmüllers], in: Issledovanija po istorii russkoj mysli [Studies in Russian Intellectual History] 8 (Yearbook 2006/2007, erschienen Moskva 2009) 208–236.

– Internacional'nyj filosof. O naučnom archive Gustava Tejchmjullera (1832–1888) v Bazele. [Ein internationaler Philosoph. Der wissenschaftliche Nachlass Gustav Teichmüllers (1832–1888) in Basel], in: Issledovanija po istorii russkoj mysli [Studies in Russian Intellectual History] 8 (Yearbook 2006/2007, erschienen Moskva 2009) 353–364.

– Gustav Teichmüller – Die Rettung der Person, in: Philosophie in Basel – Prominente Denker des 19. und 20. Jahrhunderts, hg. von Emil Angehrn, Wolfgang Rother (Basel 2011) 14–30.

– «A Star of the First Magnitude within the Philosophical World»: Introduction to Life and Work of Gustav Teichmüller, in: Studia Philosophica Estonica – Online First (2013) http://www.spe.ut.ee/ojs-2.2.2/index.php/spe/author/submission/159.

Spaventa, Bertrando: Esame di un'obbiezione di Teichmüller alla dialettica di Hegel – Memoria del socio B. Spaventa (Napoli 1883), wiederabgedruckt in: Bertrando Spaventa: Opere, a cura di Francesco Valagussa (Milano 2009) 399–423.

Strods, Aloiz Donatovič: Nemeckij personalizm: kritičeskij očerk vozniknovenija i stanovlenij [Der deutsche Personalismus] (Riga (1984) (insbes. 79–102).

Szyłkarski, Wladimir: Teichmüllers personalistische Seinslehre. Blätter für Deutsche Philosophie, in: Zeitschrift der deutschen philosophischen Gesellschaft 9 (1935/36) 174–193.

– Teichmüllers philosophischer Entwicklungsgang. Vorstudien zur Lebensgeschichte des Denkers, in: Eranus – Commentationes Societatis Philosophicae Lituanae 4 (1938) 1–96.
– Teichmüller im Verkehr mit seinen Zeitgenossen, in: Archiv für spiritualistische Philosophie 1 (1940) 297–438.
– Teichmüllers Lehre vom substanzialen, realen und ideellen Sein. Zur Einleitung in seine Logik und Kategorienlehre, in: Archiv für spiritualistische Philosophie 1 (1940) LVII–LXXVII.
– Gustav Teichmüller. Der Neubegründer der deutschen Philosophie des tätigen Geistes, in: Zeitschrift für philosophische Forschung 8 (1954) 595–604.

Tennmann, Eduard: Die vierte Weltansicht als Grundlage der Philosophie des Christentums von Gustav Teichmüller, in: Der Geisteskampf der Gegenwart 64/5 (1928) 364–373.
– G. Teichmülleri kristluse filosoofia, in: Usuteadusline Ajakiri III aastakäik 1 (September 1928) 4–32.
– Voraussetzungen zur Philosophie des Christentums nach dem System Teichmüllers, in: ders.: G. Teichmüllers Philosophie des Christentums. Acta et Commentationes Universitatis Tartuensis (Dorpatensis) B (Humaniora) XXII.1 (Tartu 1931) 135–216.

Trošin, A.: Obraz čeloveka v russkom neolejbnicianstve: Škola G. A. Tejchmjullera [Das Menschenbild im russischen Neoleibnizeanismus: Die Schule G. Teichmüllers], in: Social'naja antropologija na poroge XXI veka: tezisy i materialy konferencii 20 – 21 nojabrja 1997 goda [Sozialanthropologie an der Schwelle des 21. Jahrhunderts. Materialien der Konferenz vom 20.–21. November 1997], hg. von Ju. M. Reznik (Moskau 1998) 86–87.

Vaska, Vootele: The Concept of Being in the Philosophy of Teichmüller [Ph.D. Dissertation, Columbia University] (Ann Arbor, Mich. 1964).

# Neue Grundlegung

der

# Psychologie und Logik

von

**Gustav Teichmüller.**

Herausgegeben

von

**J. Ohse,**
Privatdocent an der Universität Dorpat.



**Breslau.**
Verlag von Wilhelm Koebner.
**1889.**

# Neue Grundlegung der Psychologie u. Logik.

Von

Gustav Teichmüller
ord. öffentl. Prof. d. Philos. in Dorpat

# | Vorwort.[1] *III*

Durch die Herausgabe der «Neuen Grundlegung der Psychologie und Logik» erfülle ich eine Aufgabe, die mir mein unvergesslicher Lehrer und Freund wenige Tage vor seinem Tode anvertraut hat. Es war ihm nicht mehr vergönnt, dieses in den Jahren 1886 und 1887 verfasste Werk, das aus den Vorarbeiten zu der schon in der Religionsphilosophie pag. VII angekündigten «Philosophie des Christenthums» herausgewachsen ist und von Seiten der Psychologie und Logik eine neue Substruction für die in der speculativen Theologie zu behandelnden Fragen liefern sollte, dem philosophischen Publicum darzubieten; die letzte Krankheit ereilte ihn bei der Revision des Manuscripts.

Nicht Bearbeitung, sondern bloss Edition des fast durchweg druckfertigen Werkes war die mir zugefallene Aufgabe. Nur drei Abschnitte hatte der Verfasser einer eingehendem Umarbeitung unterziehen, theils auch kürzen, theils erweitern wollen, ohne seine Absicht vollführen zu können, nämlich den ersten Theil des Abschnittes «Bewusstsein und Erkenntniss», etwa S. 1–26, die Erörterung über Potenz und Actus S. 46, und schliesslich die Ausführungen über die numerische und qualitative Identität des Ichs S. 167, wo namentlich, nach einer Randbemerkung zu schliessen, der Terminus «qualitativ» durch «substanzial» ersetzt werden sollte.[2] Vor allem ist aber tief zu bedauern, dass zwei Capitel, die eine Fülle neuer Gesichtspunkte geboten hätten, unbearbeitet geblieben sind: auf den Abschnitt «Nachahmung» S. 102 sollte nach der Absicht des Verfassers ein ausführlicher Excurs über Kunst folgen und in der neuen Dialektik ein besonderes Capitel von dem Begriff der Wahrheit handeln.[3] In diesem Zusammenhang sei auch noch darauf hingewiesen, dass die auf S. 235 begonnene Abhandlung | *IV* über das Bedingtsein der socialen Beziehungen durch das Ich und die Selbsterkenntniss nicht zu Ende geführt ist und dass auch die das Werk abschliessende Methodenlehre den ihr zugedachten Umfang nicht erhalten hat. In Bezug auf alle genannten Stellen habe ich mich principiell eines jeden Aenderungsversuches enthalten, da pietätvolle Wahrung der charakteristischen Eigenart des Verfassers im Grossen und im Kleinen als oberster Grundsatz mein Verfahren bei der Herausgabe dieses Werkes leitete; auch getraute ich mir nicht, den mir vom Verfasser ausdrücklich ausgesprochenen Wunsch, dass an dem Texte Kürzungen vorgenommen werden sollten, auszuführen, um nicht meinem subjektiven Ermessen einen zu weiten Spielraum zu gewähren. Ich habe daher bei der Durchsicht des Manuscripts bloss offenbare kleine Versehen berichtigt und an einigen wenigen Stellen unwesentliche Kürzungen aus stilistischen Gründen mir gestattet; die verschiedenen Ueberschriften, meistens auch die Eintheilung in Abschnitte und Capitel enthielt schon das Manuscript. Die ursprüngliche Beziehung dieser Forschungen auf die speculative Theologie tritt kaum bemerkbar hervor; nur wenige Stellen, z. B. die zweite Aporie S. 15, erinnern noch an jenen Zusammenhang; in seiner jetzigen Gestalt ist das Buch ein durchaus selbständiges Ganzes.

Gegenüber der souveränen Klarheit, mit der die schwierigen Probleme dieser Untersuchungen behandelt und die neuen Resultate abgeleitet werden, wäre jeder Versuch einer erläuternden Darlegung des Inhaltes dieses Werkes hier am unrechten Platz. Der von Teichmüller ausgebildete philosophische Gedankenkreis kann jetzt auf Grund von drei systematischen Darstellungen, die in der Wirklichen und scheinbaren Welt, der Religionsphilosophie und der Grundlegung der Psychologie und Logik vorliegen, geprüft und beurtheilt werden und gehört in dieser Gestalt der Geschichte der Philosophie an. Alle diese Werke sind getragen von tiefdringender speculativer Kraft und von dem unentwegten Streben nach einer immer umfassenderen Ausbildung einer die Thatsachen des Natur- und Geisteslebens gleichmässig berücksichtigenden und objectiv erklärenden Weltanschauung, in der als einem fest gefügten System ein Glied das andere stützt, allbeliebte Tagesmeinungen aber keine Stelle finden. Der kühne Idealismus dieses Systems, wie er sich in der Auffassung des Raumes und der Zeit offenbart, vermag durch die Würdigung des Ichs als des Prototyps für den Substanzbegriff zugleich dem Durst nach Realität, den viele mo-
V derne | Richtungen mit ihren Mitteln vergeblich zu stillen suchen, vollauf Genüge zu leisten; an den streng kritischen Ausgangspunkt schliesst sich kein lähmender Skepticismus an; das Hochhalten der Fahne der Speculation zieht jedoch hier nicht, wie beim Hegelschen Intellectualismus, die Folge nach sich, dass alle Geistesvermögen als niedere Potenzen am Ende ihrer Entwickelung in das Alles absorbirende Erkenntnissvermögen verschwinden; vielmehr werden durch die grundlegende Unterscheidung von Bewusstsein und Erkenntniss die natürlichen Grenzen eines jeden Gebietes des Geistes in gerechter Weise anerkannt und befestigt. Die Consequenzen, welche sich von diesem Standpunkt für die Beurtheilung des geistigen Lebens ergeben, stellt uns einerseits die Religionsphilosophie, andererseits die Grundlegung der Psychologie und Logik deutlich vor Augen.

Niemand, der die Werke Teichmüllers mit vorurtheilsfreier Unbefangenheit durchforscht, wird sich der Anerkennung seiner wissenschaftlichen Grösse entziehen können, und die Gegnerschaft zeitweilig herrschender Gedankenrichtungen wird die Zukunft nicht daran hindern, den von den Kämpfen der Zeit, in welcher sie entstanden, ganz unabhängigen Werth seiner Forschungen zu schätzen. Nicht die Gunst der wissenschaftlichen und religiösen Parteien, sondern die Erkenntniss der Wahrheit war das hohe Ziel, welches die Richtung seines Strebens bestimmte, und seine unverhüllte, oft schroffe Polemik hatte hierin ihren wahren Grund. Namentlich mussten die skeptisch und positivistisch angehauchten Strömungen in der Philosophie seinen Unwillen hervorrufen, da in seinen Augen die erste Bedingung philosophischer Forschung der Muth der Wahrheit und der Glaube an die Macht des Geistes war.

Für Mit- und Nachwelt lebt Teichmüller, obwohl im reichsten geistigen Schaffen vom Tode getroffen, in seinen Werken fort, welche die festen Umrisse seiner Anschauungen enthalten und zum Weiterbauen in gleichem Geiste auffordern; wer aber das Glück gehabt hat, in näherem persönlichen Verkehr mit ihm zu stehen, gedenkt nicht nur mit unwandelbarer Dankbarkeit des Lehrers κατ' ἐξοχήν,[4] dessen mündliche Rede durch lichtvolle Klarheit und Geistesfrische einen jeden freudig erhob und durch geistvolle Kritik und Mittheilung neuer Gesichtspunkte im edelsten Sinne bildend wirkte; sondern der kann sich auch voll und ganz die Worte P. Tannery's (Archiv für Geschichte der Philosophie II, 3, | S. 495) aneignen: «Je *VI*
n'oublierai jamais qu'il m'a montré un coeur d'or».[5]

Ich hoffe meine Aufgabe umsomehr im Sinne meines verewigten Lehrers erfüllt zu haben, als ich mich während der Arbeit beständig des Rathes und der thätigen Hülfe seiner nächsten Angehörigen erfreuen konnte; es darf auch nicht unerwähnt bleiben, dass ich seiner Gattin[6] die Herstellung des Index zu danken habe.

Dorpat, den 5./17. April 1889.

J. Ohse.

# | Inhalts-Verzeichniss. VII

# | Erster Theil. -1

# Neue Grundlegung der Psychologie.

# || I. Bewusstsein und Erkenntniss. 0|1

## Erstes Capitel.
## Historisch-kritische Einleitung.

Dogmatismus und Kriticismus.

Man lässt gewöhnlich die philosophische Arbeit in der Menschheit mit Thales anfangen. Allein in dem Sinne, wie dieser oder Herakleitos, Parmenides und selbst Demokritos philosophirten, müsste auch Zeus bei Homer schon zu den Philosophen gehören; denn er hat nicht nur seine Erfahrungen zu einer allgemeinen Reflexion zusammengefasst, wenn er z. B. sagt, dass die Menschen alle Uebel von den Göttern ableiteten, obwohl sie doch durch ihren eigenen Frevel sich mehr Leiden zuzögen, als ihnen vom Schicksal zugedacht wären; sondern Zeus gebraucht auch schon die inductive Methode, indem er seine abstracte Erkenntniss durch die Beispiele des Aigisthos und Orestes begründet.[7]

Es ist daher zwar richtig, dass die Vernunftthätigkeit schon sehr früh in der Menschheit rege und bei Thales schon durch grössere und zusammenhängende Gedankenreihen berühmt geworden sei; den eigentlichen Anfang der Philosophie als Wissenschaft muss man aber doch erst mit Sokrates machen, vor welchem Niemand die Einsicht in das Wesen des Erkennens und Wissens als das Fundament der philosophischen Arbeit betrachtete. Da man die Vernunft einmal hatte, so benutzte man sie von Anbeginn ebenso unbefangen, wie die Kinder ihre Arme und Beine benutzen; aber zu fragen, wie unsre Erkenntniss beschaffen sein müsse, wenn etwas nicht bloss geglaubt und gemeint, sondern wirklich erkannt und gewusst werden soll, das fiel vor Sokrates Niemandem ein.

Nun darf man zwar die naive Zuversicht beim Denken nicht ganz verachten, sondern wird immer den Philosophemen von Herakleitos, Parmenides und den übrigen Weisen Aufmerksamkeit | schenken, weil sie manche Begriffe in ihren Beziehungen untereinander durch ihre Arbeit bestimmt haben und eine Jedermann nützliche Anregung noch jetzt zu gewähren im Stande sind: gleichwohl wird man ihr angebliches Wissen als eine blosse Meinung betrachten müssen. Darum heisst 2 die erste Entwicklungsstufe der menschlichen Denkarbeit mit Recht die dogmatische, weil dabei nur Meinungen (δόγματα) erzeugt und nur, was einem scheint (δοκεῖ), ausgesagt wird. Im Gegensatze dazu muss dann die Sokratische Richtung als die kritische Stufe bezeichnet werden, weil Sokrates in dem Gedachten als Object die Seite des Denkens oder die Betheiligung des Subjects aufwies, und daher eine Methode und gewisse Normen forderte, nach denen das Denken erst zur Sicherheit über seinen Inhalt gelangen könnte.

Skepticismus.

Im Anschluss an die Sokratische Ironie und Kritik, die von einem starken Geiste ausging, nahmen sich dann auch schwächere Köpfe der Kritik an und gelangten dementsprechend zu der Ueberzeugung, dass man überhaupt nichts wissen könnte.

Dieses Bekenntniss ist aber bloss die Formel für den Zustand derjenigen, die bei dem Tumult sich widersprechender Ansichten keinen Ausweg finden und bei der Schwierigkeit, die subjectiven Zuthaten von dem objectiven Inhalt der Erkenntniss auszuscheiden und die Methoden zu prüfen, rathlos und haltlos stehen bleiben. Daher bemerkt der Skeptiker nicht, dass seine Behauptung, es gebe überall kein Wissen, schon den Anspruch auf ein Wissen in sich schliesst; denn dies Eine, dass man nichts wissen kann, weiss der Skeptiker doch, der also im Widerspruch mit sich selber steht, weil er wissen muss, was das Wissen ist, wenn er die Meinungen als ein Nichtwissen bezeichnet, und desshalb auch leicht genöthigt werden kann, für seine jedesmalige besondere Behauptung Gründe anzuführen, wobei er sofort wieder das Zugeständniss machen muss, sowohl dass er auch ein Wissen von den Gründen habe, als auch dass er um die Nothwendigkeit einer Begründung aller Erkenntniss Bescheid wisse, also eigentlich von allerlei Wissen strotzend voll sei; denn da jedes von ihm irgendwie zugestandene Wissen wieder auf Beziehungspunkte führt, die als fest gewusst vorausgesetzt werden, so lässt sich gar kein Ende seines Wissensreichthums absehen, und der arme Skeptiker weiss mindestens so viel als der Dogmatiker, nur mit dem Unterschied, dass er sich seinen verborgenen Besitz nicht zum Bewusstsein gebracht hat.

3 | Die moderne Erkenntnisskritik von Cartesius, Locke und Leibnitz.

In gewissem Sinne haben nun schon Platon und Aristoteles eingesehen, dass die Dinge und die Welt, in der wir uns finden, nur ein Bild unseres Bewusstseins sind; denn ihre Unterscheidung einer sinnenfälligen und Vernunft-Welt beruht eben darauf, dass sie die ganze sogenannte Welt als einen ideellen Inhalt der Seele, nämlich der Sinnlichkeit und der Vernunft, erkannten und sie daher dem Bewusstsein vindicirten,[8] wesshalb ja auch z. B. Aristoteles von der Seele sagte, dass sie schlechthin alles Sein in sich fasse.[9]

4 Sokrates] er *Ms*

Allein trotz dieser gereiften Einsicht war ihr Glaube doch stärker, als ihre Kritik, da sie sich von dem Glauben an die Objectivität und Realität dieses Weltbildes als einer auch noch ausser dem Bewusstsein bestehenden Sache nicht losmachen konnten. Dass sie sich wirklich trotz aller ihrer feinen und bewunderungswürdigen Kritik doch so unkritisch verhielten, lässt sich auf Schritt und Tritt bei ihnen nachweisen, und ich brauche desshalb nur als Beispiel anzuführen, dass sie den Raum, die Zeit und Bewegung als äussere Wirklichkeiten betrachteten[10] und dass z. B. Aristoteles als Erkenntnissprincip der Wahrheit aufstellte, man müsse die Bejahungen und Verneinungen der Wissenschaft darnach prüfen, ob auch die Dinge entsprechend vereinigt oder getrennt wären;[11] denn diese naive Forderung setzt ja voraus, dass sich die Dinge auch abgesehen von unseren Urtheilen über dieselben erkennen liessen, weil man sie sonst nicht zum Prüfstein für die Richtigkeit unserer Urtheile hätte nehmen können.

Desshalb ist in der neueren Philosophie durch Cartesius und Locke in der That ein gewisser Fortschritt gemacht worden, weil der massive und naive Glaube an die Realität der Sinnenwelt vermindert wurde. Es wäre aber verkehrt, wenn man sich einbildete, die genannten französischen und englischen Denker wären nun wirklich schon zu einer völligen Freiheit gelangt; nein, auch sie konnten, trotz mancher neuen Analyse, im Ganzen die harte Schale des alten Vorurtheils nicht durchbrechen, wie z. B. Cartesius es der göttlichen Wahrhaftigkeit unwürdig fand, uns durch ein Weltbild zu täuschen, welches nicht wirklich vorhanden wäre, wesshalb er die im Raum ausgedehnten Körper als wirklich so beschaffene Substanzen ausser uns dreist annahm.[12]

Ebenso fand Locke zwar nach dem Vorgange Platons, dass unsere ganze Bewusstseinswelt auf unserer Sinnlichkeit und Reflexion | beruhe;[13] trotz seiner verdienstvollen Analysen aber blieb er in einer dickeren dogmatischen Atmosphäre 4
stecken, als der göttliche Grieche; denn man traut seinen Augen kaum, wenn man bei ihm liest, dass die Ideen der primären Qualitäten der Körper, nämlich Solidität, Ausdehnung, Figur, Bewegung oder Ruhe und Zahl, den realiter in den Körpern selbst existirenden Vorbildern ähnlich wären, während die Ideen der secundären Qualitäten, wie Farben, Geräusche, Geschmacksempfindungen u. s. w., keine Aehnlichkeit mit ihren Ursachen hätten.* Locke kommt sich schon sehr kühn vor, wenn er die reale Existenz der weissen Farbe des Schnees läugnet,[14] worüber doch schon Anaxagoras im fünften Jahrhundert vor Christi Geburt in seinem bekannten Paradoxon: «Der Schnee ist schwarz»,[15] die Augen geöffnet hatte. Wenn Locke aber z. B. der Zahl eine reale Existenz zuschreibt,[16] so sieht man, dass es überhaupt ein schweres Ding ist, den naiven Dogmatismus abzuschütteln, wie ja z. B.

* Human understanding II, cap. 8, § 15.

24 einer dickeren] einer viel dickeren *Ms*

auch Lotze noch vor wenigen Jahren sich von der realen Existenz des Zeitverfliessens nicht trennen zu können vermeinte.[17] Darum gehen bei Locke die kritischen Analysen immer traulich Hand in Hand mit den alteingefleischten dogmatischen Vorurtheilen, und trotz der Versicherung, dass wir von dem Wesen der Materie ebensowenig Einsicht hätten,[18] wie von dem Wesen der Seele, ist doch die materialistische Voraussetzung in seinen Reflexionen überall sichtbar.

Da in meiner neuen Grundlegung der Philosophie die Trennung von Bewusstsein und Erkenntniss von elementärer Wichtigkeit ist,[19] so will ich hier nur kurz bemerken, dass sich zu Locke's Zeit dieses Problem schon bemerklich macht, da man die Seele immer thätig sein lassen wollte, auch wenn sie sich ihrer Thätigkeit nicht bewusst wäre, dass Locke selbst aber noch keine Ahnung von der Unentbehrlichkeit dieser Unterscheidung hat, sondern es gerade als ein Zeichen von Confusion betrachtet, wenn man meinte, ein Mensch könnte wachend oder schlafend wahrnehmen oder denken, ohne sich seines Wahrnehmens und Denkens bewusst zu sein.[20] Er gebraucht verschiedene Ausdrücke für dies Bewusstsein, nämlich «being sensible of it», oder «being conscious of it» (II. 1. § 10 u. 19), und hält Bewusstsein, oder irgendwelche sinnliche oder Reflexions-Ideen zu haben, so sehr für ein und dasselbe,[21]
*5* dass er es für einen Jargon erklärt,[22] wenn man behaupten | wollte, die Seele könnte denken, ohne sich dessen bewusst zu sein,[23] ganz ebenso wie es «unverständlich» wäre zu behaupten, ein Körper sei zwar ausgedehnt, habe aber keine Theile.[24]

Leibnitz hatte nun zwar durch seine grosse Gelehrsamkeit einen viel weiteren Horizont als Cartesius und Locke und besass auch einen viel feiner und energischer arbeitenden Geist, wesshalb er zur Wiederentdeckung der schon von Platon und Aristoteles* bemerkten Unbewusstheit kleiner Reize und Empfindungen (les perceptions insensibles) gelangte; dennoch aber verstand er das Wesen des Bewusstseins (conscience) nicht, da er es mit der Wiedererkennung und dem Denken (appercep-

* Auf diese Abhängigkeit Leibnitzens habe ich schon in meinen «Neuen Studien zur Gesch. der Begr.» Band II S. 93[25] hingewiesen. Aristoteles versucht auch bereits eine Erklärung, indem er als Ursache des Phänomens angiebt, dass die grösseren oder stärkeren Eindrücke immer die geringeren oder schwächeren übertäuben und zur Nichtbeachtung bringen. Cf. Arist. περὶ τῆς καθ' ὕπνον μαντικῆς p. 463, b. 23. οὐδὲ γὰρ τῶν ἐν τοῖς σώμασι σημείων — — ἂν γὰρ ἄλλη κυριωτέρα ταύτης συμβῇ κίνησις.[26] p. 464, a. 9. οὕτως οὐδέν κωλύει κίνησίν τινα καί αἴσθησιν ἀφικνεῖσθαι πρὸς τὰς ψυχὰς — καί ὅπῃ δὴ ἔτυχεν ἀφικνουμένας μᾶλλον αἰσθητὰς εἶναι νύκτωρ διὰ τὸ μεθ' ἡμέραν φερομένας διαλύεσθαι μᾶλλον, καὶ ἐν τῷ σώματι ποιεῖν αἴσθησιν διὰ τὸν ὕπνον, διὰ τὸ καὶ τῶν μικρῶν κινήσεων τῶν ἐντὸς αἰσθάνεσθαι καθεύδοντας μᾶλλον ἢ ἐγρηγορότας.[27] Die kleinen Bewegungen im Körper sind also nicht an sich unwahrnehmbar,

15–16 «being sensible of it»] being sensible of it *Ms*
16 «being conscious of it»] being conscious of it *Ms*

tion) identificirte (Monadologie 14 ff.)[30] und also in das *Erkenntnissvermögen* setzte, von welchem es doch ebensosehr verschieden ist, wie von den einfachen Empfindungen, da beide sowohl bewusst als unbewusst in uns vorkommen können.

Wie aber in dieser wichtigen elementaren Frage, so war Leibnitz, obwohl viel kritischer als seine Vorgänger, doch auch im Ganzen, wie Kant richtig bemerkt hat, im Dogmatismus befangen; denn er hat z. B. gleich sein metaphysisches Princip, die Monade, | auf dogmatischem Wege abgeleitet, wie er ja selbst erzählt, dass er von der 6 Annahme der Atome ausgegangen wäre und hinterher nur als Mathematiker die Theilbarkeit des Atoms um der unendlichen Theilbarkeit des von dem Atom ausgefüllten Raumes willen nicht hätte läugnen können, so dass er schliesslich statt der Atome unräumliche Einheiten oder Monaden zur Herstellung der materiellen Körper fordern musste.[31] Da sich aber aus unräumlichen Einheiten kein Raum herstellen lässt, wie aus lauter Nullen keine Zahl, so kam er auf die blosse Phänomenalität des Raumes.[32] Obgleich nun die Richtigkeit vieler Resultate Leibnitzens in die Augen fällt, so sind dieselben doch alle auf dogmatischem Wege gewonnen; denn wenn er nicht erst dogmatisch die Existenz der Körper ausser uns vorausgesetzt hätte, so hätte er weder Atome, noch Monaden gefordert. Desshalb glaubte Kant auch durch seine Erkenntnisskritik das Princip der Leibnitzschen Monadologie widerlegt zu haben.[33]

Das Genie Leibnitzens bei der Arbeit zu beobachten gewährt einen grossen Genuss. Man wird aber mit einiger Verwunderung dabei bemerken, dass Leibnitz gar keinen selbständigen Ausgangspunkt gefunden hat, von welchem aus er ein neues System der Philosophie entwerfen könnte, sondern dass er sich immer an die nächsten Arbeiten der Vorgänger, des Cartesius, Spinoza, Malebranche u. s. w. anschliesst, um kritisch und entdeckerisch ihre Bahnen zu erweitern und ihre Fehler zu verbessern, was ihm durch seine grösseren Kenntnisse aus dem Alterthum, aus den Scholastikern und Kirchenvätern, sowie aus der Naturwissenschaft und Mathematik auch bewunderungswürdig gelang. Um aber zu sehen, wie Leibnitz ohne eine starke dogmatische Verblendung nicht bloss sein Princip der Monade gar nicht gefunden, sondern auch sein übriges System nicht aufgebaut hätte, wollen wir nur ein paar Sätze von ihm dialektisch erörtern. So nimmt er im Anschluss an Spinoza und Car-

sondern nur *weniger* wahrnehmbar. Desshalb können sie, durch grössere Eindrücke übertäubt, häufig nicht percipirt werden, gelangen aber, wenn die stärkeren Empfindungen aufhören, ihrerseits zur Perception.

Man darf aber *Zenon's* dialektischen Beweis, dass auch der zehntausendste Theil eines Hirsekorns schon ein Geräusch mache (ψοφεῖ), wenn der fallende Scheffel ein Geräusch macht, nicht hierher ziehen, obgleich es scheinen könnte, als wenn gerade Leibnitzens Problem dadurch angeregt wäre; denn wenn Leibnitz dadurch wohl auch auf das Geräusch jedes Tropfens des brausenden Meeres gekommen ist,[28] so hat Zenon doch gerade die subjective Seite, die insensible Perception, noch nicht in Betracht gezogen.[29]

tesius als Lehrsatz an (Monadol. § 23), dass eine Bewegung nur durch eine Bewegung, eine Perception nur durch eine Perception bedingt werde.[34] Dieser Lehrsatz ist, wie ich schon bei der Beurtheilung Spinoza's nachgewiesen habe, nur bei blindem Dogmatismus überhaupt als eine Meinung möglich, weil wir ja von den Bewegungen der Aussenwelt nichts wissen können, wenn unsere Gedanken nur durch Gedanken und nicht von der Aussenwelt bestimmt werden, die nach der Voraussetzung durch keine Bewegung die Perceptionen beeinflussen kann.[35] Treten wir nun näher an Leibnitz heran, um Rechenschaft über die von ihm immer vorausgesetzte
7 Aussenwelt | zu verlangen und einen Gang mit ihm zu versuchen, so brauchen wir unseren Degen nicht einmal aus der Scheide zu ziehen; denn wir sehen zu unserem Erstaunen, dass er sich selbst Arme und Beine abgeschnitten und sich in die Monade derart fest eingemauert hat, dass er auch nicht irgend ein Fenster nach der Aussenwelt hin offenliess.[36] Da er nun also weder eine Bewegung nach Aussen hin vollziehen, noch eine Kunde von Aussen her erfahren kann, weil von ihm jeder influxus physicus[37] geläugnet wird, so nehmen wir ihm getrost den Lehrsatz über die Abhängigkeit einer Bewegung von einer Bewegung weg, auch den Lehrsatz über den influxus physicus, ebenso die Lehre von der prästabilirten Harmonie[38] und also auch die sämmtlichen übrigen Monaden ausser der seinigen. Leibnitz aber wird von dieser Wegnahme seiner ganzen Welt schlechterdings nichts merken, denn er sitzt, ohne zu sehen und zu hören, in dem Mumienkasten seiner Monade und hat bloss die Begehrung (appetition), von einem Gedanken zu einem andern Gedanken (perception) überzugehen, und dies Vergnügen können wir ihm lassen, da er waffenlos uns seine ganze Welt ausge liefert hat.

Ich rechne mich gern zu den Bewunderern Leibnitzens, aber ich missbillige zugleich das Verfahren der Geschichtsschreiber der Philosophie, die zu treuherzig bloss seine Behauptungen wiedererzählen, ohne zu unterscheiden, was blinde dogmatische, wenn auch noch so geniale Einfälle, und was wissenschaftlich zusammenstimmende Lehrsätze sind. Leibnitz konnte aber nicht einmal den subjectiven Idealismus[39] begründen, obgleich sich die fensterlose Monade ja eigentlich in der Lage des allein für sich existirenden Subjects befand, da er selbst diese Monade nur durch dogmatische Voraussetzung der Körperwelt gebildet und den Ausgang vom Bewusstsein noch nicht gefunden hatte.

Da Leibnitzens Gedanken immer interessant sind, so möchte ich gern noch auf die wunderliche Thatsache aufmerksam machen, dass er trotz seiner individualistischen Monadenlehre nicht dazu gekommen ist, das Wesen und den Begriff des Ichs zu finden. Dass dieser Begriff keine Rolle in seinem Systeme spielt, kann man schon an ganz äusserlichen Kriterien, z. B. daraus erkennen, dass in Erdmann's Index rerum et materiarum[40] nichts darüber vorkommt. Ich suchte das «Moi», ich suchte das «Nous-mêmes», das «Ego»;[41] es findet sich nichts davon. Auch unter

Monas, Individuum, Principe, Substance sucht man vergeblich nach einer Spur des | 8
Ichs, wie auch der Terminus Persona gar nicht aufgenommen ist. Erdmann ist aber zu rechtfertigen; denn Leibnitz ist so entfernt davon, das Wesen des Ichs und den richtigen Ausgangspunkt der Philosophie zu begreifen, dass er vielmehr in dieser Frage ganz auf dem Standpunkte des Platonischen Idealismus stehen blieb und das Ich (Vergl. Monadol. § 29 und 30)[42] nur in die Vernunft, d. h. in die Erkenntniss der allgemeinen Begriffe setzte.*) Wenn ich desshalb in meinem Buche über die Unsterblichkeit der Seele Leibnitz als meinen Vorgänger bezeichnete,[46] so muss man dies cum grano salis[47] verstehen; denn ich finde in Leibnitz zerstreut viele feine Gedanken, die man, wenn sich erst ein neuer Ausgangspunkt der Philosophie erschlossen hat, als werthvolle Hinweisungen benutzen und preisen kann, die aber bei ihm selbst nicht zu einem irgendwie annehmbaren System geführt haben, sondern ihn trotz ihrer Vortrefflichkeit in dem alten Dogmatismus stecken bleiben liessen, so dass wir es nicht hindern dürfen, wenn Kant ihn, ohne sich um solche feine Exceptionen zu bekümmern, auf seinem kritischen Scheiterhaufen mit den übrigen Dogmatikern dem Feuer übergiebt.[48]

Der Kantische Kriticismus.

Man kann desshalb beinahe mit Recht sagen, dass mit Kant eine neue Epoche des philosophischen Denkens ihren Anfang nehme, nämlich die kritische im Gegensatz gegen die dogmatische. Allein genau genommen ist | kein neues Princip von ihm entdeckt, da man auch im grie- 9
chischen Alterthum schon fragte, ob die Gegenstände des Denkens ausserhalb der Vernunft vorhanden wären,[49] ob die Gegenstände der Sinne ausserhalb der Sinnlichkeit sinnliche Beschaffenheit haben könnten, da ferner schon Platon feststellte,

* E. Boutroux nimmt in seiner vorzüglichen Schrift «Monadologie de Leibnitz» p. 141 an, dass Giordano Bruno zuerst den Ausdruck «Monade» gebraucht hätte;[43] ich halte es aber doch für wahrscheinlicher, dass Leibnitz wie Bruno sich an Platon erinnerten, der im Philebus 15 B die Henaden oder Monaden einführte.[44] Wenn man einwenden möchte, dass Platon daselbst nicht untheilbare Individuen, sondern nur untheilbare Arten (εἴδη), wie z. B. Ochs und Mensch als Species, im Auge hatte, wesshalb er auch das Gute und das Schöne als solche Henaden oder Monaden bezeichnete, so lässt sich doch leicht sehen, dass es nur überhaupt eines illustren Vorgängers bedurfte, um den Ausdruck «Monaden» aus dem arithmetischen auf das reale Gebiet zu versetzen, damit er dann auch leicht auf die Individuen angewendet werden könnte. Bei Aristoteles zwar finde ich diesen Uebergang noch nicht, aber z. B. wie etwas ganz Gewöhnliches in den Scholien zur Rhetorik des Hermogenes (Rhetor. graec. IV, p. 18, 25 ed. Walz): «es unterscheiden sich ja von einander Platon, Sokrates und Alcibiades, und wenn auch nicht ihrer Natur nach, so doch der Zahl nach. Denn die Monade des Sokrates ist eine andre, als die des Platon (ἄλλη γὰρ ἡ μονὰς Σωκράτους καὶ ἄλλη Πλάτωνος).»[45]

24 «Monadologie de Leibnitz»] Monadologie de Leibnitz *Ms*
30 bezeichnete,] bezeichnete: *Ms*

dass apriorische Urtheile nur möglich sind, wenn in reiner Vernunft Ideen vor aller Erfahrung vorhanden wären, durch welche demnach die Erfahrungsgegenstände gedacht werden müssten, u. s. w. Das Neue, was der Kantische Kriticismus, ebenso wie die Erkenntnisskritik von Cartesius und Locke gebracht hat, liegt also eigentlich nur in der nebenher laufenden grösseren Freiheit des Geistes, von der dogmatisch angenommenen Sinnen- und Verstandes-Welt zu abstrahiren. Kant zeigte darin seine überwiegende Grösse, dass er diesen durch die psychische Entwickelung bei jedem Menschen sich tyrannisch geltend machenden Druck des dogmatischen Vorurtheils leichter und umfassender beseitigte, als die Früheren, wodurch er das grösste Erstaunen hervorrief. Denn die grossen griechischen Meister hätten nach ihren Principien zu denselben Aufstellungen, wie Kant, gelangen können, wenn ihnen nicht trotz ihrer philosophischen Principien die äussere Welt, so wie sie erscheint, als ganz unzweifelhaft gewiss vorgekommen wäre.

Wenn wir desshalb Kant's Grösse hauptsächlich in diese Freiheit des Denkens setzen müssen, wodurch die Philosophie mehr als früher ihren Ausgangspunkt allein *von dem im Bewusstsein Gegebenen* nehmen konnte, während man früher immer noch die angebliche Erfahrung der äusseren Welt als eine unmittelbar gewisse Controlle des Subjectiven dogmatisch hinzudachte: so darf man doch nicht glauben, als wenn Kant nun wirklich zu einer vollkommenen und genügenden Freiheit gelangt wäre; denn es liegt ja auf der Hand, dass Kant's Ding an sich ein dogmatisches Vorurtheil und kein legitim aus kritischen Principien abgeleiteter Begriff ist,[50] wie auch Kant's wunderlicher Protest gegen den subjectiven Idealismus dies genügend beweist.[51] Ausserdem zeigt sich sein Dogmatismus auch deutlich und verhängnissvoll in den Postulaten des empirischen Denkens überhaupt, da er die Realität und den Begriff des Seins ohne Weiteres durch die Bedingung sinnlicher Erscheinung einschränkt. Weil nämlich die Kategorien nach seiner Meinung keiner Ableitung und Definition fähig sind,[52] so musste es durchaus willkürlich werden, was man etwa dabei denken würde, und es blieb dadurch Kant
*10* freigestellt, die behagliche dog|matische Schlafmütze wieder aufzusetzen und nach dem materialistischen und sensualistischen Vorurtheile seiner Zeit die angeblich unableitbare und a priori vorgefundene Kategorie der Realität an das sinnlich Gegebene zu binden.

Durch diese dogmatischen Vorurtheile wurde daher das grossartige Unternehmen Kant's zu einem ordinären Empirismus herabgezogen, und wenn man sich nicht immer die kühnen Ausgangspunkte vorstellen müsste, so würde man nur eine geringe Meinung von Kant als Philosophen nähren können. Nachtheilig für die Beurtheilung Kant's ist auch, dass er die historischen Zusammenhänge der Begriffe fast überall verschwiegen oder vergessen hat, wesshalb man von der Bewunderung leicht zurückkommt, wenn man plötzlich unter einem vornehmen neuen Namen einen alten guten Bekannten wiedererkennt. So z. B. scheint zuerst «die transscendentale Einheit der Apperception»,[53] unter welchem Grafen- oder Marquis-Titel uns das Ich vorgestellt wird,[54] etwas durchaus Neues zu sein; bei näherer Bekanntschaft aber sehen wir, dass wir diesen Begriff in allen seinen wesentlichen Merkmalen schon bei Locke und zwar dort erst mit seiner ganzen officiellen Geburtsgeschichte angetroffen haben (Human understanding, II, cap. 17, § 9–29).[55]

Kein Philosoph sollte versäumen, die Geschichte der Begriffe immer hervorzuheben, wie dies in den empirischen Wissenschaften schon längst anerkannte Pflicht ist; denn abgesehen davon, dass er sich durch dieses gerechte und lehrreiche Verfahren die Würdigung seiner neuen, zum früheren Schatz der Wissenschaft hinzukommenden Arbeit sichert und einen plötzlichen Uebergang zur Geringschätzung beim Bekanntwerden der Vorgänger unmöglich macht, so trägt er dadurch auch zur Beseitigung des alten Vorurtheils bei, das jetzt durch die in das Gebiet der Philosophie eingeschlichenen denklahmen Positivisten überall auf den Präsentirteller gesetzt wird, als wenn Philosophie keine Wissenschaft wäre, als wenn jeder Metaphysiker von vorn anfinge und als wenn ein System immer das andere widerlegte, ohne dass dadurch Erkenntniss an Erkenntniss sich anfügte, wie in den positiven Wissenschaften.

Die neueren Philosophen.

Es wäre nun sehr schön, wenn wir in der nachkantischen Periode grosse Fortschritte verzeichnen könnten; allein ihr hauptsächlichstes Verdienst bestand bloss in der Wiedererkennung des griechischen Idealismus, der seit Bruno in Vergessenheit gerathen war. Insofern haben die neueren | 11 Philosophen allerdings zum Fortschritt der Arbeit beigetragen, weil ohne Benutzung der antiken Leistungen sich nur einseitige und mehr oder weniger ungeschulte Richtungen geltend machen können; allein die blosse Aufpfropfung des Platonismus auf den Stamm der Kantischen Philosophie konnte doch keine bleibende Erkenntniss liefern und wurde auch so hastig und tumultuarisch ausgeführt, dass dagegen die sorgfältige und sich ihrer Methode und Arbeit bewusste Kantische Leistung nur in desto vortheilhafteres Licht trat.

Unter den Neueren hat Fichte am Energischsten die Freiheit des errungenen Standpunktes festgehalten, wonach die Aussenwelt in unser Bewusstsein zurückgenommen wurde. Dieses Verdienst muss man ihm immer lassen. Sonst freilich, was die eigentliche Neuarbeit in Begriffen betrifft, wüsste ich keine Leistungen von ihm zu nennen; denn z. B. für unsere Frage hat er keinen neuen Gedanken gefunden, da er das Bewusstsein als ein Wissen fasst und das Ich als eine blosse Erkenntniss setzt.[56] Mithin steht er ganz auf den Schultern Platon's, dem das Ich (αὐτός) nur als Vernunft und Wissenschaft (φρόνησις, νοῦς) erschien.[57]

13–14 so trägt … Vorurtheils bei,] so dient er dadurch auch zur Beseitigung des alten Vorurtheils, *Ms*

Auch die beiden Schüler Fichte's, Herbart und Schopenhauer, kamen darin ihrem Meister gleich, dass sie mit bewunderungswürdiger Energie die Phänomenalität der Sinnenwelt betonten. Die positiven Leistungen für unsere Frage fehlen aber auch bei ihnen.

So bietet z. B. der amüsante und durch ungeschulte Originalität den grösseren Kreis der Leser blendende *Schopenhauer* dadurch eine neue Betrachtungsweise, dass er mit der in seiner Zeit grassirenden romantischen Ironie das Fichte'sche Weltbild einmal auf den Kopf stellt, um zu versuchen, wie sich Alles machte, wenn das Nicht-Ich, welches bei Fichte bloss Begehren und Streben zum Sein (d. h. zum Wissen) war, nun den Ausgangspunkt bildete. Mithin musste dieses Begehren, welches Schopenhauer schlechtweg Wille nannte, seinem Ursprung aus dem Nicht-Ich gemäss blind und dumm werden, so dass der Intellekt ihm nur als Diener zu Hülfe kommen konnte, der bei Fichte den Herrn spielte. Allein diesen romantischen Spass konnte Schopenhauer natürlich nicht durchführen, sowohl weil er kein systematisches Genie besass, als weil die Natur der Sache widerstand. Desshalb schüttete er zur Aufhellung und Verschönerung seines Princips die Platonischen Ideen irgendwo in die dunkle Höhle des Wil-
*12* lens | hinein, um doch, wie ein feiner und gebildeter Mann, wenigstens ästhetische Anschauungen geniessen zu können, machte aber dennoch schliesslich dem Spass überhaupt dadurch ein Ende, dass er dem zum Wissen und zur Erkenntniss von der Albernheit des Willens als Princips der Dinge gelangten Intellekt die gänzliche Verneinung und Vernichtung des ausgedachten Weltbildes anempfahl.[58]

Eine sehr beachtenswerthe Folge dieses romantischen Versuchs war aber, dass das Wissen aus dem ursprünglich Unbewussten hergeleitet werden musste und dass also die unbewussten Vorgänge des Seelenlebens eine grössere Aufmerksamkeit erhielten. Trotzdem gelang es Schopenhauer nicht, das Bewusstsein vom Wissen zu unterscheiden und überhaupt genauere Begriffe über diese Vorgänge auszuarbeiten.

Ein andrer Schüler Fichte's war *Herbart*, der von Fichte das Setzen beibehielt und durch dasjenige Setzen, auf dessen Zurücknahme er verzichtete, das Sein erkennen wollte, wie Fichte dies ähnlich formulirt hatte. Auch darin blieb er an Fichte's Seite, dass er das ganze Seelenleben aus *Vorstellungen* bestehen liess. Es war also nur das Erkenntnissvermögen, das die Grundlage seiner Welt bildete; denn wenn er noch aphoristisch irgendwoher sich Geschmacksurtheile aneignete und durch ebenso zufällig und unwissenschaftlich eingeschmuggelte «Bewegungen» der Vorstellungen sich Wollungen und Gefühle verschaffte, so muss man ihm diese Contrebande[59] ohne Weiteres abnehmen.[60]

9 Begehren und Streben] Streben und Begehren *Ms*
21 des ausgedachten] des schalkhaft ausgedachten *Ms*

Das Seiende aber, das er durch die absolute Setzung zu finden glaubte, war, wie bei Schopenhauer, das Fichte'sche Nicht-Ich, das er aber in Demokritisch-Leibnitz'scher Weise in eine unbegränzte Pluralität zerstreute. Zu diesen Atomen oder Realen rechnete er auch die Seelen.[61]

Für unsere Frage ist es nun interessant, dass er, ebenso wie Schopenhauer, durch Ausgehen vom Nicht-Ich das Unbewusste schätzen musste. Er liess unter der Schwelle des Bewusstseins Vieles vorgehen, was er sich nach seinen physikalischen und chemischen Studien erklärte, indem er die Vorstellungen als physische Kräfte behandelte.[62] Da diese Betrachtungsweise aber bloss symbolisch sein musste, so konnte man nichts Wirkliches dadurch erkennen. Desshalb gelang es ihm auch nicht, das Bewusstsein von der Erkenntnissthätigkeit zu scheiden.

Ueber Gott und Ich hatte er die wunderlichsten Gedanken, indem er dass Ich bloss geometrisch als den leeren Ort bestimmte, | an dem jedesmal die in's Bewusst- 13
sein tretenden Vorstellungen zusammengefasst werden,[63] nach Analogie mit der bekannten Definition des Aermels, dass man ein Loch nehmen und Tuch herumlegen müsse; denn das Ich bei Herbart ist solch ein Loch, in das jedesmal die Vorstellungen rutschen, bis sie durch andere wieder herausgedrängt werden. Sein Gott aber sollte sich in der ganzen wirklichen Welt überhaupt gar nicht merklich machen können und wurde desshalb nur unter dem Einfluss des herrschenden Glaubens nach der Analogie mit den Kantischen Postulaten aus gewissen Geschmacksurtheilen zurechtgekocht und irgendwohin in den blauen Raum gestellt, um doch auch noch einen Obras[64] für die Philosophie zu verschaffen.

Auf Fichte folgte Hegel, der das früher bei allen Denkenden und auch noch bei Fichte herrschende Identitäts- und Contradictions-Princip aufhob und ebenso wie Schopenhauer (vergl. S. 11) unter dem Einflusse der Romantik, mit der damals beliebten sogenannten romantischen Ironie (vielleicht durch Fichtes Nicht-Ich veranlasst, welches doch auch Sein, obwohl Nicht-Sein ist), nur das für wahr erkannte, was sich widerspricht. Darum sucht er sich nun beständig zu widersprechen, um doch eine höhere Wahrheit lehren zu können. Dass er demgemäss nicht wünschen konnte, sein System möchte als wahr anerkannt bleiben, weil er sonst durch die Identität und Widerspruchslosigkeit seiner Lehre diese banalen Principien wieder anerkannt hätte, liess er unberücksichtigt. Es kam ihm nur darauf an, das Fichtesche Ich und Nicht-Ich, Sein und Nichts,[65] Wissen und Natur, Idee und Materie, Subject und Object, Denken und Ausdehnung, kurz den alten Hauptgegensatz der Erkenntniss in logisch-chemischem Process zu Verbindungen und Salzen überzuführen und diese wieder kyklisch aufzulösen. Er versuchte also den Platonischen Hylozoismus,[66] d.h. die Einigung von Körper und Geist oder von Potenz und Energie in

22 Obras] ~~Ölgötzen~~ ~~(~~Obras~~)~~ *Ms*

modernster Form auszudrücken und damit den hölzernen Kriticismus Kant's und den ungeschickten Dualismus Fichte's zu überwinden.

Für unsre Frage hat er nichts geleistet; denn sein Bewusstsein, Selbstbewusstsein und Alles, was er überhaupt im Seelenleben unterschied und benannte, sollten blosse Stufen der Erkenntnissfunction sein, so dass nicht einmal eine Ahnung des Problems bei ihm aufdämmert. Gleichwohl steht Hegel höher als Kant und Fichte; denn er hat den Process des Idealismus in geschickter Weise zu Ende geführt und geistreicher, als
*14* Proklos,[67] die Consequenz seiner | einseitigen Voraussetzungen auf die Spitze getrieben. Um so mehr freilich macht sich nun das Bedürfniss fühlbar, das Bewusstsein von der Erkenntnissfunction zu scheiden und einen neuen Ausgangspunkt zu gewinnen.

Unter den Philosophen der Gegenwart könnte ich nun manchen trefflichen Mann nennen, der die rechten Ziele hat und auf gutem Wege ist; allein es scheint mir eine endlose und nicht erforderliche Arbeit zu sein, mich mit allen diesen auseinanderzusetzen, fruchtbarer dagegen, selbst die Grundlagen der philosophischen Wissenschaft fest aufzubauen; denn ich finde bei aller Anerkennung im Einzelnen doch keinen derartigen Anfang zum Neubau, dass ich als Mitarbeiter hinzutreten könnte zu gemeinschaftlichem Werke.

Da jede neue Unternehmung, seitdem Aristoteles das Vorbild gegeben, mit der Geschichte der früheren Versuche und ihrer Kritik anheben muss, so ist dieser Forderung hier Folge geleistet worden; denn nur, weil die Früheren weder die Probleme aufgestellt, noch etwa die Lösung anticipirt haben, darf ein neuer Anfang gemacht werden.

## Zweites Capitel.
## Der neue Lehrsatz.

Aporien.

Um in der Wissenschaft und Kunst auf neue Wege kommen, muss man vorher durch Schwierigkeiten und Verlegenheiten einen Antrieb erhalten. Es ist nicht nothwendig, dass, wie Aristoteles, Hegel und Herbart meinten, immer Widersprüche vorhergingen; es mag auch bloss das Bedürfniss nach Ordnung und Uebersicht sein, das bei einer chaotischen Fülle von Gegebenem nicht leicht befriedigt werden kann und desshalb eine Aufgabe stellt. Denn der Grund, der zur Forschung treibt, liegt nicht in dem Gegenstande des Erkennens oder des Nichterkennens, sondern in dem Gefühl; nur weil uns die Unordnung ein unangenehmes Gefühl auslöst, entspringt die Denkbewegung zur Her-

18 das Vorbild gegeben,] das Vorbild und die Regel gegeben, *Ms*

stellung der Ordnung, und Widersprüche treiben nicht direct zu einer Lösung, ebensowenig wie Räthsel und alle Aufgaben, sondern indirect, weil sie einen Zustand des Unbefriedigtseins herbeiführen, den wir abzustellen suchen. Platon bezeichnete diesen Zustand sehr gut durch das Wort *Aporie* (d. h. «wo man keinen Weg sieht») im Gegensatz zu *Euporie* (d. h. | «wo man leicht den Weg findet»),[68] 15
indem er mit einer blossen Metapher die Forderung bejahte, den psychischen Zustand vor der Auffindung der Wahrheit zu erklären;[69] Hegel aber, der eine wirkliche Erklärung versuchte, verfiel erstens in die Einseitigkeit, nur an die Widersprüche zu denken, und zweitens in den Fehler, nicht zu bemerken, dass das logische Denken sich nicht selbst treibt, sondern ebenso ruhig Widersprüche, wie Einstimmigkeiten, constatirt.[70]

1) Eine solche Aporie findet sich nun erstens bei der Lehre von den Empfindungen; denn es ist merkwürdig genug, dass man bis auf den heutigen Tag nicht weiss, was man unter einer Empfindung verstehen und wohin man sie ordnen soll. Weder im Alterthum, noch in der neueren und neuesten Forschung hat man diese Frage gelöst. Abgesehen von denen, welche (wie z. B. Maass die Tastempfindungen mit den Gefühlen vermischen,[71] oder (wie viele Moderne) die Unterscheidung des Angenehmen und Unangenehmen auch den Empfindungen zuschreiben, haben die Meisten die Empfindungen (sensations) für die unterste Stufe des Bewusstseins genommen und alle spätere Erkenntniss darauf aufgebaut, wobei sie voraussetzten, dass die Empfindungen auch schon eine Erkenntniss wären.

Ich nenne diesen Stand der Frage eine Aporie, weil sich gar kein Weg zeigt, wie man von Süss, Weiss, Hart u. s. w. zu Angenehm oder Unangenehm kommen oder wie aus solchen Empfindungen irgend eine Erkenntniss oder ein anderer höherer Seelenzustand hervorgehen könnte.

2) Eine zweite Aporie liegt darin, dass wir von Gott bei Aristoteles und den mittelalterlichen, wie den modernen Scholastikern, so z. B. auch bei Kant, sprechen hören, indem dieselben durch Schlüsse auf diese Vorstellung zu kommen vorgeben, ohne dass wir oder sie durch Bewusstsein Kunde von dem zugehörigen Gegenstand hätten. Nun kennen und verstehen wir aber alles Erschlossene nur durch Erinnerung an schon Bekanntes oder durch Analogie, so dass ohne Beziehung auf unmittelbar Bewusstes kein Gegenstand uns durch Schlüsse bekannt werden könnte. So z. B. wird selbst die fabelhaft grosse Seeschlange uns leicht vorstellbar, weil wir Schlangen schon aus der Anschauung kennen, und selbst die Geister aus Tausend und einer Nacht können wir uns denken, weil sie doch immer nach der Analogie mit unserer uns wohlbekannten Seele vorgestellt werden sollen; der Gott der Vernunftschlüsse aber soll über der Natur und der Seele liegen und nicht nach | solcher 16
Analogie gedacht werden, wesshalb es geradezu komisch ist, einen solchen Gegenstand für die Erkenntniss zu postuliren. Denn es hiesse das so viel als sich einen Ge-

genstand denken, der kein Gegenstand sein soll; der eine Farbe hätte, die keine Farbe wäre; der eine Kraft besässe, die aber keine Kraft wäre u. s. w. Desshalb ist es eine Aporie, dass die Gottesvorstellung in der menschlichen Geschichte überall vorkommt, ohne dass ein unmittelbares Bewusstsein des zugehörigen Gegenstandes oder eines ähnlichen vorhanden wäre.[72]

3) Eine dritte Aporie bildet die allgemein verbreitete Annahme, dass Bewusstsein und Selbstbewusstsein Erkenntnissstufen wären, wie dies z. B. bei Kant, Fichte, Hegel, Herbart und in den Lehrbüchern der heutigen Psychologie überall zu lesen ist.[73] Aus diesen Erkenntnissen sollen sich dann andre höhere, wie ein Haus aus Ziegelsteinen, aufbauen. Allein es ist doch ganz bekannt, dass Bewusstsein und Selbstbewusstsein etwas Accidentelles sind, was hinzukommen oder fehlen kann, ohne dass die zugehörigen Akte dadurch verändert werden. Es kann z. B. das Selbst eines Menschen ihm in der Ohnmacht unbewusst werden, ohne dass er selbst oder sein Selbst verschwände, und der Ton eines mit uns Sprechenden kann durch Wagengerassel uns unhörbar (unbewusst) werden, ohne dass der zugehörige Reiz etwa verstummt wäre. Wenn desshalb die Bewusstheit etwas Accidentelles ist, so können auch die höheren Erkenntnissstufen ebenso wenig mit solchem Material gebaut werden, wie ein Haus mit dem Schatten, den die Ziegelsteine werfen.

Lösung. Die neue Metaphysik.

Eine Lösung der aufgeworfenen Fragen ist nur möglich durch eine neue Philosophie. Wir müssen uns nämlich zunächst auf denselben Ausgangspunkt stellen, den schon Platon, Aristoteles, Cartesius, Locke und Kant mit mehr oder weniger Consequenz einnahmen, nämlich von dem uns gegebenen Bewusstsein anzufangen. Insofern ist die neue Metaphysik natürlich kritisch und nicht dogmatisch. Wenn ich aber neben den drei letzteren Philosophen auch die beiden grossen Griechen nenne, so weiss ich wohl, dass sie von Kant für Dogmatiker erklärt wurden; ich weiss aber besser als Kant, dass sie in ächtem Kantischen Sinne in der Hauptsache kritisch philosophirten und dass Kant ebenso, wie sie, in sehr vielen anderen Punkten völliger Dogmatiker war. Meine Studien zur Geschichte der Begriffe haben dies im Einzelnen dargethan,[74] und es kommt hier nur darauf an, ganz im Allgemeinen erst den
*17* Ausgangspunkt zu bezeichnen. |

Wenn man nun Kant bewundert hat, dass er seine grosse Kritik der reinen Vernunft auf die Eine und einzige Frage, wie synthetische Urtheile a priori möglich seien, zurückführte, so hat die Bewunderung einen üblen Beigeschmack; denn diese Concentrirung ist zu theuer erkauft, da die wichtigsten anderen Fragen um der Einen willen für ein Spottgeld losgeschlagen werden mussten, als z. B.: woher kommen und was sind die Empfindungen? was sind und woher kommen die Kategorien, die den Urtheilen zu Grunde liegen und von ihnen bloss angezeigt, nicht aber hervorgerufen werden? was ist und woher kommt die transscendentale Einheit der Apperception? woher kommt das Recht, die Realität bloss an die Empfindungen zu hängen? u. s. w. Also würde die Kritik der reinen Vernunft grösser und von dauernder Wirksamkeit gewesen sein, wenn sie nicht so einseitig bloss auf einen Punkt geblickt hätte. Wir müssen desshalb versuchen, die viel wichtigeren elementären Voraussetzungen der Kantischen Frage zu studiren.

Nun unterscheiden wir in dem gegebenen Bewusstsein Dreierlei: zuerst das ideelle Sein oder den Inhalt und Gegenstand unserer Erkenntnissfunction, der sich dadurch fest und bestimmt bezeichnen lässt, dass sich auf ihn allein die Werthbestimmungen des Wahren und Falschen beziehen; zweitens das reale Sein oder die Akte, Functionen, Handlungen, welche ihr Erkennungszeichen darin haben, dass auf sie allein die Ordnungsform der Zeit und die Unterschiede der Wirklichkeit oder Nichtwirklichkeit angewendet werden; drittens das substanziale Sein oder die Ichheit, welche den einheitlichen, sich selbst bewusstwerdenden Beziehungsgrund alles ideellen und realen Seins bildet (vergl. Wirkl. und scheinb. Welt S. 66 f.).[75]

Hiermit darf die neue Philosophie aber nicht abschliessen; denn diese Unterscheidungen sind zunächst nur auf den Kreis der Erkenntnissthätigkeit bezogen, da das Ich erkennt und das Erkennen ein Akt ist und einen Inhalt hat. Es fragt sich aber, ob ausser dem Erkenntnisskreise nichts in dem Bewusstsein vorkomme. Darauf habe ich Rücksicht genommen durch den Begriff einer semiotischen Erkenntniss; denn auch was keine Erkenntniss selber ist, kann doch durch Zeichen, z. B. durch die Sprache, für die Erkenntniss mit verwerthet werden; nur müssen wir es anderswoher als durch die Erkenntniss erwerben. Zu diesem semiotisch darzustellenden Gebiete gehören nun die Gefühle, die selber keine Erkenntnisse und also nicht ideelles Sein bilden. Wohl aber lassen sie sich als reales Sein begreifen, da wir sie in die Zeit|ordnung unserer Biographie setzen und auch fragen, ob sie wirk- 18
lich vorhanden waren oder nicht. Ebenso lassen sich auch alle unsre Handlungen, welche auf die Aussenwelt bezogen sind, als reales Sein bezeichnen, da sie mit der Denkthätigkeit als Thätigkeit von derselben Gattung, wenn auch nicht von derselben Art sind.[76]

Wenn desshalb meine neue Psychologie alle unsre geistigen Functionen auf drei Gattungen zurückführt, auf Erkennen, Fühlen (Wollen) und Handeln so sind die metaphysischen Kategorien hinreichend, um alles im Bewusstsein Gegebene zu ordnen. Nur die Gottheit ist übrig gelassen und will sich nicht in diesen Gliedbau fügen; wir sind aber weit davon entfernt, ihr darum ein Ausweisungsdecret, wie die Atheisten und Pantheisten, zuzufertigen, sondern wir werden in Musse ihre Forderungen prüfen und dementsprechend Stellung nehmen; denn wir sind Philosophen und haben Musse zu hören und zu richten, und, wenn wir eine Passion haben, so ist es die Passion, die Wahrheit zu erkennen und ihr Alles zu opfern. Ehe wir aber diese schwierige theologische Frage aufnehmen, ist es gut, mit dem Einmaleins der anderen Fragen erst in's Reine gekommen zu sein.

Bewusstsein und Erkenntniss.

Das Erste demnach, was in's Klare gebracht werden muss, ist das Verhältniss von Bewusstsein und Erkenntniss, worüber bis jetzt die Philosophen so wenig geforscht haben, dass ihnen dadurch die Lösung der elementarsten Fragen ganz unmöglich wurde.

Gehen wir von dem Begriff der *Erkenntniss* aus, so ist sofort einleuchtend, dass sie uns sowohl bewusst als unbewusst werden kann, wie z. B. unsere früher erworbenen mathematischen Erkenntnisse, sobald wir Mathematik lehren, uns bewusst, und wenn wir an andre Dinge denken, uns wieder unbewusst werden, ohne dass wir dadurch diese Erkenntnisse erwürben oder verlören. Wenn, wie im Allgemeinen angenommen wird, Bewusstsein und Erkenntniss dasselbe wäre, so könnte man überhaupt keinen Lehrer mehr anstellen und ihn von einem Schüler nicht unterscheiden, da keinem Lehrer seine Erkenntnisse immer bewusst sind, und er dennoch als *Besitzer* gewisser Erkenntnisse von dem Schüler und dem Unwissenden unterschieden wird. Folglich ist der Begriff der Erkenntniss abzutrennen von dem Begriff der Bewusstheit; denn wenn wir auch zugeben, dass die Erkenntniss vielleicht erst brauchbar ist, wenn sie bewusst wird, so folgt daraus doch nicht die
19 Identität von Bewusstsein und Erkenntniss, ebenso wie eine | Geldsumme, solange wir uns nicht daran erinnern, wohin wir sie gelegt haben, zwar nicht ausgegeben werden kann, dennoch aber mit dieser Erinnerung nicht identisch ist. So ist also die Erkenntniss etwas für sich, wie die Geldsumme etwas für sich ist, die Erinnerung oder Bewusstheit möge stattfinden oder fehlen.

Das Wesentliche aller Erkenntnisse besteht, wie man durch jede Analyse einer Erkenntniss nachweisen kann, in einem Coordinatensystem, indem mindestens zwei Beziehungspunkte zu der Einheit einer Function zusammengefasst werden. Wenn wir die complicirten Erkenntnisse in ihre Elemente auflösen, so kommen wir auf die sogenannten einfachen Urtheile. Diese sind aber alle als Denkakte auch Schlüsse zu nennen, wie ich dies schon in meiner Religionsphilosophie S. 209 gezeigt habe. Und man darf sich durch den elliptischen Ausdruck der Sprache nicht irre machen lassen; denn auch wenn man bloss sagt «es blitzt», so haben wir doch in unserer Erkenntniss als Beziehungspunkt erstens die Lichterscheinung, die wir mit dem Begriff des Blitzes oder mit der Erinnerung an ähnliche «Blitz» genannte Erscheinungen als mit dem zweiten Beziehungspunkte unter dem Gesichtspunkte der Realität zusammenfassen; wesshalb man diesen einfachsten impersonalen Satz auch in einem Syllogismus darstellen kann. Obersatz: Erscheinungen von der und der Art sind Blitze. Untersatz: die Erscheinung, die sich mir hier zeigt, ist von der angegebenen Art. Schlusssatz: es blitzt. Dass man nun nicht so pedantisch denkt, wie die formale Logik es auseinanderlegt, braucht nicht gesagt zu werden; nichtsdestoweniger müssen überall, wo überhaupt etwas erkannt und gedacht wird, die drei termini des Schlusses und ihre Vereinigung zur Einheit der Function gegeben sein.[77]

Für die Unterscheidung der Erkenntniss von dem Bewusstsein genügt es nun, diese handgreifliche Wesensbestimmung aller Erkenntniss oder alles Denkens festgestellt zu haben; denn das *Bewusstsein* zeigt sich sofort davon wesentlich verschieden, da es keine Beziehungspunkte hat. Wenn wir z. B. in einem dunklen Raum durch eine Spalte einen weissen Fleck sehen, so kommen wir zu einer Farbenempfindung; diese Empfindung ist Bewusstsein und keine Erkenntniss. Sobald man aber ein solches Bewusstsein zum Gegenstande des Denkens oder Erkennens macht und das Erkannte in einem Satze ausspricht, so zeigen sich gleich die zugeordneten Beziehungspunkte, wobei das einfache Bewusstsein als einer dieser Beziehungspunkte erscheint. Gäbe es also kein Be|wusstsein, so gäbe es auch keine Erkenntniss, aber *20* nicht umgekehrt; denn wir können sehr wohl Bewusstsein, z. B. Sinnesempfindungen, haben, ohne daraus Erkenntnisse zu bilden, wie wir daher den Thieren zwar Empfindungen und also Bewusstsein zuschreiben, sie aber des Privilegs zu denken nicht für würdig halten.

Abrechnung mit Herbart und seiner Schule.

Soweit ich die Geschichte meiner Wissenschaft überblicke, zeigt sich mir nirgends, dass vor Herbart das Bewusstsein ordentlich studirt und zum Gegenstand einer Wissenschaft gemacht wäre. Aristoteles kennt zwar das Bewusstsein schon, wenn er im dritten Buche über die Seele sagt: «ich empfinde nicht bloss, sondern ich empfinde auch, dass ich empfinde»,[78] wobei er zugleich den processus in infinitum für diese reflexive Thätigkeit ablehnt. Mit dieser kleinen Bemerkung ist aber seine Bewusstseinslehre abgeschlossen. Später hat sich der Name συνείδησις und conscientia für das Bewusstsein gefunden, ist aber besonders seit *Abälard* auch für das Gewissen specificirt,[79] und wenn *Leibnitz* auch sehr fein über die unbewussten Empfindungen (les perceptions insensibles)[80] geschrieben und wenn *Kant* auch die transscendentale Einheit des Bewusstseins seiner Kategorienlehre zu Grunde gelegt[81] und *Hegel* eine Phänomenologie des Bewusstseins ausgeführt hat,[82] so ist doch dasjenige, was wir heute unter Bewusstsein verstehen, erst von *Herbart* wissenschaftlich studirt, und obwohl ich sonst von Herbart nicht viel Rühmens machen kann, so muss ich doch mit grosser Bewunderung anerkennen, dass *er allein* die Wichtigkeit der Frage gesehen und ihr eine fleissige und scharfsinnige Behandlung zugewendet hat, so dass seine Psychologien jedenfalls durch diesen Punkt allein schon epochemachend geworden sind.

26 aber besonders seit] aber dann seit *Ms*

32 und obwohl ich sonst] und wenn ich auch sonst *Ms*

Diese Anerkennung Herbarts geht aber nur auf das Problem, das er sich stellte, nicht auf die Lösung; doch darf man nicht glauben, als wenn die Aufstellung von Problemen nicht zu den bewunderungswürdigen Leistungen gehörte. Nehmen wir z. B. *Locke*, so gilt es ihm nicht für ein Problem, sondern für ganz selbstverständlich, dass wir «eine Idee für einige Zeit wirklich im Auge behalten» (keeping an idea for some time actually *in view* II 10, 1),[83] oder dass wir «eine Idee ausser Sicht bekommen» (*out of sight*), oder dass «der enge Geist des Menschen nicht fähig ist, viele Ideen zugleich unter Augen oder Betrachtung zu haben» (the *narrow* mind of man not being capable of having many ideas *under view* and consideration at
21 once. II, 10, 2).[84] Er fragt | gar nicht, was das eigentlich bedeutet «im Auge», «ausser Sicht»; sondern er behandelt solche Metaphern, die ihm die Sprache zuführte, als hinreichend klare und deutliche Begriffe und weiss überhaupt noch nicht, dass eine blosse Thatsache keine grundlegende Erkenntniss, sondern bloss ein Problem bildet. Dass die eben angeführte Thatsache aber eins der wichtigsten und interessantesten Probleme bildet, kam ihm gar nicht in den Sinn. Ebenso naiv und unphilosophisch urtheilt z. B. *Krug* noch im Jahre 1827, der das Bewusstsein einfach etymologisch als «Wissen vom Sein»[85] definirt, als wenn solche sprachliche Exercitien für die Philosophie eine Aufklärung geben oder nur einmal ein Interesse einflössen könnten. Wie wenig philosophischen Geist Krug besass, lässt sich sofort daraus ersehen, dass er die Thatsachen, ähnlich wie die leichten Köpfe der heutigen Thatsachenphilosophen, als «absoluten Gränzpunkt des Wissens und Philosophirens» ansetzt und desshalb von «der Thatsache des Bewusstseins oder der transscendentalen Synthese» spricht.[86] Ich wundre mich aber auch über *Lotze*, dass er in den Grundzügen der Psychologie § 4 «die Empfindung als *einen uns allen wohlbekannten* Zustand des Bewusstseins»[87] definirt und über das Bewusstsein und seine *Zustände* gar keine Erklärung in dieser Psychologie mitzutheilen für gut findet, da doch das Bewusstsein kein Ding ist, das, wie etwa ein Mensch, sich in wohlbekannten Zuständen befinden könnte.

Das Verdienst Herbart's besteht nun darin, dies sogenannte Bewusstsein zu einem Problem gemacht und ihm Untersuchungen von grossem Umfang gewidmet zu haben. Seine Lösung ist aber verfehlt, weil er, von Locke und Kant abhängig, nur von der Thatsache ausgeht, welche Locke als die «Enge des Geistes»[88] bezeichnete und welche Kant als die zusammenfassende Einheit des Bewusstseins im Sinne hatte, wie dies auch Fichte immer vorschwebte; denn wenn man bloss hieran denkt, so muss das Bewusstsein wirklich so ein abgegränzter Raum werden mit einer Schwelle, über welche die Vorstellungen als Gäste steigen und unter welche sie sinken. Das Bewusstsein ist ihm (Psychologie I, § 48) daher «die *Gesammtheit* des jedesmal gleichzeitig zusammentreffenden Vorstellens»,[89] «indem alle gleichzeitig in Activität befindlichen Vorstellungen sich auf irgend eine Weise *gegenseitig* af-

ficiren und *zusammengenommen* den eben jetzt vorhandenen *Gemüthszustand* ergeben».[90] Herbart will desshalb zwar dem Gemüth keine *als Eigenschaft* vorhandene Pupille mit sich verengernder oder | erweiternder Iris zuschreiben, aber 22
diese Pupille soll doch *als Resultat* der Gegensätze unter den Vorstellungen entstehen.[91] Kurz, Herbart sowohl, wie diejenigen, welche er bekämpft, fassen das Bewusstsein als Pupille des Gemüths, und nur, dass die Andern diese Enge als *gegebene Thatsache* hinnehmen, Herbart aber sie als ein *Resultat* ableiten will, bildet den Unterschied.

Um dies Resultat abzuleiten, springt Herbart eilends zu seinem physikalischen und mathematischen Arbeitsfelde, wo er am Besten zu Hause ist und desshalb am Meisten Licht zu finden meint. Er macht also nach der dort üblichen Auffassungsweise die Hypothese, die an sich bewussten Vorstellungen wären Kräfte und hätten irgend einen geheimnissvollen Gegensatz in sich nach der Art der magnetischen oder elektrischen Erscheinungen. Wenn sie nun zusammenträfen, müssten sie sich ganz oder theilweise aufheben, in Latenz setzen und schliesslich nur einen Rest lassen, der von der gegenseitigen Hemmung frei wäre, und dieser Rest sei das Bewusstsein.[92]

Nun sieht man auf den ersten Blick, dass diese ganze Erklärung doch nur eine Allegorie ist und also nur den Rang von Parabeln und dergleichen beanspruchen darf, weil Herbart nicht nachgewiesen hat, wiefern solche hypothetisch eingeführte und allein als Darstellungsmittel gestattete Bilder eine wirkliche Bedeutung haben könnten. Man wird desshalb, wenn man mit seiner Psychologie zu Ende ist, unfehlbar die Bitte an den Verfasser richten müssen, nachträglich den Sinn seiner Parabeln zu erklären. Leider findet sich bei ihm aber ein: «Haec fabula docet»[93] als Epilog nirgends. Und dass seine ganze Erklärungsweise nichts werth ist, kann nach der kürzesten Besinnung entschieden werden, weil die physikalischen Begriffe, welche er als Auffassungsformen gebraucht, ja nur für den gegenständlichen Inhalt einiger Vorstellungen passen, nämlich nur für die Erscheinungswelt der Natur als *Vorgestelltes*, aber auf die *Vorstellungen selbst* ebenso wenig anwendbar sind, wie die Gesetze der Grammatik auf die physiologischen Sprachorgane.

Um durch die Kritik aber zugleich Platz für die richtige Erkenntniss zu schaffen, wollen wir jetzt zweitens auch noch den falschen Ausgangspunkt Herbart's abthun; denn er geht von dem «engen Geist» Locke's aus, von der «geistigen Pupille», und betrachtet das Bewusstsein als Resultat eines Zusammentreffens der Vorstellungen, d.h. *als eine gesellschaftliche Leistung.* | Dadurch wird aber die ganze Frage, 23
welche Herbart so verdienstvoll in den Vordergrund der Untersuchung gerückt hat, alsbald wieder von der Tagesordnung zurückgezogen; denn das Bewusstsein wird

11 also] desshalb *Ms*

dadurch als ein seinen Factoren fremdartiges Erzeugniss hingestellt, als ein Resultat oder Gesammtproduct, das irgend eine fabelhafte Realität für sich besässe und mit einer Wölbung[94] und Schwelle versehen wäre. In Wahrheit aber können wir mit diesem Namen oder Begriff nur das allen einzelnen Componenten zukommende Bewusstsein abstract zusammenfassen, indem wir es als einen Beziehungspunkt nach einem Gesichtspunkt mit einem anderen Beziehungspunkte, etwa mit dem Unbewussten, vergleichen. Folglich hat Herbart das ganze Problem verfehlt; denn es handelt sich bei jeder wissenschaftlichen Untersuchung in erster Linie niemals um irgend ein accidentelles Verhältniss, sondern um das Elementäre und Wesentliche, und also hier nicht um den etwaigen Rest der Hemmungssumme,[95] sondern um das elementäre Bewusstsein, das jedem Elemente des sogenannten Bewusstseins zukommt.

Den Redewendungen, die im gewöhnlichen Leben und in den philosophischen Werken im Gebrauch sind, als: «in's Bewusstsein kommen», oder «unter die Schwelle des Bewusstseins sinken», oder «Umfang des Bewusstseins», «Inhalt des Bewusstseins» u. dergl. entspricht darum keine Wirklichkeit. Bei all diesen Redewendungen wird an einen, wenn auch nur metaphorisch gemeinten, Raum gedacht, oder an einen einheitlichen und gleichartigen Geisteszustand, der wie ein Gegenstand durch seine jedesmaligen Accidenzen, d. h. etwa durch die im Bewusstsein befindlichen Vorstellungen bestimmt werden könnte, nach der Analogie etwa mit der Bühne, auf welcher jedesmal diese oder jene wechselnden Schauspieler mit wechselnden Reden und Gebärden auftreten. Ich stelle daher einen neuen Lehrsatz auf: Bewusstsein ist ursprünglich ein specifischer Grad der Intensität einer einzelnen elementären geistigen Function und bedeutet daher zweitens auch die Summe aller gleichartigen und gleichzeitigen Akte.

Indem Herbart desswegen von der Annahme ausgeht, als wenn die Elemente des geistigen Lebens lauter Vorstellungen wären und als wenn Vorstellungen als solche alle bewusst sein müssten, so wird ihm das Unbewusste nur zum Resultate der sich geheimnissvoll drückenden und aufhebenden Vorstellungen, deren Rest
24 dann die Gesammtheit alles gleichzeitigen wirklichen Vorstellens | bildete und Bewusstsein heissen sollte. Allein hierbei sind lauter unbewiesene Annahmen gemacht; denn erstens bilden Vorstellungen nur einen kleinen Theil des geistigen Lebens, und so wenig alle Thiere Fische sind, so wenig können alle geistigen Vorgänge auf Vorstellungen zurückgeführt werden.[96] Zweitens sind die Vorstellungen an sich gar nicht nothwendig bewusst, sondern es hängt von ihrer Intensität ab, ob sie überhaupt jemals zu Bewusstsein kommen; es liegt daher gar nicht an den anderen hemmenden

4 allen] jeden *Ms*

Vorstellungen, die ihnen von ihrer Lebhaftigkeit einen gewissen Grad abnähmen und sie in ein blosses Streben vorzustellen verwandelten; denn Vorstellungen können sich ebensowenig in ein Streben verwandeln, wie ein Löwe in ein Pferd. Die statische Schwelle ist desshalb rein fictiv, so lange nicht gezeigt werden kann, dass Vorstellungen an sich bewusst sind und ihre Bewusstheit etwa in der Weise besitzen, wie ein Gummiball seine Ausdehnung, die durch äusseren Druck verringert wird, sich aber bei Nachlassen des Druckes wieder herstellt. Darum sage ich, dass die Herbart'sche Bewusstseinstheorie von Anfang an verfehlt ist, weil sie das elementäre Bewusstsein nicht erforscht, sondern voraussetzt, die Vorstellungen wären an sich bewusst. Herbart erklärt also das Bewusstsein durch das Bewusstsein; denn unter Bewusstsein versteht er bloss die auf dem Schlachtfeld am Leben gebliebenen Krieger, deren Kameraden zu Leichen und dann zu Larven geworden und verschwunden sind.

Herbartische Schüler.

Von Herbart's Schülern hat Strümpell[97] in einem «Grundriss der Psychologie» vier Arten von Bewusstsein unterschieden, die wir hier beachten wollen, weil sich dabei, wie an einem Zeichen, bequem die verfehlte Richtung Herbart's erkennen lässt; denn mit Herbart allerdings muss sich Jeder abgeben, der in der Psychologie weiterarbeiten will, weil die anderen Schulen dieses Gebiet fast ganz brach liegen liessen.

Die vier Bewusstseinsarten Strümpell's sollen zugleich Stufen der Entwickelung bilden und sind folgende: 1) «das Empfindungs-, Anschauungs-, Erfahrungs-Bewusstsein, z. B. Mond, scheinen, Töne, Geräusche, Gerüche» u. s. w.;[98] 2) «das aus der Apperception entstehende Bewusstsein, z. B. da steht ein Haus, es regnet, da läuft ein Pferd» u. a.;[99] 3) «das Ichbewusstsein, z. B. ich sehe, ich höre, ich greife, ich stelle vor, ich gehe, ich fühle, ich will» u. a.;[100] 4) «das Selbstbewusstsein oder das Wissen von sich, z. B. ich weiss, dass ich bin, ich weiss, was ich bin, ich bin der Bürgermeister, ich bin | der Prediger, ich bin ein Preusse» u. a.[101] Wenn wir nun sehen, dass *25*
Strümpell (§ 20) das Bewusstsein sofort als einen Unterschied im Vorstellungsverhalten auffasst und die vorstellende Thätigkeit in Herbartischer Weise zur Grundlage aller anderen macht,[102] dass er unter Bewusstsein (§ 21) «vorläufig Alles versteht, was gerade als ein Solches da ist, von dem wir uns ein Wissen zuschreiben»,[103] dass er (§ 25) über Bewusstsein «keine andere Antwort geben will, als dass Jeder, der ein thatsächliches Empfinden, Wahrnehmen, Vorstellen, Denken u. s. w. erlebt, es hiermit auch als ein Bewusstes wisse»:[104] so sieht man zur Genüge, dass Strümpell uns sehr gut die Nachwirkung der Herbartischen Psychologie vor Augen stellt, da das Bewusstsein immer als ein Wissen oder Vorstellen aufgefasst und

34 wisse] *so Ms*; wisse *DA*

also bloss dem Erkenntnissvermögen zugeschrieben wird. Desshalb sind auch die vier Bewusstseinsarten Strümpells gar keine Arten des Bewusstseins, sondern nur Arten von Gegenständen des Wissens; denn sie unterscheiden sich nur nach den Gegenständen und sollen alle aus dem Empfindungsbewusstsein ableitbar sein, ohne dass die Bewusstheit selbst dividirt würde, was auch unthunlich wäre, da die Herbartianer das Bewusstsein selbst nicht definiren, also auch keinen Eintheilungsgrund desselben nachweisen können. Wenn man aber z. B. bei Strümpell auch die so annehmbaren und von einem anderen Geist inspirirten Wörter «Ichbewusstsein» und «Selbstbewusstsein» findet, so wird man leicht in Versuchung geführt, darunter etwa dasselbe zu verstehen, was ich in meiner Metaphysik zeigen wollte[105] und was auch wohl sicher die unbefangen Sprechenden dabei im Sinne haben; allein solcher Versuchung zu erliegen wäre nicht ehrenvoll, ja nicht einmal verzeihlich, da man mit einem Herbartischen Vorstellungs-Psychologen zu thun hat, was man als aufmerksamer Leser nie vergessen darf. Man braucht auch nur den Schluss des Buches anzusehen, um sich vor allen solchen Zutrauensanwandlungen zu hüten, da der Verfasser dort (§ 352) «alle Stufen und Arten der Ichheitsbildung» zu «Producten des psychischen Mechanismus» und seine letzte Stufe «das Subject-Object» oder «die logische Definition des Ichs» zu einer «bewussten Reflexion» macht,[106] so dass wir also überhaupt nach Strümpell das Ich nur als eine vielfach complicirte Erkenntnissfunction begreifen sollen und zwar als die «wandelbarste, bildsamste und vielgliedrigste»[107] und daher wohl recht einfältig wären, das Ichbewusst-
*26* sein für ein unwandelbares, ein|faches und schon dem Kinde, ja selbst dem Thiere zukommendes zu halten. Wer die Frage mit mir untersucht, wird erklären, dass das Ichbewusstsein keiner Bildung jemals fähig ist,[108] ebensowenig wie das Bewusstsein der weissen Farbe sich jemals civilisiren kann. Dagegen müssen wir Alles, was bei den Herbartianern über das Ich gesagt wird, theils überhaupt als Fiction verwerfen, theils für blosse, von dem Bewusstsein gänzlich, d. h. wesentlich, verschiedene Erkenntnissformen ansehen. Da alles, was Herbart und seine Schule, und wenn auch in vier Arten, Bewusstsein nennen, sowohl bewusst, als unbewusst sein kann, so ist es sicherlich nicht Bewusstsein, da Bewusstsein niemals zu einem Nicht-Bewusstsein wird, ebensowenig, wie ein Kreis jemals ungleiche Radien oder eine viereckichte Gränze hat. Die Herbartianer haben eben immer bloss an das Bewusste gedacht, statt an das Bewusstsein. Hinc illae lacrimae![109] Denn nun ist es ja begreiflich, dass sich Herbart die Unbrauchbarkeit seiner Hemmungsrechnungen und auch der Schwelltafeln zeigen musste, wie er selbst klagt: «Zum Unglück hängen in der Wirklichkeit die Schwellen von so manchen, höchst verwickelten Bestim-

11 die unbefangen Sprechenden dabei im Sinne haben;] den Sinn der unbefangen Sprechenden ausdrückt; *Ms*

mungen ab (sic!), ja auch die allgemeinen Formeln sind *so zahlreich* und zum Theil *so schwer zu gebrauchen*, dass *nicht wenig Geduld* dazu gehören wird, *wenn jemals* der speculativen Psychologie diese Art von Hülfsmitteln soll geschafft werden» (I, § 50).[110]

Darum wird durch die neue Metaphysik auch eine neue Grundlegung der Psychologie gewonnen; denn alle jene Bewusstseinsarten der Herbartianer haben mit dem Bewusstsein gar nichts zu thun, sondern sind *Erkenntnissformen*, die jenachdem bewusst oder unbewusst werden können, niemals aber aufhören, Erkenntnissformen zu sein. Eine gewisse Ahnung dieser Unterscheidung findet sich bei den Herbartianern, wenn sie das unmittelbare Empfindungsbewusstsein von den späteren ableitbaren Arten trennen; aber auch nur eine Ahnung; denn einerseits lassen sich die späteren Arten gar nicht, wie sie meinen, aus der ersteren ableiten und zweitens gilt ihnen auch das Empfindungsbewusstsein als ein Vorstellen, d. h. als eine *Erkenntnissfunction*, so dass sie also den Punkt, auf den Alles ankommt, doch nicht gemerkt haben.

Eine Verlegenheit Lotzens.

Dass Lotze, soweit er Herbartianer ist, das allgemeine Loos dieser Schule theilen musste, sieht man z. B. an den lehrreichen Verlegenheiten, in die er | geräth, wenn er die Frage über die Intensität 27
oder das Mehr oder Weniger des Bewusstseins behandelt; denn da er als Herbartianer das Bewusste mit dem Bewusstsein verwechselt, das Bewusste ihm aber ebenso, wie ihnen, eine Erkenntniss ist, so stiess er sich an der Frage, ob uns z. B. die Vorstellung von einem Kreise mehr oder weniger bewusst sein könnte. Denn wenn, meinte er, der Kreis weniger bewusst wäre, so hätten wir eben keine Vorstellung vom Kreise, wie etwa, wenn wir ihm zum Theil geradlinichten Umfang gäben. Also denke man entweder an den Kreis oder nicht, mehr oder weniger aber den Kreis vorzustellen sei unmöglich, sondern der Schein rühre nur von mehr oder weniger zahlreichen Nebenvorstellungen her, die zugleich mit der Vorstellung «Kreis» in's Bewusstsein träten, und je reicher diese Begleitung wäre, desto mehr schiene uns eine Vorstellung zu Bewusstsein gekommen zu sein.[111]

Diese Verlegenheit Lotzes ist sehr natürlich, weil er das Bewusstsein mit dem Erkennen verwechselt. Denn *Erkenntniss* besteht in dem Vorhandensein der zugehörigen Beziehungspunkte und in dem Vollzug der Synthesis nach einem Gesichtspunkte, wesshalb dabei kein Mehr und Weniger stattfinden kann, während das *Bewusstsein* umgekehrt seinem ganzen Wesen nach auf dem Mehr und Weniger beruht und daher in allen Graden vorhanden sein kann, wie es sich auch von der Unbewusstheit nur quantitativ unterscheidet. Darum haben wir die Erkenntniss des Kreises auch auf unbewusste Weise, sofern wir etwa augenblicklich, obgleich geometrisch gebildet, an andere Dinge denken; wenn diese Erkenntniss aber bewusst wird, d. h. uns augenblicklich beschäftigt, so kann sie in den verschiedensten Gra-

den der Bewusstheit vorkommen, jenachdem wir mehr oder weniger andere Vorstellungen zugleich im Bewusstsein haben, und wir müssen gerade umgekehrt, wie Lotze, entscheiden, dass *je weniger andere Vorstellungen uns zugleich beschäftigen*, um so intensiver bewusst die Vorstellung des Kreises ist; je mehr andere Vorstellungen, seien es Folgerungen, oder disparate Dinge, uns aber zugleich in Anspruch nehmen, um so weniger deutlich wird die fragliche Vorstellung bewusst sein. Das *Maximum* der Bewusstheit ist pathologisch und muss im Irrenhause studirt werden; denn der Ausschluss aller anderen Gedanken, Gefühle und Empfindungen zeigt eben, dass der so in Eine einzige Vorstellungsgruppe Versunkene nicht
*28* bei Verstande ist und also sowohl sein Verhältniss zur übrigen | Welt, als auch das Verhältniss seines Vorstellungsobjectes zu den übrigen Zwecken und Werthen des Lebens nicht mehr begreift. Mithin verliert er seine volle Persönlichkeit, bedarf der Curatel[112] und muss, da dergleichen nur bei Erkrankungen des Gehirns vorkommt, dem Arzt übergeben werden.

## Indicien zur Confirmation.

### Erstes Indicium. Unterscheidung zwischen Erinnerung und Gedächtniss.

Um meinen elementären Lehrsatz von dem Verhältniss von Bewusstsein und Erkenntnissfunction zu confirmiren, will ich eine Vexirfrage[113] erörtern, die von der früheren Psychologie aus nicht leicht gelöst wird, sich aber von unseren Elementen aus mit der grössten Einfachheit und Bestimmtheit beantworten lässt.

Kritik der früheren Erklärungen.

Man fragt nämlich, warum die Erinnerung nicht bis in die früheste Kindheit zurückführt, sondern erst mit dem dritten Jahre oder noch später anfängt. Alle Versuche, diese Thatsache zu erklären, nehmen ihren Ansatz von dem einen oder dem anderen folgender drei Gründe. Erstens sei, sagt man, das *Vergessen* im Kindesalter überhaupt am Gewöhnlichsten, wesshalb das aus dem Gedächtniss Verschwundene und Erloschene auch nicht wieder zur Erinnerung gebracht werden könne. Zweitens bezieht man sich auf die *Stärke* der Eindrücke, da sich nur die stärksten im Gedächtniss erhielten, die schwächeren aber im Laufe der Zeit weggespült würden, wobei vorausgesetzt wird, dass hinreichend starke Eindrücke im ersten Kindesalter nicht vorkommen. Drittens zieht man die *Association* herbei, durch welche das zum Bewusstsein Gekommene sich als Glied der Reihe in bleibenden Massen erhalte, wogegen aber die sporadischen Eindrücke aus der Kindheit Einspruch erheben, da sie ja nicht verschmolzen und associirt angetroffen werden. Gerade der sporadische Charakter der Jugenderinnerungen macht die Thatsache der

Erinnerung verwunderlich, wie andererseits ja auch unzählige gut verschmolzene und associirte Eindrücke, die einstmals stark bewusst waren, in völlige Vergessenheit überzugehen scheinen. Wenn also diese dritte Erklärung nichts enträthselt, so auch die | beiden ersten nicht; denn wesshalb in der ersten Kindheitszeit das Ver- 29
gessen so allgemein sein soll, da doch gerade in dieser Zeit am Meisten gelernt wird, das ist schwer begreiflich, vorzüglich, weil die Vergesslichkeit, wie das Alter zeigt, mit der Abstumpfung der Sinne und des Gehirns zusammenhängt, während die Sinne gerade beim Kinde am Energischsten arbeiten. Ebenso unerklärlich ist auch, wesshalb die Stärke der Eindrücke beim Kinde geringer sein soll, als im späteren Alter, da die Kinder sich doch dessen, was sie sehen, hören und schmecken ebenso bewusst sind, wie die älteren Personen, und die Affekte nirgends eine so grosse Rolle spielen, wie bei den Kindern.

Neue Erklärung.

Wenn also diese Erklärungen nicht genügen, so darf meine neue Theorie versucht werden. Ich scheide zwischen Bewusstsein und Erkenntnissfunction und behaupte, dass Erinnerung sich nur auf Erkenntnissfunctionen bezieht, während blosses Bewusstsein niemals erinnert werden kann, sondern nur im Gedächtniss bleibt.

Der Beweis hierfür verlangt, dass wir von dem Begriffe der Erinnerung ausgehen. Alles nun, wovon wir sagen, dass wir uns seiner erinnerten, betrifft immer eine Anschauung, einen Vorgang, ein Thun oder Leiden, einen Gedanken und dergl., kurz etwas, das in unserem Erkenntnissgebiet vorkommt, denn sofern wir eine Erinnerung irgendwie darstellen oder mittheilen, werden wir immer an verschiedene Beziehungspunkte anknüpfen, die wir unter irgend einem Gesichtspunkte vereinigt hatten, z. B. dass der und der Lehrer uns einmal mit dem Lineal auf die Finger geschlagen hat, oder dass uns eine kleine Schwester starb u. s. w.[114] Dass sich nun alle Erinnerungen bloss auf Gegenstände der Erkenntniss beziehen, dagegen kann keine Instanz angeführt werden; denn ich bezweifle ja gar nicht, dass die Akte der beiden Classen von geistigem Geschehen, die ausser dem Erkenntnissvermögen noch übrig sind, (nämlich erstens das einfache (elementäre) unmittelbare Bewusstsein und zweitens seine erkenntnisslosen Associationsgruppen) auch in dem Geiste verbleiben, sondern ich läugne nur, dass sie zur Erinnerung übergehen könnten. Es giebt nämlich einen Zustand, den man unbewusste Erinnerung oder blosses Gedächtniss nennen könnte, und dieser gehört jenen beiden Classen von geistigen Functionen an, von denen wir reden, da diese beiden kein ideelles Sein, d. h. nicht irgend einen Inhalt der Erkenntniss enthalten. Dies ist sehr einfach zu beweisen, weil niemand im Stande wäre, | sich an etwas zu erinnern, was er nicht als ir- 30
gend Etwas, als einen Geruch, ein Geräusch, ein Wort, einen Vocal u. s. w. aufgefasst,

35 Erkenntniss] *so Ms*; Erkenntniss *DA*

d. h. *erkannt* hätte; denn jede solche Bezeichnung beweist, dass man das elementäre Bewusstsein irgend einer Art sofort mit einem anderen Beziehungspunkte nach einem Gesichtspunkte verknüpft hat, indem man z. B. eine Geruchsempfindung nicht auf Ohr und Auge, sondern auf die Nase bezog nach dem Gesichtspunkte der Zugehörigkeit, wesshalb man erst nach diesem Erkenntnissakte die blosse Empfindung als Geruch bezeichnete. Dazu kommt, dass man irgendwie auch schon ein Wort der Sprache für ein Gefühl ausgesucht, oder es etwa in Beziehung auf das Sprachmaterial für unaussprechlich erkannt hat. Kurz, es liegt zu Tage, dass jede Erklärung sich als Erinnerung vor uns selbst oder Anderen nur legitimiren kann, sofern sie zugleich sich als eine Erkenntnissfunction zeigt, wobei das elementäre Bewusstsein oder seine Associationsgruppen blosse Beziehungspunkte sind.

Dass es aber auch blosses Gedächtniss oder, wie ich sie nenne, *unbewusste Erinnerungen* giebt, die sich auf die erkenntnisslosen Elemente der geistigen Functionen beziehen, ist ebenso leicht erweisbar, und zwar apagogisch;[115] denn *erstens* ohne solche Annahme würde ja irgend etwas aus dem Geiste verschwinden und zu Nichts werden können, was ebenso ungereimt ist, als wenn die Sonne aus dem Planetensystem über Nacht plötzlich auf Nimmerwiedersehen verschwinden könnte. Da das Nichts nicht ist, so kann auch niemals etwas zu Nichts werden. *Zweitens* würden die Thatsachen einer Befestigung aller sogenannten Eindrücke durch blosse Wiederholung und desswegen alle Dressur, alle Kunstübung, alles mechanische Lernen unmöglich werden, da nichts von dieser Art *verstanden* und *erkannt* zu werden braucht, um angeeignet und behalten zu werden. Wer desshalb einen chinesischen Vers, dessen Sinn er nicht versteht, oder die Namen von böhmischen Dörfern auswendig lernt, von denen er keine Anschauung und von deren Etymologie er keine Kenntniss hat, oder wer sich das Einmaleins, ehe er multipliciren kann, einprägt, der wird beim Auswendiglernen, d. h. durch blosse Wiederholung des erkenntnisslosen, aber jedesmal bewussten Eindrucks sicher immer einen Erfolg haben, weil es eben ein Gedächtniss, d. h. eine unbewusste Erinnerung derjenigen geistigen Elemente giebt, die nicht in die Sphäre des Erkenntnissvermögens gehören. Hierzu rechne ich auch alle Gewöhnungen, welche sich ohne Reflexion befestigen.[116]

*31* | Nichts von diesem ganzen Gebiete des Gedächtnisses kann aber jemals zur *Erinnerung* kommen, wenn es nicht nach irgend einer Seite mit der Erkenntnissfunction verknüpft ist; denn es kann und muss zwar jeder frühere Akt bei neuen und ähnlichen Veranlassungen reproducirt werden, wie wir z. B. beim Baden ohne Weiteres schwimmen, d. h. alle die Bewegungen wiederholen, die wir im Gedächtniss durch Ausübung der Bewegungen befestigt hatten, ohne dass diese erkenntnisslosen Bewegungsakte eine Erinnerung begründeten. Sollte sich aber Jemand einbilden, er könnte sich dennoch dabei der letzten oder irgend einer früheren Ausübung

seiner Schwimmkünste erinnern, so braucht man nur die Augen des Verstandes etwas weiter aufzuthun, um zu sehen, dass es lauter Erkenntnissakte sind, die ihm als Erinnerungen gegenwärtig werden, z. B. der Nordseestrand, die Personen und Erlebnisse von damals u. s. w.; denn alle solche Anschauungsbilder sind Erkenntnisse, die wir durch Auffassung und Vereinigung von Beziehungspunkten nach gewissen Gesichtspunkten gebildet hatten. Von dem blossen erkenntnisslosen Akt und Gefühl des Schwimmens aber hat man immer nur wieder dasselbe einfache erkenntnisslose Bewusstsein und Gefühl und weiter nichts. Da die von mir begründete Unterscheidung von Bewusstsein und Erkenntniss für die Psychologie von fundamentaler Bedeutung ist, so wird es erlaubt sein, noch ein Beispiel zu analysiren. Ich brachte als Knabe einen Sommer auf Helgoland zu, und es war dort unvermeidlich, die von den Fischern zum Trocknen aufgehängten Fische zu riechen, was mir sehr unangenehm war.[117] In mehr als fünfzehn Jahren hatte ich nicht wieder Gelegenheit, mich an diesen Zug Helgoländer Lebens zu erinnern; da kam ich einmal in Basel an einem grossen Waarenschuppen vorbei und befand mich beim unwillkürlichen Einziehen des aus dem Schuppen strömenden Geruches plötzlich mit allen meinen Gedanken in Helgoland und sah die wie Wäsche aufgehängten Fische, sah die sogenannte Krebssuppe des von dem rothen Sandstein gefärbten Meeres, sah die Düne, die Englischen Schiffe u. s. w.[118] Von dem Geruch selbst aber konnte ich keine Erinnerung haben, weil sich dabei nichts weiter denken und erkennen lässt, sondern es fand nur seit fünfzehn Jahren zum ersten Male wieder dieselbe Geruchsempfindung statt, die ohne etwas Helgoländisches in sich zu haben, sich einfach wiederholte, zugleich aber ganze Reihen von Anschauungen zur Erinnerung brachte, in denen sie als ein einfacher Beziehungspunkt | mit vorkam. So gehört also die unbe- *32*
wusste Erinnerung oder das Gedächtniss den erkenntnisslosen geistigen Functionen, die Erinnerung aber nur dem Erkenntnisskreise oder dem ideellen Sein; denn eine Geruchsempfindung oder ein anderes erkenntnissloses Bewusstsein lässt sich aus diesem Grunde auch niemals freiwillig zur Erinnerung bringen, z. B. nicht, wie eine Speise riecht oder schmeckt; nur mit den Tönen und Farben hat es aus bestimmten Gründen eine etwas andere Bewandtniss, weil sie, wie ich später zeigen werde, wenn auch nicht Erkenntnisse, so doch das Sprachmaterial für die Erkenntniss bilden.[119]

Nach Feststellung dieser Prämissen können wir nun die obige Frage leicht beantworten; denn in den ersten Jahren der Kindheit sind die blossen Empfindungen und die unbewussten Bewegungsakte ganz im Uebergewicht oder allein der Inhalt der seelischen Thätigkeit, so dass das Kind sich wenig von dem höheren Thiere unterscheidet. Es bilden sich in dieser Zeit erst die Associationsgruppen der Empfindun-

31 so] aber *Ms*

gen, und das Kind, wie das Thier, hat bei dieser in den Mechanismus des Seelenlebens aufgehenden Thätigkeit noch keine Erkenntniss. Darum kann Kind, wie Thier, zwar *Träume* haben, aber keine Erinnerung. Es ist darum auch nur ein ungenauer Ausdruck, wenn man den Thieren schlechtweg *Erinnerung* zuspricht, die sie doch nicht haben können; denn wenn ein Hund seinen Herrn, wie man sagt, wiedererkennt und mit dem Schweife wedelt, an ihm aufspringt, seine Hand beleckt, so sind das völlig erkenntnisslose Akte, indem die gedächtnissmässige Wiederkehr des sinnlichen Eindrucks das zugehörige Gefühl auslöst und dieses die zugehörigen Bewegungen hervorruft.

Desshalb behaupte ich, dass *Erinnerungen im eigentlichen Sinne nicht bis zu einem früheren Punkte als die Sprache zurückreichen können*; denn die Sprache, obgleich selbst bloss ein erkenntnissloses mechanisches Element, bedingt doch für die Erkenntnissthätigkeit die Bezeichnung der Beziehungspunkte, die man nach einem Gesichtspunkte verknüpfen will. Die Beziehungspunkte selbst sind in elementären Bewusstseinsakten, Empfindungen, Ichbewusstsein, Gefühlen gegeben und verschwinden schnell, um anderem Inhalte Platz zu machen. Um sie für die Erkenntniss als Beziehungspunkte festzuhalten, bedarf man eines mechanischen, in unserer Freiheit stehenden Mittels, und dies sind vorzüglich die Laute, die wir mit beliebiger Wiederholung aussprechen können und die sich als Sprache mit
*33* bestimmt zuge|hörigen elementären Bewusstseinsakten oder deren Associationsgruppen mechanisch verknüpfen, so dass wir durch die Sprache erst die Möglichkeit des Erkennens und also auch der Erinnerung haben. Wenn wir daher z. B. bei den sogenannten Wiedererkennungen und Wiedererinnerungen der Thiere an Stall und Herr und Krippengenoss und dergleichen annehmen wollten, das Thier denke nun bei sich, «dies ist ja mein lieber Herr, den ich viele Jahre nicht gesehen habe, der mich immer so gut behandelt und mit mir manche lustige Fahrt gemacht hat, ich will ihm desswegen einige zärtliche Beweise meiner freundschaftlichen Gesinnung geben, um einmal zu sehen, ob er mir ein eben so treues Andenken bewahrt hat», so wäre das die reine Thierfabel, die bei all den Jagdgeschichten und unkritischen Berichten über die Vernunft der Thiere ihre beständige Rolle spielt, da es dem Menschen schwer wird, von seinem eigenen Seelenzustand zu abstrahiren und sich in ein so tief unter ihm befindliches Seelenleben hineinzudenken, was ohne strenge und scharfe Begriffe über die Natur der verschiedenen geistigen Functionen, d. h. ohne grosse wissenschaftliche Arbeit gar nicht möglich ist. Darum ist es nicht im Mindesten wunderbar, dass man bei manchen Naturforschern und auch bei so geübten Beobachtern, wie Darwin, doch die abenteuerlichsten Behauptungen über das Thierleben zu lesen hat, weil ihnen die nöthige Beschäftigung mit den Geisteswissenschaften und besonders auch mit der Philosophie fehlt, wesshalb sie meinen, so im Handumdrehen über seelische Zustände urtheilen zu können, während sie doch

bei physischen Phänomenen die grösste Sorgfalt zeigen und sich ihre Methode und die Gesetze zu Bewusstsein bringen.

Unsere Unterscheidung erklärt auch leicht den sporadischen Charakter der Kindheitserinnerungen, über den man sich gar nicht wundern sollte, weil alle unsre Erinnerungen überhaupt diesen Charakter haben. Wer etwas länger gelebt hat und zurückblickt, wer gereist ist, wer einmal ein Tagebuch geführt oder solche von Anderen gelesen hat, dem wird ohne Zweifel der sporadische Charakter der Erinnerungen in die Augen fallen und auch ganz natürlich vorkommen; denn alles Erlebte ist theils einfaches erkenntnissloses Bewusstsein mit zugehöriger mechanischer Association, theils Erkenntniss. Von diesen Erkenntnissen, die allein Erinnerung bilden können, waren aber einige für uns wichtig, sofern sie den Anlass zu einem stärkeren Gefühl bildeten, andre nicht. Darum müssen sich aus einer grossen Masse von Erlebtem die uns wichtig erschienenen | Bemerkungen herausheben, wie die Angesehenen *34* aus dem Volke, und den Faden unserer Zeitrechnung und unserer Selbstbiographie bilden, obwohl wir oft später nicht mehr recht begreifen, warum uns damals gewisse Bemerkungen und Anschauungen so eindrucksvoll gewesen sind, wie wir auch bei Erinnerung an unsere Reisen oft scheinbar nebensächliche Punkte genau behalten und an sich wichtigere vergessen haben. Der Grund hierfür liegt aber auf der Hand, denn weil wir alle Dinge perspectivisch betrachten, so wechselt für uns je nach den Umständen Werth und Wichtigkeit einer Sache, während die Erinnerung an diesem Wechsel keinen Antheil nehmen kann, sondern das damals und dort für uns gerade Eindrucksvolle einmal für immer photographirt hat und wieder zum Bewusstsein bringt.

### Zweites Indicium. Die Prädicate Wahr und Falsch sind auf das Bewusstsein nicht anwendbar.

Um den Unterschied von Bewusstsein und Erkenntniss weiter zu confirmiren, müssen wir Bestimmungen (propria) herausheben,[120] die dem Einen immer, dem Anderen niemals zukommen. Nun ist alles, was zur Erkenntnisssphäre gehören soll, entweder wahr oder falsch, das Bewusstsein aber kann keines von beiden Prädicaten vertragen.[121] Denn dem Bewusstsein steht nur das Unbewusste entgegen, und wir unterscheiden nur Grade des Mehr oder Weniger bei der Bewusstheit; ein falsches Bewusstsein aber ist ein Unding, wie z. B. ein Richter, der mit Entrüstung einen Verbrecher verurtheilt, sich nicht fälschlich bewusst sein kann, selbst das Verbrechen begangen zu haben, oder wie Hinz sich nicht auf einmal das Bewusstsein von Kunz aneignen kann.[122] All dergleichen ist sinnlos, weil irgend wel-

3 Unsere Unterscheidung erklärt auch] Aus diesen Gründen erklärt sich auch *Ms*

che Täuschungen, denen der Mensch unterliegt, immer nur auf falschen Schlüssen, also auf dem Erkenntnissvermögen beruhen, niemals aber auf falschen Beziehungspunkten des Bewusstseins; denn ein Fiebernder kann zwar Hitze fühlen, wo die Gesunden etwa frieren, und kann desshalb falsch auf ein überheisses Zimmer schliessen, dessen Temperatur doch durch das Thermometer festgestellt wird; gleichwohl wird nur sein Urtheil über die Ursachen, nicht aber sein Gefühl selbst unrichtig sein. Die Psychiatrie spricht daher ganz angemessen von Anomalien der Gefühle und von Hyperästhesie und Anästhesie, wobei nur das Verhältniss des Empfindens und Fühlens der Kranken zu den im Allgemeinen gleichförmigen In-
*35* tensitätsgraden und Qualitätsformen | dieser Bewusstseinselemente in Gesunden beachtet wird. Was aber richtig oder unrichtig, gesund oder krank, wahr oder falsch sei, sagt nur das Erkenntnissvermögen im Hinblick auf die Beziehungspunkte des Bewusstseins, die entweder vorhanden sind oder nicht, aber nicht falsch oder richtig sein können.

Es ist interessant, dass der grosse Logiker Aristoteles an diese Frage stiess und sie in einer Formel entschied, die zwei Jahrtausende Geltung behalten hat und dennoch nur nach ihrem verborgenen Sinne richtig, in der überlieferten Ausdrucksweise aber gänzlich verfehlt ist. Er bemerkte nämlich, dass die Unterschiede von Wahr und Falsch sich nur auf U r t h e i l e bezögen, nicht aber auf die aus der Synthesis des Satzes (oder Urtheils) gelösten Satzglieder. So sagt er, dass in der Seele Gedanken (νοήματα) vorkämen, wie: Mensch, Pferd, zwei Ellen lang, gestern, auf dem Markte, sitzt, brennt, grösser, weiss, u. s. w., die in keiner Verflechtung (συμπλοκή) ausgesprochen und desshalb nicht von einander bejaht oder verneint würden. Alle solche Gedanken wären desshalb an und für sich weder wahr, noch falsch, während jede Bejahung oder Verneinung, d. h. jede Verflechtung oder Trennung der Gedanken durch Satz oder Urtheil wahr oder falsch sein müsste, wie z. B.: der Mensch ist weiss, der Mensch läuft. Selbst der (fabelhafte) Bockhirsch (τραγέλαφος) bedeute zwar etwas, aber weder etwas Wahres, noch etwas Falsches, sondern erst, wenn man im Prädicate Sein oder Nichtsein, und zwar schlechthin oder zeitlich bestimmt, hinzufüge, sei das so entstandene Urtheil wahr oder falsch.[123]

Obgleich diese Lösung sehr annehmlich erscheint, ist sie dennoch bei schärferem Blicke unhaltbar; denn durch die Sprache werden wir getäuscht und bilden uns ein, Begriffe liessen sich von Urtheilen und Schlüssen unterscheiden. Nehmen wir z. B. den Satz, dass der Bockhirsch oder Centaur existirte, so kann dieser Satz wieder als Subject eines anderen Satzes gelten, wie z. B. dass dies die Ueberzeugung des Alter-

22 συμπλοκή] συμπλοκῄ *DA; MS korrekt* συμπλοκή

34 den Satz, dass der Bockhirsch oder Centaur existirte] den Satz, dass «der Bockhirsch oder Centaur existirte» *Ms*

thums war oder nicht war, wesshalb der Subjectsatz wieder als an sich weder wahr, noch falsch erscheinen muss, da erst die Synthesis mit dem Prädicate des neuen Satzes ihn logisch differenziirt. Ebenso, umgekehrt, kann der aus der Synthesis ausgelöste Begriff Centaur für sich als Synthesis von Urtheilen aufgefasst werden, da in diesem Bilde irgendwie Mensch und Pferd zusammengewachsen sein soll. Wenn nun dies schon zwei Elemente sind und jedes derselben wieder eine Menge Theile hat, die alle in einer bestimmten Weise ver|einigt gedacht werden, so ist einleuchtend, 36 dass der sogenannte einfache Begriff, oder das Subject und Prädicat immer ebenso gut als Urtheil oder Schluss bezeichnet werden kann und dass mithin die Aristotelische Behauptung, nur Urtheile trügen den Unterschied von Wahr und Falsch, hinfällig ist, da sich gar keine Begriffe oder Satztheile denken lassen, die nicht auch Urtheile oder synthetische Einheiten bildeten. Denn wer würde einräumen, dass er solche an und für sich, d. h. ohne Verflechtung ausgesprochene Gedanken, wie Ursache, Mensch, Freiheit, gut, läuft u. s. w., denken könne, ohne in jeden dieser Gedanken eine Menge von Urtheilen einzuschliessen.

Es kann darum wohl nicht an der blossen Verknüpfung und Trennung liegen, sondern vielleicht muss die Verbindung mit dem Begriffe *Sein* oder *Nichtsein* als wesentlich gelten, damit z. B. nicht die prädicative Verknüpfung «der Mann läuft» in die attributive «ein laufender Mann» umgesetzt werde. Allein die Betonung des Seins oder Nichtseins würde eine schreckliche Tautologie liefern, da ja die Behauptung, dass es so *sei* oder so *existire*, nichts anderes bedeutet, als dass es so *wahr* sei, wesshalb also die Definition lauten würde, dass es sich um Wahrheit drehe, wenn die Wahrheit in's Spiel komme.

Wollte man nun dem Aristoteles zu Hülfe springen, indem man den letzten Grund seiner Formel aus der Rüstkammer hervorholte, so würde man mit ihm zusammen im Feuer der Kritik verbrennen, da dieser Grund ja nur in der naiv dogmatischen Voraussetzung besteht, als könne man die Wahrheit oder das Falsche der ausgesagten Synthesis darnach prüfen, ob die wirklichen Dinge an sich vereinigt oder getrennt wären,[124] wie z. B. beim Urtheil, dass das Haar eines Menschen schwarz oder weiss wäre, wenn wir herantretend mit den Augen sähen, wie das Haar sich in Wirklichkeit verhielte oder nicht verhielte. Nimmt man nun dem Aristoteles diese Naivität, so fehlt auch jeder Grund für seine Behauptung.

Es ist darum natürlich genug, dass er selbst seine Behauptung an vielen Punkten vergisst, wie er z. B. bei der Frage, ob die Sinne täuschten, in den Widerspruch verfällt, sich dahin zu entscheiden, dass die Phantasiebilder zwar meistens falsch, die Sinnesempfindungen aber an sich immer wahr wären und nur für accidentelle Umstände ein falsches Urtheil ergeben könnten,[125] während er consequenter Weise hätte sagen müssen, dass sie an sich weder wahr, noch falsch wären. Da er aber bei seinem naiven Kanon | der Wahrheit das Zeugniss der Sinne gerade für die Elemente des 37

Urtheils brauchte, so musste er ihnen auch abgesehen von der Synthesis Wahrheit zusprechen und also in Widerspruch mit sich gerathen.

Die Meinung des Aristoteles und seine Selbstwidersprüche müssen uns sehr interessiren, nicht zum Wenigsten auch desshalb, weil die Meisten derjenigen, die von der Naturforschung her zum Philosophiren übergingen, noch heute auf demselben Standpunkte verharren. Aristoteles hat nämlich offenbar eine feine Nase und bewegt sich daher immer in der Nähe des verborgenen Wildes; er konnte aber dennoch nicht das Dickicht durchbrechen, weil er von der Natur des Bewusstseins und der Erkenntniss keine Ahnung hatte. Wenn wir nun von diesem Gegensatze ausgehen, so können wir seine Verlegenheiten erklären und seinen Versuch anerkennen. Dass er nämlich durchaus die Synthesis in bejahender oder verneinender Form für die Anwendbarkeit des Unterschiedes von Wahr und Falsch verlangt, das trifft in der That die Sache, da es eine wenn auch noch so unklare Beschreibung der Natur der Erkenntniss ist; denn nur für das Gebiet des Erkennens gilt der Unterschied von Wahr und Falsch, und alle Erkenntniss erfordert ein Coordinatensystem, also irgend welche Synthesis.[126] Dass er aber diese Unterschiede ähnlich, wie unter unseren modernen naturwissenschaftlich Philosophirenden Wundt, aus der Vergleichung des Behaupteten mit der Wirklichkeit* ableiten wollte, das können wir als Naivität übergehen und auf das Conto der jugendlichen Unreife der griechischen Philosophie übertragen, da ja sogar auch die Modernen über den Ursprung der Idee der Wahrheit meist noch nicht in's Reine gekommen sind. Damit hängen denn auch die anderen Verlegenheiten zusammen, wie z. B. besonders die Behauptung von der Wahrheit der Sinnesempfindungen; denn erst wenn man die Natur des Bewusstseins von der des Erkenntnissvermögens zu scheiden weiss, lässt sich einsehen, dass die Erkenntniss immer das Gegebene des Bewusstseins voraussetzen muss, einerlei ob dieses in den Sinnesempfindungen, oder in den Akten des Gefühls, oder in dem ganzen irgendwie entstandenen Material des Erkenntnissvermögens selbst liege, da zwar nichts hiervon an sich wahr oder falsch ist, dennoch aber ohne irgend welches
*38* Bewusstsein die Beziehungspunkte für die erkennende Thätigkeit | fehlen würden. Wegen dieses Verhältnisses zwischen Bewusstsein und Erkenntniss wird es darum auch verständlich, dass frühere Erkenntnisse, sofern sie bewusst werden, ebensowohl wie die erkenntnisslosen Bewusstseinselemente, die Beziehungspunkte für neue Erkenntnissarbeit abgeben können und daher in so weit wieder als gleichgültig in Bezug auf Wahr oder Falsch angesetzt werden müssen, wobei sie in die glei-

* Vergl. meine Religionsphil. S. 211 f.[127]

35 Vergl. meine Religionsphil. S. 211 f.] *Zusatz von fremder Hand*: Wundt sagt auch: mit den Resultaten unserer Schlüsse. *Ms*

che Linie treten, wie z. B. die fictiven Annahmen bei den indirecten geometrischen Beweisen.[128] Man sieht hieraus, mit welcher Leichtigkeit sich jetzt die Verlegenheiten des Aristoteles und seiner Gesinnungsgenossen erklären und mit welcher Gerechtigkeit sich alle Bestrebungen und Ahnungen der Früheren abschätzen und anerkennen lassen.

# | II. Die Bewegung. 39

## Einleitung.

Zur Topik.[129]

In dieser Elementarlehre sollen nicht, wie in einem Hand- und Lehrbuche, alle Fragen der Philosophie mit gleicher Ausführlichkeit behandelt werden; es ziemt uns vielmehr, denjenigen Begriffen eine gewisse aristokratische Bevorzugung zuzuwenden, die hier neu erforscht werden und erst in die Wissenschaft einzuführen sind. Dazu gehörte in erster Linie der Begriff des blossen Bewusstseins im Unterschied von der Erkenntnissfunction.

Man könnte aber vielleicht fordern, dass ebenso auch die Natur der Erkenntniss genauer dargelegt würde. Da dies jedoch die Aufgabe der Logik ist und ich mich theils auf die seit Platon und Aristoteles geleistete und tradirte Arbeit, theils auf die in meinen früheren Schriften, wenn auch nur skizzirten Ergänzungen beziehen kann, so lasse ich hier diese ganze Frage bei Seite und erwähne nur, dass ich die eigenthümliche neue Dialektik, welche der neuen Philosophie zugehörig ist, in dem zweiten Theil dieses Buches behandle.

Da aber die Erkenntniss selbst kein Element in sich bergen darf, das nicht erkennbar und lehrbar wäre, und da jede Erkenntniss immer ein Coordinatensystem darstellt, so setzt sie gegebene Beziehungspunkte voraus, nämlich die sogenannten Erkenntnissquellen, welche ihrerseits weder schon Erkenntnisse sind, noch auch bei allem beliebig zu erhoffenden Fortschritt der Wissenschaften jemals Erkenntnisse werden können, da sie ihrer Natur nach nicht dem Erkenntnissvermögen angehören, sondern für die unbewusste Erkenntnissarbeit die unbewussten, für die bewusste aber die bewussten Elemente bilden. Mithin kann es von diesem | ganzen 40 theils bewussten, theils unbewussten Gebiete nur eine *semiotische*, d.h. hindeutende Erkenntniss geben, indem der Erkennende in sich die Beziehungspunkte, welche ihm die Lehre nicht liefern kann, vorfinden muss, während die Erkenntnissfunction von ihren ersten Beziehungseinheiten aus fortschreitend immer neue Coordinatengruppen bildet, die, wie ihre Principien, sämmtlich lehrbar und durch und durch nichts als Erkenntniss sind, wie z.B. die Arithmetik, nachdem sie in den Begriffen der Zahl, der Gleichheit, des Mehr und Weniger und der Modificationen des Rechnens ihre ersten lehrbaren Beziehungseinheiten gewonnen hat, nun unermesslich viele Operationen ausführen kann, die sich alle in die erst gewonnenen Begriffe zerlegen und demonstriren lassen, ohne auf Elemente zurückzugehen, die keine Erkenntnisse wären.

Die Erkenntnissquellen aber müssen aus dem erkenntnisslosen Bewusstsein stammen, das erst bei einer gewissen Stufe seiner Intensität diesen Namen führt, sonst aber auch in unbewussten realen Functionen wirksam ist. Solcher Erkenntnissquellen giebt es *vier* nämlich erstens das *Gefühl* oder den Willen, zweitens die *Bewegung* oder Handlung,[130] drittens das *Ich* und viertens die *Gottheit*. Da ich nun die Gefühle als bekannt voraussetzen will und auch in meiner Religionsphilosophie schon die wesentlichsten Gesichtspunkte angegeben habe, nach denen die Psychologie des *Gefühls* mit dem früher als Begehrungsvermögen davon irrthümlich unterschiedenen Gebiete umgearbeitet werden muss[131] und da die Erkenntniss der *Gottheit* uns in der speculativen Theologie beschäftigen wird,[132] so bleibt für die Elementarlehre nur die Erörterung der Bewegung und des Ichs übrig.

# Erstes Capitel.
# Die Bewegung oder Handlung.

Definition der Bewegung.

In der Metaphysik habe ich den Begriff der Bewegung in seine beiden Gebiete eingetheilt; denn sie muss in der wirklichen Welt als das *reale Sein*, in der scheinbaren Welt aber bloss als ein *ideelles Phänomen* betrachtet werden.[133] Dieses letztere bleibt hier nun bei Seite.

Im Gegensatz zu dem phänomenologischen Gebiete, also zu all dem, was man in
41 den Naturwissenschaften Bewegung nennt, | haben wir hier mit dem *realen Sein* zu thun und vergegenwärtigen uns zuerst die Ausdrücke, der Sprache, womit man es zu bezeichnen pflegt, damit immer die volle Deutlichkeit des Verständnisses bewahrt bleibe. Wir denken also an dasjenige, was wir *Thätigkeit*, *Bewegung*, *Handlung*, *Function*, *Akt* u. dergl. nennen. Um dies reale Sein zu definiren (wo-

für ich mich auf die ausführliche Darlegung in meiner Metaphysik beziehe),[134] blicken wir auf das in jedem Menschen vorhandene Bewusstsein hin und nehmen irgend einen beliebigen Inhalt zur Betrachtung, wie z. B. das Bewusstsein, dass man etwa gerade geht oder steht, ging oder stand u. dergl. Sofort gewinnt man dann als Beziehungspunkte erstens das Was, also etwa die Vorstellung vom Gehen im Unterschied vom Stehen u. s. w., d. h. das ideelle Sein, welches immer als identischer Vorstellungsinhalt allgemein und zeitlos vorgestellt und gedacht wird, und zweitens das Dass, d. h. die Bemerkung, dass dieser ideelle Inhalt in veränderlicher Weise vorkommt und darum als Einzelnes oder Vieles gegeben und durch Zeitunterschiede getrennt ist. Indem wir nun beide Beziehungspunkte auf die Einheit des Ichs als auf den zugehörigen Beziehungsgrund zurückführen, fassen wir das Dass nach dem Gesichtspunkt des Gegensatzes als verschieden von dem ideellen Inhalt auf und nennen es das reale Sein oder die Handlung, Bewegung und Thätigkeit des Ichs, wie man z. B. sagt: «Ich gehe», womit man das Ich als thätig bezeichnet und den ideellen Inhalt der Thätigkeit als Gehen bestimmt.

Diese Definition bietet nur eine semiotische Erkenntniss sofern sie auf etwas hindeutet, was selbst keine Erkenntniss ist, sondern anders als durch Denken oder Schliessen gegeben werden muss. Nun sahen wir aber schon oben (S. 23), dass die erkenntnisslosen Functionen uns sowohl unbewusst als bewusst je nach dem Grade der Intensität zukommen. Die unbewussten Akte, welche in dem organischen Leben bei Thier und Mensch wohl im Uebergewicht sind, können wir hier aber als Erkenntnissquellen nicht verwerthen, sondern müssen uns an die bewussten Akte halten. Und da nach der alten logischen Regel jede Sache am Deutlichsten erkannt wird, wenn man die höheren oder höchsten Grade ihrer Aeusserung in's Auge fasst, so lassen wir hier die niederen Grade ausser Acht und erinnern uns, weil jede Thätigkeit zu höherer Intensität durch Widerstand oder Schmerz ausgelöst wird, besonders an diejenigen intensiveren Formen der Thätigkeit, welche wir Arbeit, | Kampf, Energie, Anstrengung nennen. So wird Jeder z. B. beim Rudern im *42* Kampf mit den Meereswellen ein Bewusstsein seiner Anstrengung und also seiner Thätigkeit gehabt haben, so im Kampf gegen Schläfrigkeit beim Patrouilliren oder bei geistigen Arbeiten, so bei schwierigen Aufgaben im Rechnen, so im Wettlauf und im Concertiren jeglicher Art. Ich unterscheide das unmittelbare Bewusstsein als erkenntnisslos von der semiotischen Erkenntniss; denn wenn wir unser Bewusstsein durch ein Wort der Sprache als «Anstrengung, Energie u. dergl.» bezeichnen, so haben wir es schon auf etwas Anderes bezogen und mit Anderem verglichen, sind also schon zu einer semiotischen Erkenntniss übergegangen; das Bewusstsein selbst aber ist von dieser mittheilbaren und ideellen geistigen Function gänzlich ver-

22 bewussten] *so Ms*; bewussten *DA*

schieden und kann nicht mitgetheilt oder übertragen werden, sondern bildet bloss einen erkenntnisslosen Beziehungspunkt, auf den man bei der beziehenden ideellen Function hinblickt und an den man beim Reden davon die Anderen durch ein Wort als Zeichen erinnert in der Voraussetzung, dass ihnen ein ähnliches Bewusstsein nicht unbekannt sei und sie sich auch schon daran gewöhnt haben, bei einem bestimmten Wort an dies eigenthümliche Bewusstsein zu denken. Das Bewusstsein selbst aber ist in Jedem anders und in der Zeit immer nur einziges Mal vorhanden, während das Wort ein Erinnerungszeichen und der Begriff die semiotische Erkenntniss für alle die zugehörigen einzelnen Akte bildet. Durch dies Bewusstsein aber allein kann der Begriff entstehen und seine Richtigkeit im gegebenen Falle verificirt und confirmirt werden.

## Propria der Handlung.

Zur Definition rechnet die griechische Logik nicht mit Unrecht die Angabe der Propria, d. h. derjenigen Begriffe, durch welche Alles bezeichnet wird, was aus dem Wesen des Definirten und zwar nur aus diesem, folgt. Wir nennen diese Angabe der Propria jetzt gewöhnlich die Charakterisirung, obgleich in dem gemeinen Sprachgebrauch die Strenge des Begriffs vergessen ist.

Zeit und Zahl.

Nun folgen aus der Bewegung (Thätigkeit) oder dem realen Sein zunächst die Kategorien, die ich hier nicht genauer entwickeln, sondern nur aufführen will, nämlich die Zeit, die Zahl und der Grad. Von der Zeit habe ich in meiner Metaphysik die Deduction, Definition und
*43* Charakterisirung gegeben.[135] | Dass aber auch die Zahl nicht durch das in der Sinnenwelt vorhandene Objective, sondern nur durch die Erkenntnissfunction, sofern sie das Bewusstsein unserer Akte zum Beziehungspunkte nimmt, sich bilden kann, das muss in der Kategorienlehre noch deutlicher gelehrt werden. Ich bemerke daher hier nur, dass für den Begriff der Zahl die Objecte und ihre Beschaffenheiten völlig gleichgültig sind, da man durch Studium der Objecte zu den beschreibenden Naturwissenschaften kommt, während die Zahl nur aus der Beachtung der erkenntnisslosen Bewusstseinsakte stammt, die man durch irgend welche Zeichen, Worte oder Striche fixirt und dann zusammenfasst, wie Eins, Eins, Eins, zusammengefasst Drei. Daraus erklärt sich auch, dass die ganze Arithmetik und Algebra zunächst gar nichts bedeutet, sondern einen Sinn nur erhält einmal durch Anwendung auf concrete oder benannte Dinge und zweitens durch Aufdeckung ihres speculativ zu er-

22 gegeben. Dass] *Absatz DA, kein Absatz Ms*

fassenden Ursprungs, sofern sie die semiotische Erkenntniss der an sich erkenntnisslosen Akte und die Formen des realen Seins darstellt.[136]

Intensität.

Was den Begriff des *Grades* oder der *Intensität* betrifft, so finden sich darüber bei einigen der früheren Philosophen manche schätzbare Reflexionen; keiner aber hat den Begriff definiren und deduciren können, weil sie überhaupt das Wesen des realen Seins bisher nicht erkannt hatten. So z. B. macht Kant in seiner Kritik der reinen Vernunft einige richtige Bemerkungen, zeigt aber zugleich die grösste Verworrenheit, da er das Wesen der Realität an die Empfindungen hängt und den Begriff der Continuität, der doch ebenso dem Raum, der Zeit und der Bewegung zukommt, als Proprium hineinmischt, als wenn die *Intensität* nicht ebenso, wie den Empfindungen, auch den Gefühlen und zwar sowohl den sogenannten leiblichen, als auch den persönlichen (Affekten), ästhetischen, moralischen und logischen zukäme und als wenn die Bewusstheit, der Vorstellungen und der Begriffe und die Bewusstheit des Ichs, kurz, aller Akte des realen Seins, nicht auch an Intensivität verschieden wäre.[137] Es ist daher merkwürdig, wie leicht man sich mit blossen Worten zufrieden gab und die Intensität als irgend eine geheimnissvolle Eigenthümlichkeit der Quantität hinnahm, während doch jede Analyse der Thatsachen zeigen musste, dass die Intensitätsunterschiede überall an die *Zahl* der qualitativen Elemente gebunden sind, wie z. B. eine Wiese mehr oder weniger *intensiv* grün oder weiss oder blau gefärbt erscheint, jenachdem mehr oder weniger der *Zahl* nach | grüne Halme oder weisse und blaue Blumen die Oberfläche bedecken. *44* Mithin muss die Intensität auf die *Zahl* der durch Reizung der Nerven in uns ausgelösten Thätigkeiten zurückgehen, die nicht mehr einzeln, sondern nur in einem unbestimmteren Gesammtbewusstsein bemerkt werden.

Daher kommt es auch, dass diejenigen Hautstellen, welche eine grössere Anzahl von Nervenendigungen besitzen, intensiver empfinden, dass eine intensivere Kunstfertigkeit auf eine der Zahl nach grössere Reihe von Uebungen zurückgeht, dass ein Begriff oder Schluss uns mit geringerer oder grösserer Intensität bekannt sein kann, je nachdem wir der Zahl nach öfter oder seltener die zugehörige Erkenntnissoperation vollzogen haben[138] und dass wir manchen Leuten einen Bescheid mehrmals geben müssen, damit sie ihn sich endlich hinter's Ohr schreiben.

Ebenso aber, wie die Intensität, hat auch die *Continuität* mit dem realen Sein überhaupt nichts zu thun, da sie bloss Phänomenologisches betrifft. Wenn man meine Auflösung des Problems der Bewegung in's Auge fasst, so sieht man, dass die Unproportionirtheit zwischen dem objectiven Geschehen und der subjectiven Auffassung und zwischen der objectiven Zeitmessung und der subjectiven Zeiteinheit die Bewegungserscheinung hervorbringen muss.[139] Continuität wird desshalb als eine Proprietät all denjenigen Objecten des Bewusstseins zukommen müssen, deren Elemente nicht einzeln bemerkt, sondern nur in ununterschiedenen Gruppen per-

cipirt werden, so dass, wie bei der Intensität, die Bewusstseinserscheinung als subjective Einheit nicht proportionirt die objectiv einheitlichen Elemente begleitet, wie die Cäsur im Hexameter den Daktylus als Einheit festhält, während doch mitten hinein ein Wort endigt und ein anderes anfängt. Darum lässt sich das Wesen der Continuität durch Analyse der allereinfachsten Beispiele erklären; denn wenn man sich z. B. rechtwinklicht zu einer Baumreihe aufstellt, so erscheinen die Bäume alle als discret, d. h. als der Zahl nach einzeln und getrennt neben einander; sobald man sich aber einem einzelnen Baume nähert und nun die Reihe überblickt, so ist ein Continuum entstanden, da die Bäume als objective Einheiten nicht mehr subjectiv als einzelne percipirt werden, sondern nur als verschmolzenes Ganzes in einer continuirlichen Linie zu Bewusstsein kommen. Continuität ist desshalb nicht die geheimnissvolle Eigenschaft einiger Dinge oder Wesen, sondern nur eine perspec-
*45* tivische Vorstellungsweise, indem mehrere | Empfindungs-Elemente einheitlich zusammen bewusst werden, ohne dass der Verstand diese Elemente zu unterscheiden vermöchte. Dies ist nach der Hegemonie des Gesichtssinnes zuerst in der Sphäre der optischen Reize bemerkt, findet aber auch bei den akustischen und allen übrigen Statt.[140]

Obgleich nun die Continuität und Discretion als perspectivische Unterschiede sich bloss auf ideelle Sein, d. h. auf den Inhalt der Erkenntniss und des Bewusstseins beziehen, hat man diese subjectiven Bestimmungen dennoch als allgemeine Kategorien gebraucht und darum z. B. auch das Bewusstsein selbst, als wäre es ein erscheinendes Ding für sich, darnach zu bestimmen gesucht, ob es discret oder continuirlich wäre. So hält L o t z e das Bewusstsein für discret, da es in traumlosem Schlaf verschwände und nachher durch Gottes guten Willen wieder entstände,[141] während Andre das Bewusstsein für ein continuirliches Ding ausgeben.[142] Es wird aber bei diesen kritiklosen Fragen und Antworten ganz vergessen, dass das Bewusstsein bloss ein Name, eine abstracte Zusammenfassung, wie Heerde und Flotte, und kein einheitliches Ding ist, sondern jedem einzelnen Akte der Seele ebenso besonders zugehört, wie jedem Sänger seine Kehle und sein Ton, wenn auch im Chorgesang die Zuhörer die einzelnen Stimmen nicht herauszuhören vermögen. Wenn man diese Natur des Bewusstseins verstanden hat, so lässt sich leicht der Streit der Ansichten, die ich eben anführte, begreifen und begleichen; denn sofern das Bewusstsein jedem Akte mit seinem bestimmten ideellen Inhalte eigenthümlich zugehört, sofern muss es offenbar als discret erscheinen, wie denn z. B. das Bewusstsein in einer Tonempfindung discret gegen eine Farben- oder Geruchsempfindung sich verhält; sofern es aber einem nicht wechselnden, sondern gegen die Zeit gleichgültigen Elemente zukommt, sofern müsste ihm Continuität zuerkannt werden. Da nun zwar alle Akte der Seele mit ihren ideellen Inhalten wechseln und als einzelne von einander getrennt sind, das Ich selbst aber als zeitlose identische

Einheit sein Bewusstsein nie verlieren kann, so werden die besonderen Bewusstseinsakte in dies einheitliche Bewusstsein eingeordnet, welches daher den anderen als discreten gegenüber als continuirlich erscheint, wie der Orgelpunkt, welcher als Grundton fortdauert, während die anderen Töne wechseln. Die Vorstellung der Continuität ist aber phänomenologisch und perspectivisch und hat keine Anwendung auf das Bewusstsein, da dieses kein räumliches Object ist. Dess|halb hat auch 46
Niemand das *Bewusstsein*, als wenn z. B. sein Bewusstsein beim Erwachen angefangen oder beim Schlafen aufgehört habe, sondern nur das *Denken* wirft diese Fragen auf, und nur durch *Schlüsse* vereinigen wir den Inhalt augenblicklicher Erlebnisse mit früheren, während das Ichbewusstsein selbst immer identisch und ohne Unterbrechung besteht.

Potenz und Aktus.

Ein Proprium der Bewegung oder des realen Seins bilden ferner die Kategorien *Potenz*, *Aktus*, *lebendige Kraft*. Indem wir nämlich bei uns oder anderen Wesen gewisse Functionen bemerken, die bei anderen niemals auftreten, so schreiben wir demgemäss, mögen wir die Bedingungen dafür einsehen oder nicht, solchen Wesen die *Potenz* oder *Fähigkeit* zu dergleichen Akten zu, indem wir z. B. sagen: der Fisch *kann* schwimmen, der Mensch *kann* sprechen; dagegen: der Regenwurm *kann* nicht sehen, der Taube *kann* nicht hören u. s. w. Den Ausgangspunkt für die Zuerkennung der Fähigkeit bildet daher immer die Function oder der Akt, da natürlich zuerst der Akt selbst einmal bewusst geworden sein muss, ehe er zum Beziehungspunkt der Vergleichung gemacht werden kann. Und es wird mit dieser Potenz oder Fähigkeit nicht irgend eine geheimnissvolle Ursache angenommen, die selbst etwas erklären sollte, sondern es werden sehr zweckmässig mit dieser Kategorie nur gewisse Reihen von Akten zusammengefasst, die sowohl auftreten als verborgen bleiben, unbewusst oder bewusst wirken können und sich bei Einem Wesen oder Einer Gattung von Wesen finden, bei anderen aber immer fehlen. Sobald man sich nicht mehr einbildet, als sollte mit dieser Kategorie eine Erscheinung erklärt werden (wie z. B. wenn man sagte: dieser Mensch hört, weil er hören kann), so wird die Kategorie der Potenz wieder unbeanstandet gebraucht werden, da sie mit der Erforschung der Ursachen nichts zu thun hat und nur unentbehrlich ist, um die Totalität der Erscheinungen zusammenzufassen; denn der Schlafende kann sehen, obwohl er im Augenblicke nicht sieht, und der Seelenblinde[143] kann nicht sehen, möge er schlafen oder wachen und möge es dunkel oder hell sein.

Wenn man aber auch die Ursachen der Functionen entdeckt hat, so wird dadurch die Kategorie «Fähigkeit» oder «Potenz» nicht entbehrlich, weil die Functionen nicht immer ausgelöst werden oder nicht immer intensiv genug sind, um zum Bewusstsein zu kommen, während man doch für die wissenschaftliche Erkenntniss | vieler 47
Dinge die Rücksicht auf die bestimmten Beziehungspunkte, die in solchen Functio-

nen liegen, nicht entbehren kann, wie auch im praktischen Leben immer nach dieser Kategorie gehandelt wird, indem man die *Fähigkeit* nach den so oder so eintretenden *Akten* abmisst, so dass z. B. etwa geflüstert wird, weil der vom Gespräch Auszuschliessende es sonst hören *könne*, andererseits lauter gesprochen wird, damit gerade auch ein Schwerhöriger es vernehmen *könne*, d. h. damit auch bei ihm die gewünschten Akte eintreten.

Lebendige Kraft.

Die dritte zugehörige Kategorie nenne ich *lebendige Kraft* und verstehe darunter das, was die Alten ἕξις oder habitus nennen. Es ist nämlich nicht einerlei, ob eine Function einmal oder mehrere Male ausgelöst ist; sondern durch häufigere Auslösung entsteht eine Verstärkung, die man jenachdem auch eine *Gewöhnung* nennt und die ein ganz anderes Verhalten des Handelnden mit sich bringt. Wenn man z. B. dem Menschen die Fähigkeit zur Geometrie zuspricht, so bedarf es doch eines Lehrers, um die einzelnen Erkenntnisse zur Auslösung, d. h. zur Function, überzuführen; wenn er aber häufig dieselben geometrischen Gedankenfunctionen ausgeübt hat, so wird er so stark und so gewöhnt an die richtige Reihenfolge und Verknüpfung der Gedanken, dass er nun von sich aus die geometrischen Sätze entwickeln und einem Anderen gegenüber selbst als Lehrer auftreten kann. Diesen sehr beträchtlichen Unterschied in seinem Verhalten hebt nun die Kategorie hervor, indem sie ihm jetzt eine lebendige Kraft zuschreibt, da er aus eigener Initiative ohne fremde Leitung und Auslösung eine zusammenhängende Reihe von Handlungen vollziehen kann. Nach den verschiedenen Gebieten wird diese Kategorie verschieden ausgedrückt und ist daher auch unter dem Namen Gewöhnung, Tugend, Laster, Neigung, Leidenschaft, Gesinnung, Wissenschaft, Kunst u. dergl. allgemein bekannt und benutzt. Die ganze Aristotelische Ethik beruht auf dieser Kategorie, indem die Gesinnung (Tugend) gegen die einzelne Function (Werke) hervorgehoben wird, was denn auch z. B. in der Reformationsgeschichte den von Melanchthon leicht gehandhabten Schlüssel für die Streitfrage über Glauben und Werke liefert.[144] Auch in der Pädagogik setzt man durch diese Kategorie das Ziel für den Unterricht und die Erziehung, indem man das «Können» zu erreichen sucht.

Ursache und Wirkung.

Da alle Erkenntniss ein Schluss ist, d. h. eine Vereinigung von mindestens zwei Beziehungspunkten unter einem Gesichtspunkte,
48 so bildet jede einzelne | Erkenntniss ein Coordinatensystem, und da dieselbe Betrachtungsweise für jeden beliebigen Gegenstand der Erkenntniss a priori zu fordern ist, sofern derselbe *erkannt* werden soll, so müssen alle Gegenstände unter einander zusammenhängen und also für einander die Gründe liefern. Ich meine dies so, dass wir unter den *Gründen* jedesmal die beiden Beziehungspunkte und den Gesichtspunkt verstehen sollen und unter der *Folge* die Beziehungseinheit, wie wenn uns etwa 3 Setzungen und 9 Setzungen als Bezie-

hungspunkte gegeben sind und wir dieselben unter dem Gesichtspunkt der Zusammenfassung betrachten, als Beziehungseinheit 12 erscheint, während unter dem Gesichtspunkt des Unterschiedes 6 und unter dem Gesichtspunkt der Multiplication oder Division 3 als Multiplicator oder Quotient hervortritt. Je nachdem nun ein Beziehungspunkt oder ein Gesichtspunkt verändert wird, entsteht eine neue Coordinationsgruppe, da jedes Glied seine Function nur in Zugehörigkeit zu den zugeordneten Gliedern des Coordinatensystems besitzt. Mithin ist jedes Glied auch als Folge zu betrachten, indem die drei übrigen Glieder dann die Beziehungspunkte und den Gesichtspunkt bilden, so dass die Erkenntniss nicht, wie Aristoteles, Spinoza und die von dieser Richtung abhängigen Philosophen meinten, von gewissen unmittelbar und schlechthin bekannten Kategorien, Axiomen und Definitionen anhebt und dann pyramidalisch nach der Basis des Particulären und Singulären fortschreitet, und auch nicht, wie umgekehrt die Sensualisten meinten, von den in den Sinnen gegebenen einzelnen Anschauungen als absolutem Anfang beginnt, sondern so dass Alles wechselseitig einander bestimmt und daher Alles definirbar und erschliessbar wird, weil jedes beliebige Gegebene, möge es ein allgemeines Princip oder eine einzelne Anschauung sein, als Glied einem Coordinatensystem zugehört und mithin durch die zugeordneten anderen Glieder als durch seine Gründe erkannt werden kann. Diese neue Auffassung des Wissens zerstört die seit dem Erscheinen von Aristoteles Analytica posteriora bis auf Hegel's und Mill's Logik hin herrschende Lehre von dem Allgemeinen und Besondern und die falschen Annahmen über das Wesen von Begriff, Urtheil und Schluss und gründet sich einfach auf die neue Analyse des Denkens und Erkennens überhaupt, dessen Wesen in allen möglichen Formen und Gegenständen immer ein und dasselbe bleibt, da ohne dieses Wesen ja nichts gedacht und erkannt würde. In diesem Sinne habe ich schon in meinen Literarischen Fehden I S. 64 den obersten Grundsatz der Syllogistik «Nota | notae nota rei» als *49* falsch[145] und in der Vorrede des zweiten Bandes das Aristotelische Princip für die Eintheilung der syllogistischen Figuren als ungenügend erwiesen[146] und in meiner Religionsphilosophie und schon vorher in meiner Metaphysik die herrschende Theorie der Abstraction und die Oelgötzen der logischen Principien aufgelöst,[147] so dass man aus dem Erfolge dieser Destruction die fruchtbar umgestaltende Kraft der neuen Theorie der Wissenschaft erkennen kann; denn die neue Theorie ist nicht etwa bloss kritisch und polemisch, sondern diese ihre destructive Wirksamkeit ist vielmehr nur die nebensächliche Folge der neuen Gliederungen, in welche sie einführt; für den positiven Neubau der Philosophie müssen die früher aufgestellten Baulichkeiten abgetragen werden, da ihre Formen und Materialien nur zum Theil mit verwendbar sind.

Das Coordinatensystem als logisches kann jedoch nur in dem Gebiete des ideellen Seins gelten, d. h. es bezieht sich nur auf die Erkenntniss als Erkenntniss. Wir besitzen aber glücklicher Weise ausser der blossen Erkenntniss auch noch unsere realen Functionen, die niemals auch nur zum Theil in Erkenntniss aufgehen, geschweige denn dass sie, wie Aristoteles und Hegel wollten, sich ganz in Erkenntniss transsubstantiiren sollten.[148] Von diesem realen Sein haben wir daher, sofern es unbewusst bleibt, überhaupt gar keine oder nur eine hypothetische Erkenntniss; sofern es aber zu der Intensität kommt, dass es bewusst wird, nur dies zugehörige Bewusstsein, welches jedoch keine Erkenntniss ausmacht und daher keinen Begriff von der Sache und keine Erklärung des Geschehens liefert und nicht zu einer Rechenschaftsablegung über die Function und den Vorgang befähigt. Sofern wir nun dieses Bewusstsein zum Beziehungspunkt unserer Erkenntnissfunction nehmen, können wir zu einer Erkenntniss des realen Seins übergehen, welche jedoch die Realität niemals aus blossen ideellen Elementen erklären, sondern nur darauf *hindeuten* kann, also eine bloss *semiotische* Erkenntniss bildet, weil wir das Angedeutete immer aus unserem eigenen Bewusstsein ergänzen müssen und ohne dieses zugehörige Bewusstsein nur Worte ohne Sinn vernehmen würden.

Durch diese Beziehung der Erkenntniss auf die realen Thätigkeiten ergiebt sich nun eine Kategorie, die für die Erkenntnisszusammenhänge selbst sinnlos, für das reale Sein aber charakteristisch (proprium) ist, nämlich *Ursache* und *Wirkung*.
*50* Denn da ohne Coordination überhaupt nichts gedacht werden kann, so | muss jede reale Function in Beziehung zu einer anderen realen Function gesetzt werden, oder man müsste auf alle Erkenntniss verzichten. Sofern nun diese logische Beziehung nicht willkürlich ist, sondern durch die im Bewusstsein gegebenen Beziehungspunkte überhaupt erst möglich wird, sprechen wir von einem *realen Zusammenhang*, den wir im Gegensatz gegen die logische Folgerung das *Geschehen* und, sofern dasselbe in der Erkenntnissform dargestellt wird, *Geschichte* nennen. Durch die Kategorie von Ursache und Wirkung wird also nicht etwa eine besondere Function gemeint, eine unbewusste oder eine bewusste, mithin nicht irgend etwas Reales angedeutet, sondern die im Bewusstsein gegebene Realität wird bloss durch die Erkenntniss in einer *Ordnungsform* aufgefasst, welche von der logischen Ordnung gänzlich verschieden durch die bewusstwerdenden Akte selbst bestimmt ist, so dass die Erkenntniss von Ursache und Wirkung semiotisch die Realität darstellt, wie sie überhaupt als Gegenstand in dem ideellen Gebiete erscheinen kann.

Aus dieser einfachen Nachweisung des Verhältnisses zwischen Erkenntniss und Bewusstsein ergiebt sich, dass die Frage wunderlich ist, wie die Ursache es mache, eine Wirkung hervorzubringen, und es muss uns die Antwort komisch erscheinen, dass wir niemals dahinter kommen könnten, als wäre dies ein über unser menschliches Erkenntnissvermögen hinausgehendes Geheimniss. Denn es wird bei dieser Frage und Antwort immer dogmatisch vorausgesetzt, dass der Ordnungsbegriff Ursache irgend ein Ding oder eine Handlung in der Sinnenwelt und die Verursachung oder das Geschehen eine sinnenfällige und nur schwer zu percipirende Erscheinung sei. Wie aber der Raum und die Zeit, so ist auch die Ordnungsform von Ursache und Wirkung weder in der Sinnenwelt als ein Ding vorhanden, noch ist damit irgend etwas Wirkliches, d. h. irgend eine reale Function gemeint, sondern, wie Raum und Zeit zuerst perspectivische Ordnungsformen sind, die bei weiterer Arbeit in objective umgebildet werden, so ist auch Ursache und Wirkung zunächst perspectivisch von unserem Augenpunkt aus entworfen und nachher zu einem objectiven Erkenntnisssystem erweitert.

Perspectivische Auffassung. Alle unsre Functionen gruppiren sich um das Ich in der Weise, dass wir mit dem Bewusstsein mehrerer Functionen immer zugleich das Ichbewusstsein haben oder haben können; denn wenn auch häufig die Functionen und ihr ideeller Inhalt allein und ohne das Ichbewusstsein bewusst zu | werden und uns ganz zu beschäftigen scheinen, so kann dennoch wie durch ein 51
Aufwachen aus solchem Hingegeben- und Verlorensein das Ichbewusstsein wieder hinzutreten. So ist es natürlich, dass wir von Haus aus Alles, was wir erleben und denken, zuerst immer auf das Ich beziehen, d. h. eine perspectivische Auffassung von jedem beliebigen Gegebenen gewinnen. Nun finden sich alle Akte des Bewegungsvermögens und aller Inhalt des Erkenntnissvermögens immer in bestimmter Zuordnung zu unseren Gefühlen, indem wir z. B. bei grellem Licht Schmerzempfindung haben, bei der Stimme unserer Lieben ein angenehmes Gefühl, beim Donner Furcht u. s. w. Nie aber würden wir im Stande sein demgemäss eine Ordnung der Dinge nach Ursache und Wirkung zu entwerfen, wenn wir nicht zuerst perspectivisch von solchen persönlichen Erlebnissen aus die Dinge geordnet hätten. Weil wir durch einen Bewegungsakt uns dem Licht zuwandten, hatten wir Schmerz, weil wir durch einen Bewegungsakt uns abwandten, hörte der Schmerz auf, weil wir durch einen Bewegungsakt in die Frucht einbissen, hatten wir den süssen Geschmack, weil wir den Stein warfen, lief der Hund davon u, s. w. Die erste Ordnung des Inhaltes unseres Bewusstseins ist also perspectivisch und daher wie bei Kindern, voller Fehler, wie z. B. abgeschmackte Zeitungsschreiber es sogar noch jetzt erträglich finden, dem wahrheitsliebenden und hochgesinnten Kaiser Wilhelm[149] gegenüber von einem Kaiserwetter[150] zu sprechen, als wenn seine Gegenwart die Wolken verscheuchen könnte.

Da wir aber, wie ich in der Metaphysik zeigte, nach der Analogie mit uns sofort auch andre uns ähnliche Wesen ausser uns voraussetzen,[151] so nehmen wir auch ohne Weiteres an, dass in diesen die Akte in derselben Coordination, wie bei uns, stehen, d. h. dem Gefühl zugeordnet seien. Dies lässt sich durch Indicienbeweis zeigen; denn wir finden, dass die Kategorien von Ursache und Wirkung in den classischen und modernen Sprachen durch Thun und Leiden ausgedrückt werden, wobei sich eine auffallende Incongruenz zeigt; denn dem Leiden oder Schmerz

entsprechend müsste statt Thun «Sich freuen» gesagt werden oder statt Leiden ein dem Thun correspondirender Begriff hervortreten. Diese Incongruenz der sprachlichen Bezeichnung ist aber gerade das Indicium für die Richtigkeit unserer Methode, die Ursprünge der Kategorie zu deuten; denn unseres Thuns sind wir uns unmittelbar bewusst, wir rufen, wir schlagen u. s. w. und haben davon zugleich ein
52 Bewusstsein; da das Thun andrer Wesen aber nur ihnen selbst | und nicht uns bewusst sein kann, so können wir die Kategorie, wodurch wir die Andern als die Thätigen und uns als Wirkung hinstellen wollen, auch nicht anders bezeichnen, als durch die unserem Thun zugeordnete Gefühlsbestimmung. Da uns nun, wie ich schon in der Religionsphilosophie nachwies, die fremde Causalität gar nicht in den Sinn kommen würde, wenn alles Geschehen glatt nach unserem Wohlgefallen abliefe, so muss gerade durch die negative Seite, d. h. durch den Schmerz oder das Leiden uns die Thätigkeit der anderen Wesen offenbar werden, wesshalb man in den Sprachen diese seltsame und incongruente Bezeichnungsweise von Thun und Leiden für Ursache und Wirkung findet und zugleich darin das Indicium anzuerkennen hat, dass die erste Bildung der Kategorie von Ursache und Wirkung perspectivischer Art ist, d. h. von der Beziehung der Dinge auf uns als ihren Augenpunkt herstammt und nicht etwa von einer Betrachtung des Verhältnisses der objectiven Erscheinungen untereinander, was mit einer nicht gerade wunderlichen Verblendung die Sensualisten wollen, welche die Kategorien am liebsten von den mit den Augen gesehenen Dingen wie die Früchte von den Bäumen abpflücken möchten.

Objective Auffassung. Sobald nun der perspectivische Standpunkt überwunden ist und die Kategorie unabhängig von dem betrachtenden Subjecte auf alle Wesen und ihre Functionen angewendet wird, womit zugleich die Arbeit der Erfahrung und beim Erwägen der Methode auch die Wissenschaft beginnt: so zeigt sich ein eigenthümliches Ergebniss des Denkens, da wir schlechterdings genöthigt sind, allen Inhalt des Bewusstseins nach den Zeitbegriffen zu ordnen, während die Zeitbegriffe selbst doch völlig leer und abstract sind, ohne irgend etwas Wirkliches zu bedeuten oder specifische Ideen der Erkenntniss zu enthalten. Weil ich aber in der Metaphysik die Zeit schon definirt und nach ihren verschiedenen Problemen erörtert habe,[152] so kann ich hier gleich dazu übergehen, zu zeigen, warum sie die von Kant mit Staunen bemerkte Verbindung mit der Causalität schliessen muss. Veranlassung zur Bildung der Zeitbegriffe geben nämlich nur unsere Functionen, soweit sie uns zu Bewusstsein kommen. Es ist darum nicht bloss natürlich, sondern nothwendig, dass die Zeitordnung, sofern sie nicht bloss schematisch und abstract ist, sondern einen Inhalt hat, eben zugleich die Ordnung der Functionen oder Akte, d. h. die

31–32 warum sie … schliessen muss.] warum sie mit der Causalität die von Kant mit Staunen bemerkte Verbindung schliessen muss. *Ms*

Causalitätsordnung bilden muss; denn setzten wir zum Zweck apagogischer Beweisführung[153] eine Trennung beider | Ordnungen, so würde sich sofort zeigen, dass die 53
Zeitbegriffe keinen Grund ihres Entstehens, d. h. keine Beziehungspunkte mehr hätten, nach denen irgend ein Mensch auf den Einfall kommen könnte, Zeit zu unterscheiden. Mithin kann die an das Bewusstsein unserer Functionen und ihres Inhaltes angeknüpfte Zeitordnung auch nicht von diesen Functionen als von ihrem Inhalt oder ihren Beziehungspunkten losgelöst werden, und mithin muss die Kategorie der Ursache und Wirkung nur innerhalb dieser schon ein für alle Mal nothwendigen Ordnung einen neuen Gesichtspunkt zur Geltung bringen, wonach dieselbigen Functionen abgesehen von ihrer chronologischen Ordnung auch noch als *causal* betrachtet werden können. Dies ist der Grund, wesshalb Kant zu der Bemerkung genöthigt wurde, dass die Causalität sich allemal nur durch die Aufeinanderfolge in der Zeit ausweisen könnte,[154] worüber er aber keine Rechenschaft abzulegen im Stande war, weil er die Kategorien und die transscendentalen ästhetischen Formen als undefinirbare und ursprünglich gegebene Begriffe und Anschauungen der formalen Seite des Bewusstseins zuschrieb.

## Die Gesetze und die historische Causalität.

Da nun die Unterscheidung von Ursache und Wirkung auf die Coordination unserer Functionen zurückgeht und dann auf die ganze Welt der Gegenstände übertragen wird, so folgt, dass die Causalbetrachtung zwei Arten haben muss. Entweder nämlich werden bloss die *einzelnen* chronologisch geordneten Akte der Wesen als Ursache und Wirkung betrachtet, und unser Denken bezieht sich dabei ausdrücklich auf das Einzelne in dieser seiner chronologischen und causalen Ordnung – was die *geschichtliche* Betrachtung ist – oder das Einzelne selbst ist uns gleichgültig, und wir fassen nur die *Qualität*, die auch immer als Allgemeinheit erscheinen muss, auf, um die causale Beziehung der Qualitäten zu bestimmen. Eine solche Bestimmung nennt man ein *Gesetz*, so dass diese zweite Richtung des Denkens also auf die Erforschung der Gesetze gerichtet ist. Da aber die Gegenstände, auf welche sich alle Gesetze beziehen, immer chronologisch geordnet sind, so muss auch jedes Gesetz nothwendig eine Zeitbestimmung in sich schliessen, wie z. B. in der Chemie, wenn man angiebt, dass nach so und so formulirter Verbindung zweier Ele|mente sich der und der Körper bilden und zum Vorschein kommen wird. Es ist 54
daher ein Missverständnis, wenn *Kant* die Causalität definirt durch die Aufeinanderfolge zweier Erscheinungen nach einem Gesetze;[155] denn das Gesetz selbst ist die Causalität, da die Aufeinanderfolge ein commune bildet und auch denjenigen Erscheinungen zukommt, für welche wir noch kein Gesetz erforscht haben, wie ebenso

den zufälligen Ereignissen, für welche niemals ein Gesetz gefunden werden kann. Denn die Zeitfolge (wie z. B. dass ein vierzehnjähriges Mädchen in Ohnmacht fiel, als der Pfarrer gerade Amen gesagt hatte), bildet nicht etwa das genus proximum[156] für den Begriff des Gesetzes, sondern ist ein commune.[157] Das Gesetz ist auch gar kein wunderliches Mysterium, das über die Erscheinungen regierte, sondern nichts anderes als der Gesichtspunkt, unter welchem wir die gegebenen Beziehungspunkte zur Beziehungseinheit zusammenfassen. Denn Gesetze und also Naturwissenschaft entstehen nur durch's Denken; denken aber können wir nicht anders als durch solche Zusammenfassung, und mithin drückt das Gesetz nur den Grund des Denkens d.h. *die Beziehungspunkte in Zuordnung zu ihrem Gesichtspunkte* aus, worauf die Zusammenfassung zur Beziehungseinheit folgt. Gleichwohl ist die Auffindung eines Gesetzes kein blosser Denkprocess, erstens weil die Causalität nicht in das logische Gebiet gehört, in welchem es keine Zeitunterschiede giebt, und zweitens weil die Causalität keine specifische Erkenntnissart bildet, sondern semiotisch ist, d. h. auf die Vorgänge im realen Sein bloss hindeutet, ohne sie dadurch im Begriffe aufzuheben; denn der Gesichtspunkt, unter welchem die aufeinander folgenden Akte oder Erscheinungen einander zugeordnet und zu der Einheit eines causalen Coordinatensystems zusammengeschlossen werden sollen, ist keine Kategorie, sondern muss durch inductive Methode erst gesucht werden. So z. B. ist Oxygen und Hydrogen nicht etwa logisch identisch mit Wasser, und das Wasser wird nicht aus ihnen durch einen Gedankenprocess erschlossen; sondern wir haben diese beiden Elemente als den einen Beziehungspunkt auf den zweiten darauf folgenden, nämlich auf das Wasser zu beziehen, indem wir durch Beobachtung und Experiment finden, dass die Verwandlung der Erscheinung unter dem Gesichtspunkte steht, dass ein hinreichend starker elektrischer Funke die Elemente in dem Verhältniss von 1 : 2 vereinigt.[158] Dieses Ganze bildet nun ein causales Coordinatensystem, und das Gesetz drückt die Zuordnung der Beziehungspunkte zu dem Gesichtspunkte aus, wo-
55 bei eine | bestimmte chronologische Ordnung vorausgesetzt wird, da bei der umgekehrten Zeitfolge, d. h. wenn das Wasser den ersten Beziehungspunkt bildet, unter Zuordnung zu der Polarität der Elektricität die Ausscheidung der beiden Gase in demselben arithmetischen Verhältniss an den beiden Polen erfolgt.[159] Eine solche Coordinationsgruppe enthält aber nur eine semiotische Erkenntniss, weil es sich nicht um einen ideellen Inhalt dreht, sondern um reale Functionen, für die wir bloss in ideellen Zeichen das Gesetz ausdrücken.

Was die *historische Causalität* betrifft, so ist ihre Erforschung die nächste und eigentliche Aufgabe der Geschichte. Nun haben jüngst einige Historiker, wie *Lorenz* und *Brückner*, diese Aufgabe heruntergesetzt und desshalb einen so grossen Meister, wie Ranke, in ein ungünstiges Licht gestellt, da sie meinen, die Geschichte müsse als Wissenschaft durch Thatsachenreihen Allgemeines und Gesetze suchen.[160] Wenn wir aber auch freilich erwarten dürfen, dass die einzelnen Geschichten des Menschenlebens, ebenso wie die einzelnen Vorgänge der Natur, eine Betrachtung nach der qualitativen Seite zulassen und dass also gewisse Allgemeinheiten oder sogar Gesetze herausgehoben werden können, z. B. ob Monarchen in der Regel eines natürlichen Todes sterben, welches Schicksal Kronprätendenten in der Regel haben, ob die Todesstrafe im Abnehmen oder Zunehmen begriffen ist und ob dies mit dem Fortschritt der Civilisation zusammengeht u. s. w., so würde eine solche Wissenschaft der Geschichte, welche gewiss möglich und wünschenswerth ist, doch schliesslich zur Psychologie und Politik führen, wenn sie wirklich eine genügende Verallgemeinerung erreicht hat, oder auch etwa zu einer Philosophie der Geschichte. Dabei würde aber die eigentliche Aufgabe der Geschichte nicht aufgehoben werden; denn wenn man das Einzelne geringschätzen wollte, so würde es schliesslich einerlei sein, ob Wellington oder Napoleon bei Waterloo geschlagen wäre, ob Ludwig der sechszehnte oder Kaiser Joseph guillotinirt worden und ob die preussische Verfassung vor oder nach der Revolution gegeben sei.[161] Allein gerade die Feststellung dieser einzelnen chronologischen Causalzusammenhänge ermöglicht überhaupt erst jene allgemeinen Betrachtungen und bleibt desshalb als eine unentbehrliche und niemals und unter keiner Bedingung geringzuschätzende Aufgabe übrig, in derselben Weise, wie auch die Naturwissenschaft niemals die Beobachtung und Feststellung des einzelnen Geschehens vernach|lässigen wird; denn wenn die *56* Astronomie als theorische sich auch mit der Auffindung der Gesetze beschäftigt, so verliert dadurch doch die Feststellung des Einzelnen, z. B. wo zur bestimmten Stunde ein gewisser Komet stehe, oder in welchem Augenblick die Venus auf der Scheibe der Sonne sichtbar geworden sei, seine Wichtigkeit so wenig, dass vielmehr ohne diese Arbeit überhaupt gar keine Astronomie möglich wäre, und es wird nie die Zeit kommen, wo diese Aufgabe als gering oder werthlos dürfte weggeworfen werden. Ebenso beruht die Pathologie und Therapie zwar auf Erkenntniss von Allgemeinheiten; gleichwohl würden dieselben doch sofort zweifelhaft werden, wenn nicht jeder Arzt im Einzelnen wieder mit der grössten Genauigkeit feststellen wollte, wann bei seinem Patienten das Fieber die und die Höhe erreicht hatte und wie die Phänomene in der bestimmten Krankheitsgeschichte auf einander gefolgt sind. Es ist daher zwar zu wünschen, dass auch in der Geschichte der Menschen, ebenso wie bei der Betrachtung der Abfolge der Naturerscheinungen, die Gesetze zur Erklärung des Geschehens fleissiger herangezogen würden; gleichwohl bleibt die Feststellung des Einzelnen, auch wo man, wie in den meisten Fällen, niemals ein allgemeines Princip finden wird, eine unerlässliche wissenschaftliche Aufgabe. Wenn z. B. Brutus den Cäsar ermordet, so lässt sich zwar das Allgemeine sagen, dass häufig Wohlthäter von ihren Freunden und Vertrauten umgebracht werden und dass Ehrgeiz über Dankbarkeit häufig siegt, wie dass politische Interessen Freundschaften

zerstören u. s. w.: durch all dergleichen kann aber niemals bewiesen werden, dass Brutus den Cäsar an den Iden des März erdolchen musste, und doch bleibt es für die Geschichte unerlässlich, ein solches Factum festzustellen, weil man, wenn diese Aufgabe der Geschichte wegfiele, auch auf alle jene schönen und lichtvollen Allgemeinheiten verzichten müsste. Vielmehr ist diese, wenn man will, bescheidene Aufgabe, nämlich den einzelnen historischen Causalzusammenhang festzustellen, die wichtigste und eigentliche Aufgabe der Geschichte, wobei es sich natürlich ergiebt, dass ebenso wie in der Naturwissenschaft manche Pflanze unnütz getrocknet und manche Krankengeschichte unnütz aufgezeichnet wird, so auch von der Geschichte manche Vorgänge insofern unnütz studirt werden, als sie für unsere Lebenszwecke und für die Generalisirungen keine Bedeutung zu haben scheinen. Die Geschichte muss desshalb unter die Leitung einer vorschreibenden und zwecksetzenden Wis-
57 senschaft treten, um fruchtbar zu | werden; gleichwohl sind wir jetzt manchem elenden Chronikenschreiber auf das Höchste dankbar für irgendwelche scheinbar ganz gleichgültige Notizen, weil wir daraus in der fruchtbarsten Weise grosse und allgemeine Zusammenhänge ableiten können, so dass selbst die scheinbar unnütze Arbeit mancher Historiker doch wieder ihre Rechtfertigung findet, weil eine Leitung der Geschichtsforschung nach allgemeinen Gesichtspunkten auch wieder eine Bornirtheit des Zieles in sich schliesst und zu anderen Zeiten für andre Ziele das früher Verachtete gerade als das Wichtigste erscheinen kann. Mithin muss ganz allgemein, wie wir die beiden Arten der Causalität bestimmten, so für die historische Causalität die zugehörige Wissenschaft anerkannt bleiben, indem die Philosophie der Geschichte die eigentliche Geschichte nicht verachtet oder beseitigt, sondern gerade für ihre andersartige Arbeit als unentbehrlich fordert und voraussetzt.

## Eintheilung des Gebietes der Bewegung.

Wenn wir nun das reale Sein oder die Bewegung oder Handlung definirt und durch die zugehörigen Kategorien charakterisirt haben, so bleibt als nächste Aufgabe die Division[162] übrig; denn wir müssen das Allgemeine in seinen besonderen Sphären verfolgen, in denen es zugleich bestimmter und bekannter wird.

Da das reale Sein oder Leben des Ichs sich in allen drei geistigen Functionen offenbart, so ist in dieser Dreitheilung auch zugleich der Eintheilungsgrund[163] gegeben, nach welchem wir nicht mehr und nicht weniger als drei Gebiete der Handlung oder Bewegung unterscheiden müssen, nämlich erstens die Handlungen, welche im Gebiete des Erkennens oder Denkens stattfinden, wodurch der ideelle Inhalt oder das Gedachte uns jedesmal vermittelt wird, ohne dass die Denkbewegung selbst etwas Ideelles wäre; zweitens die Handlungen, welche unsere Gemüthszustände bedin-

gen, und drittens die Handlungen, welche auf kein anderes geistiges Gebiet gerichtet sind, sondern ihren eigenen Inhalt bilden. Diese drei Gebiete müssen wir nun, ein jedes besonders, studiren und wollen mit dem letzten anfangen, weil dieses gewissermassen das Specialgebiet der Handlung zu sein scheint und seltsamer Weise am Wenigsten bekannt ist, während man vom Lauf und von der Arbeit des Denkens und von den Gemüthsbewegungen schon längst | gesprochen hat, freilich ohne das Ele- 58
ment der Bewegung dabei mit logischer Chemie[164] rein für sich darzustellen.

# Zweites Capitel.
# Die physische Bewegung.

Leibnitz und der influxus physicus.

Das Erste, was wir jetzt festzustellen haben, sind die Coordinaten, denen zugehörig irgend eine Function unserer Seele ausgelöst werden könnte; denn ohne hinreichenden Grund vermögen wir nichts zu denken, also auch keinen Akt der Seele zu setzen. Da wir nun die Beziehung auf die anderen beiden geistigen Functionen zur Seite lassen, so bleibt keine andere Beziehung übrig, als die zu anderen Wesen. Hier steht aber Leibnitz im Wege, der einen influxus physicus auf uns entschieden leugnet und der Seele keine Fenster zugestehen will, wodurch sie in Gemeinschaft mit der Aussenwelt treten könnte;[165] denn durch Kant's Widerlegung[166] ist das Leibnitzische System leider nicht widerlegt, da Kant entweder, kritisch genommen, ebenso wie Leibnitz, in sein eigenes Subject eingesperrt ist und über die Erscheinungen in seiner Sinnlichkeit bloss nach seinen Kategorien urtheilt, ohne überhaupt eine Aussenwelt zu kennen, oder nach seinem im Stillen vorausgesetzten Dogmatismus zwar objective Erscheinungen, die also auf die äussere Welt Bezug hätten, von subjectiven unterschiede, damit aber zugleich seiner eigenen Kritik den Stab bräche. Kant ist also streng genommen nur ein consequenter Leibnitzianer, da auch er dem Subject die Fenster nach Aussen zu gänzlich vermauert. Wenn wir aber nun zu Leibnitz zurückkehren, so finden wir zu unserer Ueberraschung bei ihm keinen ihm eigenthümlichen Beweis für seine Leugnung des influxus physicus, sondern er erklärt sich vielmehr bloss durch die Gründe der Cartesianer befriedigt und schliesst sich in diesem Stücke ihnen vollständig an (vergl. Système nouveau 13 initio);[167] denn das Neue, was er durch seine prästabilirte Harmonie zu liefern scheint, ist bloss eine gänzlich unbewiesene Hypothese, für die in theologischer Weise gewisse Möglichkeiten nach den dogmatischen Vorstellungen von Gottes Allmacht und Weisheit geltend gemacht werden, ohne dass ein inductiver Beweis auch nur versucht würde. Diese Hypothese macht

59 aber vielmehr, wenn man | sie um der Apagogie willen einmal voraussetzte,[168] jede vernünftige Erklärung und also alle Wissenschaft unmöglich; denn wenn die Zustände (z. B. die Sinneserscheinungen) nur aus dem Wesen der Monade selbst erklärt werden sollen, so hört sofort alle Naturwissenschaft auf, da in der Monade die Bedingungen der Erscheinungen nicht angetroffen werden und keine gesetzlich zu begründende Abfolge der Perceptionen in uns stattfindet. Leibnitz hat dies wohl gemerkt und desshalb eine ideale Abhängigkeit unserer Zustände von den Zuständen in den anderen Wesen durch Gott vermitteln lassen. Allein da wir von den auswärtigen Zuständen nichts erfahren sollen, so können unsre Zustände in ihrer Reihenfolge offenbar auch weder aus sich selbst, noch aus dem gesetzlichen idealen Zusammenhange mit anderen Wesen erklärt werden; aus uns nicht, weil sie ideell von Aussen abhängig sein sollen; aus dem idealen gesetzlichen Zusammenhang aber auch nicht, weil wir diesen ja bloss hypothetisch annehmen, ohne von den äusseren Wesen etwas zu erfahren. Mithin ist die Leibnitz'sche Hypothese unfruchtbar und todt.

Somit werden wir zu den Vätern dieser Lehre, zu Cartesius, und seinen Schülern, wozu auch Spinoza gehört, zurückgewiesen, deren ganzes Räsonnement aber noch ganz auf blinden kindlichen Voraussetzungen beruht, und zwar erstens auf der Annahme von festen Körpern draussen, die vom Fett einer unbekannten Materie ausgepolstert sind und es unbegreiflich machen, sowohl wie sie auf immaterielle geistige Wesen wirken und Vorstellungen hervorzaubern könnten, als auch wie unsere Gedanken die materiellen Dinge zu beeinflussen im Stande wären. Zweitens ruht der Cartesianismus auf der ganz unkritischen Vorstellung von Causalität, da man sich unter dem Zusammenhang von Ursache und Wirkung immer einen Vorgang denkt, wie wenn man etwa einen Bedienten mit einem Briefe auf die Post schickte, wobei der Absender als Ursache gilt und der Bediente, der mit seinen Beinen die Strassen abläuft, den Vorgang der Verursachung der Wirkung, dass der Brief abgegeben ist, erklären soll. Nun ist aber erstens eine solche dicke materielle Welt ausser uns nur in unseren Illusionen und nicht in Wirklichkeit vorhanden, und zweitens bedarf die Ursache auch keines Briefträgers, um eine Wirkung hervorzurufen; es bedarf vielmehr nur des Denkens, um die unnützen und blinden Annahmen eines Vorganges zwischen Ursache und Wirkung wegzu-
60 werfen.[169] Sobald man jedoch diese beiden Voraussetzungen fallen lässt, so | hört auch die Schwierigkeit des influxus physicus auf, und wir haben mithin nicht einmal die Pflicht, ihn zu vertheidigen, da er nicht mehr angegriffen wird, denn die Angreifer können den Feind, gegen welchen sie früher kämpften, nicht mehr erblicken, und ihre Waffen waren nur gegen jenen Popanz von Causalität brauchbar. Die Frage aber, ob wir selbst durch die Kraft unseres Ichs einen physischen Einfluss auf andre Wesen erzwingen können, oder ob derselbe vielmehr auf eine

göttliche Macht zurückführe, müssen wir hier als müssig vorbeilassen, da es uns genügt, wenn ein physischer Zusammenhang als vorhanden anerkannt wird; denn nur diesen bedürfen wir, um die Thatsachen zu erklären, und wir verhalten uns hier, wie die Hungrigen, denen es einerlei ist, woher das Brot kommt, wenn es nur zur Nahrung bereit steht.

Die Species der Alten, der Scholastiker u. Locke's.

Ist aber ein Verkehr der Wesen gestattet, so fragt sich, was von dem einen zum anderen herübertransportirt werden soll. Die Alten[170] machten nun den berühmten und unaufhörlich seitdem wiederholten Unterschied zwischen Materie und Form und glaubten alle Zweifel zu lösen, wenn sie jeder Materie Unverletzlichkeit garantirten und nur die immaterielle Form (species) von dem Körper zur Seele spediren liessen. So hat ein Pferd z. B. eine gewisse Form, die an dieser bestimmten Materie sich findet; es behält nun sowohl seine Materie als seine Form, aber die letztere passirt doch zugleich durch unsere Augen in unsere Seele und giebt uns als Wirkung zugleich das Bild vom Pferde, dessen Materialität wir glücklicher Weise in unserem Gehirne nicht mit zu logiren brauchen. Wie dies nun näher vermittelt gedacht wurde und ob bloss, wie Aristoteles meinte, die Bewegung der Materie des Gegenstandes ihre Entelechie[171] als Farbe, Ton u. s. w. in der gleichen Entelechie des sinnlichen Organs habe als die entsprechende Empfindung der Farbe, des Tones u. s. w.,[172] diese Streitfragen und Disputationen können wir uns schenken, da wir von der Illusion der Materie befreit sind. Ebenso können wir Locke quittiren, der zwar die Empfindungen für subjectiv hält, aber die Ausdehnung, Figur, Bewegung, Ruhe und Zahl für solche species hält, die im Dinge draussen wirklich vorhanden wären und in uns ein ähnliches Bild bewirkten (vergl. oben S. 4).[173] Das sind jetzt Gottlob! Antiquitäten, an denen man vorübergehen kann. Dessgleichen brauchen wir uns aber auch mit unseren modernen materialistischen Naturforschern nicht mehr auseinanderzusetzen, wenn sie die Materie | in Form von Atomen in 61
Wellenbewegungen hüpfen lassen und diese Bewegungen auf die Moleküle der Hirnrinde übertragen; denn sie gestehen ja selbst zu, dass sich ihnen bei so abenteuerlichen Vorstellungen auch nicht entfernt die Aussicht auf eine Empfindung im Bewusstsein eröffnet,[174] wesshalb sie, da sie nichts im Bewusstsein erklären können, gut thäten, ihre Voraussetzungen aufzugeben, oder sie nur, wie es recht und billig ist, als Symbole und Formeln für eine davon, himmelweit verschiedene Sache zu behandeln (vergl. meine Metaphysik S. 135).[175]

Das Problem.

Da wir nun, wie eigentlich kein Aufrichtiger bezweifelt, in Wechselwirkung mit der Aussenwelt stehen und es doch ersichtlich ist, dass weder unsere Gedanken, noch unsere Gefühle die mindeste Veränderung in der Aussenwelt hervorrufen, so müssen wir schliessen, dass die Seele noch eine dritte Function hat, durch welche der Verkehr mit den Dingen ausser uns geschieht. Wenn z. B. Jemand in's Wasser stürzt und eine grosse Angst ihn befällt, oder der Gedanke in ihm lebendig wird, es käme ein Boot gefahren und freundliche Hände höben ihn aus dem Wasser, so wird doch weder jenes Angstgefühl, noch dieser Gedanke auf die wirklichen Dinge einen Einfluss haben, weder einen realen, noch einen Leibnitzisch-idealen, sondern der arme Mann muss ohne Gnade ertrinken, wenn er nicht vielleicht noch ein drittes Seelenvermögen besitzt, mit welchem er eine Herrschaft über seine körperlichen Organe ausübt, sie zu Schwimmbewegungen zwingt und sich dadurch rettet. Aus diesem Grunde nehme ich eine bewegende oder handelnde Function der Seele an, durch welche wir in Wechselwirkung mit der Aussenwelt stehen.

Die Schwierigkeit dieser Annahme, d. h. unser Problem, besteht nun darin, dass wir ein Vermögen voraussetzen, von dem doch die sämmtlichen Lehrbücher der Psychologie in alter und neuer Zeit nichts wissen. Im griechischen Alterthum war ein Aristoteles allerdings aufmerksam genug, um ein bewegendes Vermögen ebenfalls zu fordern;[176] da er aber die Bewegung nur, wie unsere meisten Naturforscher, dogmatisch in dem projectivischen Sinne kannte, so musste er die Seele nothwendig materiell machen, um ihr sichtbare und materielle Bewegungen zu verleihen.[177] Die Seele des Aristoteles wurde desshalb ein groteskes Mysterium, da sie nur als Entelechie der Bewegung des physisch organischen Leibes auftrat,[178] und wir mithin, wenn wir ihm folgen wollten, in die dogmatische Kinderstube zurückkehren müssten, um, wie die
62 | heutigen Materialisten, aus den Schwingungen der kleinen Theile des Organismus die Bewusstseinserscheinungen abzurahmen, die nun ein fabelhaftes Dasein in einem unräumlichen Raume führen und doch überhaupt allein von der Existenz dieser Körper und Bewegungen etwas wissen, von denen sonst Niemand in der Welt etwas weiss, da die Körper und Bewegungen selber nicht klug genug sind, um von sich ein Bewusstsein und eine Erkenntniss zu haben. So sehr daher auch anzuerkennen ist, dass Aristoteles und schon vor ihm Platon ein bewegendes Vermögen der Seele annahmen, so können wir es den modernen Psychologen von Des Cartes an doch kaum verdenken, dass sie mit dem antiken Hylozoismus[179] auch die bewegende Function aufgaben, weil eine körperliche Bewegung nicht mehr in die Seele hineinphantasirt werden konnte. Allein eben weil wir den Grund erkennen, wesshalb die Bewegungsfunction plötzlich aus allen Lehrbüchern der Psychologie verschwunden ist, werden wir uns auch genügend trösten über den Mangel an Beistand, den wir etwa bei den früheren Psychologen finden könnten; denn ein Blick genügt, um zu sehen, dass sie nicht in beneidenswürdigem und ungestörtem Reichthum dasitzen, sondern vielmehr selbst Trost bedürfen, weil die von ihnen beschriebene Seele von allem physischen Verkehr mit der Welt ausgeschlossen und ohne alle Communicationsmittel gelassen ist, wie eine unglückliche Vestalin, die eine erotische Wallung durch Einmauerung büssen muss.[180] Diejenigen modernen Psychologen aber, die, wie z. B.

Wundt, wieder zu Aristoteles und zum Hylozoismus zurückgekehrt sind, ressortiren mit dem Alterthum und sind also schon von Cartesius begraben, so dass wir nun, ohne frühere Autoritäten zu Hilfe zu rufen, allein zu arbeiten haben, um den eingemauerten Seelen eine Thür zu öffnen.

Die Frage ist also, wie wir eine Function der Seele nachweisen könnten, ohne dass man von dieser Function irgend etwas bemerkt; denn wenn sie so offenkundig, wie die Gefühle und die Gedanken wäre, dann würde ja ein jeder mit den Fingern darauf hinweisen. Andererseits will das, was wirklich sein soll, doch auch nicht in solcher Verborgenheit bleiben, dass man es nirgends entdecken könnte, sondern man wird eher annehmen, dass solch ein verborgenes Ding eine Fabel sei, ersonnen von Albernen und für Alberne, die sich mit leeren Namen und Illusionen vergnügen und auf die Wirklichkeit nicht verstehen. Gleichwohl wäre es unvorsichtig, allem was man nicht gleich ad oculos demonstriren kann, | den Rechtstitel seiner Existenz ab- *63*
zusprechen; denn es nehmen z. B. die Naturforscher doch auch manche Dinge getrost an, die sich zuerst nicht unmittelbar zur Erfahrung bringen liessen, wie z. B. Schwingungen von Luft oder Aether,[181] deren Wirkungen man aber als Ton, Licht, Elektricität u. s. w. in der That wahrnimmt. Weil nun die Wechselwirkungen zwischen Leib und Seele ebenso offenkundig, wie diese Phänomene, sind, so dürfen wir die vermittelnde Function nicht ohne Weiteres für eine Fabel halten, sondern müssen es uns grade als wissenschaftlich bestimmtes Problem setzen, nachzuweisen, warum die Bewegungsfunction der Seele verborgen bleibt und ob sie nicht etwa doch irgendwie auch zur Anschauung gebracht werden könnte.

1. Die unbewussten Functionen.

Da wir nun wegen unserer Wechselwirkung mit den übrigen Wesen der Welt ein unbedingtes Zutrauen zu einer bewegenden Function in uns haben können, so wird uns auch der nöthige Muth zur Arbeit nicht fehlen, wie wir denn auch gleich durch einen ersten Erfolg gestärkt werden, weil das Problem sich sofort wie eine Gleichung handlicher umformen lässt. Alles nämlich, was nicht bloss erschlossen, sondern durch sich selbst erkannt werden soll, muss *bewusst* werden; was aber in der Verborgenheit bleibt, das gehört eben in die *unbewusste* Region des Seelenlebens. Dass nun Vieles in uns vorhanden ist, was doch unbewusst bleibt, daran zweifelt Niemand, wie z. B. dass unsere Sprachkenntnisse vorhanden sind, auch wenn man nicht spricht und nicht an Grammatik denkt, und dass unsere Kunst Schlittschuh zu laufen im Sommer nicht verloren geht, wie die Schwimmkunst nicht im Winter und wie unsere ganze Gedankenwelt nicht im Schlafe. Wollte aber Jemand mit *Lotze* behaupten, alles dieses wäre nur vorhanden, wenn wir es in bewusster Function ausüben,[182] so würden wir die umgekehrte Thesis aufstellen, dass vielmehr die Bewusstheit aller Function bloss accidentell sei, da sich all dergleichen zuweilen auch ganz unbewusst vollzieht, wie jeder weiss. Noch seltsamer aber wäre die Forderung an uns,

etwa diese unbewussten Zustände zu beschreiben und vor die Anschauung zu bringen, damit man an ihre Wirklichkeit glauben könne; denn wir würden dem Opponenten die bekannte Gegenfrage stellen, uns zu beschreiben und anschaulich zu machen, wie ein Ding aussieht, wenn es Niemand sieht. Das also wäre nun schon ein grosser Schritt zur Lösung des Problems, dass wir getrost Bewegungsfunctionen der
64 Seele annehmen dürfen, | wenn wir nur zugestehen, dass dieselben dem unbewussten Seelenleben angehören und desshalb nur an ihren Wirkungen erkannt werden, niemals aber irgendwie zur Anschauung kommen.

Obgleich es hier unsere Aufgabe nicht ist, genauer auf die Philosophie der Naturwissenschaft einzugehen, so möchte ich doch daran erinnern, dass alle die physikalischen, chemischen und organischen Erscheinungen der Natur nicht, wie Aristoteles und alle philosophisch ungeschulten Modernen annehmen, als wirkliche Thätigkeiten der Wesen gelten können, sondern eben nur als Erscheinungen, d. h. als die Formen, unter denen wir in unserem Geiste das wirkliche Leben der Natur vorstellen und denken.[183] Mithin müssen wir in der ganzen Natur lauter uns unbewusste Bewegungsfunctionen oder Handlungen annehmen, welche von jenen Erscheinungen in uns die Ursachen sind. Da wir nun finden, dass die in unserem Leibe lebendige Seele in dieser Gesellschaft der Naturwesen völlig zu Hause ist und sich auf ihre Gewohnheiten, Sitten und Gesetze vollkommen versteht, so kann uns kein Zweifel darüber bleiben, dass sie im Verkehr mit den Naturwesen, d. h. also im Verkehr mit unserem Leibe, ganz dieselben Handlungen ausübt, die von der Naturwissenschaft als physikalische, chemische und organische bezeichnet werden. Und da es wohl keine verführerische Kraft hat, sich mit Lotze einzubilden (Psychologie § 81), dass Gott die Seele «an dem Ort und in dem Augenblicke» erschüfe, wann der ihr zugehörige Organismus ohne sie fertig geworden sei,[184] so werden wir umgekehrt sagen müssen, dass die Seele durch ihre eigenen im Zusammenleben mit den Naturwesen allmählich erworbenen Bewegungsfertigkeiten sich ihren Leib selbst organisirt, wie sie (wenn wir diese grössere Leistung mit einer kleineren vergleichen) unbewusst alle die unzähligen nöthigen Functionen zu coordiniren versteht, durch die das Gehen, Schwimmen, Clavierspielen u. s. w. zu Stande kommt. Doch dies gründlich zu beweisen und an den biologischen Problemen durchzuführen, gehört nicht hierher. Ich begnüge mich damit, hier nur die Thesis wieder aufgestellt zu haben, die ich schon in der ersten Auflage meiner Schrift über die Unsterblichkeit der Seele und später in der Arbeit über Darwinismus und Philosophie vertheidigte und die ich durch Lotzes Einwendungen gar nicht erschüttert finde.[185]

Da nun die Annahme unbewusster Handlungen gar keine Schwierigkeiten hat, so müssen wir von der Naturwissenschaft, die als ihren Gegenstand blosse Bewusstseins-
65 erscheinungen besitzt und | deren Formen und Gesetze bloss für diese bestimmte psychische Sphäre etwas bedeuten, zu einer Metaphysik der Natur übergehen, um die

Erscheinungen auf wirkliche Thätigkeiten wirklicher Wesen zurückzuführen. Denn z. B. die Optik erklärt ja nur die Welt, sofern sie sich in den Gesichtserscheinungen des Bewusstseins darstellt, und sagt kein Wort über etwas Wirkliches aus, da die angeblichen wirklichen Dinge, die Sonne, die gesehenen farbenreichen Objecte, Spiegel und dergl. ja bloss Bilder der wirklichen Dinge sind, wie sie einem Sehenden erscheinen und dann naiv nach Aussen projicirt und verdoppelt werden, so dass man einmal von dem wirklichen Spiegel draussen spricht und dann wieder von dem Bild des Spiegels in uns, während der Spiegel draussen auch nicht das kleinste Merkmal besitzt, welches er nicht aus dem Vorrath unserer sinnlichen Perceptionen entlehnt hätte. Da wir also nicht die wirklichen Dinge sehen, sondern nur die Geburten unserer Sinnlichkeit und Vorstellung nach Aussen werfen,[186] um unter diesen Larven, als wären es wirkliche Wesen, zu wandern, während wir in der That unter diesen Larven die einzige fühlende Brust sind:[187] so ist es für jede Metaphysik der Natur nothwendig, eine Vielheit von nicht-sinnenfälligen Wesen anzunehmen, die durch ihre wirklichen Thätigkeiten in Verkehr mit einander stehen und deren Wechselwirkung dann in unserer Sinnlichkeit die Erscheinungen hervorbringt, die wir die Natur nennen.[188] Da nun unsere Seele als wirkliches Wesen mit den anderen in Verkehr steht, so müssten wir, wenn alle diese Handlungen nicht unbewusst vor sich gingen, sondern überall bewusst wären, nothwendiger Weise auch ein Bewusstsein davon haben, wie wir es machen, den Arm zu heben, das Auge zu senken u. s. w. Wenn diese unsere Handlungen aber unbewusst vor sich gehen, so brauchen wir auch nicht Bewusstsein in die äussere Natur hineinzuphantasiren und die Blumen ihren Duft selbst riechen und den Schnee seine Kälte selbst fühlen zu lassen und dergl., sondern es ist mehr als bloss wahrscheinlich, dass die niedere Natur überhaupt kein Bewusstsein hat, sondern all ihre Handlungen in dem physikalischen, chemischen und organischen Verkehr der Wesen untereinander unbewusst ausübt. Mithin kann es keine Schwierigkeit haben, wenn wir ausser jenen bekannteren der Seele noch eine unzählbare Menge anderer unbewusster Handlungen zuschreiben, die durch ihre Unbewusstheit nicht etwa fabelhaft werden, sondern ganz denselben Gesetzen unterliegen und ebenso noth|wendig 66
sind, wie alle übrigen Handlungen oder Bewegungen der die Naturerscheinungen hervorbringenden Wesen.

2. Die bewussten Functionen.

Gleichwohl hat es etwas Missliches, ein solches unbekanntes Gebiet zu postuliren, wenn nicht ein Theil dieses Gebietes uns unmittelbar bekannt, d. h. bewusst geworden ist, wie wir z. B. im Innern Afrika's ganz gern auch noch unbekannte Berge, Flüsse, Thiere und Menschen voraussetzen, da wir von der Küste aus vordringend überall dergleichen angetroffen haben und nun von dem Bekannten auf das noch Unbekannte schliessen. Desshalb verlange ich vor Allem darnach, zu erforschen, ob wir nicht wenigstens einige Handlungen der Seele unmittelbar kennen, d. h. ob nicht einige uns bewusst werden, damit wir dann, wenn wir sehen, dass sie weder dem Gefühls- (Willens-), noch dem Erkenntnissvermögen angehören, mit gutem Recht ein wirklich bekanntes Gebiet des Bewegungsvermögens setzen und dementsprechend erst ein weiterhin zugehöriges minder bewusstes und ganz unbewusstes Gebiet postuliren können.

Ein solches Gebiet bewusster Bewegungsfunctionen ist nun ganz bekannt, und es bedarf gar keiner Experimente und keiner hypnotischen Zustände, auch keiner feinen Messwerkzeuge, sondern bloss energischen Denkens, um das Gesuchte völlig vor Augen zu stellen. Desshalb muss es freilich auf eine Ueberraschung hinauskommen; denn wenn wir das Gesuchte schon kennen sollen, so müssen wir es offenbar früher verkannt und anderswo untergebracht haben, wie der Achilleus unter die spinnenden Mädchen gesteckt war, bis ihn Odysseus an seiner Vorliebe für die Waffen sicher von den putzliebenden Spinnerinnen unterschied und herauszog.[189] Kurz gesagt, es handelt sich um das ganz bekannte Gebiet der Sinnesempfindungen.

Abgesehen von denjenigen Psychologen, welche, wie Maass, die Tastempfindung, die man auch Gefühl nennt, zu den Gefühlen rechneten,[190] und von denen, welche in ganz kritikloser Weise noch heute die Gefühle von Lust und Schmerz mit den Empfindungen in Eins zusammenmischen, weil sie bei Gelegenheit der Sinnesempfindungen entspringen, ich sage, abgesehen von diesen beiden Auffassungsweisen, bei denen der analytische Scharfsinn zu kurz kommt, haben alle früheren Philosophen, so weit meine Erinnerung reicht, die Empfindungen für sich abgesondert und
67 sie für die unterste Stufe des *Erkenntnissvermögens* gehalten, und es | ist meines Wissens nicht einmal ein Zweifel über die Rechtsgültigkeit dieser Topik geäussert worden und desshalb wie bei einer selbstverständlichen Sache auch gar kein Beweis dafür gegeben, wesshalb die Empfindungen gerade zu dem Gebiete der *Erkenntniss* gehörten. Der Grund für diese scheinbare Selbstverständlichkeit und Gewissheit liegt offenbar darin, dass die Sinnesempfindungen uns ja die objective Welt aufschliessen und uns also *erkennen* lassen, was da draussen ist, wie sie desshalb auch alle Anschauungen und Erfahrungen constituiren. Selbst diejenigen, welche, wie Kant, kritisch und skeptisch verfuhren, nahmen desshalb immer an, dass ohne Anschauung und Empfindung die Begriffe «leer» wären[191] und dass die Realität durch die Empfindung zur Erkenntniss käme. Es handelte sich desshalb für alle die früheren Philosophen bloss darum, welchen Erkenntnisswerth man den Sinnen zugestehen, mit welchen Vorsichtsmassregeln man ihre Offenbarungen deuten, welche Stufe der Erkenntniss man den Empfindungen, die wir mit den Thieren theilen, anweisen und wie man die Vernunft als ein selbständiges Vermögen ihnen gegenüber zur Anerkennung bringen wolle, oder ob man die Vernunft aus der Sinnlichkeit selbst herleiten könne. Denn sowohl die Sensualisten als die Rationalisten, mochten sie beide Vermögen als Eins oder als Erkenntnissquellen verschiedenen Ursprungs betrachten, waren darüber doch gar nicht mit einander im Streite, ob die

Sinnesempfindungen überhaupt zu den Erkenntnissfunctionen gehörten, ebensowenig wie die Ethnologen, wenn sie darüber streiten, ob die Weissen sich aus den Negern herausentwickelt hätten, es in Frage stellen, ob sie beide Racen zu der Gattung Mensch zu rechnen hätten.

Die Empfindungen gehören nicht in das Erkenntnissvermögen.

Da ich nun hier lehren will, dass die Empfindungen einem dritten, bisher nur nebenbei bemerkten, noch nirgends aber klar erkannten Vermögen der Seele angehören, muss ich zunächst nachweisen, wesshalb sie mit dem Erkenntnissvermögen nichts zu thun haben; denn dass sie nicht zu dem Willens- (Gefühls-) Vermögen zu rechnen sind und auch nicht mit den Gefühlen verschmelzen können, halte ich für überflüssig zu demonstriren. Um aber den Beweis anzutreten, muss das Wesen der Erkenntniss definirt und durch Propria, d. h. durch ihm ausschliesslich und eigenthümlich zukommende Merkmale charakterisirt werden, worauf dann zu zeigen ist, dass auf die Empfindungen weder die Definition noch die Propria der Erkenntniss passen.

| 1) Nun ist jede Erkenntniss, möge sie eine Anschauung, Erfahrung, ein Begriff, Urtheil, Schluss, eine falsche oder richtige Meinung, Irrthum oder Wissenschaft genannt werden, immer ein Coordinatensystem, in welchem gewisse Beziehungspunkte nach einem Gesichtspunkte zu einer Beziehungseinheit zusammengefasst werden. Diese Definition muss natürlich wieder bewiesen werden und zwar inductiv an allen denjenigen geistigen Erzeugnissen, die man für Erkenntnisse hält. Da aber in meiner Religionsphilosophie S. 208 ff. der Beweis für die Urtheile und Begriffe, unter welche man alle Erkenntnissformen mit Ausnahme der Anschauungen unterordnet, schon geführt ist, und da ich an jenem Orte auch schon deductiv, d. h. durch Analyse des Erkennens oder Denkens selbst, die Definition gerechtfertigt habe, so brauche ich hier nur noch die Anschauung in Betracht zu ziehen, weil diese allein eine Instanz[192] begründen könnte. Ich meine aber nicht die Anschauung, die durch sogenannte Apperception oder Erinnerung zu Stande kommt, weil bei dieser (z. B. wenn man ein Haus, einen Menschen wiedererkennt, eine Pflanze oder einen anderen Gegenstand recognoscirt) das Wesen des Schliessens sofort in die Augen fällt, sondern ich meine die erste Anschauung, das erste Auffassen eines Gegenstandes. Allein hier ist doch ersichtlich, dass, wenn ein Kind sich zuerst eine Anschauung von seiner Mutter oder Amme bildet, oder wenn wir einen nie vorher gesehenen Gegenstand aus Afrika oder Australien anschauen, immer gewisse Beziehungspunkte, Farben, Töne, Gerüche u. dergl. nach einem Gesichtspunkt vereinigt werden, indem man z. B. den Gesichtspunkt des räumlichen Beisammen, oder der Zahl, oder der Figur, 68

3 es in Frage stellen] oder ob für beide Racen ein selbständiger Ursprung angenommen werden müsse, darüber etwa uneins wären *Ms*

oder des Ganzen und des Theils verwendet, wie denn der ganze Anschauungsunterricht für die Kinder darauf beruht, diese Gesichtspunkte, auf denen die Zusammenfassung der Beziehungspunkte zur Einheit einer Anschauung sich begründet, zu klarer Erkenntniss zu bringen. Es kann also keine Frage sein, dass auch die Anschauung unter die gegebene Definition alles Erkennens fallen muss.

Wenn hiermit nun der Obersatz aufgestellt und bewiesen ist, so macht der Untersatz keine Schwierigkeiten mehr; denn Niemand wird behaupten, dass bei einer Empfindung, wie süss, sauer, weiss, hart, kalt u. s. w. irgendwelche Beziehungspunkte vorhanden sein müssten, auf welche hinblickend wir nach irgend einem Gesichtspunkte zu den Empfindungen als Folgerungen gelangten, d. h. etwa weiss, sauer u. s. w. dann
*69* erst erkennten; sondern es ist wohl ganz | offenbar, dass alle Empfindungen, völlig isolirt zu Bewusstsein kommen und so wenig sich erst aus einem Erkenntnissprocess ergäben, dass sie vielmehr überall als die einfachen und beziehungslosen Punkte allen Beziehungen zu Grunde gelegt werden. Denn wollte Jemand einwenden, die Empfindung «weiss» bezöge sich doch auf den Schnee und würde im Vergleich mit der Farbe der Kreide und des Schwans nach dem Gesichtspunkt der Einerleiheit oder Aehnlichkeit gefolgert, oder wenn man, wie Ulrici,[193] meinte, jede Empfindung könnte nur durch Unterscheidung von anderen Empfindungen bewusst werden,[194] so dürfte man solchen Einwand wohl scherzhaft nehmen, da es sich dann ja um ein Urtheil oder einen Schluss handelte und nicht um die Empfindung selbst, die nichts davon weiss, dass sie durch eine Ursache hervorgerufen ist und einem Objecte oder Subjecte zugeschrieben, oder von anderen Empfindungen unterschieden wird. Ulrici verwechselte, wie ich ihm dies darlegte,* das einfache Bewusstsein mit der Erkenntnissthätigkeit, welche das gegebene Bewusstsein zum Objecte nimmt.[195]

Somit folgt denn auch der Schlusssatz nach der zweiten Figur, welche ich die Oppositionsfigur nenne, mit völliger Sicherheit, dass die Empfindungen an dem Wesen des Erkennens, wie es definirt ist, gar keinen Antheil haben.

2) In zweiter Linie müssen nun die Propria der Erkenntniss für den Beweis verwerthet werden, da jedes Proprium einen neuen Obersatz liefert. Da aber die Charakteristiken leichter verständlich sind, als die Definition, so dürfen wir gleich mehrere zusammenfassen, um nicht umständlich und pedantisch zu werden.

* Vergl. Zeitschr. für Philos. u. philos. Kritik. 83. Bd. 1. u. 2. Heft.

20 Schluss] *so Ms*; Schluss *DA*

23 wie ich ihm dies darlegte,] *in Teichmüllers Handschrift*: wie ich ihm dies (in seiner Zeitschrift) darlegte; *von fremder Hand Klammer durchgestrichen und Fußnote* Vergl. Zeitschr. … 1. u. 2. Heft *eingefügt Ms*

Als Obersatz wird desshalb gelten müssen, dass alle Erkenntniss unter den Gesichtspunkt von *wahr* oder *falsch* fällt, weil diese Unterschiede nirgends sonst brauchbar sind, als nur wo es sich um Erkennen und Wissen handelt. Ebenso zweitens verlangt jede angebliche Erkenntniss, möge sie als Meinung oder als Wissen auftreten, einen *Beweis*, einerlei ob dieser Beweis deductiv oder inductiv, direct oder indirect geführt werde; denn auch die Axiome und Principien werden immer entweder inductiv oder indirect bewiesen. Drittens können die Eigenschaften *klug*, *dumm*, *gelehrt*, *unwissend*, und die zugehörigen Begriffe von *Unterricht*, *Lehrbarkeit*, *Schulen* u. s. w. als ausschliesslich eigenthümlich dem Gebiete der Erkenntniss zugewiesen werden.

| Dementsprechend wird der Untersatz auch hier verneinend sein, da die Empfin- 70
dungen erstens weder wahr, noch falsch sind; denn wenn man auch solche Prädicate zuweilen für die Empfindungen gebraucht, so beziehen sie sich doch immer auf Urtheile über die Empfindungen, wie z. B. ein Farbenblinder «fälschlich» roth nennt, was die Gesunden etwa als grün bezeichnen; die Empfindungen selbst jedoch, welche ein Gesunder oder Kranker hat, sind weder wahr, noch falsch, sondern bloss so oder anders, d. h. qualitativ verschieden. Zweitens lassen sich Empfindungen nicht beweisen, ebensowenig wie die Gefühle von Lust oder Schmerz. Darum lassen sie sich drittens auch nicht lehren und auf Schulen vortragen, und man nennt den Blinden nicht dumm, weil er nicht sieht, den Hörenden nicht klug im Gegensatz zu dem Tauben.

Daraus ergiebt sich der Schlusssatz, dass im Hinblick auf die charakteristischen Merkmale der Erkenntniss die Empfindungen auf keine Weise zu dem Gebiete des Erkenntnissvermögens gerechnet werden können.

Umgekehrt liesse sich dann noch dasselbe Resultat erweisen, wenn man von den Empfindungen ausginge; denn da z. B. *Intensität* allen Empfindungen zukommt, so ist sofort ersichtlich, dass keine einzige Erkenntniss unter diesen Gesichtspunkt fallen kann. Jedes Beispiel zeigt dies zur Genüge, da man etwa den Pythagoreischen Lehrsatz nicht mehr oder weniger stark erkennen kann; denn das Weniger-Erkennen bedeutet eben Nicht-Erkennen des ganzen Satzes oder seiner Theile, und ein Mehr-Erkennen ist sinnlos, oder bezieht sich auf *andre* Erkenntnisse, etwa auf Folgerungen.

Vielleicht aber möchte ein sehr Gescheidter über diese vielen Beweise spottend sagen, es sei ihm dennoch selbstverständlich, dass die Empfindungen zu dem Erkenntnissvermögen gehörten, weil alle Erkenntnisse sich auf sie bezögen und sich auf ihnen aufbauten und weil alle Begriffe ja nach Kant's Formel ohne Anschauungen oder Empfindungen leer wären.[196] Ueber solchem Spott würden wir den Humor nicht verlieren, sondern gutmüthig den Irrthum analysiren; denn es handelt sich um Verwechselung

2 nirgends] für nichts in der Welt *Ms*

von Beziehungspunkten und Beziehungseinheiten. Die Beziehungseinheiten, z. B. Begriffe, Vorstellungen, Anschauungen, sind Erkenntnisse; die zugehörigen Beziehungspunkte aber können aus allen Gebieten der Seelenthätigkeit genommen werden und also ebensogut, wie aus den Empfindungen, auch aus dem Gefühl und dem Ichbewusstsein. Wenn desshalb alle Beziehungspunkte der Erkenntniss auch
71 Er|kenntniss wären, so gäbe es überhaupt nichts als Erkenntniss in der Welt und man dürfte weder Gefühle, noch Ich, noch sonst reale Wesen mehr annehmen, sondern befände sich in der armen Welt des theoretischen Idealismus, in welcher auch die Natur nur ein auseinandergeplatzter Begriff ist und wo das Gefühl, die Kunst, die Religion nur in mehr oder weniger bestimmten Begriffen besteht. Solchen Geistesarmen, die den Geist in Lehrbüchern verpacken können, würde man mitleidig einen Papiergeldzettel in die Hand drücken mit der Warnung, ihn ja nicht zu zerstückeln, da nur die Beziehungseinheit, nicht die Papierfetzen Geldwerth hätten.

Die Empfindungen sind die bewusst werdenden Akte des Bewegungsvermögens.

Da es nun bloss drei Seelenvermögen giebt und die Empfindungen weder zu dem Gefühlsvermögen, noch zu dem Erkenntnissgebiet gehören, so bleibt nur übrig, sie in das Gebiet der Bewegung oder Handlung zu versetzen. Diese Behauptung wird allerdings zuerst sehr befremdend sein, weil die Empfindung nichts von Bewegung oder Handlung an sich zu haben scheint. Indess dürfte man doch geneigt sein, diese paradoxe These genauer zu erörtern, wenn man sich an die alte dogmatische Auffassung erinnert, wonach die Empfindung als Entelechie oder Energie aus der Bewegung der Materie in den Sinnesorganen hervorgeht,[197] wesshalb die Alten auch schwankten, ob Bewegung und Energie nicht einerlei wäre,[198] wie aus derselben Auffassung auch die moderne Ausdrucksweise «specifische Energien der Sinne» stammt.[199]

Um nun die strenge Demonstration zu geben, müssen wir die Methode der Untersuchung vorschreiben. Zu diesem Zwecke müssen wir zunächst nach der früher herrschenden Vorstellungsweise Empfindung und Bewegung (oder Handlung) von einander unterscheiden und nach einander von jedem der beiden Elemente den Anfang nehmen, um zu versuchen, sie an irgend einem Punkte in einander übergehen zu lassen oder sie als identisch zu setzen. Es muss uns also so gehen, wie wenn wir die Genesis und das erste Buch Mosis für verschiedene Bücher hielten und dann beim Durchlesen die Identität bemerkten.

a. Ausgang von den Bewegungen. Wenn wir nun von den Akten des physischen Bewegungsvermögens ausgehen wollen, so erinnern wir uns, dass wir diese Akte zunächst als unbewusst auffassen mussten, da die Art, wie wir unsere Glieder zum Gehen, Stehen, Springen u. s. w. richten und in Schwung setzen, uns unbe-

31 setzen] finden *Ms*

kannt bleibt; trotz dieser Unbewusstheit war die Annahme | nothwendig, dass sol- 72
che Handlungen von unserer Seele vollzogen werden und zwar als Handlungen von grosser Verschiedenheit, weil wir sonst die Mannigfaltigkeit des Verkehrs mit unserem Leibe nicht zu erklären vermöchten; denn es muss eine andere Bewegung sein, welche das Auge öffnet als welche es schliesst, eine andre, welche den Fuss, als welche die Hand hebt, u. s. w.

Da aber der Begriff des Unbewussten nichts Qualitatives bedeutet, sondern vielmehr unter die Kategorie der Intensität fällt und ein *Mehr* oder *Weniger*, d. h. verschiedene Grade zeigt, so muss in dem Unbewussten nothwendig auch immer etwas von der Gattung Bewusstsein vorhanden sein. Ich kann mich hier auf die feinen Bemerkungen von *Leibnitz* berufen, der die «unmerklichen Wahrnehmungen» so nachdrücklich geltend gemacht hat;[200] denn das Bewusstsein zeigt deutlich verschiedene Grade, so dass es, wie ich lehre, mit dem unbewussten von derselben Gattung und nur durch die Intensitätsstufe unterschieden ist.

Sobald wir aber keinen Qualitätsunterschied mehr zwischen Unbewusstheit und Bewusstheit machen, so kommen wir auf eine neue Spur; denn es ist nun leicht, weiterzugehen und die Handlungen der Seele in ihrem Verkehr mit dem Leibe *intensiver* und also *bewusster* werden zu lassen. Was aber wird dann eintreten? Wenn wir ein Wort der Sprache dafür suchen, um das Bewusstwerden unserer physischen Handlungen zu bezeichnen, welches passendere Wort könnten wir wählen, als *Empfindung* (sensatio)?

Da unser geistiges Leben ein Coordinatensystem von Functionen bildet und da sich an jede Empfindung ein Gefühl (Wille) und eine Erkenntniss anschliesst, so ist es ganz natürlich, dass nicht nur die grossen griechischen Denker, sondern auch die neueren Philosophen die so entstandenen verwickelten Gewebe der geistigen Vorgänge nicht immer mit logischer Chemie in ihre Elemente oder mit logischer Anatomie in ihre Fasern und Zellen zerlegt und gesondert betrachtet haben. Da nun solche Verwachsungen, Verfilzungen und Verschmelzungen, wie sie sich von selbst bilden und daher auch in die Sprache der hergebrachten Wissenschaft übergegangen sind, der alten Alchemie, aber nicht der von uns geforderten logischen Chemie entsprechen, so müssen wir hier Alles abwehren, was sich als Lust oder Unlust und als Meinung oder Auffassung an die Handlungen anschliessen und damit verweben will, um reinlich und subtil die bewusstwerdende Handlung ganz für sich zu ver|stehen. Denken wir uns nun eine Hebung unseres Armes in der Art, dass sie in- 73
tensiver wird, etwa wie wenn wir ihn längere Zeit gestreckt erhalten, so wird das *Bewusstsein der Handlung* stärker, und wir haben eine *Empfindung*, die wir hier etwa *Arbeit* oder *Mühe* oder *Anstrengung* oder *Energie* zu nennen pflegen. Also hatten wir dasselbe Bewusstsein auch schon vorher, nur in vermindertem Grade, d. h., wie man sich ausdrückt, wir waren uns unseres Thuns nicht bewusst

oder kaum bewusst. Wer aber genauer aufmerkt, wird bald zu der Einsicht kommen, dass alle, auch die bequemsten und leichtesten Thätigkeiten von einem gewissen Bewusstsein begleitet, d. h. Empfindungen sind, da wir ohne solche Empfindungen nur indirect erschliessen und nicht unmittelbar wissen könnten, ob wir etwas gethan oder nicht gethan haben. Das Kind z. B. schaukelt mit seinen Füssen in unbewusster Weise, und es pflegt ihm dies von dem Pädagogen verboten zu werden. Sollte es nun, wenn es an den Pädagogen denkt, nicht auch, ohne mit den Augen die Bewegungen seiner Beine zu sehen, ein Bewusstsein darüber haben, ob es die Bewegung ausführte oder nicht? Man nennt solche Empfindung gewöhnlich Muskelgefühl; es ist uns als Psychologen aber zunächst gleichgültig, welche entferntere Organe durch unsere seelische Thätigkeit betroffen werden, ob Hirnganglien, peripherische Nerven oder Muskeln; wir dürfen jedenfalls behaupten, dass abgesehen von aller Controlle durch andre Sinne, d. h. abgesehen von allen indirecten Schlüssen die Thätigkeit unmittelbar merklich oder bewusst werden müsse, weil wir sie sonst niemals auf uns beziehen, sondern wie etwas uns Fremdes, z. B. wie das Fliegen eines Vogels, irgend einem Gegenstande der Aussenwelt zuschreiben würden.

Denn wenn wir uns einbildeten, wir würden uns in der empfundenen Bewegung nicht unserer Activität, sondern erst durch Rückkehr der Bewegung von den Muskeln als von einem fremden Objecte aus bloss unserer Receptivität bewusst, da die Empfindungen als Erkenntnisse zu der Receptivität gerechnet werden, so müssten wir die Kategorie Handlung aufheben, da sie dann nur einen uns unbekannten Zustand der Aussenwelt bezeichnete, und wir könnten demgemäss auch von keinem anderen Menschen und von keinem Thiere diese Kategorie aussagen und nicht von seiner Arbeit, seiner Anstrengung und von seinem Thun überhaupt sprechen, wenn uns das, was wir damit meinen, nicht unmittelbar bewusst wäre. Da wir aber sorg-
74 fältig jede Vermischung der Empfindung | mit coordinirten Gefühlen und Vorstellungen abwehrten, so zeigt sich, dass die Empfindung selbst nichts anderes sein kann, als die mehr oder weniger bewusste Thätigkeit oder Handlung der Seele selbst, und zwar sofern sie nicht weniger, sondern mehr bewusst wird.

Nachweis des Einklangs der neuen Auffassung mit der Naturwissenschaft.

Die Anatomen und Physiologen haben nun, indem sie sich an die früher herrschende Psychologie anschlossen, die Sinnesempfindungen zu dem Erkenntnissfassungsvermögen gerechnet und desshalb die sensiblen und motorischen Nerven unterschieden und ebenso die Muskeln in die glatten und quergestreiften getheilt, um die einen dem Einfluss der Seele zu unterwerfen, die andern ihr zu entziehen.[201] Ja, sie haben auch den Frosch enthauptet[202] und andre Experimente gemacht, um zu zeigen, dass sehr viele Bewegungen des Leibes, z. B. die des Herzens, der Stimmorgane u. s. w. gar nicht von der sogenannten Seele abhingen. Darauf müssen wir näher eingehen. Um nun gleich mit

dem letzten Beweise anzufangen, so ist die Logik solcher Schlüsse in schlechtem Zustande und bedarf einer subtileren Handhabung. Denn wenn ein Feldherr einem seiner Generale den Auftrag ertheilt, seine Regimenter in der und der Richtung in das feindliche Land zu dirigiren und so und so mit dem Feinde aggressiv oder defensiv zu verfahren, so kann der Feldherr selbst inzwischen von einer Kugel getödtet werden, während vielleicht, wenn keine Drahtverbindungen vorhanden sind, noch monatelang Märsche und Gefechte der abgesendeten Truppen in der von ihm vorgeschriebenen Weise stattfinden. Ebenso braucht ein Chronometer nur einmal aufgezogen zu sein und es wird, auch wenn der Besitzer inzwischen stirbt, die Uhr doch monatelang richtig fortgehen, ohne sich um den Tod des Urhebers ihrer Bewegungen zu bekümmern. Diese beiden Vergleichungen zeigen genügend, dass unsere Behauptung, alle Bewegungen des Leibes hingen von der Seele ab, dadurch nicht im Mindesten berührt wird, dass das Herz noch lange nach der Enthauptung des Frosches weiter schlägt, sondern es wird dadurch bloss bewiesen, dass der Körper nicht aus lauter ungeschulten Recruten besteht, sondern auch Ganglien[203] besitzt, welche zwar keine Generalsepauletten[204] verdienen, aber doch eine gewisse Reihe von Reactionen selbständig ausüben; denn die Leistung dieser untergeordneten Centren ist nicht so complicirt, dass etwa Urtheil und kluge Modification der Handlung erforderlich wäre, sondern es | dreht sich überall nur um ein gewisses Coordinaten- 75
system von Functionen, das mit geringen Unterschieden der Anpassung an die gegebenen Bedingungen immer gleichmässige Reflexbewegungen ausübt und entweder ausgelöst wird oder ruht.

Hiermit hängt zweitens der Unterschied der willkürlichen und der dem Willen entzogenen Muskelthätigkeit zusammen,[205] der ebenfalls durch die alte Psychologie eine falsche Fassung erhalten hat; denn es steht gar nichts im Wege, den Willen hier ganz fortzulassen, weil er überhaupt erst in zweiter Linie in Rechnung kommt, und dagegen einfach von constanten oder regelmässigen und andererseits von unregelmässigen oder accidentellen Bewegungen zu sprechen; denn die Darmbewegung, die Herz- und Athmungs-Bewegungen und dergl. sind regelmässige oder constante Bewegungen, und es ist bei jedem complicirten Bewegungssystem sowohl in der Natur, als in der Technik und im politischen und praktischen Leben nothwendig, gewisse Geschäfte oder Bewegungen als grundlegende ein für allemal regelmässig vollziehen und nur auf dieser Grundlage gewisse, den zufälligen Umständen angepasste, unregelmässige und accidentelle Bewegungen ausführen zu lassen, so dass auch dieser anatomisch-physiologische Unterschied für unsre Theorie nicht die geringste Schwierigkeit bildet, vielmehr daraus leicht erklärt wird, da es umgekehrt eine Reihe von Abenteuerlichkeiten liefern würde, wenn man, wie Lotze, den Leib ohne die Seele fabriciren und sie nur als Prinzen in's Land bringen und krönen liesse,[206] da sie dann ja von den Geschäften des Landes und dem Brauch der Unterthanen nichts verstände. Es ist immer besser, den Majordomus[207] regieren zu lassen, der die Herrschaft selbst eingerichtet hat, und die Natur pflegt auch überall nur diejenigen Ursachen anzuerkennen und auszuzeichnen, welche sich durch ihre eigene Arbeit und Anpassung ein Anrecht auf ihre Macht erworben haben. Königreiche zu verschenken oder zu verkaufen, kommt aus der Mode und aus dem Völkerrecht,[208] da es wider die Gewohnheiten der Natur ist.

So bleibt uns nur der Gegensatz der sensiblen und motorischen Nerven übrig,[209] der es zweifelhaft machen könnte, dass die den sensiblen Fasern entsprechenden Empfindungen dem Bewegungsvermögen zuerkannt werden dürften. Allein auch hier ist ein subtileres Denken erforderlich; denn erstens sahen wir ja schon, dass die durch die motorischen Fasern bewirkten Bewegungen unserer Glieder uns bewusst, d.h. zu Empfindungen werden,
76 | indem wir unsere Anstrengung in den sogenannten Muskelgefühlen empfinden, und zweitens nimmt doch auch die projectivische Denkweise der Naturforscher an, dass die Sinnesreize, welche in den sensiblen Fasern stattfinden, Bewegungen sind, denen also nach der allgemeinen Bewegungslehre auch nur eine Bewegung entsprechen kann. Soll desshalb die letzte Bewegung als Endresultat im Gehirn oder in der Seele geschehen, so muss diese Bewegung selbst bewusst werden, wenn es zu einer Empfindung kommen soll. Mithin ist dieser Unterschied der Nerven nicht geeignet, unseren Lehrsatz zu beunruhigen, da sich vielmehr gerade auch nach der naturwissenschaftlichen Darstellungsweise ergiebt, dass die Empfindungen überhaupt nichts anderes sein können, als bewusst werdende Bewegungen. Obgleich wir nun als Metaphysiker den Raum und die Bewegung in dem Sinne, wie die Naturforscher die Erscheinungen auffassen und formuliren, für phänomenologisch erklären, so müssen wir doch auch das von uns «Bewegung», «Handlung», oder «Akt» genannte reale Sein, welches den Verkehr mit den Wesen ausser uns vermittelt, sobald es intensiver wird, also zu deutlicherem Bewusstsein übergeht, «Empfindung» nennen und kommen daher zu einem Einklang mit den naturwissenschaftlichen Annahmen. Denken wir uns den Naturforscher vor einen Spiegel gestellt und die Phänomene darin klug beobachtend, den Metaphysiker aber die Gegenstände selbst betrachtend, so werden beide, wenn sie über die vorkommenden Thatsachen reden und zwar Jeder in seiner besonderen Ausdrucksweise, doch schliesslich immer übereinstimmen, und so ist es nicht zu verwundern, dass unser Lehrsatz von der Naturforschung nur unterstützt und beglaubigt werden kann.

b. Ausgang von den Empfindungen. Schlagen wir nun wie vorsichtige Rechner, die auch die Probe des Exempels machen, den umgekehrten Weg ein, so sehen wir sofort, dass uns mit den Empfindungen «weiss, blau, süss, sauer, warm, kalt» u.s.w. gar kein Wille (Gefühl) gegeben ist; denn z.B. bei der Empfindung des Sauren wird bei dem Einen ein Widerwille, bei dem Andern je nach seiner Liebhaberei

ein Genuss entstehen, da diese Willensstellungen oder Gefühle nicht die Empfindung selbst, sondern eine Coordination derselben zu dem Zustande der Person ausdrücken. Ebensowenig haben wir darin irgend einen Erkenntnissakt; denn wir sagen damit nicht: «der Himmel ist blau», «der Salat ist sauer» u. s. w.; es liegt darin gar keine Vorstellung von einem Gegen|stande, von Existenz oder Eigenschaft und 77
überhaupt kein Denken, Urtheilen oder Schliessen und Meinen, sondern ein ganz beziehungsloses Bewusstsein.

Wenn wir über die Empfindungen weiter philosophiren, so zeigt sich gleich, dass solch Bewusstsein nicht immer gleich stark, sondern mehr oder weniger deutlich ist, wie man ja die Luft mehr oder weniger kalt, die Milch mehr oder weniger sauer findet. Da es nun offenbar Grade hat, so laufen wir auf der Skala abwärts und kommen daher nothwendig zu Empfindungen, die den geringsten Grad der Bewusstheit haben und ins Unbewusste übergehen.

Sollten wir nun da, wo, wie in der Quantität, keine qualitative Grenze möglich ist, eine Grenze setzen wollen und die unbewusst werdenden Empfindungen für Nichts erklären? Weit gefehlt! Denn wenn ein Mehr oder Weniger zugestanden wird, so ist damit zugleich der Charakter der Bewusstheit als ein unwesentlicher Unterschied erkannt, und es muss ein X gesucht werden, welches das Wesen der Sache bildet, indem es bald mehr, bald weniger den Charakter der Bewusstheit an sich hat. Dieses X kann nun, da es der Seele angehört und weder Gefühl, noch Erkenntniss ist, nichts Anderes als einen Akt, eine Handlung oder Bewegung der Seele überhaupt bilden. So werden also die Empfindungen als Lebensakte erkannt, welche sowohl unbewusst, als bewusst stattfinden und, wenn sie in den intensiveren Grad der Bewusstheit gelangen, «Empfindungen» genannt werden.

Doch ergiebt sich zugleich noch eine nähere Bestimmung; denn obgleich alle Akte des Seelenlebens bloss das «Dass» oder das reale Sein ausdrücken, so zeigt sich doch eine bemerkenswerthe Verschiedenheit unter ihnen, sofern die Einen immer nur in bestimmten Coordinationen auftreten, die Andern aber ganz einfach und desshalb allein für sich sind. Alle diejenigen Akte nämlich, welche einen Erkenntnissinhalt oder ein Gefühl zu Bewusstsein bringen, treten immer in gewissen Coordinatensystemen auf, da zum Beispiel zu einem Begriff mehrere Beziehungspunkte erforderlich sind, von denen jeder durch einen Akt oder eine reale Lebensäusserung zu Bewusstsein kommt, wie ebenso für jedes Gefühl coordinirt irgend ein Vorstellungsinhalt zugleich bewusst werden muss, in Beziehung auf welchen wir das Gefühl haben; denn wenn das Gefühl, z. B. ein Schmerz, so stark wird, dass einem Hören und Sehen vergeht oder dass man, wie man sagt, die Besinnung verliert, dann schwindet mit diesem Bewusstsein auch das Gefühl. | Die Empfin- 78

9 mehr oder weniger] *so Ms*; mehr oder weniger *DA*

dungen dagegen können ganz allein für sich empfunden werden, ohne dazu eines anderen Aktes zu bedürfen. Indem wir nun für diesen Unterschied die Gründe suchen, ergiebt sich leicht, dass die übrigen Akte auf das innere geistige Leben gehen, die Empfindungen aber das Bewusstsein unserer physischen Bewegungen im Verkehr mit dem Leibe bilden,[210] so dass also dieser zweite Ausgangspunkt, den wir zur Sicherheit der Methode hinzunahmen, dasselbe Resultat liefert, wie der erste Ausgangspunkt.

Kriterium zur Unterscheidung der Empfindungen von der Erkenntniss u. dem Gefühl.

Vielleicht ist es nützlich zur Unterscheidung dieser beiden Arten von Akten noch ein Kriterium hervorzuheben. Die Vorstellungen nämlich und die Begriffe sind von der bloss perspectivischen Stellung des Menschen in der Welt befreit; denn wir können uns ebensowohl unser Zimmer und die Personen, mit denen wir gerade sprechen, vorstellen, wie auch ganz absehend von der Umgebung etwa die politischen Zustände in Amerika oder die Motive des Perikles und Salomo, oder die Integration von Differentialgleichungen. Es kann ebenso unser Gefühl bewegt werden durch die Bitten des vor uns stehenden Bettlers, wie auch durch die Euripideischen Reden der Hekuba,[211] während die Empfindungen schlechterdings nur durch das im Raum und in der Zeit unmittelbar Gegebene entstehen.[212] Daher haben die Empfindungen keinen universalen, und socialen Charakter und sind nicht mittheilbar, sondern beziehen sich nur auf die individuelle Lebenssphäre des Menschen, d.h. sie gehen nur auf den Verkehr der Seele mit dem Leibe und bringen desshalb nur unsere physischen Bewegungen zu Bewusstsein.

Das Gesetz der Reproduction der Bewegungen.

Ueber die sogenannte Enge des Bewusstseins und den Wechsel des Bewusstseinsinhalts werden wir später Genaueres zu erforschen haben.[213] Hier möchte ich Beides als blosse Thatsache voraussetzen, um nur die Wiederkehr der Empfindungen und der sich daran anschliessenden Stimmungen (Gefühle) und Vorstellungen in's Auge zu fassen. Man nennt diese Wiederkehr Reproduction und hat schon seit Jahrhunderten gewisse Regeln oder Gesetze dafür aufzufinden gesucht, die ein neuerer Psychologe auf vier zurückführt, nämlich nach dem Zusammenhang von Zeit, Raum, Aehnlichkeit und Gegensatz.[214] Allein diese Vierlinge lassen sich leicht als eine Fabel nachweisen, da sie wechselseitig einander aufheben
*79* und auf der Fallacia accidentis[215] beruhen. Es giebt vielmehr, wie ich lehre, | nur ein einziges Gesetz von der grössten Einfachheit. Da nämlich nichts aus der Seele verschwindet und also nichts absolut vergessen wird, so müssen alle einmal bewusst gewesenen Akte, Gefühle und Vorstellungen in derjenigen bestimmten Ordnung in der Seele bleiben, in welcher sie zuerst bewusst hervortraten, obwohl sie nachher zu so geringen Graden der Bewusstheit übergehen, dass wir sie unbewusst nennen. So-

bald nun irgend ein neuer Akt, als Empfindung, Gefühl oder Vorstellung bewusst wird, so wird sofort ein zugehöriger, d. h. ein völlig oder theilweise identischer früherer Akt beleuchtet oder bewusst, und zugleich verbreitet sich diese Intensität oder Bewusstheit auf den früher zusammengehörenden ideellen Inhalt, der in seiner wohlerhaltenen zugehörigen Ordnung eine bestimmte Gegend des unbewussten Inhalts der Seele bildet. Sobald ich z. B. das Wort Carmel aussprechen höre, so sehe ich sofort den schönen Berg mit dem lateinischen Kloster vor mir liegen, komme in eine behagliche, freie und erhobene Stimmung, fühle die Wohlthat, nach langem Ritt vom Pferde zu steigen, höre den Mönch mich zum Frühstück einladen, erblicke den in der Sonne glänzenden Meeresspiegel und die reizende Ebene von St. Jean d'Acre, denke an Elias und die Baalspfaffen und an Napoleon und sein gräuliches Massacre[216] u. s. w., kurz alle diejenigen Empfindungen, Gefühle und Vorstellungen, die einst in der zeitlichen, d. h. technischen Ordnung der Lebensakte[217] zu einander gehörten, haben ihre Zusammengehörigkeit unverändert behalten, und gewinnen; indem ein zu ihnen gehöriges Wort, oder eine zugehörige Empfindungsgruppe neu bewusst wird, durch diese Intensität zugleich eine Zuwendung der Bewegungsrichtung der Seele zu sich, so dass wir uns plötzlich an diesem vorher unbewussten Orte unseres inneren Königreiches befinden und nun alles das wieder sehen, was in jenem Zusammenhange einst verknüpft wurde und in derselben Ordnung verblieb. Ob das dort Zusammengehörige ähnlich oder entgegengesetzt, ob es der Zeit und dem Raum nach benachbart oder weit auseinanderliegend sein möge, das ist alles völlig gleichgültig, weil das, was in die individuelle Einheit eines sogenannten Zeitmomentes zusammengefasst wird, nicht durch jene vier armseligen Kategorien bestimmt werden kann, sondern von dem allgemeinen Coordinatensystem der Welt, von dem wir ein zugehöriges Glied sind, abhängt. Wenn wir dieses einfache Gesetz beachten, so lassen sich alle sogenannten Erinnerungen, Ideenassociationen und Reproductionen vollständig erklären.

| Die sogenannten Apperceptionen bilden keine besondere Gattung, die von der 80
Reproduction befreit wäre; denn jedem Akte des Bewegungsvermögens entsprechend coordinirt sich ein Gefühl und eine gewisse Apperception oder Erkenntnissthätigkeit. Sobald diese Apperceptionen thatsächlich stattgefunden haben, bilden sie mit den Empfindungen zusammen eine constante Gruppe von Coordinationen und werden ebenso reproducirt, wie alles Uebrige; denn z. B. wenn ich durch's Mikroskop sehe, so sage ich: dies da ist ein Gewebe, das der Schleimhaut angehört, es ist Flimmerepithel, es dient zur Bewegung u. s. w.[218] Diese Begriffe, durch welche ich das Gegebene appercipire, sind aber einst im Hörsaal bei Johannes Müller, Henle u. A.[219] bei Gelegenheit solcher Anschauungen ausgelöst und mit den Anschauungen

29–30 entsprechend] ~~entsprechend~~ *Ms*

zu einer Coordinationsgruppe im Bewusstsein vereinigt, wesshalb sie (sei es dass der zugehörige Begriff oder die zugehörige Anschauung neu erregt wird) sofort wieder zusammen beleuchtet oder bewusst werden müssen, so dass z. B. die dialektischen Regeln des Aristoteles, aus Einem (d. h. einem Begriff) Vieles (d. h. die zugehörigen Beziehungspunkte der Anschauungen), oder aus Vielem Eins zu machen,[220] sich einfach alle aus demselben Gesetze der Reproduction ableiten lassen.

Alles Seelenleben beruht also auf der historischen Weltcoordination und der zeitlosen Functionscoordination. Durch die letztere werden bei jedem Gegebenen, möge es Empfindung, Gefühl oder Erkenntniss sein, die zugehörigen Coordinaten der beiden anderen Functionen ausgelöst. Das Gegebensein einer solchen Gruppe aber ja beruht auf unserer historischen Zusammengehörigkeit mit der übrigen Welt, und mithin können auch als Erinnerungen nur diese Ordnungsgruppen durch die Bewegungsanregung eines neuen nach der Weltordnung Gegebenen wieder hervorkommen. So erklärt sich der in jedem Individuum reell stattfindende Wechsel des Bewusstseinsinhalts.

Da zum Begriff des Wechsels aber noch der Begriff des Quantums gehört, so kommt hier die sogenannte Enge des Bewusstseins, die von Locke witzig die geistige Pupille genannt ist,[221] in Frage; denn wenn unsere Bewusstseinsfähigkeit keine Grenze hätte, so könnten wir keinen Wechsel erleben, sondern würden Vergangenes, wie auch alles Zukünftige in Einem Blicke erleben.[222] Der Grund aber für die thatsächliche und uns doch zuerst befremdende Begränzung des Bewusstseins kann nun leicht durch den Gegensatz des Theils zum Ganzen erkannt werden. Wir finden
*81* | uns nämlich als Theil und desshalb als überall begränzt. Unsere Bewegungskraft reicht wohl etwa aus, einen Centner zu heben, aber nicht eine Kanone, oder einen Berg; wir stehen in Verbindung mit vielen Menschen, aber nicht mit allen; wir hören und sehen und denken immer nur Einiges und Anderes nicht. Wenn wir also die perspectivische Stellung des Theils zum Ganzen erwägen, so ist es natürlich, dass das Bewusstsein begränzt sein muss, wesshalb wir auch die Zeitbegriffe ausbilden und Erinnerungen von Gegenwart unterscheiden.[223] Leibnitz hat hiervon Mancherlei prophetisch erkannt, wie er z. B. die Seele einen Spiegel des Universums nennt, das sich in den unzähligen Monaden auf unendlich viele verschiedene Weisen abspiegele, worin er die Vollkommenheit der Welt, die grösstmögliche Mannigfaltigkeit in der Einheit erblickt;[224] allein seine grossartige Mathematik des Unendlichen verdarb doch seine Metaphysik, die den Begriff des Unendlichen nicht vertragen kann, ohne zur Disposition und auf Wartegeld[225] gestellt zu werden; denn das Unendliche ist ja nie Ereigniss.[226] So täuschte er sich doch wohl in der Annahme, dass jede noch so kleine Veränderung in dem Zustande einer Monade eine entsprechende Veränderung in dem ganzen Universum hervorbringen müsse.[227] Es ist uns einerlei, ob Leibnitz für diesen Lehrsatz den alten influxus physicus oder seine ideale Har-

monie[228] zu Grunde legt; denn es wird bei allem solchen Räsonnement die Frage übergangen, ob überhaupt nicht die Auslösung einer Wirkung von der Quantität der Ursache abhängt. Es steht ja nichts im Wege, dass erst bei einer grösseren Intensität der Bewegung in a eine Zustandsveränderung in b erfolge; denn dass, wenn die stärkere Bewegung eine sichtbare Wirkung hat, auch in geometrischer Progression[229] die immer kleiner werdende Bewegung eine entsprechende kleinere Wirkung haben müsse, ohne dass man jemals zu Null käme, ist ein falscher Schluss und nur für die Rechnung bequem, da dies niemals durch die Erfahrungen verificirt werden kann. Nichts hindert uns, anzunehmen, dass erst bei gewissen Intensitätsgraden des Anstosses überhaupt auch nur die geringste Veränderung in b, c u. s. w. eintrete. Die Phänomene lassen sich scheinbar bei beiden Hypothesen gleich gut erklären, da die Hypothese der unmerklichen Veränderungen ja insofern nicht schadet, als man nichts davon merkt. Gleichwohl muss man doch sagen, dass die zweite Annahme allein mit den Phänomenen stimmt; denn warum soll z. B. das ganze Universum verändert werden, wenn in der Wüste | von Turan[230] ein wilder Esel I-a schreit? Ist *82*
es nicht viel natürlicher, dass nur die nächste Umgebung durch den Ton gewisse kleine Modificationen erleidet, die nicht stark genug sind, um sich auf die entfernteren Theile der Luft und des Sandes fortzupflanzen, sondern zu Null werden, d. h. in den kleinen Veränderungen derjenigen Monaden oder Atome ihren Abschluss finden, die in der Nähe davon berührt wurden. Denn es hört nicht nur Niemand von uns etwas von der Turanischen Eselei, noch kann die Wissenschaft irgend welche Veränderungen in Europa, geschweige denn am Fixsternhimmel auf diese Ursache zurückführen. Die Phänomene lassen sich also besser erklären, wenn gewisse kleine Grössen überhaupt das Eigenleben nicht überschreiten und die benachbarten Wesen nicht beeinflussen, sondern erst beim Anwachsen zu einer gesetzmässig bestimmten Intensität eine bestimmte endliche coordinirte Wirkung hervorbringen.

Unter dieser Voraussetzung würde dann die Enge unseres Bewusstseins um so natürlicher sein, da wir nicht nur überhaupt nicht von allem, was im Universum vorgeht, unbewusst betroffen würden, sondern auch wegen der Begränztheit der Kraft des Einzellebens nur wenige bewusste Akte in einem Blick erleben könnten, was ja die Enge des Bewusstseins bedeutet. Weil nun in allem Bewusstsein das Ichbewusstsein constant bleibt, während die übrigen den Veränderungen der Aussenwelt coordinirten Bewusstseinsinhalte wechseln, so wird die Zeitunterscheidung möglich und die Erkenntniss des Wechsels, welches beides ohne die Schranken der Quantität unserer Kraft niemals zur Erkenntniss kommen könnte.[231]

## Bewusstsein.

Da wir den Fehler der Herbartschen Auffassungsweise schon oben (S. 21 ff.) erkannt haben, so ist es nöthig, den Begriff des Bewusstseins noch einmal durchzugehn. Wir müssen uns hier nun in eine ganz neue Betrachtungsweise vertiefen; denn da wir sahen, dass ein Bewusstsein als Bühne des Theaters der Seele[232] gar nicht existirt, sondern dass der Bühnenraum in die scheinbar daselbst auftretenden Schauspieler, d. h. in das Bewusste, aufzulösen ist, so entsteht uns gemäss den neuen Beziehungspunkten auch ein neuer Begriff.

Wir können nämlich nun nicht mehr sagen, dass z. B. eine Erinnerung wieder ins
83 Bewusstsein träte, weil ja die Bühne nicht | mehr da ist, sondern wir müssen die ganze Kette des zeitlich geordneten Seelenlebens, des unbewussten sowohl als des bewussten, für eine fertig abgeschlossene und in sich zusammenhängende, ansehen. Zu jedem Gliede der Kette aber gehört nicht bloss ein Element, sondern mit diesem zugleich bestimmte Coordinaten, die durch die Totalität der Welt, in die wir gehören, dem Elemente A zugeordnet sind. Wie in dem gesunden Menschen seine Organe, seine Lungen, sein Herz, die Aorta u. s. w. einander zugeordnet sind, so gehören, wenn auch nicht begrifflich und ebensowenig pseudochronologisch, aber technisch und desshalb historisch, zu jedem Elemente andre coordinirte Elemente. So sieht der Berliner, wenn ihm z. B. die Statue des alten Fritz bewusst wird, zugleich die Lindenbäume, die Universität, das Palais u. s. w.[233] und hat dabei zugehörige Gedanken; auf dem Forum in Rom oder auf dem Berge Tabor hat man jedesmal eine andre Coordinationsgruppe von Empfindungen, Gefühlen und Vorstellungen, und Jeder nach seiner individuellen, d. h. perspectivischen Stellung in der Welt hat wieder noch seine besonderen Elemente. Da nun der Inhalt, der bewusst war, wechselt, so kann auch in das, was nicht mehr ist, nichts eintreten, d. h. es kann keine Erinnerung, wie man sagt, wieder in's Bewusstsein kommen, denn ein bleibender leerer Platz des Bewusst-

2 Da wir den Fehler] Es ist aber nöthig, den Begriff des Bewusstseins noch einmal durchzugehen, ~~da die Lehre vom Bewusstsein eigentlich erst in unserem Jahrhundert u. zwar, wie oben schon rühmend hervorgehoben, besonders durch Herbart aufgekommen ist; denn Bewusstsein hat man zwar immer schon gehabt, die Erkenntniss vom Bewusstsein ist davon aber gänzlich verschieden, u. während sich das Bewusstsein in seinem Wesen u. Charakter nicht ändert, so unterliegt doch die Erkenntniss des Bewusstseins allen den Eigenschaften u. Schicksalen der Entwicklung, wie die übrigen Gegenstände der Wissenschaft. Bis jetzt ist nun durch Herbarts zwar anschauliche, aber wegen seiner geometrischen Auffassungsweise irreführende Darstellung überall die Vorstellung vom Bewusstsein als von einem ideellen Raume verbreitet, der beim Wachen offen steht u. in welchen allerlei Vorstellungen eintreten, andere austreten.~~ Da wir den Fehler *Ms; es folgt im Ms ein Einlegeblatt mit Text von fremder Hand, der den Wortlaut des aktuellen Absatzes von* Da wir *bis* so entsteht *enthält.*

seins existirt nur in der Herbartschen Theorie.[234] Vielmehr müssen wir nun die Sache so auffassen, dass in der Kette oder in der technischen Ordnung des Seelenlebens bei A sich etwa noch B, C, D, bei F aber G, H, I u. s. w. als zugeordnet findet, so dass jeder Wachende in jedem gegebenen Akte seines Lebens immer auch eine bestimmte Gruppe bewusster Empfindungen, Vorstellungen und Gefühle haben wird. Wie nun bei den arithmetischen Reihen gewisse Zahlen an bestimmter Stelle wiederkehren,[235] so werden auch in dem technischen System der Dinge die früheren Elemente wieder benutzt, die nun Erinnerungen heissen, ohne dass sie etwa, wie man sagt, sich auf die Beine machten, um aus ihrem Versteck heraus wieder in's Bewusstsein zu treten, sondern wir müssen, wenn wir ein Bild brauchen wollen, uns das Wesen der Erinnerung anders vorstellen. Wenn wir etwa im Thiergarten in Berlin wandern, so kommen wir immer von Zeit zu Zeit beim Weitergehen an eine solche Stelle, wo wir den Stern, d. h. den freien Platz des Mittelpunktes, wieder sehen, ohne dass er uns nachgelaufen wäre.[236] So sollen auch die Vorstellungen und Gefühle nicht in der Seele herumlaufen und springen, sondern sie werden nur nach | der eigenthümlichen Ord- 84
nung des ganzen Seelenlebens an bestimmt zugehörigen Punkten wieder wirksam. Was aber die in solchen Vergleichungen mitspielende Vorstellung der Bewegung anbetrifft, so ist es ganz einerlei, ob man sich die Dinge bewegen lässt, (wie etwa beim Leuchtthurm, wenn bei der Drehung des Schirmes mit der Spalte auch das Licht wieder sichtbar wird und zwar ebenso lange und so oft, wie die Spalte breit und die Drehung langsamer oder geschwinder ist), oder ob man sich als Beobachter in Bewegung begriffen vorstellt; denn diese ganze Bewegungsvorstellung ist ja, wie ich in der Metaphysik nachgewiesen habe, bloss phänomenologisch.[237] Darum ist es auch nur eine lässliche Ausdrucksweise, wenn man bei den arithmetischen Reihen jetzt diese, jetzt jene Zahl wieder erscheinen lässt; denn das zeitliche Nacheinander und das Hervortreten der Zahlen unter der Vorstellung einer Bewegung ist als bloss metaphorisch anzusehen, weil die ganze Reihe ebensogut als zeitlos fertig betrachtet werden kann, wobei keine Zahl früher als die andre da ist, vielmehr das fertige Ganze als eine bestimmte Ordnung einen bestimmten Zahlenwerth ausdrückt.[238]

Hierdurch ist nun eine der neuen Metaphysik der Zeit und Bewegung entsprechende neue Theorie des Bewusstseins gegeben, welche die Phänomene viel einfacher als die frühere erklärt und zugleich den ganzen Bilderkram abwirft, mit dem die Herbartsche Psychologie sich geometrisch und physikalisch herausgeputzt hatte. Die der Sinnenwelt zukommende Geometrie und Physik passt eben auf die Seele nur wie barbarische Tätowirung auf ein europäisches Gesicht.

Wechsel des Bewusstseins und Zukunft.

Dass aber überhaupt ein Wechsel des Bewusstseins stattfindet und dass dieser immer in die Zukunft steuert und niemals in die Vergangenheit, diese Thatsache könnte für die Realität der Zeit und des Zeitverfliessens geltend gemacht werden. Indem ich mich nun

der weiteren Beweise enthebe und dafür auf meine Metaphysik verweise,[239] möchte ich hier bloss daran erinnern, dass das Universum überhaupt eine Ordnungsform hat und dass dies keine logische, sondern eine technische ist, weil die Einzelheiten des realen Seins geordnet werden müssen, während die logische Ordnung nichts Einzelnes kennt, sondern nur das Allgemeine locirt.[240] Wäre die Welt ein logisches System, etwa wie die Geometrie oder Arithmetik, so käme das Einzelne (res singulares)[241] entweder nur als allgemeiner Begriff der Einzelheit, wie bei Aristoteles und
85 Hegel | das Hier und das Jetzt,[242] oder als gleichgültiges Beispiel vor, welches um seiner Beziehung zum Allgemeinen willen allein berücksichtigt wird; bei jedem technischen Systeme aber ist die Ordnung des Einzelnen in Beziehung zum Einzelnen innerlich durch den Zusammenhang von Ursache und Wirkung bestimmt, wie bei einem Drama, so dass, auch wenn das Drama fertig gedruckt vor uns liegt, dennoch der Zusammenhang von dem Dichter in der Art ausgebildet ist, dass die Wirkung auf uns nur stattfinden kann, wenn wir seine Reihenfolge mitmachen und das Einzelne an seiner bestimmten Stelle in bestimmtem Zusammenhang mit anderem Einzelnen wirken lassen. Da nun die Welt irgend welche Ordnung haben und wegen des causalen Zusammenhangs der einzelnen Dinge ein technisches System bilden muss, so wird sich wegen des technischen Charakters nothwendig eine bestimmte und unabänderliche Ordnung herausstellen, wobei es zunächst ganz einerlei ist, was wir Vergangenheit und Zukunft nennen, da das Ganze zeitlos vollendet ist, wie eine in Noten aufgeschriebene Symphonie. Sobald wir uns nun aber selbst in diese Ordnung als Glied des Universums mithineinnehmen, so erhalten wir auch sofort einen bestimmten Platz, und mithin findet sich das Ganze für uns sogleich in Vergangenheit und Zukunft getheilt, so dass wir, sobald wir zu Bewusstsein und Erkenntniss kommen, gleich in medias res eingeführt sind. Mithin steckt in unserem Anfangspunkte schon die Vergangenheit, weil wir nach der nun einmal gegebenen Ordnung gerade diesen Platz erhielten, so dass alles Uebrige den Charakter der Zukunft haben muss; denn wir stehen ja dem Universum nicht bloss als Erkennende gegenüber, sondern auch nach unserm realen Sein als Handelnde, so dass ein Jeder mit seinen Lebensakten in das technische System der Welt verwoben ist nach der Art, wie ein Geiger in einem Orchester jedesmal, wenn nach der Ordnung an ihn die Reihe kommt, seine Saiten in Schwung versetzt, indem er anfängt, spielt und aufhört, wie es auf seinem Notenblatte vorgeschrieben ist. Wäre nun unsere Kraft gross genug, so würden wir, wie unser Ichbewusstsein immer constant bleibt, auch das ganze Concert mit einem Ruck hören, d. h. Anfang, Mitte und Ende zugleich, weil sich dann niemals ein Jetzt, Jetzt u. s. w. unterscheiden liesse, weil der Anfang stehen bliebe, wenn das Folgende hörbar wird, ebenso wie der Erkenntnissakt «Ich höre» uns während des ganzen

37 Ich] *so Ms*; Ich *DA*

Concertes begleitet. Um uns deutlich zu machen, dass nicht der Gegenstand der Erkenntniss, sondern die | Beschränkung der Kraft des Erkennenden den Grund des 86
Zeitwechsels bildet, wollen wir einen anderen Sinn zur Vergleichung heranziehen, der eine grössere Menge Eindrücke gleichzeitig festhalten kann, nämlich das Gesicht. Indem wir ruhig stehend die Augen aufschlagen, haben wir mit einem Ruck die ganze Hemisphäre unseres Gesichtskreises vor uns; dieses Totalbild bleibt constant vor unseren Augen, ohne dass es nöthig wäre, dass erst der Osten, dann der Süden u. s. w. sichtbar würde, während successiv das früher Wahrgenommene wieder verschwände. Wie sich nun durch diese Eigenschaft des Gesichtssinnes, durch welche er sich von allen anderen Sinnen unterscheidet, der Raumbegriff bildet, das habe ich in meiner Metaphysik gezeigt;[243] hier aber kann uns dieser Vergleich deutlich machen, dass es immer nur die Beschränkung unseres handelnden und auffassenden Vermögens ist, welche den Zeitbegriff hervorbringt; denn sobald wir uns im Raum in Bewegung setzen, so verschwindet die frühere Wechselwirkung zwischen uns und den Dingen und ebenso das frühere Bild aus dem Bewusstsein, und wir verhalten uns dann auch dem Gegenstande des Gesichtssinnes gegenüber genau so, wie beim Hören der Töne oder Worte, indem nur unser identisches Ichbewusstsein bleibt, während die anderen Coordinationsgruppen des Bewusstseinsinhalts, die stets von einer unserer Kraft angemessenen Grösse sind, immer wechseln. Mithin ist durch die technische und zeitlose Ordnung der Welt in Beziehung zu dem bestimmten uns zugewiesenen Quantum von Kraft nothwendig die Entstehung der Erkenntnissformen von Zeit, Wechsel und Tendenz zur Zukunft gegeben.

Apagogische Confirmation.

Meine Metaphysik der Zeit liefert also ihre neuen Resultate, die sich so weit von Hegels projectivischem Empirismus,[244] wie von Kant's und Lotze's Gebundenheit entfernen, durch die Methode der speculativen Induction. Denn indem ich völlig frei die Thatsachen aller Sinne und ebenso auch die Thatsachen unserer handelnden Function vergleichend nebeneinanderstelle, so ergeben sich sofort die neuen allgemeineren Gesichtspunkte; ich confirmire meine Resultate aber noch durch das speculative Experiment nach apagogischer Methode, um die Gründe in ihrer reinen isolirten Wirksamkeit darzustellen und die etwa eingemischten accidentellen Elemente zu eliminiren. Denn wenn wir uns vorstellten, das Ich hätte an seinem Platz in dem technischen System der Welt eine grössere oder gar eine unbeschränkte Kraft der Handlung oder des Bewusstseins, so würde es | ja dementsprechend grössere Zeiträume und grössere Reihen 87
von Handlungen oder Erlebnissen in einem Zeitaugenblick zusammenfassen und allmählich in den Zustand der Gottheit übergehen, welche das All zeitlos durch ihre Allmacht erfüllt und durch ihre Allwissenheit erkennt. Da diese Annahme aber durch die uns wohlbekannten Thatsachen ausgeschlossen wird, so sehen wir einerseits, dass gerade die beschränkte Kraft, die uns als einem Theil in dem Gefüge des

ganzen Weltdramas zukommt, andere ebenso beschränkte Theile fordert, mit denen wir in kleinen Scenen und nicht gleich in ganzen Akten zusammen handeln, andererseits aber, dass die Auffassung des Wechsels der Zeit und also die Zeitauffassung selbst hierbei unmöglich sein würde, wenn nicht zugleich, umgekehrt wie die wechselnden Akte, das Ich ein selbständiges und durch alle diese verschiedenen Scenen mit identischem Bewusstsein constant bleibendes Wesen bildete, welches dadurch allein den Wechsel bemerken, das Wechselnde vergleichen und messen und es zur Einheit einer Gesammterkenntniss zusammenfassen kann.[245]

Arten der Empfindung.

Die Unterschiede von Thun und Leiden gehören (wie oben S. 51 dargelegt) nicht in die Empfindungen selbst hinein, da sie nur ein Urtheil, d. h. eine Erkenntniss darüber ausdrücken, ob die Initiative eines Bewegungsaktes uns oder der Aussenwelt zuzuschreiben war. Die Empfindung als blosses Bewusstsein eines unserer Akte ist beziehungs- und erkenntnisslos und weiss desshalb nichts von Thun oder Leiden.

Wollen wir aber die Empfindungen eintheilen, so ist es ziemlich gleichgültig, ob wir annehmen, dass verschiedenen äusseren Coordinaten gegenüber auch von Haus aus verschiedene Arten von Akten entsprächen, oder ob wir die Hypothese vorzögen, dass alle Akte von einerlei Art und nur quantitativ verschieden wären; denn diese letztere Hypothese muss eben immer, um über die Ungleichartigkeit der Empfindungen hinauszukommen, die unbewussten Akte in Rechnung ziehen, über deren Beschaffenheit wir ja durch Bewusstsein niemals Zeugniss erhalten, während die bewussten Akte, d. h. die Empfindungen, immer qualitativ verschieden sind. Da wir aber fünf, sechs oder mehr Sinneswerkzeuge und ebensoviele Classen oder Gattungen von Empfindungen unterscheiden, und da sich innerhalb der phänomenologischen und symbolischen Naturforschung die in den Formen von Raum, Zeit, Bewegung und Zahl semiotisch dargestellten Erkenntnissobjecte der Sinnesan-
*88* schauungen wenigstens im Gebiete der Töne und Farben durch | quantitative Differenzen sehr hübsch ordnen lassen: so steht a priori der Hypothese nichts entgegen, dass überhaupt alle qualitativen Differenzen der Empfindungen auf quantitativen Verhältnissen beruhen. Nur bedarf diese Annahme immer der erwähnten Ergänzung, dass nämlich die durch Zahlen normirten Stufen gar keinen qualitativen Unterschied demonstriren können, sondern dass durch die Empfindung, d. h. durch das unmittelbare Bewusstsein des Aktes, die Verschiedenheit der Qualität immer erst gegeben werden muss, wie z. B. auch in dem phänomenologischen Gebiete die Verminderung der Wärme des Dampfes von Grad zu Grad regelmässig fortschreitend gedacht werden kann, ohne dass wir dadurch auf die sinnenfälligen Unterschiede von Wasser und Eis kommen würden.

Die Arten der Empfindungen selbst lassen sich, da sie erkenntnissloses unmittelbares Bewusstsein unserer physischen Akte sind, nicht wie Begriffe definiren, son-

dern nur durch ihre Coordinaten semiotisch bestimmen. Dies führt aber in die Naturphilosophie und näher in die Physiologie. Ich will desshalb hier nur kurz das Princip dieser semiotischen Methode erörtern. Die Verschiedenheit der Empfindungen nach Classen oder Gattungen ist nämlich zuerst durch die Coordination mit den sogenannten Sinnesorganen festzustellen, indem der Gesichtssinn mit seinem objectiven Inhalt vorzugsweise zu benutzen ist, wesshalb man die Empfindungen auf Auge, Ohr, Nase u. s. w. bezieht, d. h. diese bestimmten Bilder aus der Sphäre des Gesichtssinnes als Coordinaten benutzt, um etwaige Modificationen derselben oder ihrer Theile mit den zugehörigen Akten der anderen Sinne zu vergleichen und auf diese Weise eine objective Bezeichnung zu gewinnen. Nachdem dann die Classen bestimmt sind, versucht man die Unterschiede innerhalb der Classe und ihre Reihenfolge, wie das Eintreten und Aufhören des Aktes mit gewissen Unterschieden der Objecte des Gesichts in Coordination zu stellen, wie z. B. die Qualität der Töne mit gewissen Saiten und ihrer Länge und Kürze und mit der Zahl ihrer Schwingungen, mögen diese letzteren wahrnehmbar oder bloss berechenbar sein. Für die sogenannten niederen Sinne ist noch wenig in dieser Richtung gearbeitet, doch hat man wenigstens immer die sichtbaren Objecte unterschieden, welche als Coordinaten für die zugehörigen Empfindungen gebraucht werden können, indem man mit grosser Kunst die zusammengesetzten Objecte chemisch zerlegte, um möglichst das elementäre Erscheinungsobject zu isoliren, | das die Coordination bedingt. Das *We- 89
sentliche der ganzen Methode* besteht also darin, alle Classen der bewusstwerdenden Akte auf eine *einzige Classe von Akten* zu beziehen, nämlich auf die des *Gesichts*, und durch die Modificationen, welche sich dort in Ruhe und mit Sicherheit bestimmen lassen, alles Uebrige zu bezeichnen und auf Rechnung und Gesetz, wenn auch bloss semiotisch, zurückzuführen.

Der Grund dieser Methode liegt nicht etwa darin, dass alle Akte, wie Cartesius, Hobbes und noch heute die meisten Materialisten und Idealisten meinen, auf gewisse Modificationen von Raum und Bewegung zurückgingen (denn diese Täuschung hält nur denjenigen befangen, welcher sich noch nicht über den Ursprung und Begriff von Raum, Zeit, Bewegung und Object orientirt hat); sondern weil in dem Verkehr unserer Seele mit der Aussenwelt einige Akte seltener, andere constanter ausgelöst werden und desshalb die constanteren von unserer Erkenntnissfunction besser studiert und zur Bestimmung der übrigen benutzt werden können. Ein Geruch, ein Geschmack, ein Tastgefühl, ein Ton geht rasch vorüber d. h. entspricht als Akt im Verkehr mit der Aussenwelt nur einer vereinzelt auftretenden Coordinate, während die Farben als ziemlich constant bleibende Akte den auswärtigen Beziehungspunkten entsprechen. Daher kommt es, dass wir die sichtbare Aussenwelt ruhig und fest vor uns zu sehen glauben, während die Correlata der anderen Sinne unsichtbar und gestaltlos vorüberrauschen. Mithin können nun die Farbenempfindungen gruppirt und als Objecte projicirt werden, und man kann an ihnen die Begriffe von Raum, Bewegung und Zeit für die Erkenntniss ausbilden und mit Hilfe dieser Begriffe die nothwendig irgendwie mit dem bleibend gegebenen Gesichtsfeld in Correlation tretenden nicht sichtbaren Akte der anderen Classen von Empfindungen messen und sie durch einige Objecte des Gesichtsfeldes und deren Modificationen semiotisch bestimmen. Dies ist also das Princip der naturwissenschaftlichen Methode überhaupt, und ich verweise für die genauere Analyse der zugehörigen Begriffe auf meine Metaphysik (Wirkliche und scheinbare Welt).[246]

## Die erkenntnisslosen Combinationen der bewussten Akte.

Wenn wir nun gezwungen waren, die Empfindungen für durchaus erkenntniss-
*90* lose Akte des Bewegungsvermögens zu erklären, so | folgt daraus mit Nothwendigkeit, dass auch alle die Combinationen, deren Reproductionsgesetze wir (S. 28 ff.) studierten, ebenso erkenntnisslos sind. Da wir aber die Reproduction oben auch auf die Erkenntnissformen ausdehnten, so müssen wir uns noch in der Kürze mit der hier allein in Betrachtung kommenden Bewegungsfunction für sich beschäftigen.

Wenn wir vom Denken und Erkennen ganz absehen, so müssen nach dem obigen Reproductionsgesetz die jedesmal neu gegebenen Empfindungen die früheren identischen Akte wieder bewusst machen und sich mit ihnen vereinigen. Dadurch werden sich alle regelmässig vereinigten Empfindungen als festere Gruppen vor den übrigen Empfindungen hervorheben. Auf diese Gruppen bezieht sich später die Erkenntnissfunction und macht daraus Anschauungsbilder, unterscheidet Wesentliches und Unwesentliches, Gegenstand und Eigenschaften u. s. w. Es wird uns daher nicht leicht, bei der Untersuchung der Empfindungen und ihrer Reproductionen von diesen höheren Erkenntnissformen abzusehen, und doch verlangt die Analyse, die rein erkenntnisslosen Elemente für sich abzuscheiden. Wenn man uns aber fragte, ob denn vielleicht irgendwo in der Welt diese analytisch rein dargestellten Elemente auch isolirt wirklich vorkommen könnten, so haben wir auf die Thiere hinzuweisen; denn dass wir bei diesen keine Erkenntniss in menschlichem Sinne voraussetzen dürfen, werden wir klar einsehen, sobald wir noch die Rolle der Sprache erörtert haben. Um aber nicht von Etwas zu sprechen, wovon man sich kein Beispiel vor Augen stellen könnte, muss man diejenigen menschlichen Vorstellungen heranziehen, bei denen wenigstens theilweise das von uns geforderte erkenntnisslose Object gegeben und bekannt ist. Denken wir zunächst an die Kinder. Diese sind durch die Ausbildung der Industrie mit einer grossen Menge von Dingen wohl vertraut, von denen sie doch noch nicht die geringste Erkenntniss haben, z. B. etwa mit der Uhr, dem Compass, dem Mikroskop u. s. w. Nun werden solche Gegenstände dem Kinde sicherlich

fest bestimmte Gruppen von Empfindungen geben, während das ganze Anschauungsbild doch zu einem grossen Theile erkenntnisslos bleibt; denn erst wenn später der Gebrauch dieser Instrumente ihnen gezeigt und der Grund für die Form und Lage der Theile ihnen erklärt ist, gewinnen sie eine Erkenntniss oder einen Begriff von der Sache. Trotzdem bilden solche Objecte für das Kind wohlbekannte Gruppen von Empfindungen, oder gewissermassen erkenntnisslose Anschauungs|bilder, wess- 91
halb sie mit der Uhr oder dem Compass spielen, wie die Katze mit einem Flederwisch. In den Thieren kann sich aber das Seelenleben nur so vollziehen, dass sich in ihnen durch den Verkehr mit der Aussenwelt, die sie nicht begreifen, nur derartige bestimmte Gruppen von Empfindungen und bestimmte Abfolgen derselben bilden und dass genau in Coordination damit sich immer zugehörige Gefühle auslösen, denen sich wieder neue Bewegungsakte zuordnen. Da nun alle diese Bewegungsakte aktiv oder passiv auf die Aussenwelt bezogen sind, so muss durch das Gefühl eine innere eigenthümliche Ordnung des Handelns in ihnen hergestellt werden, welche für den Verkehr mit der Aussenwelt durchaus als angepasst oder zweckmässig erscheinen wird, obwohl gar kein Zweck oder keine Absicht in dem Thiere angenommen werden darf. Es ist aber kein Grund zu bezweifeln, dass solche erkenntnisslose Anschauungsbilder mit vollem Bewusstsein auftreten und dass insbesondere das Ichbewusstsein in jedem Thiere stattfindet, wie denn ja auch alle Handlungen und Gefühle in dem Ich ihren Grund haben. Das Thier ist darum nicht etwa, wie Des Cartes meinte, eine Maschine,[247] sondern ein selbstbewusstes Wesen mit bewussten Gefühlen und bewussten Bewegungsakten; es hat aber keine Selbsterkenntniss und auch sonst keine nachweisbare Erkenntniss; also weder Verstand, noch Vernunft; es schliesst und räsonnirt nicht. Wenn wir daher dem Thiere mit Recht die Affekte von Liebe, Vertrauen, Misstrauen, Furcht, Angst, Hoffnung, Eifersucht, Hass u. s. w. zuschreiben, so müssen wir nur, um uns nicht in leere Thierfabeln zu verlieren, aus diesen Affekten alle diejenigen Elemente abziehen, die der Erkenntnissfunction angehören. Wer dies nicht vermag, hat auch nicht mehr das Recht, bei seinem Hunde an Gehorsam und Treue zu glauben und an Furcht vor dem Stocke und an Hoffnung auf den vorgehaltenen Bissen; denn alle diese scheinbar mit denen des vernünftigen Menschen übereinstimmenden Affekte sind bei dem erkenntnisslosen Thiere doch wesentlich verschieden. Der Hund spricht nicht folgendermassen zu sich: «der Stock war die Ursache von Schmerzen, die ich einst bei gleicher Gelegenheit fühlte; es ist also nach der Analogie, wenn auch nicht nach mathematischer Nothwendigkeit, zu erwarten, dass mein Herr mir wieder Schmerzen bereiten will, wofür er wegen meines Ungehorsams ein hinreichendes Motiv hat»; der Hund hat vielmehr von Causalitätsgesetz, Analogie, Nothwendigkeit, Zweckmässigkeit, Zeit u. s. w. nicht die mindeste | Erkenntniss und dennoch fühlt er Furcht. Es ist darum 92
natürlich, dass auch in dem Menschen alle solche Affekte ohne jede Mitwirkung des

Verstandes auftreten können und dass nur diejenigen Affekte, welche (wie z. B. die Furcht bei dem Gedanken an eine nach mehreren Monaten erst zu erwartende schlechte Erndte, oder die Freude auf den Anfang der Ferien) an Berechnung und Denken geknüpft sind, bei den Thieren fehlen werden. Dass daher die Aehnlichkeit zwischen Mensch und Thier zwar überall in die Augen fällt, dass man aber auch den himmelweiten Abstand zwischen beiden derart vergisst, um selbst in naturwissenschaftlichen (auch darwinistischen) Büchern keinen Unterschied mehr zwischen Thierfabel und Thierpsychologie festhalten zu können, das ist nach den obigen Analysen ebenso natürlich, wie dass diejenigen, welche die specifisch menschlichen Werke in's Auge fassen, ich meine die Sprache, die Religion, die Sittlichkeit, das Staatsleben, die Wissenschaft und die Kunst, eine Aehnlichkeit des Menschen mit dem Thiere überhaupt ganz ableugnen wollen und etwa, wie Des Cartes, zu der abenteuerlichen Annahme von den Thieren als Maschinen kommen. Ich sehe aber allerdings, dass die bisherige Psychologie, welche zwischen Bewusstsein und Erkenntniss noch nicht unterscheiden konnte, an dieser Verwirrung Schuld ist, und ich wüsste nicht, wie man ohne die von mir geforderte Unterscheidung die herrschende Rathlosigkeit zu beseitigen vermöchte, während doch das Gemeinschaftliche und die Differenz von Thier und Mensch sich jetzt mit solcher Exactheit darlegen lässt.

## Die Sprache.

Da die unbewussten Akte des Seelenlebens alle mit einander conjugirt sind, wie das organische Leben, z. B. Athmung und Herzbewegung, Sehen und Greifen u. s. w., hinlänglich zeigt, so ist es nothwendig, dass solche Coordinationen auch, wenn die zugehörigen Akte bewusst, d. h. zu Empfindungen werden, stattfinden müssen. Es ist darum ganz natürlich, dass, wenn z. B. ein starker Druck in dem Hautsinn *empfunden* wird, der einen *Schmerz* auslöst, sich diesem Gefühl entsprechend ein *Bewegungsakt* in die Muskeln der Luftwege erstrecken und einen Schrei hervorbringen wird. Diese Veränderung in der Aussenwelt übernimmt nun aber wieder die Initiative und wirkt auf das Ohr in der Art, dass die in dieser Region des Seelenlebens beschäftigte Bewegung zu Bewusstsein d. h. zur Empfindung kommt, wess-
93 halb wir in der projectivischen | Ausdrucksweise sagen: «wir hören einen Schrei». Da nun, sei es durch Wiederholung und Gedächtniss, sei es durch Nachahmung, die Coordination zwischen dem Gefühl des Schmerzes und dem Ton als Schrei sich befestigt, so bleibt beides *zusammengeordnet* in der Seele und reproducirt sich wechselsweise. Wenn nun mehrere solcher Coordinationen, die sich entweder an identische oder verwandte Akte anschliessen, also *mehr oder weniger bestimmte Coordinaten* haben, in der Seele befestigt sind, so giebt es schon eine

zwar bewusste, aber *erkenntnisslose Sprache*, wie die der *Thiere* sein muss, welche nichts Bestimmtes bezeichnen können, sondern nur bei gewissen Empfindungen gewisse Laute ausstossen und bei gewissen Lauten zu gewissen Bewegungsakten veranlasst werden. Kein Hahn aber kann rufen: «Kommt her, lieben Hühner; denn ich habe hier prächtiges Futter gefunden», sondern sein «Tuk, Tuk» bringt nur die gewohnheitsmässigen Coordinationen der Bewegungsakte in den hörenden Mitgliedern seiner polygamischen Familie in Gang.

In den Menschen kann dies natürlich nicht anders als in den Thieren vorkommen, wenn auch schon früh die Erkenntnissthätigkeit sich anschliesst, die bei den Thieren nicht zur Entwickelung gelangt. Die Erkenntnissformen wollen wir hier nun nicht beachten, sondern nur die Frage der Sprache studiren; denn auch diese Frage ist bisher, wie mir scheint, von den Psychologen nicht richtig formulirt, weil sie das Bewegungsvermögen nicht als die dritte Function des Seelenlebens erkannten und daher für die Sprache keinen Ort in der Seele bestimmen konnten. Die Sprache nämlich muss doch irgend einer Function der Seele angehören, also entweder dem Gefühl (Willen), oder der Erkenntniss, oder der Bewegung. Nun ist der Unterschied, ob man unarticulirte oder articulirte Laute zur Sprache gebrauche, für unsere Frage völlig gleichgültig, weil wir nicht die Stufen der Vollkommenheit innerhalb der Sprache untersuchen wollen, sondern nur ihren Gattungscharakter zu bestimmen haben. Irgend eine Art von *Gefühl oder Willensrichtung* ist aber ein Wort oder Sprachlaut niemals, auch wenn dadurch ein Gefühl oder eine Willensbestimmung bezeichnet wird; denn so wenig mein Hund stirbt, wenn Jemand sagt, er sei todt, so wenig werden die Gefühle danach verändert, ob man sie Deutsch, Englisch, Lateinisch oder gar nicht benennt. Das Wort ist bloss Zeichen für die Sache, aber nicht die Sache selbst und wenn sich Beide auch wegen der oben angegebenen | Coordination wechselsei- 94
tig *hervorrufen*, so ist doch der Bediente, der die Einladung bestellt, nicht die eingeladene Person selbst und nimmt an dem Souper nicht Theil. Ebensowenig zweitens darf die Sprache in das *Erkenntnissvermögen* geschoben werden; denn man erkennt durch ein Wort, durch einen Satz und durch die längste Rede gar nichts, wenn man nicht ausser dem Ohr noch ein Erkenntnissvermögen besitzt, die Sprache gelernt und sich geübt hat, bei den an sich völlig sinnlosen Lauten an gewisse Begriffe zu denken. Wie der Laie bei dem Tik-Tak im Telegraphenbureau die Depeschen nicht versteht, so hat auch überhaupt der Ton, in welcher Form er immer auftreten möge, nicht das Mindeste mit der Erkenntnissfunction zu thun.

Folglich bleibt nur übrig, die Sprache dem *Bewegungsvermögen* zuzuerkennen. Sie besteht aus lauter gefühllosen und erkenntnisslosen, aber bewussten Bewegungsakten, d. h. aus Empfindungen. Der Grund jedoch, wesshalb diese Empfindungen eine so ungeheure Bedeutung für die Erkenntniss gewinnen, liegt in zwei Umständen. Erstens nämlich ist die Hervorrufung der Sprachlaute uns anheim ge-

geben und nicht etwa, wie der Anblick der Sonne oder das Farbenbild einer Blume, von der Achsendrehung der Erde oder dem Auffinden des realen Objects abhängig, wesshalb wir im Verkehr mit unseres Gleichen immerfort im Stande sind, welche Laute wir wollen, zu erzeugen. Zweitens, da die Sprachlaute, die zunächst bloss bewusste Bewegungsakte, d. h. Empfindungen des dem Gebiete des Ohrs zugeordneten Seelenlebens bilden, zugleich mit dem Bewegungsgebiet der Sprachorgane coordinirt sind, und diese wiederum in unmittelbarer Coordination mit dem Gemüthe, d. h. mit dem Willen oder Gefühl stehen, wie dieses Gebiet seinerseits wieder den Vorstellungen, Gedanken, kurz dem Erkenntnissvermögen coordinirt ist, so bilden die Sprachlaute ganz natürlich die Zeichen, d. h. die Coordinaten für die zugehörigen Gefühle und Vorstellungen und sind darum geeignet, nach Belieben durch unsere Vermittelung auch in Anderen unseres Gleichen die zugeordneten Vorstellungen und Gedanken hervorzurufen. Dadurch allein ist also die Möglichkeit eines Gedankenverkehrs zwischen den Menschen gegeben und die Bahn aller fortschreitenden Erkenntniss eröffnet; denn während bei den Thieren die Coordination zwischen den blossen Empfindungen mit den begleitenden Gefühlen und den erkenntnisslosen Bewegungen eine durchaus unbestimmte ist und bleibt, so kann der Mensch, da er zur
95 Erkenntniss über|geht, eine immer grössere Determination und Bestimmtheit erreichen, so dass nun jeder Satz, jedes Wort und jeder Theil desselben etwas Bestimmtes *bedeutet*, d. h. als möglichst unzweifelhaftes Zeichen einem zugeordneten Gedanken entspricht. Nie aber darf man sich einbilden, als wenn die Sprache selbst Erkenntniss wäre, sondern sie ist nichts als ein Mechanismus, d. h. sie besteht nur in bewussten Bewegungsakten, die in feste Coordination zu bestimmten Functionen der beiden anderen geistigen Vermögen gesetzt sind.

Die Sprache kann desshalb ihrem Ursprung und Wesen nach unter den Begriff der *Gebärde* gestellt werden, wenn man der Gebärde, jenachdem sie für das Auge oder das Ohr offenbar wird, zwei Arten zugesteht, die dann allmählich immer verschiedener werden und als *Gebärdensprache* und *Lautsprache* auseinandertreten. Ursprünglich ist aber der Laut als die im Gebiete der Stimmorgane verlaufende mechanische Reflexbewegung eine Gebärde in demselben Sinne, wie die Mienen und die Bewegungen der oberen und unteren Extremitäten, die ja auch erst durch Beachtung ihrer constanten Coordination zu bestimmt zugehörigen Gefühlen und Vorstellungen ihren Charakter als Zeichen, d. h. als Sprache erhalten.

Hieraus folgt, dass beide Arten von Sprachen ursprünglich noch sehr unbestimmt gewesen sein müssen, da die Bewegungen nothwendig zuerst nur das ganz Allgemeine oder sogenannte Abstracte bezeichnen konnten. Man meint zwar, dass der Gang der Bildung immer vom Einzelnen, Anschaulichen oder Concreten ausginge und erst spät zum Abstracten hinführte; allein in Wahrheit ist es umgekehrt, da an dem Einzelnen nur ein ganz Allgemeines bemerkt wird, z. B. Bewegung, Ruhe, Vo-

gelsein, Baumsein u. s. w. Denn es ist nicht anzunehmen, dass unsere Urahnen gleich die gründlichsten Zoologen und Botaniker waren und sofort alle Arten der Vögel und Fische, alle Arten der Gräser und Sträucher und Bäume unterschieden haben, sondern es ist natürlich, dass sie von allen Dingen nur gewisse ganz allgemeine Unterschiede hervorhoben wie z. B. bei allen Vögeln das Fliegen, wesshalb sie wahrscheinlich auch die Schmetterlinge, Bienen, Fliegen und andere Insekten zu den Vögeln gerechnet haben. Wie hier also die Entwickelung von dem Allgemeinen zum Besonderen ging, so auch für die Gemüthszustände von dem Complicirten als Unbestimmtem zu den Elementen als dem Bestimmten. So z. B. wird das Geheul | zu- 96
erst als natürlicher Lautreflex aufgetreten sein bei allen physischen Schmerzen, bei Angst, bei Anschauung von Todten, von verbrannten Hütten, von zerstörtem Eigenthum u. s. w. Die freie Wiederholung oder Nachahmung einer solchen Coordination drückte sich dann etwa durch den Laut u-ulu-ulatus oder ὀλολύζειν[248] aus; bei welchen Anschauungen oder Gedanken aber dieser Laut ausgestossen oder nachgeahmt wurde, das konnte die Lautgebärde selbst nicht specificiren.

Aus dieser Betrachtung ergiebt sich, dass die ältesten Constanten von Lautgebärden, d. h. die sogenannten Wurzeln der Sprache nothwendig vieldeutig sein müssen, da sie zwar ursprünglich auf einer einzigen unbestimmten Reactionsweise beruhen, aber doch immer zugleich sehr verschiedenen Gebieten von Anschauungen oder Vorstellungen entsprechen konnten. Es ist desshalb allerdings die Aufgabe der Sprachwissenschaft, die Einheit der Grundbedeutung der Wurzeln wieder aufzufinden, aber man muss immer erst auf eine Vielheit sehr verschiedener und logisch unvereinbarer Bedeutungen stossen, die nur psychologisch zusammenhängen und auf eine ganz abstracte Urbedeutung führen. Unter «abstract» darf man aber nicht einen subtilen Begriff verstehen im Gegensatz zum Sinnenfälligen, sondern nur die Unbestimmtheit, in der Weise, wie der Infinitiv und Aorist die ursprünglicheren Formen[249] im Gegensatz gegen die Specificirung des Sinnes durch Zeit und Personalbestimmungen ausdrücken. Noch heute ist dies ähnlich für das Verständniss fremder Sprachen. So erzählte mir ein bekannter Zoolog, dass er den Indianern nur sagen durfte «moi venir», wenn er verstanden werden wollte, da sie «je viendrai» nicht erfassten.

Die Metaphysik zeigt nun, dass alle Erkenntniss der Welt ausser uns nach dem Vorbilde des Ichbewusstseins und dem Bewusstsein unserer Functionen durch Analogie gewonnen wird.[250] Daraus folgt a priori, dass in der Sprache ursprünglich zwei Classen von Wurzeln auftreten müssen, die nicht auf einander zurückgeführt werden können, nämlich Pronominal- und Verbalwurzeln; denn wie in der für das Auge bestimmten Gebärdensprache das Ich und Du durch Demonstration, d. h. durch den Finger, angedeutet werden muss, damit man begreift, auf welches Subject sich die

36–37 den Finger, angedeutet] den Finger angedeutet *Ms*

weiter angegebenen Bewegungen beziehen sollen, so muss auch in der Lautsprache immer das Subject (das Ich und sein Analogon) durch Pronomina zu Grunde gelegt werden, weil sonst für die Adjectiva, Substantiva, Verba, kurz für die Verbalstämme, *97* aus denen als den Repräsen|tanten für die Functionsbegriffe alle anderen Wortformen abgeleitet sind, der Beziehungspunkt fehlte.

Die Frage, wonach und wie nun diese beiden Arten von Wurzeln durch Laute allgemeinverständlich ausgedrückt werden konnten, führt auf das alte Problem zurück, das schon Platon im Kratylos behandelte, nämlich ob die Lautzeichen in der menschlichen Natur liegen (φύσει),[251] oder willkürlich und also gesellschaftlich (θέσει,[252] νόμῳ)[253] festgestellt sind.[254] Offenbar ist aber Beides richtig und schliesst einander nicht aus; denn in gewissem Sinne kann man sagen, dass die Sprache mit derselben Regelmässigkeit sich in jedem Menschen entwickeln musste, wie die Zähne zu bestimmten Epochen hervorbrechen, da die Coordinationen zwischen unseren Functionen durchschnittlich von allen Menschen zu bestimmten Epochen zur Erkenntniss kommen müssen, was ja das Princip für alle Sprachen ist. Andererseits aber ist die Sprache nicht ohne Gesellschaft möglich, wie sie auch für die Gesellschaft bestimmt ist. Mithin ist die Lautbezeichnung ebensosehr von der specifischen Organisation der Menschenart abhängig, als sie auch wegen der Vieldeutigkeit oder Allgemeinheit des der Bewegungsreaction zugeordneten Vorstellungsinhalts auf eine Menge von Zufälligkeiten nach den objectiven Umständen und nach den gesellschaftlichen Einflüssen zurückführen muss. Es ist daher natürlich, dass wegen der Identität der menschlichen Species die Sprachen unter einander verwandt sind und zwar alle Sprachen ohne Ausnahme, da es z. B. keine einzige geben kann, die nicht Pronomina und Verba schiede,[255] wie auch die etymologische und syntaktische Verschiedenheit der Sprachen ganz nothwendig aus der geographischen Trennung und aus den gesellschaftlichen und physiologischen Differenzen der Völker nothwendig sich ergeben musste. Für den Philosophen ist nun das Problem nur bis soweit zu behandeln; die genauere Erörterung gehört schon dem Historiker, dem Biologen und dem empirischen Sprachforscher, und man darf ebensowohl das Entweder-oder des φύσει und θύσει durch ein Sowohl-als-auch ersetzen, wie man andererseits mit Entschiedenheit die empirische und die speculative Behandlung der Frage trennen muss.

Da die Sprache aber allmählich immer bestimmter und reicher das ganze Seelenleben mechanisch vermittelt, so ist klar, dass das sprachlose Kind, ebenso wie der Ungebildete, der Sprache gegenüber vor einem Riesenbau der Vernunft steht; denn *98* in dem Sprachlosen sind ja die zugehörigen geistigen Functionen alle noch nicht | entwickelt, oder noch nicht so fein bestimmt und noch nicht in solche Coordina-

3–4 Verbalstämme, aus denen als ] *so Ms;* Verbalstämme, als *DA*
30 Sowohl-als-auch] Sowohl-Alsauch *Ms*

tion mit den streng zugeordneten Lauten und ihren Formationen gesetzt, so dass er mit der Sprache erst den ganzen Reichthum der früheren Culturentwickelung mit unendlicher Mühe erobern muss. Aus diesem Grunde ist der Sprachunterricht das wichtigste Element im Schulprogramm, und wer sprechen, lesen und schreiben gelernt hat, ist in eine unendliche Höhe über den Sprachlosen erhoben, so dass er sich wie Mensch zu Thier ihm gegenüber verhält, doch natürlich mit dem Unterschiede, dass der sprachlose Mensch die Bedingungen seiner künftigen Menschlichkeit schon in sich hat, welche dem Thiere für immer versagt bleiben.

Es ist darum gar nicht schlecht begründet, wenn man der Sprache eine übermenschliche und göttliche Autorität einräumt und sich ihr gegenüber lernend und ehrerbietig verhält; denn sie stammt ja nicht von der winzigen Einsicht eines einzelnen Menschen her, sondern ist, wie die Eisenbahnen und das Fernrohr, ein sociales Product, in welchem sich die Gesammtarbeit unserer Cultur angesammelt hat. Ausserdem fanden die Menschen auch die Laut-Coordinaten und deren Specificationen nicht durch kluges Nachsinnen, sondern durch ihre *natürliche* Organisation, so dass die Sprache zwar überall und von Anfang an bewusst war, aber zuerst ohne Erkenntniss. Die Zweckmässigkeit der Sprache berechtigt desshalb, sie als ein göttliches Geschenk,[256] als einen göttlichen Unterricht zu bezeichnen; denn es dauerte wohl sehr lange, ehe der Mensch die zwar bewusst, aber erkenntnisslos vollzogene Sprachschöpfung zum Gegenstande der Erkenntniss und Wissenschaft machte, das Alphabet durch Analyse fand, die Etymologie studierte und die Formenlehre und Syntax ausbildete. Soweit also müssen wir den übermenschlichen oder göttlichen Ursprung der Sprache anerkennen, wenn wir nämlich menschlich nur dasjenige nennen, was aus der Erkenntniss und Absicht des Menschen hervorgegangen ist. Da aber auch die Vernunft und Wissenschaft göttlichen Ursprunges ist und sich durch keine menschliche Absicht und List erzeugen lässt, so steht nichts im Wege, unter den göttlichen Geschenken Werthunterschiede zu machen; denn wenn wir auch Füsse und Augen uns nicht selbst mit Absicht gemacht, sondern gewissermassen von Gott empfangen haben, so geben wir die Füsse doch lieber preis, als die Augen. Also ist die Autorität der Sprache, die für eine untergeordnete Stufe anerkannt bleiben soll, für die höhere wissenschaftliche Forschung und die Philosophie | ungül- *99*
tig, wie der Gelehrte sich bei seinen Untersuchungen nicht mehr an die Urtheile seines einstmaligen Elementarlehrers bindet. Obgleich uns die Sprache z. B. den «Walfisch» liefert, so wird ihn der Zoologe pietätslos dennoch zu den Säugethieren rechnen, und wenn die Sprache «Gemüthsbewegungen» mit den Bewegungen der Beine und der Bewegung der Locomotive durch das gleiche Wort auf gleiche Linie stellt, so wird der Philosoph für seine Definition der Gemüthsbewegung den projectivischen Ausdruck zurückziehen und in den Begriff der realen Thätigkeit viele subtile Unterschiede einführen.

Das neue und wichtige Resultat, welches unsere Untersuchung gefunden hat, besteht also darin, dass die Sprache als ein Bewegungsmechanismus erkannt ist, der zu einem die Erkenntniss und das Gefühl mit umfassenden Coordinatensystem gehört, aber seinem specifischen Elemente nach allein der Bewegungsfunction angehört und zwar bewusst, aber erkenntnisslos ist und bleibt.

Ideelles Sein.

Wenn ich hier die bewegende Function behandle und ihr die Empfindung und die Sprache zugewiesen habe, in denen immer ein bestimmter Inhalt, ein ideelles Sein gegeben zu sein scheint, so ist es angezeigt, diesen Begriff des ideellen Seins genauer zu betrachten. Ich möchte nämlich zwei Bedeutungen desselben bestimmt unterscheiden. In meiner Metaphysik habe ich den weiteren Sinn im Auge gehabt, wenn ich mit der Terminologie der Schule jedes «Was», Quid, d.h. im Allgemeinen Alles, was ein Gegenstand oder Inhalt des Denkens und Erkennens geworden ist, als ideelles Sein bezeichnete.[257] In diesem Sinne muss desshalb auch jede Empfindung und jedes Wort der Sprache als ideelles Sein der bewegenden Function gelten, sofern wir ja in unserer Erkenntniss darauf Rücksicht nehmen und uns desselben bewusst sind.

Es handelt sich bei diesem Begriff des ideellen Seins um einen Punkt, von welchem aus man mit der grössten Deutlichkeit die verschiedenen Wege der philosophischen Systeme überblicken und den richtigen, wie die falschen erkennen kann. Insbesondere hat der Hylozoismus, oder Monismus, oder Realidealismus[258] das Ideelle dem Materiellen entgegengesetzt, wie namentlich die Stoiker zuerst bei jedem Dinge eine materielle und eine ideelle (λόγος) Seite unterschieden,[259] was denn Spinoza herübernahm bei seinem Parallelismus, und ähnlich lässt Hegel die organischen
*100* Vorgänge des Leibes ideell, d.h. zu Empfindungen, Trieb, Gemeingefühl | werden.[260] Auch die modernen Psychophysiker wollen dem materiellen Körper seelische Eigenschaften geben, die sie als etwas Ideelles jenem entgegensetzen. Allein alle diese Annahmen beruhen auf einer falschen Psychologie, auf einer dogmatischen Phantasie, indem dabei unsere in der Ordnungsform des Raums gruppirten Empfindungen unkritisch projicirt und, wie von den Kindern und den philosophisch ungeschulten Leuten, als materielle Gegenstände ausser uns mit bombenfester Ueberzeugung angenommen werden.[261] Dass bei Fechner, Haeckel, Wundt[262] und vielen anderen Modernen diese Illusion noch in Blüthe steht, ist wieder ein Beweis dafür, dass die Geschichte der Philosophie nicht auf solche Weise fortschreitet, als wenn jede gewonnene Erkenntniss Gemeingut und die unverlierbare Basis für höhere Erkenntnissarbeit würde. Nein, es steht vielmehr nichts im Wege, dass die von Einigen gewonnene Erkenntniss bei den später Geborenen völlig ignorirt wird, oder keinen Anklang und kein Verständniss findet, dass die Späteren vielmehr, als ge-

24 Gemeingefühl] Gemeingefühl u. s. w. *Ms*

hörten sie in den Context früherer Jahrhunderte hinein, mit den alten, schon längst als absurd erkannten Irrthümern ruhig fortarbeiten und sich dabei doch zugleich als die Träger der höchsten Bildung betrachten. So habe ich z. B. noch vor Kurzem «Ethische Essays» von B. Carneri (1886)[263] in den Händen gehabt, und es hätte mein Erstaunen erregt, dass im neunzehnten Jahrhundert so kindlich ungeschult über philosophische Fragen geredet werden könnte, als gäbe es überhaupt noch keine Philosophie, oder als wenn nicht auch von den früheren Philosophen etwas gelernt werden könnte; da ich aber einen anderen Begriff von der Geschichte der Philosophie habe, als der, welcher besonders seit Hegel verbreitet ist, so schien es mir gleich natürlich, hier wieder meinen Lehrsatz exemplificirt zu sehen, dass die philosophischen Ansichten der Menschen sich nach ihren Köpfen und Herzen und nicht nach dem chronologisch bestimmten Punkte ihres Auftretens in der Geschichte richten. Eine Entwickelung der Philosophie findet daher zwar statt, aber nicht so, dass Alle daran theilnehmen könnten; denn wie auch etwa die Industrie und der Handel fortschreitet, ohne dass alle, die von den Industrieproducten und Handelsartikeln Gebrauch machen, darum selbst auch eine der früheren Zeit des Handwerks überlegene technische Fertigkeit erhielten, während vielmehr eher immer Wenigere sich mit der Technik und dem Handel abgeben und das Haus seine technischen Arbeiten immer mehr verliert, so ist es auch mit der Philosophie, die nur von Wenigen | 101
gefördert wird, während ihre Ideen als Producte in die Conversation und in die Einzelwissenschaften übergehen und je nach den Köpfen geschickt oder ungeschickt verwerthet werden, ohne dass die Gebrauchenden über die Herkunft und die Richtigkeit der gebrauchten Begriffe Rechenschaft zu geben vermöchten. Wie ein Jeder den Telegraphen benutzt und mit den schwedischen Streichhölzern[264] Feuer anmacht, ohne beim besten Willen sich von dem Indianer gerade sehr vortheilhaft zu unterscheiden, wenn es darauf ankäme, diese Artikel nicht zu kaufen und zu benutzen, sondern selbst herzustellen, so findet man auch in jeder Zeit die Artikel der philosophischen Arbeit irgendwie überall benutzt, ohne dass doch die Meisten auf eine grössere Schulung und bessere Erkenntniss Anspruch machen könnten, als nur die geringsten philosophischen Lehrer der ältesten Vergangenheit besassen, und es ist gut, dass solche Conversationsphilosophen, die heute über alles Mögliche schreiben, kein Examen bei Kant, bei einem Scholastiker oder bei einem Griechen des vierten Jahrhunderts vor Christi Geburt zu bestehen haben. Die Philosophie rückt desshalb durch die wenigen Arbeiter, welche Kopf und Herz weit genug haben, um alle frühere Arbeit zu umfassen, immer etwas vorwärts; die Verschiedenheit der sogenannten Systeme aber, die in jeder Zeit geltend sind, liefert den Beweis, dass ein Jeder nach dem Theil, welches ihm an Kraft zugefallen ist, sich auch immer an einen oder

23 vermöchten. Wie] vermöchten, sondern wie *Ms*

den anderen Haupttypus der Philosophie anschliessen muss, wesshalb es besser ist, eine Geschichte der Begriffe, als eine Geschichte der Systeme zu versuchen, wie dies auch bei der Geschichte der Physik, der Anatomie, der Astronomie u. s. w. üblich ist, und ich habe überall in meinen «Studien zur Geschichte der Begriffe» diese Lage der Sache nachdrücklich betont.[265]

Nach diesem Excurse kehre ich zu unserer Frage zurück. Ich sagte, dass das ideelle Sein *in weiterem Sinne* allen von der Erkenntniss aufgefassten *Inhalt des Bewusstseins* bedeutet, wesshalb auch den Empfindungen und den Gefühlen ein ideelles Sein zugeschrieben werden kann; *in engerem Sinne* aber wollen wir als ideelles Sein nur den Inhalt der Erkenntnissfunction in Anspruch nehmen und darum den erkenntnisslosen Empfindungen, Worten und Gefühlen kein ideelles Sein zuerkennen, sondern nur den ihnen zugeordneten Vorstellungen, Begriffen und Urtheilen. So hat z. B. das Gefühl des Zorns, obwohl es intensiv bewusst ist, kein
*102* ideelles Sein in engerem Sinne, aber wohl die Vorstellung | der Personen und ihrer Handlungen, welche den Zorn erregten, und ebenso die Begriffe und Erkenntnisse von unserem Zorngefühl, seiner Heftigkeit, seiner Ursache, Wirkung u. s. w. Diese Unterscheidung ist zur Verständlichkeit der Darstellung wichtig und setzt voraus, dass man schon Bewusstsein und Erkenntniss zu trennen vermöge.

## Nachahmung.

Die Coordination unserer Functionen untereinander bringt einen Erfolg mit sich, der früh bemerkt, mit einem besonderen Wort bezeichnet und als die wichtigste Ursache der Bildung und Kunst gepriesen ist, ich meine die Nachahmung.

Einige Gelehrte haben ein geheimnissvolles Vermögen, einen eingeborenen Trieb und dergleichen unverstandene Dinge der Thatsache des Nachahmens als erklärende Ursache gewidmet; wir brauchen aber nichts von solchen Theater-Göttern,[266] sondern sehen mit vollständiger Deutlichkeit in der Coordination der Functionen den Ursprung und das Wesen der Nachahmung. Denn da die Empfindungen und die unbewussten Bewegungsakte Gefühle auslösen, die ihrerseits wiederum andere Bewegungen in den verschiedenen Bahnen des organischen Bewegungsvermögens hervorrufen, so müssen sich nothwendig durch die allgemeine Ordnung der Dinge bestimmte Coordinationen ausbilden, so dass z. B. eine Gehörsempfindung durch das Brüllen oder den Gesang eines Thieres ausgelöst, ein Gefühl hervorruft und dieses eine Bewegung in dem Stimmorgane in Gang setzt, welche intensiver anwachsend wieder ein objectiver Effekt, d. h. Empfindung wird und das zugeordnete Gefühl so lange unbefriedigt lässt, bis die Aehnlichkeit der sogenannten Nachahmung des Brüllens mit dem ursprünglichen Reize erreicht ist. Die Nachahmung ist daher eine

Reflexbewegung und wird natürlich immer durch das Gefühl vermittelt, welches sich nur durch die Gleichung zwischen dem unabhängigen und dem abhängigen oder reflectirten Effekt befriedigt. Wie aber die Bewusstheit keine wesentliche Bestimmung bei der bewegenden Function ist, so auch nicht bei dem Gefühl, und es steht nichts im Wege, die Gefühle der Befriedigung und der Unbefriedigtheit, der Lust und des Schmerzes, des Beifalls und Missfallens ebenso der Quantität zu unterwerfen und sie desshalb in's Unmerkliche abnehmen zu lassen, wie bei den Bewegungen, die nur zum kleinsten Theile bewusst, d. h. zu Empfindungen werden. Mithin | ist es nicht nöthig, dass uns das Gefühl, welches zuerst zur Nachahmung *103*
trieb, bewusst geworden sei; sondern die inductive Methode berechtigt uns, wenn wir an vielen Nachahmungen das Vergnügen deutlicher merken oder Bewegungstendenzen solcher Art (etwa aus gesellschaftlichen Rücksichten) in uns zu hemmen haben, nach der Analogie auch auf die übrigen zu schliessen, und die zu Grunde liegende Coordination zu erkennen, die jenachdem bei gewissen bekannten Reizen durch eine bestimmt geordnete Reflexbewegung in der sogenannten Gewöhnung und Kunst greifbar zu Tage tritt.

Definition der Nachahmung und der Kunst.

Es ergiebt sich hieraus, dass die Nachahmung zu definiren ist als diejenige Bewegung, welche sich durch Reflexverknüpfung in Gleichung mit einer von Seiten der äusseren Welt in uns ausgelösten Bewegung zu setzen sucht. Diese Nachahmung kann auch als Nachäffung bezeichnet werden, wie wenn die Stimme der Nachtigall oder des Hundes eine Bewegung unserer Stimmorgane in Gang setzt, die nicht eher befriedigt, bis die von uns hervorgebrachte Bewegung als Tonempfindung mit der von der Natur ausgelösten Bewegung als Tonempfindung zur Gleichung kommt.

Wenn aber die von der äusseren Natur in uns angeregten Bewegungen als Empfindungen zu blossen Elementen eines weiteren Erkenntnissvorganges werden, in der Art, dass nun in dem Geiste selbst durch die Anschauungsbilder und alle Vorstellungen mit den zugehörigen Gefühlen ein neues Urbild der Nachahmung entsteht, welches mit der Erregung der Sinne eben, wie gesagt, nur noch elementar zusammenhängt, seinem Inhalte nach aber allein dem Geiste angehört: so muss diejenige Nachahmung, welche die Gleichung mit dem geistigen Urbilde sucht, als Kunst bezeichnet werden. Da hier nun zwei Arten von Bewegungen in's Spiel kommen, nämlich einmal die rein geistigen in dem Gebiete der Erkenntniss, die als Phantasie bezeichnet und natürlich von dem zugeordneten Gefühl geleitet werden, und zweitens die physischen Bewegungen, welche auf die leiblichen Organe gehen und rückwirkend wieder Empfindungen hervorbringen, durch welche das geistige Urbild symbolisch dargestellt, d. h. durch Zeichen angedeutet wird: so findet

11 oder] und auch *Ms*

man bei den meisten Autoren die geistige Bewegung der Phantasie als die eigentliche Definition der Kunst angegeben, während doch die zugeordnete physische Be-
104 wegung ebenso integrirend zu dem Coordinatensystem der Kunst gehört, | wie zum Athmen nicht bloss die Lungen, sondern auch die Luft und die Thoraxmuskeln und deren Contractionen.

Divison der Kunst.

Der Fehler in den gewöhnlichen Definitionen kommt natürlich bei der Eintheilung der Kunst an's Tageslicht; denn es zeigt sich ja gleich, dass die Künste nach dem Inhalte der Phantasie oder dem geistigen Urbilde sich nicht gliedern lassen wollen, während sie willig nach dem zweiten Merkmal, d. h. nach der Symbolik durch die physische Bewegung, in ihre zugeordneten Arten auseinandergehen. Die physischen Bewegungen verlaufen ja alle in bestimmt getrennten Organen des Leibes und verlangen daher für jede Bahn derselben besondre Anlagen und Fertigkeiten. Es ist darum natürlich, dass der Sänger nicht als solcher auch tanzen, der Maler nicht als solcher auch geigen, und der Geiger nicht als solcher auch Clavier spielen kann.

Da die physische Bewegung des Künstlers aber Empfindungen hervorbringen soll, die als Symbole oder Zeichen für das Urbild dienen und als Motoren in uns und Anderen die Nacherzeugung eines gleichen oder ähnlichen geistigen Vorganges veranlassen, so müssen die Künste nach den Organen der Empfindung eingetheilt werden. Ich habe die Künste daher immer nach den Gebieten des Auges und des Ohres eingetheilt, denn die sogenannten niederen Sinne sind nicht im Stande, eine hinreichende Symbolik zu leisten, und können daher nur als begleitend die übrigen Künste unterstützen, wie z. B. die Bildhauer auch mit dem Tastsinne die Statuen prüfen und geniessen, obgleich eine Bildhauerkunst für die Blinden weder erfunden wäre, noch Aussicht auf Vollkommenheit hätte. Ebenso unterstützt der Tastsinn die Musik und Tanzkunst, indem der Rhythmus auch durch die Fingerspitzen und die Füsse und durch die Bewegungsempfindungen des ganzen Leibes vermittelt zur Wirkung kommt.

Innerhalb eines jeden von diesen beiden höheren Sinnesgebieten erfolgt die weitere Gliederung der Künste auch wieder durch die Scheidung der organischen Thätigkeiten; denn es ist ganz verlorene Mühe, in dem *Kunstgebiet des Auges*, z. B. die Malerei, Zeichenkunst, das Kupferstechen, die Arbeit mit dem Wischer,[267] die Reliefdarstellung in vertieften oder erhabenen Formen, die Bildhauerkunst u. s. w. durch innere Unterschiede in dem geistigen Urbilde eintheilen zu wollen, während nichts
105 einfacher und natürlicher ist, als die grundlegende physische Bewegung der | Kunst, d. h. die Technik, als Eintheilungsprincip zu benutzen, weil nur unter dieser Voraussetzung sich die Unfähigkeit des einen Künstlers in dem Gebiete des andern erklärt.

Dasselbe gilt auch für das *Kunstgebiet des Ohres*; denn dieses scheidet sich sofort in die durch die Sprache und in die durch wortlose Töne symbolisirende Kunst, d. h. in die Poesie und Musik. Die Arten der *Musik* nämlich können constitutiv nur durch die Technik, d.h. durch die angewendeten Organe und Instrumente unterschieden werden, da die inneren Unterschiede des geistigen Urbildes nach dem Vorstellungsgebiete und den zugehörigen Stimmungen sich durch ganz verschiedene musikalische Künste, wie auch durch deren beliebige Verknüpfung symbolisiren lassen. Die Poesie aber ist nicht etwa, wie Hegel, Vischer und viele Aesthetiker meinten, von dem sinnlichen Material befreit;[268] sondern ruht genau, wie alle anderen Künste, auf einer ganz bestimmten physischen Bewegung, nämlich auf der Sprache, ohne welche es keine Poesie giebt. Die Sprache aber ist so gut etwas Physisches, wie die Bildhauerarbeit. Wer nicht sprechen kann und nicht sprechen gehört hat, für den ist die Poesie nicht vorhanden; denn es kommt durchaus in der Poesie nicht bloss auf die allgemeine Vorstellung des geistigen Inhaltes an, sondern die Kunst besteht wesentlich in der Auswahl und Anordnung der Wörter, welche als bestimmte physische Bewegungen bestimmte Vorstellungen mit den zugehörigen Gefühlen hervorrufen. Darum ist die Wahl dieses oder jenes Wortes, die Wortfolge und der Rhythmus der Sprachbewegung, möge er von der Betonung oder von langen und kurzen Sylben abhängen, für den Dichter ein Zeichen seiner Vortrefflichkeit oder seiner Unfähigkeit, und die Arten der Dichtkunst können nicht durch innere Unterschiede, sondern nur nach der Technik constitutiv geschieden werden.

Die Eintheilung des Urbildes.

Wenn nun diese Eintheilung der Künste die natürliche ist, so folgt, dass das geistige Urbild, welches sie alle durch ihre besonderen Zeichen anzudeuten und in dem Zuschauer und Zuhörer hervorzubringen suchen, gleichartig sein muss, wesshalb durch diese Definition und Division der Kunst die Einheit des Wesens der Kunst am Strengsten gewahrt wird.

Die Erkenntnissfunction des Menschen, die sich in Anschauungen, Vorstellungen und Begriffen ausdrückt, muss nämlich in Coordination entweder mit den logischen, oder den ästhetischen, | oder den sittlichen Gefühlen treten und wird dar- 106
nach in drei Gattungen zerfallen, die man als Wissenschaft, Kunst und Besonnenheit oder Klugheit bezeichnen kann.

Wenn wir von diesen drei Gattungen nun die Kunst aussondern, so ist klar, dass die Combinationen von Anschauungen, Vorstellungen und Begriffen sich dabei nicht nach dem Gesichtspunkt des Guten und der Wahrheit, sondern nach dem der Schönheit richten werden. Um die Wahrheit würde sich die Erkenntnissfunction drehen, wenn ihre Combinationen nach der Uebereinstimmung mit dem unmittelbaren Bewusstsein gemessen und darnach gebilligt oder verworfen würden; um das Gute aber, wenn der Inhalt der Gedanken auf die Wirklichkeit der handelnden Persönlichkeiten und ihre inneren und äusseren Beziehungen gerichtet ist. Wenn nun diese einschränkenden Bedingungen fehlen, so erhält die Erkenntnissfunction eine viel grössere Freiheit und kann alle möglichen Gedankencombinationen vollziehen, deren Formen sich nur nach ihrer inneren Coordination richten, da jede irgendwie in der Phantasie gesetzte Vorstellung immer nur zugeordnete verträgt, jedoch ohne dass diese Zuordnung von der zu erkennenden oder zu bestimmenden Wirklichkeit eingeengt würde. Gleichwohl machen sich unter den Gefühlen, welche die Combinationen der Phantasie leiten, natürlich auch die der Wahrheit und dem Guten zugehörigen geltend, da keine Form der Vorstellungscombinationen gefallen kann, welche dem Gefühl für das Wahre und Gute zuwider wäre. Die unter diesen Bedingungen von der Phantasie erschaffenen Compositionen heissen das *Schöne*.

Man darf sich aber nicht einbilden, als wenn hiermit das Schöne für den reinen ideellen Inhalt der Gedanken erklärt wäre; vielmehr würde solche Auffassung dem Fehler des Platonismus und des Idealismus überhaupt, also auch der Hegelschen und Vischerschen Aesthetik verfallen, während wir hier stramm und streng den Antheil der physischen Bewegung der Kunst festhalten; denn in keiner Kunst darf dieses Element fehlen. Darum lässt sich das geistige Urbild, welches durch die Technik symbolisirt wird, nach den physischen Bewegungen, d. h. nach dem zugehörigen Empfindungsgebiet eintheilen, da die Phantasie des Musikers in Tönen, die des Malers in Farben und Formen, die des Dichters in Worten arbeitet, ohne welche kein geistiges Urbild, d. h. keine künstlerische Composition, erschaffen werden kann. Die
*107* Arbeit des Zuschauers und Zuhörers und auch des Lesers entspricht daher | genau der auslösenden Technik des Künstlers, und wer die zugehörigen Empfindungsgebiete nicht beherrscht, dem geht das Verständniss und der Genuss des Kunstwerks verloren. Die Eintheilung des geistigen Urbildes der künstlerischen Nachahmung fällt daher mit der Eintheilung der organischen Functionen, und also der Technik, zusammen, so dass z. B. das Tragische und Komische, wie das Anmuthige und Erhabene durch alle Künste geht, in jeder Kunst aber specifisch verschieden ist nach dem zugehörigen Empfindungsgebiet; so ist das humoristische Wortspiel nur in der Poesie möglich, ein Landschaftsbild nur in der Malerei, da die in der Poesie geschilderten Landschaften entweder überhaupt kunstwidrig sind, oder in himmelweitem Unterschiede von dem Eindrucke der Malerei nur durch die Eigenthümlichkeit des Wortes und der dem Worte zugeordneten Erinnerungen wirken. Mithin können die allgemeinen Formen, die wir als die Ideen des Humors, des Tragischen u. s. w. definiren, keine Eintheilung des künstlerischen Urbilds begründen, da das Eintheilungsprincip sofort wieder aus den jedesmal zugehörigen Empfindungsgebieten, d. h. aus der physischen Bewegung entlehnt werden müsste.

Ideelles Sein der Nachahmung.

Wenn nun der Empfindung und der Sprache ein ideelles Sein in weiterem Sinne zukommt, so scheint es, als wenn die Nachahmung nur ein Abstractum wäre, d. h. nur ein Begriff in einem Anderen, der über jene oben erklärten Reflexbewegungen räsonnirte, allein die als Nachahmung bezeichnete Bewegung ist ebenso bewusst, wie Sprache und Empfindung, weil sie, sofern sie bloss bewusst ist, nichts als eine Empfindung bildet, und sofern sie als Nachahmung erkannt wird, nicht selbst eine nachahmende Thätigkeit oder Bewegung, sondern bloss ein Begriff der Erkenntnissfunction ist. Darum sind die Nachahmungen theils unbewusst, theils bewusst, alle aber als solche erkenntnisslos; dennoch können alle, sowohl die unbewussten, als die bewussten, zu Beziehungspunkten der Erkenntniss gemacht und nach einem Gesichtspunkt als Nachahmungen classificirt werden. Darum kommt ihnen in weiterem Sinne ein ideelles Sein zu, sofern sie bewusst werden; in engerem Sinne aber, da sie an sich erkenntnisslos sind, nichts davon, während ihre Art, ihr Werth, Zweck, Ursprung, ihre Häufigkeit, Ausbildung u. s. w. von der erkennenden Function beurtheilt und als ideelles Sein in Begriffen festgestellt werden kann.

Die dem ideellen Inhalt der Erkenntniss entsprechende reale | Function des Be- *108*
wegungsvermögens ist aber an sich völlig bestimmt und darum jede Nachahmung von der anderen qualitativ verschieden. Wer z. B. einem Raben nachkrächzen kann, vermag darum noch lange nicht dem Quaken des Frosches, dem Schlagen der Nachtigall nachzuahmen, und wer überhaupt diese oder jene einzelne Reflexbewegung auszuüben versteht, sie möge sich auf die Finger, die Stimme, die Augen oder sonst ein Organ beziehen, der besitzt darum noch nicht zugleich irgend eine andre. Da die Nachahmung, wie wir sahen, auf der Coordination der seelischen Functionen beruht, so ist sie ursprünglich als *psychische Reflexbewegung* zu bezeichnen; da aber das seelische Bewegungsvermögen durch Einwirkung auf die Nerven sich die Muskeln und dadurch überhaupt die leiblichen Organe unterwirft, so entsteht allmählich aus der psychischen die in die Sinne fallende *physische Reflexbewegung*, die aber, auch wenn die psychische tadellos verläuft, immer noch von dem zufälligen Zustande der Organe abhängt. Wer z. B. durch einen Katarrh stimmlos oder heiser ist, wer wegen der Kälte steife Finger hat u. s. w., der wird, auch wenn er, wie vorher, so auch nachher glänzende Leistungen hervorbringt, doch unter solchen Umständen als unfähig erscheinen. Darum gehört zur *Kunst* nicht bloss die psychische, sondern auch die physische Reflexbewegung. Alle Künste beruhen aber auf der Wiederholung identischer Functionen und desshalb in erster Linie auf den psychischen Reactionen, in zweiter Linie auch auf den physischen; denn was man bei den Erkenntnissen Apperception oder Erinnerung nennt, das findet genau so auch bei den Bewegungen statt, und darum ist *Uebung* oder *Gewöhnung* die Bedingung der Kunst. Die Künste unterscheiden sich desshalb auch nicht nach den Objecten der sogenannten äusseren Welt, sondern nach den in's Spiel gesetzten psychischen Functionen und den dadurch in Mitwirkung gezogenen physischen Organen.

Freiheit.

Da ich für die Kunst Reflexbewegungen voraussetze und doch von einem Verstehen und Willen, sie auszuüben, spreche, so scheint damit ein brennender Widerspruch gegeben zu sein, weil ja die Reflexbewegung als unbewusst und unwillkürlich gilt. Es bedarf daher einer neuen Untersuchung.

Zunächst nun muss das Merkmal der Unbewusstheit als zufällig abgewiesen werden, weil es dasein oder fehlen kann, ohne dass dadurch die Coordination der 109 Thätigkeit verändert würde. | Wir wissen vielmehr aus den früheren Untersuchungen (vgl. oben S. 23), dass zwischen Unbewusstheit und Bewusstheit nur ein Gradunterschied stattfindet, und es ist jedermann bekannt, dass uns z. B. unser Sprechen und Singen u. dergl. bewusst sein kann, obgleich es nichtsdestoweniger auf lauter Reflexbewegungen beruht, die wir nicht etwa wegen der Bewusstheit mit Absicht und Ueberlegung der einzelnen Erregungen der besonderen Sprachorgane hervorbringen.

Was zweitens das Merkmal der Unwillkürlichkeit betrifft, so herrscht dabei eine ungenaue Vorstellung vom Wesen des Willens; denn da Wille und Gefühl Ein und dasselbe ist, so kann ein Gelenk von Thätigkeiten, d. h. eine Reflexbewegung oder Coordination zweier Functionen auch immer nur mit Willen stattfinden, d. h. nur dadurch, dass ein Gefühl die beiden zu verbindenden Glieder vermittelt. Alle unsere organischen Thätigkeiten finden desshalb mit Willen statt, nicht bloss das Gehen und Singen, sondern auch die Athmung und Herzbewegung und Digestion. Dies bildet auch den einzigen richtigen Erklärungsgrund für das sogenannte Gemeingefühl,[269] welches jedem als Krankheits- oder Gesundheitsgefühl, Aufgelegtheit, Schwächegefühl, Reizbarkeit, Trübsinn u. s. w. bekannt ist; denn alle die Willensakte oder Gefühle, durch welche die unzähligen Reflexbewegungen unseres leiblichen Lebens vermittelt werden, müssen immer mehr oder weniger bewusst sein, und die Summe dieses Willens- oder Gefühlszustandes bildet unsere Lebensstimmung, soweit sie von den organischen Processen abhängt. Demgemäss ist es strenggenommen nicht richtig, wenn man z. B. das Erröthen eines schamhaften Knaben oder Mädchens unwillkürlich nennt; und man schliesst daher auch mit Sicherheit auf einen dieser Blutbewegung zu Grunde liegenden Affekt, auf einen verborgenen Willen, ein dadurch angezeigtes Gefühl; nichtsdestoweniger wollten die Betreffenden, sobald sie das Sichtbarwerden ihrer Glut bemerken, lieber nicht erröthen. Indem man sich nun auf den Standpunkt dieses zweiten Willensaktes stellt, nennt man den ersteren Vorgang unwillkürlich; gleichwohl könnte man von einem höheren Standpunkt diesen zweiten Willensakt wieder unwillkürlich nennen, da er in der Regel ohne begleitendes bewusstes Räsonnement sich vollzieht. Es verhält sich daher hier, wie etwa, wenn Jemand in heftigem Lauf durch ein verborgen ausgespanntes Seil plötzlich gehemmt wird und 110 kopfüber stürzt; denn die nach dem Gesetz der Träg|heit fortdauernde Bewegung des Oberkörpers steht in Widerstreit mit der gehemmten Bewegung der Schenkel, und doch drückt sich in Beidem dieselbe Natur aus. So ist auch das Schamgefühl, welches das Erröthen mit sich bringt, und der Verdruss darüber beides unser Wille; die von dem ersteren in Gang gesetzten Gefässmuskelbewegungen sind aber nicht prämeditirt, so dass nun ein Erfolg eintritt, der einen zweiten missbilligenden Willen auslöst, ohne dass dieser die von dem ersteren herbeigeführte Bewegung sofort aufheben könnte.

Da unsere unzähligen Willensakte also alle mehr oder weniger bewusst und mehr oder weniger mit dem Erkenntnissvermögen coordinirt sind, so ist nichts nothwendiger, als dass der natürliche Mensch in vielem Widerstreit seiner Gefühle oder seines Willens lebe und dass er nach den Graden der Bewusstheit und den Stufen der begleitenden Erkenntniss auch seine Bewegungsakte mehr oder weniger willkürlich oder unwillkürlich nenne, obgleich sie alle aus zugehörigen Willenserregungen oder Gefühlen abfolgen. Es erhebt sich daher die Frage, was eigentlich die Freiheit der Bewegungen bedeute.

Nun ist klar, dass alle unsere Functionen überhaupt auf das Ich bezogen sind, welches sie ausübt. Dächten wir uns jedoch die Bewegungsfunctionen des Ichs zunächst als völlig zerstreut in vereinzelte Akte, so würde kein einzelner Akt von einem anderen abhängig und das Ich also nicht im Stande sein, durch einen Akt einen anderen hervorzurufen. Je mehr daher alle einzelnen Bewegungsakte mit einander coordinirt und also von einander abhängig werden, desto mehr wird die Macht oder die Freiheit des Ichs zunehmen, da es nun durch einen gegebenen oder zugänglichen Akt viele andre beherrschen, d. h. hervorrufen kann. So z. B. wird zuerst das Schreiben der einzelnen Buchstaben von dem Kinde nur mit Mühe in Coordination mit der Vorschrift, also mit einer Empfindung des Sehvermögens, vollzogen. Durch viele Uebung wird dies leichter. Nun wird das Gesichtsbild aber auch mit dem Tonbild associirt, und das Ich gewinnt die Macht, bei dem gehörten Laut dieselben Schreib-Bewegungen mit der Hand zu vollziehen. Das Tonbild wird sich aber noch mit dem nicht gesprochenen und gehörten, sondern bloss psychischen Wort associiren, so dass nun auch bei dem blossen sogenannten Denken oder inneren Sprechen das Ich die Macht hat, die Hand zu beliebigen Bewegungen zu veranlassen. Dadurch wächst also die | Macht und Freiheit des Ichs fortwährend. Ebenso verhält es sich bei 111
allen Bewegungen; je mehr sie mit einander in Gelenken verbunden sind, desto mehr bilden sie eine Maschinerie, so dass das Ich als Techniker möglichst das ganze Heer der Bewegungen nach Belieben auslösen kann, wie ein Feldherr, der durch Adjutanten und durch die verschiedenen höheren und niederen Befehlshaber schliesslich eine in weiten Räumen zerstreute grosse Heeresmacht nach seinem Willen dirigirt. So ist es auch mit dem sogenannten willkürlichen und unwillkürlichen Gedächtniss, denn die Willkürlichkeit besteht darin, dass die in der Seele fortdauernden, d. h. «behaltenen» Functionen mit anderen associirt werden, die ebenfalls wieder in Gemeinschaft mit anderen versetzt sind, bis das Ich, welches als Persönlichkeit einen Ueberblick

über seinen ganzen Besitz hat, durch bestimmte Gedankenverbindungen, wie auf bestimmten Wegen, zu jedem Punkte seines Reiches gelangen und möglichst alles im Gedächtniss Behaltene hervorholen, d. h. zu Bewusstsein bringen kann.

Demgemäss können wir jetzt die Begriffe «Macht» und «Freiheit» bestimmt definiren; denn Macht bedeutet die Ursache, sofern man darauf hinblickt, dass die Wirkung ihr nothwendig folgt, oder von ihr abhängt. Und Freiheit bedeutet dasselbe mit dem Unterschiede, dass man darauf hinblickt, dass die Macht nicht von einer anderen Ursache abhängt oder bewirkt wird. Wenn z. B. c auf b und b auf a gesetzlich folgt, so hat b Macht über c, a aber Macht über b. Mithin ist b frei, sofern es von c unabhängig ist, unfrei aber, sofern es von a abhängt. Macht und Freiheit schreiten daher zusammen fort, nehmen zu, je mehr andre Glieder von Einem abhängig sind und je weniger andre Glieder als Ursachen vorhergehen; umgekehrt aber nehmen sie ab. Darum unterliegen Macht und Freiheit der Quantität und Relation, d. h. sie sind immer «mehr oder weniger» vorhanden und immer in Beziehung zu bestimmten Coordinaten festzustellen. Der Knecht hat Macht über seine Schafe, aber er ist abhängig von seinem Brotherrn, der wieder in gewissen Beziehungen abhängig von dem Schulzen[270] oder dem Kreisrichter ist u. s. w.

Die Untersuchung über die Bewegungsfunctionen der Seele muss daher nothwendig mit dem Begriff der Macht und Freiheit schliessen, weil die Bewegung überhaupt die Coordination der Functionen in Beziehung auf das perspectivisch gegebene Be-
112 wusstsein des Ichs ausdrückt; denn sobald die Bewegungen der Ver|gangenheit oder der Zukunft angehören, so fallen sie bloss in das ideelle Sein, welches von dem Erkenntnissvermögen betrachtet wird, und sind keine Bewegungsakte mehr, wie z. B. wenn man sagt, dass Cato sich selbst tödtete,[271] oder dass die Erde einmal auf die Sonne stürzen wird.[272] Bewegungen finden desshalb immer nur in der Gegenwart statt, d. h. sie beziehen sich auf ein Ich mit perspectivisch gegebenem Bewusstsein und bedeuten, dass irgend ein Akt als Empfindung bewusst wird. Darum ist auch die oben analysirte Definition von Macht und Freiheit noch durch eine nähere Bestimmung zu ergänzen; denn diese beiden Begriffe verlangen immer eine Beziehung auf das Ich oder überhaupt auf ein substanziales Wesen, sofern die blossen Akte a, b, c u. s. w. in ihren ideellen Coordinationen feststehen, daher gleichgültig gegen die Zeit sind und auch keinen Punkt an sich haben, der ausserhalb der gegebenen Coordination fiele und als Subject der Freiheit oder Abhängigkeit betrachtet werden könnte. Mithin kann als mächtig, frei, abhängig und unfrei immer nur das Ich oder ein substanziales Wesen gelten, welches von seinen Akten verschieden ist und durch anderweitige Functionen, wie z. B. durch seine Gefühle und Gedanken, die Coordination der Bewegungsfunctionen in's Spiel setzt oder umgekehrt von ihnen in seinen Gefühlen oder Gedanken bestimmt wird. Der Begriff der Macht und Freiheit gehört desshalb dem Ich in Zuordnung zu dem Bewegungsvermögen und

in Beziehung auf die perspectivische Bestimmung der Gegenwart, wie auf die anderen beiden Vermögen, durch welche das Ich seine Stellung als Subject in Beziehung auf das Coordinatensystem der Bewegungsakte documentirt.

# Drittes Capitel.
# Die Bewegung im Gebiete der Erkenntniss.

## § 1. Die Kategorien der Modalität.

Streit um Ausdrucksweisen.

Von Seiten der Erfahrungswissenschaften hört man häufig die Klage, dass durch die Philosophie immer gewisse Erdichtungen zur Erklärung der Phä|nomene eingeführt wären, wie z. B. die Entitäten, oder die Lebenskraft,[273] oder der horror vacui;[274] allein solche Vorwürfe gehen an die unrechte Adresse; denn es sind eben die empirischen Forscher, welche für ihr Geschäft diese Principien gebraucht haben, und es sind wieder empirische Forscher, welche von anderen philosophischen Schulen beeinflusst andre Principien in Gebrauch nehmen. Philosophische Principien muss eben jeder Empiriker gebrauchen, und selbst wenn sie falsch wären, kann man ohne sie nicht auskommen, wie nach dem bekannten Witz schlechtes Wetter noch immer besser ist, als gar kein Wetter. 113

Allein ausserdem sind diese Vorwürfe auch gewöhnlich auf Missverstehen begründet. Worüber beklagt man sich z. B., wenn gewisse Erscheinungen der Natur auf die Lebenskraft zurückgeführt werden? Dass dadurch nichts erklärt würde, sondern dass man statt der Angabe von Ursachen nur ein Wort, ein räthselhaftes und nichtssagendes erhielte? Wirklich? Fiel es denn auch in den dunklen Zeiten, wo die Lebenskraft oder der Archaeus[275] eine grosse Rolle spielte, Jemandem ein, die Kenntniss einer Ursache zu verheimlichen, um dem Theatergott der Lebenskraft keinen Abbruch zu thun? Ich denke, weil man die vermittelnden Ursachen nicht ausfinden konnte, begnügte man sich mit dieser allgemeinen Bezeichnung. Und leider sind bis jetzt die Lebenserscheinungen noch ebensowenig erklärt, wie im grauesten Alterthum, und kein noch so geschickter Chemiker hat eine Zelle oder eine Muskelfaser gemacht, geschweige denn einen Menschen auf künstliche Weise producirt. Es ist desshalb anzuerkennen, dass philosophisch gebildete Naturforscher, wie Gustav Bunge,*[276] durch exacte Nachweisung dies den Empirikern nachdrücklich zu Bewusstsein bringen.

* Vitalismus und Mechanismus. Leipzig 1886.[277]

Der Ausdruck Lebenskraft hat also nichts verbrochen, keine Forschung gelähmt, keine gewonnene Erkenntniss beeinträchtigt; denn wenn wir z. B. sagen, Napoleon hat bei Austerlitz gesiegt,[278] so ist die Forschung nach seinen Mitteln und nach den Umständen und Vorgängen nicht ausgeschlossen, und die detaillirte Erkenntniss aller Ursachen und Wirkungen beeinträchtigt nicht im Mindesten die Richtigkeit der Behauptung, dass Napoleon gesiegt habe. So dient auch das Wort Lebenskraft bloss dazu, ein Gebiet von Erscheinungen abzusondern, welches sich den andern
114 gegenüber als andersartig erweist. Die Athmung und Herzbewegung z. B. | wurde auf die Lebenskraft zurückgeführt. Obgleich man nun jetzt eine Menge mechanischer Elemente in diesen Vorgängen kennt, so wäre es doch einfach lächerlich, den Vorgang selbst einen mechanischen zu nennen und als erklärt zu betrachten; denn nicht eher werden wir dies gestatten, als bis man einen Kautschukapparat in den Thorax an den Platz des Herzens und der Lungen eingeschoben hat und die Phänomene des Lebens dann ebenso unbehindert weiter spielen lässt. So lange aber lebendige Zellen, die man nicht erklären kann, mit specifischen Energien zur Reaction oder Reflexbewegung erforderlich sind, so lange wird man die Kritik der Lebenskraft vertagen müssen.

Und die gesammte Wissenschaft muss mit solchen gleichsam algebraischen Ausdrücken arbeiten, deren bestimmter Werth zuweilen hinzugedacht, zuweilen erst gesucht werden soll. Ist es nicht dasselbe, ob man sagt, die Lebenskraft leiste dies und das, oder ob man die Elektricität, die Schwerkraft, die Chemie, die Mathematik, die Kunst als Ursache gewisser Erscheinungen anführt? Die Kunst hat die Venus von Milo hervorgebracht. Wer zweifelte, dass es nicht die Orchestik oder Musik, sondern die Plastik war, und dass die Plastik nicht als ein Deus ex machina auftrat, sondern als eine bestimmte Function eines bestimmten Künstlers und zwar eines Griechen, der die und die bestimmte Schule durchgemacht hatte, durch die und die bestimmten Motive geleitet war und an einem bestimmten Orte und zu bestimmter Zeit und mit bestimmten Werkzeugen allmählich das Werk vollendete! Nun, so verhält es sich auch mit der Lebenskraft, die über ihre Verketzerung spottet und nichts mehr wünscht, als die Aufdeckung all' der mechanischen Vorgänge, deren sie sich bedient, da sie durch die Anerkennung ihres mechanischen Organisationstalentes nur gewinnen kann.

Der Grund, wesshalb ich diese Streitigkeiten anrührte, liegt darin, dass es für die Wissenschaft von der höchsten Wichtigkeit ist, den Sinn der Wörter, an die wir nun einmal gebunden sind, genau zu bestimmen. Dazu gehört aber eine metaphysische und logische Besinnung, die nicht Jedermanns Sache ist. In aller Wissenschaft, sowohl in der speculativen, als in der empirischen zahlt man mit Worten; Thaten giebt nur der Techniker und Praktiker. Wenn der Chemiker oder der Physiker eine Erscheinung erklärt, so führt er als Ursachen eine Menge Worte vor, wie Gesetz, Kraft,

Zahlenverhältnisse, Raumgrössen, Zeitmasse, Be|dingungen u. s. w.; er hütet sich 115 aber wohl, zu erklären, was für eine Art von Existenz diese seltsamen Wesen führen, die ihr ungestörtes Leben in den Worten haben. Die Logik muss dies aufhellen und dafür die Metaphysik zu Rathe ziehen; denn da die Wörter Zeichen sind, so müssen sie auf Begriffe führen, und diese müssen sich auf etwas Seiendes beziehen, das wiederum von sehr verschiedener Art ist. So z. B. spricht man in der Zoologie vom Pferde. Allein ein Pferd giebt es nicht und kann es nicht geben; denn es müsste ja, wenn es wirklich sein sollte, entweder ein arabisches, holsteinisches, ein Pony u. s. w. sein, entweder Hengst oder Stute, weiss oder braun, jung oder alt u. s. w., kurz es zeigt sich, dass ein Pferd nur ein Begriff ist, der bloss im Geiste existirt, sich aber auf wirkliche Dinge bezieht, die dadurch begriffen werden. Darum ist die Logik und Metaphysik unentbehrlich, damit uns die in den Wissenschaften gebrauchten Wörter nicht in eine ebenso verwirrende Fabelwelt versetzen, wie die Mythologie der Heiden.

Wirkliches und bloss Gedachtes.

Nun setzen wir in der Regel dem Begriff oder blossen Gedanken die Wirklichkeit, dem Ideellen und Idealen die Realität gegenüber. Es ist aber auch den Philosophen bisher nicht gelungen, deutlich und bestimmt den Begriff der Wirklichkeit oder Realität zu definiren und mit dem Begriff das darunter Begriffene zur Deckung zu bringen. Denn wenn Kant z. B. das für wirklich erklärt, «was mit unseren Sinnesempfindungen (d. h. den materialen Bedingungen der Erfahrung) zusammenhängt»,[279] so dürfte ihm eigentlich nicht einmal die ganze Erde abgesehen von dem nächsten Umkreise von Königsberg als «wirklich» gelten, da der Zusammenhang z. B. von Frankreich oder von Amerika mit Königsberg ihm ja nur durch Sinnesempfindung, die er bei seinem Einsiedlerleben nicht gewann,[280] hätte offenbar werden können. Ausserdem durfte er z. B. nicht sagen, dass er jemals «wirklich» irgend eine Kategorie seiner Kritik der reinen Vernunft gedacht hätte; denn Kategorien haben keinen Zusammenhang mit Sinnesempfindungen, und das Intellectuale kann sich mit dem Sensualen nicht so berühren, wie der Sattel mit dem Pferde.

Ebensowenig Aufklärung bietet Hegel, dem das Wirkliche überall aus der Hand läuft, wenn er es packen will; denn da es aus den Erscheinungen in das Wesen flieht und dort erst in dem Allgemeinen des Geistes vorkommen soll, so wird man zuerst, froh | über den schönen Fund, ein grosses Gut gewonnen zu haben glau- 116 ben, bis man sieht, dass das Wesen wieder in die Erscheinungen und der Geist in die Natur zerstiebt, die aber als blosse Durchgangs-Momente des allgemeinen Processes auch wieder zu Grunde gehen, so dass nun das Wirkliche keinem Wirklichen zukommen kann, sondern bloss den abstracten Inhalt eines Gedankens bildet, der

23 «wirklich»] *so Ms,* «wirklich» *DA*

an sich unwahr ist und sich selbst aufheben muss, um der immanenten Dialektik zu genügen, da er nicht, wie die angebliche Platonische Idee, ohne gedacht zu werden, in einem Wolkenkuckucksheim zu Hause sein kann. Ist aber dennoch das Wirkliche vielmehr das ganze All in dieser seiner dialektischen Form, so bedeutet es eben Nichts mehr, weil es auf Alles passt und wegen des dialektischen Processes absolut unzuverlässig ist.

Die Fehler dieser beiden grossen Philosophen, welche die realistische und die idealistische Richtung vertreten, liegen darin, dass ihnen die Begriffe vom Wesen (Substanz) und von der Zeit fehlten. Für Kant war das Wesen eine sinnenfällige Erscheinung, für Hegel ein Allgemeines, d.h. eine Idee; daher konnte Kant von der Idealität seiner Zeitanschauung keinen Gebrauch machen,[281] sondern blieb Empiriker, weil er nur mit Erscheinungen zu thun hatte, und Hegel behielt die Zeit auch für die Ewigkeit, weil das Ewige als bloss Allgemeines sich dialektisch zersetzen, also sich wieder in die zeitlichen Erscheinungen umwandeln musste. Mithin wird man sich unter solchen Bedingungen über die Rathlosigkeit ihrer Ansichten von der Wirklichkeit nicht wundern können.

Durch meine Metaphysik wird die ganze Auffassung von Grund aus verändert. Ich gehe zwar ebenso, wie die kritische Philosophie, vom Bewusstsein aus; aber ich finde im Bewusstsein nicht, wie Kant, bloss Sinnesempfindungen als Stoff zum Denken vor, sondern ebenso das Ich als Prototyp aller Wesen, und ebenso wie die Empfindungen auch die Gefühle und die Gedanken. Mithin nenne ich Wirklichkeit in erster Linie die Wesen, die Träger und Eigenthümer aller Functionen, wobei es ganz einerlei ist, ob die Wesen sich selbst zum Bewusstsein kommen und von Anderen erkannt werden, oder unbewusst und ungewusst verharren. Die Wesen heissen wirklich, sofern sie nicht bloss einen Gedankeninhalt für einen Denkenden bilden, (wie z.B. ein Gesetz, eine Redefigur, eine Pflanzenfamilie) und nicht bloss erdichtet (fingirt) sind (wie der Phönix, der Magnetberg[282] und die Gestalten der Poesie). Die Wirklichkeit in diesem ersten Sinne soll also die metaphysischen | Substanzen bedeuten und steht der Projection gegenüber, da es überhaupt erst möglich wird, irgend einen Inhalt der Gedanken in eine Aussenwelt zu projiciren, wenn das Wesen sich schon als Wesen erkannt und sich von seiner Erkenntnissfunction und dem Inhalt der Gedanken unterschieden hat. *117*

In zweiter Linie soll das Wort Wirklichkeit jede Function bedeuten, welche dem Bewusstsein der Gegenwart angehört oder damit zusammenhängt, so dass alles Vergangene und Zukünftige entgegengesetzt wird. Da nun alles, was nicht Gegenwart ist, nur als Gedankeninhalt vorgestellt wird, so kommt es, dass auch aller Vorstellungs- oder Erkenntnissinhalt als ideell dem Wirklichen entgegentritt. Lotze

37 als ideell dem Wirklichen] als ideell oder ideal dem Wirklichen *Ms*

konnte sich über den Begriff der Wirklichkeit nicht klar werden, indem er ein angebliches Gebiet des «Geltens» dem Sein gegenüber zu entdecken meinte. Ich habe aber schon in früheren Schriften darauf hingewiesen, dass dies «Gelten» nur den Inhalt der Meinung (δοκεῖ) bedeutet und zwar meistens in dem praktischen Gebiete.[283] Die Erde z. B. galt im Alterthum als Mittelpunkt der Welt, d. h. sie wurde dafür gehalten, es war dies die Meinung; Eisen galt in Sparta als Zahlungsmittel,[284] d. h. es wurde von den gehorsamen Bürgern dafür angesehen und, weil der Wille in Coordination steht mit der Meinung, auch dafür angenommen, obwohl andre Völker eine andre Meinung hatten und es daher ihrerseits als Tauschmittel nicht annahmen. Also lassen wir das Lotzesche «Gelten», da es bloss die gesellschaftlich herrschende Meinung bedeutet, fallen, weil es keine neue Aufklärung über den Begriff der Wirklichkeit bringt, sondern als eine bestimmte Form des Ideellen schon von uns mit umfasst worden ist.

Beide Bedeutungen des Wirklichen aber können auf Eine zurückgeführt werden, da sowohl unsere Functionen als unser Ich unmittelbar bewusst sind, unmittelbares Bewusstsein immer Gegenwart bedingt und somit alles Uebrige als Ideelles, d. h. als blosser Inhalt der Vorstellung oder Erkenntniss, entgegengesetzt wird. Sofern nun der Begriff der Wirklichkeit selbst der Erkenntniss angehört und nicht etwa ein unmittelbares Bewusstsein bildet, muss er einen Schluss ausdrücken, dessen Beziehungspunkte erstens das unmittelbare Bewusstsein und zweitens der Inhalt des Vorstellens, Denkens, Erkennens sind, die nach dem Gesichtspunkt der Verschiedenheit auseinandergehalten und also als Wirkliches und bloss Gedachtes in Gegensatz gestellt werden.

| Anwendung der Kategorie auf den Inhalt des Erkennens. *118*

Sobald wir aber diese beiden Kategorien der Realität und Idealität gewonnen haben, können wir sie, weil das unmittelbar Bewusste als Beziehungspunkt zur Bildung von Gedankeninhalt dient, auch auf den Inhalt aller Erkenntniss anwenden und demgemäss z. B. innerhalb der von uns projicirten Aussenwelt Wirkliches und Ideelles (Gemeintes) unterscheiden, so dass man z. B. den nach der Analogie mit dem Ich erschlossenen Wesen, möge man sie als Atome oder Seelen oder sonstwie bezeichnen, Wirklichkeit zuerkennt, ebenso wie den Functionen dieser Wesen, während man die dadurch in unserer Erkenntniss entstehenden Erscheinungen von Dingen und Bewegungen nur für ideell oder vorgestellt erklärt.

Diese beiden Begriffe fallen desshalb nicht etwa mit denen von richtiger und unrichtiger, wahrer und falscher Erkenntniss zusammen; denn die Mathematik z. B. enthält lauter richtige Erkenntniss und doch nichts Wirkliches, sondern nur Ideel-

6 galt] *so Ms*; galt *DA*

les; vielmehr ist alle falsche und unrichtige, d. h. angebliche Erkenntniss immer bloss etwas Ideelles; die wahre Erkenntniss aber theilt sich in zwei Gebiete, von denen das Eine *auf das Wirkliche hindeutet*, das andre aber *specifisch* der blossen Erkenntniss angehört und also rein ideell ist.[285] Der Richter z. B. erkennt die Schuld des Angeklagten und hat in seiner semiotischen Erkenntniss, wenn sie wahr ist, den Begriff von der Wirklichkeit der Person des Angeklagten und von der Wirklichkeit der That (Function) dieser wirklichen Person. Die Erscheinung dieser Person und ihrer That ist für das Urtheil gleichgültig und nur zur Erforschung der Wirklichkeit von Bedeutung. Wenn der Naturforscher aber das Gesetz des Falls erklärt, so bewegt er sich in lauter specifisch ideellen Formen, da allen den Zeit-, Raum-, Bewegungs- und Verhältnissbestimmungen, ebenso wie den Gleichungen nichts Wirkliches entspricht, so zutreffend sie auch sein mögen, und nur die allgemeine metaphysische Erkenntniss wird von ihm vorausgesetzt, dass durch diese ideellen Formeln solche Erscheinungen verständlich ausgedrückt werden können, welche in ihrem letzten Grunde von wirklichen Wesen und deren Functionen herrühren. Es ist ihm aber nicht um die Erforschung dieses realen Gebietes zu thun, sondern nur um die Formulirung der Erscheinungen, d. h. um das bloss Ideelle.

*119* Darum kann dem Ideellen, d. h. dem Inhalte der Erkenntniss und | Vorstellung, in einer doppelten Bedeutung Wirklichkeit zugesprochen werden, einmal sofern der Inhalt auf etwas Wirkliches, d. h. im unmittelbaren Bewusstsein Gegebenes, hindeutet, und zweitens, sofern die Erkenntniss oder Vorstellung in der Gegenwart bewusst, d. h. eine wirkliche Function war oder ist oder sein wird. Man kann darum sagen: er irrt wirklich, er meinte wirklich das und das, man glaubte wirklich an Aphrodite als an eine Göttin u. s. w., weil es dabei nicht auf den Inhalt der Vorstellung, sondern nur auf die Gegenwart der Function im Bewusstsein ankommt und solche Function nothwendig einen Inhalt hat.

Perspectivische und objective Definition der Wirklichkeit.

Hierdurch wird nun das Problem in's Klare gesetzt, das ich behandeln wollte. Die Wirklichkeit war uns nämlich an das gegenwärtige Bewusstsein geknüpft. Da nun die Zeit perspectivisch ist, so wird das eben noch Wirkliche immerfort unwirklich, sofern die Function als vergangene nicht mehr im Augenblicke bewusst ist. Nimmt man diese Thatsache nun in der Weise, wie *Hobbes* oder *Hegel*, so wird alle Wirklichkeit überhaupt illusorisch, weil sie auf der Schneide des Messers tanzt.[286] Gleichwohl ist diese Auffassung bei allen denen, welche an die Zeit glauben, also bei der grossen Masse der Gelehrten und Ungelehrten überall zu Hause, wesshalb man die Vergangenheit und Zukunft für nichts Wirkliches hält. Ich nenne diese Auffassung aber nur eine natürliche Illusion, weil Niemand, der den Begriff der Zeit mit mir analysirt hat, sich mit einem immerfort verschwindenden Differential von Wirklichkeit zufrieden geben kann.

Sobald man nun hinter das Wesen der Zeit gekommen ist, so zeigt sich erstens, dass das Ich als Substanz in immerwährender Gegenwart, also immer wirklich ist und mit sich identisch bleibt, und zweitens, dass die Functionen an ihrer Wirklichkeit dadurch nichts einbüssen können, ob sie perspectivisch betrachtet für gegenwärtig, vergangen oder zukünftig gehalten werden. Mithin besteht die Auflösung des Problems darin, die perspectivische Betrachtung der Wirklichkeit von der objectiven zu scheiden und daher das Ganze durch alle Zeiten reichende technische System aller Functionen der Wesen für die wirkliche Welt oder die Wirklichkeit zu erklären. Diese gesammte Wirklichkeit muss aber für jedes Ich nach der ihm zugeordneten Coordination der Functionen in ihrer zeitlosen Ordnung perspectivisch beschränkt und daher in momentanen individuellen Differentialen erscheinen, deren Continuität | durch die immerwährende Gegenwart des 120
Ichs und deren relative Grösse durch die individuelle Verschiedenheit der Kraft bestimmt ist.

Sofern nun jedes Ich über seine eigenen Functionen, die nach der zugeordneten Reihenfolge ihm bewusst waren, nicht in Zweifel ist, wird es mit Sicherheit darüber urtheilen, was in seinem Leben als Wirkliches und was als bloss Gedachtes gelten müsse. Sofern es aber über zukünftige Functionen, oder über solche, deren Erinnerung nicht wiederkehrt, oder über die Functionen anderer Wesen urtheilt, von denen es kein unmittelbares Bewusstsein haben kann, so ist ein neuer Beziehungspunkt, also eine neue Coordination und mithin eine neue Kategorie gegeben, nämlich die Möglichkeit und Unmöglichkeit.

Möglichkeit und Unmöglichkeit.

Ich kann Kant's Definition des Möglichen nicht loben; denn wenn er als möglich das bezeichnet, «was mit den formalen Bedingungen der Erfahrung (Raum, Zeit, Kategorien) übereinstimmt,»[287] so bleibt sein Terminus «Was» ein X, dessen Begriff und Gebiet wir gar nicht kennen lernen, also auch nicht verwerthen können. Wenn wir nun als ganz bestimmten Beziehungspunkt nach den Forderungen unserer Dialektik dafür das Ideelle, d. h. irgend welchen Vorstellungsinhalt einsetzen, so werden wir auch ein Solches noch nicht, wenn es bloss mit den formalen Bedingungen der Erfahrung übereinstimmt, für möglich erklären, wenn es nicht auch zugleich mit keiner uns schon bekannten Wirklichkeit in Widerspruch steht. Nach Kant z. B. müsste es möglich sein, dass Cäsar wie Livius geschrieben hätte und dass Abraham mit Kleopatra verheirathet gewesen sei; denn gegen die formalen Bedingungen der Zeit und des Raums und der Kategorien im Allgemeinen verstossen diese Annahmen gar nicht, sondern nur gegen das, was wir sonst schon als historisch Wirkliches erkannt haben; denn nur weil wir schon wissen, wann Cleopatra lebte, und von welchem Charakter die Geisteskraft Cäsars war, können wir über die Möglichkeit oder Unmöglichkeit urtheilen; die allgemeinen formalen Bedingungen aber entscheiden

darüber nichts. Kant hat seine Definition von Leibnitz geerbt, der sie für seine Phantasie von unendlich vielen möglichen Welten brauchte.[288] Allein es ist klar, dass das von Kant nicht ausgedachte X den Grund seines Fehlers bildet; denn um irgend eine Gedanken-Combination, die als möglich gelten soll, machen zu können, muss man doch schon immer einiges Gegebene haben, das aus unmittelbar bewussten Func-
121 tionen stammt. Da | aber jede Function anderen zugeordnet ist, so folgt, dass unsere logische Zufriedenheit, oder die Stimmung, bei welcher wir gegen eine Annahme keine Missbilligung fühlen, nicht durch bloss formale Beziehungen erreicht werden kann, sondern von dem Inhalt des Gegebenen und von der Vergleichung mit dem früher erkannten Wirklichen abhängt. Desshalb entwickelt sich der Begriff des Möglichen in dem Verstande nothwendig *später*, als der Begriff des Wirklichen und nimmt in der Topik der Begriffe die niedere Stelle ein. Ebendarum bedeutet auch die *Unmöglichkeit* einer Annahme den Widerspruch gegen die Wirklichkeit, soweit sie in einer fertigen Erkenntniss vorliegt; denn das durch blosse Ideenassociation Vorgestellte gehört überhaupt nicht zum Denken, weil es keine Erkenntniss bildet. Und wenn Kant *Beispiele* für seine Definition analysirt hätte, würde er gesehen haben, dass die sogenannten formalen Bedingungen überhaupt zum Denken gehören, dass aber die Unmöglichkeit immer schon ein früher Gedachtes voraussetzt, mit welchem wir das Unmögliche vergleichen. Die *Möglichkeit* aber bedeutet, dass ein Gedachtes mit dem übrigen als wirklich Erkannten verglichen wird, ohne dass wir dabei einen Widerspruch bemerkten. Darum lässt sich *die Unmöglichkeit vieler Annahmen endgültig erweisen*, z. B. dass die Menschen nicht etwa wie die Hechte, im Wasser leben könnten oder wie Jonas drei Tage im Bauche eines Walfisches[289] u. dergl. *Die Möglichkeit aber ist und bleibt immer perspectivisch*, da jede für den individuellen Standpunkt vorauszusetzende geringere oder grössere Erkenntniss der Wirklichkeit immer andere Vergleichungspunkte liefert, durch welche die Gränzen des Möglichen erweitert oder verengert werden, bis zuletzt als das allein Mögliche das als wirklich zu Erkennende übrig bleibt. So gilt es jetzt z. B. für möglich, dass die Griechen ihre Statuen bemalt hätten oder nicht; die Funde bemalter Statuen aber schränken diese Möglichkeit sehr ein, und wenn eine glaubwürdige Stelle darüber bei Pausanias, Aristoteles oder sonst einem Autor dieser Art entdeckt würde, so wäre die Möglichkeit der einen oder der anderen Annahme ganz verschwunden.[290] Ebenso gilt vieles über die Zukunft Gedachte als möglich; sobald das Zukünftige aber der gegenwärtigen Zeit näher rückt und endlich in unmittelbar bewussten Functionen erlebt wird, so wird der Möglichkeit vieler Annahmen immer enger um's Herz, bis sie den Athem aufgiebt und mit der Wirklichkeit verschmilzt.

24 Walfisches] *so Ms*; Wallfisches *DA*.

| Wenn die Kategorie der Möglichkeit sich also ausschliesslich auf das Gebiet 122
der Erkenntniss bezieht, so scheint damit in Widerspruch zu stehen, dass wir in der Sprache die Möglichkeit und das Können in der Regel den sogenannten wirklichen Dingen selbst zuschreiben, wie man z. B. sagt: ein Mensch kann nicht an zwei Orten zugleich sein; Vergangenes kann nicht ungeschehen gemacht werden; dieser Officier hätte jedes Mädchen zur Frau erhalten können; es ist möglich, in die Sahara das Mittelmeer zu leiten[291] u. s. w. Allein bei genauerer Analyse solcher Beispiele wird man finden, dass überall doch nur die gewöhnliche Projection unseres Erkenntnissinhaltes nach Aussen stattfindet, indem unsere Schlüsse über die Zuordnung der im Bewusstsein gegebenen Beziehungspunkte als eine Eigenschaft oder Kraft oder ein Vermögen den phänomenologischen Gegenständen zugeschrieben werden.

Es fällt mir aber nicht ein, in der paradoxen und etwas beschränkten Art des Megarischen Eukleides die Vermögen und Anlagen abzuthun, weil, wie er sagt, der Baumeister nur bauen könne, wenn er wirklich baue;[292] denn es wird ja durch diese Reduction des Möglichen auf das Wirkliche der Kreis unserer Erkenntniss nicht erweitert, sondern nur eingeschränkt, da es doch in die Augen fällt, dass es gewisse Möglichkeiten oder Künste sind, wodurch wir den Baumeister, Arzt, Staatsmann u. s. w. unterscheiden, und dass wir den Arzt nur rufen lassen, wenn und weil wir überzeugt sind, dass er helfen kann, obgleich er uns noch nicht wirklich geholfen hat. Um also diesen grossen Kreis von Thatsachen zu begreifen, müssen wir bemerken, dass alle solche Fähigkeiten und Möglichkeiten zwar insofern Projectionen sind, als wir die Beziehung hinzudenken, ohne das sogenannte complementum possibilitatis[293] zu beachten, dass das Fundament der Beziehung[294] aber und der Terminus[295] als wirklich gegeben sind. So ist die deutsche Armee eine wirkliche Macht, auch wenn sie keinen Feind niederwirft. Die Beziehung ist dabei nur ideell, d. h. im Denken vorhanden, und auf die Umstände (compl. possib.), unter denen die Beziehung reell wird, kommt es gar nicht an; die Beziehungspunkte sind aber entweder in actuellem Bewusstsein unmittelbar gegeben, oder aus Erinnerungen geschöpft. Es ist desshalb richtig, mit den Megarikern zu sagen, dass das Potentielle nichts Wirkliches sei, richtig aber auch, mit der allgemeinen Menschheitsvernunft überall Potenzen, lebendige Kräfte und Möglichkeiten als Wirklichkeiten anzusetzen, wenn man nur
zu scheiden weiss und das Fundament der Be|ziehung nicht mit der Beziehung selbst 123
vermischt; denn die Beziehung ist ideell und nichts Wirkliches, z. B. der Arzt heilt jetzt nicht; das Fundament der Beziehung aber ist wirklich; denn der Arzt hat wirklich die und die Kenntnisse, welche dem Laien fehlen, und kann desshalb heilen. Wenn wir in dieser Weise das Wirkliche und das bloss Ideelle unterscheiden und die Projection nicht vergessen, so behalten wir zur Vermehrung des Kreises unserer Erkenntniss das volle Recht, Potenzen, Fähigkeiten, Vermögen und andere Möglichkeiten als wirklich gegeben zu erklären und für unsere Schlüsse zu verwerthen.

Nothwendigkeit und Zufälligkeit.

Ueber die Nothwendigkeit und Zufälligkeit urtheilt Aristoteles in seiner Weise ganz vortrefflich; denn was sich nicht anders verhalten kann, sondern schlechthin so ist, wie es ist, das nennt er nothwendig (τὸ ἐνδεχόμνον οὐκ ἄλλως ἔχειν ἀλλ' ἁπλῶς);[296] zufällig dagegen, was sich anders verhalten kann. Hierbei hat er aber ganz dogmatisch und projectivisch die Dinge selbst gemeint, die doch mit Nothwendigkeit und Zufälligkeit nichts zu thun haben. Darum macht Leibnitz zwar bedeutende Fortschritte ihm gegenüber, verfällt aber doch, indem er z. B. im Interesse der Freiheit beweisen will, dass das Nothwendige der Zukunft zugleich zufällig (contingent) bliebe,[297] wieder der Verwechselung des Erkenntnissgebietes mit der Wirklichkeit; denn eine zukünftige Handlung kann nur dann zufällig oder nothwendig zugleich genannt werden, wenn man einerseits projectivisch die Zufälligkeit auf das wirkliche Sein bezieht, in diesem die Zeit auch als etwas Wirkliches annimmt und die Freiheit der Willensentscheidung über etwas noch nicht Geschehenes voraussetzt, während andererseits kritisch die Nothwendigkeit dann auf die Erkenntniss des Zusammenhangs der Ursachen bezogen wird. Darum ist bei Leibnitz der Gebrauch dieser modalen Kategorien noch halb dogmatisch, halb kritisch.

Kant aber hielt besser den Charakter der Modalität für diese Kategorien fest und bezog sie desshalb auf die Erkenntniss. Allein seine Definition ist doch ungenügend; denn wenn er sagt: «dessen Zusammenhang mit dem Wirklichen nach den allgemeinen Bedingungen der Erfahrung bestimmt ist, ist nothwendig»,[298] so liegt erstens ein Pleonasmus[299] vor, weil «der Zusammenhang mit dem Wirklichen», als materiale Bedingung der Erfahrung, unter die allgemeinen Bedingungen der Erfahrung als Theil mitgehört, und zweitens enthält der Ausdruck «bestimmt ist» eine Ellipse,[300]
124 da das | Mögliche und Wirkliche ja auch irgendwie bestimmt ist und also die Angabe des Unterschiedes der Bestimmtheit fehlt; drittens endlich ist sich Kant nicht bewusst geworden, dass der Begriff der Nothwendigkeit und Zufälligkeit nicht ohne Rücksicht auf das Gefühl abgeleitet werden kann. Endlich viertens folgt aus Kant's Definition, wonach das Nothwendige auf den Zusammenhang mit den Empfindungen angewiesen ist, dass die formalen Bedingungen der Erfahrung selbst nicht nothwendig sein können, weil sie keine Empfindungen sind und auch mit den Empfindungen nicht in Berührung (sensiblen Contact) treten können. Indem hierdurch also die formalen Bedingungen als zufällige herauskommen, rächt sich die sensualistische Engbrüstigkeit des Kantischen Standpunktes, der das Wirkliche nicht in dem Bewusstsein aller Functionen und nicht auch in dem Selbstbewusstsein erkannte, sondern den äusseren Sinnen das Privileg, Wirklichkeit zu bilden, einräumte und daher zu einem blossen Empirismus sich selbst verurtheilte.

Wir werden desshalb gar nicht daran zweifeln, dass die Kategorien der Nothwendigkeit und Zufälligkeit nicht die Wesen und ihre Functionen selbst, objectiv oder an sich genommen, constituiren, sondern *nur* auf den mannigfaltigen Inhalt unserer Erkenntnissthätigkeit gehen. Da alle Erkenntniss Schluss ist und jeder Schluss ein Coordinatensystem enthält, so bildet unsere gesammte Erkenntniss einen Inbegriff von Coordinatensystemen, indem jedes System wieder anderen Systemen zugeordnet wird und durch dieselben seinen bestimmten Ort in dem Ganzen aller Coordinationen gewinnt. Alle diese Coordinationen aber haben ihre letzten Beziehungspunkte in den unmittelbar bewusstwerdenden Functionen und dem Ichbewusstsein. Sofern nun überhaupt gedacht oder erkannt wird, herrscht der zureichende Grund, der das Wesen des Denkens und Erkennens ausdrückt, und sofern diese Erkenntnisse sich nicht widersprechen, herrscht das Identitätsprincip. Dieser Function des Erkennens in seiner Form von Begründung und Widerspruchslosigkeit entspricht aber zugeordnet die Befriedigung des Gefühls, wie umgekehrt jede Grundlosigkeit (als Mangel einer zugehörigen Coordination) und jeder Widerspruch ein Gefühl des Missfallens und der Unbefriedigtheit auslöst Dies sind die *logischen Gefühle*,[301] welche als Gewissheit (certitudo) und Zweifel (dubitatio) bezeichnet werden. Da nämlich jedes Gefühl eine Bewegung auslöst, die Bewegung hier aber in den Denk*operationen*, wie man sie mit freilich nur instinctiver Richtigkeit genannt hat, besteht, | [125] so wird die Bewegung, wenn das zugeordnete Coordinatensystem der Erkenntniss nicht gefunden ist, unruhig bleiben und auf zwei (dubium)[302] oder mehreren Wegen suchen und *fragen* (πρόβλημα), wesshalb das entsprechende Gefühl der Befriedigung und Gewissheit nicht eintreten kann; sobald aber, wie z. B. bei einer mathematischen Aufgabe, die Gleichung gefunden ist, welche alle gegebenen Beziehungspunkte in Ordnung bringt, so hört die Bewegung auf, da sie ihr Ziel erreicht hat, und mithin tritt im Gefühl Ruhe, Sicherheit und Gewissheit auf, was man ganz gut an den zugehörigen Ausdrücken, wie fides, πίστις (Festigkeit) und dem Platonischen βέβαιον,[303] als an sicheren Spuren der schlichten Menschheitsphilosophie illustriren kann.[304]

Demgemäss bedeutet *Nothwendigkeit*, dass die Bewegung des Denkens immer dieselben Coordinationen trifft, so weit man auch versucht, andre Wege zu nehmen. Jeder andere Weg (*indirecter Beweis*) führt zu Widerspruch und Grundlosigkeit und missfällt. Indem man so von dem Versuch, anders zu denken, sich *abwenden* muss und gewissermassen seine Freiheit eingeschränkt und sich zu einer bestimmten Bewegung veranlasst sieht, was nach der Seite der Willkür und der Phantasie und Ideenassociation ein beklemmendes Gefühl und Achtung hervorbringt, so bezeichnet man diesen Zustand der Erkenntniss in seiner Zuordnung zu Gefühl und Bewegung als *Nothwendigkeit*.

Als *Zufälligkeit* aber wird das Gegentheil hiervon bezeichnet, sofern wir erstens, absolut genommen, ebensowohl eins als ein anderes zur Vorstellung bringen können, ohne dass die Bewegung dadurch zu einem Coordinatensystem führte, wie z. B. bei dem Ziehen der durcheinander geschüttelten Loose oder bei der Lectüre von Bastian's mythologischen Büchern;[305] zweitens aber, relativ genommen, sofern die Vorstellung, auf welche die Bewegung führt, ein bestimmtes Coordinatensystem nicht verändert, wie es z. B. für den Begriff des Syllogismus selbst zufällig ist, ob wir gerade Titus oder Sempronius, Kallias oder Sokrates als Minor zu Tode demonstriren.[306]

Die Zufälligkeit darf desshalb nicht als für sich denkbar von der Nothwendigkeit abgetrennt werden, sondern steht in fester Coordination zu diesem Gesichtspunkt, sofern das relativ Zufällige auf ein *bestimmtes*, das absolut Zufällige auf *irgend ein* vorausgesetztes Coordinatensystem bezogen, also immer im Verhält-
126 niss zu der Nothwendigkeit gedacht wird. Die Atome Epikurs | konnten desshalb nicht zufällig von ihrer Richtung abweichen, wenn die Richtung nicht vorher als eine nothwendige gedacht worden wäre, wesshalb der Zufall als Weltbaumeister die Dummheit ist.[307]

Hieraus ergiebt sich, dass die Nothwendigkeit sowohl einen perspectivischen, wie einen objectiven Charakter hat. Ich meine einen *perspectivischen*, sofern es auf den Standort des Urtheilenden ankommt, auf seine Begabung und Bildung; denn nach dem, was Einer übersieht, und nach den Gesichtspunkten, die er schon in Gebrauch genommen hat, wird ihm auch die Sicherheit des Gefühls und die Abgeschlossenheit der Operation leichter oder schwerer zu Bewusstsein kommen. Dem Dummen ist daher Vieles oder Alles nothwendig, was der Kluge für zweifelhaft oder ganz ungewiss erklärt. Die *objective* Nothwendigkeit aber fängt überhaupt in der Menschheit erst mit der Sokratik an, seitdem das Wissen im Gegensatz zum blossen Meinen erkannt ist, und beruht ganz unabhängig von der perspectivischen Stellung auf der Totalität eines Objectenkreises und der Abgeschlossenheit der Bewegung des Denkens. Die Vollständigkeit der Beziehungspunkte und Gesichtspunkte ist aber schwer nachzuweisen; denn wenn wir von der Mathematik absehen, wo durch Isolirung des Objects des Denkens (ich meine die Betrachtung der blossen Quantität) die Vollständigkeit überall erreichbar und daher Apodikticität[308] gefordert wird, so giebt es in allen empirischen und speculativen Wissenschaften *nur* immer für bestimmt abgesteckte Gebiete eine stricte *Nothwendigkeit*, weil nur, wenn wir ein kleineres Feld absondern, die Gesichtspunkte und Beziehungspunkte sich mit Vollständigkeit übersehen und in festen Coordinatensystemen ordnen lassen, so dass die *Bewegung* des Forschens in sich zurückkehrt, also einen definitiven Abschluss gestattet und desshalb das *Gefühl* unbedingter Sicherheit oder Nothwendigkeit auslöst. In der Metaphysik wird ebendarum von wissenschaftlicher Apodikticität keine Rede sein können, wenn man, wie z. B. der geometrisch demonstrirende Spinoza,[309] von lauter

6 Kallias] Callias *Ms*

blinden Voraussetzungen, Definitionen und Axiomen ausgeht, sondern nur, wenn man, wie Kant, kritisch und erkenntnisstheoretisch anfängt. Ich will damit aber nicht etwa ihrem Inhalte nach Kant's Kritik loben, die von lauter Dogmatismen wimmelt, sondern nur den Geist seiner Methode anerkennen; denn nur durch Rückgang auf das Bewusstsein kann man feste Beziehungspunkte finden, die nach bestimmten Gesichtspunkten zu bestimmten Coordinationen in vollständig übersehbarem Felde geordnet werden | können und desshalb die Bewegung des Gedankens abschliessen und das Gefühl souveräner Sicherheit als zugehörig hervorbringen, d. h. den Charakter der Nothwendigkeit besitzen. *127*

## § 2. Das reale Sein.

Wenn wir nun nach diesen Begriffsbestimmungen die Frage aufwerfen, ob das «reale Sein» als eine besondere Art des Seienden von der ideellen Art abgeschnitten und getrennt werden soll, wie die Vögel von den Fischen, so wäre dabei, wenn dies zuerst auch die allein nothwendige Folge zu sein scheint, doch eine zweite Form der Eintheilung aus den Augen gelassen; denn man kann einen und denselben Gegenstand auch nach verschiedenen Gesichtspunkten betrachten, wie z. B. Rousseau als Menschen und als Schriftsteller, eine Statue nach ihrem Gewicht und Metallwerth und nach ihrem Sinn und ihrer künstlerischen Bedeutung u. s. w. Wenn man nun den Begriff des realen Seins durch Analyse jedes Bewusstseins findet, so bleibt auch nur diese zweite Art der Eintheilung möglich, sofern in jedem Gegebenen ebenso ein ideeller Sinn erkannt werden kann, wie es auch zugleich als real Seiendes zur Wirklichkeit gehört. Denn selbst die abstracteste Kategorie ist nichts bloss Ideelles, sondern sofern sie von dem Denkenden gedacht wird, zugleich ein wirklicher Akt seines Lebens und daher etwas Reales. Wer z. B. rechnet, der wird durch die zwischen seinen Operationen eingefügten Begriffe von Wurzel, Exponent, Gleichheit, Grösser, Kleiner u. s. w. immerfort bestimmt, so dass diese ideellen Inhalte sich als wirklich gegenwärtig durch ihren Einfluss auf das übrige unzweifelhaft reale Thun bewähren.

Man könnte nun den Einfall haben, nach der Art der Aristotelischen und der modern materialistischen Denkweise, in dem Ideellen die reale Seite, durch welche es wirkte, abzutrennen, so dass dieses Reelle, wie etwa der Marmor an der Aphrodite, sich als etwas Materielles, als schwingender Nerv, oder als chemischer Process und dergl. herausstellte. Allein mit solchen scheinbar modernen, in Wahrheit aber antiquarischen Einfällen brauchen wir uns nicht aufzuhalten, da wir ja längst wissen, dass diese angeblich realen Materien und materiellen Vorgänge nichts als ideeller Inhalt der Erkenntnissfunction sind, d. h. nur in den Gedanken von Denkenden vor-

*128* kommen, an sich aber ebensowenig vorhanden sind, | wie der gesellschaftlich bestimmte ideelle Werth des Papiergeldes. Man muss sich allmählich darin finden, dass die Gedanken ein Sein haben, auch wenn sie nicht der Chemie zugänglich sind, und dass der Gedanke «Vater» anders wirkt, als der Gedanke «Bruder» oder «Knecht», ohne dass eine langsamere oder geschwindere Schwingung von Molekülen dadurch ausgedrückt wäre.

Bei jedem Gedanken also unterscheiden wir erstens das ideelle Sein, d. h. den allgemeinen Sinn der Erkenntniss, der durch die Definition oder durch wissenschaftliche Demonstration festgestellt wird und worüber man sich untereinander durch Debatte verständigen kann; zweitens das reale Sein, sofern jeder Gedanke eine bestimmte Stelle in dem individuellen Coordinatensystem der augenblicklichen geistigen Functionen des Denkenden hat, da er, wie z. B. die Zahl Drei oder der Begriff Wurzel, viele Male hintereinander in kurzer Zeit im Denken vorkommen kann. Jedesmal, wenn er vorkommt, bezeugt er sein reales Sein dadurch, dass er in seiner bestimmten gegebenen Coordination zu dem übrigen Wirklichen, obwohl bloss ideell, doch seine grosse oder kleine Macht über die anderen Functionen, die Gefühle, die Bewegungen und die zugeordneten Gedanken ausübt. Alles Ideelle hat daher nothwendig zugleich irgendwie auch ein reales Sein; aber es giebt Reales, wie z. B. die Gefühle und die Bewegungen, welche nur möglicher Weise einem gewissen ideellen Inhalte der Erkenntniss zugeordnet, d. h. gedacht, erkannt oder begriffen werden. Ich meine hier allerdings nur das mehr oder weniger richtige Erkenntnissbild, obwohl man vielleicht zugeben muss, dass irgend eine Vorstellung nicht nur bei Mensch und Thier, sondern wohl auch bei den niederen ganz unbewussten Wesen durch jeden Akt des Gefühls oder der Bewegung zugleich ausgelöst wird. Doch dies hier genauer zu erörtern, würde uns von unserem Wege abführen; desshalb lasse ich diese problematischen Ausdrucksweisen hier ohne genauere Erläuterung stehen.

Die Frage über das reale Sein und über die modalen Kategorien musste hier aufgeworfen werden, weil ich verhüten wollte, dass man das reale Sein als eine bestimmte Art des Wirklichen auffasste, während es vielmehr allen Arten von Wirklichkeit (dem Wesen (Ich) und seinen drei Functionen) auf gleiche Weise zukommt und nur den gemeinschaftlichen Gegensatz gegen den ideellen Inhalt der Erkenntnissfunction ausdrückt.[310]

*129*

## | § 3. Die Bewegung in der Erkenntnissfunction.

Bewegung oder Handlung.

Es fragt sich nun, welche Rolle die Bewegung im Gebiete der Erkenntniss spielt; denn es ist zwar die Meinung sehr verbreitet, als wenn die Erkenntniss selbst eine reale Seite in der Art an sich hätte, wie man sich etwa vorstellt, dass die Seele an ihrem Leibe ihre äussere Erscheinung, ihre Realisation oder ihr materielles Dasein und dergl. habe; allein diese Auffassungsweisen, wie sie vom Alterthum an bis auf die moderne Hegelsche und monistische Philosophie hin herrschend waren und herrschend sind, müssen ein für allemal als gerichtet und als für die Wissenschaft werthlos betrachtet werden.[311] Man kann aber aus allem Falschen doch einen Nutzen ziehen, wie auch die guten Landwirthe das Stroh zu verwerthen wissen, und so soll uns das Falsche wie ein Fingerzeig andeuten, dass beim Denken und Erkennen noch etwas Anderes im Spiele sein muss, als bloss die Vorstellungen ihrem ideellen Inhalte nach. Auch schon die Ausdrücke der Sprache verrathen dies als allgemeine Ueberzeugung, da man z. B. von Gedankenoperationen, Gedankenarbeit, Gedankenspiel, von Klemmen,[312] tour d'esprit, Cirkelbewegung, von einem Kampf der Gedanken unter einander u. s. w. spricht, indem man damit nicht bloss das Vorgestellte, etwa die Vorstellung von einem Kampfe oder von einem Spiele, meint, sondern einen Vorgang zwischen den Vorstellungen selbst, d. h. etwas von dem Inhalt der Vorstellungen ganz Verschiedenes; denn wenn man z. B. sagt: «ich fühle mich benommen, meine Gedanken kommen nicht in Fluss, es fällt mir nichts ein, es schliesst sich nichts aneinander» u. s. w., so dreht es sich offenbar um eine ausserhalb des Gedankeninhalts liegende Macht, die diesen Inhalt an seiner Entwickelung, d. h. an seinem Bewusstwerden hindert. Alle diese Ausdrücke der Sprache aber weisen einstimmig auf die Bewegungsfunction hin, deren Rolle beim Denken wir studieren müssen.

## 1. Die fundamentale Bewegung in der Erkenntnissfunction.

Kein Erkenntnissakt kann stattfinden, wie wir oben sahen, ohne die zugehörigen Beziehungspunkte, welche letzter Hand in den Empfindungen, den Gefühlen und dem Ichbewusstsein gegeben sind. Nun möchten zwar die Gefühle und das Ichbewusstsein auch schon auf Veranlassung der unbewusst bleibenden Bewegungen d. h. in | Zuordnung zu ihnen, entstehen, doch kommt es hier auf solche subtile Unter- *130*
suchungen nicht an, sondern es ist genug, wenn wir nach dem Vorgange aller früheren Psychologen das Seelenleben mit den Empfindungen beginnen lassen. Die Empfindungen aber sind (vergl. oben S. 71) bewusst gewordene Bewegungsakte. Da nun alle Erkenntnissfunctionen die Empfindungen als Beziehungspunkte vor-

4–5 allemal] alle Mal *Ms*

168,31–169,15 Erkenntnissfunction ausdrückt … d. h. etwas von] *im Original des Ms (A III 16) fehlt S. 173, die vermutlich diese Passage enthielt, dagegen ist sie auf S. 173 der allerdings schlecht lesbaren Durchschlagskopie (A III 16 c) vorhanden.*

aussetzen, so haben wir hiermit in dem Erkenntnissgebiet als fundamental die Bewegungsfunction nachgewiesen.

Dieser einfache Schluss ist von grosser Wichtigkeit, weil man zwar schon sehr oft die Unentbehrlichkeit und den weitreichenden Einfluss der Empfindungen im Gebiete des Denkens erkannt, noch niemals aber bemerkt hat, dass hierdurch eine dem Denken ganz fremde Function, nämlich die Bewegung, in die Erkenntnissthätigkeit eingemischt wird, wodurch sich erst eine Menge von Problemen, die früher unlösbar waren, leicht enträthseln lässt.

Es erklärt sich hierdurch nämlich zunächst, dass diejenigen sogenannten Anschauungen, welche wir wie den Thieren, so den Menschen zuschreiben, gar nicht dem Erkenntnissvermögen zugehören, sondern mechanische Producte der Bewegungsfunctionen sind, da unser handelndes Ich im Verkehr mit dem Leibe, d. h. mit der Aussenwelt, bald zu dieser bald zu jener Art von Bewegung genöthigt wird und diese Bewegungen nicht bloss einzelne Akte, sondern je nach der Grösse unserer Kraft auch complicirte Gruppen von Akten umfassen. Da sich diese Akte bei ähnlichen Anlässen wiederholen, so schliessen sich die früheren an die späteren an, und es drängt sich das Gemeinsame als ein intensiverer und dadurch bewusster Totaleindruck auf und bildet eine feste Gruppe.[313] In derselben Weise, wie sich unsere Bewegungen beim Greifen, beim Gehen, Springen, Schlittschuhlaufen u. s. w. coordiniren und mit einander in erkenntnisslosen, aber immer mehr oder weniger bewussten Gruppen auslösen, so geschieht dies auch bei den Empfindungen, deren Gruppen und Reihenfolgen Anschauungen genannt werden und daher den Thieren ebenso zukommen, wie den Menschen.

Desshalb hat die Ideenassociation, soweit sie sich auf die Empfindungen und Anschauungsbilder bezieht, mit der Erkenntniss gar nichts zu thun, und obwohl wir daraus die scheinbar verständigen Handlungen der Thiere leicht erklären können, so dürfen wir uns doch nicht durch die beim Menschen sich bald einmischende Ver-
131 standesthätigkeit täuschen lassen, sondern müssen mit feinerer | Analyse dieses ganze Gewebe auflösen und der Bewegung geben, was der Bewegung gehört, dem Verstande, was sein ist.

Um nun die erste Erkenntnissthätigkeit abzuscheiden, müssen wir die Thatsache des Anschauungsunterrichts heranziehen; denn die Thiere kann man in solcher Weise nicht unterrichten, sondern ihre bewegende Function thut alles Nöthige von selbst. Der Mensch aber nimmt, wie ich dies in meiner Metaphysik gezeigt habe,

8 lässt] lassen *Ms*

10 wir wie] wir, wie *Ms*

31 Um nun] *Im Ms ist am Rand die Überschrift* Erste unbewusste Erkenntnissthätigkeit *eingefügt.*

seine bewusst gewordenen Bewegungsakte zu Beziehungspunkten und findet daher als erste Schöpfungen der Erkenntniss die Beziehungseinheiten von Zeit, Zahl, Raum, Bewegung und Ruhe, Gegenstand, Eigenschaften und alle mathematischen und physischen fundamentalen Beziehungsbegriffe.[314] Daher besteht der Anschauungsunterricht darin, den Menschen von der Stufe der Thierheit zur menschlichen durch Auslösung der Erkenntnissfunction zu erheben. Jetzt wird an dem Gegenstande Rechts und Links, Vorn und Hinten, Oben und Unten, das Frühere und das Spätere, Eins, Zwei, Drei u. s. w. bemerkt, und die Anschauung wird dadurch zu einer Erkenntniss.

Ursprünglich aber ist diese Arbeit des Verstandes wohl nothwendig unbewusst, wesshalb man auch versucht sein könnte, den Thieren ebenfalls eine solche unbewusste Verstandesthätigkeit zuzuschreiben, wie so viele ausgezeichnete Naturforscher sich arglos dieser Täuschung hingeben, ohne zu bemerken, erstens dass die bewegende Function hinreicht, um alle gegebenen Phänomene des Thierlebens zu erklären, und zweitens, dass sonst die unbewussten Handlungen doch bei irgend einer Gelegenheit einmal bewusst werden müssten, um dann solche Erscheinungen hervorzubringen, an denen man als an sicheren Kriterien das wirkliche Vorhandensein des Verstandes nachweisen könnte.

## 2. Zweite Stufe der Bewegung in dem Erkenntnissgebiete.

An die erste Stufe der Erkenntnissfunction, welche wohl mehr oder weniger unbewusst bleibt, schliesst sich nun, wie oben S. 92 gezeigt ist, eine zweite Leistung der Bewegungen an, ich meine die Sprache. Das von der Erkenntniss Bemerkte findet, da es seine Beziehungspunkte in Bewegungen (d. h. Empfindungen) hat, coordinirte Bewegungen in den Sprachorganen und bringt daher neue Empfindungen anderer Art hervor, die wir die Sprachlaute nennen, und die sich nun, obgleich sie unmittelbar nur den Empfindungen | und nicht den Erkenntnissen coordinirt sind, den- 132
noch auf diese mittelbar beziehen lassen. Dies ist auch der einzige natürliche Grund, wesshalb alle Sprache, wie man schon längst eingesehen hat, das sogenannte Abstracte immer concret ausdrückt; denn die Sprachlaute coordiniren sich ja nur den Empfindungen und nicht den Gedanken, die vielmehr immer erst die zugehörigen Empfindungen (Bewegungsakte) als ihre Beziehungspunkte auslösen müssen, damit diesen Bewegungen entsprechend eine zugehörige Bewegung erfolge.

Sobald nun ein Sprachlaut oder eine Lautgruppe mit einer Empfindungsgruppe regelmässig coordinirt wird, was nur allmählich und nur bei gesellschaftlich lebenden Menschen geschehen kann, so muss die Lautgruppe oder das Wort wichtiger werden, als die Empfindungsgruppen oder Anschauungen, bei denen man die Sprachbewegung ausübt; denn diese Anschauungen kommen in unzählbarer Vielheit vor und finden als Coordinate doch immer nur das eine Wort, wodurch sie sich bezeichnen, wie z. B. alle Sperlinge, die man doch nicht gut individuell bezeichnen kann, durch eine und dieselbe Lautgruppe, so oft die Anschauung von einem solchen oder von mehreren auch wiederkehren mag, benannt werden. Auf das Detail darf ich hier natürlich nicht eingehen, doch glaube ich nicht, dass man die Menschen und die Hausthiere ursprünglich individuell bezeichnet habe, sondern halte es für zweifellos, dass das Allgemeine (nicht des Begriffs, aber wohl der zugehörigen Empfindungsgruppe) früher seinen coordinirten Ausdruck in den Sprachorganen finden musste, als das Particuläre und Individuelle, weil die blinde, d. h. die erkenntnisslose Thiersprache der menschlichen vorhergeht. Mithin verhalten sich die Worte (bewusste Sprachbewegungen) in ihrer verhältnissmässig kleinen Zahl, wie die Vornehmen und Angesehenen im Volke zu der Legion von Anschauungen, was gleichbedeutend mit ihrer grösseren Wichtigkeit ist; sie sind die Volksvertreter in der Gesellschaft des Seelenlebens.

Da nun die ersten Akte der Erkenntniss an die Empfindungsgruppen als an ihre zugehörigen Beziehungspunkte gebunden sind, so haben sie nothwendig auch in den Worten ihre Coordinaten. Da die Worte aber bewusstwerdende Bewegungsakte sind, so wird hierdurch in zweiter Stufe die Bewegungsfunction für das Erkenntnissgebiet von der allergrössten Bedeutung; denn mit jedem gehörten Wort kommt nun eine Erkenntniss sammt dem zugehörigen Heer der Anschauungen zur Auslö-
*133* sung, und so ist die Entwickelung | der Erkenntniss ganz an die Sprache gebunden, wesshalb die Thiere erkenntnisslos bleiben müssen.

Die Erkenntniss wird daher durch die Sprache gewissermassen aus der Leibeigenschaft befreit, aus der Gebundenheit an die Scholle, da die Einzelheit der Anschauung als die Scholle, auf welcher der Erkenntnissakt in's Leben trat, als unwesentlich zurückweicht, indem das Wort als Repräsentant für die ganze Vielheit eintritt und so die Möglichkeit einer leichten Bewegung dem Denken vermittelt. Allein diese Bewegung des Denkens ist Schein; denn nicht dieses kommt in Bewegung, sondern es ist die bewegende Function, die in der Sprache liegt, wodurch die Bewegungserscheinung hervorgerufen wird. Das Denken selbst hat gar kein sinnliches Element und kann daher keinen Anlass zur Raumvorstellung, an welcher die Bewegung hängt, darbieten, während die Sprachlaute selbst Empfindungen sind und Anschauungsbilder des Gesichtssinnes repräsentiren, deren beständiger Wechsel daher die Vorstellung der Bewegung erzeugt; desshalb scheint das Denken, welches bei Gelegenheit dieser Elemente entspringt, selbst in Bewegung zu sein.

Wir können nun die an die Worte mit ihrem zugehörigen Empfindungskreis angeknüpften Erkenntnisse Vorstellungen nennen, indem eine solche Erkenntniss zwar keine auch den Thieren noch zugängliche Anschauung als Empfindungsgruppe mehr ist, aber dennoch, wie die Appellativa[315] und Verba, immer noch die Einzelbilder wachruft, sie repräsentirt oder vorstellt, da an ihnen durch den Gedanken etwas bemerkt und unterschieden ist.

### 3. Dritte Stufe. Empirische Wissenschaft

Eine höhere Stufe tritt erst auf, wenn die Beziehungspunkte der Erkenntniss nicht mehr die Hauptsache bilden, sondern durch die Sprache die nicht sinnlichen Denkakte der sogenannten Vorstellungen schon alle ihre festen Zeichen in Wörtern und Wortverbindungen gefunden haben, so dass nun die Erkenntniss Beziehungspunkte zweiter Ordnung in den Erkenntnissakten selbst finden kann. Hier handelt es sich also um Production dessen, was man Begriffe, Urtheile und Schlüsse nennt, d. h. um das Erkennen aus Erkenntnissen, und wir können im Gegensatz zu dem Gebiete der Vorstellung diesen Erkenntnisskreis als die empirische Wissenschaft bezeichnen. Wenn man z. B. untersucht, wie hoch ein Berg, wie tief die See ist, wie weit zwei Doppelsterne von einander abstehen u. s. w., so ist das Anschauungsbild | gewissermas- *134*
sen nebensächlich, sofern nur der Erkenntnissakt selbst, ob wir richtig gemessen, gezählt, untersucht und überhaupt richtig geschlossen haben, in Frage kommt. Mithin besteht die Wissenschaft in lauter Begriffen oder Schlüssen und hat nichts Sinnliches mehr an sich. Manche Autoren sprechen zwar von Gegenstandsbegriffen im Unterschied von Beziehungsbegriffen, vergessen dabei aber völlig, dass ein Gegenstand auch ein Beziehungsbegriff ist, da nicht das Sein, wie Lotze meinte,[316] wohl aber das Denken nur in Beziehungen besteht.

Es ist aber für die empirische Wissenschaft ganz einerlei, ob die Beziehungspunkte und ihre Gruppen, d. h. die sogenannten Objecte, in den Sinnesempfindungen, oder in den Gefühls- oder Willenszuständen, oder in dem Ichbewusstsein gegeben sind; denn sie will ja nicht unmittelbar gewisse Objecte zur Vorstellung bringen, sondern die Vorstellungen, d. h. die bei Gelegenheit der Anschauungen erfolgten Erkenntnissakte untersuchen, was durch Symbolisirung derselben in der Sprache möglich geworden ist. Die empirische Psychologie gehört desshalb in dieselbe Linie, wie die Botanik und die Physik; denn auch die Unterschiede, die man zwischen den beschreibenden und erklärenden Wissenschaften zu machen pflegt,[317] sind fliessende, da z. B. die Botanik, wenn sie bloss beschreibt, nicht Wissenschaft, sondern nur Vorstellung ist; als erklärende aber sucht auch sie bloss Gesetze für die Phänomene, d. h. sie hat bloss Urtheile und Schlüsse über die Anschauungen zu ihrem Erkenntnisszweck.

In diesem ganzen Gebiete der empirischen Wissenschaft macht sich nun die bewegende Function in doppelter Weise geltend, erstens indem die Sprache, die aus

31 nur] bloß *Ms*

lauter bewusst gewordenen Bewegungsakten besteht, unentbehrlich ist, sofern sie die Objecte der Wissenschaft liefert; denn z. B. nicht das im Mikroskop Gesehene ist das Object oder der Beziehungspunkt, sondern die Vorstellung, dass das Gesehene eine Zelle ist, was nun durch die Sprache kurz angedeutet wird, und der Zweck der neuen intellectuellen Thätigkeit besteht darin, zu untersuchen, ob etwa ein Germinaltheil von dem Personaltheil unterscheidbar sei,[318] ob man das in dem Germinaltheil Gesehene und so und so Gedeutete und Benannte als neue Keimzellen zukünftiger Geschlechter erschliessen könne, wie die Zahl derselben festzustellen sei u. s. w. Kurz, es handelt sich immer nur um unsere Urtheile und ob sie richtig oder
135 unrichtig seien, nicht aber um das sinnliche Object, das nur | die Beziehungspunkte für die in Frage kommenden Urtheile bildet; denn nicht die Linien auf dem Mars sollen gesehen, sondern es soll erschlossen werden, ob sie etwa natürlichen oder künstlichen Ursprungs sind.[319]

Die zweite Bedeutung der bewegenden Function in der Wissenschaft besteht darin, dass das Leben der Worte als Repräsentanten an ihre Mandatare[320] geknüpft ist, wesshalb auch alle Schlüsse der Wissenschaft immer von den unteren Stufen des Seelenlebens, von den blossen Ideenassociationen und Anschauungen abhängen; denn nur, wenn uns in reichlicher Fülle die Beziehungspunkte des unmittelbaren Bewusstseins wieder bewusst werden, oder wenn, wie man sich metaphorisch, d. h. phänomenologisch ausdrückt, in dem Seelenleben eine grosse Beweglichkeit herrscht, kann der Gedanke viel vergleichen und viel urtheilen oder schliessen und begreifen.

### 4. Vierte Stufe. Geist und Philosophie.

Im Allgemeinen nennen wir mit Recht geistiges Leben schon die Bildung der einfachen Sinnesanschauungen, sofern wir dabei im Unterschied von dem Thier Erkenntnissakte besitzen. Bei diesen Anschauungen als Erkenntnissen aber werden die Gesichtspunkte, ebenso wie in aller weiteren Erkenntnissarbeit bis zu der ausgebildeten empirischen Wissenschaft hin, immer blind vorausgesetzt und niemals selbst zum Gegenstande und Zwecke der Erforschung gemacht. Desshalb muss es eine ganz neue Stufe des geistigen Lebens geben, wenn die Richtung der Forschung in der angeführten Weise umgekehrt wird. Um uns dies zu veranschaulichen, nehmen wir etwa an, wir hätten mit einem Lichte verschiedene Gegenstände auf dem Tische beleuchtet und ihre Theile, Figuren, Zusammenhänge und Arten unterschieden, dann aber forderte uns Jemand auf, alle diese Gegenstände unbeachtet zu lassen, dagegen das Licht selbst zu untersuchen und sein Wesen zu bestimmen. Eine solche Umkehrung der Forschungsrichtung wird uns nun hier zugemuthet; denn in allen empirischen Wissenschaften bestimmen wir nach den Gesichtspunkten der

Zeit, des Raumes, der Bewegung, des Ganzen und Theiles, der Ursache und Wirkung, des Gesetzes, des Zweckes und Mittels, des Guten, Schönen u. s. w., ob z. B. das Volumen dieses Körpers dem und dem Wärmegrade entspricht, zu welcher Zeit dieser Krieg anfing, aus welchen Ursachen, zu welchem Zwecke, ob diese | 136
Statue schön, ob jene Handlung möglich, gerecht und gut u. s. w. zu nennen sei; nun aber sollen wir sagen, was das sei: Raum, Zeit, Gut, Zweck, Möglich, Nothwendig u. s. w.

Während die frühere Erkenntnissstufe durch die Arbeit des Geistes, d. h. durch den fortwährenden Gebrauch solcher Gesichtspunkte zu Stande kam, so soll nun der Geist selbst zum Gegenstande der Wissenschaft werden. Diese Aufgabe zieht die Grenzlinie für das Gebiet der Speculation oder der Philosophie, mit welcher der Kreis der Erkenntnissarbeit abschliesst.

Wie soll dies aber in's Werk gerichtet werden? Soll der Geist sich selbst besehen? Das ist die Ausdrucksweise, die man wirklich seit Platon und Aristoteles bis auf den heutigen Tag anwendet, wesshalb man den Geist, der sich selbst sieht oder erkennt, auch das Subject-Object nennt.[321] Daher wird hier wieder die vollständige Umwälzung der ganzen Denkweise durch die von mir geforderte neue Philosophie auch dem weniger Geübten auffallen; denn ich erkläre diese Aristotelisch-Hegelsche Definition des Geistes für eine bloss poetische und naive Ausdrucksweise, in welcher nicht einmal das Problem geahnt, geschweige denn gelöst ist. Um dieses harte Urtheil zu beweisen, müssen wir erst die Poesie herausstellen, dass der Geist als eine Person betrachtet wird, die mit irgend welchen Augen auf ein nach Aussen projicirtes Object hinblickt und, wie ein Mensch in dem Spiegel, sich selbst in dem Object wiedererkennt. Naiv aber ist diese Definition, weil zu jeder Auffassung und Erkenntniss ein Gesichtspunkt gehört, unter welchen man das Aufgefasste bringt. Nun sind aber die Gesichtspunkte (Kategorien) des Geistes die höchsten Begriffe oder Gesichtspunkte selbst. Sollten sie also aufgefasst werden, so müsste es entweder noch höhere geben und für diese wieder höhere und so in's Unendliche fort, wobei jede endgültige Erkenntniss vereitelt würde und der Begriff des absoluten Geistes verloren ginge, oder die Gesichtspunkte müssten sich selbst auffassen, was aber von den armen Gesichtspunkten zu viel verlangt wäre; denn wie sollte etwa die Drei sich betrachten und sich als Drei erkennen und wie sollte das Quadrat nach einiger Ueberlegung von seinem Doppelgänger sagen: «ja, das bin ich wohl am Ende selbst.» Wie sollten also die Gesichtspunkte oder Kategorien mit einem Male selbst zu denken anfangen und Schlüsse machen, da in jeder Kategorie ja nicht mehr vorhanden ist, als sie selbst, wesshalb sie entweder bloss major, minor oder medius ist, aber nicht die anderen termini auch noch | erken- 137
nen kann.[322] Ausserdem braucht man die Kategorien auch gar nicht zu bemühen, denn sie sind ja schon vor dieser poetischen Selbsterkenntniss bekannt genug, da

selbst das Kind, wenn es warum? fragt und einen Zweck für seine Handlungen angiebt, offenbar durch den Gebrauch dieser Wörter an den Tag legt, dass ihm der Sinn und die Bedeutung der beiden Kategorien nicht unbekannt ist. Wenn man endlich den Geist als νόησις νοήσεως[323] sich selbst erkennen lässt, so müsste man noch fragen, ob Geist etwa eine besondere Person neben und ausser seinen Kategorien sei, denn wäre er von den Kategorien verschieden, so würde er nicht sich erkennen, wenn er die Kategorien erkennte; wäre er aber dasselbe, wie die Kategorien und Ideen, und nur ein collectivischer Ausdruck für die Gesammtheit derselben, so könnte er, als ganzer gedacht, keine einzelne Kategorie erkennen, da er immer einen Ueberschuss anderer Ideen in sich haben würde, ebenso wie durch die Zehn nicht die Drei erkannt werden kann. Ausserdem wäre es, wenn der Geist in seine Ideen und Kategorien zerfällt, auch besser, ihn nicht unnütz in's Spiel zu bringen, wie z. B. auch ein Heer nicht marschiren kann, ohne dass die einzelnen Officiere und Soldaten ihre Füsse gebrauchen. Kurz, diese ganze idealistische Theorie des Geistes ist naive Poesie und für die Wissenschaft des Geistes gar nichts werth. Man muss aber nicht bloss destruiren, sondern auch die Ursachen nachweisen, welche den falschen Weg zur Wirkung hatten, was hier sehr leicht ist; denn da für die naive Stufe der projectivischen Auffassung der Geist zunächst den draussen angenommenen Objecten der Sinnenwelt gegenüber gestellt wird und darum, wenn man es räumlich bezeichnet, nach Aussen gerichtet ist, so musste es nothwendig so erscheinen, als wenn nun bei der Philosophie der Geist umgekehrt sich in einer reflexiven Wendung nach Innen, auf sich selbst, richtete, wesshalb alle die zugehörigen Auffassungsweisen und Ausdrücke bei den sämmtlichen Idealisten sich vollständig erklären und gar keine Räthsel bilden, aber auch freilich keine Tiefe des Geistes und keine Grösse der dialektischen Kraft offenbaren.

Das Problem.

Es kommt also darauf an, zunächst das Problem zu formuliren; denn die Aristotelisch-Hegelsche Formulirung, wie sie kurz als Subject-Object bezeichnet werden kann, enthält nur eine dürftige Namengebung für das Gebiet der Wissenschaft des Geistes, deutet aber das Problem
138 nicht an. Die Schwierigkeit oder das Problem liegt nämlich in zwei Punkten, | erstens darin, dass das zu Erkennende schon bekannt sein muss, und zweitens darin, dass kein weiteres geistiges Vermögen übrig bleibt, womit wir dieses Object erfassen könnten.

Wäre nämlich erstens das Object nicht schon bekannt, so wüsste man gar nicht, was man eigentlich suchen sollte. Handelt es sich z. B. um die Idee des Schönen, oder des Wahren und des Seins, so weiss ein Jeder in gewisser Weise schon, was das ist,

1 warum] Warum *Ms*
7 erkennte] erkännte *Ms*

sofern man doch schon oft gesagt hat: «Diese Frau ist schön,» «diese Annahme ist wahr,» «der wilde Jäger ist oder existirt nicht»[324] u. s. w. Denn solche Urtheile wären sinnlos, wenn man nicht zu wissen glaubte, was schön, wahr und seiend ist. Man sucht also eigentlich, was man schon weiss und wissen muss. Setzte man aber der Philosophie die Aufgabe, etwas zu suchen, was man nicht schon weiss, so wäre das wie der Befehl eines Herrn an seinen Diener: bringe mir, ich sage Dir aber nicht, was, und weiss auch selbst nicht, was.

Es ist aber zweitens auch kein Erkenntnissvermögen mehr vorhanden, mit dem wir das Schöne, Gute, Seiende u. s. w. erkennen könnten, denn diese Ideen sind ja selbst die Erkenntniss dessen, wonach sie genannt werden, und jedes andre Erkenntnissvermögen würde etwas anderes erkennen, z. B. Grammatisches, Historisches, Zoologisches u. s. w. Ein leeres Erkenntnissvermögen aber, das man dazu benutzen könnte, wäre ein Unding, wie ein Instrument, das nicht zum Schneiden, Feilen, Hämmern u. s. w. diente, sondern keinen Zweck hätte; denn durch den Zweck erst ist es ein Instrument, wie das Ohr zum Hören und das Auge zum Sehen. Also gäbe es gar kein Erkenntnissvermögen, wodurch man den Geist oder die Ideen des Geistes erkennen könnte.

Lösung.

Die Lösung dieser Schwierigkeiten ist nun durch meine neue Dialektik sehr einfach. Alle Erkenntniss nämlich bildet ein Coordinatensystem, wesshalb jede Idee des Geistes als Glied oder terminus darin ihren bestimmten Platz hat und den jedesmal coordinirten Gliedern, wie diese ihr, zugeordnet ist. Indem man diese Zuordnung auffasst, ist der Gegenstand erkannt, wie auch bei den gewöhnlichsten Dingen; denn z. B. wenn man fragt, was ein Vetter ist, so muss man zwei Menschen als Söhne von Geschwistern vorstellen. Weiter liegt in dem Begriff des Vetters gar nichts, und wer diese Ordnung der Abstammung auffasst, weiss Alles, was davon zu wissen ist.

Nun sind alle Begriffe immer in verschiedenen Coordinationen | gegeben, so dass *139* z. B. auch die Vetterschaft zugeordnet zu dem Begriffe der Kindschaft wieder unter den Gesichtspunkt der Verwandtschaft gestellt werden kann. Mithin wird ein jeder Begriff bestimmt, je mehr man die Coordinationen erschöpft, in denen er ein zugehöriges Glied ist. Da nun die höchsten Begriffe, die Kategorien oder Ideen, nicht unter noch höhere Gesichtspunkte gestellt werden können, so müssen sie, um begriffen zu werden, in das Coordinatensystem sich einordnen lassen, in welchem sie für das Erkenntnissvermögen da sind. Die Heraushebung dieses Coordinatensystems, d. h. der zugeordneten Glieder, ist die Erkenntniss oder Definition einer jeden Idee. Die Idee selbst wird dadurch nicht etwa analysirt, d. h. in mehrere Momente oder Merkmale zerlegt; denn sie kann keine Theile oder einfachere Elemente mehr haben, sondern sie wird nur an ihren Platz gestellt. So lange man diesen richtigen Platz nicht kennt, versteht man auch ihren Werth nicht, wie z. B. x als unbekannt gilt, bis man etwa in der Gleichung a : b = c : x durch Angabe des Platzes in der Ordnung anderer bekannter Grössen seinen Werth ($\frac{bc}{a}$) erkennbar macht.[325]

Da aber kein anderes Glied für das gesuchte eintreten kann, so muss jede Idee auch selbst an sich bewusst werden und daher an sich schon lange bekannt sein, ehe sie definirt wird, was sich dadurch leicht erklärt, dass der Geist nicht durch Reflexion oder Speculation gemacht oder geschaffen werden kann, sondern bei aller Erkenntniss und also immer auch schon in den Erfahrungswissenschaften arbeitet, wesshalb in diesen alle Ideen des Geistes vorkommen. Dies eigenthümliche Verhältniss hat viel Räthselhaftes an sich, so dass Platon seinen Mythus von den im Himmel vor unserer Geburt von uns geschauten Ideen erzählte,[326] wie man auch die angeborenen Ideen und die confuse Erkenntniss und die apriorischen Begriffe, die irgendwo vor der Erfahrung im Gemüthe bereit liegen, daraus gemacht hat. In der That aber ist jede Idee erst mit ihrer zugehörigen Coordination da, wesshalb man bei der einen Gelegenheit das Nützliche, bei einer anderen das Schöne, die Gleichheit oder sonst eine Idee prädicirt und, wenn die Coordination nicht erkannt wird, entweder zwischen verschiedenen Ideen schwankt oder gar nichts prädiciren kann. Mithin können die Ideen in gewissem Sinne auch nicht gelehrt oder gelernt werden; denn wer sie nicht hat, dem fehlt eben der Geist, und er wird sich so ungelehrig der
140 Philosophie gegenüber ver|halten, wie ein Pferd; in einem anderen Sinne aber sind sie lehr- und lernbar, sofern man das zugehörige Coordinatensystem deutlich herausheben kann, worauf dann ein Jeder, der Geist hat, sich, um mit Platon zu sprechen, an die Idee erinnert (ἀνάμνησις),[327] d. h. die Idee, die er schon kannte, an ihrem richtigen Orte in ihrem Zusammenhange findet.[328]

Die Aufgabe der speculativen Erkenntniss besteht also bloss darin, für jede Kategorie die Coordinaten herauszuheben. Diese Coordinaten sind aber immer versteckt, weil die Begriffe zum Begreifen gebraucht werden und nicht etwa, wie in einem Luxus-Zeughause,[329] schöngeputzt und wohlgeordnet an der Wand der Vernunft hängen. Durch den Gebrauch sind sie mit den unzähligen einzelnen Erkenntnissen verwachsen, in denen sie als Gesichtspunkte ihren Platz fanden, wie z. B. die Idee des Schönen mit Pferden, Menschen, Sonnenuntergängen, Bildsäulen und so mit allem vermengt ist, wovon man nur immer «wie schön!» gesagt hat.[330] Desshalb ist es kein leichtes Ding, sie aus diesem Chaos herauszuziehen, und es wird uns nicht verwundern, wenn die dialektische Kunst oder die Speculation nicht für Jedermann Reiz hat, wie auch Platon sie mit dem schweren Kampfspiel der Wagen vergleicht, vor dem das altgewordene Ibykeische Ross zittert.[331] Es müssen immer Beziehungen von einer Erkenntnissgruppe zu anderen versucht werden und zwar die richtigen, bis man die zugehörigen Coordinaten für jede Idee rein herausfindet. Wegen dieses Geschäftes der Isolirung und Aussonderung, dessen sich schon die ältesten Philosophen bewusst wurden, hat man die Ideen auch als das Reine (εἰλικρινές) bezeichnet,[332] was

auf die Vorstellung von der Wurfschaufel zurückgeht, durch deren Schwung die zusammengemischten Körner und die Spreu alle an ihren bestimmten Ort rein für sich abgesondert werden.[333] Bei dieser ganzen speculativen Dialektik werden aber nicht die Ideen selbst gemacht oder mystisch erzeugt, sondern es dreht sich nur um die Auffindung der Beziehungen oder die Coordinaten; denn die Ideen selbst müssen bekannt sein, weil sonst überhaupt jede Forschung närrisch wäre. Es geht daher so zu, wie in den Arabischen Märchen, wo ein junger Mann durch seine ausserordentlichen Tugenden die Liebe einer Prinzessin gewinnt, während es nun die grösste Mühe kostet, seine Abstammung zu entdecken und in einem weit entfernten Lande seinen Vater als König herauszufinden.[334] Wäre aber die Persönlichkeit des Helden selbst nicht mit allen ihren Eigenschaften | bekannt gewesen, so hätten sich natürlich auch die 141
Beziehungen derselben nicht feststellen lassen, wie denn auch ebenso die Ideen oder Kategorien bewusst sein müssen, wenn man ihre Coordinaten finden soll. Nehmen wir z. B. die Idee der Wahrheit, so muss diese Idee uns schon bekannt sein, wenn wir sie definiren sollen, d. h. ein Jeder, der beim Urtheilen sagt: «dies ist wahr, dies ist unwahr», muss dabei ein specifisches Bewusstsein haben, das ganz verschieden ist von dem Bewusstsein des Rechts, des Guten, des Schönen u. s. w. Aber wegen der Verwickelung dieser Idee mit den einzelnen Beziehungspunkten, bei welchen sie gebraucht wurde, bleiben die Coordinaten verborgen.

Rolle der Bewegung in der Speculation.

Es kommt nun darauf an zu zeigen, welche Rolle die Bewegung bei diesem speculativen Denken spielt. Nun ist schon auf den ersten Blick einleuchtend, dass wir ohne die *Sprache* keine Idee festhalten und sie weder für Andre, noch für uns selbst zum Gegenstande des Denkens machen könnten. Da nämlich die Coordinaten erst gesucht werden, so könnten wir durch diese nicht etwa die Idee ersetzen, und ausserdem müssten die Coordinaten doch ebenfalls erst durch die Sprache bezeichnet werden. Die Sprache aber ist, wie oben nachgewiesen, Bewegung; also giebt es ohne bewegende Function keine speculative Vernunft.

Zweitens aber muss die Bewegung, wenn wir die Coordinaten einer Idee suchen, unentbehrlich sein, um uns die vielen einzelnen Gruppen von *Vorstellungen* zum Bewusstsein zu bringen, bei denen wir die Idee hatten; denn die Idee selbst ist ja, wenn wir sie zu definiren suchen, noch nicht *erkannt*, sondern nur *bekannt*, d.h. nur bewusst. Es kann also aus dem blossen Bewusstsein der Idee gar nichts abgeleitet werden, und es wäre eine sophistische Dialektik, wenn man auch nur ein einziges Merkmal, eine einzige Beziehung oder irgend eine Negation daraus folgern wollte; denn ich kann nicht gestatten, dass man etwa nach dem principium contradictionis[335] auch nur folgerte, das Wahre sei nicht das Nicht-Wahre, da in diesem Falle ausser der Idee schon Anderes hinzugenommen wird, das uns nur durch Bewegung, d.h. durch andre Vorstellungen, zukommt. Die Vorstellungen nämlich bringen immer *Empfindungen* mit als ihre Beziehungspunkte, und Empfindungen sind Bewegungen.

142 Also ist die Speculation an Bewegung gebunden ohne aber selbst Bewegung zu sein, denn z. B. wenn man auf die durch die | Sprache bezeichneten Bewegungsgruppen der Empfindungen (bei denen wir die Idee der Wahrheit hatten, d. h. zu der hierher gehörigen Vernunftfunction gelangten,) wieder hinblickt, so können wir nicht etwa, wie man sich einbildet, ein in allen vorgefundenes gleiches Element heraussondern, was sie Abstraction nennen,[336] sondern dies angebliche Element soll gerade gesucht werden, weil es keine Bewegung ist und also in den Anschauungen als Bewegungsakten nicht vorkommt. Indem aber die verschiedenen Reihen früherer Geistesthätigkeit wieder bewusst werden, entspringt sofort bei Vergleichung der Beziehungspunkte das zugehörige Bewusstsein, so dass wir das eine Gebiet im Gegensatz zu dem anderen als unsere speculative Geistesthätigkeit im Gegensatz gegen die bloss bewegende Function ansprechen.

Rolle des Gefühls in der Speculation.

Bei jeder gelingenden Erkenntnissthätigkeit haben wir nun ein Gefühl der Befriedigung, während uns alle durch blinde Bewegungen durchkreuzten und gehemmten Functionen verdriessen und missfallen. Dadurch haben wir die Coordinaten gefunden, denn wo uns Erkenntnissthätigkeit, von Zustimmung oder Befriedigung des Gefühls begleitet, bewusst wird, sprechen wir von Wahrheit. Die Wahrheit ist also weder das Gefühl, noch die Erkenntniss, sondern die Coordination, denn wer einen geometrischen Lehrsatz oder ein Naturgesetz im Bewusstsein isolirt und also bloss das Resultat oder die Beziehungseinheit der Erkenntnissarbeit zur Vorstellung bringt, der weiss nichts von Wahrheit; und wer bloss Befriedigung fühlt, ohne etwas zu erkennen, der kann ebensowenig von Wahrheit sprechen. Wer aber durch die intellectuelle Bewegung die Beziehungspunkte vorstellt und durch ihre Zuordnung die Beziehungseinheit erkennt, der wird bei diesem Einklang der Functionen, wie bei der Coordination harmonischer Strahlen, das Gefühl logischer Befriedigung empfinden und wenn er ein Wort der Sprache zur Bezeichnung nicht des erkannten Gedankeninhalts, der überall verschieden ist, sondern dieser allgemein aufgefassten und für sich isolirten Coordination der Bewegung, der Erkenntniss und des zugeordneten Gefühls sucht, dafür nur das eine bestimmte Wort «Wahrheit» finden.[337]

Inhalt und Definibilität der Ideen.

Diese Idee der Wahrheit ist schlechterdings als Beziehungseinheit unzerleglich und einfach, sie kann aber durch ihre Coordinaten definirt werden, weil Jeder, der Vernunft hat, bei derselben Co-
143 ordination mit seiner | Vernunft auf dieselbe Weise reagirt, d. h. dieselbe Idee hat. Darum könnte es scheinen, als wären die Ideen inhaltslos und blosse Wörter, weil man ja ihren Inhalt nicht weiter zerlegen kann; solche nominalistische Einwendung wäre aber kein Zeichen von Vernunft, denn der

ganze Vorzug des Menschen besteht darin, dass er bei gegebenen Beziehungspunkten sich ganz bestimmter Beziehungseinheiten oder Verhältnisse und Gesichtspunkte bewusst wird, worin gerade seine Vernunft besteht. Wie ich hinblickend auf 4 und 12 mir durch die dreimalige Bewegung der Addition oder Subtraction des Exponenten 3 bewusst werde, der weder 4, noch 12, sondern das Bewusstsein meines zugeordneten Thuns ist, so werde ich mir auch bei a und a der Idee der Gleichheit bewusst, die doch mit dem beliebigen Inhalt von a nichts zu schaffen hat, sondern die positive Vernunftfunction bildet, die bei Vorstellung der Coordinaten als ein von diesen völlig verschiedener Vernunftinhalt entspringt, da er das Bewusstsein meines Thuns im Gegensatz zu dem Bewusstsein bei den auseinander bleibenden Vorstellungen von a und b bildet.

Der auswärtige Beziehungspunkt.

Jedes Coordinatensystem erfordert aber immer noch ausser der Vorstellung der Coordinaten, die man die *zugehörigen* oder *immanenten* nennen könnte, eine *auswärtige* Beziehung, weil sonst eine Isolirung der Gedanken und also eine Zerstückelung der Gedankenwelt einträte, was nicht möglich ist, da die Thätigkeit der Vernunft sich erfahrungsmässig auf alles bezieht. Denn wenn nicht ein *Gegensatz*, d.h. ein auswärtiger Beziehungspunkt, wie z.B. hier bei der Idee der Wahrheit die durch nicht zugehörige Vorstellungen oder Bewegungsakte gestörte Erkenntniss nebst dem begleitenden Missfallen hinzugenommen würde, so fehlte die Einheit der Vernunft, da eine jede Idee nur im Hinblick auf eine andre als einheitlich und eigenthümlich erkannt wird. Darum hat *Hegel* diese Sachlage ganz missverstanden, wenn er sein Princip der Negativität für die Weltentwickelung und das speculative Denken aufstellt; denn Negation, wie Position, sind nur Gesichtspunkte, die sich wieder auf das Verhältniss aller Erkenntnissakte untereinander anwenden lassen, ohne das Wesen eines an sich immer inhaltsvollen Vernunftaktes auszudrücken. Ist ja doch jeder Vernunftakt sowohl unter den Gesichtspunkt der Position als der Negation zu stellen, da das Wahre wahr und das Falsche falsch ist, wie andererseits das Falsche nicht wahr und das Wahre nicht falsch ist. Zu dem | Nicht-Wahren aber gehört auch das *144*
Schöne und Hässliche, das Gerechte und Ungerechte u.s.w., da die Erkenntniss der Wahrheit etwas anderes ausdrückt, als die Erkenntniss der Schönheit u.s.w. Also kommt es für den bei einer Coordination hervorzurufenden Vernunftakt nicht auf die Negation an, sondern auf einen zugeordneten, d.h. specifischen, obwohl auswärtigen Beziehungspunkt, damit beide Coordinatengruppen in wechselseitigem Verhältniss ihre zugeordneten Ideen erhalten, wie z.B. Rechts und Links nichts Negatives an sich haben und doch nur in Beziehung auf einander durch ihre eigenthümliche Coordination, nämlich den die Raumanschauung perspectivisch entwerfenden Verstand einerseits und einen im Gesichtsfelde beachteten Punkt andrerseits gebildet werden können.

Wegen der Einheit der Vernunft oder der allgemeinen Coordination aller Gegenstände der Erkenntniss lässt sich daher ebenso wie jedes Ganze, auch jeder Theil und so z. B. auch die der Idee der Wahrheit zugehörige Coordinate der Erkenntniss wieder definiren, d. h. auf ihre Coordinaten zurückführen; denn wenn Widerspruchslosigkeit und Begründung als Wesen der Wahrheit angeführt werden, so ist dabei das zugehörige Coordinatensystem nur unvollständig, nämlich nur nach der Seite der Erkenntniss hin angedeutet. Denn die Widerspruchslosigkeit geht bloss auf den dem Erkennen entgegengesetzten auswärtigen Beziehungspunkt, da das sich Widersprechende als ein von blinder Bewegung Zusammengebrachtes eben keine Auffassung, keine Erkenntniss zur Function hat, wie andrerseits die Begründung eben auf die Beziehungspunkte oder Coordinaten hinweist, die als sogenannte Gründe oder Quellen, Thatsachen und Gesichtspunkte die Erkenntniss vermitteln. In beiden Bestimmungen wird also nur die Erkenntniss beschrieben, nicht die Idee der Wahrheit definirt.

Was uns hier zu demonstriren oblag, haben wir nun erledigt; denn wir sehen einerseits, wie die Ideen und Kategorien, deren Erkenntniss Geist genannt wird, sich durch Heraushebung ihrer Coordinaten definiren d. h. erkennen lassen, und andererseits, dass bei dieser speculativen Dialektik die Bewegung durch die Sprache und durch die erforderliche Vergleichung der Anschauungsgruppen eine wesentliche Rolle spielt, wie auch drittens das Gefühl als die leitende, die Bewegung bestimmende und sie abschliessende Macht zur Anerkennung kam.

Die verschiedenartigen Anlagen des Geistes.

Wenn wir nun auf die gesammte Vernunftthätigkeit hinblicken, so entspringen sofort mehrere Gesichtspunkte oder Ideen, unter
145 welchen sich die mannigfaltigen | Vorgänge überblicken und ordnen lassen, ich meine die Idee von Ganzem und Theil, von Trennung und Verknüpfung, von Ruhe und Bewegung, von Einheit und Vielheit. Es ist natürlich, dass der menschliche Geist diese Unterschiede früh gemerkt und desshalb die Erkenntnissthätigkeit, sofern sie in einem gewissen einseitigen Uebergewichte nach den individuellen Anlagen mehr die eine als die andre Richtung verfolgt, mit verschiedenen Namen als Scharfsinn, Witz, geistvoll, geistreich, tief, oberflächlich u. s. w. bezeichnet hat. Es liegt uns hier nicht ob, ausführlich diese Unterschiede zu studieren; die Erwähnung derselben trägt aber dazu bei, die obigen Darlegungen zu illustriren.

Der Scharfsinn bezeichnet die analytische Thätigkeit, welche die Bruttoaufnahme der Meinungen auflöst und die Elemente der Coordination sondert, wesshalb er mehr Haltung und Ruhe in engerem Kreise des Gedankens zu behaupten scheint, mehr auf die Theile, als auf das Ganze blickt, aber wegen der Akribie der Termini zur Deduction befähigt. Der Witz dagegen nimmt die synthetische Seite in Anspruch und hat darum mehr an der Bewegung Antheil, da die vielen Bezie-

hungspunkte verglichen werden müssen, wesshalb er auch im inductiven Verfahren vorherrscht. Geistreich nennt man die Erkenntniss, wenn sie durch ihre Gesichtspunkte viele und entfernte Gebiete von Beziehungspunkten in der Weise durchdringt, dass man trotz der Vielheit nirgends bloss der rohen Meinung oder der blinden Aufnahme des Thatsächlichen begegnet, sondern überall die ordnenden Ideen erblickt. Geistvoll dagegen will man lieber diejenige Erkenntniss nennen, welche umgekehrt von der Oberfläche in die Tiefe geht, die Theile zum Ganzen sammelt und die niederen Gesichtspunkte auf höhere bis zu den höchsten philosophischen Ideen hin zurückführt. Darum wird auch hier wieder die Ruhe überwiegen, während der Geistreiche stärkeren Gebrauch von der bewegenden Function macht. In der Erkenntniss überhaupt sind aber principiell alle Seiten vertreten, und es können diese Bewegungen daher nur zur Charakteristik der Persönlichkeiten dienen, in deren Erkenntnissthätigkeiten sich natürlich ein Uebergewicht der einen oder der anderen Seite finden wird. Auch täuscht man sich leicht über das Mehr und Weniger dieser Gaben der Erkenntniss und vergisst, dass Erkenntniss nicht stattfinden kann, ohne die zugehörigen Gefühle und Kunstthätigkeiten auszulösen, deren Unterschiede daher auch die verschiedenen Begabungen wesentlich mitbestimmen. Denn da die | Gefühle z. B. in die ästhetischen und ethischen zerfallen, so wird ein Ueber- *146*
gewicht der einen oder der anderen Art auch die Erkenntnissthätigkeit wesentlich färben. So ist in dem Geistvollen immer auch ein starkes ethisches Element, wie z. B. in der Platonischen Darstellung im Staat, im Gorgias und Phädon; der geistreiche Stil aber wird wie bei H. Heine durch die ästhetischen Gefühle merklicher beeinflusst und verlangt, wie der Witz, eine grössere Beweglichkeit durch Mannigfaltigkeit der Sprache und Vielheit der Anschauungen. In jeder Erkenntniss, auch in dem einfachsten Gedanken, sind aber immer, wie ich schon hervorhob, alle Elemente des geistigen Lebens vereinigt, und nur durch das Uebergewicht des einen oder des anderen Elements entsteht beim Hinblick auf ein grösseres Feld von Geistesthätigkeit die Wahrnehmung der Unterschiede, nach denen die Sprache die Eigenschaften des Stils oder die Anlagen der Persönlichkeiten benannt hat.

147

# | III. Das Ich.

## Erstes Capitel. Kritik der früheren Auffassungen.

Menschheits-philosophie.

Ich habe oft ausgesprochen, dass die verschiedenen Weltansichten, die man in geschichtlicher Stufenfolge aus einander entwickeln will, gewissermassen in allen Jahrhunderten, wie die Kurzsichtigkeit, die Weitsichtigkeit, die Farbenblindheit und das normale Auge, immer schon gleichzeitig nebeneinander vorkommen, indem die geschichtliche Entwickelung nur den wissenschaftlichen Ausdruck, d.h. die technische Vollendung der theoretischen Arbeit betrifft, nicht aber die grossen und die der allgemeinen Menschenvernunft zugänglichen groben Grundlinien der Systeme.[338] So halte ich auch dafür, dass die wahre Erkenntniss des Ichs oder der Persönlichkeit als des Prototyps des Substanzbegriffes sich in allen Zeiten und bei allen Völkern findet, obgleich natürlich das Volk immer in naiver Kindlichkeit das Ich mit der Erscheinung seines Leibes zusammenfasst und also gleichsam nur eine Bruttoaufnahme gewinnt.

Im Christenthum aber vollendete sich die natürliche und wahre Menschheitsphilosophie, indem die Seele ihre Hülle von sich stiess, um sich in ihrem eigenen unsterblichen Wesen zu erkennen, welches von den Schicksalen des Leibes und selbst von der Kreuzigung unberührt bleibt.[339]

Diese natürliche Anerkennung der Persönlichkeit ist aber keine wissenschaftliche Erkenntniss und verhindert daher nicht, dass sich nun eine lange Debatte durch die Geschichte der Menschheit hinzieht, in welcher immer von Neuem über das Wesen des Ichs gestritten wird. Gleichwohl ist es wichtig, nicht wie so viele eifrige Sektirer zu vergessen, dass die durch alle Jahrhunderte reichende Zustimmung der

1 III] Dritter Theil *Ms*

3 Kritik] I. Kritik *Ms*

4–5 Menschheitsphilosophie] 1. Menschheitsphilosophie *Ms*

Menschheit immer zu der wünschenswerthesten Ausstattung eines philosophischen Systems gehört;[340] denn die Ur|theile des ungelehrten Menschen über Sonne und 148
Mond, über Wind, Ebbe und Fluth u. dergl. haben zwar wenig Bedeutung, weil die Lösung solcher naturwissenschaftlicher Fragen von specieller Technik abhängt und für die Erfüllung des Lebenszwecks nicht massgebend sein kann, die Erkenntniss aber, welche der Mensch von sich selbst hat, entscheidet über seine ganze Stellung zur Welt und zu Gott. Es ist mir desshalb nicht glaublich, dass dem Menschen die Krippe so hoch gehängt sein sollte, dass er von selbst die ihm unentbehrliche Erkenntniss nicht erreichen könnte. Wenn eine Thiergattung entstünde, für welche nicht die zugehörige Nahrung gleichzeitig entsprossen wäre, so würden wir uns ebenso wundern, wie über einen Menschen ohne Herz und Lungen; in derselben Weise müsste es aber auch als monströs gelten, wenn ein Mensch ohne das Bewusstsein seiner Persönlichkeit bliebe. Die wissenschaftliche Erkenntniss der Persönlichkeit jedoch gehört der geschichtlichen Entwickelung an, und es hindert gar nichts, dass nicht immer von Zeit zu Zeit manche Klüglinge die These aufstellen, es gäbe gar kein Ich oder keine Persönlichkeit; gebrauchen wir doch auch ruhig die Verdauungssäfte unseres Magens, obgleich die Chemiker und Physiologen im Lauf der Zeit immer andere Theorien über die Magendrüsen und den ganzen Verdauungsprocess zum Besten geben.

Eintheilung der Ansichten über das Ich.

Wenn wir nun von dieser richtigen, obwohl naiven Erkenntniss der Persönlichkeit absehen, so ist klar, dass eine speciellere Forschung nach dem Wesen des Ichs verschiedene Wege einschlagen wird, da die Forschung, mit Analyse beginnend, bald dieses, bald jenes Element auffinden und einseitig herausheben kann. Unsere nächste Aufgabe ist daher, die möglichen Ansichten vollständig zu deduciren, d. h. eine strenge Division[341] zu liefern.

Nun ist nothwendig, dass die Analyse ihren Gegenstand entweder projectivisch oder kritisch behandele, und demgemäss muss es zwei Hauptgruppen von Ansichten geben.

Die projectivische Seelenlehre wird ihren Gegenstand, der nach der naiven Auffassung die ganze leiblich erscheinende Persönlichkeit ist, entweder monistisch oder dualistisch behandeln. Demgemäss muss es vier Arten von Definitionen der Seele geben, zwei dualistische: 1) die materialistische, 2) die spiritualistische, und zwei monistische: 1) die pythagoreische Harmonie, 2) die Platonisch-Aristotelische hylozoistische Entelechie.

| Die kritische Auffassung aber, welche vom Bewusstsein ausgeht, kann sich in 149
drei Arten spalten, jenachdem entweder die Functionen der Seele selbst ihrem Inhalte nach allein beachtet werden, oder die Einheit der Function in's Auge fällt, und zwar bei dieser letzteren Stellung entweder so, dass diese Einheit an dem Inhalte

selbst als Form verstanden, oder wie in meiner Metaphysik durch Trennung von Erkenntniss und Bewusstsein als ein unmittelbar Gegebenes erkannt wird.

Im Ganzen werden also sieben verschiedene Auffassungen zu unterscheiden sein, die sich aber nicht alle durch den Namen eines bestimmten Philosophen bezeichnen lassen, weil wegen ihrer Vermischung oft mehrere Auffassungen von demselben Lehrer zugleich vorgetragen werden. Unsere Division kümmert sich desshalb nicht um die historischen Vertreter, sondern scheidet die reinen Formen aus, nach deren Auffindung dann die historischen Annahmen leicht bestimmt werden können.

## 1. Projectivische Auffassung des Ichs.

1) Materialistische Seelenlehre.

Der Dualismus, welcher Seele und Leib unterscheidet und doch beide als zwei gegenständlich vorhandene Wesen ansieht, ist archaisch und darum zugleich immer volksmässig, so dass er bei der mittelmässigen Begabung jeder Zeit Anklang findet. Wir brauchen uns natürlich bei dieser Annahme nicht aufzuhalten, und ich will nur erwähnen, dass man der Reihe nach alle vier Elemente durchprobirt hat, um der Seele eine würdige Erscheinung zu geben, indem man bald als Flüssiges das Blut,[342] bald die lebenbedingende Luft der Athmungsorgane,[343] bald das Feuer als die vom Herzen ausgehende Wärme[344] oder als einen vom Himmel aufgefangenen Aetherstrahl für die Quintessenz der Seele in Anspruch nahm,[345] oder endlich auch ein festes Element, wie die atomistischen Seelenkugeln Demokrits[346] oder wie in modernerer Auffassung Quecksilber und Phosphor als Träger der Seele den übrigen Elementen des Körpers gegenüberstellte.[347]

2) Spiritualismus.

Vornehmer aber als diese Formen des Dualismus ist der sogenannte Spiritualismus, der alle vier Elemente auch in ihren feinsten und ausgesuchtesten Qualitäten noch zu materiell fand, um den geistigen Gegenstand zu bilden, und daher eine eigene unräumliche
150 Substanz | erzeugte, die mit dem Leibe zusammengejocht wurde. Obgleich dieser Spiritualismus von einem Gefühl für das Richtige ausging, so konnte er doch wegen der projectivischen Auffassung der Dinge zu nichts Haltbarem gelangen. Die archaische Form der Lehre, die in Platon's Phaidon vorliegt, ist dunkel und verworren, weil Platon selbst immer die hylozoistische Vereinigung von Leibes- und Seelenleben voraussetzt; die mittelalterlich scholastische Form ist ganz theologisch und giebt sich, da der Glaube vorausgesetzt wird, keine Mühe, die Erkenntnisswege genau zu verfolgen; die moderne Cartesianische Form aber leidet an allen Gebrechen des Dualismus, da die Gemeinschaft der Seele mit dem Leibe unthunlich wird. Lotze hat zwar bei seiner Neigung, Paradoxien zu vertheidigen, immer stark betont, dass zur Wechselwirkung gar keine substanziale Aehnlichkeit erforderlich und dass also aus einem

solchen Grunde der Dualismus nicht zu bestreiten wäre;[348] allein es ist sehr auffallend, wie stark bei Lotze immer die Gewöhnung an die naturwissenschaftlichen Gedankengänge blieb, in denen er ursprünglich aufwuchs, und ich will desshalb, weil sein Einwand sich sichtlich auch gegen meine Kritik des Dualismus (in meiner Schrift über die Unsterblichkeit)[349] kehrt, bemerken, erstens, dass Lotzes Behauptung von Wechselwirkung zwischen ganz Heterogenem nur aus der naturwissenschaftlichen Sphäre genommen und also eine petitio principii[350] ist, da die Gültigkeit dieses Princips für die Sphäre geistiger, d. h. wirklich heterogener Wesen erst zu erweisen wäre, und zweitens, dass, wenn Lotzes Behauptung richtig wäre, dann schon eine über den dualistischen Gegensatz hinausgehende monistische Gesetzgebung vorausgesetzt würde, wobei, wie durch eine Ironie des Schicksals der Dualismus durch den Monismus gedeckt würde. Also fallen Lotzes Einwendungen, und der Spiritualismus bleibt ohne Hülfsmittel, die Gemeinschaft von Seele und Leib zu erweisen.

Zu dem Spiritualismus gehört auch die Leibnitzische Monadologie. Da ich davon schon oben (S. 5 ff.) gesprochen habe, so weise ich hier nur darauf hin, dass Boutroux in eleganter Demonstration gezeigt hat, wie Leibnitz nicht bloss durch die Schwierigkeiten der Abendmahlslehre und durch die mikroskopischen Entdeckungen von Leeuwenhoeck,[351] sondern namentlich durch die mit den metaphysischen parallel laufenden mathematischen Tendenzen dazu getrieben wurde, das Unendlich-Kleine für die Differenzialrechnung und die Monade für die Metaphysik zum Princip | zu nehmen.* Diese überzeugenden und in angenehmer Sprache dargeleg- *151*
ten Räsonnements von Boutroux zeigen daher auch wieder, dass Leibnitz, als er seine Monadologie ausdachte, sich ganz auf projectivischem Standpunkte befand.

3) Die Harmonie.

Von der monistischen Auffassung aber muss es zwei Formen geben, die beide von der ursprünglichen Anerkennung der materiellen Natur ausgehen; denn die Annahme des objectiven und naiven Idealismus, die sich z. B. auch bei Origenes findet, als wenn die sündlosen Geister ursprünglich allein existirt hätten und nur durch Abfall allmählich in Materie verdichtet worden wären,[352] kann zu dem materialistischen Dualismus gerechnet werden, da es ja einerlei ist, ob man den Geist für eine besondre Art von Materie hält oder ihn auch unter gewissen Bedingungen in die schlechteren Formen der Materie verschwinden lässt; denn es macht für die Eintheilung keinen Unterschied, ob die Materien selbst artenweis auseinander gehalten, oder wie nach Aggregatzuständen in einander übergeführt werden, sofern dabei doch die dualistisch aufgefassten Eigenschaften entstehen oder verschwinden.

Dagegen ist der Monismus, wie sich dies für die projectivische Auffassung ziemt, ursprünglich von dem sinnenfälligen Objecte, das man für Körper hielt, ausgegan-

* Émile Boutroux, Leibnitz, Nouveaux Essais, Paris 1886, p. 57.

gen. Um nun die geistigen Erlebnisse an dem äusseren Objecte unterzubringen, musste man entweder dieselben als eine blosse Form oder Harmonie betrachten, oder sie als ein eigenes wesenhaftes Product ansetzen.

Die erste Annahme zeigt sich bei den Pythagoreern, welche bei den Zahlen plötzlich gewisse Verhältnisse, wie die Potenzen und Theilbarkeiten, hervorspringen sahen und auch bei den Saiten je nach ihren geometrischen Bedingungen die Töne und deren Accorde bedingt fanden. Desshalb hielten sie die Gesundheit, die Tugend und die Seele selbst für eine blosse Harmonie, für eine richtige Proportion der materiellen Beschaffenheiten des Leibes.[353]

4) Die Entelechie.

Da aber die bloss formalen Verhältnisse natürlich wegen der projectivischen Auffassung nicht klar gedacht werden konnten und die Seele, wie ihre Tugenden und Laster, wichtiger war, als die materiellen Factoren, so ist es natürlich, dass diese unklare Auffassung von selbst in die zweite Annahme überging, die sich bei Platon und Aristoteles, d. h.
*152* in | dem idealistischen Hylozoismus, findet, wonach das Geistige das eigentliche Wesen der Materie bildet, welches durch harmonische Bewegungen wie aus seinem Versteck herausgetrieben wird. Der antike Name für diese Auffassung ist Energie oder Entelechie, der moderne aber Function. Wie das Gehen die Function der Beine sei, so solle das Seelenleben die Entelechie des Gehirns oder des Herzens oder des ganzen Leibes bilden. Sonach stehen Leib und Seele nicht mehr in dualistischem Gegensatz, sondern das Eine ist dasselbe wie das Andre, nur durch Potenzialität und Actualität unterschieden.

Die beiden Attribute.

Wenn man nun genauer beobachtet, so zeigt sich, dass die Materie selbst niemals rein an und für sich vorhanden sein kann, sondern immer irgend eine Form (Idee) oder Function tragen muss. Mithin konnte man nun auch bloss verschiedene Stufen der Realisirung oder Actualisirung der Materie unterscheiden und die niedrigeren als Potenz für die höheren Akte ansehen. Daraus ergiebt sich die Ansicht, dass Materie und Akt zusammengehörig, wie Leib und Seele, immer Eins ist und dass man bei allem Wirklichen eine materielle und eine geistige Seite nachweisen kann. Die Elemente haben die unterste Seele (Elementargeister), der organische Leib in Pflanze, Thier und Mensch stellt höhere Doppeleinheiten vor. Es ist dabei auf den ersten Blick klar, dass der griechische Hylozoismus, von Thales mit seinem beseelten Wasser[354] und von Herakleitos mit seinem vernünftigen Feuer[355] an bis zu Platons Weltseele[356] und Aristoteles Entelechie[357] und dem activen und passiven Elemente der Natur bei den Stoikern und den beiden Attributen der Substanz bei Spinoza,[358] immer dieselbe Auffassungsweise innegehalten hat. Auch der Actus purus,[359] die reine Vernunft des Aristoteles macht davon keine Ausnahme; denn in ihr kommt bloss die Materie nach dem Durchgang durch alle ihre Stufen von Actualisirung zu dem letzten Akt, in welchem also die reine körperlose Materie als Substrat, gegeben ist.[360] Ich habe desshalb die Lehre von der Transfiguration oder Transsubstanziation[361] auf diese Aristotelische Auffassung zurückgeführt, weil auch hier immer die Einheit der Substanz in ihren beiden Attributen gewahrt bleibt, da die Materie trotz ihrer Reinheit doch immer das Sein, wie der Geist trotz seiner Abstraction doch die Form der Natur beisteuert.

Gegen diese monistischen Auffassungen, die sich auch in den | rohen Formulirungen der Empiriker mit ihrem «Kraft und Stoff»[362] und in der sinnigen, aber doch unbedeutenden Ausdrucksweise bei Fechner und Anderen wiederholen, ist nun in der That gar nichts einzuwenden, so lange man auf projectivischem Standpunkte steht und daher genöthigt ist, den Inhalt seiner Vorstellungen als objective Dinge draussen gelten zu lassen. Sobald aber das kritische Bewusstsein anfängt, so verschwindet auch dieser ganze Gespensterspuk, der desshalb gar nicht im Einzelnen widerlegt zu werden braucht. *153*

## 2. Kritische Auffassung des Ichs.

5) Die Functionen.

Sobald man also umgekehrt vom Bewusstsein ausgeht und die angebliche äussere Welt als blossen Inhalt unserer Vorstellungen, als blosses ideelles Sein wieder in das Denken zurücknimmt, so kann natürlich auch das Ich oder die Persönlichkeit nicht mehr in einem Objecte und dessen objectiv gedachten Eigenschaften gesucht werden, sondern man muss die merkwürdige Einheit aller Vorstellungen in dem Ich nur auf die Function des Erkennens selbst zurückführen. Dadurch kam man von selbst auf die allgemeinsten Begriffe, unter denen alles Gedachte zur Einheit zusammengefasst wird, und nannte diese den Geist oder die Vernunft, so dass nun unser wahres Selbst, wie schon bei Platon und Aristoteles, die auch diesen kritischen Standpunkt vermischt mit dem projectivischen einnahmen, zur *reinen Vernunft* wurde. Hegel folgte ihren Spuren, und der Idealismus (der objective, der kritische und der absolute) kann überhaupt keine anderen Wege gehen.[363]

Man thut gut, sich die Nothwendigkeit dieses Gedankenganges ganz klar zu machen; denn das Ich verlangt die Einheit aller Gedanken zu sein, alles Gedachte wird aber durch das Allgemeine zur Einheit zusammengefasst, und mithin ist die *Vernunft*, als Vermögen, oder der *Geist*, als Aktus dieser allgemeinen Gedanken, das Ich. Es ist dabei ganz einerlei, ob man das Denken als ein subjectives auffasse, oder den Gedanken ein objectives Sein, das entweder auch reales Denken oder von einer Idee durchdrungen sei, entsprechen lasse; denn immer wird schliesslich die Einheit in den allgemeinsten, Alles umfassenden Gedanken liegen, mögen dieselben bloss das abstracte und indifferente Sein oder den Zweck und das Gute, oder den concre-

ten absoluten Geist bedeuten. Diese Differenzen der Auffassung sind zwar für die
154 Scheidung der Systeme | untereinander recht wichtig, für die von uns geforderte Eintheilung aber ist es gleichgültig, wie die Vernunft als Ich formulirt werde, weil wir doch überall sofort denselben Schluss machen müssen, dass nämlich das Ich bloss in das Erkenntnissvermögen gesetzt werde; denn der ganze Inhalt des persönlichen Lebens und dies Leben selbst, d. h. Object und Subject, werden bei dieser idealistischen Auffassung bloss als Erkenntniss genommen.

Schopenhauer.

Es lag darum nahe, dass der eine oder der andere Denker einmal den Einfall haben musste, die Erkenntniss nicht so hoch zu schätzen, sondern auch die übrigen Functionen hervorzuziehen und ihnen zur Abwechselung den Thron einzuräumen. Eine solche Wendung kann man bei mehreren Philosophen finden; am lautesten aber hat Schopenhauer mit seiner Stimme den Markt erfüllt, als er den Willen als das Wesen der Welt und der Persönlichkeit proclamirte.[364] Er hat natürlich ebensoviel Recht mit seinem Paradoxon, wie Fichte und Hegel mit dem ihrigen; denn der Wille lässt sich auf das blosse Denken nicht zurückführen, sondern es finden sich offenbar sogar viele Gedanken, die dem Willen zu Diensten zu stehen scheinen. Allein gleichwohl hat diese Willensherrschaft auch ebensosehr Unrecht, weil das Denken ebensowenig aus dem Wollen abgeleitet werden kann; und es scheinen auch Gedanken in vielen Fällen sichtlich den Willen zu bestimmen. Man sieht daraus klar, dass Denken und Wollen nur in Coordination zu einander stehen und als blosse Functionen nach einem Functionirenden verlangen, das sich in ihnen ausdrückt.

Goethe.

Da nun weder die Erkenntniss-, noch die Willensfunction mit dem Ich zusammenfallen kann, so ist es natürlich, dass zwar seltener, aber doch in verhüllter Form recht oft auch die dritte Function der Seele, ich meine die Bewegung oder Handlung, zum Wesen der Dinge und des Ichs gemacht wurde. Ich erinnere z. B. an Goethes Faust, der das Evangelium des Johannes übersetzen will und endlich glücklich herausbekommt, dass der Ursprung aller Dinge in der That liege,[365] wesshalb er auch am Ende seiner Laufbahn durch freie Thätigkeit glücklich geworden zu sein behauptet.[366] Diese Annahme ist nun gar nicht schlechter als die anderen beiden; denn warum sollte die That nicht gleiche Ehre mit dem Wollen und Denken geniessen, da sie doch nichts Abgeleitetes ist und auf keine Weise als eine blosse Modification des Wollens oder Erkennens be-
155 trachtet und | aus einer fremden Wurzel gezogen werden kann. Die Function der Handlung steht vielmehr bloss in Coordination mit den beiden anderen Vermögen; jede Persönlichkeit wäre aber verstümmelt, der man nicht ausser Wille und Gedanke auch noch Bewegung als Aussteuer geben wollte.

Diese drei Ich-Hypothesen setzen wir desshalb in gleiche Linie und können keine der anderen vorziehen, weil sie alle das Ich nicht finden, sondern nur je nach der

Richtung der Aufmerksamkeit bald diese, bald jene Function des Ichs als einzige in's Auge fassen, wie ungeübte Fremde, die bei einer Hoffeierlichkeit entweder einen General oder den Nuntius oder einen Hofmarschall für den König halten.

6) Die formale Einheit der Apperception.

Es bleiben nun noch zwei mögliche Annahmen übrig. Da nämlich der Inhalt des Bewusstseins beständig wechselt und sich doch zeigt, dass alles und jedes, was einmal zum Bewusstsein kommt, auch als zum Ich gehörig betrachtet wird, so konnte man leicht auf den Einfall gerathen, unter dem Ich bloss die inhaltlose Einheit oder Form des Bewusstseins zu verstehen, d. h. gleichsam den Omnibus, in den alle möglichen Passagiere einsteigen, um eine Strecke Wegs gefahren zu werden. Solange sie im Omnibus sind, gehören sie zum Ich; steigen sie aber aus und sinken unter die Schwelle des Bewusstseins, so bleiben sie, wer weiss wo; denn der Omnibus weiss nichts davon, und Lotze meint desshalb, sie wären sofort in's Nichts übergegangen, da nur die aktuellen Passagiere zahlen und von Belang sind.[367]

Diese Theorie, wenn der Einfall einen so vornehmen Titel verdient, hat Kant aufgebracht und «die transscendentale Einheit der Apperception» genannt.[368] Fichte sah wohl die Nichtigkeit der Sache; denn er machte aus dem Ich, welches im Ich dem Ich ein Nichtich entgegensetzt, sehr schnell das absolute Wissen[369] und lenkte also in den sachlichen Weg des Platonischen Idealismus ein, durch welchen das Ich mit der Vernunft oder dem absoluten theoretischen Geist identisch wurde. Allein Herbart erkannte wieder den Fehler dieser Idealisten, weil die Vorstellungen im Ich zum Bewusstsein geeinigt werden, auch ehe sie unter eine allgemeine Vernunftidee fallen und auch wenn sie überhaupt nicht von der Erkenntnissfunction aufgefasst werden. Da er aber den ganzen Inhalt der Seele für Vorstellungen ansprach und also nur die Erkenntnissfunction kannte (in welche die Gefühle und | Strebungen eingeschmuggelt wurden), so musste die Einheit des Bewusstseins 156
oder das Ich natürlich zu einer Sinnlosigkeit werden, da das Ich keinen Sinn hat, d. h. keinen Vorstellungsinhalt oder keine Erkenntniss ausdrückt. Sein Ich als leerer Platz, an den man abwechselnd diesen oder jenen Spiegel hinhängt, ist desshalb seiner Psychologie angemessen, und man kann ihm nur zustimmen, dass sich nichts Leereres und Sinnloseres denken lasse, als sein Ich.[370] Herbart hat darum das Verdienst, die Kantische transscendentale Einheit der Apperception, die er gleichwohl selbst annahm, ad absurdum geführt, d. h. zu einem lächerlichen Nichts gemacht zu haben.

7) Personalismus.

So bleibt mein Weg übrig. Ich gehe auf die einfache und allgemeine Menschheitsphilosophie zurück, welche in der Persönlichkeit ein wirkliches Wesen anerkennt und das Ich, das Jeder für sich in Anspruch nimmt, in gleichen Rang setzt mit allem, was als Substanz existirt und sich im Wechselverkehr der Dinge durch Thun und Leiden bemerklich macht. Nur lasse ich natürlich die naive Bruttoauffassung fallen und rechne daher den im Stoffwechsel wandelbaren Leib nicht mit zum Ich.

Zugleich muss ich auch die ganze projectivische Auffassungsweise des Ichs verwerfen und dem kritischen Geiste Kants zustimmen. Seine Kritik ist aber in den Windeln stecken geblieben, und man muss daher von vorn anfangen; denn die arme Vernunft bei Kant hat als Erkenntnissfunction bloss mit solchen Gegenständen zu thun, die auch Erkenntnisse sind, und sucht ihre Formen auf eine Materie zu drücken, die zwar im unmittelbaren Bewusstsein gegeben sein soll, aber leider nur aus Empfindungen, d. h. nach Kant's Meinung aus den untersten Erkenntnisselementen besteht. Kant versäumte die Frage zu stellen, ob das unmittelbare Bewusstsein denn nicht mehr, als blosse Empfindungen darbiete. Er war so abhängig von der Tradition, dass er bloss den mundus sensibilis und intelligibilis kannte, und so wenig originell, dass er sich damit begnügte, ebenso wie die früheren Philosophen, die Welt in blosse Vorstellungen aufzulösen, von denen die einen sinnlicher, die anderen geistiger Art wären.

Es ist darum an Schopenhauer, der sonst als Philosoph wenig Werth hat, eine gewisse Originalität anzuerkennen, weil er auf den freilich durch die Absurdität von Kant's praktischer Vernunft fast aufgezwungenen neuen Einfall kam, der Wille sei
*157* von | der Vorstellung wurzelhaft verschieden, und es liesse sich daher die Welt nicht bloss als Vorstellung, sondern auch als Wille betrachten. Allein Schopenhauer war zu gering als Denker und liess seinen Willen daher gleich wieder die Rolle von Spinoza's Ausdehnung und Fichte's strebendem Nichtich spielen, da er nicht zur Besinnung darüber kam, dass Wille, wie Vorstellung, blosse Functionen sind, und dass uns das Ich noch immer fehle, welches wollen und vorstellen könne. Die grosse Anerkennung, welche Schopenhauer gefunden hat, ist aber wohl hauptsächlich darin zu suchen, dass er wenigstens den Schleier etwas gelüftet hat und einen Blick in die von der Vorstellung emancipirte übrige Welt erlaubte.

Um die Kritik der Vernunft aber von Neuem anzufangen, dazu gehörte grössere Arbeit als der Romantiker liebte. Zuerst muss eingesehen werden, dass Wille und Gefühl zwei Namen für ein und dasselbe sind; zweitens müssen die Empfindungen dem theoretischen oder Vorstellungs-Gebiete weggenommen und als bewusst gewordene Bewegungen erkannt werden. Drittens muss man Erkenntniss, Gefühl (Willen) und Bewegung als blosse Functionen erkennen, die untereinander in Coordination stehen. Viertens muss das Bewusstsein von der Erkenntnissfunction unterschieden werden. Fünftens endlich muss man zu dem Hauptpunkte kommen und diese Functionen als einem Ich zugehörig auffassen, ohne welches sie haltungslos und sinnlos wären, wie disjecta membra,[371] die keinem einheitlichen ganzen Wesen als Glieder dienten. Diesen neuen Standpunkt, der durch die neue Erkenntnisstheorie gewonnen wird, kann man Personalismus nennen, weil das Ich als Einheit der Persönlichkeit unmittelbar bewusst wird und die drei Functionen als die ihrigen gebraucht und behauptet. Der Ausdruck Personalismus wurde aber früher in einem ganz anderen Sinne gebraucht, wie Goethe z. B. den Jacobi einen Personalisten nennt,[372] weil er im Gegensatz zu ihm und Lessing, welche Spinozisten sein wollten, das göttliche Wesen zu einer nach ihrer Meinung immer beschränkten Persönlichkeit machte. Hier kommt diese theologische Frage gar nicht in Betracht, sondern es dreht sich nur um die Elemente der Erkenntnisstheorie und um das seiner selbst bewusste Ich, welches im Gegensatz gegen die ganze frühere Philosophie in eine höhere und zwar in die ihm zukommende Stelle eingeführt wird.[373]

# | Zweites Capitel. 158
# Die Lehre vom Ich.

## 1. Ichbewusstsein und Selbsterkenntniss.

Das Erste, was nun zu vollständiger Klarheit gebracht werden muss, ist der Lehrsatz, dass wir keine Erkenntniss von irgend etwas haben, wenn uns nicht die Beziehungspunkte (das Object) vorher zum Bewusstsein gekommen sind. Wir können von der Grösse der Mondberge nur desshalb sprechen und darüber viele sichere Schlüsse machen, weil wir mit dem Fernrohr deutlich helle und dunkle Stellen unterscheiden. Diese Gesichtsempfindungen als bewusste Akte sind daher die Beziehungspunkte, aus denen sich alle Erkenntnisse bilden, zunächst die Anschauung von Bergen, dann die Vorstellungen ihrer Grösse, dann mit Rücksicht auf die Länge des Schattens und mit Hinzunahme der Mathematik die Berechnung der Höhe der Berge. Lässt man das unmittelbare Bewusstsein weg, so verschwindet auch alle Möglichkeit, einen Gegenstand anzuschauen und Vorstellungen und Wissenschaft davon auszubilden. Wenn dieser Lehrsatz also feststeht, so ist klar, dass auch vom Ich oder von der Persönlichkeit und ob sie eine Substanz oder sonst etwas sei, gar nicht geredet werden könnte, wenn nicht Beziehungspunkte vorlägen.

Daraus folgt, dass das Ich entweder ein Product der Erkenntnissarbeit sein muss, oder ein unmittelbar bewusster Beziehungspunkt für die Erkenntniss.

Nähmen wir nun das erstere an, so müsste unsere Erkenntnissfunction als Beziehungspunkte des Bewusstseins die Empfindungen und die Affekte vorfinden. Allein aus diesen Elementen kann ebensowenig das Ich zusammengedacht werden, wie etwa aus Zahlen ein Haus; denn alle denkbaren Combinationen der Empfindungen

9–10 Zweites Capitel. Die Lehre vom Ich.] 2. <u>Die Lehre vom Ich</u>. *Ms*

geben immer nur Anschauungen und Vorstellungen der äusseren Welt, und Combinationen aus Affekten geben complicirte Affekte, wie z. B humoristische und tragische Stimmung. Nichts davon aber hat nur die entfernteste Aehnlichkeit mit dem, was Jedermann meint, wenn er Ich sagt. Die Annahme, wir könnten von irgendwelchen anderen Beziehungspunkten aus auf den Begriff Ich kommen, ist desshalb abzulehnen; sie ist nicht wahr, d. h. sie widerspricht dem Begriff, den Jeder von seinem Ich hat; sie ist grundlos; sie ist unbefriedigend.

*159* | Dass diese Annahme grundlos ist, sieht man auch daraus, dass ohne blinde Voraussetzung eines Ichs nicht einmal begreiflich wäre, wie die einzelnen Empfindungen veranlasst werden könnten, zusammen zu bleiben, und wenn aus ihrem Beisammensein Vorstellungen entsprungen wären, in der Gemeinschaft mit diesen Vorstellungen zu verharren. Denn wenn man dies physisch erklären wollte nach Analogien der sogenannten Körperwelt, also durch Bewegungsgesetze oder chemische Verbindungen, so wäre bloss Grund zum Lächeln geboten, da diese Körperwelt ja nur als Inhalt der Vorstellungen gegeben ist; es wäre das so, als wollte man die Formen der Zahlzeichen und dass man runde oder gerade Striche machte und ebenso auch die dabei gebrauchte Kreide oder Tinte und die Tafel und das Papier aus dem Sinn und Werth der Zahlen erklären, wobei dann schon die Schwierigkeit einträte, dass man den ideellen Werth der Fünf ja durch ein V und durch 5, wie auch durch ε′ bezeichnen kann, ohne dass der Werth geändert würde. Wenn man also die naive Verwechselung der Empiriker, die Alles nach der Analogie mit Naturerscheinungen, d. h. mit dem ideellen Inhalte der Anschauungsvorstellungen, ableiten zu können glauben, verworfen und in die Kinderstube des Denkens verbannt hat, so sieht man, dass überhaupt ein Denken und Vorstellen gar nicht möglich wäre, wenn diese Thätigkeiten nicht mit ihren Beziehungspunkten durch eine ihnen selbst fremde und unbegreifliche Einheit zusammengehalten würden; denn was hindert die Vorstellungen, die Wollungen und die Empfindungen sich in alle vier Winde zu zerstreuen? Was hält sie zusammen und ermöglicht dadurch überhaupt erst das Denken und das Wollen?

Ichbewusstsein unmittelbar.

Mithin muss es als unwissenschaftlich gelten, das Ich als einen Begriff aus Beziehungspunkten anderer Art erklären zu wollen, und es bleibt nur übrig, ein unmittelbares Bewusstsein des Ichs, das wir Ichbewusstsein nennen können, vorauszusetzen.

Um dies durch indirecten Beweis festzustellen, setzen wir, es sei etwa das Ichbewusstsein bloss ein Begriff oder irgend eine Form der Erkenntniss. Da nun jede Erkenntnisseinheit, möge man sie Begriff, Urtheil oder Schluss nennen, nur in dem Erkennenden als eine Erkenntnissform existirt, in welcher gewisse Beziehungspunkte aufeinander bezogen sind, so müssen nur diese Beziehungspunkte als real gegeben erscheinen, die Beziehungseinheit aber als etwas Ideelles. Darum würde der Indische
*160* Weise | Nagasena (den ich in meiner Metaphysik anführte)[374] Recht behalten, wenn

er, dem Könige gegenüber stehend, zu existiren leugnet, weil er als Person Nagasena ja nur eine ideelle Beziehungseinheit sei, die zerlegt werden müsste in die Beziehungspunkte, nämlich Füsse, Zähne, Arme, Haare, Gedanken, Gefühle u. s. w., wovon Nichts Nagasena selbst sei. Also wäre Nagasena ein blosses Wort. Der Indische Sophist führt dies breit in der projectivischen und dogmatischen Vorstellungsweise aus; wir aber müssen vom kritischen Standpunkte aus sagen, dass vom Ich gar nicht gesprochen werden dürfte, wenn es blosse Erkenntniss wäre, weil es sich dann in seine Beziehungspunkte, die nicht ich sind, zersplittern würde, wie die Begriffe von Flotte, Herde, Frankreich, Rhein, Kirchengeschichte u. s. w., denen kein einheitliches Wesen entspricht. Von solchen Dingen aber hat man ein Recht zu sprechen, weil man gar nicht die Vermuthung erregen will, als handle es sich um ein einheitliches metaphysisches Wesen; wer aber Ich sagt, will eben etwas in's Spiel bringen, das durch keinen anderen Beziehungspunkt und auch nicht durch alle zusammen ersetzt werden könnte. Denn wenn einer auch alle seine Vorstellungen nebst ihrem Inhalt und alle seine Gefühle und seine Empfindungen zusammenbrächte und auf einen Wagen legte, so fehlte immer das Ich dabei, das wie die Pferde vorgespannt werden muss, um alles Genannte erst *wirklich* zu machen. Lieben und Denken ist gar nichts; man spanne das Ich vor, so ist's *wirklich*, wie «ich denke, ich liebe»; denn nicht einmal eine Abstraction oder ein Name ist jenes Ichlose; erst das Ich abstrahirt und benennt; ohne Ich wird aber nichts genannt oder gedacht.

Wenn also das Ich nur erkannt werden kann, sofern es durch ein unmittelbares Bewusstsein gegeben ist und zugleich in aller Erkenntniss immer das Ich von Jedermann als etwas, das nicht blosse Vorstellung und Erkenntnissform sei, vorausgesetzt wird, so muss es ein Ichbewusstsein als Beziehungspunkt für diese Voraussetzungen geben. Demnach ist das Resultat dieser Betrachtungen, dass das *Ich- oder Selbstbewusstsein* kein Begriff oder Schluss, kein Product des Denkens, keine Form der Erkenntniss sein kann, sondern einfaches Bewusstsein, ganz in derselben Art wie Schmerz oder Liebe, Grün oder Warm unmittelbar bewusst wird.[375]

Selbsterkenntniss.

Von diesem Selbstbewusstsein, welches jeder Mensch und aller Wahrscheinlichkeit nach auch jedes Thier hat, ist aber himmelweit verschieden die Selbst|erkenntniss. Denn wenn wir eine Erkennt- *161*
niss vom Ich gewinnen sollen, so müssen wir das Ichbewusstsein als blossen Beziehungspunkt nehmen, um ihn in seiner Zuordnung zu den übrigen Beziehungspunkten in einem System aller Erkenntnisse zu definiren, seine Verhältnisse zu bestimmen und in vielen Schlüssen ihn wie jeden anderen Gegenstand der Erkenntniss empirisch und speculativ zu verarbeiten. Das ist aber nicht Jedermanns Sache. Es kommt vielmehr etwas Komisches hierbei vor, sofern Jedermann zwar von seinem Ich überzeugt ist und es oft dick und plump herausstellt; wenn aber gefragt wird, was das Ich eigentlich sei, die Meisten in Verlegenheit gerathen, weil sie den

Wald vor lauter Bäumen nicht sehen und desshalb mit Nagasena ihr liebes Ich nicht zur Erkenntniss zu bringen vermögen, sondern es rund ableugnen. Sie sollten die Selbstverleugnung aber lieber in anderem Sinne üben und hier bloss ihre Trägheit in der Forschung bekennen; denn wo ein unmittelbares Bewusstsein gegeben ist, wie bei Farben- und Tonempfindungen, da ist auch eine Erkenntniss der Sache möglich und wirklich; wenn also ihr Ich ihnen zweifellos bewusst ist, was sie durch ihre Worte und Handlungen beweisen, so kann auch eine wissenschaftliche Erkenntniss des Ichs von jedem Gebildeten verlangt werden. Da aber bis jetzt die Philosophie, welche diese Erkenntniss liefern und lehren muss, ihre Schuldigkeit nicht gethan hat, so dürfen wir Niemandem, der von seinem Ich nichts Gebildetes zu sagen weiss, Vorwürfe machen, sondern müssen selbst Hand anlegen, um dies Wissen herauszuarbeiten.

Der Unterschied zwischen Selbsterkenntniss und Selbstbewusstsein besteht also darin, dass *Selbsterkenntniss* (und zwar sowohl die allgemeine Wissenschaft vom Ich, als die biographische und kritische Erfahrung und Beurtheilung des individuellen Ichs) eine Sache der Arbeit der Erkenntnissfunction ist, während das *Selbstbewusstsein* mit dem Erkenntnissvermögen gar nichts zu thun hat, sondern ohne Schluss und ohne alle Denkarbeit Jedermann ebenso zukommt, wie die Sinnesempfindungen und die Gefühle.

## 2. Das Ding mit mehreren Merkmalen.

Nun hat namentlich Herbart das Ich dadurch logisch zu zerstören gesucht, dass er es auf den Begriff eines Dinges mit mehreren Merkmalen zurückführte,[376] da dann das Ding, wenn man die Merkmale wegnimmt, ganz leer wird und als etwas
*162* Sinnloses | verschwindet. Denn eine Inhärenz, d. h. ein Einwohnen von Eigenschaften und Thätigkeiten in einer Substanz sei ganz sinnlos, weil die angebliche Einheit eben nur die Zusammenfassung der Vielheit solcher Merkmale in unserer Vorstellung sei, was nur beim Zusammentreffen mehrerer Realen als Ursachen geschehe.

Diese ganze Herbartische Kritik der früheren Metaphysik ist nicht unberechtigt; sie weiss aber nicht, dass sie selbst noch auf dem Boden der früheren Metaphysik stehen bleibt und desshalb kein befriedigendes Resultat bringt; denn in der früheren Metaphysik waren die sogenannten Substanzen bloss anschauliche Dinge oder Begriffe, d. h. gewisse Vorstellungen aus unserer Erkenntnissfunction, und unter dieser Voraussetzung ist es allerdings richtig, dass die Einheit nichts für sich sein kann, wenn man die Merkmale wegdenkt. Herbart selbst aber hält für die einzige Leistung der Seele auch nur das *Vorstellen*,[377] so dass nun sein Ich bloss der leere Ort für wechselnde Vorstellungen wird, d. h. an sich gar nichts ist. Herbarts Metaphysik widerlegt sich selbst; denn sie siegt bloss gegen die Anschauungs- oder Begriffs-Einheiten, die z. B. wie bei Spinoza's Substanz, so in Fichte's Ich als absolutem Wissen und in Hegels absolutem Geist gegeben waren; da Herbart aber selbst das ganze Seelenleben auf blosse Vorstellungen zurückführt, so muss sein Ich, seine Realen und sein Gott, kurz das ganze Inventar seiner metaphysischen Welt, auch nur Vorstellung oder Vorstellungsinhalt werden und also derselben Verdammniss verfallen, wie die früheren metaphysischen Theorien.[378]

Darum eröffnet meine Philosophie eine ganz neue Bahn, da ich zwischen Bewusstsein und Vorstellung unterscheide und damit dem Ich, das bewusst wird, eine Wirklichkeit verbürge, die von jeder Vorstellung und Erkenntnissart gänzlich unabhängig ist. Auch zeige ich, dass neben der Vorstellungsfunction noch zwei andre Functionen unmittelbar bewusst werden, auf die wir zwar nachher reflektiren und über die wir verschiedene Vorstellungen und Begriffe bilden können, ohne dass diese Vorstellungsarten aber ihren Gegenstand in sich enthielten, da sie nur darauf hindeuten und es jedem Denkenden überlassen müssen, ob er in seinem unmittelbaren Bewusstsein dergleichen vorfindet, was die Vorstellung bloss andeutete. Denn die Vorstellung von der Liebe ist keine Liebe und die Vorstellung von der Arbeit ist keine Arbeit und ebenso auch die Vorstellung vom Ich kein Ich.

Meine Lösung des Ichproblems muss sich nun aber dadurch | bewähren, dass in *163*
der That dem Ich ein Inhalt zugewiesen wird, der ihm ausser der blossen Einheit einer Complexion von Vorstellungen zukäme. Zunächst ist dieser Beweis schon dadurch geführt, dass ich die Vorstellungen in ihrem Chauvinismus gehemmt und auf ein bescheidenes Gebiet begränzt habe, da neben ihnen das Ich auch andre Functionen ausübt, die auf keine Weise zu Vorstellungen gemacht werden können und also schon einen von den Vorstellungen verschiedenen Inhalt des Ichs bilden. Wir müssen aber weiter gehen und die eigenthümliche Natur des Ichs in ihrer reichen Fülle darlegen, damit in Zukunft nicht wieder die antiquirten Zweifel an der selbständigen Einheit des Ichs den Schein einer wissenschaftlichen Einwendung annehmen können.

## 3. Definition des Ichs.

Wenn wir nun das Ich definiren wollen, so ist sofort klar, dass dazu gewisse Coordinaten erforderlich sind, denn die Definition ist eine Erkenntniss, eine Erkenntniss ist ein Schluss, und ein Schluss setzt immer mehrere Termini voraus. Wenn wir nämlich das einfache Ich- oder Selbst-Bewusstsein nähmen, so könnte daraus gar keine Erkenntniss folgen, wie es selbst auch keine Erkenntniss bildet. Dies ist gerade der Punkt, der die früheren Psychologen, Erkenntnisstheoretiker und Metaphysiker genarrt hat, dass sie Selbstbewusstsein und Selbsterkenntniss nicht unterschieden und darum das Ich leer fanden; denn das Ichbewusstsein muss ja als einfach auch nothwendig leer sein, da es nicht weiter zerlegt werden kann und darum nichts zu unterscheiden, zu combiniren, zu erschliessen, kurz nichts zu lehren und zu sprechen an die Hand giebt. Das Ichbewusstsein verhält sich in dieser Beziehung genau, wie jede Empfindung, z. B. die des Rothen; denn wer bloss diese Farbenempfindung hat, kann nichts darüber sagen, weder dass es eine Farbe ist, noch Röthe zum Inhalt hat, noch dass es als Ursache die langsamsten Lichtstrahlen hat u. s. w., weil alle solche Bemerkungen auf Vergleichungen mit Coordinaten beruhen, die in der einfachen Empfindung nicht vorkommen, sondern durch die Erkenntnissfunction geliefert werden. Darum muss auch das Ich, wenn man bloss das Bewusstsein nimmt, inhaltslos zu sein scheinen.

Die Gelehrten verhalten sich dem Problem gegenüber ihrer Begabung und Uebung entsprechend. Einige nämlich, ich denke an die Empiriker, wollen vom Ich
*164* nichts wissen, weil sie dabei | keine anschauliche Vorstellung haben; denn eine Kuh oder eine Kartoffel sei etwas, weil man dabei deutlich Theile unterscheiden könne, die Hörner, die Zähne, den Schwanz, die Schale, das Aeussere und das Innere u. s. w. Bei dem Ich aber verginge Einem Hören und Sehen und Schmecken und Riechen, wesshalb solch ein Ding Nichts sei. Sie sind eben gewohnt, nur in der Sphäre der anschaulichen Vorstellungen zu arbeiten und mit kindlicher Unbefangenheit alle Elemente des wissenschaftlichen Denkens als selbstverständliche Zugabe hinzuzunehmen.

Hegel aber stellt auch für die nicht-sinnliche Sphäre, also schlechthin für alles, was man seiend nenne, die Behauptung auf, dass es nicht einfach sein könne. Alles sei unmittelbar und zugleich vermittelt und also solle nichts Einfaches gelten.[379] Dieser Satz ist ihm aus dem Streit hervorgegangen, den Kant in der zweiten Antinomie gegen Leibnitz führt.[380] Allein abgesehen davon, dass der Begriff des Raumes mit seiner unendlichen Theilbarkeit dabei ganz dogmatisch verwendet wird, fehlt Hegel der Unterschied zwischen Bewusstsein und Erkenntniss; denn dass keine Erkenntniss und also keine Vorstellung und kein Begriff einfach sein könne, wird nur ein Narr leugnen. Anders aber verhält es sich mit dem Bewusstsein. Wenn keine einfachen Empfindungen vorkämen, d. h. kein einfaches Bewusstsein, dann könnte es auch kein gemischtes oder vermitteltes Bewusstsein geben; wenn es nicht einen einzelnen Pfennig giebt, dann auch nicht drei oder fünf, und wenn es nicht Zink oder Kupfer giebt, dann auch nicht Messing. Das Bewusstsein selbst weiss aber nichts davon, ob es einfach oder vermischt ist, weil es überhaupt nichts weiss; denn erst die erkennende Function unterscheidet und combinirt. Es braucht darum zwar nicht Alles einfach zu sein, was jeder beliebige dumme Mensch dafür hält, aber es darf auch mit Hegel nicht Alles für vermischt gehalten werden, weil diese Behauptung eine contradictio in sich schliesst. Wir müssen daher Hegel Recht geben, sofern er in seiner ganzen Philosophie überhaupt nur mit Vorstellungen oder Begriffen zu thun hat, die immer eine Coordination und also Vermittelung erfordern; weisen seine Bemerkung aber zugleich ab, weil sie vor eine andere Schmiede gehört, da wir hier nicht mit Erkenntniss, sondern mit Bewusstsein zu thun haben und ohne einfache Beziehungspunkte nichts coordiniren und dialektisch vermitteln könnten.

Hierin liegt also der Grund für die Abneigung, die man hat, | das inhaltsleere d. h. 165
einfache Ich anzuerkennen, und doch könnte man, ohne diesen Beziehungspunkt als gegeben anzunehmen, nicht einmal alle die vergeblichen Hypothesen und falschen Theorien aufstellen, die man als den Ort, den jede Vorstellung der anderen anbietet, als Subject-Object u. s. w. auf den Markt gebracht hat; denn alle diese schiefen Erklärungsversuche setzen doch das einfache Ichbewusstsein voraus.

Um aber die Schwierigkeit, das Ich zu definiren, deutlicher einzusehen, wollen wir zuerst die Aristotelischen oder Kantischen Kategorien nehmen; denn unter Eine derselben scheint das Ich doch fallen zu müssen, wenn es *etwas* ist oder wenn es *ist*. Allein beim ersten Blick zeigt sich gleich, dass die Kategorien sämmtlich auf das anschauliche Gebiet der Erkenntniss bezogen sind, was Kant auch selbst in seiner naiven Weise gesteht. Darum kann man mit Hülfe dieser Kategorien nichts definiren, was zu diesem anschaulichen Gebiete gar nicht gehört, ebenso wie man zwar jede Militärperson unter eine Rubrik der militärischen Beamtenordnung bringen, aber nicht den Künstler oder Gelehrten als Hauptmann oder Oberst definiren kann. Die bisher aufgefundenen Kategorien muss man also fahren lassen; denn auch die Hegelschen sind nicht besser, da sie nur die Formen des Denkens bestimmen wollen, das Ich aber keine Denkform, kein Moment, keine höhere Einheit, nichts Unmittelbares und nichts Vermitteltes im Denkprocesse bildet; das Ich liegt ganz jenseits des Gebietes der Vorstellungen und Begriffe.

Folglich muss man auf den kritischen Ausgangspunkt zurückgehen, der vor aller Ableitung der Kategorien liegt und von den früheren Erkenntnisstheoretikern mit gar zu grosser Eile und Kurzsichtigkeit durchmustert worden ist, ich meine das einfache Bewusstsein. Auf diesem Felde haben wir vier Punkte unterschieden: erkennende Thätigkeit, Wollen (Fühlen), Empfindungen (Bewegung) und Ich. Keiner dieser Punkte schliesst den anderen in sich, und sie können alle deutlich von einander gesondert werden durch die erkennende Thätigkeit selbst, die erst entspringt, wenn die drei anderen irgendwie im Bewusstsein gegeben sind; denn ohne Empfindungen giebt es keine Anschauungen und Vorstellungen als Producte der Erkenntnissfunction, ohne Gefühle keine Begriffe von den Affekten und Willensbestimmungen. So muss auch erst das Ich bewusst werden, ehe man es in Beziehung zu dem übrigen Bewusstsein erkennen kann.

| Nun zeigt sich, dass alle die übrigen Inhalte des Bewusstseins kommen und ge- 166
hen, d. h. bewusst oder unbewusst werden, dass aber das Ich immer bewusst ist. Ich

meine nicht, dass wir immer eine Selbsterkenntniss, eine Meinung von unserer Persönlichkeit in Bezug auf andre besässen, daran fehlt viel, aber das einfache Bewusstsein, welches wir später Ich nennen, begleitet uns immer. Davon ist die Folge, dass zwar nur diese und jene Vorstellung sich mit dieser und jener anderen verbindet, ebenso mit diesem oder jenem Gefühl und mit dieser oder jener Empfindung, dass aber alle ohne Ausnahme sich im[illegible]ner dem Ichbewusstsein, welches immer da ist, coordiniren lassen, wesshalb man [illegible]uch allgemein sagt: Ich sehe, ich fühle, ich handle, ich schliesse, ich stelle vor u. [illegible]w. Die Empiriker und die speculativen Philosophen bilden sich zwar ein, dass ih[illegible] Wissenschaften mit dem Ich nichts zu thun hätten, da sie von der Erdrinde, von Pf[illegible]zenzellen, Schallwellen, Zahlenverhältnissen und logischen Gesetzen u. s. w. sp[illegible]en könnten, ohne jemals dabei an das Ich erinnert zu werden; ja, es giebt auch v[illegible] gelehrte und recht objectiv geschriebene Bücher, in denen selbst das Wort «Ich» [illegible]t ein einziges Mal vorkommt.[381] Aus diesen Gründen ist die Illusion, als wenn [illegible]h bei allen solchen Dingen ebenso überflüssig sei, wie etwa die Vorstellung von [illegible]a und Cigarre bei mathematischen Demonstrationen, recht begreiflich; gleich[illegible]ässt sich auch die nüchterne Wahrheit schnell zur Anerkennung bringen; denn [illegible]e schönen Dinge der Wissenschaft sind doch bloss Inhalt des Wissens und [illegible]nd Vorstellens; alle diese Functionen aber können nie ohne Ich ausgeüb[illegible]allwellen z. B. sind das Gedachte eines Ich, welches denkt. Sollen sie [illegible]in der Luft vorhanden sein, so ist dies wieder die Annahme eines Ich, w[illegible]uss macht, dass der Inhalt seiner Gedanken an und für sich existire. We[illegible]nden könnte im ganzen Gebiete der Erkenntniss, wobei das Ich weggelass[illegible] müsste, der würde etwas Ausserordentliches, d. h. etwas Närrisches behaupt[illegible]r die Ordnung übersähe, wonach alle unsere Thätigkeiten mit ihrem Inhal[illegible] Ich geknüpft sind, wesshalb man ja auch die abstractesten und scheinbar fer[illegible]sten Dinge an eine Person anhängt und von der Aristotelischen Kategorien[illegible] Leibnitzischen Differentialcalcul, der Darwinschen Descendenztheori[illegible]
167 spricht, weil alles dies | doch schliesslich einem Ich zugehört und nicht für sich a[illegible] im Weltall umherwandelt.

Wenn man daher das Ich definiren will durch eine Coordination, die ihm ausschliesslich eigenthümlich ist und es von allem Uebrigen im Bewusstsein unterscheidet, so kann man einfach sagen, das Ich sei der gemeinsame Beziehungspunkt für alles im Bewusstsein gegebene reale und ideelle Sein, da sich alles Uebrige nur gelegentlich und beziehentlich unter einander coordinirt, nichts aber ohne Coordination mit dem Ich bewusst oder gedacht wird.

Nach dieser vorläufigen Definition müssen wir nun das Ich genauer studieren.

1 Selbsterkenntniss] *so Ms;* Selbsterkenntnis *DA*

## 4. Die numerische und qualitative Identität des Ichs.

Wenn man die Zahlen in gerade und ungerade theilt und nun die einzelnen Zahlen nach diesen Qualitäten als Gesichtspunkten vorbeiziehen lässt, so wird man bei Drei, Fünf, Sieben u. s. w. jedesmal «ungerade» sagen, d. h. sie sind alle in der Beziehung zu der Qualität des Ungeradeseins «Dasselbe». Dies ist die *qualitative Identität*. Wenn wir aber die so als ungerade qualificirten Zahlen zählen wollten, würden wir sehr viele finden; sie sind also nicht *numerisch identisch*; denn Sieben ist nicht Fünf und nicht Dreizehn u. s. w.

Blicken wir nun nach diesen Gesichtspunkten auf das Selbstbewusstsein und fragen, ob es *qualitativ identisch* sei. Wenn es nämlich überall, wo es vorkommt, wo wir sagen, «ich sehe dies und das, ich höre dies und das» u. s. w., irgend einen *Unterschied* und auch nur die geringste Nuance zeigte, so wäre es nicht mehr qualitativ identisch. Allein alle Unterschiede, die man finden möchte, beziehen sich ja bloss auf die Thätigkeiten, die das Ich ausübt, oder auf den Inhalt dieser Thätigkeiten, ob ein Baum oder ein Haus erblickt, eine Zahl oder ein juristischer Begriff gedacht wird, aber nicht auf das Ich. Es sollte auch wohl Mühe kosten, einen Unterschied herauszufinden, wenn man mit einer *einfachen* Sache zu thun hat, die gar keine Qualitäten hat, weil sie etwas ist, was aller Qualität vorhergeht; denn die Thätigkeiten des Ichs und deren Inhalt lassen sich unterscheiden und qualificiren, das Ich selbst nicht.

Darum lässt sich auch, wenn man von dem Selbstbewusstsein weitergeht und durch Schlüsse unserer Erkenntnissfunction noch andere Iche ausser dem unsrigen annimmt, ein Ich von dem anderen | Ich nicht in Bezug auf die Ichheit unterscheiden, 168 sondern nur in Bezug auf ihre Thätigkeiten und deren Umfang und Inhalt. Nicht bloss das einzelne Ich, sondern die Ichheit schlechthin ist qualitativ identisch, da jeder angebliche Unterschied immer nur die Gefühle, Handlungen, Denkkraft u. s. w., kurz nur die Functionen des Ichs betrifft.

Ist das Ich aber auch *numerisch identisch*? Das Ichbewusstsein begleitet unzählige Akte, die ihrem Inhalte und der Zeit nach weit auseinander liegen, und so könnte es scheinen, als wenn das Ich des Säuglings und des Greises, das Ich, welches rechnet, und das Ich, welches Musik hört, u. s. w. jedesmal ein anderes wäre, so dass wir ebensoviele Iche hätten, als Akte. Allein über diese Meinung ist ja nur zu spotten, da nur, wenn *dasselbe* Ich thätig ist, die verschiedenen Erlebnisse zu derselbigen Person gehören und von demselbigen Ich mit demselbigen Ausdruck «ich that das, ich hörte das» anerkannt werden könnten. Wenn also das Ich wechselte, so würde das zweite Ich von dem ersten Ich nichts wissen können. Mithin ist das Selbstbewusstsein auch numerisch identisch, d. h. es giebt der Zahl nach nur ein einziges

24 ist] *Neben* ist *steht im Ms mit Bleistift die Randbemerkung* substanzialiter

Selbst- oder Ich-Bewusstsein und alle die unzähligen Fälle, wo man von sich Ich sagt, bedeuten bloss, dass die verschiedenen Thätigkeiten und deren Inhalt alle gleichmässig, wie die Punkte der Peripherie, auf ein und dasselbe Centrum bezogen sind.

Um dies noch deutlicher zu sehen, schliessen wir wieder auf andre Iche ausser uns, mit denen wir in Verkehr treten. Nun ist sofort klar, dass diese vielen Iche numerisch verschieden sind, da sie zwar, wie die verschiedenen ungeraden Zahlen an dem Ungeradesein, alle an der Ichheit theilhaben und also qualitativ identisch, und doch alle von einander der Zahl nach verschieden, d. h. viele sind, während jedes einzelne Ich numerisch identisch bleibt. Wäre mein Ich mit Deinem Ich, wie der Romantiker Schopenhauer in seinen indischen Phantasien träumt, numerisch identisch,[382] so müsste Niemand mehr nach Erhörung seiner Liebe verlangen, dürfte nicht mehr, wie Schopenhauer selbst, über Verkanntsein klagen,[383] brauchte sich nicht mehr zu verheirathen, und kein Gläubiger könnte eine Wechselschuld einklagen, kurz, wenn man die Folgerungen alle zöge, so würde durch die Aufhebung aller angenommenen Wahrheit indirect bewiesen, dass es keinen einzigen Grund
169 giebt, der zu der Schopenhauerschen Annahme | berechtigte, während Niemand die generische Identität[384] der Iche bestreiten möchte, die aber ebensowenig eine numerische Identität zur Folge hat, wie eine Kuhheerde sich auch nicht auf Kosten des Gutsbesitzers zu einer einzigen Kuh zusammenzieht.

## 5. Das Ich als Bedingung der Zeitordnung und Geschichte.[385]

Um nun Diejenigen, welche das Ich für eine leere und bloss formale Einheit des Bewusstseins halten, für uns zu gewinnen, müssen wir uns die Mühe nicht verdriessen lassen, alle diejenigen Thatsachen herauszuheben, die von Jedermann eingeräumt und doch nicht anders als unter der Voraussetzung des inhaltlichen Selbstbewusstseins erklärlich werden. Dadurch wird dann die wissenschaftliche Selbsterkenntniss entstehen oder die allgemeine Wissenschaft vom Ich.

So ist es zunächst eine allgemein anerkannte Thatsache, dass wir Alles, was wir von der Welt erkennen, nach der Zeit ordnen. Unter welcher Bedingung aber ist die Zeitordnung allein möglich? Ich verweise auf meine Deduction der Zeitbegriffe in der «Wirklichen u. scheinbaren Welt», wo das Genauere nachzusehen ist.[386] Hier genüge der indirecte Beweis. Denn wenn das Ich bloss die formale Einheit des Bewusstseins bildete, so wäre jeder gegebene Akt des Bewusstseins eine Einheit a und der nächste Akt eine neue Einheit b und so fort. Wir erhielten also eine Reihe a, b, c, d u. s. f. von einheitlichen Bewusstseinsakten, die wir etwa in ebensoviel Sätzen aussprechen und wenn es Anschauungen des Auges wären, etwa in ebensoviel abgeschlossenen Bildern abmalen könnten. Eine Ordnung dieser Akte unter dem Begriffe der Zeit nach Vergangenheit, Gegenwart und Zukunft wäre aber unmöglich, weil die Akte nichts Verbindendes unter einander haben, was während ihres Wechsels stehen bliebe. Denn die formale Einheit des Bewusstseins ist die Einheit des Bewussten, aber nicht das Bewusstsein von sich, da es an sich leer und inhaltslos sein soll. Also könnte diese formale Einheit, die in die vielen Akte a, b, c u. s. w. zerfällt, nur abstract als bleibende und in allen Akten identische Einheit begrifflich aufgefasst werden, ohne dass eine solche allgemeine Bewusstseinseinheit etwas Wirkliches bedeutete, da sie keinen Inhalt hätte, sondern erst bei den einzelnen Akten wirklich würde. Da aber ohne den Gegensatz des Bleibenden gegen das Wechselnde keine Zeit unterschieden werden kann, so folgt indirect, | dass die frühere Auffassung des Ichs falsch ist, weil sie die *170* Zeitbegriffe unmöglich macht, wesshalb Kant ja auch eine fabelhafte transscendentale Zeitanschauung erdichten musste,[387] weil eine wissenschaftliche Erklärung der Zeit mit seiner leeren und unwahren Vorstellung vom Ich unverträglich war.

So müssen wir denn unsere neue Lehre vom Ich versuchen, um die Zeitordnung zu verstehen. Wenn nämlich das Ichbewusstsein in qualitativer und numerischer Einheit gegeben ist, so haben wir einen zeitlosen Beziehungspunkt, der mit jedem einzelnen Akte der bewusst werdenden Empfindungen, Anschauungen, Vorstellungen, Wollungen, Handlungen u. s. w. verknüpft ist und also eine perspectivische Ordnung alles Gegebenen in Beziehung auf das Ich erlaubt. Denn das Ichbewusstsein ist nun etwas Wirkliches, weil es keine Abstraction bildet, sondern einen Inhalt hat, der immer gegeben ist und mit allem Gegebenen zusammenhängt. Indem ich an meine Deduction in der Metaphysik erinnere, folgere ich hier bloss, dass durch diese Betrachtung eine weitere wissenschaftliche Selbsterkenntniss entsteht, da das Ich in dem Coordinatensystem der Zeit als die zeitlose, unentstandene und unvergängliche Einheit erkannt wird, welche alles zeitlich Geordnete in sich befasst. Das Ich kann nun erkennend von sich sagen: ich that als Kind dies und das, ich liebte und litt, ich werde in Zukunft diesen oder jenen Zielen nachstreben u. s. w.; denn dies Ich ist Etwas an und für sich selbst, unabhängig von dem jeweiligen übrigen Bewusstseinsinhalt. Seine Zeitlosigkeit oder Ewigkeit bildet aber keine Eigenschaft oder irgend ein ihm lächerlich anhängendes Glied oder Kleid, sondern ist nur ein Schluss, den das Erkenntnissvermögen im Hinblick auf das Ich und die wechselnden Bewusstseinsinhalte, die alle mit ihm zusammengehören, ziehen muss. Die Ewigkeit des Ichs ist desshalb kein unmittelbares Bewusstsein des Ichs von sich selbst, sondern als Schluss eine blosse Selbsterkenntniss, wodurch jeder Denkende sein Ich in Beziehung auf das Zeitliche bestimmen muss, soweit er denkt.

Da nun die speculative Erkenntniss an Umfang gering ist gegen die geschichtliche, welche alles Empirische zusammenfasst, so ist klar, dass unsere Lehre vom Ich eine gewaltig grosse Confirmation durch die ganze Geschichte erhält; denn Geschichte giebt es nur, wenn Zeit unterschieden wird, Zeit aber nur, wenn das Ich-

bewusstsein vorausgesetzt wird; also muss alle und jede Geschichtsbetrachtung un-
171 sere Resultate confirmiren. Wer das Ich | wegnimmt, dem verschwindet alle
Geschichte, weil ihm nur einzelne Akte a, b, c u. s. w. von Bewusstseinseinheit übrig bleiben, die nicht nach einem bleibenden und wirklichen Beziehungspunkt chronologisch geordnet werden könnten. Ja man müsste eigentlich, wenn man das Recht der Vernunft geltend macht, auch die formale Einheit des Bewusstseins als eine ungültige Usurpation noch aufheben, da ohne die wesenhafte Einheit des Ichs kein Grund zu einer copulativen Vereinigung von Subject und Prädicat vorhanden ist und Dinge dadurch, dass sie bloss zusammenstehen, nicht eins werden.

Der Begriff von Aelterwerden ist also nur möglich, wenn das Ich numerisch stehen bleibt im Wechsel der Erscheinungen, durch deren Wechsel das Ich sein Alter berechnet. Wäre das Ich nicht qualitativ und numerisch identisch, so wäre es immer bei jedem Bewusstseinsakt neu und könnte die Unterschiede von Jugend und Alter nicht machen. Darum giebt es auch nur unter Voraussetzung unserer Theorie eine Biographie, die unmöglich wäre, wenn das Subject, dessen Leben erzählt werden soll, immer wechselte und nur in abstracter Einheit, wie alle Menschen unter dem Namen Mensch, begrifflich zusammengefasst würde.

## 6. Das Ich als Bedingung und Prototyp des Substanzbegriffs.

Man hat den Begriff des Seins von Xenophanes' und Parmenides' Zeit an gebraucht, ohne sich über den Ursprung desselben Rechenschaft zu geben,[388] und noch die meisten neueren Empiriker bilden sich ein, dass die Anschauungsbilder, wie Pferd, Kuh, Mensch, die uns wechselnde Merkmale zeigen, die Beziehungspunkte für den Begriff Substanz enthielten.[389] Denn der gemeinsame Stock von Merkmalen bleibt in dem Anschauungsbilde Kuh, auch wenn sie liegt, geht, kaut, brüllt u. s. w., so dass ein mehr oder weniger lange Zeit in unserer Imagination bleibendes Bild mit einigen veränderlichen Merkmalen eine Substanz wäre und in erster Linie das Prädicat «sein» vertrüge.

Diese kindliche Auffassung habe ich in meiner Metaphysik zerstören müssen, so leid es mir auch that, trefflichen Männern, die sich an ihren Illusionen vergnügten, unbequem zu werden. Es ist aber ersichtlich, dass solche Anschauungsbilder nur bleiben können, wenn ein Ich in numerischer Identität bleibt, dem sie zugehören und das sie bei der
172 Veränderung ihrer Merkmale ver|gleichen kann. Von diesem Ich sind nun alle solche
Anschauungsbilder und überhaupt der ganze übrige Bewusstseinsinhalt selbst nur wechselnder Zubehör des Bewusstseins, wesshalb das Prototyp des Substanzbegriffes das Ich selbst ist in Beziehung auf alles Uebrige, das im Bewusstsein vorkommt.

Indem das Ich sich aber von diesem Bewusstseinsinhalt unterscheidet und die Anschauungsbilder desshalb als etwas ihm Fremdes nach aussen projicirt, so muss es den Bildern zugleich jenes Prädicat zuschreiben, das ursprünglich ihm allein zukommt, nämlich das Sein, wodurch die Objecte der sinnlichen Vorstellung erst als *objectives Sein* betrachtet werden.[390] Nachdem sie aber diese Vorrechte erhalten haben, können sie dann auch nach der Analogie auf die Begriffe von Substanz und Accidenz Anspruch erheben, wodurch sich also die herkömmlichen Annahmen der Empiriker leicht erklären lassen.

Gäbe es also kein Ichbewusstsein in qualitativer und numerischer Identität und daher keine Zeitunterscheidung und Geschichte, so gäbe es auch keinen Begriff von Substanz, und alle die Reden vom Sein, vom Realen und von objectiver Wirklichkeit u. s. w. wären unverständliches Geschwätz, da die Bedeutung aller dieser Wörter völlig unerklärlich bleiben müsste.

Es ist interessant, noch einen historischen Blick auf den Begriff der Substanz zu werfen. Die archaischen Philosophen setzten diesen Begriff immer voraus und nannten Wasser oder Feuer oder Luft als Substanz oder Materie der Dinge. Platon aber war der erste Denker, der diesen Begriff (im Timäus) zu erklären versuchte,[391] und seinem Vorgang folgte Aristoteles. Man muss nun das erste Buch seiner Naturphilosophie[392] lesen, um zu sehen, welche Schwierigkeiten es ihm machte, damit fertig zu werden. Er sah nämlich, dass die Gegensätze (Accidenzen) wechseln, ohne doch selbst ineinander überzugehen. Das schwarze Haar wird weiss; aber Schwarz als Farbe bleibt doch schwarz und wird niemals weiss. Also muss ein zu Grunde Liegendes (ὑποκείμενον), eine passive Materie angenommen werden, die sowohl schwarz als weiss sein kann und in welcher die Gegensätze wechseln, ohne dass sie selbst wechselte. Allein wann, wo und wie hat Aristoteles diese Materie gesehen? Alles, was man mit den Sinnen wahrnimmt, ist immer irgend ein Gegensatz, eine Accidenz; also ist die Materie kein Gegenstand sinnlicher oder der Erfahrungserkenntniss. Wie kommen wir denn auf diesen Begriff? Aristoteles folgt seinem | Lehrer und sagt, dass 173
nur ein *Analogieschluss* darauf führe.[*393] Allein dies ganze Räsonnement ist falsch; denn wenn aus Holz ein Stuhl gemacht wird, aus Erz ein Hermes, wenn das Haar schwarz oder weiss ist, so soll nach der Analogie von Holz, Erz, Haar eine allen Gegensätzen zu Grunde liegende Materie gedacht werden, während doch Holz, Erz, Wachs, Haar u. s. w. selbst Gegensätze oder Accidenzen sind, welche ebenfalls im Wechsel vergehen und anderen Formen Platz machen. Also ist keine Analogie vorhanden und darum die Materie nicht nur kein Begriff und in keiner Weise denkbar und vorzustellen, sondern es fehlt auch eigentlich jede Veranlassung, sie zu postuliren. Offenbar muss also Aristoteles irgend einen anderen ihm selbst verborgenen Grund gehabt haben, um auf den Begriff der Materie und der Substanz zu kommen.

* Vergl. meine Stud. z. Gesch. d. Begr. S. 313 ff., wo ich zuerst diesen Erkenntnissprocess für den Begriff der Materie nachgewiesen habe.

Die neueren Psychologen, wie Locke, laboriren an demselben Leiden; da sie zwar eine körperliche und eine geistige Substanz fordern und voraussetzen, sie aber für völlig unerkennbar halten,[394] ohne doch ein anderes Räsonnement als Aristoteles zu wissen, um überhaupt auf einen solchen Begriff von Substanz zu gerathen. Kant macht es sich bequemer und nimmt gleich eine besondre Kategorie dafür an, die a priori im Gemüthe bereit liege.[395] Die modernen Compendien, z. B. das von Wundt, wollen (wie ich in meiner Metaphysik genauer zeigte) die bleibenden Vorstellungsgruppen, in denen die wechselnden vorkommen, dafür in Anspruch nehmen.[396] Sie machen also den lobenswerthen Fortschritt von der bloss projectivischen Annahme zu der psychologischen; allein dieser Fortschritt ist doch nicht weit her; denn sie erklären weder wie es zugeht, dass solche Vorstellungsgruppen fest zusammenbleiben, noch woher die Vorstellung, welche das Bleiben der Vorstellungsgruppe bemerkt und dieselbe einen Gegenstand oder eine Substanz nennt, dies bemerken kann, da sie doch nur eine Vorstellung neben den anderen ist und nur sich zum Inhalt hat, aber nicht etwas anderes. Da sie selbst kommt und geht, so kann sie auch vom Bleiben nichts wissen. Man sieht daher auch hier, dass irgend ein verborgener Grund die Denker bestimmt, gewisse Begriffe zu fordern, die doch aus ihren Voraussetzungen
174 schlechterdings unerklärlich sind; denn es ist doch einleuchtend, dass in | der Vorstellung von einem Bauern und einem Hunde kein Merkmal vorkommt, das man «Bleiben,» «Constanz,» «Gegenstand,» «Substanz» u. dergl. benennen könnte. Also findet auch hier eine Projection statt, indem ein anderswoher gewonnener Begriff auf diese Vorstellungsgruppen heimlich und blind übertragen wird.

Wir wissen nun, wie das Räthsel sich löst. Es ist das unmittelbar gegebene Ichbewusstsein, welches allmählich zur Selbsterkenntniss kommt, sich selbst dann von dem ideellen Inhalt der Vorstellungen unterscheidet und dadurch sich als Subject dem Object gegenüberstellt, damit zugleich das Object projicirt und also dem Objecte nach Analogie mit sich Substanzialität zuschreibt. So erklärt sich vollkommen die Geschichte des Substanzbegriffs, seine Schwierigkeit und seine Unentbehrlichkeit, seine Unerklärlichkeit, sein Unwerth, wie sein wissenschaftliches Recht.

## 7. Kategorie «Haben und Eigenthum».

Aristoteles und Kant.

Um nun die wissenschaftliche Selbsterkenntniss weiter zu fördern, muss man alle Kategorien daraufhin prüfen, ob sie nicht von einer Coordination mit der Ichheit abhängen. Da zeigt sich nun bei

30 «Haben und Eigenthum»] Haben und Eigenthum *Ms*
31–32 Aristoteles und Kant] *fehlt im Ms*

Aristoteles noch eine Kategorie, die bei Kant, wie bei einem eigensinnig nach einem Schema arbeitenden Schneider, unter den Tisch gefallen ist als ein zum Begriff der objectiven Wirklichkeit unnützes Stück. Ich meine die Kategorie des Habens (ἔχειν). Kant konnte diese Kategorie unter den vier Titeln der Urtheilsformen[397] nicht unterbringen und sie passte auch nicht auf die sinnlichen Erscheinungen. Dagegen findet sie sich mit einem Male in der Rechtslehre, wo von Besitz und Eigenthum die Rede ist, ohne dass Kant merkte, dass diese Begriffe ganz haltlos sind, wenn sie nicht an die Kategorie «Haben» angeknüpft werden könnten. Es ist geradezu erstaunlich, wie unwissenschaftlich Kant seine Lehre vom Mein und Dein anfängt, da es ihm nicht einmal in den Sinn kommt, dass der Besitz einer äusseren Sache, sowohl der «sinnliche», als der «intelligible oder rechtliche» Besitz die Erklärung durch den Begriff des Habens verlangt und dass man nicht von dem «Gebrauch» einer Sache sprechen kann, wenn man sie nicht vorher hat.[398]

Ebensowenig, wie bei Kant, finde ich bei den späteren modernen Philosophen die Kategorie «Haben». Man kommt erst immer bei der Rechtslehre auf diesen Begriff, wo man den ganzen sinnenfälligen Menschen im Verein mit anderen vor sich sieht und | blind sein würde, wenn man nicht etwas vom Besitz und Eigenthum merkte, 175
wesshalb man denn ganz rathlos sagt, es liege das Eigenthum in der Idee der Persönlichkeit, und jedes Individuum müsse eine Erweiterung seines Wesens in den Sachen haben und sie nach seinen Zwecken gebrauchen, müsse eine ausschliessliche Herrschaft über die seinem Willen unterstehenden Sachen ausüben u. s. w.

Auch Aristoteles war eigentlich nicht klüger, als er die Idee «Haben» (ἔχειν) unter die Kategorien aufnahm,[399] sondern nur naiver, da er seinen Verstand von der Sache deutlich durch die Beispiele offenbart, wie «er hat Schuhe an (ὑποδεδέσθαι), und er hat die Rüstung an (ὡπλίσθαι)».[400] Damit wird nämlich an den Tag gelegt, dass er ebensowohl, wie die neueren Philosophen, auf dem projectivischen Standpunkte steht und den Menschen bloss als ein Anschauungsbild nimmt, das nun, aus seiner Vorstellung herausgesetzt, als ein äusseres Wesen im Raum und in der Zeit mit anderen äusseren Dingen hantiert, indem die mit den Sinnen wahrnehmbaren Vorgänge zwischen Personen und Sachen und deren verständige Auffassung nun völlig unkritisch zu einer Kategorie von Haben und Eigenthum, Gebrauch, Herrschaft u. s. w. gemacht werden. Eine in Wahrheit kritische Philosophie muss aber die Projectionen zurücknehmen und vom Bewusstsein ausgehen.

Definition der Kategorie Haben.

Desshalb führe ich hier zum ersten Male eine Kategorie ein, die man zwar bisher überall schon gemerkt hat, weil sie sich fühlbar machen musste, Haben, deren Ursprung man aber nicht suchte und

34–36 Definitionen der Kategorie Haben.] *fehlt im Ms*
36 Haben] *fehlt im Ms*

die man daher nicht definiren konnte. Denn eine sogenannte physische Person, welche ein Anschauungsbild ist, kann ebensowenig etwas haben und gebrauchen, wie irgend ein anderes Ding, und wenn wir sagen: «die Uhr hat Räder, das Land besitzt Häfen und Waldungen, der Ofen gebraucht oder verzehrt Holz», so *leihen* wir die Kategorien Haben, Gebrauchen, Verzehren in derselben metaphorischen Weise an die Sinnendinge, wie man auch sagt: «dies ist eine lustige Geschichte oder eine traurige Sache». Der gewöhnliche Empiriker merkt eben nicht, woher die Begriffe stammen, die er unkritisch von seinen Anschauungsobjecten prädicirt. Wenn wir daher den Ort, von woher die Prädicate entlehnt sind, nicht fänden, so würden wir
*176* uns mit der Kategorie Haben in derselben Lage befinden, wie die Empiriker | in Bezug auf *alle* von ihnen immerfort gebrauchten philosophischen Begriffe, und müssten uns damit zufrieden geben, wie Aladin, wenn er seine Lampe gerieben hat, von unsichtbaren Händen bedient zu werden,[401] da wir der Kategorie bedürfen und sie gebrauchen, ohne zu ahnen, woher sie stammt.

Gehen wir aber kritisch auf das Bewusstsein zurück, so finden wir, wie bewiesen wurde, das *Ichbewusstsein* in seiner qualitativen und numerischen Identität; wir erkennen, wie das Ich in zeitloser Gegenwart seine Thätigkeiten und ihren Inhalt chronologisch ordnet; wir erkennen das Ich als Substanz und seine Thätigkeiten und deren Inhalt als Accidenz. Nun ist eine neue Kategorie noch zu gewinnen von einer unermesslichen Tragweite wenn wir einen neuen Beziehungspunkt hinzunehmen. Das Verhältniss von Substanz und Accidenz findet nämlich statt, möge man es erkennen oder nicht. Wenn wir nun diesen neuen Beziehungspunkt, nämlich *das Erkennen*, hinzunehmen, so muss eine neue Coordination entspringen mit einer neuen Kategorie, dem *Haben*. Das Ich als Substanz nämlich hat als Accidenz seine Thätigkeiten und unter diesen das Erkennen. Das Ich also erkennt. Sobald es nun diese seine Beziehung als Substanz zu seiner Accidenz erkennt, so ist die erkenntnisslose Beziehung zu einer erkannten geworden, und dieses Wissen des Ichs, dass es selbst die Substanz sei, und seine Thätigkeit, seine Accidenz, drücken wir durch das Wort Haben aus.

Confirmation durch den Sprachgebrauch.

Für die speculative Philosophie genügt der Nachweis des neuen und eigenthümlichen Coordinatensystems, um die zugehörige Kategorie bestimmt zu definiren. Dass wir aber für die Kategorie auch den richtigen Ausdruck gefunden haben, dafür muss der Sprachgebrauch analysirt werden. Und zwar dürfen wir die gebräuchlichen Redewendungen nur in Beziehung auf das Ich benutzen, da aller übrige Gebrauch des Habens ein metaphorischer oder projectivischer ist. Nun findet sich, dass das Wort Haben niemals gebraucht wird, wenn wir bloss den ide-

31–34 Confirmation durch den Sprachgebrauch] *fehlt im Ms*

ellen *Inhalt* unserer Thätigkeiten oder unserer Zustände angeben wollen, wesshalb wir z. B. sagen: ich liebe, ich hasse, ich friere, ich bewege, ich denke, ich sehe u. s. w. Sobald wir aber ausdrücken wollen, dass wir es *wissen*, dass diese Zustände oder Thätigkeiten unsere Accidenz sind, so schieben wir das Haben ein, wie z. B. ich habe ein Verlangen, ich habe Schmerz, ich habe den Einfall u. s. w.

| Interessant ist die Bemerkung, dass die Sprache das Haben nicht ebenso, wie auf 177 das ideelle Gebiet und den Willen (Gefühl), auch auf die *bewegende oder handelnde* Function bezieht. Man kann nicht sagen: ich habe Sprechen, ich habe Lachen u. s. w., sondern es tritt jedesmal eine chronologische Bestimmung zu der Bedeutung des Habens hinzu, wodurch dieses als *vergangen* bezeichnet wird, wie z. B. ich habe gesprochen, ich habe gelacht u. s. w. Der Grund dieser zuerst auffallenden Thatsache ist aber nicht schwer zu erforschen; denn wir können etwas als unsere Accidenz nicht eher erkennen, als bis es bewusst geworden ist; nun sind aber die Gedanken und die Gefühle bewusst, wenn wir von ihnen sagen, dass wir sie haben; während die bewegende Function nicht nothwendig bewusst zu sein braucht, wenn sie ausgeübt wird, sondern erst, wenn sie in Coordination mit den anderen Wesen zu einer bestimmten Intensität anwächst, die wir Empfindung nennen. Daraus ergiebt sich, dass *alle Bewegungen und also auch* (was eine schöne Confirmation für meine obige Untersuchung S. 71 ff. bietet) *die Empfindungen* immer nur als vergangen bezeichnet werden, wenn wir sie als unsere Accidenz aufführen wollen, wie z. B. ich habe den Ton gehört, ich habe die Farbe gesehen, ich habe dies und das geschmeckt u. s. w. Sofern nun die Gedanken auch durch die Denkbewegung vermittelt werden, trifft auch sie scheinbar der Charakter der Vergangenheit, während eigentlich in dieser Bezeichnung ein *feines Reagens* geboten wird, da die Sprache die Bewegung im Denken von dem ideellen Inhalte unterscheidet und desshalb den *ideellen Inhalt* durch Haben ohne chronologische Bedeutung bezeichnet, wie z. B. ich habe die Erinnerung, die Hoffnung, den Gedanken, den Begriff u. s. w., während die *Bewegung* den Vergangenheitscharakter aufnehmen muss, wie z. B. ich habe gedacht, ich habe mich daran erinnert, ich habe begriffen u. s. w. Wenn die Empfindungen aber schon von der Erkenntnissfunction aufgefasst und rubricirt sind, so können sie als Bestand des ideellen Inhalts auch als gegenwärtig oder zeitlos angegeben werden, wie z. B. ich habe die Tonempfindung, ich habe die Farben-, Geschmacks-, Geruchs-Empfindung u. s. w.

In den verschiedenen Sprachen ist der Ausdruck aber verschieden, und die Sprache giebt uns auch nur ein Symptom für die Art, wie die Erkenntniss sich in Zeichen symbolisirt hat, ohne dass wir wegen der von vielen anderen Umständen ab|hängigen Entwickelung der Sprache uns an sie binden könnten, um aus ihr die 178

3 *wissen*] wissen *Ms*

Erkenntnissformen etwa gar abzuleiten. Soviel ist jedoch überall ersichtlich, dass das Haben nicht die Accidenz selbst, das Gefühl, die Thätigkeit und deren Inhalt bezeichnen soll, sondern die Erkenntniss der Beziehung dieser Accidenz zu dem Ich als der Substanz. Demgemäss wird also das Ich als der Inhaber, Besitzer und Eigenthümer der Accidenzen als seiner Habe, seines Besitzes und Eigenthums durch diese Kategorie erkannt.

Mein und Dein.

Sobald wir aber, wie ich dies in meiner Metaphysik des Weiteren auseinandergesetzt habe, dazu kommen, andere Wesen und Personen ausser unserem Ich zu erschliessen, so müssen wir nothwendig dieselbe Kategorie des Habens auch auf sie anwenden. Dadurch ergiebt sich dann eine neue Beziehung, da das Haben einer anderen Person und unser Haben, als Beziehungspunkte gedacht, die Kategorien von Mein und Dein in der Erkenntnissfunction hervortreiben.

Da nun die anderen Wesen immer nur erschlossen werden können und für uns im Bewusstsein nur in sogenannten Erscheinungen, d. h. in Empfindungscomplexen unserer bewegenden Thätigkeit, semiotisch gegeben sind, so ist es natürlich, dass die projectivische Auffassung entsteht, wonach diese Zeichencomplexe selbst als die anderen Personen oder die äusseren Wesen angesehen werden und man daher die Begriffe von Mein und Dein auch zunächst nur auf diese Anschauungssphäre bezieht, bis dann die Wirklichkeit immer mehr durchbricht und die Mitglieder des Staates zwingt, auch intelligible Besitzverhältnisse anzuerkennen und überhaupt das Recht des Eigenthums auf die intelligible Person und nicht auf das Anschauungsbild zurückzuführen. Ich will hier nun natürlich nicht die Rechtsgrundsätze entwickeln; es ist aber mit einem Blicke klar, dass jede Person zunächst die ganze ihr perspectivisch zugängliche Welt als ihren Besitz hat, dass diese Allgemeinheit des Besitzes aber wegen der realen Vielheit der Personen nothwendig zu Handlungen führen muss, welche in jeder Person die Gefühle des Schmerzes und der Unzufriedenheit auslösen, und dass desshalb bei jedem Gemeinschaftsleben der Persönlichkeiten eine Einschränkung der Besitzansprüche nach dem Masse eintreten wird, womit der herrschende Theil der Gesellschaft zufrieden und der abhängige nicht so unzufrieden ist, dass dadurch der Friede und das Zusam-
*179* menleben unmöglich würde. | Diese Willensverhältnisse werden sich aber je nach den äusseren Umständen, dem Zuwachs oder der Abnahme der Gesellschaftsglieder und ihrer geistigen und sittlichen Ausbildung immerfort ändern, und mithin wird auch das Eigenthumsrecht nothwendig einer beständigen geschichtlichen Entwickelung unterliegen.

8–9 Mein und Dein.] *fehlt im Ms*

Der Begriff des Habens setzt das Ichbewusstsein voraus.

Um nun auf die Lehre vom Ich zurückzukommen, so schliessen wir, dass die Begriffe von Haben, Besitz, Mein und Dein und also die ganze Jurisprudenz den Begriff des Ichbewusstseins voraussetzt. Die wissenschaftliche Selbsterkenntniss wird desshalb durch Auffassung dieser Verhältnisse bedeutend inhaltsreicher. Indirect zeigt sich dadurch zugleich, dass die früheren Auffassungen des Ichs als Subject-Object oder als formale Einheit des Bewusstseins völlig verfehlt sind, da das Subject-Object bloss der erkennenden Function angehört, welche nichts «haben» und kein Eigenthum im Kampf um das Mein und Dein geltend machen kann; denn nur das reale Ich, welches erkennt, fühlt (will) und handelt, kann auch mit der Aussenwelt, die es als sich gegenüber stehend erschlossen hat, in einen Verkehr treten. Ebenso verkehrt ist die Kantische formale Einheit des Bewusstseins, da diese theoretische Einheit alle ihre Elemente als Subject und Prädicat gleichartig zusammenfasst in einen immer wechselnden und an sich völlig inhaltslosen Punkt, der desshalb weder sich selbst bewusst wird, noch etwas besitzen und vertheidigen kann, und dessen einziges Eigenthum die Gedankenlosigkeit oder der Irrthum dessen ist, der sich mit solchem Ich zufrieden giebt.

Der Begriff des Habens zeigt also deutlich, dass das Ichbewusstsein gesondert ist von dem Bewusstsein des Schmerzes, von den Empfindungen der Sinne und von den Gedanken, kurz von allen Accidenzen; denn wenn das Ich bloss die Einheit des Bewusstseins wäre, so könnte man nicht sagen: ich habe einen Gedanken, eine Empfindung u. s. w. Jede Empfindung ist ein für sich bewusster Akt, ebenso jeder Schmerz oder jede Lust. Das Ichbewusstsein ist davon gänzlich verschieden; denn wäre das Ich die Lust, so könnte das Ich nie Schmerz fühlen; wäre das Ich die Empfindung des Weissen, so könnte es nie etwas Blaues oder Rothes sehen; wäre das Ich ein Gedanke, so könnte es nie einen anderen Gedanken haben. Wäre das Ich aber die einheitliche Summa Summarum oder das Product aller dieser Empfindungen, Gefühle und Gedanken, so wäre es gar nichts, weil diese ver |schiedenen Elemente keine Einheit bil- *180*
den und sich nicht miteinander chemisch verschmelzen lassen, dabei auch völlig zu Grunde gehen müssten, da die Empfindung des Rothen, mit dem Blauen zur Einheit zusammengegangen, nicht mehr Roth sein würde. Um also alle diese Thätigkeiten und deren Inhalt ausüben und haben zu können, muss das Ich selbst für sich zu Bewusstsein kommen, was ich Ichbewusstsein oder Selbstbewusstsein nannte. Alle diese verschiedenen Elemente, d. h. sowohl das Ichbewusstsein, als das Bewusstsein jeder Thätigkeit, jedes Gefühls und jedes Gedankens, sind aber nicht etwa zersplittert, so dass z. B. die Empfindung der Anstrengung im Monde und das Ichbewusstsein auf der Erde wäre, sondern sie sind gerade in der thatsächlichen Weise zusam-

1–5 Der Begriff des Habens setzt das Ichbewusstsein voraus.] *fehlt im Ms*

men, die wir erkennen, wenn wir sie das Haben und Besitzen nennen, indem sie alle als Beziehungspunkte von der Erkenntnissfunction verglichen werden. Demgemäss ergiebt sich als eine Leistung des Denkens die Selbsterkenntniss, welche das Ich als immer bleibendes Bewusstsein im Verhältniss zu der Vielheit der wechselnden Functionen, als den Besitzer und Inhaber derselben erkennt.

Nun wollen wir uns über dieses Resultat lustig machen und darüber spotten, dass die verschiedenen getrennten Bewusstseinsakte wie Geldstücke oder wie Bäume von verschiedener Art vollständig auseinander gehalten würden, das Ichbewusstsein für sich und die Empfindungen für sich und die Gefühle für sich; denn wie könnte ein so elender Haufen von Dingen mit der vornehmen Natur des Geistes etwas zu thun haben. Allein dieser Spott schlägt rückwärts auf die Spötter; denn das Lächerliche liegt ja bloss darin, dass die geistigen Elemente mit räumlich auseinander liegenden Dingen verglichen werden, mit Markstücken oder Bäumen, da diese Dinge als Bilder der Einbildungskraft ja bloss in dem ideellen Inhalte der Erkenntniss existiren und es uns nicht einfiel, das Ichbewusstsein, die Empfindungen und die Gefühle etwa bloss als Vorstellungen oder ideellen Inhalt von Anschauungen zu betrachten; sie stehen vielmehr als einfaches reales Bewusstsein dem ideellen Inhalt der Erkenntniss gegenüber und sind davon ebenso verschieden, wie Realität von Idealität. Unsere Anschauungsbilder werden durch die hineingearbeitete Ordnungsform des Raumes als von einander getrennt betrachtet; diese eigenthümliche Beschaffenheit der Anschauungssphäre aber auf die Bewusstseinselemente anzuwenden ist ebenso
181 gescheidt, als wollte man | bei den Geruchsempfindungen auch Dreiecke, Vierecke und Kreise verlangen, wie bei den Gesichtsvorstellungen. Vielmehr muss man beobachten lernen und sich bilden, um nicht die gewöhnlichen Formen der Gesichtsanschauung überall anzuwenden, wie bäurische Menschen, die ihre rohen Gewohnheiten auch in feineren Kreisen beibehalten. Im Geiste ist eben solch' sinnliches Aussereinander gar nicht vorhanden und doch jeder Bewusstseinsakt von dem anderen verschieden. Nur desswegen ist es möglich, dass die Erkenntniss die Beziehungspunkte zusammenfasst und nach einem Gesichtspunkte Schlüsse zieht. Der gewonnene Begriff ist dann wieder als ein besondres Bewusstsein gegeben, das ein Erkennender aber nur haben kann, wenn er zugleich das Bewusstsein der Beziehungspunkte hat. Wenn man die Zahl Drei denkt, so stehen als Beziehungspunkte die drei Einheiten im Bewusstsein und werden nach dem Gesichtspunkt der Addition zur Drei verbunden. Ohne Rücksicht auf diese Beziehungspunkte und den Gesichtspunkt hat Niemand den Begriff Drei, und doch sind alle diese Elemente von einander verschieden und jedes durch ein besondres Bewusstsein gegeben. Das ist eben die Natur unseres Geistes, die man erst durch Abstreifung der auf dem Gebiete der sinnlichen Empirie erworbenen Gewohnheiten erkennen kann. Wir drücken dies durch Bilder aus und sagen, die Erkenntniss sei zwar nicht selbst das Bewusst-

sein ihrer Beziehungspunkte, aber sie «blicke darauf hin,» sie «nehme darauf Rücksicht» u. s. w., und es ist ganz einerlei, wie man dies Verhältniss sprachlich bezeichnen möge. In derselben Weise blickt auch die Erkenntniss auf das Ichbewusstsein und das Bewusstsein der einzelnen Functionen und bildet dadurch die Selbsterkenntniss und findet die Beziehung des Ichs zu seinen Functionen und deren Inhalt als Haben und Besitzen, welche Kategorie dann auf viele gleichartige und ähnliche Verhältnisse anderer Wesen eigentlich und metaphorisch angewendet werden kann.

Willensfreiheit und Zurechnung.[402]

Es ist wohl ziemlich bekannt, dass das sogenannte Problem der Willensfreiheit bis jetzt nicht befriedigend gelöst ist. Der Grund, wesshalb dieses Problem so viel schwerer und räthselhafter zu sein scheint, als viele andre, liegt aber darin, dass man in der Analyse des Gegenstandes nicht bis zu den Elementen durchgedrungen ist und daher mit complicirten Begriffen und Namen, die immer zwei und mehr Seiten haben, operiren musste, wesshalb niemals eine | unzweideutige und allgemein 182 befriedigende Antwort gegeben werden konnte.

Da diese Frage ein Corollar für unsere neue Kategorie liefert, so erlaube ich mir in der Kürze den Grund der Schwierigkeit und den Weg der Lösung anzudeuten.

Die Schwierigkeit hat darin ihren Ursprung, dass man von dem Begriff des Willens ausging und ihn in Beziehung zu den Handlungen auffasste. Man urtheilte demgemäss unter den Gesichtspunkten (Kategorien) von Ursache und Wirkung, Thätigkeit und Leiden. Nun zeigte sich natürlich, weil der Wille noch nicht als Gefühl erkannt war, dass der Wille keine erste Ursache sei, sondern wieder Ursachen oder Gründe, die sogenannten Motive, hinter sich hätte, die man in den Gefühlen und Vorstellungen auffand. Indem man demgemäss zwischen einer ersten Ursache, die man *frei* nannte, und einer von anderen bestimmten Ursache als einer *unfreien* unterschied, schwankte man beständig, ob der Wille frei oder unfrei sei. Da erstens die Handlungen doch aus dem Willen des Menschen folgen und die Vorstellungen und Gefühle mit zum Willen zu gehören scheinen, der ohne sie nicht fertiger Wille ist, so schrieb man dem Menschen Freiheit zu; da aber andererseits die Abhängigkeit des Willens von den Gefühlen und den zufälligen Vorstellungen wieder in's Auge fällt, so wird der Wille immer als unfrei und der Mensch als unschuldig angesehen werden. Dazu kommen dann noch die Kräftemessungen des mythologischen Willens, indem Leibnitz z. B. ihn nicht necessitiren, aberincliniren lassen will[403] und Kant ihm jede denkbare Stärke selbst der Drohung des Todes gegenüber zutraut,[404] wobei nur immer trotz der schönen und rhetorisch wirksamen Worte der schlimme Umstand obwaltet, dass man das Subject, d. h. den Willen, von dessen Stärke man spricht, nicht demonstriren kann. Mir kommt diese Behandlung der Frage daher so vor, wie die Geschichte des kleinen Buckligen in Tausend und einer Nacht, wo sich der Reihe nach drei Personen melden, die ihn eigentlich und in Wahrheit umgebracht haben wollen, so dass immer die frühere als bloss scheinbarer Mörder wieder freigelassen wird, und endlich die letzte gehängt werden soll, bis der Barbier die Gräte aus dem Schlunde des Buckligen herauszieht und es derselbe durch sein lautes Niesen kundgiebt, dass er gar nicht todt ist.[405]

183 Die *Lösung* des Problems ist einfach, wenn wir erstens den | Willen elementar bestimmt als das Gefühl erkennen und zweitens die Causalitätsfrage von der Zurechnung unterscheiden.

Erstens nach der Kategorie der Causalität geht die Bewegung oder Handlung immer nur hervor in Zuordnung zu einem Gefühl, wesshalb wir *physisch* die Thäter unserer Thaten sind und *moralisch* gut oder böse, gerecht oder ungerecht heissen müssen, jenachdem unsere die Handlung bestimmenden Gefühle der niederen perspectivisch egoistischen oder der objectiven und idealen Ordnung angehören;[406] denn diese Gefühle sind so, wie sie sind, und sie waren die Coordinate für die Handlungen.

Zweitens aber muss man von der Causalität die Zurechnung scheiden. Denn unter der Causalitätsfrage ist eine verständige Untersuchung der Abhängigkeiten der Elemente in einem Coordinatensysteme zu verstehen; unter Zurechnung aber die Gefühle von Freude oder Schmerz, Satisfaction oder Zerknirschung bei Betrachtung unserer selbst nach der Kategorie des *Habens*, wobei die Causalität ganz nebensächlich ist. Man frage nur die schönen Damen, ob sie sich ihre Schönheit nicht als einen Vorzug zurechnen und eine lebhafte Satisfaction darüber empfinden, dass sie Eindruck machen; ebenso rechnen sich die jungen Leute ihre Stärke zu und spotten über die Schwachen; und die Klugen erheben sich stolz über die Dummen. Umgekehrt rechnet sich der Hässliche, der Arme, der in ungerechten üblen Leumund Gekommene, der Bruder des Selbstmörders oder der Giftmischerin u. s. w. thatsächlich überall dieses Schlimme in der Weise zu, dass er dadurch, obgleich er nichts Arges verübte, betrübt, gedrückt, beklommen, verzweifelt und in jeder Art unglücklich wird, weil bei Betrachtung seiner selbst alle diese peinlichen Gedanken zu seinem Ichbewusstsein *gehören* und seinen eigenthümlichen *Besitz* ausmachen. Indem man auf sein Bewusstsein reflektirt und dabei findet, dass man dieses oder das *hat*, so entsteht nothwendig ein zugeordnetes Gefühl der Befriedigung oder der Traurigkeit, und dies bedeutet die Zurechnung, d. h. dass man dergleichen als seinen *Besitz* erkennt und ein zugehöriges Gefühl bei dieser Erkenntniss hat.

Wenn nun schon die äusseren Umstände, die uns erst durch Schlüsse über die Sinnenwelt erkennbar werden, zu uns gerechnet werden, um wie viel mehr die moralischen Gefühle und der ganze Thatbestand, der zu ihnen gehört, so dass nichts
184 natürlicher ist, als dass, je feiner das sittliche Gefühl ist, um so mehr die Er|kenntniss, dass dergleichen sündliche Gedanken, verborgene Handlungen, unreine Gefühle als Besitz zu unserem Ich gehören, ein schmerzliches sittliches Gefühl, eine innere Enttäuschung, eine Zerknirschung, oder wie man es nennen will, auslösen muss. Ja,

die Zurechnung geht so weit, dass man von theologischer Seite sogar gesagt hat, Jesus hätte ein so feines sittliches Gefühl gehabt, dass er sich bei dem Anblick der Sünde der Welt durch diese seine Vorstellung, die doch nun zu seinem Ich gehörte, schmerzlich belastet empfunden und sich desshalb als unrein der Taufe des Johannes unterworfen hätte.[407] Wenn solche Auffassungen möglich waren, so ist jedenfalls klar, dass die Zurechnung überhaupt gar nicht begriffen werden kann, wenn man, wie bisher, bloss die Kategorie der Causalität in's Auge fasst; wir müssen vielmehr die viel tiefer dringende Kategorie des Habens benutzen, um die feineren moralischen Gefühle zu erklären.

Instanz.

Man könnte gegen diese meine Demonstration den Einwand erheben, dass man zwar früher noch nicht beachtet hätte, dass Zurechnung und Freiheit auf zwei verschiedene Kategorien, nämlich auf das Haben und die Ursächlichkeit, bezogen werden, dass man doch aber thatsächlich schon den Widerstreit zwischen Zurechnung und Freiheit bemerkt hätte. Darum eben, weil Vieles den Menschen zugerechnet würde, woran sie unschuldig wären, müsste man die Zurechnung genau auf den Punkt zurückführen, wo wir vollkommen frei gehandelt hätten.

Kritik des Einwandes.

Dieser Einwand ist zwar in gewisser Weise berechtigt, theilt aber doch zugleich die früher allgemein herrschende Unklarheit über unsere Frage. Denn dass man den Widerstreit zwischen Freiheit und Zurechnung schon bei vielen Gelegenheiten hat bemerken müssen, ist richtig; dass man aber beide Kategorien dennoch in demselben Punkt vereinigen will, ist ein Zeichen dafür, dass man eben die zur Causalität und zum Haben gehörigen verschiedenen Coordinatensysteme nicht zu erkennen vermochte.

Der Widerstreit liegt z. B. zu Tage, wenn Jahrtausende hindurch Sclaven, Rosse und Waffen bei den Germanen und das Eheweib bei den Indern mit dem verstorbenen Herrn verbrannt und bestattet werden, wenn Kind und Kindeskinder, ja auch das Vieh, bei den Juden mit dem Sünder verflucht und bestraft,[408] wenn Beile oder Steine, wodurch Jemand zufällig umgekommen, bei den Athenern verurtheilt oder exilirt werden u. s. w.[409] Ueberall hier | ist in der Vorstellung nach der Kategorie Haben das zu einer Sache Gehörige unter demselben Willen zusammengefasst. *185* Sobald das Bewusstsein der Individualität stärker wird, erkennt das Weib und der Sclave, dass sein Leben und Glück nicht mit zu dem Gatten oder Herren gehört und fühlt daher sein Schicksal als ein Unglück. Hier ist die Kategorie Haben noch herrschend. Wenn aber der Fluch oder Tod als Bestrafung für Sünde aufgefasst wird und die Kinder ihre Spontaneität kräftiger empfinden, so empört sich das sittliche Gefühl nach der Kategorie der Causalität, da sie nicht die Ursache, nicht die Thäter der sündlichen That gewesen sind. Die Zurechnung soll sich dann allein nach der Causalität richten und sonst als ungerecht gelten.

Der Conflikt zwischen den aus beiden Kategorien gezogenen Folgen liegt also klar zu Tage; aber die Erkenntniss der Kategorien selbst war nicht gewonnen, wesshalb man die Coordinatensysteme nicht trennen konnte und in zwei entgegengesetzte Fehler verfiel. Die von der *Kategorie Haben* Geleiteten fanden es nämlich ganz in der Ordnung, dass die Kinder der Sünder mit in's Verderben gezogen würden und rechneten ihnen eine Erbsünde zu, sie hingen den unehelich Geborenen einen Makel an, wollten den Nichtadeligen selbstverständlich die höheren Aemter und Hofchargen verschliessen u. s. w., oder schlugen, wie in der Revolution die französischen Bauern, umgekehrt die Adeligen und Pfaffen ohne Auswahl todt, weil dieselben nach der Kategorie Haben zu denen gehörten, von denen sie viel Unglück erfahren hatten. Andererseits wollte z. B. Kant und alle die von der *Kategorie Causalität* Geleiteten Wohl und Wehe, Glück und Unglück nur als Lohn und Strafe an die freie That anhängen und alle sonstige Zurechnung ausschliessen.[410] Die Verkennung des dem Haben zugehörigen Coordinatensystems rächte sich aber dadurch, dass sich nun die Tugend und die Verdienste spreizten und in ihrer eigenen Dummheit sonnten; denn man rechnete sich alle die guten Anlagen zu, die gute Erziehung, die Einflüsse der Gesellschaft, den Verstand und die Bildung, die geweckteren sittlichen und ästhetischen Gefühle u. s. w. und bildete sich ein, dass der Mensch absolut frei seine Thaten vollziehe. Diese falsche Rechnung musste natürlich bald jedem Denkenden bemerklich werden, wesshalb wieder ein Umschlag erfolgte und die eigene Freiheit und Causalität für gar nichts geachtet wurde, sondern der Mensch sich
186 als ein blosses Product und Glied der Gesellschaft betrachtete. Eine | solche Auffassung musste namentlich bei den Mittelmässigen entspringen, die sich bewusst sind, keine eigenen Gedanken zu haben, sondern bloss das Echo der Gesellschaft zu sein. Auch ist diese Ansicht z. B. in der *Wundtschen Ethik* fixirt.[411] Nach dieser soll der Mensch bloss Theil eines Gesammtwillens sein, der in naiver Weise wie ein mythologisches Wesen angenommen wird. Bei dieser Wundtschen Socialethik ist die Thatsache offenbar massgebend gewesen, dass der Mensch ja durch die Eltern und die Gesellschaft allmählich lernt, was allgemein gewollt wird und bei Mangel an Originalität und kräftiger Individualität natürlich in dem Strome mitschwimmt und sich zum Organe der herrschenden Tendenzen macht, mit schreit, wenn sie Alle schreien, und mit stimmt, wie sie Alle stimmen, wesshalb er bald auch zu Ansehen und Geltung kommt, da er dem allgemeinen Besten dient und den weiteren Fortschritt der allgemeinen Strömung mitbefördert, wie ein guter Holzklotz, den man zu den übrigen in den Kamin geworfen hat, gleich Feuer fängt, mit prasselt und die allgemeine Hitze vermehrt. Auch diese Ethik steht also, wie die Kantische, unter dem Gesichtspunkte der Causalität, nur dass sie die Dependenz in den Vordergrund schiebt, während Kant mit kräftigerem Willen die Spontaneität betonte. Die *Socialethik v. Oettingen's* bemerkte offenbar im voraus die schlimmen Folgen der in

Wundt's Buch an's Licht getretenen Haltlosigkeit und wählte desshalb einen ganz bestimmten Gesammtwillen aus, nämlich den der christlichen Kirche, welche dem Weltwillen entgegengesetzt ist;[412] allein es fehlt dabei erstens ein Princip für diese Auswahl, so dass sie grundlos und zufällig erscheint, und zweitens kann ja die Kirche auch verweltlichen, und die ausser der Kirche Stehenden und von ihr Verdammten, wie etwa ein Luther, können einen christlicheren Willen vertreten und allmählich zum Gesammtwillen erheben, wesshalb doch immer ein höheres Princip als die sociale Dependenz gefunden werden muss.

Lösung des Problems. 1. Der Begriff der Zurechnung.

Das System der Ethik und Politik zu construiren, ist hier nicht meine Aufgabe; wir müssen aber den Grund der aufgezeigten Schwierigkeiten erkennen. Der Grund der scheinbaren Zusammengehörigkeit von Causalität und Zurechnung ist aber sehr einfach, da die Thaten des Menschen, die aus seinem Willen folgen, ja offenbar zu seinem Haben gehören. Die Erkenntniss unserer Causalität ist also ein Theil der Erkenntniss des zu unserem Ich gehörigen | Besitzes, wesshalb die Zurechnung, wenn 187
sie sich auf den Besitz überhaupt erstreckt, auch nothwendig unseren Handlungen zukommt. Da jeder Gebildete aber sehr bald erkennt, dass die Handlungen von den Vorstellungen abhängen (Dependenz), von unserer Kenntniss oder Unkenntniss der Umstände, von Begabung, Gedächtniss, Gewöhnung u. s. w., so würde überhaupt Zurechnung unmöglich sein, wenn sie bloss auf die Causalität bezogen werden sollte. Desshalb lassen sich viele neuere Psychologen und Criminalisten, weil sie das Verhältniss dieser Kategorien nicht erkennen, dazu verleiten, die Zurechnung bei den Vergehen und Verbrechen immer mehr abzuschwächen, auf Null zu reduciren und der Gesellschaft oder dem Zufall aufzubürden; denn, da sie nur Ursachen im Kopfe haben, so müssen sie einen Sündenbock ausfindig machen, und dieser ist dann zuletzt nur der Zufall. Die Gesellschaft bietet nämlich immer auch manche günstige Einflüsse, so dass es, da die Menschen nicht allwissend sind, um alle möglichen Einflüsse im voraus zu erspähen, immer Sache des Zufalls oder Gottes sein muss, dass ein Mensch unter dem Wirrwarr der günstigen und ungünstigen Natur- und Gesellschafts-Ursachen nun gerade ein Verbrecher wurde. Man sieht hieraus, dass die Kategorie Zurechnung sich aufheben muss, wenn sie als Erkenntniss der Causalität aufgefasst wird.

Der Begriff der Zurechnung kann aber deductiv und inductiv gewonnen werden. Deductiv, wenn wir das zugehörige Coordinatensystem aufzeigen. Wir setzen desshalb ein Ich, welches sich seine Functionen und deren ideellen Inhalt vorstellt. Sobald das Ich nun diesen Vorstellungsinhalt nicht als blossen ideellen Inhalt begrifflich betrachtet, sondern ihn einer anderen Persönlichkeit zuschreibt, oder als seinen ihm zugehörigen Bewusstseinsbesitz erkennt, so müssen bei dieser Erkenntniss des Habens nothwendig Gefühle entstehen und zwar sowohl die perspectivisch selbstsüchtigen, als die sittlichen. Wie sollen wir aber dies Coordinatensystem, ich meine den vorgestellten Inhalt unter dem Gesichtspunkt des Habens und in Beziehung auf das zugehörige Gefühl, benennen? Obgleich uns jeder Name gleich sein kann, so ist doch dem Sprachgefühl angemessen das Wort «Zurechnung», «Imputation».

Um nun inductiv zu zeigen, dass die natürliche Auffassung der Menschen überall dies Coordinatensystem meinte, wo das Wort Zurechnung angewendet wurde,
189 bedürfen wir einiger Beispiele, die | an unzählige andere erinnern mögen. Wir dürfen aber nicht die Reflexionen der Criminalisten und Psychologen mitheranziehen, weil diese nicht ein vorgefundenes Denken überliefern, sondern selbst irgend einen Begriff erschliessen, dessen Methode erst der Kritik zu unterwerfen ist. Zu deutlicherer Uebersicht theilen wir besser die Beispiele, jenachdem das dem Coordinatensystem des Begriffs zugehörige Gefühl ein perspectivisch selbstsüchtiges oder ein objectiv sittliches ist.

Aus dem ersteren Kreise erinnere ich an die Thatsache, dass Jeder sich die Vortheile zurechnet, die durch Geburt, Anlagen, Vermögen, Ehren der Familie und selbst der Nation ihm erwachsen, ebenso wie die Nachtheile. Wenn der Curs fällt, vermindert sich unser Vermögen; steigt er, so werden wir reicher. Niemand aber sagt: «wem mögen die zwanzig tausend Rubel gehören, die zu meinem Capital durch den gestiegenen Curs hinzugekommen sind», sondern man rechnet sie vergnügt zu seinem Gewinn. Wird das Kind krank, fällt es in den Fluss, so sagt man nicht: «ich habe es nicht krank gemacht, ich habe es nicht in's Wasser gestossen», sondern man rechnet es sich als Unglück zu und trägt das Leid als uns gehörig. Niemand verlangt, dass die Ehe vom blossen Willen abhängen solle, sondern man findet die besondere Auswahl der Paare ganz natürlich, da Jeder sich seine Vorzüge, als Schönheit, Jugend, Witz, Reichthum u.s.w. als Eigenthum zurechnet.

Ebenso wird die Zurechnung auch in Bezug auf die sittlichen Gefühle bestimmt. Denn Jeder rechnet sich als Pflicht zu thun an, was ihm durch seine Geburt, Gesellschaftsstellung, Kraft und Begabung, Lebensalter, Vermögen u.s.w. zukommt, indem er nicht etwa sagt: «was geht mich dieser Mensch an, der mein Bruder, der Freund meines Vaters, mein Landsmann u.s.w. heisst. Ich habe ihm mit meiner freien Causalität nicht zu diesen Prädicaten verholfen und habe desshalb keine Pflicht ihm gegenüber, sondern Jeder betrachtet alle diese Umstände als sein Haben, d.h. als einen zum Ich gehörenden Besitz guter oder schlimmer Art, und bestimmt darnach seine Pflichten. Darum bezahlen die Söhne häufig sogar die Schulden ihrer Eltern, auch wenn das Gesetz dies nicht verlangt. Die Niederlagen oder Siege der nationalen Armee werden als Grund sich zu schämen empfunden oder mit sittlicher Freude vorgestellt, indem der Einzelne dies sein Vaterland in seinem Bewusstsein
189 als das seinige vorfindet | und zu seinem Ich als Besitz hinzurechnet, wesshalb er auch bereit ist, sein Leben zur Vertheidigung desselben in die Schanze zu schlagen und jedes Opfer an Geld und Gut zu bringen. Am Deutlichsten zeigt sich der Grund

der Zurechnung bei den Conflikten. Oedipus z. B. hätte nie seinen Vater erschlagen und seine Mutter heirathen wollen; aber der ihm unbekannte alte Mann, den er im Streit erschlug, war sein Vater; die fremde Königin, die er freite, war seine Mutter. Nachdem er dies erkannt, besitzt er nun die Schuld schuldloser Thaten und sticht sich in sittlichem Abscheu vor sich und dem Greuel, den er angerichtet, die Augen aus.[413] Von Freiheit des Willens ist hier keine Rede; aber das Haben ist unzweifelhaft und ein sittlicher Schmerz nicht über Thaten, sondern über das, was nun zu ihm gehört. Darum schreibt auch der heilige Augustin zwar ein langes Capitel über das damals häufige Schicksal geschändeter christlicher Jungfrauen, ohne dass es ihm jedoch gelingt, das sittliche Gefühl vollkommen zu verstehen, weil er allein an die Causalität des Willens denkt.[414] Die verzweifelten Jungfrauen, die sich häufig selbst tödteten, wussten aber sehr wohl um ihre Schuldlosigkeit und entsetzten sich dennoch über sich, weil ihr Schicksal nun einmal mit ihrem Ichbewusstsein eigenthümlich verwoben war und zu ihnen als ihr «Haben» gehörte. So wird man auf Schritt und Tritt Beispiele dafür finden, dass die sittlichen Gefühle, ebenso wie die ästhetischen, sich durchaus nicht auf die Ursache der Thaten allein beziehen, sondern, wie beim Anblick fremder Handlungen, so auch bei der Erkenntniss des unserem Ich zugehörigen Bewusstseinsinhalts unmittelbar entspringen, wobei es, wenn z. B. ein Sohn seinen Vater auf der Jagd erschossen hat, gar nichts hilft, ihm seine Schuldlosigkeit zu demonstriren; denn nur eine religiöse Gesinnung und Betrachtung kann da Trost und Frieden bringen.

Ich halte den Beweis hiermit für erbracht, dass die Zurechnung in ein Coordinatensystem gehört, in welchem das «Haben» die zugeordnete Kategorie bildet, während die Causalität der Handlung nur als Theil des Habens mit eingeschlossen ist.

2. Der Fehlschluss über die Zuordnung von Causalität und Zurechnung erklärt.

Desshalb muss jetzt zweitens gezeigt werden, woher der Irrthum stammt, als sei Zurechnung nur der Causalität der Handlung zugeordnet, ebenso wie die zugehörigen Begriffe von Verschuldung, Verdienst und Strafwürdigkeit.

Dies ist leicht zu zeigen. Der Mensch nämlich | lebt als geselliges *190*
Wesen und folglich wird sich Jeder von selbst eine Meinung über das Haben der Anderen bilden. Obgleich nun diese Meinung in der Regel viel weniger richtig sein wird, als die über seinen eigenen geistigen Besitzstand, so muss gleichwohl Jeder die Anderen nach dieser seiner Meinung über ihr Haben loben oder tadeln, ehren oder verachten, zulassen oder verhindern, belohnen oder strafen, kurz alle Art von geselliger Gemeinschaft mit ihnen eingehen, denn alles dies sind Akte des Willens, d. h. des Gefühls, des Beifalls oder Missfallens, der Befriedigung oder Unbefriedigtheit und daher ebensoviele Ausdrucksformen für die Zurechnung. Hiermit ist der Obersatz gegeben, dass die Zurechnung gesellschaftlich geübt wird.

Der Untersatz meines Schlusses giebt nun zu bedenken, dass zu dem Erfolg der Handlungen in dem Verkehr der Menschen zwar der ganze Besitzstand des Ichs mitwirkt, dass aber für die Wahrnehmung als Element immer *nur die Handlung* heraustritt, zu deren Erklärung Jeder *zuerst* auf einen zugeordneten Willensakt als auf die Ursache schliesst. Alle weiteren Schlüsse über Begabung, Charakter, Eigenthümlichkeiten, erbliche Eigenschaften und sonstiges Haben kommen erst zweiter und dritter Hand hervor. Je rascher und verwickelter und häufiger nun der Verkehr der Menschen untereinander wird, desto weniger Zeit hat ein Jeder, über die oberflächlichsten Schlüsse hinauszugehen, desto mehr wird man sich daher mit dem ersten Element, mit dem Causalzusammenhang zwischen Wille und Handlung begnügen, weil diese beiden Stücke den Verkehr zunächst auslösen und daher zuerst die Aufmerksamkeit erregen.

Hieraus schliesse ich, dass es ganz natürlich ist, dass viele Gesetzgebungen und Verfassungen und viele Laien und Gelehrte zu dem irrthümlichen Schlüsse kamen, Zurechnung, Verschuldung, Verdienst und Strafwürdigkeit sei bloss an die Causalität des Willens in Bezug auf eine geschehene oder nachweislich beabsichtigte Handlung anzuhängen.

### 3. Der Streit über die bürgerliche Ausdehnung der Zurechnung muss ewig dauern.

Wenn wir den Fehlschluss nun plausibel finden, so muss sich doch zugleich zeigen, weil es eben ein Fehlschluss ist, dass die Menschen niemals ganz in dieser Weise mit einander verkehren konnten. Denn erstens sehen wir, dass z. B. die nachdenklicheren und menschenfreundlicheren Beobachter über das angebliche Ver-
191 dienst oder die Strafwürdigkeit der Hand|lungen eine ganz andre Meinung fassten und statt der Gefängnisse bloss Erziehungs- oder Besserungs-Anstalten einführen wollten. Andererseits ist Jedermann bekannt, dass viele Handlungen auch beim besten Willen misslingen, wie z. B. eine Rede keinen Erfolg hatte, weil der Redner schlecht aussah, keinen wohlklingenden Namen hatte, die Worte nicht mit feiner Aussprache vortrug, eine ominöse Aehnlichkeit mit einem Unbeliebten hatte u. s. w., wobei sich ergiebt, dass nicht die Handlung und der Wille schuld war, sondern das verfitzte[415] sonstige Haben. Darum werden nirgends in der Welt die Aemter vergeben, die Belohnungen zugewendet, Gemeinschaften eingegangen und überhaupt alle Handlungen vollzogen bloss nach dem Urtheil über die geschehenen oder zu erwartenden Thaten und deren Willenscausalität, sondern immer noch nach tausenderlei merklichen oder unmerklichen Rücksichten auf Verwandtschaft, Anmuth, Nationalität, Bekanntschaft, Lebensverhältnisse, Gesichtsbildung u. s. w. So wollen Einige eine Beleidigung nur in bestimmten Wörtern und etwa in Zungenausstrecken sehen, während Andre noch tausend andre Wörter und Gesichtsausdrücke ebenso beleidigend finden, obgleich diese sich nicht allgemein gesetzlich formuliren lassen. Es

fand daher bis auf den heutigen Tag ein beständiger Kampf zwischen den Menschen darüber statt, wie weit man die Zurechnung ausdehnen dürfe, ob bloss auf die zunächst wahrnehmbare Handlung und den dazu gehörigen und mit annähernder Sicherheit erschliessbaren Willen, oder ob auch die übrige Habe des Ichs, von welcher der Wille wieder als Coordinate bedingt ist, unsere Beurtheilung und Entschliessung mitbestimmen sollte. Und zwar gilt bald die oberflächlichere Art der Zurechnung für die gerechte, bald die tiefer dringende, welche auf die Kategorie Haben zurückgeht, bald die eine, bald die andre auch für menschenfreundlicher. Es ist nicht nur keine Aussicht vorhanden, dass dieser Streit nächstens endgültig entschieden werde, sondern er wird vielmehr nothwendig ewig fortdauern, so lange Menschen einander beurtheilen und mit einander verkehren werden, weil die Zurechnung, d.h. die Willens- oder Gefühlserklärung über das im Bewusstsein Vorgestellte nothwendig alles Haben betrifft und doch im Verkehr immer zugleich der Handlung die nächste sinnliche Wirklichkeit und Wichtigkeit zukommt, ohne dass der zugehörige Wille für sich allein einen hinreichenden und befriedigenden Erklärungsgrund bieten könnte.

| Moralische Zurechnung. 192

Es giebt nun vielleicht Einige, welche nach diesen Erörterungen noch fragen möchten, was sie denn eigentlich und nach der Wahrheit sich zurechnen sollten und was nicht. Es würde uns nicht einfallen, diese Frage selbst aufzuwerfen; denn «wer ungeheissen zur Arbeit geht, geht ungedankt davon»;[416] da diese Frage aber sehr häufig mit einer gewissen Beklemmung des Gemüthes gestellt und da nach einer deutlichen Antwort dringend verlangt wird, so dürfen wir an die Arbeit gehen.

Zunächst ist klar, dass die moralische Zurechnung von der bürgerlichen nicht verschieden ist; denn was man gesellschaftlich sich einander zurechnet, das rechnet man auch sich selbst zu. Die Frage ist desshalb schon beantwortet und es kann sich hier nur noch um eine nachträgliche Verdeutlichung drehen.

Nun muss man darauf achten, dass der Gedanke, «sich etwas zurechnen zu sollen» zwei Bedeutungen hat. In der einen enthält er einen Widerspruch; denn Zurechnung bedeutet eben das sittliche Urtheil oder das sittliche Gefühl überhaupt, welches immer billigend oder missbilligend als die letzte Autorität keinem Sollen mehr unterliegen kann, weil es selbst das Sollen ist. Es ist darum widersinnig zu fragen, was man sich zurechnen solle; denn wer so fragt, hat eben noch kein sittliches Gefühl, d.h. keine Missbilligung oder Billigung, mit einem Worte keine Zurechnung in seinem Bewusstsein und kann dergleichen doch auch nicht von Aussen empfangen. Als z.B. nach dem Oesterreichisch-Französischen Kriege[417] ein junges Mädchen hörte, dass ihr Verlobter durch eine Kanonenkugel beide Arme und Beine verloren hätte, da hätte ihr Niemand sagen können, ob sie es sich als ein Unrecht zurechnen würde, wenn sie jetzt den Krüppel und blossen Rumpf nicht mehr zum Manne genommen hätte. Ihr sittliches Gefühl entschied sich aber dafür, ihn dennoch zu nehmen, und Napoleon III., der davon hörte, setzte dem Paar unter dem Beifall der öffentlichen Meinung eine reichliche Pension aus. Ihr Gefühl war das Sollen und die Zurechnung und konnte durch kein weiteres Sollen reglementirt werden.[418]

In einer zweiten Bedeutung aber ist die Frage, was man sich zurechnen solle, berechtigt; denn die meisten Menschen sind eben nicht selbständig, sondern werden durch die gesellschaftliche Stimmung und Meinung völlig beherrscht, so dass die
193 im öffentlichen Leben geltenden Vorstellungen von Ehre und Schande ihr | Gewissen ausmachen. In derselben Weise kann auch eine höher entwickelte sittliche Natur für einen Anderen zur Autorität werden, so dass durch dessen beichtväterliches Wort das sittliche Gefühl oder die Zurechnung in ihm erst erweckt oder befestigt wird. Allein für solche unselbständige Gemüther kann auch keine allgemeine Antwort von Nutzen sein, sondern sie müssen in jedem gegebenen Fall an ihre Autorität verwiesen werden, durch deren Entscheidung sie dann in die ihnen angemessene Stimmung gerathen. Für die selbständigen Naturen aber ist die Ethik bestimmt, welche die Normen allgemein feststellt.

Die allgemeinen Normen der Ethik möchten nun Viele, die sich nicht besonnen haben, aus der Vernunft oder dem Erkenntnissvermögen ableiten; allein das hiesse, den Bock melken;[419] denn die Vernunft erfährt selbst erst durch die Gefühle, dass es überhaupt etwas Ethisches giebt, und sie muss bloss die Coordinaten für das von ihr ganz unabhängige Gefühl aufsuchen. Also ist das Gefühl selbst die höchste und letzte Quelle und Autorität der Zurechnung. Desshalb findet sich denn, dass nicht unsere Causalität in den Handlungen allein entscheidet, sondern die Kategorie Haben, welche die umfassenderen Bedingungen für die Handlungen mit in sich schliesst, so dass z. B. die Bettelei und die häufigen Verbrechen nicht bloss den Thätern imputirt,[420] sondern von allen sittlich fühlenden Gesellschaftsgliedern als eigene Schuld empfunden werden, weil sie durch bessere Erziehung und Fürsorge für ihre Mitbrüder jene Erscheinungen des schlechten und von ihnen mit sittlichem Schmerz angeschauten gesellschaftlichen Zustandes verhindert haben könnten. Soll desshalb eine allgemeine Norm der moralischen Zurechnung aufgestellt werden, so muss man das Coordinationssystem unserer Functionen in's Auge fassen. Darnach giebt das Gefühl die Entscheidung; die Erkenntniss sucht diesem Placet[421] entsprechend Zwecke und Mittel auf; das bewegende Vermögen endlich geht auf dieses Motiv hin zu Handlungen über. Mithin sind als gesunde, d. h. dem Coordinatensysteme unserer Natur angemessene und nicht durch blinde Ideenassociation entstandene Gefühle der Zurechnung nur diejenigen anzuerkennen, welche zu Handlungen führen. Und darin besteht die höchste Norm dessen, was man sich zurechnet, *dass die möglichen Handlungen den Grund des missbilligenden Gefühls oder der inneren Vorwürfe beseitigen können.* Da aber das Geschehene sich nicht mehr ändern lässt, so ist die unfrucht|bare Reue, welche zu keinen Handlungen führt, für ungesund, d. h. für einen Mangel an Gleichgewicht in unserem geistigen System zu erklären, wesshalb auch die Religion die Aufgabe und die Kraft hat, solche unfruchtbar stockende Bussgefühle zu versöhnen und zur richtigen Einlenkung in energische Lebensthätigkeit überzuführen. 194

Zusammenfassung.

Das Neue, welches meine Untersuchung des Begriffs der Zurechnung geliefert hat, besteht also zusammengefasst in zwei Resultaten. Erstens wird die Zurechnung, wie sie besonders in dem Buss- oder Reue-Gefühl zu Tage tritt, mit der Eitelkeit, dem Tugend-Stolz, Selbstlob und Hochgefühl über Verdienste und Vorzüge in eine Gattung gebracht und als das sittliche Gefühl oder sittliche Urtheil überhaupt erkannt, das uns bei Vorstellung unseres eigenen Lebens wie bei Beurtheilung fremder Persönlichkeiten entspringt. Zweitens ist nachgewiesen, dass die Sphäre der Zurechnung nicht bloss auf das engere Gebiet der Causalität in unseren Handlungen und Unterlassungen beschränkt ist, sondern nach der Kategorie Haben ausser diesem Gebiete noch alles sonst zu uns Gehörige mit umfasst.

Durch diese beiden neuen Erkenntnisse lässt sich nun das alte Problem der Willensfreiheit und der Zurechnung endlich lösen; denn sobald die Zurechnung an die mit Freiheit vollzogenen Handlungen gebunden wird, so zeigt sich, dass der Wille immer von gewissen zufälligen Kenntnissen des Thatbestandes und der objectiven Zwecke, wie andererseits von zufälligen körperlichen, Gemüths- und Geistes-Anlagen und von zufälligen äusseren Umständen abhängig ist, wesshalb der Wille als nothwendig, die Handlung als unfrei und schuldlos und die Zurechnung als unthunlich erscheint. Die frühere Auffassung kann also die Thatsache der Zurechnung nicht nur nicht erklären, sondern muss sie vielmehr als auf einem Irrthum, einer psychischen Formstörung beruhend abweisen und schädigt dadurch die Autorität des sittlichen Urtheils in der Gesellschaft. Die neue hier herausgearbeitete Erkenntniss muss aber, weit entfernt, das Gefühl der Verantwortlichkeit und der Schuld abzuschwächen, diese Gefühle vielmehr nur stärken, verschärfen und verfeinern, da wir uns nun verpflichtet sehen, nicht nur unsere Thaten, sondern unseren ganzen Zustand und also auch den gesellschaftlichen Zustand durch unser sittliches Gefühl zu richten und als uns zugehörig zu betrachten, | sofern dadurch diese ganze Sphäre als Gegenstand der Arbeit für unsere von dem sittlichen Gefühl geleitete Thätigkeit erscheint. 195

Nur ein Einwand scheint mir noch eine besondre Berücksichtigung zu verdienen. Man könnte nämlich sagen, dass, wenn die Freiheit der Handlung nebensächlich sei und ein Mörder auch als blosses Product schlechter Naturanlage und mangelnder Erziehung betrachtet werden dürfe, die Zurechnung hinwegfalle und sein nachheriges tiefes Schuldgefühl eine unnütze und ungerechte Quälerei sei. Dieser Einwand geht also von dem Begriffe der Causalität aus, fordert die Freiheit und begründet darauf die Verantwortlichkeit und Reue. Was lässt sich dagegen sagen? Ist unsere neue Theorie stark genug, diesen starken Angriff abzuschlagen? Ich hoffe, dass die Wahrheit immer die stärksten Waffen hat und überhaupt nicht widerlegt werden kann.

Zuerst also können wir die ganze gegebene Argumentation, soweit sie freie Handlung, Verantwortlichkeitsgefühl und Reue in Zusammenhang bringt, als zu unserer Theorie gehörig in Anspruch nehmen, da diese Coordination ja in unsere weitere Sphäre hineinfällt, welche die Causalität mit umfasst.

Zweitens leugnen wir die Freiheit keineswegs, sondern betrachten sie als die Erkenntniss des sittlichen Gefühls vor einer beabsichtigten Handlung, so dass die Handlung also nur als eine unter mehreren Möglichkeiten erscheint, unter denen man die Wahl hat und die Entscheidung trifft. Solche als frei erkannte Handlungen kommen in grosser Menge vor und bilden daher für uns keine Schwierigkeit, da sie nur der aufgestellten Regel folgen.

Drittens aber wollen wir die Verantwortlichkeit auch festhalten, wenn der Thäter bei weiterer Besinnung etwa sein Leben aufrollt und alle die Umstände entdeckt, die ihn zu einer sittlichen Stumpfheit und Rohheit führten und die That schliesslich als ihr einzig mögliches Resultat mit mechanischer Nothwendigkeit nach sich zogen. Denn die Reue oder der sittliche Schmerz über die That ist eben ein Beweis, dass die sittlichen Gefühle erwacht sind, wesshalb der Thäter nothwendig seine That verurtheilen muss und sie auch nicht einer anderen Persönlichkeit oder unpersönlichen und abstracten Verhältnissen, sondern nur sich selbst aufbürden kann, weil er als Ich der einzige Thäter der That ist, die That allein in dem Umkreise seines eigenen Bewusstseins vorfindet und auch selbst Besitzer der sittlichen Gefühle ist, die ihn
*196* jetzt martern und in die Hölle versetzen. Dieser Thatbestand ist nur | nach unserer Theorie und nicht mehr nach der Freiheits- oder Causalitätsbetrachtung erklärlich.

Endlich viertens muss auch der Vorwurf, als sei dieser Thatbestand bloss eine durch den Weltlauf entstandene Verwirrung des menschlichen Bewusstseins oder eine empörende Ungerechtigkeit Gottes gegen den armen Menschen, energisch zurückgewiesen werden. Der unleugbare Thatbestand, dass die Reue auch bei Erkenntniss der Unfreiheit stattfindet, zeugt vielmehr für die Güte Gottes und für die Zweckmässigkeit des Naturlaufs; denn die Reue und das höllische Feuer des Schuldgefühls ist ein höheres Gut und ein zweckmässigeres Resultat, als wenn der Mörder hinterher gleichgültig und in seiner bisherigen rohen Begierde bliebe. Der Thäter verworfener Handlungen erwacht vielmehr durch den sittlichen Schmerz erst zum Menschen, und die schmerzliche Erregung bohrt den reichen Grund seiner Seele an und führt zur Entdeckung und Ausbeutung einer herrlichen Goldader, so dass er durch das Fegefeuer der Reue zu einem reichen Manne wird, zu einer Persönlichkeit, in welcher die sittlichen Gefühle die massgebende Macht bilden. Es ist auch nicht unlogisch, dass er sich eine That vorwirft, die er gar nicht gethan haben würde, wenn die sittlichen Gefühle schon damals dieselbe Kraft gehabt hätten, wie jetzt in der Reue; denn wir haben das Analogon, dass es die Menschen auch aufs Tiefste wurmt, wenn sie etwa unvortheilhaft einkauften und nachher erst sahen, dass sie für halben Preis schönere Sachen hätten bekommen können, wenn ihnen nur dies oder das bekannt gewesen wäre. In beiden Fällen also verlangt der Mensch von sich, was er damals nicht leisten konnte; und dennoch ist es nicht thöricht, sich Vorwürfe zu machen; denn der Mensch erkennt damit nur seine Bestimmung an, welche ein unbegränztes Wissen und ein immer lebendiges und mächtiges sittliches Gefühl verlangt. Der Schmerz aber ist das einzige Mittel, um dieses Ideal seiner Verwirklichung entgegen zu führen.

Zurechnung vom ärztlichen Standpunkte.

Dass der Begriff der Zurechnung, welcher allen Rechtsbegriffen zu Grunde liegt und sich also sowohl in dem Civilrecht als in den Strafbestimmungen zeigt, zwischen der einseitigen Hervorkehrung der Causalität und der umfassenderen Kategorie Haben schwankt und ewig schwanken muss, habe ich oben zu beweisen Gelegenheit gehabt. Es fragt sich nur noch, was die Zurechnungsfähigkeit vom ärztlichen Standpunkte aus bedeute. Dies ist nun in | jedem einzelnen Falle immer sehr schwer zu sagen, 197
weil alles Individuelle der Sitz der grössten Complicationen ist; das Princip für die ärztliche Beurtheilung ist aber sehr einfach. Es handelt sich nämlich immer nur erstens um den Nachweis, dass die Functionen des Vorstellungs- oder Denkvermögens bei dem Inculpaten[422] hinreichten, um die That nach ihren Umständen, Motiven und Folgen beurtheilen zu können, wesshalb bei Verstandesstörung, Gedächtnissmangel, Sinneshallucinationen, allgemeinem Idiotismus, auch bei Betäubung, Rausch, Schlaf u. s. w. keine directe Zurechnung stattfinden kann. Eine indirecte nur dann, wenn man den Mangel an Verstand, wie beim Rausch oder Schlaf, hätte vermeiden können. Zweitens muss bloss die allgemeine dem Durchschnittszustande der Gesellschaft und also den Gesetzen entsprechende Fähigkeit, sittliche Gefühle zu haben, nachgewiesen werden, wesshalb bei sogenanntem sittlichen Idiotismus, wie bei dem Berliner Mädchen, das ohne Mitleid ein Kind aus dem Fenster stürzte und keine Spur von Scham oder Reue zeigte,[423] auch keine Zurechnungsfähigkeit vorhanden ist. Endlich drittens gehört noch die Fähigkeit zu bewegen oder zu handeln und die rechte Coordination dieser Function zu der Willens- und Denkfunction als Bedingung zur Zurechnung hinzu; denn wo Sprachbewegungsstörung oder allgemeine Motilitätsstörung vorhanden ist, kann auch keine Unterlassung strafwürdig sein.

Alle diese Untersuchungen gehen zwar zunächst auf die Causalität, welche der einzelnen verbrecherischen Handlung zugeordnet ist; sie umfassen aber so sichtlich auch alle die Anlagen und Verhältnisse, die nicht mehr unter die Kategorie der Causalität, sondern nur noch unter die Kategorie des Habens gehören, dass es unnöthig ist, noch im Einzelnen nachzuweisen, wie auch hier die höheren Gesichtspunkte unserer neuen Theorie im Stillen schon regieren.

Das ärztliche Gutachten über die Zurechnungsfähigkeit wird desshalb, ebenso wie das Urtheil des Gerichtshofes, immer der allseitigen Befriedigung entbehren müssen, da es nach den allgemeinen Bedingungen der Zurechnung nothwendig ist, Menschen für zurechnungsfähig und straffällig zu erklären, bei denen doch der geistige Zustand vor der Handlung ganz anders war, als bei dem Durchschnitt der anderen Menschen, während andererseits Menschen z. B. wegen ihres Lebensalters oder gewisser erblichen Gebrechen für unzurechnungsfähig gelten und straflos aus-
*198* gehen, | deren Motive doch von den gewöhnlichen nicht verschieden sind und denen das Arbeitshaus[424] sehr nützlich hätte sein können. Das, was wir normal oder gesund nennen, ist eben bloss ein Begriff von der Coordination unserer Functionen; in der Wirklichkeit aber sind alle möglichen quantitativen und qualitativen Unterschiede vorhanden, die unmerklich zu dem abnormen und pathologischen Zustande übergehen, wie andererseits auch bei den Geisteskranken immer Zustände vorkommen, in denen die Patienten verantwortlich sind, wesshalb sie auch in der irrenärztlichen Praxis einer gewissen Bestrafung verfallen und sich erziehen lassen. Damit aber muss man von vornherein abgeschlossen haben, dass im Staat und in der Gesellschaft unmöglich eine allgemein und in Wahrheit befriedigende Rechtspflege und sittliche Beurtheilung stattfinden kann, weil die allgemeinen Normen immer nur nach den oberflächlicheren Gesichtspunkten, die man durchschnittlich bei Jedem voraussetzen kann, entworfen werden, wie denn auch die Ausübung der Normen für den individuellen Fall immer der sehr beschränkten Erkenntnisskraft und Gesinnung der Betheiligten entsprechend und also nur, weil das Bessere unmöglich bleibt, bedingungsweise wünschenswerth ist. Der Glaube an die absolute Gerechtigkeit des Staates, an die Objectivität der Geschichte, an die Unfehlbarkeit der Gesellschaft und der medicinischen Autoritäten ist eine Chimäre,[425] die aber für unselbständige Naturen als ein brauchbarer Glaubensartikel gelten darf.

## 8. Ich und Ursache.

Historisch-Kritisches.

Wir haben schon oben (S. 47 ff.) gesehen, dass die von den Naturforschern allgemein verwendete Kategorie Ursache aus den Naturerscheinungen nicht abgeleitet werden kann. Es ist interessant, die Geschichte des Begriffs bis zu den Anfängen zu verfolgen. Schon bei den ältesten griechischen Philosophen findet sich ebenso wie in dem populären Bewusstsein aller Völker der Gebrauch des Begriffs von Ursache und Wirkung; der erste Denker aber, der diesen Begriff genauer studierte, war Aristoteles, der die Gedanken Platon's systematisch zu redigiren versuchte. Aristoteles ordnete alle Kategorien, die wir von den Dingen prädiciren, und fand darunter die Ursache nicht. Er unterschied aber von den Kategorien das Subject, welches die Prädicate erhält,[426] und bestimmte dieses durch die vier Principien: Materie, Form, wirkende Ursache und Zweck.[427] Wenn | man seine Metaphysik genauer beurtheilt, so muss man sie als *199* ganz kindlich befinden; denn diese Principien sind ja von den übrigen Kategorien gar nicht verschieden, da die Bestimmungen von Eigenschaft (ποιόν), Zeit (ποτέ), Ort (ποῦ) u. s. w. und Ursache, Materie, Zweck und Form nur durch ein ihm selbst verborgenes Motiv von einander getrennt werden können, wesshalb z. B. auch Thun (ποιεῖν) und Leiden (πάσχειν),[428] welches doch die Causalität ausdrückt, unter die Kategorien gestellt und gleichwohl die Ursache nur der Substanz zugeschrieben wird, als wenn etwas Ursache sein könnte, ohne etwas zu thun.

Gleichwohl lässt sich das verborgene Motiv auffinden; denn die Kategorien sollen das Allgemeine der projectiv gedachten Anschauungsbilder sein, und wenn man nun die unkritische Denkweise beibehält, so drücken die Kategorien Thun und Leiden nur gewisse Erscheinungen von Bewegung aus, ohne dass Ursächlichkeit offenbar würde, die anderswoher hinzugedacht werden muss. Desshalb giebt der Befund der ersten Kategorienlehre ein Indicium, dass Aristoteles trotz seiner projectivischen und unkritischen Auffassung gewissermassen von der Wahrheit verborgen geleitet wurde.

Die modernen Empiriker dagegen nehmen blind und gedankenlos die Ursachen in die Erscheinungen selbst hinein, und es fällt ihnen niemals ein zu fragen, welche physikalischen und chemischen Eigenschaften denn diese angeblichen Ursachen hätten, von denen sie immer sprechen. Diejenigen Empiriker aber, welche als Positivisten von Kant geführt werden, ziehen allerdings die Ursachen aus der Natur zurück, geben sich aber ebensowenig, wie Kant, die geringste Mühe zu erklären, wiefern man überhaupt auf diese Kategorien gekommen wäre, die sie doch nicht entbehren können; denn es ist eitel Schein, wenn sie mit Kant behaupten, Ursache bedeute bloss die gesetzlich, d. h. allgemein formulirte zeitliche Aufeinanderfolge der Erscheinungen,[429] da sie doch z. B. durch die Theorien über die Lageverhältnisse der Atome oder durch die Wellentheorien die Nothwendigkeit der Erscheinungen ableiten, also die Ursache der Aufeinanderfolge erklären wollen und sich nicht mit der blossen Allgemeinheit der Thatsache begnügen.

Theorie.

Nach diesen historischen Erinnerungen, welche uns zeigen, dass die früheren Arbeiten sich nur in den Vorhöfen der Kritik zu thun gemacht haben, müssen wir nun in die eigentliche Wohnung und Werkstatt des Denkens selbst eintreten; denn sowohl in dem populären Bewusstsein als in der | *200* bisherigen Philosophie herrscht überall im Stillen ein Begriff von Ursache und Verursachung, von Thun und Leiden, der doch in dem Begriff einer blossen zeitlichen,

14 Ursächlichkeit] Ursachlichkeit *Ms und DA*

wenn auch gesetzmässigen Aufeinanderfolge von Erscheinungen keineswegs liegt, also erschlichen ist und eine Erklärung fordert.

Ich habe nun oben (S. 49 ff.) schon dargelegt, dass nur die Beachtung des in unserem Bewusstsein unmittelbar vorliegenden Coordinatensystems zwischen einer Vorstellung und dem dadurch ausgelösten Gefühl, wie der darauf erfolgenden Bewegung uns diejenige Kategorie erschliessen lässt, die wir Causalität nennen. Diese Ordnung unserer Functionen, wonach keine Bewegung erfolgt ohne Gefühl oder Willensakt und kein Willensakt ohne Vorstellung, nennen wir den Causalzusammenhang und übertragen diese uns durch die einfachste und gewöhnlichste Beobachtung ganz bekannte Coordination auf die Wesen, mit denen wir in Verkehr treten, und dann überhaupt auf die ganze Natur mit allen ihren Erscheinungen.

Hier habe ich nur hinzuzufügen, dass diese Coordination nicht denkbar wäre ohne das Ich, welches die Zusammengehörigkeit der Functionen erklärt; denn, sobald wir das Ich wegliessen, so wäre nicht mehr ersichtlich, wo die Vorstellung, z. B. die einer Frucht oder eines wilden Thieres, das zugehörige Gefühl, also z. B. die Esslust oder die Furcht, finden könnte, damit sich beide coordinirten; denn wo sind etwa die Gefühle sonst in der Welt vorhanden? und wie könnte man, wenn sie irgend wo steckten, sie aus dem Chaos der übrigen Dinge heraussondern? Dieselbe Schwierigkeit bestände für die zugehörigen Bewegungen. Also ist die Erklärung der Coordination an die Voraussetzung eines Ichs gebunden, welches vorstellt, fühlt und bewegt, und in welchem diese Functionen ebensowohl einheitlich zusammengehören, wie sie untereinander verschiedenartig und getrennt sind. Darum darf man strenggenommen nicht sagen, dass die Vorstellung eines wilden Thieres die Bewegung des Fliehens verursacht oder, dass das Gefühl bewegt oder die Vorstellung das Gefühl hervorbringt; denn jede Function ist nur das, was sie ist, und bringt nichts anderes hervor als sich selbst; hat doch keine Function mit der anderen das Mindeste gemein! Und es ist daher richtig, wenn *Des Cartes* und seine Nachfolger den Einfluss einer Vorstellung auf die Naturerscheinungen draussen und auch auf unseren Leib rundwegs ableugneten, und *Lotze* hat Unrecht, dies dennoch für | *201* möglich zu halten.[430] Richtig ist auch die Reserve der Positivisten, wenn sie bloss die zeitliche Abfolge der Erscheinungen gesetzlich regeln wollen, ohne einen Blick in's Innere der Natur sich zuzutrauen. Denn der ganze Zusammenhang der Functionen kann ja nur durch das Ich gestiftet werden, ohne welches der in unserem Bewusstsein vorgestellte Bau der Welt in zusammenhangslose Atome zerstäubt. Mithin ist der Begriff der Ursache im Ich zu suchen, welches bei der Vorstellung von a dies oder das Gefühl erlebt und darauf diese oder jene bestimmte Bewegung hervorbringt. Diese Bewegung ist die *Wirkung*, das so oder so von Vorstellung und Gefühl bestimmte Ich ist die *Ursache*. Da nun das Ich immer erst etwas vorstellen und wollen muss, ehe es wirken, d. h. bewegen kann, so liegt in diesen Coordinaten der Begriff des Gesetzes, den man sehr richtig für den Causalzusammenhang gefordert hat, ohne ihn doch erklären zu können. Denn nicht, weil unsere Vernunft Allgemeinheit verlangt, drücken wir die Abfolge der Erscheinungen gesetzlich aus; vielmehr wissen wir, eben weil wir Vernunft haben, gar nicht von vornherein, ob die Erscheinungen eine Gleichförmigkeit und Allgemeinheit zeigen werden, und erwarten diese Entdeckung besonnener Weise erst durch die Erfahrung. Wir erkennen aber, dass unsere Bewegungsfunction immer erst durch Vorstellungen und Gefühle ausgelöst wird, und sehen darum das Ich als Ursache an ein Gesetz gebunden, welches selbst nicht Ursache, sondern nur Grund für die Verursachung ist, denn da wir uns selbst bewusst sind, so können wir die Vorstellungen und Gefühle erkennen und sehr bald die bestimmten und allgemeinen Formen der Coordination finden. Diese gefundenen Coordinatensysteme sehen wir dann überall verificirt, sobald wir im Verkehr mit gleichartigen Wesen sie auch bei diesen zur Erklärung ihrer Handlungen und Bewegungen voraussetzen und erproben, und so befestigt sich uns die Ueberzeugung von einer causalen Ordnung in der Welt. Schwierigkeiten entstehen erst, wenn wir zu den übrigen Sphären der Natur übergehen, welche kein Seelenleben verrathen. Desshalb ist für diese Sphäre die Rathlosigkeit so gross, weil man kein Inneres der Natur zu Gesicht bekommt,[431] und daher wird die blosse Beachtung regelmässiger Aufeinanderfolgen vorsichtig angerathen. Allein da auch dieser letztere Begriff doch immer im Geheimen die Causalität voraussetzt, so müssen wir dem Ich entsprechend auch in der ganzen Natur überall individuelle Wesen, Atome, Monaden, | Henaden, Einheiten, Kraftmittelpunkte, oder wie man es nennen wolle, annehmen, d. h. Analoga für unser Ich, um einen Zusammenhang der Erscheinungen vernünftig zu erklären. Nur können wir ihre Functionen selbst niemals wahrnehmen, sondern müssen sie aus den Empfindungen in unserem eigenen Bewusstsein, die uns in dem Verkehr mit ihnen entspringen, erschliessen, so dass die gesammte Naturwissenschaft nothwendig eine blosse Zeichensprache ist, indem für eine Empfindung in uns, für einen Ton, eine Farbe u. s. w. immer ein Correlat ausser uns angenommen wird, dem bei jeder zusammengehörigen neuen Empfindung wieder ein Correlat als zugehörig gesetzt wird. Dies habe ich in meiner Metaphysik schon dargelegt und beziehe mich darauf.[432] Ich schliesse desshalb hier nur, dass uns die Causalzusammenhänge durch das Ich allein verständlich werden und dass es sinnlos ist, von Ursache und Wirkung zu sprechen, wenn man kein Ich annehmen will. Von uns selbst, wo Alles im Bewusstsein klar ist, geht die Erkenntniss der Natur aus; denn Nichts ist uns näher, als wir selbst, da wir die ganze Natur erst uns gegenüber erhalten, wenn wir unsere Anschauungen projiciren oder sie aus unseren Begriffen erschliessen. In uns ist aber Alles verständlich; z. B.: Durch welche Ursache verschwand die Frucht, die hier hing? Weil jener Knabe sie brach und verzehrte. Diese seine Handlungen waren verursacht von seinem Ich, ohne welches keine Handlung geschieht. Warum aber that der Knabe das? Weil er die Frucht sah und Hunger hatte. Die Vorstellung also und das Gefühl enthalten den Grund oder das Gesetz für die Bewegungen. Nach solchen einfachen, klaren und deutlichen Analogien erklären die Naturforscher Alles in der Natur; denn immer wird eine Erscheinung als Wirkung aufgefasst, für welche zunächst als Ursache ein Körper (ein Atomencomplex irgend welcher Art) einstehen muss, der sie hervorgebracht hat. Dieser Körper aber konnte nur wirken nach einem Gesetze, und dieses wird wieder durch eine Formel, welche die Beziehungen zwischen gewissen Erscheinungen allgemein ausdrückt, angegeben, da der Körper erfahrungsmässig zu seiner Wirkung an diese Coordination gebunden ist.

Selbsterkenntniss in den Definitionen der Kategorien: Macht, Kunst, Gebrauchen, Zweck, Gut, Tendenz, Begehrung, das Nöthige, Mittel, das Nützliche, Herrschen, Gehorchen, Hinderniss, Misserfolg, Uebel, frei und unfrei.

Der Begriff der Ursache zieht eine Reihe anderer Coordinationen nach sich. Sofern das Ich nämlich als Ursache die Wirkung nicht ausübt, sondern sich die Wirkung bloss vorstellt, schreibt es
203 sich Macht zu. | In diesem Begriff wird die Causalität also bloss ideell gesetzt, d. h. bloss in der Erkenntnissfunction gedacht. Demgemäss muss die Macht die Quantitätsbestimmungen aufnehmen und mehr oder weniger gross gedacht werden, jenachdem mehr oder weniger Wirkungen vom Ich abhängen. Sobald man den Beziehungspunkt als terminus relationis[433] ändert und an die Wirkungen denkt, spricht man nicht von Macht, sondern vom Können oder von Kunst; den Unterschied des gewöhnlichen Könnens, der Geschicklichkeit, der industriellen und der schönen Kunst will ich hier aber nicht weiter im Einzelnen verfolgen.

Sobald nun das seine Macht erkennende Ich zu einer Wirkung übergeht, so ist dies nicht mehr eine einfache Bewegung, sondern ein Gebrauchen, sofern die Bewegung und ihre Vermittelung schon vorgestellt war und desshalb auch die Realisirung hätte unterlassen werden können. Man nimmt die Ausdrücke zwar häufig nicht so genau, sondern spricht auch von der Macht der Schönheit über die Gemüther und lässt den Eber seinen Rüssel zum Graben gebrauchen; allein strenggenommen sind beide Begriffe an die Erkenntniss gebunden und werden desshalb in so weit hier nur metaphorisch verwendet, als die Schöne etwa nicht weiss, dass sie die Herzen bezwingen kann und sofern die Thiere überhaupt keine Selbsterkenntniss besitzen.

Da nun die Bewegungen, wie oben ausgeführt, vielfach vermittelt sind, so wird auch diese Abhängigkeit und Ordnung derselben untereinander zur Erkenntniss kommen. Dadurch entstehen neue Kategorien. Der ideelle Inhalt der Vorstellung nämlich wird auf das Gefühl bezogen und desshalb als gewollt oder nicht gewollt bezeichnet. Sofern er nun gewollt, d. h. mit derartigem Beifall des Gefühls vorgestellt wird, dass demgemäss das Ich seine Macht gebraucht, nennen wir ihn einen Zweck und ein Gut, einen Zweck nämlich in Beziehung auf die in Gebrauch genommene Bewegung, als deren Resultat er vorgestellt war, ein Gut aber in Beziehung auf das Gefühl des Beifalls, welches die Bewegung veranlasste. Wenn wir die Bewegung als eine mehrfach vermittelte auffassen, so dass das Resultat zeitlich von dem Anfang getrennt wird, so nennen wir die Bewegung eine Tendenz und eine Begehrung, und zwar Tendenz bloss in Beziehung auf das Verhältniss der Bewegung zu ihrem noch nicht erreichten | Zwecke, Begehrung aber in Beziehung auf das die Bewegung hervorrufende Gefühl. 204

Sofern nun die Bewegungen complicirt sind, so entsteht eine Abhängigkeit der einen von der anderen in Bezug auf die bestimmte Ordnung des Geschehens. Die bedingenden Bewegungen, welche alle dem Resultate vorhergehen, nennen wir das Nöthige, die Mittel und das Nützliche, und zwar das Nöthige mit Rücksicht auf die Unmöglichkeit, die Ordnung der Reihenfolge zu ändern und etwa mit Auslassung einer zwischenliegenden Bewegung dennoch zu dem Resultate zu kommen, das Mittel aber, sofern die Bewegungscoordination vorgestellt und also ideell auf den Zweck bezogen wird, das Nützliche endlich, sofern wir dies Mittel auf das Gefühl beziehen, d. h. sofern wir das Mittel wegen seines Verhältnisses zu dem Zwecke ebenfalls mit Beifall betrachten, d. h. bedingungsweise wollen.

Da sich nun das Ich in Verkehr mit anderen Wesen befindet, so können zwar das Ich und ebenso alle die mit einander verkehrenden Wesen nicht nach der Seite ihrer Substanzialität im Causalverhältniss stehen, weil die Substanz die Voraussetzung aller Zeit und alles Geschehens bildet, wohl aber wird jedes Wesen, indem es seine eigenen Functionen ausübt, dadurch auch eine coordinirte Bewegung der übrigen Wesen vermitteln. Indem wir nun diese Beziehungen erkennen, entstehen im Erkenntnissvermögen die zugeordneten Kategorien, für die wir die entsprechenden Benennungen in der Sprache mehr oder weniger fest ausgeprägt finden. Sofern wir nämlich unsre Macht gebrauchen und dadurch andre Wesen zu coordinirten Functionen veranlassen, nennen wir dies Herrschen und nach der anderen Seite Gehorchen, wobei nicht bloss auf die Macht, sondern zugleich auf die Selbständigkeit der Wesen hingeblickt wird; denn bei der Macht sieht man auf die Wirkung, bei dem Begriffe des Herrschens aber auf die Subjecte, die trotz ihrer Substanzialität in den Bereich der Macht fallen und ihre Functionen unserem Willen gemäss ausüben müssen. In eigentlichem Sinne wird die Benennung Herrschen und Gehorchen nur auf Wesen und sogar nur auf intelligente Wesen bezogen, welche eine Erkenntniss dieser Beziehungen haben, metaphorisch aber sowohl auf nicht-intelligente Wesen in Beziehung zu intelligenten und untereinander ausgedehnt, als auch auf die Beziehung des Ichs zu seinen Functionen und auf die Functionen unter|einander, sofern jedesmal das Eine im Verhältniss zu dem Anderen als etwas Anderes betrachtet wird. 205

Demgemäss wird, weil die Wesen, die in Verkehr mit einander treten, an sich selbständig und ihre Functionen perspectivisch nach dem eigenen Ich geordnet sind, nothwendig auch eine Einschränkung der Macht des Einen über das Andre erfolgen müssen. Dadurch entsteht der Begriff des Hindernisses, welcher auch auf das Verhältniss der Functionen untereinander in demselben Wesen ausgedehnt wird. Der Begriff der Verhinderung erklärt sich daher durch die Mehrheit von Wesen, von denen ein jedes seine eigene Ordnung von Functionen besitzt; denn da diese Ordnungen nicht von demselben Mittelpunkt aus entwickelt sind, so werden sie auch nicht überall in Coordination mit einander stehen, so dass die Abfolge derselben in Beziehung auf die Macht, welche sie auslösen sollte, verhindert wird. Da nun das Resultat der eingeleiteten Bewegung nicht hervorkommt, so entsteht ein Misserfolg, sofern das Resultat mit dem leitenden Zweck verglichen wird, und man nennt denselben ein Uebel, sofern wir denselben mit dem auf den Zweck bezogenen Gefühl oder Willen in Beziehung setzen. Das handelnde Ich selbst aber wird in dieser Rücksicht unfrei genannt, frei hingegen, sofern der Erfolg dem Zwecke entspricht und kein Hinderniss das System der in Gang gesetzten Bewegungen einschränkt.

Alle diese Kategorien bieten ebensoviele Confirmationen für das Ichbewusstsein, da keine einzige derselben begreiflich und ableitbar wäre ohne Voraussetzung eines substanzialen Ichs. Darum sind alle Definitionen, die man etwa früher von diesen Kategorien gegeben hat, elliptisch, weil die Beziehung auf das Ich stillschweigend hinzugedacht wurde. Indem das Ich als das einzige Wesen, welches erkennt, diese seine Verhältnisse in den dargelegten Kategorien auffasst, vermehrt sich nothwendig zugleich seine Selbsterkenntniss, da nun das einfache Ichbewusstsein durch die Erkenntnissfunction mit allen diesen Beziehungen in Coordination gesetzt wird. Das Ichbewusstsein selbst wird dadurch zwar nicht im Mindesten erweitert oder verändert, weil eine solche Vorstellung überhaupt archaisch ist und den antiken Begriff einer sich entwickelnden Materie voraussetzt; es tritt aber zu dem identischen und unveränderlichen Ichbewusstsein jene Erkenntniss hinzu, so dass nun das Ich sowohl seiner bewusst ist, als auch durch die angegebenen Kategorien sich in seinen Beziehungen erkennt.

23 da] indem *Ms*

## | 9. Leib, Seele und Aussenwelt. 206

Es ist gar nicht wunderbar, dass die bisherige Wissenschaft nicht im Stande war, zu definiren was Leib, Seele und Aussenwelt sei; denn es fehlten dazu noch die erforderlichen Kategorien. Obgleich diese Betrachtungen zur Naturphilosophie gehören und daher hier nicht ausführlich entwickelt werden dürfen, so ist es doch interessant, wenigstens so viel davon zum Ausdruck zu bringen, dass sich die Fruchtbarkeit der oben definirten Kategorien erkennen lasse.

Alle früheren Versuche, das Wesen des Leibes zu definiren, gingen von dem Anschauungsbilde aus, welches wir in vulgärem Bewusstsein unseren Leib nennen. Da dieses Bild nun eine complicirte Vorstellungsgruppe ausmacht, so kehrte man die darin enthaltenen drei Elemente hervor, nämlich 1) den metaphysischen Bestandtheil, 2) die wissenschaftlichen Bemerkungen, 3) die Beziehung der ganzen Gruppe zu dem übrigen Bewusstsein. Alles dies musste aber ungenügend sein, weil man das Wesen der Beziehungspunkte des Anschauungsbildes nicht suchte und darum nicht begriff. Wir wollen dies im Einzelnen nachweisen.

1. Die metaphysische Definition.

Der natürliche und noch nicht kritisch gebildete Geist projicirt sofort seine Anschauungsbilder nach aussen und betrachtet sie nach Analogie mit seinem Ich. Dies ist die metaphysische Auffassung. Dadurch wird nun das Anschauungsbild Leib ein äusseres Wesen, Körper genannt, welches aus verschiedenen Gliedern besteht, bestimmte Grösse und Zeitdauer hat und in mannichfaltigen Beziehungen zu den übrigen Anschauungsbildern, welche die äussere Welt heissen, lebt. Die Schwierigkeiten für diese empirische Metaphysik bestehen nun darin, dass der Leib *Eins* erscheint und doch *Vieles* ist, dass seine Bestandtheile im Stoffwechsel immer *andere* werden und doch *dasselbe* bleiben sollen, drittens dass die *Gränze* gegen die übrige Aussenwelt nicht bestimmt werden kann, da z. B. die Luft in die Lungen hineinragt, die Faeces[434] sich im Innern des Leibes befinden und so auch alle Bestandtheile des regressiven Werdens,[435] wesshalb *Aussen* und *Innen* nicht gesondert ist. Ausserdem zeigt dann die kritische Betrachtung, dass diese ganze Metaphysik eine Illusion ist, da Körper, Raum, Zeit u. s. w. nur in unserer Vorstellung existiren.

2. Die wissenschaftliche Betrachtung.

Giebt man nun diese Metaphysik auf, so bleibt dem Positivisten nur die Be|trachtung der einzelnen Erscheinungen in dem ganzen 207
Anschauungsbild nach ihren wissenschaftlich erkennbaren Geset-

1 Leib … Aussenwelt] *Im Ms tiefste Überschriftenebene, vom Hg. der DA sinnvollerweise hochgestuft zu einem eigenen Unterkapitel. Die Unterüberschriften in diesem Abschnitt (*1. Die metaphysische Definition … Neue Definition*), die im Ms unterstrichene Absatzanfänge bildeten, wurden in der DA inkonsequenterweise nicht hochgestuft; hier aber wohl.*

zen. Man versucht also die Vorgänge des Lebens physikalisch, chemisch und physiologisch, ontogenetisch und phylogenetisch[436] zu erklären und versteht desshalb unter Leib den einheitlichen Zusammenhang aller der nach solchen Gesetzen bestimmten Erscheinungen, was man auch Organismus nennt. Es ist einerlei, ob man den Personaltheil von dem Germinaltheile scheidet,[437] oder nicht; jedenfalls ist man bei dieser ganzen Betrachtungsweise von der Schwierigkeit gedrückt, dass, wenn man nur unsere wissenschaftlichen Formen als Definition des Leibes angiebt, das metaphysische Wesen des Leibes ganz unbestimmt bleibt; denn das Sein fehlt bei dieser Betrachtung. Niemand aber lässt sich dies bestreiten, dass der Leib wirklich existirt, und man will wissen, wie die Wesen, aus denen er besteht, beschaffen sind, und warum sie solche Functionen ausüben, die in jenen anatomischen und physiologischen Begriffen beschrieben werden. Auch müssen alle naturwissenschaftlichen Erklärungen nothwendig immer das Verhältniss der organischen Erscheinungen zu der Aussenwelt hinzunehmen, so dass z. B. der Luftdruck, die Nahrung, die Wärme, das Licht u. s. w. wesentlich mit zur Definition des Organismus gehören und mithin die Gränze des Individuums nicht festgestellt werden kann.

3. Die psychologische Verhältnissbestimmung.

Wenn man aber die naive metaphysische Projection aufgiebt und auch an der blossen wissenschaftlichen Zusammenfassung unserer Bemerkungen über die Erscheinungen nicht genug hat, so bleibt nichts übrig, als das Verhältniss des gegebenen Anschauungsbildes zu unserem übrigen Seelenleben zu untersuchen. Nun findet sich, dass das Anschauungsbild, welches wir unseren Leib nennen, variabel ist und zwar in genauer Zuordnung zu unseren Gefühlen (Wollungen) und zu gewissen damit verknüpften Vorstellungen, dass es aber mit dem ideellen Inhalt der übrigen Vorstellungen nichts zu thun hat. Man findet also die psychische Coordinate für das Anschauungsbild und definirt es daher durch dies Verhältniss. Möge man nun diese Coordinate Lebensprincip, Seele, Wille oder sonstwie nennen und die Coordination entweder durch die Causalität oder bloss ästhetisch bezeichnen, so muss sich immer ergeben, dass der Leib als die Erscheinung der Seele, als Incarnation des Willens, als die Aeusserung des Innenlebens, als Symbol der Idee u. s. w. aufgefasst werde.

*208* | Allein da diese Definition bloss die psychologische Beziehung angiebt, so fehlt dabei sowohl das metaphysische als das wissenschaftliche Element, und man sieht weder, ob die Erscheinung aus gewissen selbständigen Wesen besteht und warum diese sich veranlasst finden, gerade den Willen oder die Seele abzuspiegeln, noch versteht man dadurch etwa die Gesetze, nach denen das organische Leben geregelt ist. Mithin ist diese psychologische Bemerkung zwar ebenso wichtig, wie die beiden anderen, aber auch ebenso unzureichend, uns das Wesen des Leibes zu erklären.

Neue Definition.

Alles was man sonst an Definitionen noch vorfinden sollte, besteht in Mischungen dieser drei angegebenen cardinalen Gesichtspunkte, unter welche jedes Anschauungsbild fallen muss; denn jedes wird entweder metaphysisch projicirt, oder nach seiner Form wissenschaftlich bestimmt, oder nach seinen Beziehungen zu dem übrigen Seelenleben betrachtet. Wenn man z. B. Körper und Leib unterscheidet, wie Einige thun, so denkt man bei Körper an die projicirten selbständigen Wesen, bei Leib an die Erscheinung der Psyche. Auch die Aristotelische Auffassung der Entelechie, wonach Leib und Seele, wie die convexe und concave Seite der Kreislinie, zusammengehören und die Seele die innere Seite, der Leib die äussere und sinnenfällige sein soll,[438] bringt keinen anderen Gesichtspunkt; denn auch das Causalverhältniss bleibt nothwendig dunkel, da einerseits die Seele als Entelechie erst den Leib als ihre Erscheinung produciren, andererseits der Leib die Seele als seine Vollendung in der Zeit actualisiren soll. Auch das ewige Thier Leibnitzens[439] bleibt theils bloss ein unklares Ideenassociationsproduct aus seiner mikroskopischen Anschauung der Spermatozoen,[440] theils analysirt es sich nach den obigen Gesichtspunkten, da die ewig mit der Psyche verbundene Materie die metaphysische Auffassung zeigt und die Vergrösserung dieser Materie durch Wachsthum den Gesichtspunkt der Erscheinung des Verborgenen hinzunimmt.

Kurz, wenn nicht ein neuer Standpunkt entdeckt wird, so muss man immer in den angegebenen Wegen laufen, um über Seele und Leib und Aussenwelt etwas zu denken. Der neue Standpunkt ruht aber darauf, dass jetzt (S. 71 ff.) zum ersten Male das Wesen der Empfindung selbst erkannt worden ist; denn unsere bewegenden Functionen, sofern sie bewusst werden, heissen Empfindungen. Da nun alle Anschauungsbilder Vorstellungen enthalten, die auf Empfindungen bezogen sind, so müssen auch alle | Anschauungsbilder ihre Beziehungspunkte in unseren Bewegungsfunctionen haben, und also ein Verkehr mit der äusseren Welt, d. h. mit den anderen Wesen zu Stande kommen. Dies ist daher die erste Bestimmung. 209

Was ist denn gross Neues in dieser Bestimmung, möchte man nun fragen; man wusste ja längst, dass Anschauungen auf Empfindungen zurückgehen, und die Gleichung zwischen Bewegung und Empfindung scheint doch, wenn sie auch richtig ist, eine für unsere Frage nur nebensächliche Bedeutung zu haben. Weit gefehlt; denn in dieser Gleichung liegt die Lösung aller früheren Schwierigkeiten.

Die Bewegungen nämlich sind, wie oben dargelegt, alle mit einander coordinirt und zugleich nur in Wechselwirkung mit anderen Wesen möglich. Ihre Eintheilung aber beruht darauf, dass die eine Gruppe durch den Verkehr mit anderen Wesen unmittelbar entspringt, die andre Gruppe, aber durch Vorstellungen und zugeordnete Gefühle ausgelöst wird. Alle Bewegungen sind aber zweitens entweder Akte oder lebendige Kräfte. Wenn wir diese Eintheilungen voranschicken, so können wir nun den Leib definiren, ohne auf das projectivische Anschauungsbild und die blossen Erscheinungen und die Symbolik zurückzugehen; vielmehr ergreifen wir mit Energie die Wirklichkeit selbst, die kein blosses Zeichen und Spiegelbild ist, und definiren den Leib als das Coordinatensystem der lebendigen Kräfte der bewegenden Function des Ichs. Hierdurch sind die früheren Schwierigkeiten überwunden, was gleich in's Auge fallen wird, wenn wir noch die Ergänzung hinzunehmen, die wegen des allgemeinen Begriffs der Bewegung erforderlich ist, nämlich: sofern dieses System durch die Functionen beherrschter anderer Wesen sich in Wirklichkeit erhält.

Nun wollen wir die Früchte der neuen Definition pflücken; denn erstens ist jetzt die Gränze des Leibes genau abgesteckt, da er nur soweit reicht, als beherrschte andre Wesen in dem regelmässigen Dienste des Systemes arbeiten. Mithin gehören alle Ausscheidungsproducte, alles was nicht histologisch bestimmt ist,[441] alle krankhaften Processe und alle äusseren Lebensbedingungen nicht mit zum Leibe.

Zweitens ist der Unterschied von Innen und Aussen, der nur für die kindlich projectivische Auffassung Geltung hat, aufgehoben; denn z. B. die durch Gährung *210* entstandenen Gase in | dem Verdauungstractus, die Helminthen[442] und andere Parasiten im sogenannten Inneren des Leibes sind ebenso äusserlich, wie z. B. die sogenannte äussere Hitze und Kälte und wie die Carbolsäure des Tabacksdampfes,[443] den wir athmen.

Drittens ist der Unterschied von Leib und Körper, den man suchte, jetzt erst verständlich; denn zu unserem Leibe können nicht fremde Körper gehören, sondern nur fremde in unserem Dienste stehende fleissige Arbeiter. In demselben Augenblicke, wo sie durch irgendwelche fremde Ursache aufhören, der Initiative unserer Bewegungsfunction zu folgen, sind sie ausserhalb des Leibes stehende Körper und treten, sofern sie nicht von selbst ausgeschieden werden, in zerstörenden Kampf mit dem Ich, indem sie entweder eine locale oder allgemeine, acute oder chronische Krankheit herbeiführen, oder überhaupt das ganze System in Stillstand setzen.

Hierdurch ist desshalb auch der Stoffwechsel begreiflich, da jedes Wesen seinen eigenen dem Ich analogen einheitlichen Mittelpunkt hat und daher nur vorübergehend in Coordination mit anderen Wesen stehen kann. Denn ebenso wie eine Unterhaltung mit einem anderen Menschen nicht ewig dauert, ebenso wenig kann irgend eine leibliche Bewegungsfunction unaufhörlich sein. Mithin muss der allgemeinen Ordnung gemäss ein andres Wesen an die Reihe kommen und das frühere zu andren Functionen übergehen, die von seinem Mittelpunkte aus bestimmt, von unseren lebendigen Kräften aber nicht mehr beherrscht sind. Mithin arbeitet jedes

1 Wenn] – Wenn *Ms*

fremde Wesen als Theil unseres Gewebes nur eine bestimmte Zeit und scheidet dann, belohnt durch die in ihm ausgelöste Function, aus, um im Verkehr mit anderen Wesen die gleiche Förderung zu erhalten, wie andrerseits neue Wesen wieder in Verkehr mit unserem Functionssysteme treten. Hierdurch löst sich also die Schwierigkeit, dass der Leib Eins und Vieles, Dasselbe und Anderes zu sein scheint; denn er ist Eins und Dasselbe durch das bleibende Coordinatensystem der lebendigen Kräfte unserer bewegenden Function, Vieles aber und Anderes durch die beherrschten fremden Arbeiter in unserem Haushalte. Ebenso fällt die Schwierigkeit, als ob der Körper im Raum und in der Zeit sei, da diese Kategorien doch nur ideelle Ordnungsformen bilden und die Wesen vielmehr alle ebenso raumlose und zeitlose Einheiten sind wie unser Ich, so dass dieser ganze Ver|kehr nur als zeitlich und *211* räumlich vorgestellt wird, in Wahrheit aber metaphysisch und also reell ist.

Die naturwissenschaftliche Untersuchung der Erscheinungen bleibt bei unserer neuen Auffassung völlig gewahrt, da es für diese ja einerlei sein soll, welche Metaphysik angenommen wird. Sofern dies aber in Wahrheit nicht einerlei ist, so empfängt die Naturforschung vielmehr neue Gesichtspunkte zur Deutung der Erscheinungen; denn sie ist ihrem Ursprung nach eine semiotische Erkenntniss.

Die psychologische Auffassung von Leib und Seele als Wesen und Erscheinung, die sich überall geltend macht und doch überall zurückgewiesen wird, muss aber in eine neue Bahn eintreten; denn als Wesen darf nicht mehr die ganze Seele gelten, sondern nur das Coordinatensystem der lebendigen Kräfte der Bewegungsfunction und als Erscheinung nicht mehr die jeweilige Summe der äusseren Wesen, die von unserem Ich beherrscht werden, sondern nur das Anschauungsbild, welches in der Vorstellung davon entworfen wird. Desshalb müssen auch die von Motiven geleiteten Bewegungen sich abspiegeln in dem Anschauungsbilde, und es bleibt daher eine allgemeine Physiognomik eine nothwendige Aufgabe der Wissenschaft und Grundlage der schönen Künste, obgleich die aus dem falschen Idealismus stammende ganz unklare und unbegründete Lehre von Wesen und Erscheinung zu verwerfen ist.

Endlich fallen auch die Aristotelischen, Leibnitzischen und Kantischen Auffassungen; denn die Seele ist nicht Entelechie des Leibes als ihrer Potenz,[444] sondern steht in Wechselwirkung mit äusseren Wesen, die sie als bewegende Ursache beherrscht, um dadurch zugleich ihr eigenes Functionssystem zu erhalten. Sie ist also nicht die Idee oder Form fremder Körper oder Wesen. Um diese idealistische Vorstellung, die bei Platon, Aristoteles und allen modernen Idealisten bis auf Hegel und seine Nachfolger hin herrscht, in ihrer Haltlosigkeit aufzuzeigen, müssen wir die Geschichte der Begriffe überblicken. Man ging nämlich in der archaischen Philosophie von einer Materie aus, die man sich möglichst qualitätslos dachte, wie die Luft. Diese versetzte man nun in Bewegung, wodurch ein Mehr und Minder, Verdichtung und Verdünnung der einzelnen Theile entstand. Dadurch erhielt das Ganze eine Figur (ἰδέα), nämlich Unterschiede (διαφορά), welche Gränzen (ὅρος) bezeichnen. 212 Nun bedurfte man eines Sub|jectes, welches dieses Object wahrnimmt. Dieses Subject musste aber dieselbe Configuration und Differenziirung der Materie in seinen Sinnesorganen haben, weil Gleiches nur durch Gleiches erkannt werden könnte. Daher entstand die Forderung, dieses Subject nicht mehr ausserhalb des Objects anzunehmen, sondern, wenn aus dem ungeordneten und potentiellen Zustande sich die Form (εἶδος, ἰδέα, λόγος)[445] der Materie gebildet hat, diese Form sich selbst erblicken, sich selbst bewusst werden zu lassen. Dies ist nun der Akt oder die Entelechie des physisch organischen Leibes, d. h. die Seele. Dass zur Herstellung des Aktes äussere Ursachen, Sinneserregungen von einem mit derselben Form versehenen Körper nothwendig wären, worauf ausser der Perception auch die ganze Generation beruht, ist hier nebensächlich, da zuletzt an Einem Punkte die Selbsterkennung eintreten musste, wodurch das Viele der Materie nun zu dem Einen der bewusstgewordenen Form zusammenging. — Diese ganze Lehre des Idealismus beruht also auf der Illusion der Materie, auf der Projection unserer geometrischen Ordnungsformen und lässt daher die Einheit der Entelechie über den vielen Theilen schweben, die dadurch zusammengefasst werden. Wenn man diese Vorstellungsweise exact bestimmt, so wird man sofort den letzten Grund der Täuschung durchschauen. Der Idealismus ist nämlich die intellectualistische Einseitigkeit der Metaphysik. Wenn man also vom Erkennen ausgeht, so müssen sich die idealistischen Vorstellungsweisen immer leicht ableiten lassen, wie es hier z. B. der Fall ist; denn jeder Begriff als Einheit blickt auf die Vielheit seiner Beziehungspunkte hin, die er ausser sich lässt und doch zusammenfasst. So fasst der Begriff Quadrat alle die Seiten und Winkel, ihre Gleichheit und Ordnung zusammen und ist ihr Wesen, ohne mit ihnen als dem Realen identisch zu sein; so ist es mit jedem Begriff. Wir erkennen daher leicht, dass die idealistische Vorstellung von Leib und Seele, oder von dem Dynamischen und der Entelechie einseitig aus dem Vorbilde der Denkprocesse sich entwickelte und desshalb für jede höhere Metaphysik völlig unbrauchbar ist. Es muss nämlich bei dem Idealismus immer das Subject fehlen, welches den Begriff der erscheinenden Vielheit zusammenfasst; denn da die Vielheit der Theile des Leibes im Stoffwechsel offenbar wird, so ist die Einheit unerfindlich, weil der Idealist dafür keinen realen Träger annehmen kann. Also sieht man bis zum Greifen deutlich, dass 213 diese idealistische Auffassung bloss | das logische Verhältniss des Begriffs zu seinen Beziehungspunkten oder des idealen Wesens zu den in der Einbildungskraft gegebenen Erscheinungen ausdrückt und daher nicht die geringste Erklärung des Verhältnisses von Leib und Seele gewähren kann.

Ebenso vergeblich ist die Leibnitzische Maschine, die in ihren kleinsten Theilen noch Maschine ist,[446] oder der Kantische Organismus, in dem jeder Theil Mittel und Zweck zugleich ist.[447] Denn diese beiden Auffassungsweisen denken immer an die Theile, d. h. an die sogenannten körperlichen Wesen, aus denen der Leib besteht. Nun ist doch aber augenfällig genug, dass die Luft, die wir athmen, und die Früchte und das Fleisch, das wir essen, wie das Wasser oder der Wein, den wir trinken, sich sofort in unsre Gewebe verwandeln und nach einiger Zeit im Stoffwechsel wieder ausgeschieden werden. Wie sollte man desshalb glauben, dass diese fremden körperlichen Wesen so viel Verstand besässen, um sofort in uns Mittel und Zweck zugleich zu erkennen und sich darnach zu benehmen, so dass sie eine in unendlich viele Maschinen zerfallende Maschine bildeten! Die Theile sind vielmehr, wenn sie den Leib verlassen haben, wieder so einfältig wie vorher, verbinden sich zu Kohlensäure, Wasser und anderen elementären Verbindungen, und es fällt ihnen gar nicht mehr ein, menschliche Gewebe zu produciren.

Darum lehre ich einen neuen Weg. Das Wesen des Leibes besteht nicht in den Theilen, d. h. in den Wesen, mit denen wir durch den Stoffwechsel in Verkehr treten, sondern in dem Bewegungsfunctionssystem des Ichs und gehört also dem Ich oder der Seele selbst an; d. h. der Leib ist eine technische Leistung und setzt eine erworbene Kunst voraus. Man denke sich z. B. Rubinstein oder v. Bülow[448] an einen Flügel treten und spielen. Die ganze hörbare Wirklichkeit des Spiels ist dann mit dem Leben des Leibes zu vergleichen; das dies Leben hervorrufende Princip ist aber nur die Kunst in dem Musiker, die schon vorher in ihm vorhanden war und nachher bleibt. Diese Kunst ist aber nach und nach erworben, und so muss auch für die Seele eine Vorgeschichte postulirt werden, wodurch die naturphilosophischen Descendenztheorien zu ihrem Rechte kommen, nur nicht in der äusserlichen, die ganze Gattung betreffenden Art, wie sie Darwin und seine Anhänger vertreten, sondern mit Bezug auf jedes Individuum; denn aller Fortschritt und alle Entwickelung kann nur durch die zeitlosen Individuen personalistisch vermittelt werden | und 214
nicht durch eine äusserliche Geschichte der Gesammtheit, welche vielmehr nirgends einen histologischen und biologischen Fortschritt, sondern nur accidentelle Veränderungen zeigt.

Da der Leib aus immer wechselnden, sogenannten körperlichen Wesen besteht, so können nicht diese, sondern nur die über sie herrschende ökonomische Technik des Ichs das Wesen des Leibes bilden. Diese Technik ist aber natürlich ebensowenig bewusst absichtlich, wie unser Lesen und Gehen, Clavierspielen und Schwimmen u. s. w., welches alles rein mechanisch wird. Und es ist desshalb komisch, wenn man von projectivischem und kindlichem Standpunkte z. B. den Nesterbau und die Spinnweberei und das Bebrüten u. s. w. als etwas Besonderes anstaunt, weil diese Vorgänge sich nicht innerhalb des Leibes ereignen, während all dieses doch völlig gleichartig mit der Herz- und Athmungsbewegung und aller innerleiblichen Gewebebildung ist und gar keinen anderen Instinct zur Erklärung braucht, als die allgemeine technische Ausrüstung der Seele, die sie im Verkehr mit den Dingen allmählich erworben hat.

Demgemäss ist auch Krankheit und Tod zu deuten. Da nämlich unsre Kunst durchaus auf Mitwirkung fremder Wesen, des Claviers, der Violine, der Farben und Pinsel u. s. w. angewiesen ist, so muss jedes Element, das sich nach seinem eigenen Bewegungssystem nicht durch das unsrige beherrschen lässt, nothwendig eine Störung, oder jenachdem eine völlige Aufhebung unserer ganzen technischen Arbeit, d. h. des Lebens hervorbringen, also Krankheit und Tod. Es ist aber bloss projectivische Auffassung, wenn man zwischen äusseren und inneren Ursachen unterscheidet; denn jede physische und chemische Function jedes Körpertheiles, die nicht aus der Initiative unserer technischen Innervation folgt, ist ausserhalb des Leibes; noch mehr gilt dieses von allen denjenigen Körperchen, welche in dem projectivischen Anschauungsbilde «Leib» eingeschlossen zu sein scheinen, ohne an unserem Leben theilzunehmen, wie z. B. alle nicht verarbeitete Nahrung, oder Gifte, der ausgeschiedene Schleim, abgestossenes Epitel u. s. w., die mit den sogenannten äusseren Ursachen völlig die gleiche Rolle spielen.

Ausser diesen äusseren Ursachen aber liegt in der Technik selbst der Grund ihres Aufhörens; denn sie hat sichtlich einen periodischen Charakter, sofern sie wie jede Kunstleistung ein abgeschlossenes Ganzes nach Anfang, Mitte und Ende gliedert. *215* Ich | brauche den Ausdruck Periode im ursprünglichen Sinne, wonach ein Zeitganzes als abgerundet vorgestellt sein soll. Dieser Charakter ist der erste Grund. Sodann wird jede längere Ausübung derselben Function, sie möge sein, welche sie wolle, wie alle Erfahrung zeigt, mit der Zeit nachlässiger, schwächer und desshalb auch fehlerhaft. Wer ein und dasselbe Stück hundertmal hintereinander spielt, wird gegen Ende nicht besser spielen, sondern nothwendig schlechter. Daher erklärt sich, dass die Beherrschung der in unserem ökonomischen System arbeitenden fremden Wesen immer schwächer wird; der Tonus[449] der Gewebe lässt nach und es tritt die senile Amaurose,[450] die Abstumpfung aller Sinne und die Kraftlosigkeit aller vegetativen und animalen Functionen ein, bis endlich die Störung des ganzen Coordinationssystemes erfolgt, worauf, der Zusammenhang des Ichs mit den fremden Wesen, die den scheinbaren Leib bildeten, aufhört. Das Ich hat dann seine Technik wieder so in sich, wie Rubinstein seine Kunst, wenn er nicht spielt, oder wenn er schläft. Die anderen Wesen aber üben nach dem Gesetz der Trägheit noch eine Weile die Functionen aus, zu denen unsere Technik sie gezwungen hatte, und gewähren daher scheinbar noch das frühere Anschauungsbild, bis sie durch andre Ursachen in Coordination zu ihrem eigenen Bewegungssystem zu neuen Functionen übergehen, wodurch der scheinbare Leib verschwindet.

28 senile Amaurose] *so Ms;* senile Aneurose *DA*

## 10. Das Ich und seine Functionen.

Die Erkenntnissquellen.

Man hat bisher über die Erkenntnissquellen keine befriedigende Lehre erreichen können, weil vier grosse Hindernisse im Wege standen; erstens verstand man Bewusstsein und Erkenntniss nicht zu scheiden, zweitens erkannte man das Ichbewusstsein nicht, drittens fehlte die Anerkennung des bewegenden Vermögens und viertens konnte man das Wesen der Erkenntniss selbst nicht definiren.

Die grossen griechischen Idealisten kannten bloss zwei Erkenntnissquellen: Sinnlichkeit (αἴσθησις) und Vernunft (νοῦς), fassten aber beide falsch auf, da sie *Sinnlichkeit* sowohl die einzelne Empfindung (wie süss, warm), als auch das ganze Anschauungsbild (wie Mensch, Pferd u. s. w.) nannten und unter *Vernunft* die Ideen und Kategorien verstanden, die sie für ebenso einfache Elemente wie die Empfindungen hielten. Die Epikureer und Stoiker nahmen noch die *Gefühle* (πάθη) von Lust und | Schmerz hinzu, die sie zur Regelung des Lebens brauchten. Ich will nun *216* nicht auf historische Untersuchungen eingehen, möchte aber aussprechen, dass eigentlich, von Modificationen abgesehen, bisher überhaupt keine neuen Kriterien gefunden sind. Um nicht endlose Fragen literarhistorischer und kritischer Art aufzurühren, lasse ich die Kritik hier bei Seite und gebe gleich die neue Lehre; denn auch die Mystiker, wie z. B. Eckhart,* von denen man vielleicht die Entdeckung neuer Erkenntnissquellen erwarten sollte, zeigen sich in sclavischer Weise von Aristoteles abhängig und sehen trotz mancher neuer Namen von Lichtern das Wesen der Seele und der Gottheit in der Vernunft, soweit sie überhaupt sich auszudrücken vermögen; denn sie verstehen sich selbst nicht recht und merken nicht, dass der Mysticismus und Quietismus auf eine ganz andre Art von Pantheismus führt, als der intellectualistische.[452]

1. Die Vernunft.

Wir müssen nun von der Erkenntniss ausgehen, um aus dem Gegebenen analytisch das Einfache zu finden. Alle menschliche Meinung, Ratiocination,[453] empirische und speculative Wissenschaft, wie sie als Erkenntnissgut tradirt wird, enthält immer gewisse Begriffe, Ideen, Kategorien, die als Einheiten der Vernunft betrachtet wurden. An diese knüpfte sich der Jahrtausende lange, noch ungelöschte Streit über die angeborenen oder apriorischen Ideen, die nach der idealistischen Partei ewiges Eigenthum der Vernunft, nach der empiristischen Lehre erworbenes Product der Bearbeitung der sinnlichen Er-

* Lasson (Eckhart S. 86) sagt mit Recht: «er ist Aristoteliker in demselben Sinne wie Albertus und Thomas, und wo der Anlass sich bietet, reproducirt er die Lehre der Aristoteliker bis auf den Wortlaut.»[451]

1 10. Das Ich] Das Ich *Ms*

fahrung sein sollen. Dieser Streit kann jetzt entschieden werden, da sich sein Anlass sehr einfach erklärt.

Die Ideen sind nämlich niemals einfach, sondern weisen immer auf Beziehungspunkte hin, ohne welche sie völlig sinnlose Wörter wären. Wenn Kant z. B. die Quantität als Kategorie aufführt, so vergisst er, dass wir dabei auf unsere Akte hinblicken und diese unbekümmert um die Qualität zusammenfassen. Quantität ist also ohne Erkenntniss qualitativer Verschiedenheit und ohne Bewusstsein der Akte ein völlig sinnloses Wort. Nun kann aber andererseits auch die Kategorie nicht in diesen Beziehungspunkten bestehen, da man jeden einzelnen in seinem Bewusstsein haben kann, ohne schon die Kategorie zu verstehen. Sie ist mithin etwas Neues
217 und Eigenes, und wir schreiben mit Recht ihre Erkenntniss | nur den vernünftigen Wesen oder der Vernunft zu. Hieraus ergiebt sich, wie ich immer wiederhole, dass jeder Begriff, jede Kategorie oder Idee ein Coordinatensystem enthält, dessen Function sie sind. Verhält sich die Sache aber in der angegebenen Art und Weise, so liegt es auf der Hand, wesshalb nun die Idealisten, da sie die Einheit der Function beachteten, für die Ideen einen reinen und apriorischen Vernunftcharakter mit Recht forderten, und wesshalb mit dem gleichen Recht die Empiristen, welche auf die Beziehungspunkte als die Coordinaten der Idee hinblickten, den Ursprung aller Ideen aus der Erfahrung ableiten wollten. Beide haben Recht, weil sie beide Unrecht haben; denn die Vernunftideen und die Erfahrung sind ebensowohl verschiedenen Ursprungs und verschiedene Akte, als sie doch zugleich ohne einander nicht vorkommen können, wie ein Sohn zwar ein eigenes und von seinen Eltern verschiedenes Wesen ist und doch ohne Eltern in der Welt zu entspringen nicht versuchen könnte. Für uns ist der alte Streit also völlig verständlich, völlig berechtigt und doch friedlich beigelegt, da jede Partei ihr Recht unverkürzt erhalten soll.

Jede Idee ist also in einem Coordinatensysteme zu suchen und kann als Schluss bezeichnet werden, aber weder als ein deductiver, wie wenn etwa in dem Obersatze etwas Allgemeineres läge, von welchem die Idee bloss die particuläre Anwendung bildete, noch als ein inductiver, wie wenn die Idee in particulärer Gestalt schon vorläge und bloss zur Universalität summirt werden müsste, sondern in der Weise, dass erst durch Vergleichung zugeordneter Punkte der Gesichtspunkt entspringt. Indem z. B. beim Zählen durch die qualitative Verschiedenheit sinnlicher Objecte jedesmal ein neuer Akt der Auffassung in uns entsteht und wir nun im Gegensatz zu dieser Verschiedenheit bloss das Bewusstsein der Akte selbst zusammenfassen, entspringt uns die Zahl, in welcher die einzelnen Akte nicht mehr als einzelne bewusst sind, sondern bloss die Zusammenfassung. Hier ist die Zahl eine Kategorie, einheitlich abgesondert von den vielen Akten und gegensätzlich gegen die Qualität und ihr Anderssein, und dennoch muss sie als erschlossen betrachtet werden aus ihren Coordinaten, da sie ohne diese ihre Gründe nicht begriffen oder erschlossen wäre.[454] So

ist auch, um etwas Gewöhnliches als Beispiel zu nehmen, ein Stuhl im Hinblick auf das sinnliche Material als Holz, Rohr, Eisen, Marmor und dergl. zu bezeichnen, im Hinblick auf seine Entstehung als Industrieproduct, nach seinem Zweck und Gebrauch als zum | Sitzen für Eine Person bestimmt im Gegensatz zur Bank, die Meh- *218*
rere sitzen lässt, und im Gegensatz zur Couchette[455] und zum Bett, die zum Liegen und zum Schlafen eingerichtet sind; gleichwohl giebt keiner dieser einzelnen Beziehungspunkte für sich den Begriff des Stuhls, sondern erst die Vergleichung und Zusammenfassung derselben, wodurch eine neue Einheit des Gedankens entspringt, welche den Namen Stuhl erhält und für eine beliebige Vielheit von Objecten gilt, sofern diese dieselben Beziehungspunkte darbieten. Somit erklärt sich überall aufs Einfachste die originale Neuheit, die Einheit, die Universalität, die Zeitlosigkeit und Intelligibilität der Ideen und doch immer zugleich die Abhängigkeit von empirisch gegebenen Beziehungspunkten.

Doch diese Frage ist hier nicht die Hauptsache; für die Lehre vom Ich muss der Nachweis geliefert werden, dass die Vernunfterkenntniss ohne Voraussetzung eines substanzialen Ichs unmöglich ist. Nun ist aber jeder Beziehungspunkt immer für sich allein bewusst und enthält nichts als sich selbst; wenn desshalb kein Ich vorhanden wäre, welches in numerischer Einheit bliebe und diese vereinzelten Beziehungspunkte zusammenhielte, so wäre eine Erkenntnissfunction (vergl. oben S. 168) nicht denkbar. Daher giebt jede empirische und jede speculative Erkenntniss einen indirecten Beweis für die substanziale Natur des Ichs, dessen Function und Besitz alle die einzelnen Akte des Bewusstseins sind. Man darf sich dies freilich nicht so denken, als gäbe es ein fabelhaftes Gemeinbewusstsein, wie eine Flüssigkeit, in welcher die Empfindungen und Vorstellungen, wie Fische, herumschwömmen, sondern das Vergleichen und Beziehen sind blosse Bilder für die Thatsache, dass wenn die Coordinaten bewusst geworden sind, die zu ihnen gehörige Function ebenfalls in einem gesonderten Bewusstsein sein als Begriff entspringt. Desshalb muss man die äusserliche Vorstellung der Continuität und der Verwachsung und Verschmelzung u. dergl., womit man früher den Vorgang der Begriffsbildung verglich, um die Einheit der Merkmale in dem Begriffe zu erklären, weit von sich fernhalten; denn die Merkmale oder Beziehungspunkte können nicht verschmelzen und verwachsen und zusammenfassen, ohne ihre Kraft zu verlieren und völlig unbrauchbar zu werden. Nur bei absoluter Selbständigkeit und Identität sind sie brauchbar. Desshalb bildet aber der Begriff auch wieder etwas Selbständiges für sich, das durch den Namen zur currenten Münze wird, aber nur an seinem Orte in Zuordnung zu dem | specifisch *219*
zugehörigen Coordinatensysteme vorhanden ist, und mithin muss das Ich als einzig denkbare Voraussetzung für die Thatsache des Erkenntnissvorganges in Ehren gehalten werden. Aber das Ich ist auch nicht bloss ein Postulat, um die Möglichkeit der Erkenntniss zu erklären, sondern es tritt überall persönlich hervor, und es giebt

keinen Erkennenden, der nicht bei jeder einzelnen Empfindung und Vorstellung immer auch sich seines Ichs zugleich bewusst werden könnte, so dass das Ich also nicht bloss postulirt, sondern unmittelbar zugleich gegeben ist oder sich selbst anzeigt und bezeugt.

Die Vernunft (oder der Intellekt) kann desshalb eine Erkenntnissquelle genannt werden, da ihr eigenthümlicher Inhalt nur aus ihr selbst stammt und nicht etwa ein blosser Zusammenfluss der empirischen Beziehungspunkte ist.

Die Vernunft als Erkenntnissquelle unterscheidet sich aber von allen anderen Erkenntnissquellen dadurch, dass sie nur bei gleichzeitigem Vorhandensein der anderen als ihrer Beziehungspunkte entspringt. Ich habe dies in meiner Metaphysik so dargestellt, als wenn die Zollgränzen der übrigen Erkenntnissquellen für die Vernunft nicht existirten und sie allein durch alle hindurchginge.[456] Dies ist richtig; doch darf man sich nicht verleiten lassen zu glauben, wie dies besonders die psychologische Entwickelungstheorie der Hegelianer verlangt, als wenn nun die niederen Vermögen in dem höheren aufgehoben und in ihm zugleich enthalten wären; denn ein solches Ineinander ist nur ein dürftiges sinnliches Anschauungsbild, und wir müssen vielmehr die Vernunft davon dispensiren, dass sie auch sähe, hörte, fühlte u. s. w., da nur das Gesicht sieht, das Ohr hört u. s. w. Der Charakter der Vernunft kann daher nicht durch sinnliche Bilder erklärt, sondern muss in seiner eigenthümlichen und einzigartigen geistigen Natur erkannt werden; denn alle Erkenntnissquellen bleiben als Beziehungspunkte in ihrer Sonderung und kein Element verändert sich, während dennoch zugleich die in bestimmter Ordnung zu ihnen gehörende Idee entspringt. Dies ist die neue Lehre, welche die Schwierigkeiten und die Bilderquacksalberei der früheren Erkenntnisstheorien auflöst.

2. Das Ichbewusstsein.

Als zweite Erkenntnissquelle muss das Ichbewusstsein selbst betrachtet werden, sofern es von der Vernunft ebenso verschieden ist, wie von dem Bewusstsein alles übrigen Inhalts der Seele oder des Geistes. Ich habe schon oben (S. 163 ff.) dargelegt, dass dieses Ich-
*220* bewusstsein nicht selbst | irgend eine Erkenntniss darbietet und dass wir uns dadurch nicht etwa selbst erkennen, dass es nicht Subject-Object oder sonst eine reflexive Art Wissen und Denken ist, sondern bloss eine intensivere Wirklichkeit des numerischen Ichs oder der Seele selbst bedeutet, wodurch die unbewusstere Art des Daseins in Bewusstsein übergeht. Dass die Elementarprincipien, die wir als sogenannte Atome der niederen Natur anzunehmen genügenden Grund haben, ihrer Selbständigkeit sich auch bewusst würden, dazu treibt kein Schluss. Nur steht nichts im Wege bei den Thieren ein Selbstbewusstsein vorauszusetzen, wie ja auch bei Menschen im somnambulen und hypnotischen Zustande das Ichbewusstsein überall empirisch nachweisbar ist, da ihre Sprache das Ich immer mit einschliesst. Aber na-

türlich fehlt den Thieren jede Selbsterkenntniss, so dass sie von ihrem Ich nichts wissen und ahnen.

3. Bewusstsein der Bewegungen und der Gefühle.

So bleiben als Erkenntnissquellen nur noch die Akte des Bewegungs- und des Gefühls-Vermögens übrig, die von solcher Intensität sind, dass sie bewusst werden.

Die Bewegungen werden als Anstrengung, Arbeit empfunden oder in den bekannten Empfindungen der verschiedenen Sinnesgebiete ausgedrückt. Davon habe ich schon oben S. 71 ff. gehandelt. Keine dieser Empfindungen enthält eine Erkenntniss, ein Wissen um ihre Qualität, Differenz, Stärke, Umfang u. dergl., geschweige denn um ihre Beziehung zu den anderen; denn alle solche Einsicht beruht auf Vernunftthätigkeit und kommt nur durch Schlüsse und nach den Gesichtspunkten oder Kategorien zu Stande, wie z. B. nach Raum, Zeit, Quantität, Qualität, Relation u. s. w. Gleichwohl ist jede Empfindung von der anderen verschieden, entweder bloss als besonderer Akt, der seine bestimmte Stelle in der Zeitordnung erhält, oder auch nach solchen Unterschieden, die später als Qualitäten oder Nuancen geordnet und begriffen werden.

Ebenso verhält es sich mit den *Gefühlen*, die von den Empfindungen dadurch deutlich gesondert sind, dass sie immer Lust oder Unlust ausdrücken.

Die mittelbare Erkenntnissquelle, oder die Erfahrung.

Mit dem Ich und seinen drei Functionen scheinen die unmittelbaren Erkenntnissquellen erschöpft zu sein. Es fragt sich aber, ob wir nicht die sogenannte Erfahrung vergessen haben. Allein alles, was wir Erfahrung nennen, z. B. dass die Flüsse im Winter erstarren, dass der Mond Phasen unterworfen ist, dass man in | der Komödie lacht u. s. w. und auch dass es Pferde, Tannen, Meteore u. s. w. 221
giebt und wie sie aussehen: all dergleichen kündigt sich, da es zusammengesetzt ist, nicht durch ein einiges und eigenes Bewusstsein an und ist nichts für sich; es entspringt vielmehr als Vorstellung erst der Arbeit der Vernunft an den unmittelbar bewussten Akten, welche allein Erkenntnissquellen im eigentlichen Sinne zu heissen verdienen.

Wie wir aber (oben S. 89 ff.) sahen, giebt es im Bewusstsein immer erkenntnisslose Combinationen der bewussten Akte, und aus diesen stammt die Erfahrung her; denn wenn unsre Sinne offen sind, so werden wir niemals bloss zu einem einzigen Akt des Seelenlebens veranlasst, sondern durch unseren realen Verkehr mit der Aussenwelt ist unsere bewegende Function immer vielfach thätig und wird sich dieser ihrer Thätigkeit in vielfachen Empfindungen bewusst. Wenn wir aber mit der Erkenntnissfunction dieses im Bewusstsein Gegebene bearbeiten, es räumlich, zeitlich, causal, teleologisch u. s. w. ordnen, so zeigt sich, dass die *Ordnung keine beliebige* ist, sondern durch eine von uns unabhängige Ursache, nämlich durch unsere Coordination mit den übrigen Wesen bestimmt wird. Diese Lage der Sache wird zwar erst von unserer Vernunft erschlossen, aber sie muss eben darum, weil sie vernünftig ist, anerkannt werden, und wir nennen diese Nöthigung, weil wir sie als von uns, dem Subjecte, unabhängig erkennen, eine objective oder «Erfahrung». Desshalb kann die Erfahrung auch als Erkenntnissquelle betrachtet werden, weil wir aus der erkannten Thatsache erschliessen, dass es so und nicht anders hergeht bei unserem Verkehr mit der Wirklichkeit. Denn die nächsten Producte unserer Erkenntnissarbeit sind die Anschauungsbilder, die wir aus den erkenntnisslosen Combinationen der bewussten Akte herstellen, wie z. B. dieses bestimmte Thier diese Pflanze, dieser Stein u. s. w. und darauf die Beziehungen, z. B. dass die Kuh brüllt, frisst, dass der Mond eine Sichel bildet u. s. w., und die Vernunft würde mit all ihrem Inhalte nicht im Stande sein, uns im Hinblick auf die elementaren Erkenntnissquellen solche Anschauungsbilder und Thatsachen zu liefern, wenn die Coordinationen und Ordnungen nicht durch eine von ihr unabhängige Ursache vorgeschrieben wären. Kant hat dies in seiner Kritik der reinen Vernunft, wie so vieles Andre, völlig übersehen und daher die Rolle der Dinge an sich in ihrem Verkehr mit uns nicht erkannt.

222 | Die Erfahrung liefert daher die Möglichkeit einer neuen Methode neben der Deduction; denn die inductive Methode besteht nicht in der Verallgemeinerung singulärer und particulärer Erkenntnisse, wie die alte Philosophie meinte, sondern, wie Bacon noch etwas unklar forderte, in der Beobachtung, dem Experimente und überhaupt in einer Befragung der Natur.[457] Es wäre zwar eine kindliche Auffassung, wenn man sich einbildete, die Natur gäbe uns selbst gewisse Erkenntnisse, was sie nicht leisten kann; aber sie nöthigt uns zu bestimmten Coordinationen der Akte, deren weitere Verarbeitung eben die Erfahrung ist. Die rohe Projection des ganzen Erkenntnissinhaltes ist nämlich der erste Vorgang; doch bald treten neue Coordinationen auf und zwingen uns nach den Vernunftgesetzen, die früheren Annahmen für Illusionen zu erklären und unsere Vorstellungen über die Wirklichkeit immer mehr zu corrigiren. Wenn man das Echo für eine Göttin hielt, den Regenbogen für eine Brücke oder einen Weg ansah, die Sonne für einen Schuh breit erklärte u. s. w.,[458] so hat die Arbeit der naturwissenschaftlichen Vernunft längst alle diese falschen Schlüsse zurückgenommen; aber auch dass die Anschauungsbilder, wie Pferd, Mensch u. s. w. nicht draussen wirklich existiren, hat man schon im fünften Jahrhundert vor unserer Zeitrechnung nachgewiesen. Mithin besteht das, was wir Erfahrung nennen, in lauter Schlüssen der Vernunft; das Eigenthümliche der inductiven Wissenschaften aber im Gegensatze zu den speculativen oder deductiven liegt darin, dass die Induction zwar auch als Denken und Wissenschaft die deductiven Methoden gebraucht, als letzten Grund ihrer Gewissheit aber immer die Thatsache der aufgenöthigten Coordination der erkenntnisslosen bewussten Akte anführt, deren Leugnung nicht ohne ein missbilligendes Gefühl unternom-

men werden könnte, während die einstimmige Zusammenordnung der thatsächlichen Akte von dem Gefühl des Beifalls stets begleitet wird, worin alle Evidenz, Sicherheit und Gewissheit der sogenannten Erfahrung und der ganzen inductiven Wissenschaft beruht. So ist das Experiment seiner Anwendung und seinem gesammten Ursprunge nach zwar von deductiven Schlüssen getragen; dennoch aber findet es seinen Abschluss und sein Ziel in der Thatsache, d. h. in der erkenntnisslosen Coordination der Empfindungen.

Da es uns aber hier darauf ankommt, die Lehre vom Ich fest zu begründen, so muss nun noch gezeigt werden, dass die | Erfahrungswissenschaft ebenfalls das sub- 223
stanziale Ich voraussetzt. Dies wird aber nun Jedermann in die Augen springen, dass die Coordination der Empfindungen nur erkennbar ist, wenn die Empfindungen nicht aussereinander für sich ihr Dasein geniessen, sondern sich in einem einigenden Punkte zusammenfinden, in welchem zugleich auch die Vernunft gegeben ist, um die Ordnung derselben zu denken, wie auch das Gefühl, welches den Widerspruch der Gedanken mit Missfallen, die der thatsächlichen Coordination entsprechende einstimmige Vorstellung aber mit Beifall begleitet. Also ist ein Ich, welches sich durch das Ichbewusstsein selber ausweist, zur Möglichkeit aller Erfahrung unentbehrlich.

## Drittes Capitel.
## Die Persönlichkeit.

Die Krone der Lehre vom Ich ist der Begriff der Persönlichkeit. Ich kann hier aber kurz sein, weil ich diesen Punkt schon in meiner Religionsphilosophie erörtert habe.[459]

Apagogische Widerlegung des Ichs des Kriticismus und Idealismus.

Setzen wir, um mit dem apagogischen[460] Verfahren anzufangen, das Ich sei kein selbständiges Princip mit eigenem Bewusstsein, sondern bloss die formale Einheit des Bewusstseins, so könnte das Ich auch in keinem realen Verhältnisse stehen. Denn wenn das Ich bloss bedeutete, dass jedesmal die gegebenen Vorstellungen als Subject und Prädicat in die Einheit eines Urtheils zusammengefasst würden, so gäbe es so viele Iche als Urtheile, und wenn auch die vielen Urtheile wieder unter höhere Kategorien vereinigt würden, so wäre doch immer das Ich selbst nichts und könnte nicht einmal in dem schalen Satze, dass schliesslich alles Gegebene ist oder gedacht wird, ausgedrückt werden, weil das Ich als Einheit des Bewusstseins ebenso bei den particulären Urtheilen sich fände. Wie die Zahleneinheit nichts Wirkliches bedeutet, so könnte auch die formale Bewusst-

seinseinheit nicht für sich als ein Gedanke oder als ein Gedachtes in Anspruch genommen werden, weil es, sobald man etwas Bestimmtes damit bezeichnete, sofort untauglich würde, alles und jedes Beliebige zur Einheit zusammenzufassen, wie die Zahleneinheit gleich unbrauchbar würde, sobald man damit 5 oder 7 oder $\sqrt{x^2}$ oder
224 sonst etwas ausschliesslich | meinte, sofern dann keine andere Grösse mehr zur Einheit zusammengefasst werden könnte.

Es ist hiermit bewiesen, dass die sogenannte formale Einheit des Bewusstseins weder ein Wesen, noch eine wirkliche, also bestimmte Function eines Wesens ist. Weil man aber doch von dieser Bewusstseinseinheit spricht, so bleibt nur übrig, dass sie ein ideelles Sein habe als Begriff oder allgemeine Beziehungseinheit. Da nun jeder Begriff von einem Wesen oder einer Function, auch wenn er noch so allgemein ist, seine Beziehungspunkte immer in etwas Wirklichem hat, so kann der Begriff Bewusstseinseinheit nicht zu dieser Classe gehören, sondern muss seine Sphäre auch nur in etwas Ideellem haben, d. h. es muss der Begriff eines Begriffs, oder die allgemeine Zusammenfassung von Beziehungen sein, wie z. B. der Begriff Kategorie, der auch nur auf Beziehungseinheiten, wie Qualität, Quantität u. s. w. zurückgeht, ohne dass damit eine reale Function selbst oder ein Wesen bezeichnet würde.

Folglich kann das Ich als formale Bewusstseinseinheit nur in begriffliche Coordinationen gestellt werden, aber nicht selbst als Wesen in Beziehung zu Wesen treten und durch seine Functionen eine Gemeinschaft begründen. Hierdurch ist aber der apagogische Beweis erbracht; denn es zeigt sich, dass bei Voraussetzung der Kantischen oder ähnlicher Annahmen über das Ich keine Freundschaft, kein Vertrag, kein Staat und überhaupt kein persönlicher Verkehr denkbar ist, da eine formale Bewusstseinseinheit zu solchen Werken ebenso brauchbar wäre, wie wenn man eine Reise statt mit Post oder Eisenbahn mit Hülfe des Begriffs «Geschwindigkeit» zurücklegen wollte.

Die völkerpsychologische Phantasie.

Ebenso verkehrt, wie die Kantische Auffassung, die auch dem modernen Idealismus den Terminus «Form der Subjectivität überhaupt» für das Ich liefert,[461] ist nun zweitens die rein äusserliche Betrachtung, wobei das Ich die anderen Iche zu einem blossen Gegenstand der Erfahrung macht. Es stellt sich dabei natürlich heraus, dass die Iche, die wir kennen lernen, entstehen, eine Zeit lang auf der Bühne der Geschichte wirken und dann verschwinden. Mithin fassen wir sie abstract zusammen unter dem Gesichtspunkt Familie, Geschlecht, Stamm und Volk, zu dem sie gehören, ganz ebenso wie die Pflanzen oder die Fische. Weil wir nun so von aussen betrachtend ihr Wesen nicht kennen lernen, sondern nur ihre Eigenschaften, die im Verkehr heraustreten, so finden wir, dass diese Eigenschaften
225 sich gleichen, | und obwohl nach Familien, Geschlechtern und Völkern verschie-

10 Beziehungseinheit.] *so Ms;* Beziehungseinheit, *DA*

den, sich doch in dieser Verschiedenheit gleichmässig durch Jahrhunderte und Jahrtausende erhalten. Da nun das Abstractum stehen bleibt, während die Individuen entstehen und vergehen, so erklären wir die Allgemeinheiten, wie Geschlecht und Volk, für das Wesen und die individuellen Personen für Zweige oder Knospen an dem Baum unserer Abstraction, d. h. für accidentelle Aeusserungen, Beispiele, Modi, Erscheinungen u. s. w.

Diese Auffassung kann ebensowohl den idealistisch speculativen Ansatz nehmen, als den historischen. Die *idealistische* ist früher herrschender gewesen, da die allgemeinen Begriffe, die Universalia ante rem und in re[462] und die modernen Hegelschen Ideen blühten; die neuere Auffassung aber ist die *empirische* und *historische*, wonach man die Allgemeinheiten nicht aus der Vernunft ableitet, sondern als Gegebenes vorfinden will. Es waltet dabei natürlich eine ignoratio elenchi[463] vor, weil man nicht merkt, dass ein Allgemeines niemals wahrnehmbar, sondern immer nur durch ein Abstractionsverfahren erschlossen wird; allein die Vertreter dieser Ansicht sind auch nicht stark in der Logik, und so ist es ganz natürlich, dass sie in ihrer Denkweise das Allgemeine, wie Volk, Schule, Staat, Kirche, öffentlicher Geist u. s. w., unmittelbar mit den Sinnen zu packen glauben. Nun muss sich demgemäss zeigen, dass die einzelnen Personen von Haus aus Nullen sind, die allen Inhalt erst durch die Umgebung erhalten; denn durch die Tradition der Familie, Schule, des Staates u. s. w. empfängt jedes Individuum seine Vorstellungen, die zeitgemässen Objecte für seine Begierden, seine socialen und politischen Tendenzen, seinen Glauben, seine Wissenschaft, Kunst, industrielle Fertigkeit u. s. w. Die Individuen sind also Nichts *vor* dem Staate, *vor* der Kirche, *vor* dem traditionellen gesellschaftlichen Geiste, sondern sie werden als Producte von diesem geprägt und erscheinen so als Träger und Momente desselben, sie leben in diesem allgemeinen Geiste, der sie erfüllt und zu Wesen macht. Natürlich sind sie diesem herrschenden Geiste nun Hingebung schuldig, da sie Alles, was sie sind, von ihm empfangen haben, und es wird mit einer enthusiastischen Erregung von den Pflichten für diese Allgemeinheiten gesprochen, wobei man gar nicht merkt, wie lächerlich der ganze Ursprung dieser Weltansicht und wie widersinnig die Pflichtforderung ist.

Denn dieser allgemeine historische Geist ist ja nirgends vorhanden, sondern nur ein Product der Abstraction, das man erhält, | wenn man die Vorstellungen und 226
Bestrebungen von Herrn A. mit denen von Herrn B. und C. u. s. w. vergleicht und nach dem Gesichtspunkt des Identischen und Anderen die gleichen Vorstellungen und Bestrebungen zusammenfasst. Das was wirklich existirt, sind nur die einzelnen Personen, die, wenn sie unter ähnliche Einflüsse gestellt werden, ähnlich reagiren, katholisch in katholischen Ländern, protestantisch in protestantischen, polygamisch und despotisch in der Türkei, monogamisch und liberal in England,

monarchisch in Preussen, demokratisch in Amerika u. s. w. Der Grund, wesshalb eine gewisse Gleichförmigkeit Vieler möglich ist, liegt darin, dass die individuellen Seelen keine Nullen sind, sondern von Haus aus die Anlagen zu allen Functionen des geistigen Lebens mitbringen. Es wird ihnen daher nichts übertragen und von einem fabelhaften Allgemeingeist von Staat oder Nation geschenkt, sondern sie werden von ganz bestimmten einzelnen Individuen so oder so zu reagiren angeregt, wie die Tragödie uns Thränen, die Komödie Lachen entlockt. Dass sich aber überall gewisse Gleichförmigkeiten ausbilden, ist eine so bekannte Sache, dass man nur auf die Meereswellen, die Gebirgsformationen, die Flüsse u. s. w. hinzublicken braucht, um über diejenigen zu spotten, die wegen der Gleichartigkeit des Wassers im Rhein, seiner gleichartigen Farbe, gleichartigen chemischen Beschaffenheit, gleichartigen Geschwindigkeit, gleichartigen Richtung, seines gleichartigen Ursprungs u. s. w. nun einen Flussgott erdichten, der die einzelnen Tropfen beseele und ihnen alle diese Eigenschaften verleihe. Diese allgemeinen Geister der Völkerpsychologen, ich meine die Kirche, der Staat, die Nation u. s. w., existiren allerdings als selbständige, herrschende, wohlthätige und verehrungswürdige Wesen, aber nur in einer ungeahnten Sphäre, nämlich in den Irrthümern und falschen Schlüssen logisch ungeschulter Köpfe; sie verschwinden aber ebenso leicht, wie alle mythologischen Fabelwesen durch einfaches richtiges Denken, und sie führen ein amphibisches Dasein, halb geglaubt und halb nicht geglaubt, bei Solchen, die zuweilen richtig denken, zuweilen aber durch Ideenassociationen und alten Aberglauben genarrt werden. Die Kirche, der Nationalgeist, der Staat sind nach derselben Methode substanziirt, wie die Aphrodite und der Teufel; denn die vielen gleichartigen Liebesregungen und die vielen bösen Begierden, die auch historisch zusammenhängen, schienen eine einheitliche inspirirende Macht als bleibende Allge|meinseele zu verlangen, wie die Volksseele und die anderen Allgemeingeister des modernen völkerpsychologischen Aberglaubens.

227

Wie aber die alten Götter ihre Opfer und ihren ganzen rabiaten Cultus hatten, so ist es nicht anders zu erwarten, als dass auch der moderne Aberglaube seinen ehrlichen Enthusiasmus, sein ernstgemeintes Pflichtbewusstsein, ja auch seine Ethik entwickelt. Ueber diese letztere hat jüngst Hugo Sommer in den Preussischen Jahrbüchern bei Beurtheilung von Wundts angeblich auf Thatsachen und Gesetze aufgebauter Ethik ganz vortrefflich gerichtet,[464] wobei er nur zu nachsichtig noch einen gewissen wissenschaftlichen Charakter dem Buche zugesteht, während vielmehr, die Wahrheit zu sagen, alle Strenge und Kunst wissenschaftlicher Behandlung zu Grunde gehen muss, wenn man in diesen Fortschrittsenthusiasmus einlenkt und die eigentlichen dramatis personae, welche allein Werth und Interesse haben, ausschliesst, um sich dem alten Dämonenkult, der hier Cultur der Nation oder der abstracten Menschheit heisst, zu ergeben und dem Phantome zukünftiger, allgemeiner irdischer Glückseligkeit nachzujagen, statt sein eigen Haus vernünftig zu bestellen.

Der Idealismus und dieser positivistische Standpunkt haben trotz ihrer diametral verschiedenen Natur doch als Gegensatz gegen die Wahrheit wieder einerlei Fehler. Beide nämlich verfehlen das Ich und müssen desshalb das Wesen in einem substanziell Nichtseienden suchen; sie unterscheiden sich aber dadurch, dass die Idealisten das *Allgemeine* der Idee und mithin den absoluten Geist im Denken zu ergreifen und zu geniessen glauben, diese Positivisten aber das variable und empirische *Gemeinsame* aus den zufällig lebenden Personen herausnehmen, es projiciren und ihm in Dienstbarkeit durch nützliche Opfer ihre Verehrung darbringen. Die Idealisten sind desshalb vornehmer, wie Herren, die im Genusse eines Familienfideicommisses[465] stehen, während die Positivisten, wie ehrliche Plebejer, ihre Nullität einsehen und bereitwillig steuern[466] an den sogenannten Zeitgeist, den sie für ein höheres, seiner Substanz nach freilich ihrem Unterthanenverstande unerkennbares Wesen halten. Wie sich nun das Gemeinsame von dem Allgemeinen (Idee) unterscheidet, so unterscheiden sich diese beiden Sekten; die Einen haben darum eine speculative, die Anderen eine inductive oder empirische Methode; die Einen suchen das Identische und Ewige, die Andern ein Variables, in der Zeit Fortschreitendes, wobei es freilich nicht sicher ist, ob dieser pro|jectivische Gemeingeist nicht einmal 228 Rückschritte macht und wieder recht barbarisch wird; die Einen huldigen der Autorität, die Andern der Majorität, u. s. w.

Das Gemeinsame ist aber kein Gemeingeist; denn es hat kein Bewusstsein von sich und für sich, ebensowenig wie, wenn sich ein Bogen Papier, ein Schwan, ein Schneeball und ein Eisbär zusammenfänden, als Gemeingeist dann die weisse Farbe auftreten könnte. Der Gemeingeist lebt als gute Gesinnung nur in den Einzelnen, für sich aber ist er nichts. Man kann dies auch durch den progressus in infinitum zeigen; denn der Gemeingeist muss schon als Familiengeist auftreten, weil Einiges doch immer allen Familiengliedern gemeinsam ist; nun existiren sofort viele Millionen von verschiedenen Familiengeistern, die aber wieder einen gemeinsamen Geschlechtsgeist haben, der wieder im Plural auftretend einen Stammgeist fordert; dieser aber zieht wegen der Pluralität wieder einen Volksgeist nach sich; da dieser wieder wegen der vielen Völker einen Mitteleuropageist fordert und dieser mit dem Südeuropa- und Afrikageist u. s. w. endlich einen Menschheitsgeist erzeugt, der aber zunächst nur für jedes Jahr oder Jahrzehnt einigermassen abgegränzt werden kann und dann wieder einen gemeinsamen Geist für mehrere Jahrzehnte, die alle ihren besonderen Geist haben, verlangt, so geht die Sache in's Unendliche fort; denn die Zeit hat bei diesen Empirikern kein Ende, und sie geben sich in's Blaue hinein mit ihrem zufällig gerade so oder so beschaffenen Zeitgeiste zufrieden, der ja nach Belieben particulärer oder umfangreicher vorgestellt und vergöttert wird. Die Unmöglichkeit, diese verschiedenen Geister unter einen Hut zu bringen und es auch bei aller Phantasie so auszumalen, als ob nicht die einzelnen Personen, sondern der projectivische Gemeingeist selbst biographisch eine Geschichte hätte und bei aller Veränderung immer dasselbe Wesen bliebe, beweist genügend, wie leer und seelenlos diese Abstraction ist, für die nur diejenigen schwärmen, welche nicht recht bei sich zu Hause sind, ihr eigenes Ich und das ihrer Mitmenschen nicht kennen und würdigen, dagegen bloss Erscheinungen der Sinne beobachten und darüber Thatsachen und Gesetze aufstellen, als wenn Erscheinungen und Gesetze anderswo sich finden könnten, als nur in dem Bewusstsein eines Ichs, welches sich als Wesen von diesen seinen Functionen und deren Inhalt unterscheidet.

229 | Die Persönlichkeit.

Im Gegensatz nun gegen alle frühere Philosophie, welche das Ich immer bloss in einer seiner Functionen suchte, entweder im Willen, oder im Intellekt, oder in der zu Erscheinungen führenden Handlung, müssen wir die Quelle der Functionen selbst zur Anerkennung bringen. Man machte es bisher wie der Hund, der in den Stock beisst, mit welchem man ihm droht, ohne die Person, welche den Stock führt, zu belästigen. Lassen wir diese Aeusserungen, diese Erscheinungen, diese Willens- und Gedankenbestimmungen als secundär bei Seite und wenden uns an die erste Hand.

Das Ich aber mit seinem Ichbewusstsein ist ganz nackt und kahl; es ist darin nichts Interessantes zu sehen; denn das Theater der Welt liegt in den Functionen, wesshalb es auch sehr natürlich ist, dass man sich an diejenigen Oerter hindrängte, wo möglichst viel auf der Bühne vorgeht. Nichtsdestoweniger darf uns dies nicht abschrecken; denn wie an dem durchsichtigen Glase des Prismas nicht viel zu sehen ist, dennoch aber, wenn wir es wegnehmen, alle die schönen Regenbogenfarben an der Wand verschwinden, so fallen mit dem Ich auch alle die reichen Functionen der Erkenntniss, des Willens und der Kunst dahin. Denn wer in der Schopenhauerschen Weise behauptete, «der Wille sei in Wahrheit der ganze Mensch»,[467] oder in Hegelscher Weise, «die Vernunft sei im Menschen das Erste und Ursprüngliche»,[468] oder in positivistischer Weise, «der Mensch sei durch und durch historisches Produkt»,[469] der wäre schlimm daran, ungefähr wie ein Schneider, der einen Rock machen soll für einen nicht-existirenden Menschen. Wenn man nämlich das kleine Pronomen «Ich» vor den Verben «Wollen, Denken, Handeln und Leiden» weglässt, dann behält man lauter prächtige Zahlen übrig, die mit Null multiplicirt werden sollen.

Verachten wir also das unscheinbare Ich lieber nicht; denn wenn es sich bei genauerer Betrachtung herausstellt, dass die Güter des Willens, die Reichthümer der Erkenntniss und die schönen Forderungsrechte auf Leistungen kein bekanntes Rechtssubjekt haben, so wird man bald von allen Seiten auf das Ich zeigen, welches als verborgener Erbe hervortritt, auf alle diese umstrittenen Schätze Anspruch erhebt und sie rechtsgültig zugesprochen erhält.

| Ichheit und Persönlichkeit sind nicht dasselbe. Es giebt keine Verdoppelung des Ichs.

Es fragt sich nun, wie das Ich mit dem Ichbewusstsein, welches schon bei dem Thier anzunehmen ist, zur Persönlichkeit wird. 230 Denn Persönlichkeit und Ich ist nicht dasselbe. Die Persönlichkeit ist das Ich in einem gewissen Zustande, auf einer gewissen Stufe der Entwickelung, und es handelt sich darum, diese specificirende Bedingung zu definiren. Denn dass Ich und Persönlichkeit nicht identisch ist, kann man auch schon durch die hypnotischen Experimente zeigen, wo durch Suggestion dem hypnotisirten Subjecte eine Persönlichkeit, ein fremder Name zuerkannt wird, den es nun wirklich annimmt, indem es sich für die fremde Persönlichkeit erklärt.[470] Es ist zwar völlig unwissenschaftlich, wenn man nun von einer Verdoppelung des Ichs oder der Persönlichkeit spricht; denn der angeblich Verdoppelte hat auch nicht ein Tüttelchen Gedanken, Gefühle und Bewegungstendenzen oder Künste mehr, als er vorher hatte. Vielmehr bleibt das Ich mit seinem ganzen geistigen Besitz völlig identisch, und nur die Urtheilsfähigkeit wird ausser Coordination mit den Beziehungspunkten des unmittelbaren Bewusstseins gesetzt und auf das Material der Suggestion beschränkt. Dass der Hypnotische sich aber als fremde Persönlichkeit bezeichnet, beweist, dass das Ich als solches ganz kahl ist und nicht mit der Persönlichkeit selbst zusammenfällt. Hierdurch erklärt sich auch die sonst so sonderbare Annahme Kants, der Idealisten und Positivisten, dass das Ich bloss formale Einheit des Bewusstseins wäre; denn dass dies wegen der sonstigen Inhaltslosigkeit des Ichs so scheinen kann, ist ja hierdurch in die Augen fallend. Gleichwohl ist das Ichbewusstsein nur ohne sonstigen Inhalt; es hat aber seinen specifischen Inhalt, der sich z. B. von dem Bewusstsein einer Tast-, Ton-, Farben-Empfindung unterscheidet; und ebenso wie jede Tonempfindung keinen anderen Inhalt hat, als sich selbst, und dennoch nicht inhaltslos ist, so ist auch das Ichbewusstsein nur nichts anderes noch, als was es ist; es ist selbst aber sehr viel, nämlich das Bewusstsein des Wesens oder der Substanz selbst. Aus diesem Grunde kann das Ichbewusstsein mit jedem beliebigen Inhalt seiner Functionen sich vereinigen und darum auch bei Lähmung der Coordination in dem Hypnotischen von der suggerirten Vorstellung einer anderen Person ausgesagt werden, was ebensowenig wunderbar ist, als dass jeder Schüler bei einem Brief-Aufsatze einen beliebigen fremden | Men- 231
schen mit «Ich» sprechen lässt, ohne dass er dadurch eine doppelte Persönlichkeit und ein verdoppeltes Ich hätte.

10 indem es] und *Ms*
33 «Ich»] Ich *Ms*

*Die Persönlichkeit besteht nicht in der Coordination der geistigen Vermögen.*

Sehr lehrreich sind nun auch die hypnotischen Experimente, weil sie in auffälliger Weise selbst dem gewöhnlichen Verstande zeigen, was man bei subtiler Analyse auch ohne diese pathologischen Thatsachen finden könnte, dass die Coordination der geistigen Functionen untereinander noch nicht das Wesen der Persönlichkeit ausmacht. Denn unsere drei geistigen Functionen sind ihrer Natur gemäss einander zugeordnet, so dass bei einer gewissen Vorstellung ein zugehöriges Gefühl und bei diesem eine zugehörige Handlung erfolgt. Nun kann man deutlich sehen, dass der Hypnotisirte bei der Vorstellung von einem Gegenstande, die ihm suggerirt wird, auch die entsprechenden Gefühle äussert, Lust oder Abscheu u. dergl., und dementsprechende Bewegungen in ganz natürlicher Weise vollzieht. Wenn nun die Vorstellung auch fictiv und das Gefühl jenachdem für die Zuschauer lächerlich ist, so ist doch die Bewegung zweckmässig, und man kann nicht leugnen, dass das Coordinatensystem der geistigen Functionen wirklich im Gange ist. Gleichwohl wird Niemand einen Hypnotisirten eine Persönlichkeit nennen. Auch bei den Somnambulen hat man ganz dieselbe Erscheinung. Sie handeln ihrem Gefühl entsprechend, und ihr Gefühl steht in Zuordnung zu gewissen Vorstellungen, die in ihrem Bewusstsein lebendig sind. Also ist ihre geistige Maschinerie im Gange, und dennoch gelten sie mit Recht für unzurechnungsfähig und werden weder vom Gericht noch von ihren Angehörigen als Persönlichkeit betrachtet, da man vielmehr mit ihnen wie mit einer Sache umgeht und sie nur dadurch von den anderen Sachen unterscheidet, dass besonders werthvolle und geheimnissvolle Kräfte in ihnen vermuthet werden, die bei geeigneter ärztlicher Behandlung aus ihnen hervorgehen könnten, nämlich die in ihrem augenblicklichen Zustande fehlende Persönlichkeit.

*Die Persönlichkeit besteht nicht in der Ausbildung des Verstandes und des Bewegungsvermögens.*

Man könnte nun meinen, dass es wesentlich auf die höhere Ausbildung unserer geistigen Vermögen ankäme, um der Persönlichkeit theilhaftig zu werden, da ja Kinder vor Gericht noch als unvollkommene Rechtspersönlichkeiten gelten und erst bei körperlicher Reife, die mit der durchschnittlichen Ausbildung des Verstandes zusammenfällt, Mündigkeit erhalten. Allein | *232* das wäre eine Täuschung; denn es kann Jemand ein ausgezeichneter Mathematiker sein und als Mineralog, Chemiker, Anatom, Astronom u. s. w. die Beziehung der Erscheinungen untereinander mit grossem Verstande erkennen, ohne dass wir dasjenige, was Persönlichkeit heisst, bei ihm fänden, wie denn auch Geisteskranke in allen diesen Wissenschaften Bescheid wissen können und dennoch ihrer persönlichen Rechte nicht geniessen.

Ebenso ist eine erstaunliche Ausbildung unseres Bewegungsvermögens zu allerlei Künsten möglich, ohne dass dadurch volle Persönlichkeit gewährt würde. Clavier spielen, die feinsten Stickereien arbeiten, schwimmen und andere Künste ausüben kann selbst der Geisteskranke, und auch bei sonst Gesunden sehen wir nicht, dass durch solche Fertigkeiten der Charakter der Persönlichkeit vermehrt würde.

Da dergleichen Thätigkeiten nicht ohne fortwährende Begleitung der Gefühle möglich sind, welche durch Beifall oder Missfallen die Thätigkeiten bestimmen, hier hindern, dort zur Fortsetzung treiben, wie z. B. ein feines ästhetisches Gefühl, so ist auch die Ausbildung des Gefühls in bestimmten Gebieten keine Bedingung der Persönlichkeit.

Die Persönlichkeit beruht auf der Coordination zwischen Bewusstsein und Erkenntniss und demgemässer Selbsterkenntniss.

Wenn nun in allen diesen Beziehungen die Persönlichkeit nicht besteht, so bleibt ein Gebiet der Beziehungen übrig, das wir jetzt zu untersuchen haben. Wir mussten nämlich oben zwischen Bewusstsein und Erkenntniss unterscheiden. Da nun aber alle Erkenntniss auf Daten beruht, die als Beziehungspunkte für den Schluss benutzt werden und alle Daten zuletzt in dem unmittelbaren Bewusstsein vorliegen, so müssen wir auf dieses zurückgehen.

Setzen wir also als unmittelbar gegeben das Ichbewusstsein und Empfindungen (als bewusste Bewegung) und Gefühle, so wird nun die Erkenntniss die Coordination dieser Beziehungspunkte auffassen und dadurch eine Selbsterkenntniss hervorbringen, indem das Ich als bleibender Träger der wechselnden Bestimmungen sich erkennt und desshalb von sich sagt: ich empfinde, ich fühle, ich erkenne. Dies ist die erste Selbsterkenntniss und die Grundlage oder das Wesen aller Persönlichkeit. Damit man sich nicht einfallen lasse, dies etwa auch bei dem hypnotischen Individuum finden zu wollen, erinnere ich daran, dass zwar die Coordination der Functionen auch bei diesem bleibt, dass aber die Beziehungspunkte ihm | nicht durch unmittelbares Be- 233
wusstsein, sondern durch Suggestion gegeben werden. Denn wenn man ihm eine rohe Kartoffel giebt und zu ihm sagt, es sei eine Feige und schmecke doch sehr schön, so wird er betheuern eine Feige zu kauen und Lustgefühle äussern. Also wird er nicht durch unmittelbares Bewusstsein, d. h. nicht durch Sehen, Tasten, Schmecken u. s. w. bestimmt, sondern seine Erkenntniss arbeitet bloss mit den suggerirten Anschauungen und Vorstellungen. Die Selbsterkenntniss unterscheidet sich desshalb vollkommen von diesem abnormen Zustande, sofern sie als Beziehungspunkte nur das unmittelbare eigene Bewusstsein hat

Keine Function aber kann verloren gehen; denn wohin sollte sie gehen? Ohne das Ich wäre sie ja gar nicht da. Und wenn sie beim Auswandern das Ich mitnähme, so wäre sie ja vom Ich nicht fortgegangen. In's Nichts überzugehen (wie so Viele sagen, ohne etwas dabei zu denken,) wäre ihr aber ganz unmöglich, weil das Nichts nicht ist. So müssen die Functionen also alle im Besitze des Ichs bleiben. Daraus folgt, dass das Ich, je mehr seine Functionen zunehmen, auch immer mehr von sich erkennt und zu sagen weiss, so dass die im sogenannten Gedächtniss gebliebenen Vorstellungen und Erkenntnisse von dem Ich als sein *Wissen* anerkannt und für neue Erkenntnisse benutzt werden, ebenso wie die sich wiederholenden und immer reicher specificirenden Gefühle, die sich bei allen Vorstellungen und Bewegungen äussern, als sein *Charakter* ihm bekannt sind und wie drittens auch die immer mannigfaltiger und complicirter ausgeführten Bewegungen von ihm als seine Fertigkeit oder *Kunst* geltend gemacht werden.

In diesen drei Beziehungen wächst demgemäss die Selbsterkenntniss. Da aber das Ich sehr bald bemerkt, dass seine Functionen von einer fremden Ursache in's Spiel gesetzt werden, die ihm doch nur in dem ideellen Inhalt seiner eigenen Vorstellungen erscheinen kann, so projicirt es sich gegenüber ein Object nach seinem Bilde und tritt auf diese Weise in eine auswärtige Beziehung von Selbst zu Selbst. Die frühere Philosophie hat dies niemals erkannt, sondern immer den Willen mit dieser neuen Verhältnissbestimmung verwechselt. Es ist daher wichtig, die Unterscheidung bestimmt zu definiren und zwar nach allen drei Functionen.

Was zuerst die Erkenntniss betrifft, so haben wir in den Anschauungen von Dingen oder Personen immer nur unsere Vorstellungen. Sobald wir aber zu dem Schluss
234 gekommen sind, dass | diesen Anschauungsbildern ein von uns verschiedenes Selbst zu Grunde liege, das in derselben Weise von den Erscheinungen abstehe, wie unser Ich sich von seinen Functionen unterscheidet, so müssen nun die Erscheinungen immer *gedeutet* werden als *Zeichen*, die nicht an und für sich selbst das fremde Ich bilden, sondern von demselben nur eine Aeusserungsweise enthalten. Wird z. B. in der Erscheinung eine sich zur Faust ballende Hand vorgestellt, so ist damit die Erkenntniss nicht fertig, sondern man muss nach der Analogie mit sich schliessen, dass das fremde Ich bei seinen Gedanken über uns in Zorn gerathen sei, diese Bewegung seiner Muskeln veranlasst habe und uns wahrscheinlich etwas Gefährliches vorbereite. Es ist klar, dass diese Art von Erkenntniss völlig verschieden ist von der blossen Auffassung und Ordnung der Naturerscheinungen, indem dabei als Gesichtspunkt immer das Verhältniss von zwei in den Erscheinungen selbst gar nicht gegebenen Wesen massgebend für die Deutung wird.

Nehmen wir nun die Function des Willens, so äussert sich derselbe überall in den Gefühlen von Lust und Unlust und zwar bei allen Vorstellungen und Bewegungen. Bei jeder Sinnesempfindung haben wir eine Willensäusserung, da wir entweder Aufhören oder Fortdauer derselben wollen. Jede Vorstellung äusserer Dinge gefällt oder missfällt uns, und wenn wir z. B. ein Buch lesen, so ist es ohne den beifälligen Willen nicht möglich weiter zu lesen, und unsere Willensäusserungen begleiten überall den ideellen Inhalt des Gedachten. Himmelweit von diesen Gefühls- oder Willens-Bestimmungen verschieden ist es aber nun, wenn unsere Erkenntniss uns das uns Angenehme oder Unangenehme als das Werk eines fremden Ichs hinstellt. Möge uns

z. B. ein Buch erfreuen, und man stelle sich nun vor, es sei uns von einem Anderen geschenkt oder entwendet. Dadurch entsteht ein ganz neues Verhältniss, und die Freude oder bei anderen Dingen der Verdruss an den Erscheinungen und Vorkommnissen wird nun etwa persönliche Zuneigung oder Abneigung, Liebe oder Hass zur Folge haben, welches auch Willensbestimmungen sind, aber sich nicht mehr auf die unmittelbaren Veranlassungen, sondern mittelbar auf ein metaphysisches Verhältniss unseres Ichs zu einem anderen Wesen beziehen. Dieses Verhältniss nenne ich ein persönliches und schreibe jeder Person in dem Verhältniss zu der anderen eine Gesinnung zu und unterscheide sie von dem Willen, | der bloss eine einzelne 235
Folge, eine einzelne Aeusserung, ein Zeichen für das Verhältniss bildet

Ebenso drittens sind nun auch alle Bewegungen nach diesem neuen Verhältniss anders aufzufassen; denn für jede Kunstleistung muss ein Wille angenommen werden, damit die Bewegung zur Auslösung komme. Z. B. ich will eine Sonate spielen und thue es; ich will sie richtig und schön spielen; das Thun wird nun nach diesem Willen beurtheilt, indem man die Gesetze der Musik berücksichtigt und darnach die Leistung misst. Etwas ganz Anderes ist es aber, wenn ein Liebhaber ein Ständchen bringt. Die Gefeierte wird sich um denjenigen Willen, der die Kunstleistung auslöst und eine mehr oder weniger vollkommene Probe von Talent zum Besten giebt, viel weniger bekümmern, als um das persönliche Verhältniss, welches die Gesinnung der Liebe ist und sich in solchen und ähnlichen Willensbestimmungen und zugeordneten Handlungen und Kunstleistungen an den Tag legt. An dem Taschentuch der Desdemona lag dem Othello nicht viel, und wenn es verbrannt oder zerrissen wäre, so hätte das seine Gemüthsruhe nicht gestört; aber dass sie es, wie er meinte, einem fremden Liebhaber gegeben, das berührte sein persönliches Verhältniss und brachte ihn zur Raserei.[471]

Die Persönlichkeit beruht also auf der Selbsterkenntniss, indem das Ich sich als Eigenthümer seines Verstandes, seines Wissens und Vorstellens weiss, ebenso seinen Charakter, d. h. die allgemeinen Formen seines Willens kennt und drittens auch seine Fertigkeiten und Künste als ihm selber zugehörig auffasst, wohin auch sein Leib und seine physische Macht sein Vermögen u. s. w. gehört. Aber alle diese Selbsterkenntniss genügt doch noch nicht zur Definition der Persönlichkeit, sondern es gehört dazu zweitens eine metaphysische Erkenntniss; das Ich muss sich nämlich als Wesen einem anderen Wesen gegenüber in Verhältniss setzen. Erst in dieser metaphysischen gesellschaftlichen Beziehung kommt auch die Selbsterkenntniss überhaupt zu Stande, und daher hat Prof. Rauber in seinem Homo sapiens ferus ganz Recht, dass ohne Gesellschaft der Mensch nicht zur Erkenntniss seiner Menschheit kommen könnte;[472] denn das Ichbewusstsein ist zwar unmittelbar gegeben und durch kein mittelbares Erkennen jemals zu erreichen. Wenn wir aber nicht durch gewisse Erscheinungen, die wir nicht auf unser Ich als Ursache zurückführen kön-

nen, genöthigt wären, unserem Ich ein anderes Ich gegenüber zu stellen, so könnten
236 wir das Ich nicht zum Beziehungspunkte nehmen, um mit Beziehung | auf die zugeordnete Ursache der nicht von uns herrührenden Bewegungen den Begriff eines Selbst zu gewinnen. Die Idealisten täuschen sich, wie ich schon oft gezeigt habe, wenn sie die Begriffe als das Allgemeine bezeichnen; denn die Allgemeinheit ist dabei accidentell, und es würde hier schon die Zweiheit genügen. Das, worauf es ankommt, ist die Möglichkeit, das Ichbewusstsein zum Beziehungspunkte zu machen, und dies geschieht durch Deutung der Erscheinungen in der Weise, dass mit der Selbsterkenntniss zugleich die Kategorie der Ursache als zugeordnete entspringt, indem wir das Ich einem anderen hinzugedachten Ich gegenüber durch die Beziehungseinheit Selbst erkennen.

Mit der Selbsterkenntniss entspringen also sofort in demselben Schluss gegeben die socialen Beziehungen. Diese zu erörtern, wie sie zwischen Familiengliedern, in Freundschaften, in ökonomischen, civilrechtlichen und politischen Verhältnissen stattfinden, ist hier nicht unsre Aufgabe. Es liegt uns nur daran zu zeigen, dass ohne Ich und ohne Selbsterkenntniss kein einziges Verhältniss dieser Art möglich wäre.

# || Zweiter Theil. 237/238
# Neue Grundlegung der Logik.

# | Die neue Dialektik. *239*

## Einleitung.

Nothwendigkeit einer absoluten Methode.

Die Specialisten der Wissenschaft hegen überall die Meinung, dass man nur allmählich und mit vieler Arbeit in die eigenthümliche Methode Einsicht gewinne, die gerade für ihr Fach charakteristisch sei und sich weder durch das Studium eines anderen Fachs, noch gar durch philosophische Betrachtung a priori erwerben lasse. Diese Meinung hat ihren Grund erstens darin, dass die Specialisten oft ohne philosophische Vorbildung an ihr Fach gehen und die Methode daher erst an und in dem besonderen Stoffe kennen lernen. Ein zweiter Grund liegt in dem Verhältniss der Specialwissenschaften untereinander. Für jede Methode nämlich sind einerseits gewisse allgemeine Regeln, andererseits aber auch gewisse Gegenstände als Beziehungspunkte erforderlich, auf welche die Regeln angewendet werden sollen. Da nun die Anwendbarkeit der Regeln die Vertrautheit mit den Gegenständen voraussetzt, die Gegenstände aber in allen Specialwissenschaften verschieden sind, so scheint eine jede Wissenschaft ihre eigenen Methoden zu haben. Gleichwohl zeigt sofort das Beispiel der Mathematik, dass eine solche Annahme trügerisch ist; denn so sehr auch das Addiren, Subtrahiren und die Regel de tri[473] jedem Kinde geläufig ist, so zeigt sich doch ein Mediciner, der die Blutwärme technisch beurtheilen kann, ungeschickt in der doppelten Buchführung,[474] und ein Buchhalter versteht nicht sogleich die Rechnungen der Lehrer bei der Bestimmung der Censur u. s. w. Wenn nun die Kenntniss der Gegenstände, auf welche die Methode angewendet wird, das Wesen der Mathematik ausmachte, so müsste es eine medicinische Addition und eine davon verschiedene buchhälterische geben, d. h. man würde eingestehen, dass man von | der Mathematik noch nichts wisse. Die Meinung der Specialisten ist also *240* ebenso erklärlich, wie trügerisch; denn so gewiss auch die allgemeine logische Bildung noch nicht befähigt, sofort die spectroskopischen Linien zur chemischen Definition eines Körpers zu benutzen,[475] eine methodisch correcte chirurgische Operation am Ellbogengelenk zu machen, oder einen griechischen Satz zu construiren, so gewiss ist es dennoch, dass alle specialistischen Methoden auf den einfachen und allgemeinen logischen Grundsätzen beruhen und dass es nur eine einzige Logik giebt, welche von den specialistischen Anwendungen völlig unabhängig auf einen apriorischen Ursprung hinweist.

Wenn nun die Meinung der Specialisten sich sehr einfach aus dem perspectivischen Standpunkte, den sie innerhalb der Enge ihres Faches einnehmen, erklären lässt, so versteht sich auch leicht die Thatsache, dass Keiner von denen, welche die Logik oder die Methodenlehre wissenschaftlich behandelt haben, jene Meinung theilte, sondern dass alle Logiker ohne Ausnahme den universalistischen Charakter ihrer Wissenschaft proclamiren. Der Grund dieser Universalität liegt darin, dass alle Methode den Antheil des Denkens an der Erkenntniss der Dinge betrifft, dass aber das Denken oder der Verstand und die Vernunft von einerlei Art ist und mithin die Logik als Beschreibung des Denkens auch nur immer Formen von einerlei Art liefern kann. Wenn nun irgendwelche Gegenstände oder Inhalte des Bewusstseins gedacht werden sollen, so verfährt das Denken auf seine Art, ebenso wie die Vögel mit zwei Beinen, die Pferde mit vieren und die Fliegen mit sechsen gehen, d. h. es muss ein apriorischer Charakter der logischen Formen anerkannt werden, da wir nun einmal gerade auf die Art denken, wie wir nach der Natur des Denkens immer und von vornherein denken müssen. Denn das Pferd geht nicht desshalb auf Vieren, weil es sich über eine Wiese bewegt, oder weil es einen Berg erklimmt, sondern weil dies seine natürliche Fortbewegungsart ist.

Ist die Methode aber a *priori* bestimmt, weil sie aus der Natur des Denkens und nicht aus der Natur der zufällig gegebenen Gegenstände des Denkens herstammt, so folgt daraus zwar nicht, dass die Methode des Denkens von uns ohne vorhergehende eigene Uebung im Denken und ohne Erfahrung bei der Analyse fremder Gedankengänge erkannt werden könnte (eine solche Deutung des Apriorischen findet sich auch
241 nur bei Unwissenden oder Bornirten, | wesshalb es ein Zeichen der Ungerechtigkeit ist, wenn selbst kluge Köpfe der Hegelschen Dialektik dieses vorrücken);[476] es folgt aber, dass die Methode nothwendig einen *universalistischen* Charakter und eine *apriorische* Gültigkeit besitze; d. h. diese beiden Charaktere gehören als Coordinaten zu dem Begriff der Logik überhaupt. Ist dies aber zugestanden, so wird man weiter einräumen, dass es eine *absolute Methode* geben müsse, die man desswegen auch zu suchen und zu fordern hat, wenn sie nicht schon gefunden ist.

Unter absoluter Methode verstehe ich die *einzige*; denn sobald man eine *relative* Methode entgegensetzt, so muss man auch eine *Vielheit* derselben annehmen, da ja nach den gegebenen Bedingungen bald diese, bald jene brauchbar oder nothwendig sein wird. So wendet man z. B. bald den indirecten Beweis, bald den directen an und verfährt anders, um zu definiren, als wenn man einen Begriff eintheilen will. Eine absolute Methode ist daher nur die, welche von allen Bedingungen unabhängig eine einzige Form hat und mithin immer und überall zur Geltung kommt.

Es ist gar nicht anders zu erwarten, als dass die Philosophierenden im Anfang ihre Gedanken ausbildeten, ohne auf irgend eine Methode dabei zu achten, wie dies desshalb sowohl bei allen den älteren Philosophen vor Sokrates, als auch noch heute bei allen ungeschulten Menschen vorkommt und bekannt ist. Auf der zweiten Stufe der Entwickelung werden sich dann mehrere verschiedene Methoden bemerklich machen, wie man ja von Zenon und Sokrates zuerst solche Methoden im Denken oder Beweisen geübt und bemerkt sieht. Hierauf folgt natürlich, sobald die Aufmerksamkeit auf die Sache einmal gerichtet ist, die allmähliche Eroberung des ganzen Gebietes, ich meine die umfassende Ausarbeitung der Logik, wie wir dies bei Platon, Aristoteles und den Späteren in vielen Schriften vollzogen sehen. Ist aber diese grosse Besitzergreifung erfolgt, so findet die Arbeit doch nicht eher ihren Abschluss, als bis die Vielheit der in dem logischen System gegebenen Formen auf eine letzte und einzige Form zurückgeführt werden kann, welche als absolute Methode allen Modificationen zu Grunde liegt. Mir will es scheinen, wenn ich die Geschichte der Logik überblicke, als wenn erst auf Grund der Fichteschen Wissenschaftslehre Hegel eine solche Forderung gestellt und in seiner Dialektik ihr zu genügen versucht hat.

Man mag nun über Hegels Dialektik denken wie man will, | so wird man die sou- *242*
veräne Hoheit der von ihm geforderten Leistung doch nur dann ableugnen können, wenn man principiell eine Vielheit von Methoden nebeneinander fordern zu müssen glaubt. Es giebt in der That mehrere Philosophen, welche gleich auf den Titel ihrer Bücher schreiben, dass sie von der deductiven und inductiven Logik handeln wollen, oder bald eine analytische, bald eine hypothetische Behandlung ihres Gegenstandes verheissen;[477] allein es ist nur ihre Kurzsichtigkeit daran schuld, dass sie nicht bemerken, wie auf beiderlei Weise doch nur ein und dasselbe gethan, nämlich gedacht wird. Sie hätten also erforschen müssen, aus welchem Grunde man nach beiden Methoden denken könne, wenn das Denken nicht als Denken auf beiden Wegen gleich und identisch sein soll. Ein und derselbe Mensch kann zwar in Beziehung zu seinem Vater ein Sohn, in Beziehung zu seiner Schwester ein Bruder genannt werden und sich in beiden Beziehungen anders benehmen; gleichwohl muss, möge man das Verhältniss individuell, particulär oder abstract bestimmen, in der eigenthümlichen Natur des Menschen, welcher Sohn und Bruder ist, der Grund dieser gemeinschaftlichen Verhältnisse liegen. Desshalb kann ich auf keine Weise einräumen, dass es von Haus aus zwei verschiedene letzte Methoden des Denkens gebe, und ich behaupte, dass man bei solcher Voraussetzung mit Unrecht den gleichen Namen «Denken» für beide Wege gebrauche. Wer nicht eine absolute, d. h. eine einzige Methode des Denkens zugeben will, dem soll auch das Recht, den gleichen Namen des «Denkens» für seine verschiedenen Methoden anzuwenden, aberkannt wer-

den, und er soll sich darein finden, wie für das Sehen und Hören, so auch für den inductiven und deductiven, oder für den analytischen und synthetischen Weg verschiedene Geistesfunctionen in Anspruch zu nehmen, wodurch freilich die lächerliche Folge entsteht, dass dann beiderlei Methoden nicht mehr miteinander verglichen und von derselben Vernunft beurtheilt werden können, wie ja auch der Hörende nicht hören kann, was der Sehende sieht, d. h. es folgt, dass es bei solchen Annahmen mit der Wissenschaft zu Ende ist.

Also wollen wir dankbar anerkennen, dass Hegel den unvermeidlichen letzten Schritt gethan und eine absolute Methode gefordert hat. Ob wir aber seine Definition dieser Methode ebenso bewundern dürfen, das ist eine neue Frage, die eine längere Ueberlegung erfordert. Denn wenn ich hier eine neue Grundlegung der Logik
*243* verspreche, so soll dies natürlich nicht bedeuten, dass das | früher als logisch richtig Erkannte jetzt als unrichtig erscheinen müsste, sondern es soll die natürliche und nothwendige Arbeit der Logik zu ihrem Abschluss gebracht werden, indem ich die vielen noch immer zerstückelten Gesetze, Regeln und Formen des Denkens auf das eine und allgemeine Wesen des Denkens zurückführen will. Dass eine solche Aufgabe erkannt ist, dafür ist Hegels Dialektik ein Beweis; dass sie aber als noch nicht gelöst gelten muss, das bezeugt der fast allgemeine und oft frenetische Kampf der späteren Philosophen gerade gegen diese Dialektik. Der Grund, wesshalb Hegels Versuch misslingen musste, liegt in seiner falschen idealistischen Weltansicht. Mithin ist eine neue Grundlegung der Logik eine brennende Frage. Dass diese Frage bisher keine Arbeiter gefunden hat, erklärt sich leicht, wenn man sieht, wie der Markt von so vielen vorübergehenden Zeitinteressen erfüllt war, welche alle Arbeiter für sich in Anspruch nahmen. Die Wissenschaft selbst kümmert sich aber nicht um die ephemerischen Aufregungen und Parteiungen, sondern bestimmt aus ihrer Geschichte die Werthunterschiede der Arbeit und wirft diejenigen bei Seite, welche bloss den Anregungen des Tages folgen, statt die Führung der inneren Bewegung der Wissenschaft zu übernehmen.

## Erstes Capitel.
## Die Hegelsche Dialektik.

Um die Hegelsche Dialektik zu schätzen, braucht man nur einen Blick zu werfen auf die fragmentarische und vom Zufall bestimmte Art der Forschung und Demonstration, die sich vorher überall verbreitet fand. Das ganze Mittelalter ist gleichsam ohne eigenen Verstand, weil «der Philosoph», wie der heilige Thomas sich auszudrücken liebt,[478] den nöthigen Bedarf daran geliefert hatte. Ein Bacon taumelt nur so auf die Induction zu, weil er von den tradirten Methoden diese am Besten versteht und von dem Wesen des Syllogismus und des Denkens überhaupt nicht mehr versteht, als ein Mill;[479] Locke streitet gegen Donquixote's Mühlen, indem er angeborene Ideen, die kein Mensch in der von ihm bekämpften Fassung geglaubt hat, mit tausend Streichen zu überwinden sucht.[480] Spinoza schwärmt für geometrische Methode in der Philosophie[481] und ahnt nicht, dass einst schon einmal ein grosser Geometer | gezeigt hat, die Philosophie müsse alle blinden Hypothesen, Definitionen *244* und Axiome, wie sie auch die Mathematik noch voraussetzt, aufheben, um voraussetzungslos und wissenschaftlich zu sein.[482] Dass Spinoza daher in allen logischen und metaphysischen Fragen nicht einmal dazu kommt, die früheren Leistungen zu verstehen, ist gar nicht verwunderlich. Leibnitz überragt die Andern zwar um Haupteslänge, sein Genie treibt ihn aber nur zu Entdeckungen auf specielleren Gebieten, wie in der Mathematik und Mechanik; in der obersten Sphäre des Denkens ringt er bloss darnach, sich mit den überlieferten Begriffen des Aristoteles und der Theologen auszugleichen und durch seine grössere gelehrte Bildung die ungenügenden Versuche der Neuerer, eines Cartesius, Locke und Anderer, abzuweisen; er findet aber keine neue Methode der Philosophie, sondern benutzt die genauer bestimmten Aristotelischen Wege.[483] Leider müssen wir auch Kant in diesen Kreis versetzen; ja er steht durch seine Abhängigkeit von der überlieferten Psychologie und Logik und durch die biedere Fügsamkeit, mit welcher er sich den Kategorien unterwirft, entschieden unter dem souveränen Geiste der Untersuchung, der bei Leibnitz alle Principien nach ihrer Rechtsgültigkeit prüft.

Ueber alle diese Denker erhebt sich Hegel durch seine neue Methode, durch welche das Denken sich erst die Krone aufsetzt und mit einer selbstherrlichen Autorität alle Ordnung der Bewegung in den vielen vermittelten Gebieten der Erkenntniss bestimmt. Wenn man daher den Kreis der eben erwähnten hochansehnlichen Würdenträger der Philosophie überblickt und ihre Schriften mit einer Hegelschen vergleicht, so ist man über den grossen Abstand betroffen; denn mögen jene auch im Einzelnen Vortreffliches, ja in gewisser Beziehung Feineres und Richtigeres bieten, als Hegel, so fehlt ihnen allen doch der königliche Sinn, der durch die absolute Methode alle Untersuchungen durchwaltet und eine bei Weitem überlegene Betrachtung aller Dinge mit sich führt. Wollen wir erklären, wie Hegel auf seinen Gedankengang kam, so lässt sich die historisch-psychologische Anregung leicht auffinden, und man hat schon mehrfach darauf hingewiesen, dass Kant in den Kategorien immer eine Dreitheilung bemerkte und die dritte Kategorie jedesmal als zusammenfassende Einheit der beiden anderen nachwies.[484] Wie er selbst darüber nachdenklich wurde, so ist es natürlich, dass, wenn noch eine weitere Hülfe hinzukam, auch ein kluger Leser auf neue Gedanken gerathen musste. Diese Hülfe kam | durch *245*

Fichte, der in seiner Wissenschaftslehre die absolute Methode entsprechend den drei logischen Principien der Identität, des Widerspruchs und Grundes in Thesis, Antithesis und Synthesis gliederte,[485] vom Ich als absolutem Bewusstsein oder Einheit von Subject und Object ausging und dadurch die Möglichkeit sehen liess, nicht bloss die Kantischen Kategorien, sondern alle Gegenstände des Denkens überhaupt in einen logischen Process aufzulösen.

Allein so interessant auch für das Verständniss der persönlichen Entwicklung des Philosophen solche Anknüpfungen an frühere Arbeiten sind, so dürfen sie doch die im Wesen der Sache liegenden Coordinationen nicht verdrängen, die vor Allem Zweck der Forschung bleiben. Demgemäss müssen wir nach zwei Seiten die Coordinaten der Hegelschen Dialektik aufsuchen, erstens nach der Seite des Inhalts, der begriffen und methodisch erforscht werden soll, und zweitens nach der Seite der bisher angewandten Methode, die noch auf einer unvollkommenen Stufe stehen geblieben war.

1. Die Vernunft in der Natur.

Was den Inhalt alles Denkens betrifft, so war bei Kant ein unerkennbares Ding an sich und bei Fichte ein dilettantisch eingeschobener «Anstoss» übrig geblieben, wodurch das Denken sich von aussen, d. h. empirisch bestimmt sah.[486] Es ist eben ein blosses Zeichen von mangelhaftem Studium oder von Unfähigkeit, wenn einige Geschichtsschreiber der Philosophie immer bei Fichte «den strengsten subjectiven Idealismus» antreffen wollen, während dieser mit starken und derben Worten die Nothwendigkeit einer rein empirischen Erkenntniss selbst hervorhebt. Mithin ist eine absolute Methode unmöglich, wenn ein unerkennbares Ding an sich uns beliebig und auf unberechenbare Art und Weise afficirt und der empirischen Erkenntniss seine eigenen Wege weist. Sollte desshalb hier geholfen werden, so musste das Object der äusseren Welt erkennbar, d. h. es musste der Vernunft oder dem Denken gleichartig werden; denn nur unter dieser Voraussetzung konnte eine allgemeine und einzige Methode a priori alle Forschung regeln. Dieser Voraussetzung konnte Hegel nun leicht nachgeben, da er durch gründlicheres Studium von Platon und Aristoteles mit dem griechischen Idealismus vertraut geworden war und das Ding an sich als Vernunft (λόγος), die Natur als demiurgische Vernunft, als sich selbst bewegende Seele, die zur Vernunft sich entwickelt, die Materie als blosses Vermögen, das seine Entelechie in der Seele und in der Vernunft hat, und ähnliche Formulirungen überall gefunden und sich zu eigen gemacht hatte. Nun war für ihn der
246 Bann gebrochen. Die Vernunft | draussen in der Welt und die Vernunft im Innern des Bewusstseins mussten ja von einerlei Wesen sein, und mithin musste eine Methode, die innerhalb des reinen Denkens sich aufdrängt, auch als allgemeine Weltlogik Gültigkeit haben, so dass keine Empirie im Wege stehen konnte, sondern vielmehr auch die empirische Forschung ihren zufälligen und zerstückelten Charakter

verlieren und unter Leitung der allgemeinen Dialektik zu einer sicheren und lückenlosen Enthüllung des Natürlichen fortschreiten musste.

Dies ist also die den Inhalt des Denkens betreffende Coordinate für die Hegelsche Dialektik; denn es wäre ja albern gewesen, in der Naturforschung und Weltgeschichte einen dialektischen Process zu fordern und zu suchen, wenn die Natur nicht als irgendwie verkappte Vernunft und das Zufällige der Geschichte nicht als nothwendige Schlussfolge aus den Verhältnissen als allgemeinen Vernunftprämissen vorausgesetzt wäre. Darin lag zugleich die Annahme, dass die Welt gewissermassen endlich entlarvt sei und uns nichts Neues mehr verrathen und offenbaren könne; denn das Höchste, was die sinnenfällige Natur bedeute, schliesse sich im Seelenleben auf und die Seele erkenne sich ihrem Wesen nach in der Vernunft, so dass also die Vernunft das Facit des ganzen Weltproblems enthalte und, da die Vernunft sich selbst durchsichtig ist, auch die absolute Wahrheit ohne Rest erkannt, ausgesprochen und dialektisch deducirt werden könne.

2. Die objective Wendung der Fichteschen Methode.

Prüfen wir nun zweitens die frühere Methode. Sollten wir wirklich annehmen, dass das von Fichte geforderte thetische, antithetische und synthetische Verfahren[487] nur wie ein zufälliger Einfall sich unerwartet eingefunden habe? Es ist freilich nicht zu leugnen, dass in Fichte's Wissenschaftslehre diese Methode gleichsam von ungefähr herabregnet; allein die Beziehungen, die er selbst im Laufe seiner Darstellung hervorhebt, lassen doch sehen, dass eine gewisse Nothwendigkeit dem Einfall zur Geburt verholfen hat. Fichte nämlich erinnert selbst an die logischen Principien der Identität, der Contradiction und des Grundes.[488] Wenn wir nun die bei den früheren Philosophen üblichen analytischen, synthetischen, inductiven und deductiven Methoden betrachten, so werden doch für eine jede derselben die gleichen logischen Principien vorausgesetzt und wirklich gebraucht, um auch nur das Allergeringste logisch darzustellen und zu erweisen. Ein strammes Denken musste also dazu führen, die früheren Methoden als Particularitäten an|zusehen *247* und in die principielle Region aufzusteigen, in welcher man dann nur eine einzige allgemeine Norm des Denkens finden konnte. Obgleich Fichte diesen Gang besonnener Ueberlegung nicht eingeschlagen hat, so gerieth er doch von selbst auf das gleiche Resultat, da er scharfsinnig in der transscendentalen Einheit des Bewusstseins bei Kant das Princip der ganzen Vernunftkritik erkannte und dadurch in die Region versetzt wurde, wo die Principien zu Hause sind und zu oberst alles Particuläre regeln. Nun ist es klar, dass die Identität überhaupt auf Setzung (Thesis) im Bewusstsein, d. h. auf irgend einen Inhalt des Denkens führen muss. Der Satz des Widerspruchs (Antithesis) zeigt aber, dass nothwendig ausser dem Einen noch etwas Anderes zu setzen sei, das der Identität widerstrebe. Der Satz des Grundes (Synthesis) endlich verlangt eine Vereinbarung zwischen Entgegengesetzten, die sich irgendwie bestimmen. Da die frühere Logik keine anderen Principien als diese kannte, so war es natürlich, dass sich in ihnen nun die allgemeine Natur des Denkens selbst darzustellen schien, und die Fichtesche Methode in der Wissenschaftslehre ist desshalb abgesehen von der ungeschulten und unreifen Art ihrer Anwendung gewissermassen eine Krönung der früheren logischen Arbeit.

Da Fichte seine Wissenschaftslehre nicht in der Weise verfasste, dass er etwa durch vieles Lehren gereifte Erkenntnisse hätte endgültig befestigen wollen, sondern da die Abfassung des Buches selbst wie eine Presse die noch nicht ausgereiften Gedanken aus ihm gleichsam herausdrückte, so ist es natürlich, dass Anfang und Ende des Buches wenig in Einklang steht, und dass z. B. das Ich, welches am Anfang seiner Wissenschaftslehre sich selbst schlechthin setzt, später «gar nicht von dem im wirklichen Bewusstsein gegebenen Ich, sondern nur von einer Idee des Ich»[489] gelten soll. Es begreift sich daher leicht, dass für Hegel, der eine bessere Schule bei den alten Griechen durchgemacht hatte und auch in der Wissenschaftslehre Anfang und Ende vergleichen konnte, die Methode nicht den scheinbar subjectivistischen Charakter, wie bei Fichte, behielt, sondern von Anfang an gleich, auf die Idee bezogen wurde, so dass nun das Subjective und das Objective in ursprünglicher Indifferenz sich in die dialektische Bewegung versetzte. Hierdurch wurde es auch nothwendig, nicht gleichsam von aussen mit der Reflexion das antithetische und synthetische Verfahren nach dem thetischen zum Besten zu geben, sondern die Reihe des Pro-
248 cesses schon in dem Princip potentiell | zu bergen, so dass dieses absolute Princip, wie die Aristotelische Natur (φύσις), von selbst zur Entwickelung seiner selbst überging und den Grund der Bewegung in der Negativität als dem antithetischen Moment erhielt, welches sich mit dem Thetischen dann zur Synthesis vermittelte und doch trotz aller Uebergänge bei sich blieb. Darin sehe ich das Charakteristische der Dialektik Hegels, dass er gewissermassen Fichte zu Verstande gebracht hat, indem er die Momente der Methode derart in Eins setzte, dass die dialektische Bewegung und der immanente Process der logischen Entwickelung daraus hervorgehen musste, der gleichgültig die natürlichen objectiven Erscheinungsformen, wie die subjectiven Bestimmungen des seelischen und geistigen Lebens heraussetzt und zu sich in absoluter Selbsterkenntniss nur zurückkehrt, um den unendlichen Cirkeltanz von Neuem zu beginnen und ihn ebenso ewig begonnen, fortgesetzt und beendigt zu haben.

Da die Hegelsche Philosophie grossartig genug ist, um unser Interesse länger in Anspruch zu nehmen, so will ich den Ursprung seiner Dialektik noch deutlicher durch seine Stellung zu Fichte und Kant in's Licht setzen. Kant hatte in seiner Kritik der praktischen Vernunft in der Freiheit ein absolutes Princip gefunden, welches jeden empirischen Inhalt und damit allen von aussen kommenden Zwang und jede zufällige Particularität des Interesses verschmäht.[490] Indem dieses im Subject anerkannte Princip nun bloss das Allgemeine und Nothwendige zu seinem Inhalte hat, wird es zugleich völlig leer und formal und muss seinen ganzen Inhalt draussen suchen, weshalb Kant naiv projectivistisch einen äusseren Gesetzgeber in Gott nach dem Schema der projectivischen Volksreligion postulirte.[491] Welchen Fortschritt macht nun Fichte? Er geht ganz in Kants Gedanken ein, findet aber, dass dieser äussere Gott bei Kant, als postulirt, bloss sein soll und desshalb nicht existirt, es sei denn soweit er durch unsre postulirende praktische Vernunft bestimmt wird. Diese Postulate Gottes und der Weltregierung zieht Fichte desshalb in die Vernunft zurück, um ihren Inhalt lebendig zu machen; denn der Gott lebt ja nur durch unsre praktische Vernunft.[492] Mithin ist nun Kants Ideal erfüllt; der Gott ist lebendig geworden in uns, er ist unser sittliches Leben; die Weltregierung ist kein transscendenter Traum mehr, sondern wird von uns in sittlichem Handeln realisirt. Diese pantheistische Wendung, wodurch Fichte die etwas kindischen Postulate Kants zur Vernunft brachte, erfüllte den Geist mit | einer unendlichen Kraft und Herrlichkeit, *249* wie sie sich z. B. in den Reden an die Deutsche Nation ausspricht.[493] Zugleich aber war plötzlich die äussere Welt entgöttert, und man begreift leicht, dass die Collegen Goethes am Ministertische, ebenso wie die wachsamen Vertreter der Kirche sich darüber entsetzten, dass ihr Herrgott von Fichte abgeschafft wurde.[494] Und hatten sie nicht Recht? Denn woher sollte denn die ausser dem Ich vorhandene natürliche Welt stammen? Woher sollte der empirische Anstoss kommen, den selbst Fichte nicht entbehren konnte? Da trat Hegel in die Action ein und gab der Natur den Gott zurück, aber nur unter der Bedingung, dass er sie mit der ganzen Fülle des göttlichen Geistes durchdringen durfte. Nun schien das Räthsel gelöst zu sein; denn die Natur ist nur der veräusserlichte, auseinander gesprengte Geist, der sich im Ich wieder zusammenfasst und dann zu objectivem und absolutem Leben übergeht.[495] Der Standpunkt ist pantheistisch im Gegensatz zu Kant, theistisch aber im Gegensatz zu Fichte, da die äussere Natur nicht mehr ausser den Alles umfassenden Banden des göttlichen einen und allgemeinen Lebens bleibt und das subjective Element vor der objectiven und absoluten Totalität verschwindet.

Wenn man diesen auf dem Boden der praktischen Philosophie sich abspielenden Gedankenprocess in's Auge fasst, so ist es nicht schwer, die zugeordnete Coordinate auf dem Gebiete der Logik abzuleiten; denn es leuchtet ja auf den ersten Blick ein, dass die Sinnlosigkeit jener Kantischen Methode, die in ungehöriger Nachahmung der Mathematiker ein Wesen postulirt, das man nicht kennt, durch Fichte zwar aufgehoben war, dass dieser aber seine neue absolute Methode nur im Gebiete des reinen Geistes anwenden konnte, während eine rathlose Empirie ihm für das atheistische Nichtich übrig blieb. Mithin musste nun Hegel in strenger Coordination

21 entbehren konnte] entbehren konnte, um sein absolutes Leben zu verwirklichen *Ms*

mit dem eben analysirten Gedankengang wegen der Identität des logischen Geistes in der Natur und in dem Subject eine absolute Methode in's Leben rufen, die nichts ausser sich lässt, sondern nach dem logischen Wesen des Einen Alles umfassenden Princips auch die natürliche Sphäre in derselben Weise entwickelt wie die Sphäre des Ichs. Kurz, die neue Hegelsche Dialektik ist eine nothwendige Coordinate für die Neuordnung der theologischen und praktischen Philosophie und desshalb nicht sinnlos, sondern gewissermassen unvermeidlich für Jeden, der die Wege des intellectualistischen Pantheismus einschlägt.[496]

## *250* | Kritik der Hegelschen Dialektik.

Ungenügender Standpunkt der Gegner Hegels.

Wenn sie ebenso oft verstanden wäre, wie sie beurtheilt und namentlich widerlegt worden ist, so bedürfte die Hegelsche Dialektik vielleicht keiner weiteren Kritik. Allein weder die Herbartianer, noch auch Trendelenburg[497] haben sie verstanden, obwohl ihnen ja eingeräumt werden soll, dass viele Fehler und meinetwegen auch Windbeuteleien, deren sich Hegel zuweilen schuldig machte, von ihnen gebührend erkannt und gegeisselt worden sind. Die Herbartianer aber beurtheilen ihren Angeklagten nur vor dem Tribunal der formalen Logik,[498] welches jener überhaupt nicht anerkennt, und Trendelenburg drückt einzig auf die Idee einer apriorischen Beweisführung, welche Hegel verspreche, während doch überall empirische Kenntnisse und eine reichhaltige, erworbene Bildung bei ihm sichtbar würde,[499] als wenn Hegel nicht mit seiner Philosophie und Methode erst anzufangen versucht hätte, nachdem er alles Wissenswürdige sich zu eigen gemacht, und als wenn er nicht gerade die Gediegenheit der Erkenntniss darin gesetzt hätte, dass man das empirisch möglichst vollständig Aufgefasste apriorisch entwickeln könne.

Die degenerirten Hegelianier oder die empiristische Entwickelungslehre.

Da diese Kritik also ihr Werk nicht gethan hat, so darf man fragen, ob etwa eine neue und bessere Methode seitdem zur Herrschaft gekommen sei. Ich meine aber natürlich nicht kleine Modificationen, welche den Sinn der ganzen Unternehmung stehen lassen; denn an solchen Bauflickereien kann es niemals fehlen, da schwerlich ein Mensch sich völlig die Gedankengänge eines Anderen zu eigen machen kann und Remontearbeiten ausserdem unter dem immer zerstörenden Einflusse fortschreitender Empirie erforderlich werden.[500] Ich kann nun nirgends eine Spur neuer Dialektik erblicken und finde vielmehr im allgemeinen Gebrauch entweder nur die Hegelsche Methode in reiner und in degenerirter Form, oder die früher schon bekannten.

Von der bei den ächten Hegelianern gebräuchlichen Dialektik will ich nicht im Besonderen reden, weil wir sie gleich ihrem Princip nach beurtheilen wollen; dagegen verdient die degenerirte eine gewisse Beachtung. Man hätte nämlich kaum erwarten sollen, dass gerade die lautesten Schreier, welche vor dem Palast der aprioristischen Speculation unaufhörlich die rothe Fahne der Er|fahrung schwenkten,[501] 251
schliesslich klein beigeben und sich unterjochen lassen würden. Dies Unerwartete ist aber dennoch eingetreten; denn in der empirischen Forschung ist allmählich die sogenannte «Entwickelungstheorie» als die vornehmere und geistreichere Auffassung des Erfahrungsmaterials zu hauptsächlichem Ansehen gekommen, und nur die mangelnde philosophische Bildung schützt ihre Anhänger davor, sich als degenerirte Hegelianer zu erkennen. Ohne in das Detail einzugehen, will ich diese Behauptung in's Licht rücken, indem ich die zugehörigen Coordinaten nach den beiden massgebenden Gesichtspunkten heraushebe.

Der erste Gesichtspunkt ist der Begriff der Entwickelung selbst Wenn ich nun gegen diese Theorie auftrete, so will ich nicht den Schein hervorrufen, als wenn ich die zugehörigen Forschungen und Entdeckungen geringschätzte, da ich doch im Gegentheil von Jugend auf Freund und Genosse empirischer Arbeit gewesen bin; es dreht sich nur um die Deutung der Thatsachen, um die wegen ungenügender philosophischer Bildung blind aufgerafften Begriffe, in denen sich die Empiriker gefallen. Denn wer bloss die wirkenden Ursachen (causae efficientes)[502] anerkennt, hat gar kein Recht, von Entwickelung zu sprechen. Der Begriff der Entwickelung setzt den Begriff der Vollkommenheit und des Zweckes, einer Idee und einer Tendenz, aus dem dynamischen Zustande zur Entelechie fortzuschreiten, voraus. Da nun die Empiriker als Empiriker die Begriffe, welche sie gebrauchen, nicht zu analysiren vermögen, weil dies Sache der Philosophie ist, so nehmen sie arglos dergleichen Termini in Gebrauch, die doch mit ihrer sonstigen Weltansicht in Widerspruch stehen, und im Besonderen hat man sich in der neueren Zeit aller der Begriffe bedient welche aus der Schellingschen Schule stammten, (wie sie sich z. B. schon bei K. E. von Baer finden),[503] und die ihren beredtesten Ausdruck schliesslich in Hegel's Logik gewonnen haben.[504] So kommt es, dass selbst solche einem tieferen Nachdenken abholde Schriftsteller, wie Spencer,[505] die alles Geschehen bloss aus blinden äusseren Ursachen hervorgehen und die Differenzirungen durch andre dergleichen mechanische Mittel wieder integriren lassen, ebenso wie diejenigen, welche so viel von dem Kampf um's Dasein, von Anpassung, Vererbung und Zuchtwahl sprechen,[506] am Ende doch immer alle diese Vorgänge dem Fortschritt zu vollkommeneren Daseinsformen dienen lassen, also im Stillen, ohne es selbst zu wissen, der idealistischen Entwickelungstheorie huldigen, da die sich erhaltenden Formen | sich als die zweckmässigen und vernünfti- 252
gen herausstellen, wesshalb Hegels Satz, dass alles Vernünftige wirklich ist und alles Wirkliche vernünftig,[507] durch die empiristische Entwickelungstheorie nur bestätigt

wird. Einen degenerirten Hegelianismus aber kann man diesen Richtungen zuschreiben, da sie nicht im Stande sind, einzusehen, dass die von ihnen zu Grunde gelegten Begriffe von Fortschritt, Selbsterhaltung, Zweckmässigkeit und Entwickelung nothwendig zu der idealistischen Annahme von einer Vernünftigkeit der Welt zwingen und dass sie daher nur unter dem Anhauch des dialektischen Grundgedankens ihre Forschungsresultate ordnen und begreifen können.

Der zweite Gesichtspunkt betrifft die Bedeutung des *Allgemeinen*. Während die idealistische Philosophie, welche die Idee, das Wesen oder das Allgemeine als das wahrhaft Seiende dem Einzelnen und Zufälligen, den Erscheinungen und Manifestationen gegenüberstellte, früher von den Empiristen verspottet wurde, da diese Allgemeinheiten leere Abstractionen wären und da nur im Gebiete der einzelnen in Zeit und Raum wirkenden Ursachen das Wirkliche angetroffen werden könnte: so zeigt sich jetzt der Weg nach Canossa von den büssenden Empirikern stark frequentirt;[508] denn, nachdem sie erst eine reichlichere Menge von einzelnen Erscheinungen überblickt haben, dämmert ihnen nun von der Gesammtheit derselben immer der gleiche Farbenglanz entgegen, und so fangen sie an, gegen die einzelnen Erscheinungen gleichgültiger zu werden und im Staunen über die Allgemeinheit des Eindrucks sich vor der Macht des Universellen zu beugen. Sie kommen daher, wie Leute von langsamem Kopfe, erst durch den allmählich zunehmenden Druck der gleichartigen Vielheit dazu, das, was die Idealisten durch speculative Betrachtung schnell begriffen hatten, zu sehen, nämlich dass das Einzelne im Allgemeinen enthalten sei. Nun springen vor ihren Augen überall die Allgemeinheiten hervor, über die sie früher gespottet hatten; sie sehen plötzlich eine Volkspsychologie,[509] reden zuversichtlich von der Volksseele der Stadt Berlin,[510] finden die Nationalität als eine reallebendige Macht, an welcher der Einzelne nur wie ein Zweig oder ein Blatt wachse, staunen vor der ideellen Allgemeinheit des Staates und der Cultur, an deren Lebensmacht die einzelne Persönlichkeit nur wie eine vorübergehende Manifestation theilnehme, und beugen sich vor dem objectiven Geist der öffentlichen Meinung und
253 den Tendenzen des Jahrhunderts oder der Gegenwart, denen man sich hingeben | müsse, um an den Früchten gemeinsamer Arbeit theilzunehmen, seine kleine Partialaufgabe angewiesen zu erhalten und bescheiden mitzuarbeiten. Wie für die Geschichte, so suchte man auch in der Natur grosse Reihen aufzufinden, in welchen das gegebene Pflanzen- oder Thierindividuum mit seiner morphologischen und biologischen Eigenthümlichkeit bloss als eine verschwindende Erscheinung innerhalb grosser Gleichförmigkeiten mit wachsenden oder abnehmenden partialen Elementen eingeordnet wurde. Das Interesse richtete sich desshalb von dem Einzelnen weg auf das Allgemeine hin; dieses selbst wurde zum Träger der Erscheinungen, die an ihm wechseln und in denen es sich entwickelt und auslebt. So kommt also auch für die Natur das Allgemeine zu Ehren und die Verächter Hegels müssen als unehelicher

Nachwuchs die abgetragene Livree[511] des Idealismus anlegen, weil ihre Nothdurft sie zwingt.

Der gut gemeinte Ideal-Realismus.

Ausser diesen unschuldigen Idealisten giebt es sonst keine Liebhaber der neuen Hegelschen Methode. Vielmehr wird die alte deductive und inductive Logik ohne Scrupel gebraucht; denn die modernen Reformversuche, die sich besonders auf eine Art Stenographie in der Logik beziehen,[512] haben ja keine elementare und principielle Bedeutung. Eine kurze Erwähnung verdient aber vielleicht der sogenannte Ideal-Realismus, weil er durch ein häufig gebrauchtes, obwohl recht untergeordnetes Handbuch (Ueberwegs Logik) verbreitet ist.[513] Diese Ideal-Realisten nennen nämlich die Kantisch-Herbartische Logik formal und subjectivistisch, weil sie sich um die metaphysische oder reale Bedeutung der Begriffe nicht bekümmere, die Hegelsche Logik dagegen metaphysisch, weil Hegel die Idee als real auffasse und die logischen Formen als Seinsformen betrachte.[514] Zwischen beiden Einseitigkeiten suchen sie nun die goldene Mitte und wollen die logischen Formen immer parallel laufen lassen mit den Seinsformen, nicht so, als wenn beide identisch sein könnten, sondern nur so, dass die logischen Formen sich irgendwie in Einvernehmen und Anpassung an die Seinsformen setzten und sich dafür von diesen als wahr legitimiren liessen. Diese Richtung soll sich an Schleiermacher,[515] Beneke[516] und Trendelenburg anschliessen und mehr oder weniger auch mit Aristoteles übereinstimmen. Demgemäss will man das metaphysische Correlat der Begriffe, Urtheile und Schlüsse diesen logischen Formen irgendwie ähnlich finden, wesshalb man sogar wieder von Urbild und Abbild spricht und das reale Urbild der Wahrnehmung nicht nur | mit Raum und Zeit ausstattet, *254*
sondern auch für die Legitimirung der Urtheilsformen die Bewegungen realisirt.

Diese Ideal-Realisten kranken nun an einem schweren Uebel, das ihnen den Tod bringt; denn sie können das reale Gegenbild, das Ding an sich, das metaphysische Correlat, oder wie sie diese ihre schönere Hälfte schmeichlerisch zu nennen belieben, leider auf keine Art nachweisen, da Alles, was sie als solches ausgeben, doch eben nur ihre subjectiven Vorstellungen und Begriffe sind. Sie verhalten sich also wie der edle Ritter von der traurigen Gestalt, der auch immer mit Emphase von der Schönheit der Dulcinea von Toboso spricht[517] und doch nicht im Stande ist, zu zeigen, dass dieses Urbild noch ausserhalb seiner Einbildung vorhanden sei. Desshalb ist es geradezu komisch, wenn sie erst den metaphysischen Gegenstand durch Projection ihrer Vorstellungen erschaffen und nachher ihre Vorstellungen durch dies Phantasma verificiren lassen. Schon bei Trendelenburg tritt diese Sachlage recht verdriesslich dadurch hervor, dass er zuerst die in der Sphäre der Gesichtsvorstellungen und Tastbilder gegebene Bewegungsvorstellung nach Aussen projicirt und dann dieser realen Bewegung entsprechend auch noch eine Bewegung der Vorstellungen als ideelles Gegenbild fordert,[518] wodurch die Wirklichkeit zur Metapher der Metapher wird und der Mensch sich seinem Bilde im Spiegel ähnlich findet. Was aber bei Schleiermacher und Trendelenburg noch in dichterischer Schönheit verhüllt erschien und durch den Zauber ihrer vornehmen Natur gleichsam geweiht war, das tritt bei dem nüchternen und prosaischen Ueberweg in einem ordinären Handbuche so unverschämt nackt hervor, dass man vor Erstaunen über solchen Mangel an Verstand fast erschrickt; denn wie muss es mit der Durchschnittsbildung stehen, wenn solche Köpfe das Wort führen können!

Ich will aber doch gern auch diesen Bestrebungen etwas Gutes lassen; man erkannte nämlich in der Hegelschen sogenannten «metaphysischen» Logik den Grundfehler, dass das Seiende rücksichtslos und bewusst mit dem Ideellen oder Logischen identificirt war, und wollte nun den Fehler meiden und bescheiden das Seiende zum Richter und Urbild für das «*Nach*denken» nehmen.[519] Hieran war dies das Gute, dass man das Seiende ausserhalb des Ideellen suchte; dass man es aber nicht finden konnte, sondern theils die sinnlichen Vorstellungsbilder für die Wirklichkeit hielt, theils die Idee oder das ideale Prius[520] u. dergl., das zeigt zur Genüge, *255* welcher | Bann auf allen diesen Denkern lag, wie sie die Gefahr der brennenden Flamme erkannten und sich doch nach einigem Umherflattern von ihr verzehren liessen. Denn wer sähe nicht, dass alles, was sie als objectives und reales Sein bezeichnen, doch auch nur Vorstellungen und Gedankenbestimmungen sind, und dass also Hegels Energie ihnen immer überlegen bleibt, der mit dreister Zuversicht die Welt der Vorstellungen zur einzigen machte. Loben wir also an den Real-Idealisten ihr Krankheitsgefühl, ihre Sehnsucht nach dem Realen, ihren Respect vor einer Macht, die von Hegel nicht berücksichtigt war! Gesundheit aber, Erfüllung der Sehnsucht und Autorität der Erkenntniss können wir bei ihnen nicht finden.

Kritik der Hegelschen Dialektik. 1. Die Welt als Vorstellung.

Da nun diese Späteren weder ganz aus den Bahnen des Hegelschen Gedankens herausgehen, noch eine neue Methode finden konnten, so müssen wir versuchen, die Kritik der Dialektik dadurch zu geben, dass wir ihre Nothwendigkeit völlig begreifen, d. h. dadurch, dass wir das Coordinatensystem aufzeigen, in welches sie gehört, womit dann zugleich auch ihr Urtheil gesprochen ist.

Wenn man sich also vergegenwärtigt, dass Hegel alle Gegensätze indifferenziren und sie durch inneren Widerspruch dann wieder entspringen lassen wollte, um sie in concretem Denken zu vermitteln, wobei der Process des Denkens zugleich die Bewegung der Sache selbst sein sollte: so ist zunächst völlig klar, dass wir von den stolz aufgebauschten Gegensätzen, zwischen denen die gewöhnlichen Denker sich eingeklemmt fühlen, einen formellen Abschied nehmen müssen; denn das Endliche und Unendliche, Erscheinung und Wesen, das Einzelne und die Idee, Welt und Gott, Natur und Geist u. s. w. sind nichts anderes als Projectionen unserer Vorstellungen; zwischen diesen Gegensätzen glaubt man, wie zwischen realen Wesen, Versöhnungsversuche anstellen zu müssen, während sie vielmehr in unseren Vorstellungen friedlich in demselben Bette schlafen, *genau so, wie der Umfang und der Inhalt eines Begriffs*. Wenn man nämlich an das Ich, in dessen Bewusstsein alles Gedachte gegeben ist, und an die Denkthätigkeit des Ichs sich nicht gerade erinnert, so wird durch natürliche Phantasmagorie[521] die Selbständigkeit und Lebendigkeit auf jenen Vorstellungsinhalt übergehen,[522] und es scheinen nun die im Umfang eines Begriffs gegebenen Erscheinungen (Vorstellungen) sich in den Inhalt (Wesen, Begriff, Allgemeines) zu verdichten, sich von ihm als einem Identischen und Unendlichen damit zu|gleich als etwas Anderes und Endliches abzuscheiden und 256 doch auch nur ihr Wesen in ihm zu haben als seine Erscheinungen, so dass dies Wesen nur in dem Einzelnen da ist, es beseelt und vernünftig macht und in allem Wechsel desselben bei sich bleibt, ja in dieser Bewegung sich erst in seiner Wahrheit erfasst. All dies concrete Denken, diese immanente dialektische Bewegung, dieser Process des Seins und Gedankens ist darum bis zum Greifen deutlich und in allen Consequenzen vollkommen nothwendig, sobald man die jedesmal zugehörigen Coordinaten auffasst; denn sobald man das Ich und seine Denkfunction ausser Augen lässt und den Inhalt des Gedachten für sich projicirt, so bekommt man sofort die Hegelsche Logik. Man probire es zum Spass bei irgend einem Punkte seiner Dialektik, z. B. bei der Repulsion und Attraction, so sieht man gleich, wesshalb «die vielen Eins ihr Dasein oder Beziehung aufeinander als Nicht-Beziehung» haben, dass sie «seyende Andere gegen einander» sind, dass sie also «im Leeren» sind.[523] Denn hierbei wird ja nur unsere Vorstellungsweise mit dem zugehörigen Wörterapparat projicirt, da wir das Viele aufeinander beziehen, indem wir es von einander abtrennen und also etwas Leeres zwischen ihnen lassen, aber es wird gar keine wissenschaftliche Untersuchung angestellt, und z. B. nicht etwa der Begriff des Raums nur im Entferntesten ergründet und definirt, sondern man geht nur ganz bequem mit seinen Vorstellungen spazieren, indem man an allen Punkten des gewöhnlichen Bewusstseins vorbeikommt und alles mitnimmt. So stellt man sich dann wieder leicht weiter vor, dass «dies sich als Eins setzen» ein «gegenseitiges Negiren» ist,[524] weil wir dies ja bei unserer Vorstellung thun und zugleich all unser Thun in die Objecte projiciren. Und da wir dies bei jedem Eins thun und dabei an sie alle denken, so kann nun allgemein dies «negative Verhalten der Eins zu einander» als ein «Mit-sich-zusammengehen» einheitlich gebucht werden,[525] da wir ja sofort generalisiren und diese Einheit unseres Thuns finden. So «setzen sich denn die vielen Eins in Ein Eins» und dies ist die Attraction.[526] Man muss sich nur, wenn man Hegel liest, so recht bequem gehen lassen im Vorstellen und Denken; denn wenn man sich unnütze Unkosten macht und kritisch aus dem dogmatischen Projectionsfelde herausspringt, um für die Sicherheit und Richtigkeit der Methode zu sorgen, und sich nebenbei auch noch an sein Ich und seine Denkfunction erinnert, in welcher diese lustigen

*257* Bewegungsbilder sich abspielen, so kommt man gleich aus der Illusion und | thäte dann besser, nicht in's Hegelsche Theater zu gehen, wo es nun einmal auf Illusion abgesehen ist. Denn es ist ja lauter Täuschung, wenn man sich einbildet, Hegel habe die Vernunft auch in dem objectiven Sein, in der Natur und der Geschichte aufgewiesen, er habe die Kluft zwischen den beiden Welten ausgefüllt und ihre concrete Identität durch concretes Denken gezeigt u. s. w.; der wahre Sachverhalt ist einfach der, dass er die Bühne zur einzigen Wirklichkeit erhoben und es verboten hat, sowohl hinter die Coulissen zu gehen, als auch sich umzukehren und das zuschauende Publikum zu betrachten. Darum hat man zwar Recht, die Hegelsche Philosophie intellectualistisch zu nennen; man stellt sich aber dabei schon auf einen nicht-Hegelschen Standpunkt, indem man dem intellectuellen Gebiete stillschweigend ein anderes nicht-intellectuelles gegenüber setzt. Nun, und darf man denn diese Entgegensetzung sich nicht erlauben? Auf keine Weise, nein; denn Hegel wird dem Kritiker sofort zeigen, dass das Entgegengesetzte ja auch von ihm *vorgestellt* oder *gedacht* werde und mithin *Denken* sei, wesshalb es in seinem Systeme an dem richtigen Platze vorkomme und nicht aus der Reihe springen dürfe. Nur unter einer einzigen Bedingung kann man dieser Alles umzingelnden dialektischen Bewegung entgehen, nämlich, wenn man auf ein Gebiet tritt, das nicht Vorstellung und nicht Gedanke ist. So lange man nun *Bewusstsein* noch nicht von *Erkenntniss* unterscheiden konnte, so lange musste Hegels Dialektik über alle Gegner triumphiren. Desshalb ist es erst der neuen Philosophie möglich, dem absoluten Idealismus zu zeigen, wie klein er ist, wie viele Gebiete er ausser seinen Gränzen übrig lässt und wie viel grösser diejenige Philosophie ist, welche all diese Gebiete mitumfasst und die in dem intellectualistischen Lager herrschende Dialektik als die nothwendige Form einer in chinesische Mauern eingesperrten Vernunft deducirt.

Stellt man sich also in das dem Hegelschen Idealismus zugehörige Coordinatensystem, so wird alles im Bewusstsein Gegebene nur soweit als vorhanden betrachtet, als es vorgestellt oder gedacht ist; wesshalb unter dieser Voraussetzung die Dialektik als eine angemessene Form erscheint. Nimmt man aber den gesammten ideellen Inhalt des Bewusstseins mitsammt dieser ihm zugehörigen intellectualistischen Systematisirung als Element und sucht die Coordinaten, so treten sofort das Gefühl und die Handlung als die zugeordneten Functionen des Ichs hervor, und der
*258* Intellectualismus | erscheint nun als eine der drei möglichen Einseitigkeiten, da neben ihm der Pantheismus des Gefühls und der That einen ebenso breiten Platz verlangt und in der Wirklichkeit auch reichlich erlangt hat.

Die Hegelianer und die Idealisten überhaupt bilden sich zwar meistens ein, dass sie von dieser Einseitigkeit frei wären, weil sie Gefühl oder Willen und Handlung auch anerkennten und besässen; allein es kann ihnen nicht gestattet werden, dieses Bewusstsein der Allseitigkeit anders als bloss privatissime zu geniessen; denn wie gern wir ihnen auch als Persönlichkeiten ihre Vollständigkeit einräumen, so haben doch in ihrem idealistischen System nur Vorstellungen Platz, und es ist eine fallacia accidentis,[527] wenn sie überhaupt von Gefühl, Handlung und Ich sprechen, soweit darunter nicht bloss irgendwelche Arten von Vorstellungen oder Begriffen gemeint wären. Der Unterschied zwischen den zugehörigen Vorstellungen und der Wirklichkeit ist aber für das philosophische System ebenso gross, wie für die Annehmlichkeit des Lebens das Reden von chateaux en Espagne,[528] die man habe, im Verhältniss zu wirklichen Besitzungen.

Will man noch ein Beispiel für die Nöthigung, der Hegel unterliegt, Alles nur intellectualistisch im Spiegel zu betrachten, so analysire man etwa die elegante und dialektisch glatte Darstellungsweise bei Adolf Lasson (Satz vom Widerspruch S. 252), der mit Zuversicht sagt: «Ohne Zweifel existirt die räumlich-zeitliche Welt». Wenn man nun schon glaubt, dieser Zusicherung trauen zu dürfen, so muss man doch gleich weiter hören, dass «ihre Existenz» mehr «ein vom Begriff gezügeltes Werden» als «ein Sein» bedeute. Auch hier aber darf man nicht versuchen, unter Existiren, Werden und Sein irgendwelche metaphysische Begriffe zu vermuthen; denn dass es sich bloss um logische Bestimmungen innerhalb der Vorstellungswelt handelt, bezeugt uns Lasson sofort, indem er hinzufügt: «eine solche Art des gedankenlosen Daseins (wie das reine An-sich-sein im gemeinen Bewusstsein für das Ding der Wahrnehmung in Anspruch genommen wird) giebt es überhaupt nicht. Existenz hat die Welt nur als Object des Denkens und Wollens.» Damit wäre die Sache nun erledigt und wir wären die abgeschmackte räumlich-zeitliche Welt der Kinder und der Dogmatiker glücklich los, da wir nun überhaupt nur mit einer Vorstellungswelt zu thun hätten. Allein der Idealist kann diesen Subjectivismus doch nicht vertragen und verlangt instinctiv nach einer | Projection; darum hat, wie Lasson hinzufügt, die Welt nicht Existenz bloss als Objekt des Denkens und Wollens endlicher Geister, die vielmehr nur das Vorgedachte nachdenken und das Vorgewollte nachwollen können; sondern das wahrhaft Seiende ist das denkende und wollende Absolute.[529] Diese Versicherungen nehmen wir als ein Zeichen für das Gefühl des Widerspruchs, das die bedeutenderen Naturen auf dem Standpunkte des Idealismus nie verlassen kann, gern entgegen; denn es meldet sich dadurch das Bedürfniss nach einem anderen Coordinatensystem, da die Projection, so unbegründet sie auch für den Idealisten ist, doch durch das Selbstbewusstsein nothwendig wird, welches mit der Denkfunction und ihrem Inhalte nicht zusammenfällt und darum das logische Gebiet zum Platzen bringt, weil die metaphysischen Beziehungen ihr Recht verlangen. Daher bedeuten strenggenommen alle metaphysischen Ausdrücke, wie Existiren, Sein, Werden, bei den Idealisten bloss die logischen Unterschiede der Anschauungsbilder, Vorstellungen und Begriffe; per nefas[530] aber, d.h. wegen der inneren Unzufriedenheit der Idealisten mit diesem ihrem unwahren System, werden die logischen Unterschiede in ein dogmatisches Ansichsein projicirt und in eine fabelhafte metaphysische Bedeutung umgewandelt, so dass unser Begriff in seiner metaphysischen Theater-Costümirung dem Anschauungsbilde unseres empirischen Bewusstseins als ideales Prius vorausgeschickt wird, um sich dann von unserem Begriffe in seinem logischen Hauskleide nachdenken zu lassen.

2. Die dialektische Unruhe.

Wesentlich ist für die dialektische Methode nicht bloss, dass alle Begriffe des Systems mit einander im Zusammenhange stehen, sondern dass sie alle aus einander entstanden sind, indem von Einem Vater die ganze Verzweigung der folgenden Generationen hervorgeht, bis dann der jüngste Enkel den ältesten Stammvater wiedererzeugt und der Tanz von vorn anfängt. Zu diesem Zwecke muss eine Unruhe in allen Begriffen stecken, die sie nicht im Frieden ihrer Identität verharren lässt, sondern zur Auflösung in eine neue Geburt führt. Diese dialektische Unruhe ist der Widerspruch. Das ganze Hegelsche System muss sich also an allen Ecken widersprechen, um ächt dialektisch zu sein, und wer einen widerspruchslosen Begriff entdeckte, der hätte das ganze System aus dem Zusammenhang gebracht und es endgültig zerstört, wenn der Hegelianer nicht lieber einen solchen Begriff freiwillig
*260* ausstiesse und einen sich wider|sprechenden dafür an die Stelle setzte; denn es nützt nichts, etwa einen solchen Begriff als eine Nebensache zu bezeichnen im Vergleich mit so vielen Hauptsachen; nein, jeder Begriff hat die ganze genealogische Kette der ihm vorangehenden in sich verzehrt, und wer ihn beseitigt, der beseitigt zugleich das ganze System, welches immer nur in dem augenblicklich letzten Momente der dialektischen Bewegung verborgen ist.

Da es nun genügt, diesen Charakter des Systems und seiner Methode treu aufzufassen, um sich davon abzuwenden, weil das Ganze sich ja als eine Kette von Widersprüchen hinstellt, die ein wissenschaftlicher Mann verabscheuen muss, so haben jetzt in neuester Zeit einige Idealisten, welche an Hegel doch etwas Grosses zu schätzen wissen, den Versuch gemacht, das System zu retten und den Widerspruch unschädlich zu machen. Ich denke auch hier besonders an A. *Lasson*, der (in seiner Schrift über den Satz vom Widerspruch S. 222) die Begriffe selbst für widerspruchslose und adäquate Erkenntniss des Objects ausgeben und den Widerspruch allein dem *unbestimmten Werdenden* anhängen will. «Nicht gegen sich selber richtet sich die Dialektik des Begriffs, sondern gegen *das Daseiende*, welches nicht im Stande ist, den Begriff völlig in sich auszuprägen oder festzuhalten. Dialektisch ist die Reihenfolge der Stufen *des sich entwickelnden Realen* wegen des Widerspruchs, den *das Einzelne, Endliche* an sich trägt als Zeugniss seines Mangels und seiner Unvollkommenheit, und den nicht etwa erst das Denken in seine Gegenstände hineinträgt. Der Widerspruch aber hat keine Macht des Seins; er ist nur im Werden und als das Werden selbst.»[531]

Lasson hat hier gewiss eine sehr interessante Bemerkung gemacht, von der man Akt nehmen muss,[532] da er sich als Freund des Hegelschen Systems betrachtet wissen will. Seine Bemerkung erinnert an Herbarts «Bearbeitung der Begriffe», die ja auch von der Wahrnehmung von Widersprüchen ausgehen soll,[533] und es ist wohl unzweifelhaft, dass wirklich viele Gedanken erst in Fluss kommen dadurch, dass uns die Geschichte sich widersprechende Nachrichten, oder die Naturbeobachtung scheinbar sich widersprechende Thatsachen, oder die Gelehrsamkeit sich widersprechende Meinungen und Theorien vermeldet. Allein obgleich wir von unserem Standpunkte sehr viel zur Unterstützung und zum Lobe von Lassons Remedur[534] beizubringen wüssten, so würde Hegel doch wohl sagen müssen: «Gott schütze mich vor meinen Freunden», | ohne freilich hinzufügen zu können: «vor meinen Feinden 261
schütze ich mich selbst»;[535] denn er ist mit seinem Systeme den Feinden schon erlegen und kann nur noch auf Freunde rechnen, welche sich auf Wiederbelebungskünste verstehen. Lassons Hülfe aber halte ich vielmehr für die wichtigste und authentischste Todesbescheinigung, die von einem zuverlässigen Freunde über das Hegelsche System ausgestellt ist; denn er kannte das System vorzüglich und hätte es gern am Leben erhalten und für lebensfähig erklärt, wenn sein Wahrheitssinn ihm nicht hinderlich gewesen wäre. Nun ist aber offenbar, dass das Hegelsche System nicht aus «Endlichem», aus «Einzelnem» und «Daseiendem» besteht, sondern aus lauter Begriffen, aus lauter Definitionen des Absoluten. Wenn daher der Widerspruch nicht in diesen Begriffen selber immanent wäre, so gäbe es keine Dialektik, und keine Bestimmung könnte von der Unruhe ergriffen werden, um in die entgegengesetzte überzugehen und sich zu einer höheren und gediegeneren Wahrheit zu vermitteln. Es heisst also das Hegelsche System und seine Dialektik für todt erklären, wenn man den Widerspruch als etwas Schlechtes und Krankhaftes hinstellt; denn auch der Unterschied zwischen Daseiendem und Wesen, Endlichem und Unendlichem, Erscheinung und Begriff darf gar nicht als ein fester betrachtet werden vom Hegelschen Standpunkte, oder sagen wir lieber (mit Weglassung des verpönten identischen und daher unlebendigen und unwahr-abstracten Wortes «Standpunkt») in der Hegelschen Bewegung, da das Eine in das Andre übergehen muss und das Eine so unvollkommen und mangelhaft wie das Andre ist, sofern es in seiner Einseitigkeit festgehalten und nicht zum Uebergange in das Entgegengesetzte und in die Vermittelung freigelassen wird.

Ich sage daher, dass die blosse Auffassung und das rechte Verstehen der Hegelschen Dialektik genügt, um sie als widerspruchsvoll und unbefriedigend aufzugeben. Sie bedarf keiner äusseren Feinde, sondern sie tödtet sich selbst, wie der Skorpion, der sich im Zorn selbst mit seinem eigenen Gifte umbringen soll. Die Freunde

13–14 Wiederbelebungskünste] Widerbelebungskünste *DA und Ms*

Hegels aber stellen den Todtenschein aus, indem sie ihre Feder in das lebendige Herzblut tauchen, das sie in wohlmeinender Absicht als materia peccans[536] durch einen Aderlass dem Systeme völlig entziehen.

## 262 | Zweites Capitel. Neue Definition der Erkenntniss.

Kritik der Ueberwegschen Definition.

Es ist in der Ordnung, dass die Principien, die ersten und einfachsten Begriffe, am spätesten erkannt werden, wie man z. B. auch schon längst zusammenhängende grosse Reden halten konnte, ehe man die Sylben und die Buchstaben als ihre principiellen Elemente darin zu scheiden vermochte. Darum ist es gar nicht erstaunlich, dass die Definitionen, welche vom Erkennen überhaupt gegeben zu werden pflegen, eine solche Unreife zeigen. Als eine ergötzliche Probe zum Kosten will ich nur die Ueberwegsche Definition anführen: «Das Erkennen ist die Thätigkeit des Geistes, vermöge deren er mit Bewusstsein die Wirklichkeit in sich reproducirt».[537] In dieser Definition ist jedes Merkmal verfehlt; denn erstens weiss man, dass Ueberweg (Logik 93 f.) das Individuum gar nicht von der Gattung trennen, also gar keinen «Geist» als individuelles Subject angeben kann, der Thätigkeiten auszuüben vermöchte.[538] Mithin ist ein Thäter für diese angebliche «Thätigkeit des Geistes» nicht vorhanden. Zweitens soll die Erkenntniss am «Bewusstsein» hängen, als wenn nicht unzählige Erkenntnisse unbewusst vollzogen würden und als wenn nicht Bewusstsein überhaupt bloss eine Quantitätsbestimmung wäre, für welche sich gar nicht leicht eine bestimmte Gränze angeben lässt, geschweige denn, dass Ueberweg zu sagen wüsste, wo diese Gränze läge, da er sogar sonst überall Bewusstsein mit Erkenntniss selbst verwechselt. Drittens soll «die Wirklichkeit» reproducirt werden, die Ueberweg doch also schon erkennen muss, ehe er sie reproduciren kann, wesshalb die Reproduction überflüssig ist. Dabei kommt es aber zugleich fast spasshaft heraus, dass er unter Wirklichkeit dogmatisch die im Raum und in der Zeit vor unseren Augen sich abspielenden Dinge, d. h. kritisch ausgedrückt, unsere Anschauungsbilder meint. Solche Erklärungen sind allerdings für Kinder und Volk verständlich; aber auch nur für diese unterste Stufe der Bildung. Denn im Denken Geübtere werden es wunderlich finden, dass der Geist in seiner bloss reproducirenden Erkenntnissthätigkeit nicht mit zur urbildlichen Wirklichkeit gerechnet werden müsste, so dass also die Erkenntniss, welche reproducirend dem Wirklichen gegenüber steht, als etwas Nicht-Wirkliches erschiene, und es demnach auch | eine Logik oder Er-
263

kenntnisslehre in Wirklichkeit gar nicht gäbe. Kurz, Spass ohne Ende. — Wenn viertens aber die erkannte Wirklichkeit überflüssiger Weise noch einmal «*reproducirt*» werden soll, so müssen wir oder ein Anderer sie doch schon einmal *producirt* haben, und dieses Urbild wäre viel interessanter als das Abbild. Solch eine Definition ist daher nur für Ueberweg passend, der gewohnt war, bloss alte Gedanken, z. B. von Beneke, Schleiermacher, Aristoteles u. A. philologisch zu reproduciren. Ueberweg hält sich für einen Spiegel, der fremde Strahlen zurückwirft; aber woher die Strahlen kommen und wo das erkennende oder erkannte Urbild als Lichtquelle sitze, das hat er versäumt mitzutheilen.

Definition der Erkenntniss.

Nun ist leicht zu sehen, dass unter Erkennen immer eine *Denkthätigkeit* verstanden wird. Dies ist also der Gattungsbegriff. Da aber das Denken sich dadurch schon von der Phantasie unterscheidet, dass es durch den Gegensatz des Wahren und Falschen normirt wird, so werden wir als Erkennen oder Erkenntniss nur diejenige Denkthätigkeit gelten lassen, in welcher das *Wahre* gedacht wird. Unsere Aufgabe soll hier aber nicht sein, den Inhalt der Erkenntniss im Besonderen festzustellen, sondern, da es, wie oben gezeigt, eine absolute Methode geben muss, dasjenige Allgemeine hervorzuheben, was in jedem Akte der Erkenntniss gegeben ist.

Da also jede Erkenntniss einen für wahr gehaltenen Gedanken umfasst, so muss sie einen Schluss bilden und folglich zwei Beziehungspunkte und einen Gesichtspunkt enthalten, in Hinblick auf welchen die Beziehungspunkte zu einer Erkenntniss, d. h. zu einer neuen Beziehungseinheit als der Einheit eines Coordinatensystems zusammengeordnet werden. Die Erkenntniss oder Beziehungseinheit sei z. B., dass der Winkel im Halbkreise ein rechter ist. Die zugehörigen Beziehungspunkte sind der Halbkreiswinkel einerseits und der Durchmesser andererseits. Der Gesichtspunkt, auf welchen man hinblickt, bildet das Verhältniss von zusammengehörigen Peripherie- und Centriwinkeln, welches gleich 1 zu 2 ist. Nach diesem Paradigma lässt sich jede Erkenntniss analysiren. Wie gross der Winkel im Halbkreis sei, weiss ich von vornherein nicht; ich kann ihn überhaupt erst als solchen auffassen, wenn er auf den Endpunkten des Durchmessers steht. Indem ich nun hinblicke auf den Gesichtspunkt, erscheint der Halbkreiswinkel als Peripheriewinkel und der Durchmesser als sein zugehöriger Centriwinkel, der auf dem gleichen Bogen des Kreises steht. Da aber der ge|streckte Winkel immer gleich zweien Rechten ist, so ist *264* der Halbkreiswinkel bei jeder möglichen Lage immer gleich Einem Rechten.[539] Dieser Schluss nach der ersten Figur hat also eine neue Erkenntniss geliefert, welche die Beziehungen der zugehörigen Begriffe zu einander in einem Coordinatensystem einheitlich ordnet.

33 aber] nun *Ms*

In diese Auseinandersetzungen sind manche bekannte Dinge eingemischt; es muss also das Neue, das hierin liegen soll, besonders herausgehoben werden. Während man nämlich früher Begriffe, Urtheile und Schlüsse als verschiedene Denkoperationen von einander trennte und die Beziehungen der Begriffe untereinander auf Identität, Gleichheit oder quantitative Unterordnung zurückführte, so lehre ich dagegen, dass es nur Eine einzige Art zu denken giebt, die, möge man sie sprachlich als Begriff oder Urtheil und Schluss bezeichnen, und möge dadurch eine wirkliche oder nur eine vermeintliche Erkenntniss gewonnen werden, immer in der Auffassung eines Coordinatensystemes besteht.

**Stellung zu Hegel.**

Die Neuheit dieses Lehrsatzes könnten in einer gewissen Beziehung mit scheinbarem Recht die Hegelianer bestreiten, da Hegel ja auch gesagt hat: «Alles Vernünftige ist ein Schluss».[540] Allein die Aehnlichkeit des Ausdrucks ist Alles, was etwa zu Gunsten Hegels angeführt werden könnte; denn die Meinung und der Sinn des Hegelschen Gedankens ist so verschieden, dass wohl kein Hegelianer auf diesen angemalten Köder anbeissen wird. Denn Begriff und Urtheil sind bei Hegel wesentlich verschiedene Functionen; während «der Begriff obenhin betrachtet sich als die Einheit des Seyns und Wesens zeigt», in Wahrheit aber die im Wesen gegebene Negation des Seins wieder negirt, so «ist er das wiederhergestellte Seyn als Negativität desselben in sich selbst». (Subj. Logik S. 31)[541] «Das Urtheilen ist aber eine andere Function als das Begreifen». (Ebendas. S. 65)[542] «Es ist die nächste Realisirung des Begriffs». (Ebendas. S. 66)[543] «Begreifen (Begriff) heisst das Einzelne aus seinen Allgemeinheiten erklären; Urtheilen heisst das Einzelne als ein Allgemeines erklären» (Encyklop. §. 467).[544] — Man sieht, dass Hegel diese Unterschiede überall aufrecht erhält und das Denken gerade als einen Process darstellt, der durch diese Unterschiede hindurchgeht. Darum muss bei ihm «der Begriff als in sich negative Einheit sich dirimiren und als Urtheil seine Bestimmungen in bestimmten und gleichgültigen Unterschieden setzen, um im Schlusse sich selbst ihnen entgegenzustellen» (Werke V. Subj. Log. S. 170).[545]

*265* | Wie in der mehr subjectiven Fassung, so bleibt dieselbe Unterscheidung von Begriff, Urtheil und Schluss auch in der dialektischen Identität von Sein und Denken. Wenn Hegel desshalb den «Begriff in seiner Objectivität für die an- und fürsichseyende Sache selbst»[546] erklärt von «der Unmittelbarkeit spricht, die durch Aufheben der Vermittelung hervorgegangen ist», d.h. von «einem Seyn oder einer Sache, die an und für sich ist, – die Objectivität», welche «Realität und Gesetztsein» als die

6 dagegen,] dagegen erstens, *Ms*
29–30 S. 170). Wie] *kein Absatz DA und Ms*

Wahrheit des Begriffs, als «Identität seiner Innerlichkeit und Aeusserlichkeit»[547] bedeutet u. dergl., so gilt mir dieser ganze dialektische Gedankengang für bloss lexikalisch, d.h. für eine ganz dogmatische und naive Zusammenstellung derjenigen Wörter, die im gewöhnlichen Bewusstsein zusammengehören, wie z. B. der Wörter, welche concrete Anschauungen enthalten, mit demjenigen Worte, welches die abstracte Gattung derselben bedeutet. Dass dies im Bewusstsein zusammengehört und bei unkritischen Köpfen als Eins gilt, das ist der Inhalt der Hegelschen Philosophie; denn weil man bei den Kühen, die man sieht, an den Begriff der Kuh denkt, und bei dem Appellativum wieder an das Einzelne und Concrete, so wird bei Hegel der Begriff zum Wesen der Dinge, dirimirt sich in seine Bestimmungen, setzt sich in seine äusserliche Erscheinung um und hebt diese wieder in das Wesen, den Grund, den Begriff auf. Sapienti sat![548]

Kritik der bisherigen Ideenlehre.

Ein andrer Punkt aber bedarf noch einer genaueren Untersuchung. Die Erkenntniss hat nämlich ihre Quellen in den Beziehungspunkten des Schlusses. Nun herrscht bei allen Idealisten seit Platon die Ueberzeugung, dass alle Erkenntnissquellen auf die Sinnesempfindungen und die Vernunftideen oder Kategorien, aus denen man den mundus sensibilis und intelligibilis construirt, zurückzuführen seien. Im Gegensatz dazu lehre ich, dass diese Angabe zu wenig und zu viel enthält, da erstens die Sinnesempfindungen nur einen Theil der elementären Beziehungspunkte bilden, nämlich nur das Bewusstsein unserer bewegenden Function, neben welche man das Bewusstsein nicht nur unserer Gefühle (woran man schon unter dem Titel «innerer Sinn» gedacht hat), sondern auch das Ichbewusstsein stellen muss. Zweitens aber eliminire ich die Platonischen Ideen oder die Aristotelischen Kategorien und apriorischen Principien, die bisher von den Idealisten in einer unerträglichen Weise als phantastische Popanze[549] aufgefasst sind.

| Wenn man nämlich Erkenntnissquellen sucht, so können diese nicht in der Erkenntniss liegen, während doch die Ideen eben das Wesen des Intellects selbst als intellectus ipse bei Leibniz,[550] als τόπος τῶν εἰδῶν bei Aristoteles bilden sollen.[551] Soll für das Gefühl eine Quelle, d.h. ein Motiv gefunden werden, so wird man kein Gefühl, sondern eine Vorstellung anführen; die Quelle eines Krieges ist nicht ein Theil des Krieges, sondern eine vorhergehende Beleidigung u. dergl.; die Quellen eines Schriftstellers sind andre Schriftsteller oder Documente u. s. w., aber sie liegen nicht in ihm selbst. Wenn daher die Ideen Quellen der Erkenntniss wären, so könnten sie selbst keine Erkenntniss, d.h. nicht erkennbar sein und gehörten also nicht zur Erkenntniss. Diesen einfachen Schluss hat man nicht gezogen, aber doch nicht 266

1 «Identität seiner Innerlichkeit und Aeusserlichkeit»] *so Ms*; Identität seiner «Innerlichkeit und Aeusserlichkeit» *DA*

umhin gekonnt, seine Nothwendigkeit zu merken und überhaupt mit der Ideenlehre in die peinlichste Verlegenheit zu kommen. Aristoteles nämlich, dessen speculative Kraft mehr receptiv war, hat mit der grössten Unbefangenheit die Ideen als den eigentlichen Inhalt der Vernunft und Gottes angenommen[552] und, obgleich er sie als das Erkennbarste und Bekannteste bezeichnete, sie dennoch als undefinirbare Quellen oder Principien (ἀρχαί) für alle Erkenntniss vorausgesetzt,[553] ohne durch diesen Widerspruch belästigt zu werden; ja er folgt so sehr den augenblicklichen Impulsen seines Gedankenganges, dass er sie z. B. in den Analytiken aus der Sinneswahrnehmung und Erfahrung durch Abstraction abzuleiten scheint.[554] Diese Schwäche des speculativen Geistes hatte nun die Folge, dass die Schüler, jenachdem sie von dem einen oder dem anderen Gedankengange fortgezogen wurden, zu entgegengesetzten Ansichten kamen und unter einander in den heftigsten Streit geriethen, der ja bei den bekanntesten seiner Schüler, nämlich bei den grossen Lehrern der christlichen Kirche, unter dem Feldgeschrei «Nominalismus oder Realismus» jahrhundertelang fortgeführt und bis auf den heutigen Tag, da die folgenden weltlichen Philosophen ebenso bei Aristoteles in die Schule gingen, noch nicht beigelegt worden ist.

Gleich aber, nachdem Platon im Staat und im Phädon seine Ideenlehre vorgetragen, erhob sich schon der Sensualismus und Nominalismus durch Antisthenes, der die gröbste Polemik gegen Platon eröffnete;[555] Antisthenes behauptete, dass die aller Erkenntniss zu Grunde liegenden elementaren Bestandtheile, d. h. die Ideen, über-
*267* haupt nicht wissbar oder erkennbar seien, weil alle Erkenntniss | eine Begründung verlange und also das Zusammengesetzte durch das Einfache erklärt werden müsste, welches, weil nicht mehr zusammengesetzt, auch nicht mehr erklärt, sondern nur durch einen Namen (ὄνομα)[556] ohne Definition angeführt werden könnte. Platon recensirte in seinem Theaetet diese gegen ihn erschienene Schrift und sagte darin zwar nicht deutlich, wie er die Erkennbarkeit der Ideen beweisen könne, zeigte aber mit Kraft und Humor die Nichtigkeit des Angriffs; denn es lag ja auf der Hand, dass, wenn die Elemente des Zusammengesetzten unerkennbar wären, dieses als Composition aus Unwissbarem ebenso unwissbar werden müsste und also das ganze Wissen überhaupt in Wegfall käme, wie, wenn die Buchstaben nicht definirbar wären, auch die Sylben und Wörter nicht mehr erklärt und gelesen werden könnten.[557] Nun giebt es aber auch keinen anderen Dialog, in welchem Platon die einzelnen Ideen erklärt oder abgeleitet hätte, obgleich wir seine Meinung über die Sache allerdings auf das Genaueste kennen. Er dachte sich nämlich, wie ich das in meinen historischen Arbeiten genügend dargelegt zu haben glaube, dass die Ideen die Eine Seite der Natur oder der Welt bildeten, das göttliche, identische und intelligible Element, während ein dunkles Element der Bewegung und des Nichtseins die andre Seite ausmachen soll. Da in jedem einzelnen Wesen diese beiden Elemente vorkommen, so sind zwar alle Wesen wegen Theilnahme an dem Nichtsein und der Bewegung veränder-

lich und hinfällig, wie in ihnen auch je nach dem Uebergewicht dieses letzteren Princips die ideale Seite mehr oder weniger vergraben und verdeckt wird; es kann aber in einigen Wesen, den Menschen und speciell den Philosophierenden, die Ideenwelt auch mehr oder weniger zum Uebergewichte kommen und dadurch das Wissen, das durch die Ideen vermittelt wird, in allen Stufen der Erkenntniss hervortreten. Um aber zu zeigen, wiefern nun die Ideen selbst wissbar sein könnten, ging Platon von der Vergleichung mit dem Lichte aus und betrachtete alles zusammengesetzte Erkennen als eine blosse Beleuchtung dunkler Elemente und Mischung des Lichts mit dem Dunklen, während ihm die Ideen selbst als Lichtquellen galten, als von selbst einleuchtend (evident) und als durch und durch rein und durchsichtig.[558]

Diese Auffassung hat Aristoteles natürlich beibehalten, und wo man hinblickt in dem ganzen durch zwei Jahrtausende reichenden Strome des Philosophierens, da wird man bei allen idealistisch angehauchten Denkern und Dichtern immer denselben Platonischen | Gedanken und dasselbe Platonische Bild hervortreten sehen. 268
Gleichwohl wurde die Schwierigkeit des Problems durch eine solche Metapher nicht beseitigt; sondern es zeigt sich vielmehr parallel der höheren und vornehmeren Platonischen Strömung auch die nie überwundene erdfarbene Antistheneische oder nominalistische Unter- und Gegenströmung. Desshalb bleibt die Aufgabe, das Problem in einer anderen Weise, als bei Platon, zu lösen.

Nun ist zunächst klar, dass die einfachen Ideen auf keine Weise Lichtquellen (selfevident) sein können. Denn je deutlicher man sich diesen Gedanken macht, desto mehr tritt das Widersinnige und geradezu Abgeschmackte hervor. Wer soll nämlich diese Ideen denken? Unterscheidet man das denkende Subject von dem gedachten Object, den Intellect von dem Intelligiblen, so wird das Subject, auch wenn wir unsern Wunsch der Possibilität[559] projiciren und das Subject als Potenz der Idee bestimmen,[560] in seiner Ideenlosigkeit unfähig, die ihm fremde actuelle Idee zu fassen (μέθεξις);[561] es wird zur Sau, der man die Perle vorwirft.[562] Gleicherweise wird die Idee, für sich objectiv hypostasirt, zu dem abenteuerlichsten und hülflosesten Unding, das ohne Augen und Ohren nicht weiss, zu welchem Subject es sich wenden, wo es selbst rasten und wie es sich selbst weggeben, übertragen, verdoppeln oder sonstwie mittheilen soll (παρουσία).[563]

Also bleibt als einzige Möglichkeit, Subject und Object zu identificiren (οὐκ ἔξω τοῦ νοῦ τὰ νοητά).[564] Allein dadurch wird die Thorheit nicht kleiner; denn nun müsste entweder jede Idee sich selbst erkennen, oder eine Idee die andre. Das letztere ist baarer Unsinn; denn die Idee des Gleichen kann nichts vom Ungleichen, die Idee der Zeit nichts vom Raum wissen, weil wir sonst, wenn wir etwas als Jetzt bestimmten, dadurch einen Ort gedacht, und bei der Gleichheit nicht Gleichheit, sondern etwa auch Ungleichheit prädicirt hätten, wodurch also eine universale Confusion entstehen würde. Nur durch Sonderung sind die Ideen, was sie sind. Sollte

desshalb nun lieber jede Idee sich selbst erkennen, so würde das Geschäft zwar subtiler und reinlicher, aber nicht weniger vernunftlos; denn wer könnte sich Identität vorstellen oder denken, ohne zugleich seinen Blick auf das Anderssein zu richten, wer Rechts ohne Links, Gutes ohne Böses u. s. w. Wenn wir dies also nicht vermögen, so ist anzunehmen, dass die Ideen es auch nicht können und dass es also keine beziehungslose Idee giebt, die sonst auch als für die Gemeinschaft unnütz in ein
269 Zellen|gefängniss eingesperrt sein würde. Giebt man aber zu, dass ohne Beziehung und Beziehungspunkte nichts denkbar ist, so sind die einfachen Ideen als sogenannte absolute Qualitäten vollständig aus der Welt verschwunden, weil es solch schlechthin qualitativ Einfaches in dem Verstande oder der Vernunft überhaupt nicht geben kann, wesshalb auch die Kantische Kategorientafel und seine Vernunftideen das traurige Schicksal der Platonischen Lichtquellen theilen und in das Exil zu den Dingen, die es nicht giebt, wandern müssen.

Die neue Lehre von den Ideen.

Soweit reicht nun die Kritik, die wir schonender und mit einer Thräne der Wehmuth im Auge geübt haben würden, wenn wir damit legitime Prinzen exilirt oder verdiente Männer wegen einer leichten tragischen Schuld zur Katastrophe gebracht hätten; allein es handelte sich um Theaterpuppen und falsche Kronprätendenten.[565] Doch da auch diese wenigstens noch den Schein von etwas Hohem und Schönem an sich tragen, hätte man in Ermangelung von etwas Besserem auch mit ihnen säuberlicher umgehen müssen. Darum ist die erbarmungslose Kritik nur erlaubt, wenn man hofft und glaubt, das Aechte und Wahre in sein Recht einsetzen und ihm in aller Diensttreue huldigen zu können. Also hat jetzt die positive Seite zu folgen.

1. Wenn sich aber die neue Philosophie bisher als glaubhaft und befriedigend gezeigt hat, so braucht auch in unserer Frage nicht mehr nach einem Wege mühsam gesucht zu werden, sondern dieselbe Einfachheit, welche der Metaphysik zukommt, begleitet auch die logischen Untersuchungen. Wir sahen ja, dass alle Erkenntniss nothwendiger Weise ein Schluss ist. Wir «sahen» dies, sagte ich eben mit der gewöhnlichen Ausdrucksweise, die uns nicht zu täuschen braucht; denn es versteht sich ja, dass wir es «erschlossen», weil wir es «erkannten». Sollen die sogenannten einfachen Ideen und Kategorien also einen Bestandtheil unserer Erkenntniss bilden, so müssen sie Schlüsse und also logische Coordinatensysteme sein.

Diese erste Folgerung bringt uns schon gute Früchte; denn es ist nun ja erstens bewiesen, dass wir die sinnlosen, beziehungslosen einfachen Qualitäten entbehren können und dass sich desshalb über jede Idee Rechenschaft geben lässt, weil sie die Einheit eines Systems bildet, dessen Beziehungspunkte und Gesichtspunkt die
270 Gründe darbieten. Ebenso ist nun zweitens die | Idee als Object mit dem Subject vereinigt, nicht zwar in der absurden Weise, als wäre das Subject substanzielles Sein und blosse Dynamis[566] der Idee, sondern so, dass das Ich als Substanz unangetastet

bleibt, dagegen die *reale* erkennende Function des Ichs nun als die sogenannte *subjective* Seite mit ihrem *Objecte* d. h. dem *ideellen* Inhalte eins ist. Drittens bedürfen wir nun keiner Hülfe mehr, um die isolirte Idee in Gesellschaft zu bringen und ihr Gelegenheit zum Urtheilen zu verschaffen; denn sie ist ihrer Natur nach als logisches Coordinatensystem ein sociales Wesen und steht nach allen Seiten hin in *festgeordneten Beziehungen* zu allen anderen Ideen.

2. Da wir aber die erste Folgerung nur hypothetisch gewannen, nämlich nur unter der Voraussetzung, dass die Ideen selbst zur Erkenntniss gehörten, so müssen wir jetzt fragen, was sie sein müssten, wenn sie *nicht* zur Erkenntniss gehörten. Nun darf man aber nicht gleich scherzend und spottend erwidern, dass sie dann eben nicht in Frage kämen, weil wir nicht nach etwas fragen können, was wir gar nicht kennen, ahnen, postuliren oder in irgend einer Weise und in irgend einem Grade *erkennen*; denn diese kurze Abfertigung wäre bloss ein Echo aus dem idealistischen Lager, wo die Augen nicht weitsichtig und kurzsichtig zugleich, d. h. überhaupt nicht accomodationsfähig sind, sondern wo man bloss das Erkenntnissgebiet als einzigen Weltinhalt sieht. Wir werden dagegen sofort bemerken, dass alle Erkenntniss entweder *specifisch* oder *semiotisch* ist, und dass die semiotische Erkenntniss auf Beziehungspunkte sich stützt, die keine Erkenntniss sind. Wenn wir z. B. die Liebe oder den Hass definiren, so müssten wir wohl ein sonderbares Herz haben, wenn wir uns einbildeten, diese zur Erkenntniss gehörenden Definitionen wären selbst unsere Gefühle von Liebe und Hass und daher als Vorstellungen oder Begriffe selbst freudvoll und leidvoll, während die Logik doch sonst als kalte Wissenschaft gilt und die exacteste Definition weder den tiefsten Hass, noch die glühendste Liebe weder Anderen einflösst, noch selber fühlt.

Nachdem wir nun diese Distinction gemacht haben, die ich zuerst in meiner Metaphysik einführte,[567] können wir nun ruhig die Frage passiren lassen, was die Ideen etwa sein könnten, wenn sie nicht zur Erkenntniss gehörten. Wir werden auch gar nicht verlegen über die einzig richtige Antwort sein, sondern sofort schliessen, dass sie dann nichts als Erkenntnissquellen erster Linie, d. h. | *Beziehungspunkte des* 271 *blossen Bewusstseins* wären; denn das blosse Bewusstsein, z. B. ein Gefühl, eine Sinnesempfindung und das Ichbewusstsein sind keine Erkenntnisse, bilden aber wohl die Beziehungspunkte für die Erkenntnissfunction, welche in Zuordnung zu diesem ganz erkenntnisslosen Elemente nun gerade zu ihrem specifischen und semiotischen Inhalte kommt, wie z. B. zu der Kategorie der Zahl oder zur Definition der Liebe.

Allein wenn wir dadurch auch den Ideen einen anständigen Wohnungsplatz angewiesen hätten, so entstände doch die weitere Frage, ob dieser Platz für die Ideen zuträglich und für ihre Brauchbarkeit und gesellschaftliche Lage angemessen sei. Und diese Frage müssten wir verneinen; denn jeder weiss, dass die Beziehungspunkte auf die Erkenntnissfunction warten, damit Erkenntniss entstehe, wie z. B.

Sinnesempfindungen auch in den Thieren vorkommen, aber keine Naturwissenschaft bilden, weil die Erkenntnissfunction nicht hinzukommt, welche das bloss Gegebene nach Gesichtspunkten oder Ideen coordinirt. Die Ideen aber wollen nicht als blinder Stoff, wie Töne und Farben, gedacht und in Gedanken verwandelt werden, sondern sind selbst Gedanken, durch welche die gegebenen Beziehungspunkte sich in den Coordinatensystemen der Erkenntniss ordnen. Also können wir die Ideen nicht für blosse Erkenntnissquellen erster Linie, d. h. für ein blosses Bewusstsein, oder für Gegebenes ansehen, sondern müssen sie mitten in das innere Gebiet der Erkenntniss selbst versetzen, und so ist die vorige bloss hypothetische Folgerung nun in eine apodiktische übergegangen, da wir jetzt nicht mehr daran zweifeln können, dass die Ideen zur Erkenntniss selbst gehören.

Gegen dieses Resultat widersetzt sich in uns aber ein mächtiges Gefühl. Wir sind nämlich von Jugend auf daran gewöhnt, die Ideen durch bestimmte Wörter als wie durch ihre Eigennamen zu bezeichnen; desshalb kommt es uns als einzig berechtigt vor, wie Hans oder Georg,[568] so auch die Idee des Schönen, des Anmuthigen, des Gerechten u. s. w. als Individuen zu betrachten, die ein ungetheiltes selbständiges Wesen hätten und sich nicht in ein System von Beziehungen auflösen liessen. Wir nahmen vielmehr, durch die Sprache und die Platonische Tradition geleitet, ganz fest an, dass die Urtheile, die wir aussprechen, wenn wir eine Statue für schön, eine Handlung für gerecht, eine Meinung für wahr u. s. w. erklären, nur dann Sinn und Verstand haben könnten, wenn die einzelnen Termini des Subjectes und Prädicates
272 | etwas Einheitliches bedeuteten, wie z. B. eine Division nur Sinn habe, wenn etwa der Divisor 4 eine ganz bestimmte Zahleneinheit ausdrücke. Diese Gewöhnung der Annahme bringt es nun mit sich, dass wir die damit in Widerspruch stehende neue Behauptung, die Ideen wären nicht einfache Qualitäten, oder continuirlich einheitliche intellectuelle Termini, sondern Schlüsse oder Coordinatensysteme, mit dem Gefühl des Unfriedens aufnehmen und missbilligen. Nicht die gleichgültige Erkenntniss des Widerspruches, sondern dies massgebende Gefühl treibt uns nun zur Frage, wie der Frieden herzustellen sei, und also zur Analyse der einander feindlichen Parteien. Da zeigt sich denn auch gleich, dass alle die angeblich einheitlichen Ideen sich spalten und in Beziehungen auflösen lassen, wie ebenso die Zahleneinheit 4 ein System bildet, indem eine Anzahl getrennter Empfindungen von Akten nach einem Gesichtspunkt, nämlich nach dem Additionsgesetz, zu einer Beziehungseinheit, d. h. zur Summe zusammengefasst worden ist. Mithin schwindet der Grund des Conflikts und das Gefühl kommt zum Frieden. Ich erörtere hier diese Frage nicht genauer, weil sie unter dem Titel «Beziehungseinheit» ausführlich behandelt werden soll.[569]

3. Die neue Metaphysik bringt desshalb die Lehre von den Ideen, den apriorischen Begriffen, den Kategorien oder Stammbegriffen[570] des reinen Verstandes, oder wie

man sonst noch diese Platonische Erbschaft bezeichnet hat, in eine neue Lage. Es ist daher gut, die Resultate unserer bisherigen Untersuchung noch einmal zusammenzustellen. Wenn die Ideen, so schlossen wir, in das Gebiet der Erkenntniss gehören, so sind sie keine Erkenntnissquellen, d. h. kein unmittelbares Bewusstsein, sondern definirbare, beweisbare und also erschlossene Beziehungseinheiten, und folglich können wir dann durch die Ideen etwas erkennen, was wir nicht könnten, wenn sie durch falsch verstandene intellectuale Intuition, wie Aristoteles, Platon und ihre Anhänger meinten, nach Art der Sinnlichkeit (αἴσθησις oder θίξις),[571] wie die Farben, als einfache Universalia oder als inneres Licht offenbar würden.

Nun aber stehen wir, wie es scheint, vor der Klippe und müssen in den öden Abgrund des Nominalismus und Sensualismus herabstürzen. Das wäre freilich nur die Meinung von Solchen, welche nichts als den hergebrachten Gegensatz von Platonismus und Positivismus kennen, wie mir z. B. Laas[572] im Jahre 1874 in seiner Beurtheilung meiner Schrift über die Unsterblichkeit der | Seele einen «fast krankhaft forcirten In- 273
dividualismus und Nominalismus» vorwarf,[573] während er mich doch zugleich, weil er überhaupt gering war in Auffassung neuer Gedanken, für einen «Leibnitzianer» erklärte,[574], wie mich Andre zu einem «Aristoteliker» machten.[575] Nein, es handelt sich überhaupt nicht mehr um diese alten Gegensätze, sondern es gilt, sich auf unbetretene Pfade zu begeben, wenn man in der Philosophie vorwärts kommen soll.

Indem der Nominalismus die Begriffe überhaupt, und also nicht bloss die untersten Artbegriffe, sondern auch die höchsten und allgemeinsten, durch Aussiebung aus der Erfahrung gewinnen will, nimmt er ganz richtig an, dass in der Erfahrung diese Begriffe und Ideen schon stecken, und glaubt daher durch sogenannte Abstraction, d. h. durch Weglassung des Besondern, das Allgemeine herausziehen zu können. Naiv ist nun bei diesem Standpunkt, dass man zu fragen vergisst, woher denn die Ideen, die weder Farben, noch Töne oder Geschmäcke, noch sonst Sinnesempfindungen sind, in die sinnlichen Anschauungen gerathen wären? Und so müsste man dann den Idealisten wieder beistimmen, wenn sie behaupten, dass wir a priori diese Ideen in der Vernunft trügen und sie in der Art einer Legirung den Eindrücken der Sinnlichkeit zu Gute kommen liessen, wesshalb die sogenannte Erfahrung als Mischungsproduct die Ideen in sich enthalten könnte. Da aber auch diese Annahme als unhaltbar erkannt ist, wie schon Locke über die monsters, lodged in our brain,[576] spottete, weil sich ja solche Vorstellungen, die wie Ideen, Kategorien oder Principien gestaltet wären, gar nicht beschreiben, erklären und aufzeigen lassen, sondern ihr Dasein nur in den Wörtern der Sprache führen: so müssen wir den Idealismus, wie den Nominalismus endlich aufgeben und den neuen Weg, den ich aufwies, betreten.

Dieser neue Weg hat, wie sich das für alle vertrauenswürdigen Wege schickt, die nicht in's Blaue führen, einen Anfang, eine Mitte und ein befriedigendes Ende. Den Anfang bilden natürlich die erkenntnisslosen Daten des Bewusstseins, denn wo-

mit sollte der Mensch anders anfangen, als womit das Thier aufhört? Das Thier gelangt auch schon dazu, die elementären Daten zu erkenntnisslosen Combinationen nach Art unserer Ideenassociation und unseres ganzen sogenannten mechanischen Seelenlebens zu vereinigen. Dies gehört zu unserem Anfang. (Vergl. oben S. 91).
274 Dann aber kommen wir an die Mitte des Weges, wo das specifisch | Menschliche wohnt. Dieses besteht nun darin, dass alle bisherigen Akte auf das erkenntnisslose Ichbewusstsein bezogen werden, was sich noch durch andre Ursachen erklären lässt, sicherlich aber hauptsächlich dadurch, dass die Bühne des menschlichen Bewusstseins umfangreicher geworden ist, so dass das Ich als immer bleibender Zuschauer gegen die wechselnde Menge der Objecte des Bewusstseins mehr zum Rechte kommt, und der Mensch so als Herr in der Schöpfung erscheint und eine verhältnissmässig sehr beträchtliche Musse geniesst, denn, wenn man sein Leben mit dem der Thiere vergleicht, so hat er alle Tage Sonntag und sie umgekehrt nur Arbeitstage. Je mehr die Menschen aber bloss der körperlichen Arbeit und den an die sinnliche Bewegung gebundenen Affekten hingegeben sind, desto mehr ähneln sie den Thieren, und ich verstehe desshalb die oft wunderlich erscheinende Aufregung, mit der so viele Menschenfreunde für die Heiligung des Sabbaths eintreten; denn wenn dieser Eifer auch zunächst meistens aus der Gebundenheit der Rechtsreligion stammt, so liegt doch das ächte Interesse für Wahrung und Pflege des specifisch menschlichen Privilegs der Freiheit des Geistes zu Grunde.

Das befriedigende Ende des Weges führt nun zur Erkenntniss, d. h. zu einer Zusammenfassung der aufeinander bezogenen Beziehungspunkte. Durch diese Zusammenfassung entspringt nämlich ein neuer Inhalt der Seele, die zweite Art des ideellen Seins, d. h. das, was wir Erkenntnissfunction nennen und was in Beziehungseinheiten oder Gedanken besteht.[577] Die Gedanken sind also immer Schlüsse und haben alle eine merkliche, oder zwar unmerkliche, aber doch thatsächliche Beziehung auf das Ichbewusstsein. Sie bilden jedoch nicht, wie die Ideen phantastisch vorgestellt werden, ihrem Inhalte nach qualitativ homogene oder continuirliche Einheiten wie Ton- oder Farbenempfindungen, sondern Coordinaten-Systeme mit deutlich unterschiedenen Beziehungspunkten. Jeder Gedanke ist nur dadurch Einer, dass er bestimmte zugehörige Beziehungspunkte in bestimmter Zuordnung zu einem Beziehungsganzen zusammenfasst; und ein Gedanke unterscheidet sich von einem anderen dadurch, dass er andre Beziehungspunkte oder andre Gesichtspunkte, d. h. Zuordnungsweisen enthält. Ein Gedanke endlich hängt mit dem andern dadurch zusammen, dass er von dem anderen einen Theil oder das Ganze in sich enthält, also entweder dieselben Beziehungspunkte hat, aber eine andre Zuordnung, oder densel-
275 ben Gesichtspunkt zwar, aber | andre Beziehungspunkte, oder endlich dadurch, dass

4 gehört zu] gehört alles zu *Ms*

er den anderen Gedanken, d. h. die ganze Beziehungseinheit, zum Beziehungspunkt oder Gesichtspunkt in seinem eigenen Coordinatensysteme macht.

Exempla docent;[578] denn, obgleich ich hier kein System der Kategorien abzuleiten Willens bin, so muss doch der Ursprung derselben an einigen Beispielen gezeigt werden. Setzen wir also als Beziehungspunkte das Ichbewusstsein und etwa diejenigen bewusstgewordenen Akte unseres Bewegungsvermögens, welche wir die Farbenempfindungen nennen, als Gesichtspunkt aber die Anschauung vom Auge, so entspringt als Beziehungseinheit der Gedanke: ich sehe; ebenso bei der Beziehung des Ichs und der Töne auf's Ohr der Gedanke: ich höre. Nehmen wir jetzt etwa den primitiven Menschen und lassen ihn beim Mandelessen auf eine bittere kommen, so wird das unangenehme Gefühl eine der früheren entgegengesetzte (antiperistaltische)[579] Bewegung im Schlunde und in den Muskeln der Zunge und der Lippen auslösen, so dass nun in seinem Bewusstsein die Beziehung der gleichen Anschauungsbilder der Früchte auf einander mit Rücksicht auf den verschiedenen Geschmack die Kategorien Anderssein und Einerleisein hervorbringt. Wenn das Erwartete eintritt und zuweilen nicht eintritt, so entspringt die Kategorie der Realität und der Negation. Die Vergleichung unseres Functionssystemes und des zugehörigen Anschauungsbildes des Menschen mit dem analogen eines anderen Menschen ergiebt durch die Verkehrsbeziehungen die Kategorien Ich und Du und später im Anschluss daran Wesen und Function u. s. w. Das Problem, die Methode der Ableitung der Kategorien und ihr ganzes System zu finden, hat für den Philosophen eine unendliche Anziehungskraft; es ist aber dafür gesorgt, dass die Lösungsversuche selten sind. Der letzte Versuch, den Hegel machte, hat mehr lexikalisches, als philosophisches Interesse,[580] und der etwa noch anzuführende Versuch Krauses ist naiv projectivistisch, da er die in dem Gesichtssinn vorkommenden Bilder zu Archetypen der wirklichen Welt machte.[581]

## Specifische und semiotische Erkenntniss.

Nun ist zwar jede Erkenntniss als Erkenntniss von einerlei Art; im Hinblick aber auf einen anderen Gesichtspunkt lässt sich die Erkenntniss in zwei deutlich zu unterscheidende Massen spalten. Sie besteht nämlich nur in der Beziehungseinheit, nicht aber schon in irgend einem der Termini, die in Beziehung gesetzt werden; | *276*
sondern diese bilden entweder erkenntnissloses einfaches Bewusstsein, wie die Gefühle oder Geschmacksempfindungen, oder sie sind selbst schon Coordinatensysteme und als solche, nicht aber als Termini, auch Erkenntnisse. Weil nun kein Wis-

1 Gedanken,] Gedanken selbst, *Ms*

sen ohne Beziehungspunkte möglich ist und diese immer direct oder indirect ein erkenntnissloses Bewusstsein enthalten, so folgt, dass die Erkenntnisse sinnlos wären, wenn man sich nicht immer der Bewusstseinsinhalte erinnerte, die als zugehörige Beziehungspunkte mitgerechnet werden, wie man z. B. bei den abstracten Zahlen an die gezählten sogenannten concreten Dinge denkt. Obgleich diese blossen Bewusstseinsinhalte nun zwar ganz erkenntnisslos sind, so können sie trotzdem klar und deutlich erkannt werden in der Weise, wie man ein Landgut genau kennen kann, ohne es zu besitzen, da der Besitz ja nicht in diesen Kenntnissen besteht, während man die Arithmetik, die Grammatik u. s. w. nicht kennen und verstehen kann, ohne sie zu besitzen. Mithin ist die Erkenntniss eines Gegenstandes, der selbst, wenn er erkannt ist, doch keine Erkenntniss ausmacht, d. h. bei welchem Subject und Object nicht zusammenfällt, von einer andern Art, als wo dies der Fall ist. Ich unterscheide desshalb semiotische und specifische Erkenntniss, ohne sie jedoch ganz zu trennen, denn sie hängen dadurch zusammen, dass die *specifische* Wissenschaft immer an die letzten Beziehungspunkte erinnern muss, die ihr zum ersten Ansatzpunkte dienten, während die *semiotische* zwar gerade diese Beziehungspunkte, die nicht zur Erkenntnissfunction gehören, zum Ziele nimmt, dennoch aber zur Bezeichnung, Unterscheidung, Classificirung und Characterisirung derselben die specifischen Erkenntnisselemente benutzt. Von unserem Ich z. B., das uns durch unmittelbares Bewusstsein gegeben ist, können wir nur eine semiotische Erkenntniss gewinnen; wir benutzen aber dabei die specifischen Erkenntnisselemente, die uns die Psychologie, die Ethik, die Kunstlehre, die Religionswissenschaft u. s. w. bietet.

Mit dieser Unterscheidung *deckt sich nicht* etwa der altbekannte *Gegensatz zwischen dem Einzelnen* und dem *Allgemeinen*, der in der Tradition der Logik als die Schwierigkeit, das Singuläre zu definiren, so viele gelehrte Discussionen zur Welt gebracht hat. Ich behaupte nun zwar, dass erst die neue Philosophie diese alten Schwierigkeiten ihrem Grunde nach zu erklären vermag, zeige aber zugleich, dass *nicht die Einzelnheit* den Grund der Undefinibilität bildet, sondern die
277 Zugehörigkeit des | Objects zu denjenigen Gebieten des Bewusstseins, die nicht Erkenntnissfunction oder Denken sind, denn die zugehörigen Universalia, wie Fühlen oder Wollen, Empfinden oder Bewegen, Ichheit u. dergl., können ja nach der früheren Logik trotz ihrer Allgemeinheit ebensowenig definirt und demonstrirt werden, da sie, wie man sagt, nichts Allgemeines, also kein genus, mehr über sich haben, während ich zeige, dass ihre scheinbare Undefinibilität daher rührt, dass ihr eigenthümlicher ideeller Inhalt nur durch unmittelbares Bewusstsein offenbar wird und Niemandem andemonstrirt werden kann, der nicht auch ohne Erkenntnissarbeit

31–32 Fühlen … Ichheit] «fühlen» oder «wollen», «empfinden» oder «bewegen», «Ichheit» *Ms*

schon von selbst als unmittelbares Bewusstsein die zugehörigen Beziehungspunkte besitzt, die wir durch die Universalia Fühlen, Bewegen, Ich u. s. w. zusammenfassen. Wenn der Grammatiker z. B. ein Gesetz der Lautverschiebung feststellt, so ist das eine *specifische Erkenntniss*, weil es uns darauf ankommt, nicht die Beziehungspunkte, sondern ihre Coordinationen in eine Beziehungseinheit, die hier das Gesetz ist, zusammenzuschliessen; wenn derselbe Grammatiker aber den Laut a oder i durch die Stellung der Zunge, die Oeffnung der Lippen u. s. w. bezeichnet, so gewinnen wir eine *semiotische Erkenntniss*, weil sie für einen Tauben immer sinnlos bleiben würde und weil sie bloss Zeichen angiebt für die Ton-Empfindung, die man auch ohne diese Characterisirung kennt. Möge daher der Gegenstand der Erkenntniss singulär, particulär, oder universell sein, so ist die Erkenntniss immer und überall bloss *semiotisch*, sofern dieser Gegenstand selbst nicht blosses Denken oder Gedankeninhalt, d. h. Subject-Object ist, sondern den übrigen geistigen Vermögen und Bewusstseinsgebieten angehört.

## Apriorische und empirische Erkenntniss.

Durch unsre neue Erkenntnisstheorie, welche die alte Ideenlehre und die reinen Stammbegriffe des Verstandes u. dergl. vollständig beseitigt, scheint nun ein blosser Empirismus übrigzubleiben, wesshalb mit dem Wegfall der apriorischen Elemente auch die intellectuelle Intuition und mithin auch die Speculation und also die ganze Philosophie in Wegfall käme. Wir werden dies gar nicht leugnen; denn derjenige, der solche Consequenzen zieht, steht eben noch auf dem früheren Standpunkte und sieht mit Recht diejenige Art von Speculation, welche ihm allein bekannt ist, auf die schiefe Ebene gesetzt. Lassen wir sie darauf rollen! | Wir kümmern *278* uns überhaupt wenig um all die kleinen Sonderinteressen der verschiedenen Parteigegensätze, da wir die *Principien* untersuchen, mit deren Feststellung dann auch alle diese Particularitäten in Ordnung kommen.

Zunächst ist zu beachten, worauf ich schon in der Vorrede meiner Religionsphilosophie hinwies, dass die Erkenntniss sich überhaupt nicht in der Art wie das Geschlecht spalten lässt; denn während das Weib nichts Männliches und der Mann nichts Weibliches in den Generationsorganen besitzt, so enthält umgekehrt jede sogenannte empirische Erkenntniss apriorische Elemente, und jede sogenannte apriorische Erkenntniss blickt auf empirische hin, die ihr als ihre Beziehungspunkte zugehören. Also ist die Verselbständigung und nachherige Verknüpfung des Empirischen und Apriorischen, die Kant, Hegel, Platon, Aristoteles u. A. forderten, nicht wie bei Braut und Bräutigam, die nachher ehelich copulirt werden, durchzuführen.[582]

Ebenso unhaltbar ist die Annahme, die Erfahrung käme von aussen, die Idee und Kategorie von innen. Man redet sich ein, die äussere Welt spiegele sich in unserem Inneren, und man will die Aussenwelt in dem Bewusstsein abbilden. Das sind Kindergeschichten. Da draussen ist eben nichts davon vorhanden, was in den Lehrbüchern der Chemie, Physik, Physiologie, Astronomie u. s. w. steht. Alle Wissenschaft ist nur in Geistern, d. h. ist selbst der ideelle Inhalt der Erkenntnissfunction. Diejenigen naiven Denker, welche ihre Welterfahrung in die sogenannte Aussenwelt projiciren, um sie da noch einmal zu haben und sich dann zu freuen, dass die Aussenwelt gerade so aussieht, wie ihr Erkenntnissbild, müssen nicht bloss Gesetze, Atome, Anziehung, Zusammendrückbarkeit, Augen, Herzklappen u. dergl. in der Welt annehmen, sondern natürlich ebenso Klappeninsufficienzen,[583] Barometer-Vacuum,[584] Löcher im Rock u. s. w., obgleich es doch selbst solchen Biedermännern schwer gelingen könnte, die substanzielle Beschaffenheit eines fehlenden Knopfes, oder eines Loches u. s. w. auszudenken.

1. Intuition.

Um nun die verschiedenen Formen der Erkenntniss zu überblicken und für die gebräuchlichen Namen den bestimmten Sinn festzustellen, den sie in unserer Theorie haben können, gehen wir von den Beziehungspunkten aus, die durch blosses Bewusstsein ohne alle Erkenntniss gegeben sind.

279 Diese Beziehungspunkte sind erstens das Bewusstsein unserer | bewegenden Function oder die Empfindungen. Man nennt ganz allgemein dieses Bewusstsein den äusseren Sinn oder die Sinnlichkeit schlechthin, weil man dabei an gewisse Organe denkt, an welche das Bewusstsein geknüpft ist, wie man von auswärtigen und inneren Anleihen spricht, nicht als wenn etwa bei den auswärtigen das Ausland das Geld erhielte und bei den inneren der eigene Staat, sondern weil das Ausland kauft und zahlt, während das Geld selbst nichts davon verräth, woher es kommt, und unser ist so gut wie bei den inneren Anleihen.

Wenn die Beziehungspunkte aber durch das Bewusstsein unserer Gefühle (Wollungen) gegeben werden, so pflegt man vom inneren Sinn zu sprechen.[585]

Das Bewusstsein unseres Ichs selbst nennt man zwar gewöhnlich Selbstbewusstsein, bildet sich aber ein, daran eine Erkenntniss zu besitzen, während es, wie alles Bewusstsein, bloss einen blinden Beziehungspunkt liefert, nicht anders als die Töne oder Gerüche.

Von dem Gottesbewusstsein will ich hier nicht reden, weil dies eine so grosse Untersuchung erfordert, dass sie für sich allein geführt werden muss.

Alle diese verschiedenen Arten von Bewusstsein trennen sich aber nur nach ihrem ideellen Inhalt und nicht nach der Natur des Bewusstseins selbst. Wenn man

10 u. dergl.] u. dergl. Dinge *Ms*

sie alle als Intuition bezeichnen soll, so muss man nur die Meinung fernhalten, als sei damit eine intuitive Erkenntniss gegeben, während gerade auch nicht eine Ahnung von Erkenntniss darin liegt, da dies Bewusstsein gar nicht dem Erkenntnissvermögen, sondern den anderen Vermögen, der Bewegung und dem Gefühl (Willen), und dem Ich selbst angehört.[586]

2. Die blinde Erfahrung und die erste Erkenntniss.

An die Beziehungspunkte schliesst sich nun das mechanische Leben der Vorstellungen an, das als Ideenassociation, Reproduction, Träumen, Phantasiren und dergl. bekannt ist und sich auch bei den Thieren findet. Ich nannte es oben die erkenntnisslosen Combinationen (vergl. S. 273).

Hiervon rede ich nicht. Wir wollen vielmehr die erste Erkenntniss, d.h. die ersten Coordinatensysteme, vor Augen stellen. Wer die Kinder und sich selbst beobachtet, wird sehr bald bemerken, dass man überall zu erkennen anfängt, wenn eine gewisse Zusammengehörigkeit oder Ordnung der Beziehungspunkte | aufgefasst wird. 280 Mithin muss dazu ein Beziehungsgrund oder Gesichtspunkt sich darbieten, die Beziehungspunkte müssen als untereinander bezügliche, d.h. als Coordinaten erscheinen, und das Ganze muss in eine Beziehungseinheit oder ein System zusammengefasst werden. Es gilt mir als sicher, dass das Kind schon in der Wiege solche Coordinationen bemerkt. Es schreit und hört alsbald die eiligen Tritte der Mutter, sein Auge hat zugleich die bekannten Farbenbilder, sein Tastsinn fühlt die Wärme und Festigkeit des mütterlichen Armes, der es an die Brust legt, sein Geschmack empfindet die zuströmende Nahrung, und die ruhige Zufriedenheit krönt den Vorgang, der sich täglich mehrmals wiederholt und ein zwar bewusstes, aber ganz erkenntnissloses System von zusammengehörigen Elementen bildet. Es fragt sich aber, ob nicht hier doch schon der Anfang der Erkenntnissfunction gegeben sei; denn wegen der Wiederholung der Akte wird das mit Gedächtniss begabte Kind nothwendig bald die jedesmal neuen Eindrücke an die Erinnerungsbilder anschliessen und daher z.B. schon mit dem Munde unruhig nach der Brust suchen, ehe sie ihm gereicht wird, und wird kräftiger schreien, wenn es einen Aufenthalt giebt, als zu Beginn des ganzen Vorganges, offenbar beides, weil es der Erinnerung gemäss den Genuss als «in der Reihe» liegend, oder nun «an die Reihe» kommend schon erwartet.

Da aber die Thiere sich in dieser Beziehung ebenso wie die Menschen verhalten, so kann ich darin noch keine Erkenntnissfunction sehen, sondern betrachte diese ganze Sphäre der blinden Anschauungsbilder, der Ideenassociationen, Reproductionen und Apperceptionen als psychische Reflexthätigkeiten, die durch Naturmechanismus dasselbe theils besser, theils annähernd eben so gut leisten, als Verstand und Urtheil. Ich werde zwar dem Sprachgebrauch gemäss sagen, der Rabe «erkennt» den Jäger und fliegt desshalb davon; aber ich werde mich erinnern, dass

diese sogenannte Erkenntniss ein ganz erkenntnissloses System von Reflexbewegungen ist; denn der Rabe hat gar keine Erkenntniss vom Jäger, von dessen Beruf, Absichten u. s. w., und wenn die Thiere auch immerfort unter den Menschen leben, in der Familie, wie die Katzen und Hunde, oder in beständigem Verkehr mit ihnen, wie die Kühe und Schafe und Hühner u. s. w., so zeigen sie doch nie eine Spur von
281 Verstand für die Geschäfte der Menschen, obwohl | sie wegen der zugehörigen Affecte immerfort naiven Beobachtern Veranlassung zu Jagdgeschichten und Thierfabeln bieten.

Trotzdem bilden diese reflectorisch verknüpften Coordinatensysteme, deren praktische Brauchbarkeit sich an der Erhaltung des Lebens und an der scheinbaren Klugheit der Thiere zeigt, die Grundlage zur ersten Erkenntniss; denn sobald die Zusammengehörigkeiten *als solche* bemerkt werden, ist Erkenntniss vorhanden. Obgleich der Mensch viel mehr Musse und ein viel grösseres Bewusstseinsfeld hat, als das Thier, so wäre es doch gegen alle Wahrscheinlichkeit, anzunehmen, dass die Coordinationen ganz von selbst bemerkt, d. h. erkannt, und, wenn schon Sprache vorhanden wäre, etwa durch den Indicativ des Verbums ausgesprochen würden. Nein, die erste Bemerkung muss mit der *Negation* beginnen und von der Störung der Zusammengehörigkeiten veranlasst werden. Darum müssen nothwendig die ersten Sprachlaute die *Interjectionen*[587] und dann die *Fragen* und *Imperative* bilden, indem das Erwartete nicht eintritt und nur die Erinnerung das fehlende Glied des Coordinatensystems erfragt oder heischt; denn wenn alles in der Ordnung bleibt, so giebt's nichts zu bemerken. Das fehlende Glied kann aber nur nach der *Function* oder, anders ausgedrückt, nach dem *Beziehungsgrunde* oder *Gesichtspunkte* bezeichnet werden. Z. B. wird, wenn wir uns in Urzeiten versetzen, der Vater die von der Jagd heimkehrenden Söhne etwa mit der Mimik oder der lautlichen Bezeichnung des Essens *befragen*. Er hat also die Zusammengehörigkeiten erkannt: die Spuren des Wildes, ihre Bewaffnung, ihr Forteilen, ihr Heimkehren; aber der Beziehungsgrund, der dies alles coordinirt, nämlich das durch die Jagd zu beschaffende Essen, die Beute, wird etwa nicht sichtbar. Jetzt antworten sie vielleicht mit einem *Imperativ*, der das «Mitkommen» mimisch oder lautlich bezeichnet, und fügen etwa den zweiten Imperativ oder Optativ hinzu, der das «Tragen, Heben, Schleppen» bedeutet, da sie das zweite Coordinatensystem ebenfalls begreifen, dessen Beziehungsgrund sie angeben, weil etwa das grosse erlegte Thier nicht ohne weitere helfende Arme und Schultern heimgebracht werden kann.

23 Beziehungsgrunde] *so Ms;* Beziehungspunkte *DA*

Ich setze desshalb die Veranlassung der Erkenntniss in die Störung der gewohnten Ordnung, indem dadurch diese Ordnung als solche bemerkt und die Beziehungspunkte nach einem *ergänzten*, d.h. als zugehörig erkannten Beziehungsgrunde zu einer Beziehungseinheit coordinirt werden.

| Es ist darum nur in einem gewissen Sinne richtig, dass, wie man durchweg behauptet, der Anfang aller Erkenntniss in den einzelnen Sinnesanschauungen läge und dass das Allgemeine oder der Begriff erst durch Abstraction entstünde; denn diese einzelnen Anschauungen gehen zwar voran, aber nur als erkenntnissloses Bewusstsein, wie es die Thiere auch haben. In einem gewissen Sinne jedoch, und zwar gerade in dem *eigentlichen* Sinne, *fängt die Erkenntniss immer gleich mit dem Allgemeinen* an, was man ja auch daraus sieht, dass die Sprache, in der die Erkenntniss sich ausdrückt und fixirt, aus lauter Allgemeinheiten, Appellativen, Verben und Formwörtern besteht, die auf beliebiges Einzelne anwendbar sind, wie z.B. die Flüsse in den Sprachen nur scheinbar Eigennamen bilden, in der That aber bloss «Fluss» oder sonst eine Allgemeinheit bedeuten,[588] und wie auch die Eigennamen selbst nichts Individuelles enthalten, sondern nur durch Convention auf Individuen bezogen werden. Wenn man mit mir den Ursprung der Erkenntnissthätigkeit verfolgt hat, so findet man keine Schwierigkeit mehr, die Erkenntniss mit dem Allgemeinen beginnen zu lassen, und man wird dann auch deutlich einsehen, dass die seit Aristoteles gebräuchliche und durch Hegel übertriebene Bezeichnung der Begriffe als «das Allgemeine»[589] nicht als Angabe des *Constituirenden*, sondern nur *consecutiv*[590] zu verstehen ist; denn es ist weder unseren Urvätern, als sie anfingen zu denken, eingefallen, zuerst recht viele sogenannte concrete Einzelanschauungen nebeneinanderzustellen, um daraus das Allgemeine abzusondern, noch pflegen unsere Kinder jetzt auf diese Weise ihre Laufbahn als erkennende Wesen anzutreten, sondern alles Erkennen besteht bloss in dem Bemerken der Coordination, wobei der besondere, gegebene und concrete Inhalt des Bewusstseins ganz gleichgültig ist. Wenn der Wilde z.B. die Gebärden des Kauens oder des Horchens macht, so giebt er den Beziehungsgrund eines Coordinatensystems an, und seine Umgebung weiss sofort, welche Elemente als *constitutiv* damit zusammengehören, und wendet daher in allen gegebenen Fällen dieselbe Coordination an, wesshalb der Begriff in *consecutiver* Weise *Allgemeinheit* besitzt. So wird auch, wenn der Diener «zum Essen» ruft, nicht eine Abstraction von allen denkbaren Speisen vorher angestellt, um zu dem Allgemeinen «Essen» aufzusteigen, sondern der

282

10–11 *in dem eigentlichen ... Allgemeinen an*] in dem eigentlichen Sinne fängt die Erkenntniss immer gleich mit dem Allgemeinen an *Ms*
11 in der] worin *Ms*

283 das zugehörige Coordinaten|system zusammenhaltende Terminus vereinigt als Function proleptisch[591] alle möglichen Anwendungen.

3. Die apriorischen und die empirischen Elemente.

Unsere nächste Aufgabe ist nun zu erforschen, worin die Coordination bestehen mag und wie die angegebenen Coordinatensysteme zu Stande kommen.

Die projectivistische Annahme, als wenn die Begriffssysteme als Abbilder von äusseren Urbildern durch sinnliche Eindrücke entsprängen, halten wir nicht einmal der geringsten Beachtung werth; umgekehrt aber liesse sich vielleicht sagen, dass wir die Ordnungsformen nativistisch als *im Bewusstsein gegeben* vorfänden. Wenn wir dies nun im gewissen Sinne zugeben können und insofern dann auch das Thier vom Menschen nicht unterscheiden dürfen: so wäre damit doch der Ursprung einer solchen Coordination nicht erklärt. Wir müssen desshalb weit von der herkömmlichen Strasse der Psychologen abweichen, die, wie z. B. Stuart Mill u. A., ohne es zu wollen und zu ahnen, der projectivistischen Annahme folgen, wenn sie die *Gewöhnung* an die Verknüpfung und Trennung der Naturerscheinungen als die wahre Amme ihrer Erkenntniss betrachten und die *Gewohnheiten des Naturlaufs* und die angeblich wahrgenommenen *Beständigkeiten* aller Wissenschaft zu Grunde legen;[592] nein, wir wissen, dass nicht einmal ein Thier, geschweige denn ein Mensch so dumm ist, wie eine gut präparirte Platte die Natur maschinenmässig und sclavisch getreu abzuphotographiren. Die lebenden Wesen haben sichtlich einen höheren Beruf, da sie in sich selbst das Princip tragen, wonach sie unterscheiden können, was sie von der Natur interessirt und was sie als gleichgültig unbeachtet lassen sollen. Da liegt der einzige Grund der Coordination, d. h. aller Begriffe und aller Erkenntniss der Natur, denn alles, was in unserem Bewusstsein gegeben ist, besteht aus dem ideellen Inhalt unserer eigenen geistigen Functionen. Wenn diese Functionen selbst nun keine Ordnung unter einander hätten, so könnte auch ihr ideeller Inhalt auf keine Weise jemals geordnet werden. Während aber der gegebene ideelle Inhalt irgendwie durch den metaphysischen Verkehr unseres Ichs mit den Wesen ausser uns bestimmt wird, so ist die Ordnung unserer geistigen Functionen selbst vollständig unabhängig von aller Aussenwelt und constituirt vielmehr unsere specifische und unsere individuelle Natur, wie z. B. wenn ein Kind Honig findet und schmeckt, dieser bestimmte Inhalt
284 der Empfindung zwar von der Aussenwelt abhängig ist; | dass dieser Geschmack aber angenehm ist und dass entsprechend diesem Gefühl nun eine Bewegung oder Handlung ausgelöst wird, das wiederholte Greifen und Kauen u. s. w., das gehört in keinen objectiven Zusammenhang der Erscheinungen der Natur, sondern bildet das innere Coordinatensystem unserer Functionen.

Und hierin liegt nun das *Apriorische*, welches den Ursprung aller Erkenntniss bildet; denn um zu erkennen, muss man ein gewisses Verhältniss, eine gewisse Ordnung der Dinge wahrnehmen; und diese Ordnung stammt aus der Ordnung unserer Functionen, als deren ideeller Inhalt alle Dinge im Bewusstsein erscheinen. Da nun diese Ordnung mit unserem Wesen zusammengehört und also von aller Zeit und von allem Inhalte des Bewusstseins unabhängig ist, so geht sie auch aller möglichen Erkenntniss voran und bedingt im voraus die Form, in welcher alles Gegebene gefasst wird. In diesen Merkmalen besteht aber gerade der Begriff des Apriorischen.

Da aber alle Begriffe ohne Ausnahme relativ sind, so kann auch dieser Begriff nur in Hinblick auf einen zugeordneten anderen gefasst werden.[593] Der Beziehungsgrund (medius)[594] in jedem Schluss oder in jedem Begriff führt eben nothwendig zu der zugeordneten Sphäre hinüber, wodurch alle Erkenntnisse mit einander zusammenhängen. Ich habe schon gezeigt, dass dies nicht durch Negation nach Platonischer oder Hegelscher Weise vermittelt wird, sondern durch die Dialektik der Zusammengehörigkeit, welche ich lehre. Zusammengehörig aber mit der Wahrnehmung des unserm Wesen Eigenthümlichen und von uns Unabtrennbaren ist die Wahrnehmung des zufälligen, kommenden und gehenden und von irgend welchen Umständen unseres Verkehrs mit der Aussenwelt abhängigen Inhaltes des Bewusstseins. Da wir diesen ideellen Inhalt nicht erfinden, sondern vorfinden, oder zu erwarten haben, wesshalb er nach der Zeitvorstellung als ein dem Ursprünglichvorhandenen (a priori) Nachkommendes oder Späteres (a posteriori) erscheint, so nennen wir dieses Gebiet der Erkenntniss das Empirische, weil wir es erfahren, d. h. durch unsere Bewegung und unseren Verkehr mit der Aussenwelt erleben, aber es nicht als Aussteuer auf unsere Lebenswanderung mitnehmen.

4. Die sogenannten Ideen und Kategorien.

Wenn nun Platon es in seiner dichterischen Weise so dargestellt hat, als ob der Mensch bei seinen Sinnesanschauungen sich plötzlich an die apriorischen Elemente, an die sogenannten Ideen erinnerte, z. B. bei zwei Stücken | Holz an die Idee der Gleichheit[595] und 285
bei Pferden und Menschen etwa an die Idee der Schönheit,[596] so setzt er dabei eben voraus, dass die Ideen von uns früher im Himmel vor unserer Geburt geschaut wären, oder was dasselbe bedeutet, dass sie in der Vernunft wohnten, oder dass die Vernunft ein Ort oder Magazin der Ideen wäre. Aehnlich stellt sich auch Kant die Sache vor, wenn er dem Verstande eine Tafel reiner Stammbegriffe einhändigt, die Sinnlichkeit in ein Zimmer einschliesst mit zwei Fenstern, die aus durchsichtigem Zeit- und Raum-Stoffe fabricirt wären, und die Vernunft mit dem Vorspann von drei Ideen fahren lässt, die sie immer in ganz bestimmter Richtung vorwärts ziehen.[597] Von all diesem Vernunftinhalte ist in Wirklichkeit nichts vorhanden und, wie ich schon oben (S. 278) zu zeigen suchte, kann das Apriorische nicht ohne Hinblick auf das Empirische, und dieses nicht ohne jenes erkannt werden.

Eine genauere Betrachtung wird dies deutlich machen. Da nämlich die Ordnung des gegebenen ideellen Inhalts des Bewusstseins nur durch das Coordinatensystem

dieser Functionen erkannt wird, so muss die erste Idee oder Kategorie der Vernunft das System der Teleologie enthalten, d.h. das in den Empfindungen der Sinne Gegebene muss durch das Gefühl des Schmerzes oder der Lust als Uebel oder Gut von der Erkenntniss aufgefasst werden; denn die Idee des Guten und des Uebels ist nichts anderes als die Erkenntniss dieser Coordination, sofern gewisse Beziehungspunkte als unbefriedigend oder befriedigend die zugehörigen Bewegungen auslösen. Wenn demgemäss die Idee des Guten auf die Bewegung bezogen wird, so erkennen wir das Vorgestellte als Zweck und die Bewegung als Mittel. Erst durch den Erfolg unserer Bewegung im Verkehr mit der Aussenwelt entsteht bei Coordination unserer Bewegung zu den zugehörigen dabei entspringenden Sinnesempfindungen die Idee von Ursache und Wirkung. Darum ist es ein Irrthum, wenn man das «Warum» der Kinder einfach auf die Kategorie der Causalität zurückführt; nein, es bezieht sich auf die Teleologie. «Warum» heisst zunächst: zu welchem Zweck? cui bono?[598] Erst in zweiter Linie geht es auf die Ursache. Ebenso findet sich der Mensch nicht etwa veranlasst, irgendwie zum Zeitvertreib die Unterschiede der Empfindungen zu beobachten, sondern, weil der Inhalt der Empfindungen gefällt oder missfällt, als gut oder übel bestimmt und desshalb erwartet
*286* und gewünscht, oder verabscheut und ge|flohen wird, kommen wir darauf, die Identität und das Anderssein des eintretenden Wirklichen gegen das Erwartete, oder die Qualität zu bemerken, wie ebenso nur durch unser Interesse an dem Gegenstande die Erinnerung an unseren früheren Besitz mit dem uns Weggenommenen oder Hinzugefügten verglichen, das Weniger und Mehr erkannt und die Idee der Quantität erschlossen wird.

Wie es also grundverkehrt von Kant war, dass er die Kategorie der Causalität als einen Stammgast des Verstandes aufnahm und die Teleologie aus der Thür wies,[599] während kein Mensch jemals eine Idee von Ursache und Wirkung gehabt hätte, wenn er nicht vorher durch die Idee von Gütern und Uebeln zu Bewegungen und dadurch zu Veränderungen in der Aussenwelt veranlasst worden wäre, so können wir auch Pestalozzi, Kant und Herbart nicht zustimmen, wenn sie Raum, Zeit und Zahl als die natürliche Schwelle aller Naturauffassung hinstellen, als das A B C der Anschauung.[600] Denn abgesehen davon, dass die Zahl nicht aus der Zeitvorstellung abgeleitet werden kann, was schon Andre bemerkt haben, so wird auch die Aussenwelt durch unsere Anschauung erfasst und unser Benehmen darin durch unser Bewegungsvermögen geregelt in blinder Weise nach einem psychischen Mechanismus, wie bei den Thieren, die doch keine Begriffe von Raum und Zeit haben. Auch den Recruten wird oft die Unterscheidung von Links und Rechts schwer und die Kinder wie die Wilden bleiben über das Vorher und Nachher im Unklaren, bis durch irgend ein Interesse diese Unterschiede wichtig werden. Man darf nie den Vergleich mit den Thieren vergessen. Es giebt Kinder und erwachsene Künstler, welche vorzüglich in Wachs und Thon modelliren und keine Ahnung von Geometrie und Stereometrie,[601] ja auch nicht von den einfachsten Elementen des sogenannten Anschauungsunterrichtes haben. Der Mechanismus des psychischen Lebens besorgt das Alles ohne jede Erkenntniss.

Es ist aber, wie gesagt, hier nicht beabsichtigt, das System aller Kategorien zu ordnen, sondern ich wollte nur die zugehörigen Elemente und das Princip für ihre Ableitung den modernen und antiken Theorien gegenüber hervorheben. Als Resultat möchte ich einregistriren, dass hiermit der alte Streit zwischen Idealismus und Nominalismus endlich beigelegt ist; denn wir müssen beiden Parteien Recht und Unrecht geben und kommen zu einem Ausgleich, der den beiderseitigen Forderungen genügt. Die Idea|listen hatten Recht, wenn sie die apriorische Seite der Ideen betonten *287* im Gegensatze gegen die Erfahrung; Unrecht aber, wenn sie sich einbildeten, dass die Ideen als irgendwelche Art von in-tellectuellen Empfindungen in dem Vernunftmagazin von Haus aus fertig vorlägen. Die Sensualisten wiederum hatten Recht, wenn sie die letztere Annahme als poetisch verwarfen und solche Ideen für Monstra erklärten; Unrecht aber, wenn sie aus blossen Sinnesempfindungen, z.B. wie Condillac aus dem Geruchssinne, die Ideen wie blosse Sinnesanschauungen herleiten wollten;[602] denn sie verstanden nicht die Eigenthümlichkeit der *menschlichen* Erkenntniss und merkten nicht, dass ihnen die Thiere mit ihren brutalen Schnauzen über die Schultern schauten, weil ihre scharfe Sinnlichkeit sie ebenbürtig machte und ihnen auf Bürgerrecht Anspruch gab.

Die neue hier gegebene Erkenntnisstheorie suchte also nicht zwischen den Extremen die so beliebte goldene Mitte und trieb auch kein übliches Maklergeschäft zwischen streitenden Parteien, sondern löste die Probleme von einer ganz neuen Seite aus, ohne sich im Geringsten um die Ansprüche der Streitenden zu bekümmern, und konnte dennoch dadurch zugleich jede Partei ihr Recht finden lassen. Ich forderte nämlich, man solle sich durch den Sirenengesang von den einfachen Ideen nicht ködern lassen, und zeigte, dass die Ideen und Kategorien der Märchenwelt angehören, dass die Vernunft dagegen nur Schlüsse kennt, dass jede Kategorie einen Schluss, ein ganzes Coordinatensystem zusammengehöriger Erkenntnisselemente bildet. Desshalb war nun selbstverständlich, erstens dass die Beziehungspunkte dafür aus der Erfahrung stammten und in erkenntnisslosem Bewusstsein gegeben sein mussten, womit die Sensualisten zufrieden sein konnten, und zweitens dass die Ideen als Schlüsse insgesammt von der die menschliche Natur constituirenden Ordnung unserer Functionen abhingen und desshalb bestimmte allgemeine und nothwendige Formen bildeten, d.h. a priori, zwar nicht aus einer erdichteten früheren Erkenntniss, aber aus dem durch die Erkenntniss aufgefassten Coordinatensystem abgeleitet werden konnten; und hiermit war zugleich dem Idealismus sein Recht gegeben.

**Die intellectuelle Intuition.**

Gleichwohl dürfen nun die Ideen nicht mehr als unmittelbare Erkenntnissquellen geltend gemacht werden, sondern sie haben dieses Recht, welches sie zugleich blind und unerklärbar machte,
288 eingebüsst; dagegen sind sie, wie | nach allgemeiner Wehrpflicht, in den Dienst der Erkenntniss gezogen und haben dadurch den Vortheil gewonnen, jetzt selbst erkennbar und definirbar zu werden, so dass sie trotz Verlust der altehrwürdigen und doch unhaltbaren Privilegien jetzt erst ihren natürlichen Adel und ihren durch eigenes Verdienst erworbenen Vorrang recht geltend machen können. Wir dürfen daher den Ideen und Kategorien, die jetzt selbst Erkenntnisse, d.h. specifischer Inhalt des Erkenntnissvermögens, geworden sind, unter dem alten Namen der intellectuellen Intuition eine besondere Art des Ursprungs einräumen.

Dies verlangt eine nähere Erklärung. 1) Da kein Thier Ideen hat oder sich in seinem Thun und Treiben nach Ideen richtet, während die Thiere doch Sinnlichkeit, wie der Mensch, besitzen, so folgt, dass die Ideen nicht durch Sinneswerkzeuge und sinnliche Intuition zur Erkenntniss kommen. 2) Aber auch alle die Schlüsse, durch die wir die Gegenstände der Sinneserkenntniss und ihre Beziehungen und Gesetze feststellen, also die gesammte Erfahrungswissenschaft, d.h. Naturwissenschaft und Geschichte, ergeben niemals Ideen und bringen keine einzige Kategorie zur Erkenntniss, obgleich sie immerfort diese Ideen und Kategorien gebrauchen. 3) Ebenso ist der innere Sinn, d.h. das Bewusstsein unserer Akte und Zustände und die zugehörige Erkenntniss, welche ihren Inhalt nicht nach aussen wirft (projicirt), z.B. dass wir traurig oder fröhlich, thätig oder müssig u.s.w. sind, weit entfernt von der Erkenntniss einer Idee.

Nachdem wir diejenigen Sphären, in welchen die Ideen nicht entspringen, eliminirt haben, nähern wir uns nun der geheimnissvollen Pforte, welche die vornehme Geburtsstätte der idealen Welt eröffnet und schliesst. Wie mit allen hohen und vornehmen Dingen geht es dabei aber sehr einfach zu. Ein Fürst sagt in seinem Zelte: «man soll anfangen»; der Befehl fliegt nach allen Seiten und eine Million von Menschen ringt um Leben und Tod. So ist auch der Ursprung der Ideen sehr einfach, und doch durchdringen und beherrschen sie alle Wissenschaften und jeden einzelnen Gedanken der Menschen. Wenn wir nämlich die bisher dargestellten Sphären des ideellen Seins betrachten, so findet sich darin unmöglich die Erkenntniss irgend einer Ordnung, weder die der Zeit, noch die des Raumes, der Causalität, der Zweckmässigkeit u.s.w. Und warum nicht? Weil eine Ordnung als solche nie-
289 mals zu Bewusstsein kommen kann. Doch | warum sollte uns denn die Ordnung des Nebeneinander, Nacheinander, Durcheinander, Füreinander u.s.w. nicht be-

1–3 Die intellectuelle Intuition] 4. Die intellectuelle Intuition *DA; ohne Nummerierung Ms*
20 der innere] der sogenannte innere *Ms*

wusst werden können, da wir doch immer davon sprechen und, wenn wir nur bei Vernunft sind, gerade immer ein Bewusstsein davon haben müssen. Trotzdem ist dies unmöglich, und der Schein der Thatsache beruht nun darauf, dass man zwischen Bewusstsein und Erkenntniss nicht unterscheidet. Bewusst werden kann aber nur etwas, was real vorhanden ist, also ein Akt oder die Substanz. Eine Ordnung ist aber ebensowenig da, wie das Loch im Aermel; denn wo nichts von dem Rock vorhanden ist, da ist das Loch, welches nicht aus Wolle oder Seide besteht, sondern aus einem Gedanken. So kann uns z. B. auch die Aehnlichkeit zwischen zwei Menschen nie bewusst werden, weil sie nicht nur objectiv nicht als dritter Mensch oder sonst als etwas Wirkliches vorhanden, sondern auch nicht als irgend eine Gesichtsempfindung in uns lebendig ist. Sie bildet vielmehr eine Bemerkung, eine Erkenntniss, einen Schluss, und dieser als etwas Wirkliches kann bewusst und unbewusst werden.

Das Geheimniss des Ursprungs der Ideen kann daher nur durch Wegnahme der dichten Verschleierung gelöst werden, welche die liebe Grossmutter Sprache auf ihrer alten Spindel in den Synonymen von Bewusstsein und Wissen gesponnen hat; und zweitens durch Verabschiedung des alten Hexenmeisters mit seiner projectivischen Bildnerei, womit er uns unsere Ideenwelt äusserlich anzuschauen giebt, das Loch an den Aermel versetzt, die Aehnlichkeit zwischen zwei Menschen wahrnehmen und die Schönheit als verkäufliche objective Qualität eines Pferdes oder einer Statue existiren lässt.

Wenn wir nun nach Entfernung dieser Hindernisse zunächst ein Beispiel geben, wie das alle richtige Didaktik verlangt, und desshalb gleich die vornehmste Idee des Guten zur Demonstration benutzen, so werden wir sie nicht mehr mit dem jugendlichen Platon hypostasiren und als überwesentliches Wesen (ἐπέκεινα τῆς οὐσίας)[603] projectivistisch zum Princip aller Dinge machen; wir werden uns auch nicht einbilden, auf irgend eine wunderliche Weise zum Bewusstsein des Guten gelangen zu können, da es ja keine Bewegung, kein Wille oder Gefühl und kein Ich ist. Wir urtheilen doch aber fortwährend nach der Idee des Guten und über die Güter; also kann diese Idee nur durch das einzig noch übrigbleibende Vermögen der Erkenntniss entspringen, d. h. | diese Idee muss ein Schluss sein. Mithin haben wir den Ur- *290*
sprung dieser Idee an ihrem Ort nach der Technik der Begriffe zu suchen und gewinnen damit zugleich ihre Definition und ihre Demonstration.

Ich habe den Ursprung dieser ältesten Idee schon oben angedeutet.[604] Gegeben und bewusst ist uns nämlich der ideelle Inhalt unserer Empfindungen mit ihren mechanischen Combinationen. Gegeben und bewusst sind uns auch die zugehörigen Gefühle, wie die zugehörigen Bewegungen. Daraus folgt aber niemals die Idee des Guten; denn dass ein gegebenes sinnliches Object befriedigt, oder belästigt und schmerzt, und unser Bewegungsvermögen desshalb entsprechende Akte des Greifens oder Abwehrens leistet, das bildet zwar ein wohlgeordnetes Coordinatensystem, und die Idee des Guten hat mit nichts anderem zu thun; dennoch kann eine solche Ordnung nicht zu Bewusstsein kommen, weil die Ordnung zwischen den Gliedern stattfindet und also selbst nichts Reelles ist, das bewusst werden könnte. Mithin haben wir darin bloss einen psychischen Mechanismus, der sich ebenso bei den Thieren abspielt, die doch von dem Guten nichts wissen. Sollte die Ordnung als Ordnung zur Erkenntniss kommen, so müsste dieser ganze zusammengehörige Vorgang einen blossen Beziehungspunkt bilden, der mit einem anderen Beziehungspunkt nach einem Gesichtspunkt zusammengeschlossen würde; denn die Analyse jeder gegebenen Erkenntniss zeigt uns diese constitutiven Bestimmungsstücke, ohne welche von Erkenntniss keine Rede ist.

Wie sollen wir uns also helfen, um die zeitlose Genesis der apriorischen Ideen zu verstehen? Versuchen wir es zunächst mit Hülfe der Quantität und wählen uns ein Wesen mit weiterem Gesichtsfeld, also nicht ein Thier mit seinem auf die Gegenwart bornirten[605] Horizonte, sondern den Menschen mit seinem so viel breiter und weiter geöffneten Bewusstsein, so können wir ihm leicht eine Reihe früherer Erlebnisse als Erinnerungen vorschweben lassen und zugleich als zweiten Beziehungspunkt ihm entweder eine wirkliche davon verschiedene Reihe zum Erleben oder eine andere erinnerte zur Vergleichung geben. Wenn wir aber jetzt nichts als das sogenannte Bewusstsein beibringen könnten, um durch dessen Hülfe und Vermögen die gesuchte Idee erzeugen zu lassen, so hätten wir uns an ein durchaus unfruchtbares Princip gewendet; denn das Bewusstsein würde nichts weiter leisten, als dass die einzelnen Akte a, b, c u. s. w. nicht vergessen werden, | *291* sondern als Erinnerung vorschweben; aber es kann nichts sehen, was zwischen den Akten liegt, also was nicht da ist, wie die Reihenfolge und Ordnung. Mithin wäre der Mensch mit seinem Witz am Ende, wenn er bloss Bewusstsein hätte, wie die Thiere, wenn es auch sonst quantitativ an Grösse und Umfang allen guten Wünschen der Hypothese entspräche.

Lassen wir also nur die Hoffnung fahren, als könnte die Erkenntniss, die wir suchen, in irgend einer Weise darwinistisch durch quantitative Steigerung oder grössere Ausbreitung irgend eines auch bei dem Thiere gegebenen psychischen Elementes abgeleitet und gleichsam durch natürliche Züchtung von selbst producirt werden. Nein, es bedarf, wie ich das schon in meiner Abhandlung über den Darwinismus zeigte, eines Sprunges, wenn die Natur Fortschritte machen soll,[606] und das alte Aristotelisch-Kantische Princip der Continuität muss sich schon dazu bequemen, seinen unvermeidlichen Gegenpart anzuerkennen, so gut wie der Frieden den Krieg, wie die Liebe den Hass; denn da nur ein Narr mit Null anfangen würde, während

24 zwischen] zwischen *DA*
36 würde] wird *Ms*

jeder Vernünftige von etwas Gegebenem ausgeht, so steht nichts im Wege, dass auch mehr als Eins, ja, wenn der Geber grossartig genug ist, sofort das Ganze gegeben sei und uns nur die Analyse und die Inempfangnahme des Gegebenen übrig bleibe. Und so ist es in Wirklichkeit. Wer würde auch z. B. so albern sein, die Zeit aus dem Raume oder diesen aus jener abzuleiten! Wie wir desshalb weder das Gefühls- noch das Bewegungsvermögen ableiten können, so dürfen wir auch das Erkenntnissvermögen ohne Erröthen in Empfang nehmen; es dreht sich nur darum, diese Gabe gehörig zu würdigen und sie an den ihr gebührenden Platz zu stellen, wo sie nach ihrer ganzen Kraft zur Geltung und zum Gebrauch kommt. Um also die Erkenntniss durch Gebrauch, d. h. durch Erkennen zu ehren, müssen wir sie zunächst gegen Verwechselung mit untergeordneten Kräften sicherstellen. Verwechselungen aber verursacht fast überall die Sprache, welche eine rechte Taschenspielerin ist. So hat sie das *Denken* und *Erkennen* mit Hülfe der Etymologie und Synonymik, ich meine mit dem «Gedenken» und «Wiedererkennen», wie auch mit der «Erkenntlichkeit» gewissermassen auf das subalterne Amt des *Gedächtnisses* und der *Erinnerung* zurückgestossen. Aber wir dürfen dennoch mit der Sprache nicht rechten; denn sie soll und will nicht lehren, sondern nur wie ein Münzmeister stempeln und bezeichnen.

| So braucht uns ihre Semiotik nicht irre zu führen, sondern wir wissen, dass es *292*
überall zur Bezeichnung genügt, wenn ein zugehöriger Punkt, wie die Mondbilder im Kalender, die weiteren Schlüsse nach sich zieht. So bezeichnet die Sprache also bloss den einen unentbehrlichen Beziehungspunkt, nämlich die Erinnerungen, die, wie wir sahen, zum Denken vorausgesetzt werden. Nun hat aber eben das Weitere noch zu folgen. Zuerst zeigt sich, dass das *Ichbewusstsein* jeden einzelnen Akt der Erinnerung umfasst, es ist bei a, bei b, bei c u. s. w., und es ist auch bei jedem Akt des gegenwärtigen Erlebnisses und hat eine solche Weite, dass es alle diese Akte auf einmal, d. h. nicht nacheinander in der Zeit, wie sich Kant einbildete, sondern zeitlos umfasst. Kant war darin merkwürdig naiv dogmatisch, dass er einmal die Zeit *kritisch* für eine blosse Anschauungsform zu erkennen glaubte und dann doch die transscendentale Einheit der Apperception in *wirklicher* Zeit von einem Zeitpunkt zu einem anderen hüpfen liess, wie einen Kerl im Circus, der sich anstellte, als könne er sein anderes Bein nicht gebrauchen.

Nur unter dieser Bedingung des zeitlosen Beieinanderseins der Akte des Bewusstseins im Schosse des Gesammteigenthümers, des Ichs, ereignet es sich nun, dass nicht etwa das Ich, wie man grundlos und komisch meinte, diese Akte zusammenfasst, sondern dass ein neues Vermögen, die von Platon sogenannte *intellectuelle Anschauung*[607] oder schlechthin die *Vernunft* in's Spiel tritt, welche das sieht, was nicht als wirklicher Akt vorhanden ist und was doch gesehen zu werden verdient, weil es allein alles wirklich Vorhandene erklärt, nämlich die Ordnung und die Beziehungen. Wenn wir nicht gestatten können, dass das Ich selbst diese Erkenntniss leiste, so hat es seinen guten Grund; denn wir sahen ja (oben S. 159), dass dadurch sonst das Ich in ein blosses Wissen, ein blosses Vernunftgeschäft aufgelöst würde und mithin kläglich aus der Welt verschwinden müsste, weil der Inhalt der Erkenntnisse allgemein ist und allen Ichen auf gleiche Weise zukommen kann. Desshalb müssen wir diese Belastung des Ichs denen überlassen, welche, wie Kant, Herbart, Hegel u. A. das Ich für einen leeren Beutel oder eine fabelhafte Form der Einheit halten und das wirkliche Ichbewusstsein also gar nicht kennen, sondern allen Inhalt der Seele zu blossen Vorstellungen verdampfen wollen. Das Ich aber ist Eigenthümer seiner Functionen und geht ebensowenig in den Inhalt derselben, d. h. *293* hier etwa in die Wissen|schaft über, wie auch etwa der Pastor, wenn er predigt, nicht unsichtbar wird, um in seiner Predigt zu verschwinden.

Die Arbeit der intellectuellen Anschauung, die wir im Gegensatz gegen die sinnliche Anschauung und gegen den sogenannten inneren Sinn, d. h. gegen das Bewusstsein überhaupt, mit dem Namen Vernunft bezeichnen, besteht nun darin, dass die in zeitlosem Beieinandersein durch die Erinnerung bewusst gegenwärtigen Akte aufeinander bezogen werden.

Wir können die neue Schöpfung, oder das neue Erlebniss, welches uns in den Erkenntnissakten zu Bewusstsein kommt, eben immer nur erleben und nicht anders erklären, als indem wir die wesentlichen Umstände, oder Coordinaten, bei denen der Vernunftakt eintritt, hervorheben, wie man bei der reichen Spende eines Fürsten etwa die Ueberschwemmung oder Feuersbrunst schildert, welche den Akt des Mitleides veranlasste, aber ihn doch nicht wie eine Gleichung erklärt. So definire ich demnach die Vernunft als die Function, welche als zugeordnet mit dem gleichzeitigen Bewusstsein des ideellen und realen Seins zusammengehört. Um diese Definition durch Beispiele zu erläutern, nehme man die Kategorie der Quantität, welche zunächst das Bewusstsein irgendwelcher gleichartiger Sachen als ideelles Sein verlangt, zugleich aber das Bewusstsein des realen Seins, sofern das Ich sich bei jeder Vorstellung einer Sache des reellen Aktes dieser seiner Perception der Sache bewusst ist; die functionelle Zusammenfassung der reellen Akte in Beziehung auf die ideellen Bilder des Bewusstseins, wie sie nur durch die das Viele in sich umschliessende Einheit des Ichs, also durch das substanziale Sein möglich ist, bildet dann den Vernunftakt des Zählens oder der Zahl. So zeigte ich auch in meiner Grundlegung der Metaphysik, dass der Raum und die Zeit nur durch die Combination der ideellen Objecte mit dem Bewusstsein der zugehörigen realen Akte in der Einheit des Ichs als Begriffe zu Stande kommen.[608] Wollen wir als Beispiel die Idee des Guten genetisch erklären, so soll uns das Bewusstsein als ideelles Sein die Erinnerung an eine Frucht, an den zugehörigen angenehmen

37 Sein die] Sein etwa die *Ms*

Geschmack und an die zugehörige Bewegung liefern; zugleich sei gegeben das Bewusstsein des reellen Seins, d. h. etwa die Anschauung einer ähnlichen Frucht. Der Reproduction gemäss müsste jetzt auf die Anschauung wieder das angenehme Gefühl folgen und die Bewegung des Essens. Allein diese Folge tritt etwa nicht ein, weil wir die Frucht nicht reell in unsere Gewalt | bringen können.[609] Durch die Stö- 294
rung der Ordnung wird aber die Ordnung unserer Functionen gerade offenbar, und wir erkennen jetzt in diesem und allen ähnlichen Fällen das Zugeordnetsein gewisser ideeller Gegenstände zu dem Gefühl und der Bewegung und benutzen die Sprache, um diese Zusammengehörigkeit oder diese Ordnung zu bezeichnen. Wir nennen einen solchen Gegenstand ein Gut (bonum externum), und dass die Zusammengehörigkeit gestört wird, ein Uebel (malum externum). Ist das Seelenleben schon reicher entwickelt, so dass schon Affekte und Leidenschaften wirken, so können zugleich verschiedene Ordnungen unserer geistigen Vermögen in Wirksamkeit treten, indem etwa die eine von Frieden, die andre von innerem Unfrieden oder sogenanntem bösen Gewissen begleitet ist. Der Vergleich dieser Ordnungen zeigt wieder die Coordinatensysteme, und der dem inneren Frieden zugehörige ideelle Beziehungspunkt heisst analog das Gute (honestum), während der dem bösen Gewissen zugeordnete das Böse (pravum) genannt wird. Die Beziehung dieser Coordinatensysteme aufeinander und mithin die Erkenntniss der Stellung, die jeder Punkt in dem Systeme hat, liefert die Ideen, die nicht etwa an und für sich irgend eine neue und eigene Empfindung oder angeblich homogene Vorstellung bilden, sondern in nichts anderem bestehen, als in dem intellectuellen Anschauen oder Erschliessen der Ordnungsformen, und die nur durch das todte und leere Erinnerungszeichen, der Sprache, durch das Wort, eine scheinbare Einheit besitzen. Daher stammt die begründete Einsicht der Nominalisten, dass die Ideen als ideale Einheiten weder in der Natur, noch in der menschlichen Seele vorhanden sind; aber darin liegt auch der nominalistische Irrthum, dass man eine solche Einheit und Subsistenz der Ideen suchte, um den Begriff «Sein» von ihnen zu prädiciren, während es genügt, die vornehme Natur der Vernunft zu verstehen, welche solche Concretion nicht nöthig hat. Indem wir die Coordinatensysteme zeitlos vergleichen und die Zuordnungen durch Worte bezeichnen, besiegeln wir das Dasein und die Macht einer über alle Gränzen der Sinne und des blossen Bewusstseins hinausgehenden Vernunft.

Sofern nun diese Ideen bloss bedeuten, dass wir die Coordination unserer Functionen zu einem beliebigen ideellen Object bemerken, sind sie alle wesentlich transscendental und apriorisch, weil nicht das zufällige Object, sondern die zu der

17 das] das *Ms*
18 das] das *Ms*

295 Natur | des Geistes gehörende Coordination aufgefasst wird. Und aus demselben Grunde kommt ihnen consecutiv Allgemeinheit (universalitas) zu, weil sie auf jedes beliebige Object angewandt werden können. Wenn man es recht verstehen will, kann man sie auch der Etymologie und dem Sprachgebrauch Platons folgend Formen (εἴδη) und also formale Erkenntniss nennen, wenn man sie dadurch nur nicht nominalistisch ihres bestimmten intellectuellen Inhalts berauben will; denn sie geben nicht bloss Erinnerungen an sinnliche Bilder, sondern setzen diese Erinnerungen als «Gedanken, Gedenken, Gedächtniss» voraus, um zu einem specifisch neuen Inhalte zu kommen, nämlich zur vergleichenden Auffassung der ideellen und realen Zusammengehörigkeiten, was das Wesen der Erkenntniss constituirt.

5. Die speculative Erkenntniss.

Sobald nun die Ideen durch Worte fixirt sind, treten sie mit diesem todten, d. h. erkenntnisslosen Elemente in den Mechanismus des Seelenlebens ein und verfallen daher der Ideenassociation und dem ganzen Reproductionsgetriebe. Mithin kann man durch die bewegende Function, welcher das Wort angehört, d. h. durch bestimmte Töne und Zeichen, die daran mechanisch geketteten Ideen hervorrufen, worauf die Magie des Schreibens, Lesens und Sprechens beruht. Denn der Schreibende und Sprechende ist nothwendig ein Magiker, sofern er durch todte Zeichen und sinnlose Manipulationen die Geister citirt, und der armselige Druckerlehrling entzündet durch seine von ihm selbst unverstandenen Bewegungen wie die gewöhnlichen so auch die höchsten Gedanken, und mit ihnen Begeisterung oder pessimistische Stimmung, kühnste Erhebung oder heiteres Lachen.

Die Bindung der Ideen an die Worte vermittelt daher erst den geistigen Verkehr der Menschen, der seiner ganzen Natur nach nothwendig ein magischer ist, so sehr wir ihn auch wegen der Gewöhnung für natürlich halten. Die Sprache bringt aber zugleich die Möglichkeit der empirischen und der speculativen Wissenschaft hervor, die einander zugeordnet nur in gegenseitiger Anerkennung bestehen können. Sofern nämlich mit den Ideen die Beziehungspunkte des Bewusstseins, d. h. sowohl die sinnlichen, als die des inneren Sinns, gedeutet und in ihren Verhältnissen bestimmt werden, entsteht die empirische Wissenschaft; sobald aber die Ideen untereinander in ihren Beziehungen festgestellt werden, entsteht die Speculation. Nun be-
296 darf der Empiriker dieser | speculativen Arbeit, weil er sonst keine Ideen hätte, durch welche er die sogenannten Erscheinungen beschreiben, definiren und demonstriren könnte; der speculative Denker oder der Philosoph bedarf aber ebenso der Empirie, weil ihm aus den einfachsten Beziehungspunkten auch nur die einfachsten Ideen oder Coordinatensysteme zufliessen, während die Combinationen der Ideen auch combinirte empirische Auffassungen als Beziehungspunkte verlangen.

Wenn man z. B. über die Staatsverfassung spricht, so gehören die sich anschliessenden Gedanken der empirischen Wissenschaft soweit an, als die Beziehungs-

punkte dafür durch unsre Wahrnehmung, die Zeitungen und andre Data des historisch wirklichen Lebens geliefert werden, wesshalb die Reflexionen sich nothwendig auf französische, deutsche, österreichische, oder auch antike und mittelalterliche, immer also auf einzelne in bestimmter Zeit, für bestimmte Völker und bestimmte Länder gegebene Zustände beziehen. Sobald wir aber die durch die Reflexion gewonnenen Beziehungseinheiten, d. h. die erschlossenen Begriffe, zu Beziehungspunkten neuer Combinationen machen, so kommen wir zu einer *empirisch-speculativen* Wissenschaft, d. h. zu einer Mischform, in welcher bald das eine, bald das andre Element im Uebergewichte ist. Wer also z. B. Frankreich und Deutschland, d. h. die Begriffe von ihrem gegenwärtigen Zustande, mit einander vergleicht und nach dem Gesichtspunkt der Ursachen der Kriege schliesst, dass sie wahrscheinlich mit einander in Frieden bleiben oder Krieg führen würden, der speculirt; desshalb ist ein grosser Theil der Reflexionen bei politischen Rednern und in Leitartikeln speculativen und nicht empirischen Charakters. Ebenso sind die über die Ursachen der Grösse und des Untergangs Roms angestellten Betrachtungen als solche und alle sogenannte historische und philologische Kritik als solche ein Werk der speculativen Geisteskraft. Darum wird man aber solchen Betrachtungen auch immer nur in limitirtem Sinne den Charakter der *philosophischen Speculation* zusprechen, weil das Ziel derartiger Schlüsse immer die durch Wahrnehmung gegebenen Beziehungspunkte, d. h. die einzelnen sogenannten Dinge und Ereignisse sind. Um daher das Wesen der Speculation rein und ungemischt zu fassen, muss man dieses mittlere Gebiet, in welchem die Begriffe zwar im Uebergewichte sind, die empirischen Data aber doch das Ziel der Schlüsse bilden, bei Seite lassen und den äussersten Gegensatz gegen die empirische Wissenschaft aufsuchen. Dieser kann nun offenbar nur darin | liegen, dass die *Frage*, d. h. das *Interesse*, *297*
sich auf die zur Auffassung des Empirischen benutzten *Gesichtspunkte*, nämlich auf die Auffassung *unserer* dabei ins Spiel kommenden *Function* selbst richtet. Wenn z. B. bei den empirischen Urtheilen über die Verfassungen sich die Gesichtspunkte des Befehlens und Gehorchens und der Macht herausgestellt haben und für die Macht wieder die Intelligenz, die Tapferkeit, die Zutrauenswürdigkeit und Rechtlichkeit, sowie die Gegensätze von Reichthum und Armuth, die Leidenschaften, Furcht und Ehrgeiz, die Naturbegabungen der Menschen, die Gewöhnungen, die Beschäftigungen, Bodenverhältnisse, Lebensbedürfnisse, ferner die Zahlenverhältnisse, in welchen alle diese Verhältnisse und Qualitäten auftreten können, u. dergl. mehr in Frage gekommen sind, so hat man, wenn die empirischen Daten, bei welchen man diese Gesichtspunkte zuerst erschloss, gänzlich ausser Augen gelassen werden, nicht etwa keinen Stoff mehr zu Betrachtungen, sondern vielmehr einen neuen und reichen Stoff aus anderem Element, da nun diese Gesichtspunkte oder Ideen selbst als Schauspieler auftreten, um das Drama der Speculation zu spie-

len; denn je nach den Combinationen des einen Elementes mit diesem oder jenem anderen werden jedesmal andre Ereignisse auf der speculativen Bühne erfolgen, d. h. andre Schlüsse gezogen werden. Hierin besteht nun die eigentliche oder philosophische Speculation, welche den äussersten Gegensatz gegen die empirische Wissenschaft bildet, weil das Interesse dabei eine umgekehrte Richtung hat; denn nicht den einzelnen Wesen und wirklichen Ereignissen ist dabei das Interesse zugewandt, sondern den bei Auffassung und Beurtheilung des Wirklichen erkannten Ideen, die mit den ihnen zugeordneten Coordinatensystemen eine eigene Welt für sich bilden.

Die Trennung der empirischen und speculativen Wissenschaft liegt desshalb nicht sowohl in den Ideen selbst, da diese sämmtlich auch in der empirischen Wissenschaft verwendet werden und gewissermassen dort mit arbeiten, sondern in dem Gefühl oder Interesse, sofern ja auch umgekehrt wieder bei jeder speculativen Erörterung die empirischen Data immer die letzten Beziehungspunkte bilden, auf welche hingeblickt werden muss, wenn die Speculation Sinn und Verstand haben soll. Das Interesse also entscheidet, welche Richtung die Erkenntnissfunction verfolgen soll, ob sie das Wirkliche feststellen oder die Coordinationen der Gesichtspunkte untereinan-
*298* der erörtern will. Vergleichungen hinken | zwar immer, finden aber doch wegen der Mischung des Anschaulichen und Abstracten in der Regel ein freundliches Willkommen. So sollen denn die Begriffe oder Ideen mit den Lehrern einer Schule, die empirischen Beziehungspunkte aber mit den Schülern verglichen werden. Nun üben zwar die Lehrer immer ihre Function nur im Verkehr mit den Schülern aus, worin das Bild der empirischen Seite der Wissenschaft liegen mag; wenn sie jedoch, abgesehen von den Schülern, welche die Beziehungspunkte ihrer Function bilden, für sich untereinander und mit dem Director das System ihrer Functionen selbst regeln, d. h. ihre Rechte, den Umfang der ihnen zuzumessenden Stundenzahl, die Classenstufen, denen ihre Bildung entspricht, ihre Besoldung u. s. w. feststellen und so als Körperschaft ein eigenes Coordinatensystem bilden, so mag dies als Bild der speculativen Sphäre gelten. Wie aber diese Sphären untereinander coordinirt sind und wie es lächerlich wäre, die Schüler als Beziehungspunkte wegzudenken, so gehören auch empirische und speculative Wissenschaft zwar unzertrennlich zusammen, können aber doch nach dem Interesse an der einen oder der anderen Seite in entgegengesetzte Sphären, Begabungen und Arbeiten geschieden werden.

28 eigenes Coordinatensystem] eigenes lebendiges Coordinatensystem *Ms*

# Drittes Capitel.
# Definition des Begriffs der Frage.

Prolog: Die Aufeinanderfolge der Vorstellungen.

Wenn der Mensch nicht immer erst zu philosophieren anfinge, nachdem er schon ein reiches Geistesleben erworben hat, wenn wir uns vielmehr vorstellen könnten, der Mensch begönne sein Leben sofort mit philosophischer Einsicht, so würde er sich auch bei Betrachtung der vielen in ihm auftauchenden und verschwindenden Vorstellungen bald die Frage vorlegen, aus welchem Grunde oder nach welchem Gesetze doch eine Vorstellung der anderen und ein Gedanke dem anderen folge.

Da aber das Selbstbewusstsein in jedem Menschen alle seine Vorstellungen begleitet, so gewinnt er auch aus diesem Verhältniss der veränderlichen Geistesfunction zu dem constanten Ichbewusstsein sofort den Typus, nach dessen Analogie er sich eine Aussenwelt auszudenken und sie nach den Kategorien von Sub|stanz und *299* Accidenz, d. h. von Wesen und Functionen zu ordnen vermag.[610] Diese Auffassung ist ihm von Hause aus so gewiss und natürlich, dass er nun auch jene Frage nicht mehr aufzuwerfen braucht, da ihm nichts natürlicher zu sein scheint, als dass seine Vorstellungen in der Ordnung auf einander folgen, wie in der Aussenwelt die Functionen der Dinge oder der Wesen, die er wahrnimmt, sich verändern. Wesshalb habe ich jetzt die Vorstellung einer so und so beschaffenen Birke? Weil dort draussen eine steht. Wesshalb habe ich nun die Vorstellung von einem Vogel auf dieser Birke? Weil ein solcher herangeflogen ist u. s. w. Kurz die natürliche und r i c h t i g e Metaphysik der Menschheit, welche immer und überall Wesen und Dasein der Aussenwelt nach dem Vorbilde unseres Ichs und seiner Functionen ohne allen Zweifel annimmt und festhält, verbunden mit der i l l u s o r i s c h e n Projection der Anschauungsbilder bringt es ganz von selbst mit sich, dass die Folge der Vorstellungen und Gedanken in uns zuerst kein Problem zu sein scheint.

Mühsam ringt sich desshalb der Mensch auch erst von der Annahme los, dass den Träumen wirkliche Personen, Dämonen oder Götter und deren Handlungen in derselben Weise entsprächen, wie der Tonempfindung in uns die mit uns redende, vor uns stehende Person. So entspringt dann erst allmählich die Ueberzeugung von einem, wie man sagt, Subjectiven d. h. dem Individuum allein angehörigen Vorstellungsleben; im Gegensatz zu jenem objectiven, das von den Ereignissen der Aussenwelt in seiner Ordnung und Folge völlig bestimmt allen Menschen gemeinsam sei. So glaubt Heraklit am Anfang des fünften Jahrhunderts noch etwas Bedeutendes zu offenbaren, wenn er sagt: «den Wachenden ist Eine und eine gemeinsame Welt, aber jeder Schlafende versenkt sich in seine eigene».[611] Dass aber nicht nur die Träume, sondern auch diese sogenannte objective Welt in Jedem verschieden sei, das lag seinem Gedankenkreise noch fern.

Sobald aber überhaupt erst eine subjective Sphäre in dem geistigen Leben ausgeschieden war, so musste man auch die Frage aufwerfen, wie man von einer Vorstellung ohne äussere Veranlassung zu einer anderen Vorstellung übergehen könne. Diese Frage war nicht leicht zu beantworten. Daher gebrauchte man nach der Analogie mit dem durch die äussere Welt bestimmten objectiven Gedankenlauf zur Erklärung dieser Thatsachen zuerst wieder die Götter und Dämonen, die, wie sie uns
300 die Träume | schicken, so auch die Gedanken eingeben und den Lauf der Vorstellungen leiten, wie z. B. Zeus und Athene bei Homer bald dem schlafenden Agamemnon, bald dem wachenden Telemach oder Achilles Gesichte und Einfälle zuführen[612] und wie an unsichtbaren Fäden die subjectiven Vorstellungspuppen in Bewegung setzen. Erst allmählich verabschiedete man die gar zu altväterischen Götter und fand die sogenannte Ideenassociation, auf die man sogleich eine Mnemotechnik[613] begründete.

Die Aufeinanderfolge der Gedanken.

Ich lasse nun die Erörterung der Ideenassociation bei Seite, weil sie unser der Logik zugewendetes Interesse zunächst nicht berührt, und wende mich rasch zu der höheren Frage, die erst, wenn man zwischen den blossen Ideenassociationen und Reproductionen einerseits und dem eigentlichen Denken andererseits unterscheiden kann, auf die Bühne tritt und die wichtigste Rolle in dem Drama der Entwickelung der Logik spielt, nämlich zu der so grossen und so einfachen Frage, wie sich die Sache im Gebiete des eigentlichen Denkens verhält, wie man von einem Gedanken zu einem anderen fortgeht, warum man überhaupt zu denken anfängt, wann man bei einem Gedanken stehen bleibt und wann man weiter zu arbeiten sich getrieben fühlt. Gerade die Einfachheit dieser Fragen ist der Grund, wesshalb man sie wenig untersucht findet; denn die Aufmerksamkeit der meisten Menschen wendet sich zunächst immer dem Complicirten zu, das durch die mannigfachen Strömungen des Lebens und Meinens den Vorreigen führt. Die meisten Philosophen gehen desshalb noch heute ohne Weiteres auf ihre speciellen Untersuchungen los, für die ihre Zeitgenossen gerade ein brennendes Interesse haben, und loben etwa nur gelegentlich den Aristoteles, der schon die Antwort gegeben hätte, dass es die Aporien wären, die man erst entwickeln müsste, ehe man die Lösungen (λύσεις) darböte.[614] Nun ist es zwar gute Schule, wenn man für jeden philosophischen Satz den Entdecker kennt und nennt, es ist auch durchaus erlaubt, im Allgemeinen den Aristoteles zu rühmen, aber es ist doch immer der guten Schule angemessener, auch die Quellen des Aristoteles aufzuzeigen. Man scheint nämlich übersehen zu haben, dass Aristoteles in seiner Definition der Aporemata bloss die Platonischen Bemerkungen zusammenfasst.[615] Darum muss man von Platon ausgehen.

| Platon hält den Widerspruch für das Princip der dialektischen Bewegung. 301

Platon hatte als grosser Philosoph und Pädagog sofort das Einfache und Elementäre zu erforschen gesucht und daher für die Zwecke der Erziehung und geistigen Erweckung in dem Gebiete der Erkenntniss das den Gedanken Erweckende (τὰ ἐγερτικὰ τῆς νοήσεως) aufgespürt, was er auch das Ziehende (ὁλκός) oder das Herbeirufende (παρακλητικά) nennt. (Staat p. 523 ff.)[616] Ich will nun meiner Neigung für historisch-philologische Untersuchung nicht weiter nachgeben, sondern nur kurz Platons Resultate mittheilen. Er sieht den Ursprung des Denkens und den Grund, von einem Gedanken zu einem anderen fortzuschreiten, d. h. in seiner Ausdrucksweise das Erweckende, nur in dem Widerspruch. Wenn ich, sagt er, drei Finger ausstrecke, den kleinsten, den zweiten und den Mittelfinger, und wahrnehme, dass sie alle zusammen Finger sind, so liegt darin nichts Erweckendes, weil kein Widerspruch hervortritt; wenn ich aber wahrnehme, was grösser und kleiner, schwer und leicht, dick und dünn u. s. w. ist, so kommt gleich eine Unsicherheit der Wahrnehmung an's Licht, da die Wahrnehmung immer einen und denselben Gegenstand als dick und als dünn, als schwer und als leicht bezeichnet, jenachdem er mit diesem oder jenem anderen verglichen wird. Also muss die Seele, da sie die sich widersprechende Wahrnehmung für ungenügend befindet, den Verstand herbeirufen; denn Ein und Dasselbe darf doch nicht zugleich dick und dünn, schwer und leicht sein und sich selbst widersprechen; der Verstand hat desshalb nur die Frage (ἐρέσθαι)[617] zu beantworten, was eigentlich dick und dünn, gross und klein seinem Wesen nach ist, womit wir aus dem Gebiete des Sinnlichen zu dem Intelligiblen gelangen.[618]

Es kann uns nun gleichgültig sein, dass Platon hier im «Staat» besonders die relativen Bestimmungen, und nicht die Gegenstandsvorstellungen für erweckend hielt; denn später, z. B. im Philebus und Parmenides, hält er auch diese letzteren für erweckend, da sie eine Einheit bilden sollen und doch eine Vielheit von physischen Theilen, constitutiven Merkmalen und logischen Arten einschliessen und also einen ebenso brennenden Widerspruch wie jene liefern.[619] Wichtig ist für uns hier nur die Thatsache, dass Platon den Anfang und Fortschritt im Denken, d. h. die Seele der Dialektik, in den Widerspruch setzte.

| Ebenso Aristoteles und alle neueren Philosophen. 302

Aristoteles, sein fleissiger Schüler, hat dies Platonische Resultat hübsch formulirt im Handbuch am rechten Orte vorgetragen. Er definirt das Aporem als den dialektischen Syllogismus des Widerspruchs (Topic. VIII. 11),[620] d. h. als den contradictorischen Gegensatz zweier Schlusssätze, die beide gut und richtig aus annehmbaren Meinungen abgeleitet sind. Ebenso verlangt er, wie Platon,

5 ὁλκός] *Ms und DA fälschlich* ὅλκος.

dass alle wissenschaftliche Untersuchung von solchen Aporien anheben müsse,[621] d. h. er hält den Widerspruch für den Anfang und das eigentlich Erweckende des Denkens, und alle seine grossartigen Werke leitet er desshalb in der anregendsten Weise mit Aporien ein, indem er aus den Meinungen früherer Philosophen regelrechte Schlüsse zieht, die uns, da ihre Resultate sich widersprechen, zum Weiterdenken, d. h. zur dialektischen Bewegung stacheln sollen.

Mit grosser Bewunderung werden wir nun von diesem Platonisch-Aristotelischen Gesetze des Denkens und seiner Fortbewegung Akt nehmen[622] und mit gerechter Neugier uns danach umsehen, was die vielen späteren grossen Philosophen in Bezug auf diese Frage etwa weiter erforscht haben. Ich kann nicht leugnen, dass es einem dabei seltsam zu Muthe wird, wenn man weder einen Des Cartes und Spinoza, noch Leibnitz, Locke oder Kant sich um diese Frage bekümmern sieht. Erst *Fichte*, *Herbart* und *Hegel* fassen sie wieder an, aber nur, um sich vollständig dem tradirten Resultate zu unterwerfen. Alle diese genannten drei Philosophen haben mit erstaunlicher Geschicklichkeit die Widersprüche exponirt und dann ihre Vermittelungen oder Lösungen angeboten; die Frage selbst aber, ob wirklich der Widerspruch das Princip der Dialektik sei, kam nicht von der Stelle.

Nachweis des Fehlers und des Ursprungs dieser Annahme.

Und warum konnten auch die grossen Denker unseres Jahrhunderts nicht über die griechische Dialektik hinauskommen? Erst die neue Grundlegung der Psychologie kann dies erklären. Sie alle nämlich kannten als Inhalt des geistigen Lebens nur Vorstellungen (modi cogitandi)[623] und mussten daher die Seele zu einem wunderlichen Krüppel machen, der sich nur mit dem Einen Organe, dem Auge des Erkenntnissvermögens, behilft, ein Herz aber und Arme und Beine, die doch gar nicht zu verachten sind, nicht mehr besitzt. Erst wenn wir über diesen Ursprung der herrschenden Annahme vollständig orientirt sind, kön-
303 nen wir auch | den darin liegenden Fehler gründlich nachweisen. Es springt ja in die Augen, dass weder *Wunder* und *Räthsel*, noch alle andern Arten von *Widersprüchen* uns zum Denken nöthigen und als Negativitätsstachel den Gedanken zu Vermittelungsgeburten reizen; denn der Gedanke als Gedanke constatirt ebenso gleichgültig Einstimmigkeit, wie Widersprüche. Der Gedanke ist eine Erkenntniss, die nichts anderes zu thun hat, als zu erkennen, und die daher nicht an Geburtswehen und dergleichen Menschlichkeiten leidet. Sollen wir bei der kühlen und sicheren Erkenntniss eines Widerspruches oder eines Fehlers nicht stehen bleiben, sondern zu neuen Gedanken übergehen, so müssen wir erst mit dem vorigen Gedanken, möge er bloss *Unordnung* und *Unvollständigkeit*, oder auch *Fehler* und *Widersprüche* enthalten, *unzufrieden* sein, d. h. es muss erst das *Gefühl* auf die Bühne treten. Durch dieses wird dann die *Bewegung* ausgelöst, die neue Gedanken nach sich zieht.

Der bisherigen Logik fehlt der Begriff der Frage.

Ehe ich diese neue Dialektik genauer darlege, muss ein früher vernachlässigter Punkt erörtert werden. Es ist nämlich sehr interessant, dass die bisherige Logik von Aristoteles an bis auf den heutigen Tag ganz arglos die Frage als eine logische Function ohne Weiteres in ihren Compendien auftreten lässt, ohne das Bürgerrecht derselben auf theoretischem Gebiete zu prüfen. Daher kommt es auch, dass Empiriker, die von dem Philosophen eine Definition der logischen Begriffe verlangen können, nach einer Definition der Frage vergeblich in den Lehrbüchern der Logik suchen. Dies Factum bemerkte auch der angesehene Psychiater Emminghaus, dem die Beobachtung von Störungen der geistigen Functionen es nahe legte, für seine systematische Bearbeitung dieses Gebietes eine Definition der Frage zu fordern.[624] Ich möchte aber nicht dahin missverstanden werden, als wollte ich leugnen, dass sowohl Platon als auch Aristoteles von der Frage (ἐρώτησις, πρόβλημα) sprechen und sie irgendwie definiren und dass es eine Sokratische Lehrmethode durch Fragen und Antworten, ebenso wie eine daran angeschlossene, weit ausgebildete Katechetik[625] und in der Jurisprudenz eine Inquisitionsmethode[626] giebt; nein, all dies ist ganz bekannt, und dennoch muss wiederholt werden, dass keine irgendwie genügende Definition der Frage bisher geleistet ist, da alle die bisherigen Definitionen bloss der Grammatik angehören und das | Logische nur soweit be- *304*
rücksichtigen, als es noch in der Eierschale der Wörter und Satzformen liegt.

Wenn man z. B. liest, die Frage sei ein «unvollständiges Urtheil»,[627] in welchem entweder das Subject, oder das Prädicat, oder die Copula durch die Antwort erst ergänzt werden müsse, so ist vielmehr diese Definition unvollständig; es fehlt ihr ja der Kopf, wie jedes Beispiel zeigt. «Die Welt ist — ?» «Nun, Schüler, antworte!» «Die Welt ist — unendlich.» Hier hat man allerdings einen unvollständigen Satz, und die Betonung der Worte kann das Fragewort oder die Inversion[628] ersetzen, die den grammatischen Fragesatz charakterisirt; aber der Kopf oder das Wesen der Sache fehlt; denn, möge man bei sich selbst nachdenkend fragen oder von einem andern die Antwort heischen, immer bildet gerade ein verborgenes und durch das Fragezeichen bloss angedeutetes Element, das weder in dem Fragesatze, noch in der Antwort erscheint, das Wesen der Frage, nämlich etwas, was nicht Erkenntniss ist, niemals Erkenntniss wird und doch die in Frage und Antwort auftretenden Erkenntnisselemente vermittelt.

Um es kurz zu sagen, so mangelt der früheren Logik die Einsicht, dass die geistigen Functionen der Erkenntniss, des Gefühls und der Handlung in einem Coordinatensystem einander zugeordnet sind und dass desshalb auch das Wesen der Frage gar nicht bloss durch die Erkenntnissfunction, sondern nothwendig auch noch durch die zugehörigen Coordinaten der anderen beiden Vermögen erklärt werden muss. Wir wollen uns die Sache an Beispielen anschaulich machen. Wenn wir fragen: «Wer

da?» «Was hat er verbrochen?» «Ist der Bote gekommen?», so haben wir immer ein vollständiges Coordinatensystem der Erkenntnissfunction und so überhaupt in keiner denkbaren Frage jemals nur, wie man sagt, einen «blossen Ansatz» zum Denken oder ein «unvollständiges Urtheil» u. dergl. Denn, wenn nur ein Tüttelchen an der Vollständigkeit des Urtheils fehlte, so wäre es noch kein Urtheil, kein Gedanke, kein Denken, da zu jedem Denken immer die zugehörigen Beziehungspunkte, der Gesichtspunkt und die Gedankeneinheit erforderlich sind. Wenn man z. B. «Wer da?» fragt, so bedeutet dies, soweit die Erkenntnisssphäre in Betracht kommt, folgenden Schluss: «Jede Sinnesperception muss eine Ursache haben; hier hat es geklopft; hier muss eine Ursache sein.» Ebenso enthält die Frage «Was hat er verbrochen?» die voll-
305 ständigen Elemente der Erkenntniss; denn die Beziehungspunkte sind die Person | und die Anklage, der Gesichtspunkt ist die nothwendige Qualification der Rechtsübertretung, und die Gedankeneinheit liegt in der Zusammenordnung dieser Elemente. Aber gleichwohl sind alle solche Schlüsse noch lange keine Frage. Zur Frage gehören noch zwei Elemente, nämlich die Coordinaten der beiden anderen Vermögen. Erstens ein unbefriedigtes Gefühl; denn wenn man Ebbe und Fluth wahrnimmt und sich sagt, dass diese Erscheinung irgend eine Ursache hat, ohne dass man mit dieser unbestimmten Erkenntnissart unzufrieden wäre, so wird man niemals fragen: «Was ist nun in bestimmter Weise die Ursache dieses Phänomens?» Ebenso wird auch Niemand «Wer da?» fragen, dem es völlig gleichgültig ist, wer da etwa geklopft habe. Zur Frage gehört also unbedingt ein Akt des Gefühls- oder Willensvermögens, und zwar ein unangenehmes oder unbefriedigtes Gefühl.

Zweitens muss durch dies Gefühl ein Bewegungsakt ausgelöst werden, der bei den Fragen der Menschen untereinander zunächst auf die Sprachorgane führt während bei den inneren Angelegenheiten des Menschen die Bewegung sich durch Auslösung der näher oder entfernter zugehörigen Elemente des Gedächtnisses manifestirt. Wäre nun das Gefühl ein angenehmes oder befriedigtes gewesen, so würde die Bewegung bloss die Fortdauer oder Wiederholung der gegebenen Erkenntniss vermittelt haben, wie z. B. bei einer angenehmen Nachricht die geistige Bewegung bloss alle die zugehörigen Vorstellungselemente festhält oder in variirter Abfolge wiederholt, damit wir uns immerfort an einem und demselben Gedanken mit seinen Zusammenhängen ergötzen können. Die Frage aber bringt etwas Neues zu Werke, und mithin muss ein unbefriedigtes Gefühl auf einen neuen Zusatz zu dem Gegebenen gedrungen haben, der häufig darin besteht, dass ein allgemein oder unbestimmt Gedachtes specificirt oder determinirt wird. «Wer da?» bedeutet z. B., dass der Schluss, es sei irgend Jemand da, mich nicht befriedigt, wesshalb die ausgelöste Bewegungsfunction nur durch die Frage den bestimmten Jemand feststellen will. Ist der Jemand durch die Antwort genannt, so entsteht mit der Perception des Namens sofort ein neues Coordinatensystem der Erkenntniss; denn dem gehörten Namen ordnet sich die besondere Vorstellung von der Person zu; dieser zugeordnet ist die gesellschaftliche Beziehung, die man zu ihr hat, u. s. w. Ist dies Erkenntnissganze nun befriedigend, so wird weiter nichts gefragt; ist dabei aber etwas Unbefriedigendes, so kommen neue Fragen an die Reihe u. s. w.

| Definition der Frage. 306

Da nun das unbefriedigte Gefühl in Rücksicht auf die dadurch ausgelöste Handlung ein *Begehren* genannt wird, so scheint es, als könnten wir die Frage definiren als das Begehren, von einer unbestimmten Erkenntniss zu einer bestimmten und befriedigenden überzugehen. Allein diese Definition wäre zu eng; denn wir wollen häufig auch gerade die unbestimmtere Erkenntniss gewinnen, und wenn z. B. eine gewisse Aufgabe arithmetisch völlig bestimmt gelöst ist, den unbestimmten algebraischen Ausdruck dafür finden. Ebenso sucht die speculative Induction in der Jurisprudenz, in der Grammatik, in den Naturwissenschaften und sonst überall durch die Gattungen und allgemeinen Titel und Kategorien die unbestimmtere Auffassung des bestimmt Gegebenen und Thatsächlichen. Die Definition der Frage muss daher mit einer grösseren Subtilität studiert werden.

Es ist nämlich nicht genügend, zu sagen, dass ein unbefriedigtes Gefühl die neue Denkbewegung der Frage hervorriefe, sondern wir verlangen vorher zu wissen, weshalb überhaupt ein Gefühl als Beifall oder Unbefriedigtheit auftrete. Die Schwierigkeit besteht aber nicht etwa darin, dies Problem zu lösen, sondern sie besteht darin, dies Problem aufzuwerfen. Die Lösung ist ganz einfach; denn wir müssen nach den obigen Erörterungen fordern, dass sich an die gegebenen Vorstellungen immer andre anschliessen, wie dies das Gesetz der *Ideenassociation* oder Reproduction genauer formulirt. Wenn wir nun diese erste Voraussetzung haben, so zeigt sich auch sofort die zweite, dass nämlich alle unsere Vorstellungen immer auf unsere sogenannten *Zwecke*, d. h. auf die Vorstellung der Güter und der Uebel, bezogen werden. Hieraus aber folgt unfehlbar, dass durch solche Beziehungen *Schlüsse* zu Stande kommen, welche die zuerst gegebenen Vorstellungen mit Hülfe der associirten auf die Güter und Uebel zurückführen. Sobald nun ein Gut oder ein Uebel erkannt ist, entsteht Befriedigung oder Missfallen irgend einer Art, und so wäre das Problem gelöst. Um diese allgemeinen Betrachtungen an einem *Beispiele* zu illustriren, setzen wir etwa, es habe wer an die Thür geklopft. Eine solche bestimmte Erkenntniss kann zu keinem Gefühl und zu keinem weiteren Gedankengange führen, sondern es würde dabei bis in Ewigkeit sein Bewenden haben, wenn nicht Alles in der Welt einem Andern zugeordnet wäre. Es schliessen sich nun aber durch Reproduction, Ideenassociation oder Phan|tasie sofort verschiedene neue Vorstellungen 307
an das erste Urtheil an, die nothwendig, weil alle unsere geistigen Functionen von der Einheit der Persönlichkeit ausgehen, auf die Idee des Guten bezogen werden und darum in Folge dieses zweiten praktischen Coordinatensystems ein Gefühl aus-

lösen. Taucht etwa, wenn es geklopft hat, das Bild eines Feindes oder eines Gläubigers auf, so entsteht Furcht; die Vorstellung eines langweiligen Besuchers bringt Aerger oder stille Resignation; das Bild des erwarteten Briefboten oder des Liebchens Hoffnung und Aufregung. In allen Fällen wird immer ein Schluss vollzogen, indem die gegebene erste Erkenntniss (Minor) auf die neue Vorstellung (Medius) bezogen und nach der zugehörigen praktischen Idee (Major) als erfreulich, nützlich, schädlich, gefährlich u. s. w. bestimmt wird. Schliessen wir nun: «es ist mir gleichgültig und geht mich nicht an», so lassen wir den Jemand ruhig klopfen; kommen aber unsere Zwecke und Interessen in's Spiel, so ruft ein Béranger etwa: «est-ce ma brune, qui frappe en bas?»[629]

Die Frage geht desshalb immer von einem *unbefriedigten Gefühl* aus, also von einem Willen, wie wir z. B. hier die Frage nach der Definition der Frage aufwerfen, weil wir die Definitionen nicht, wie die Plebejer unter den Philosophen,[630] für einen überflüssigen Luxus halten, sondern den Nutzen der Wissenschaft in die Befriedigung der wissenschaftlichen Thätigkeit selbst setzen. Mithin ist die Wissenschaft nicht als eine von den anderen beiden geistigen Vermögen abgelöste reine Erkenntnissfunction zu verstehen, sondern sie bedarf zu ihrer Leitung des Gefühls oder des Willens, was die Schriftsteller auch unabsichtlich irgendwie merken lassen, wie z. B. Platon sagt: «was für einen Zweck hast Du, o Sokrates, im Auge, wenn Du hiernach fragst?» (τί ποτ' ἄρα, ὦ Σώκρατες, ἐρωτᾷς *βουλόμενος*;).[631]

Auf das Gefühl aber folgt in dem Coordinatensystem unserer geistigen Functionen als zugeordnet die *Handlung*. Diese braucht jedoch nicht sofort auf die Aussenwelt einzuwirken, um z. B. in unserem Falle als hörbare Frage die Stimmorgane in Bewegung zu setzen, sondern sie zeigt sich hier als eine Erregung und Bewegung der Vorstellungen, die heraufgeführt werden und entweder wieder verschwinden, oder sich mit dem Gegebenen zu einem uns befriedigenden neuen Coordinatensysteme der Erkenntniss zusammenschliessen. Es ist dies der Vorgang, den man *For-*
308 *schung* oder *Hypothesenbildung* nennt; denn das unbe|friedigte Gefühl zeigt an, dass ein Zweck als Grundsatz oder als massgebender Gesichtspunkt im Hintergrunde des Bewusstseins steht, der nun die *Richtung* der Forschung giebt und nicht eher Befriedigung eintreten lässt, als bis ihm durch Auffindung eines entsprechenden Coordinatensystems Genüge geleistet ist. Es sei dies z. B. der Grundsatz der Causalität, der dann darüber entscheidet, ob die Antwort, die wir uns durch die Hypothese geben, uns befriedigen wird und bis zu welchem Grade sie befriedigt, d. h. die Frage oder die Bewegung zum Abschluss bringt; denn dass die Befriedigung leichter oder schwerer eintritt, hängt von der Energie des Gefühls und der Strenge

9 ma brune,] ma brune? *Ms*
22 *Handlung*] Handlung *DA*

des Gesichtspunktes ab. So z. B. fragt der Hindu, worauf die Erde ruht, und begnügt sich leicht mit der Hypothese, dass sie von einem Elephanten getragen wird, der auf dem Rücken einer Schildkröte steht, die auf dem Weltmeer schwimmt.[632] Sein Causalitätsdurst wird, wie bei Thales, vom Urwasser gelöscht.[633] Darum misst die Frage und die Energie, mit welcher sie festgehalten wird, die Grösse der geistigen Capacität. Ein Narr fragt mehr, als ein Weiser beantworten kann, weil die Beantwortung dem Frager nicht besonders tief am Herzen liegt, und die Räthselhaftigkeit der Sache ihn nicht belästigt. So fordern auch die bei gesellschaftlicher Befangenheit vorgebrachten Fragen oft den Humor heraus, wie z. B. Leo Tolstoi in seinem unübertrefflichen Roman «Krieg und Frieden» die in Humor übergehende Verwunderung des Prinzen Bolkonski über die Fragen des Kaisers Franz schildert, der jugendlich verlegen nicht wusste, was er von dem eben aus heisser Schlacht mit der Siegesbotschaft heraneilenden Adjutanten erfragen sollte und ohne das der grossen Sache angemessene Interesse nur die gleichgültigsten Nebenumstände wissen wollte;[634] während andererseits etwa die Frage Kants, welche der Kritik der reinen Vernunft zu Grunde liegt, eine Riesenarbeit zur Beantwortung erforderte und auch noch alle späteren Denker ohne Ausnahme in Bewegung gesetzt hat.[635]

Die allgemeine Natur der Frage, deren Coordinatensystem jetzt genügend erörtert sein wird, gliedert sich nothwendig in *drei Arten*, für welche der Eintheilungsgrund in den Unterschieden der zugehörigen Gefühle und Handlungen liegt, so dass wir *praktische* (sittliche), *technische* und *logische* (oder Erkenntniss-) Fragen zu unterscheiden haben, die etwa so zu formuliren sind: 1) Wofür stimmen wir? Welchen Entschluss fassen wir? 2) Wie lässt sich das zur That und Ausführung bringen?[636] | 3) Woraus folgt das? Wie ist das zu begründen? Für uns dreht es sich hier 309
um die reinen *Erkenntnissfragen*, die entweder Gründe oder Folgen und als Gründe entweder Thatsachen oder speculative Principien suchen.

Demnach *definiren* wir die Frage durch ihr zugehöriges Coordinatensystem, welches alle drei geistigen Vermögen in's Spiel bringt, indem der *Gattungsbegriff* darin liegt, dass die Frage eine *Handlung* des Ichs ist, die *specifische Differenz* aber die besondere Art angiebt, wie diese Function durch die zugeordneten Functionen der beiden anderen Vermögen ausgelöst wird. 1) Nach der Seite des Erkenntnissvermögens muss eine Aufeinanderfolge der Vorstellungen gegeben sein, bei welcher das letzte Coordinatensystem nur durch ein x, d.h. durch Einsatz eines allgemeinen oder unbestimmten Terminus anstatt des zugehörigen bestimmteren oder umgekehrt zu Stande kommt, wie z. B. «irgendwer hat geklopft». 2) Nach der Seite des Gefühls muss gerade ein Interesse für die nähere Bestimmung oder umgekehrt für die Generalisirung und ein Missfallen an der Unbestimmtheit durch einen sich anschliessenden Gesichtspunkt ausgelöst werden, nach welchem der unbestimmtere Terminus mit unseren Zwecken als nützlich oder schädlich zusammenhängt. 3) Die Frage ist dann die unter solchen Bedingungen erfolgende Handlung des Ichs, welche die reproductive und productive Phantasie aufregt und dadurch Combinationen und Hypothesen herbeiführt die im Fragesatz sprachlich formulirt oder nur als innerlicher Zustand die fehlende bestimmte Coordinate liefern, bis dann wieder das zugeordnete Erkenntnissvermögen seine Akte der Kritik ausübt und das zugeordnete Gefühlsvermögen dazu durch Glauben oder Zweifeln, durch Befriedigung oder Unruhe Stellung nimmt.

Ich will die Definition noch durch ein illustres Beispiel bezeugen. Kant sah, dass die empirischen Urtheile alle synthetisch sind und war mit dieser Einsicht zufrieden. Nun schlossen sich durch Aufeinanderfolge der Vorstellungen die apriorischen Urtheile an, die sofort nach dem zugehörigen Coordinatensysteme als *irgendwie*, d.h. möglicher Weise analytisch oder synthetisch, bestimmt wurden. Allein mit diesem problematischen Schlusse war er unzufrieden; denn wenn sie wirklich alle nur analytisch wären, so hätte er auf das brennende Interesse seiner wissenschaftlichen Thätigkeit, allgemeine und nothwendige Wahrheiten festzustellen, verzichten müssen.
*310* Unter dem Gesichtspunkte dieses | Zweckes musste er also unzufrieden sein und für den unbestimmten Ausdruck den bestimmten fordern. Dies war die erste Frage: giebt es apriorische synthetische Urtheile? Die Frage als Handlung oder Bewegung setzte nun seine reproductive und productive Phantasie in's Spiel und lieferte ihm die Beispiele der Mathematik und der reinen Naturlehre, die von der Kritik der Erkenntnissfunction als wirklich synthetische apriorische Urtheile mit zugehöriger Befriedigung festgestellt wurden. Die Aufeinanderfolge seiner Vorstellungen lieferte jetzt aber die Erinnerung an Hume und andere Empiriker und Skeptiker, welche dergleichen speculative Erkenntniss für unmöglich erklärten. Im Hinblick auf diesen Gesichtspunkt musste Kant das zugehörige Coordinatensystem sofort schliessen und die von ihm beispielsweise angeführten tatsächlich apriorischen synthetischen Urtheile für *irgendwie möglich* ansetzen. Allein für sein wissenschaftliches Interesse konnte diese Unbestimmtheit nicht befriedigend sein. Er musste desshalb die Grundfrage seiner Kritik der reinen Vernunft stellen: *Wie* sind sie möglich?[637] Diese Frage als Handlung erregte nun die weitläufige Aufspürung der apriorischen Elemente der Anschauung, des Verstandes und der Vernunft und die Combinationen, wie durch constitutiven und regulativen Gebrauch derselben die Möglichkeit synthetischer Urtheile a priori bestimmt formulirt werden konnte, wobei dann sein Gemüth zu der Gewissheit des Glaubens und zur Befriedigung gelangte.

14 wären] *so Ms;* waren *DA*; wären *Ms*

# Viertes Capitel.
# Die neue Dialektik.

Die absolute Methode muss durch die absolute Methode selbst gefunden und demonstrirt werden.

Da nun, wie oben (S. 239 ff.) bewiesen, eine absolute Methode gefunden werden muss, aber die einzige bisher in der Philosophie angebotene Methode dieser Art, nämlich die Hegelsche, nicht annehmbar erschien, so müssen wir versuchen, eine neue Dialektik zu zeigen. Und zwar wird natürlich das Wesen dieser Dialektik erstens schon auf ihrem eigenen Wege oder nach ihrem eigenen Gesetz gesucht und gefunden werden, wie auch zweitens die Beschreibung oder Definition dieser Methode zugleich den Beweis für ihre Nothwendigkeit oder Wahrheit enthalten muss; denn würde sie auf einem anderen Wege gefunden, so gäbe es ja noch eine zweite Methode neben ihr, und sie wäre | *311* sofort widerlegt, da sie mit Unrecht den Anspruch, die absolute, d. h. die einzige und allgemeine Methode zu sein, erhoben hätte; würde die Definition derselben aber nicht zugleich die Demonstration enthalten, so wäre es eine lächerliche Definition, die wie von Ohngefähr herabgeschneit oder wie von Hörensagen nachgesprochen wäre, ohne dass man für jedes Bestimmungsstück der Definition einen Grund anzugeben wüsste, wesshalb dieses gerade zur Definition gehöre; während wenn wir mit Grund definiren, die Definition auch zugleich die genügende Demonstration enthalten muss.

Das Allgemeine oder die Einheit aller Methoden und Arten des Denkens überhaupt.

Um nun die absolute Methode zu bestimmen könnten wir nach der herkömmlichen Art der Abstraction und Definition alle irgend vorkommenden Methoden sammeln, um durch Analyse das etwa allen gemeinschaftliche Verfahren herauszufinden. Es ist merkwürdig, dass man diesen Versuch noch niemals gemacht hat. Bis jetzt begnügte man sich immer, bloss den ursprünglichen Gegensatz der analytischen und synthetischen, der inductiven und deductiven Methode hervorzuheben, ohne zu zeigen, dass diese Gegensätze doch nur Arten einer allgemeinen Methode sein können.

So ist es denn gekommen, dass man für dies Allgemeine nur einen *Namen*, nämlich eben den der Methode, gebraucht, immer unter der Voraussetzung, als könne dies Allgemeine ebensowenig etwas Wirkliches sein, wie der Name Mensch, da die Gattung Mensch ja nur in den Racenformen und Geschlechtsdifferenzen vorkomme und nicht selbst für sich eine Existenz habe. Allein überall hier fehlt bloss die Energie der Forschung; denn ebensowenig und ebensoviel Recht man hat, Weib und Mann, Neger und Mongolen als Wirklichkeiten zu bezeichnen, ebensoviel und eben-

1–2 Viertes Capitel. Die neue Dialektik] Die neue Dialektik. *Ms*

sowenig Recht hat der Name Mensch auf Wirklichkeit. Ich sage: ebensowenig Recht; denn das Eine wie das Andre findet sich ja nur als Prädicat an dem individuellen Menschen, der allein wirklich existirt, während nichts an dem anderen als Substanz und Wirklichkeit gelten kann; ebensoviel Recht aber; denn wie das niedrigere, so muss auch das höhere Allgemeine anerkannt werden, und es lassen sich ebenso genau die Merkmale der Menschheit überhaupt, wie die der Männlichkeit oder der Negerrace im Besonderen feststellen. Darum muss auch die Methode überhaupt ebenso wirklich sein, wie etwa die analytische und die inductive Methode,
312 und es ist nur Schwäche und Träg|heit, wenn man bei dem niedrigeren Allgemeinen stehen bleibt und das schlechthin Allgemeine nicht definirt.

Nun hat man zwar ausser dem einen Wort Methode auch noch ein anderes Wort für das Allgemeine im Gebrauch, nämlich das Wort Denken; allein auch dieses vermochte man nicht in seiner Allgemeinheit aufzufassen, sondern differenziirte es sofort in die drei Arten: Begriff, Urtheil, Schluss, die sich ebenso exclusiv gegen einander benehmen, wie die verschiedenen Arten der Methoden, oder wie die Geschlechter und die Racenunterschiede, so dass bis jetzt noch kein Logiker gezeigt hat, was das Denken schlechthin sei. Wenn man dies aber nicht zu zeigen vermag, so hat man auch kein Recht, den zusammenfassenden Namen «Denken» für die verschiedenen Arten des Denkens zu gebrauchen, ebensowenig wie man die verschiedenen Arten der Conjunctionen unter den allgemeinen Namen Conjunction zusammenfassen dürfte, wenn man dieses Wort nicht zu definiren verstände. Also können wir uns nicht auf die früheren logischen Arbeiten zurückbeziehen, sondern müssen ganz von Neuem die Frage erörtern.

Das intellectuelle Coordinatensystem.

Blicken wir desshalb, um den Anfang zu machen, auf die verschiedenen Methoden als unsere Beziehungspunkte hin, so muss sich zugeordnet nothwendig irgend ein Gesichtspunkt finden, unter welchem sie insofern Eins sind, als sie gerade den allgemeinen Namen Methode erhalten haben. Wegen der Unbestimmtheit dieses Namens fühlen wir uns aber unbefriedigt und stellen die Frage, wie diese Beziehungseinheit zu bestimmen sei. Zu diesem Zwecke blicken wir wieder auf die verschiedenen Methoden hin und finden, dass in jeder gewisse Gedanken in solcher Weise geordnet sind, dass dadurch eine andere Erkenntniss gewonnen wird. Mithin müssen wir auch für die allgemeine Methode ein solches System fordern, nur mit dem Unterschiede, dass die Bestimmtheit der Ordnung, welche den eigenthümlichen Charakter der besonderen Methode bildet, in Wegfall kommt. Dieser allgemeinen Methode zugeordnet ist daher auch im Unterschiede von den besonderen Arten der Gedanken das Denken oder Erkennen überhaupt, welches dementsprechend immer eine Beziehungseinheit bewusst gewordener Beziehungspunkte nach einem Gesichtspunkte bildet. Jeder Gedanke, möge er

diesem oder jenem Gebiete der Erkenntniss angehören und möge er von singulärer, particulärer oder universeller Geltung sein, bildet daher | immer ein *Coordina-* 313
*tensystem*. Möge das Kind seinen Hund Juno rufen, der Kaufmann den Preis einer Waare angeben, der Philolog eine Conjectur machen und der Philosoph einen Begriff bestimmen, immer dreht es sich um ein Coordinatensystem, in welchem gewisse im Bewusstsein gegebene Beziehungspunkte nach einem Gesichtspunkte zu einer Beziehungseinheit functionell zusammengefasst werden.

1. Die Beziehungspunkte.

Die Elemente der Coordination kann man zwar bei jedem beliebigen Denkakt, also auch bei reichlich zusammengesetzten Systemen bestimmen, wie wenn man etwa das Mariottesche Gesetz[638] oder den Begriff des Differentials analysirte; da man aber das Zusammengesetzte doch immer wieder auf das Einfache zurückführen muss, so thut man besser, gleich vom Einfachen anzufangen. Demgemäss sind nun erstens die *Beziehungspunkte* zu bestimmen. Diese enthalten überhaupt irgend etwas im Bewusstsein Gegebenes, also entweder bewusst werdende Akte unserer handelnden Function, d. h. Empfindungen, oder Gefühle, oder das Ichbewusstsein, oder irgend welche Elemente der Erkenntnissfunction, d. h. Vorstellungen und Begriffe. Wenn desshalb Platon meinte, jeder Denkende oder Erkennende müsse immer Etwas, d. h. ein Sein (ὄν τι), erkennen,[639] so hatte er nicht Unrecht; er wusste nur diese Behauptung leider nicht zu begründen, sondern nahm sie als eine stillschweigend zugestandene Voraussetzung (ὁμολογούμενον) in sein Räsonnement auf, ohne auch nur erklären zu können, was dies «Sein» (ὄν) bedeute. Wir können jetzt aber ganz bestimmt angeben, dass dies sogenannte Object der Erkenntniss eben die Beziehungspunkte sind, die als Empfindungen *reales Sein* enthalten, als Ichbewusstsein *substanziales* und als Begriffe bloss *ideelles*, welches letztere sich aber immer auf die ersten beiden Arten beziehen muss, weil die Begriffe nicht ursprünglich gegeben sind, sondern erst vermittelte und also spätere Beziehungspunkte bilden. Die Beziehungspunkte führen den technischen Namen Minor und Major und müssen mindestens zwei sein, weil bei vorausgesetzter Einheit wohl Bewusstsein (z. B. Empfindung), aber keine Beziehung und also keine Erkenntnissthätigkeit stattfinden könnte.

2. Der Gesichtspunkt.

Der *Gesichtspunkt* oder Medius aber ist bei der entwickelten Bildung der Menschen in der Regel ein Begriff; um jedoch auch hier das Ursprüngliche zu suchen, muss man ihn ebenfalls als Empfindung, d. h. als be|wusst gewordenen Akt unseres bewegenden Ver- 314
mögens auffassen. Eine solche Empfindung kann entweder aktuell gegeben sein oder in der Erinnerung reproducirt werden. Um an einem Beispiel des täglichen Lebens die Sache klar zu machen, so befinde man sich in einem Seebadeorte und frage, ob das zum Waschen gebrachte Wasser Regen- oder Meerwasser sei? Hier ist als erster Beziehungspunkt (Minor) sinnlich gegeben das Wort Wasser in

dem Kruge, als andrer Beziehungspunkt (Major) wird durch die Erinnerung hinzugenommen das Meer und seine Eigenschaften und dass man daraus schöpfen kann u. s. w. Nun ist die Beziehung zwischen dem Gegebenen und Gedachten aber noch unbestimmt, etwa bloss ein Wunsch. Man bedarf desshalb eines Gesichtspunktes (Medius) zur Erkenntniss, um Beides zu verknüpfen oder zu trennen. Dieser Gesichtspunkt wird nun aus der Erinnerung an die Eigenschaften des Meerwassers genommen, von denen etwa die Salzigkeit die auffallendste bildete. Jetzt wird das Wasser im Kruge geschmeckt. Es ist salzig, und die beiden Beziehungspunkte sind hiermit durch einen Gesichtspunkt, der in diesem Falle eine einfache Empfindung ist, aufeinander bezogen.

3. Die Beziehungseinheit.

Ich will das Beispiel festhalten, um daran sofort auch die Beziehungseinheit zu illustriren. Die bisherige Logik hat nämlich übersehen, dass zum Schluss noch ein viertes Stück gehört, da ja die drei einzelnen Elemente der Prämissen im sogenannten Schlusssatze zu einer Einheit zusammengenommen werden. Bei unserem Beispiele zeigt sich gleich, dass wir das Wasser im Kruge nach dem Gesichtspunkt der Salzigkeit nun anders als vorher betrachten; wir denken es nämlich jetzt als aus dem Meere geschöpft, halten es für werthvoller, da seine Herbeiholung mehr Mühe kostete, glauben darin auch die anderen Bestandtheile des Meeres, wie z. B. Jod, vorhanden, gebrauchen es darum lieber unter Voraussetzung seiner Heilkräftigkeit u. s. w. Kurz der Minor, das Wasser im Kruge, ist mit dem Major, der Vorstellung von dem Meerwasser, durch den Medius, den Gesichtspunkt der Salzigkeit, zu einer eigenen Beziehungseinheit zusammengefasst, die von den drei Termini des Schlusses verschieden ist, weil sie dieselben in sich vereinigt und dadurch als neue zusammengesetzte Einheit des Gedankens neue Beziehungen eingehen kann. Um sich dies recht deutlich zu machen, denke man etwa an Iphigenie, die den gefangenen Griechen
*315* (Minor) mit der Vorstellung von ihrem Bruder Orestes | (Major) durch die Erkennungszeichen (Medius) zusammenschliesst und nun gegen ihn ein neues Gefühl und anderes Benehmen hat, da der Fremde mit dem Bruder eine und dieselbe Person geworden ist.[640]

Die bisherigen Psychologen und Logiker unterliegen aber einer Illusion, wenn sie solche Beziehungseinheiten für qualitative Einheiten höherer Ordnung annehmen. Sie sprechen desshalb von Verschmelzung der Vorstellungen, von Verdichtung des Denkens u. s. w. und glauben, dass z. B. die sogenannten Anschauungsbilder von Dingen und von Arten der Dinge oder auch die Vorstellungen und Begriffe, obgleich sie aus Gattung und Differenz zusammengesetzt seien, dennoch wie Factoren durch die Multiplication des Denkens zu Producten, oder wie Posten durch die Addition häufiger Erfahrung zu Summen zusammenwüchsen und nun continuirliche und homogene ideelle Totaleinheiten höherer Ordnung bildeten.

Die Ursache dieser Illusion lässt sich nachweisen und zwar in dreifacher Beziehung. 1) Einmal nämlich projiciren wir unsere Anschauungsbilder nach aussen und glauben demgemäss die z. B. an einem Menschen, einem Vogel, einem Baume u. dergl. vorkommenden Merkmale, wenn sie auch durch verschiedene Sinne und in verschiedenen Zeiten empfunden und bei verschiedenen Reflexionen erkannt sind, doch in einer realen oder substanzialen Einheit inhärirend wahrzunehmen, da z. B. der Vogel, wenn er heranfliegt, alle seine Merkmale mitzubringen scheint, weil unser Gedächtniss die zugehörigen Reflexionen und Empfindungen zusammen reproducirt, und desshalb die sogenannten Merkmale geheimnissvoll zwar, aber doch wirklich aus einer substanzialen oder realen Einheit zu fliessen scheinen. Diese naive projectivische Auffassung kann man in ihrer subtilsten Form bei Aristoteles (Metaphysik Z. 1031 über den Begriff des τὸ τί ἦν εἶναι)[641] finden. Wie man nun das projicirte Object der Anschauung für eine continuirliche reale Einheit hält, so gilt auch das correspondirende subjective Anschauungsbild oder die zugehörige Vorstellung oder der zugehörige Begriff für eine ideelle Einheit, in welche die Merkmale oder Momente verschwunden, verschmolzen oder aufgehoben wären.

Die zweite Ursache der Illusion ist die Sprache; denn da wir im Stande sind, jeden beliebigen Gedankencomplex durch ein einzelnes Wort zu bezeichnen, so scheint das Bezeichnete dadurch selbst eins zu werden, so dass man sich leicht einbildet, das | Wort Mensch, Farbe, Europa, Sein, Vernunft, Recht, Staat u. s. w. be- *316*
zeichne immer eine zugehörige einfache Vorstellung, obwohl man gern einräumt, dass sich aus solcher Einheit natürlich immer eine Menge Merkmale oder Theilvorstellungen herausspinnen oder entwickeln liessen.

Drittens endlich ist zu beachten, dass unser Bewusstsein durch seine *Intensitätsunterschiede* die Illusion einer Verschmelzung begünstigt. Um die Sachlage klar zu verstehen, wollen wir vom Gesichtssinn ausgehen. Die Annäherung auf die Weite des deutlichen Sehens giebt zugleich das intensivste Bewusstsein der einzelnen Empfindungen, aus denen sich das Anschauungsbild zusammensetzt, weil diese Empfindungen dann durch eine *grosse Zahl* elementärer Bewegungen ausgelöst werden und also der Intensität nach stark sind. Die Folge hiervon ist natürlich, dass sich die verschiedenartigen Empfindungen deutlich sondern und eine Totalanschauung unmöglich wird, wenn einzelne Bestandtheile derselben allein schon genügen, um die Enge der geistigen Pupille zu füllen. Je weiter der Gegenstand aber entfernt zu sein scheint, desto *weniger* Bewegungen erregt er in den Nerven der Sinnesorgane und desto *schwächer* ist die Empfindung. Mithin werden eine Menge anderer Empfindungen, von anderen Gegenständen erregt, gleichzeitig im Bewusstsein auftreten, so dass nun leicht ein Anschauungsbild zusammengefasst und von ande-

33 aber] *so Ms;* daher *DA*

ren unterschieden werden kann, wesshalb jedes für sich eine zusammenhängende Einheit zu bilden scheint. Derselbe Vorgang findet bei den Begriffen statt. Wenn z. B. der Rechtsphilosoph den Begriff des Rechts gründlich erörtert, so treten so viele Beziehungen und Beziehungspunkte nacheinander hervor, dass es schwierig ist, die Beziehungseinheit in der Definition zu formuliren und in gleichzeitigem Bewusstsein zusammenzufassen. Wenn der Jurist aber von irgend einem speciellen Punkte eines Contractes spricht und bei der Gelegenheit auf den Rechtsbegriff hinweist, so liegt dieser Begriff, wie ein im Raum entfernter Gegenstand, so weit von der gegenwärtigen Aufmerksamkeit entfernt, dass die geringe Intensität, mit welcher die Merkmale gedacht werden, nicht im Wege steht, um nicht zugleich auch noch an Moralität, Contractsbestimmungen und andere Dinge zu denken, wesshalb nun das Recht eine homogene Gedankeneinheit neben anderen Einheiten zu *317* sein scheint, vorzüglich wenn noch durch die Sprache ein einheitliches Wort | als Terminus geliefert wird, bei welchem man sich an den zugehörigen Gedankeninhalt erinnert.

Aus diesen drei Quellen scheint mir die Illusion herzufliessen, als ob die Anschauungen, Vorstellungen, Begriffe und Ideen homogene Einheiten höherer Ordnungen bildeten, eine Illusion, die besonders auch durch die Hegelsche Dialektik kräftig verbreitet ist, da Hegel ja mit Verachtung von einer Logik spricht, welche den Begriff aus Theilen und Stücken, wie ein Bild im Geduldsspiel der Kinder, zusammensetzte, während er die Merkmale nur als Momente aufgefasst wissen will, die in die höhere Einheit verschwinden und sich darin aufheben.[642]

Diesen Illusionen gegenüber behaupte ich nun, dass sich solche angebliche ideelle Einheiten im Bewusstsein gar nicht vorfinden, dass vielmehr jede Anschauung, Vorstellung und jeder Begriff immer als ein ganzes Coordinatensystem einen Schluss bildet, der in der Beziehungseinheit zwar zusammengefasst wird, aber doch nur so, dass darin alle die einander zugeordneten Beziehungspunkte, der Gesichtspunkt und die Beziehungen in völlig unveränderlicher Sonderung erhalten bleiben. Wenn daher die Kantische Meinung, dass unser Bewusstsein als innerer Sinn in der Zeitanschauung immer nur einen einzigen Punkt des Nacheinander percipirte und appercipirte,[643] richtig wäre, so würde sich niemals weder eine Anschauung, noch ein Begriff bilden können; denn wenn man auch nach dem Satze «Geschwindigkeit ist keine Hexerei»[644] die einzelnen Merkmale noch so rasch galoppiren liesse, so würden sie doch einander nicht einholen und nicht zusammen im Bewusstsein erscheinen können, ohne die Natur der Zeit, welche das Nacheinander fordert, zu zerstören. Darum werfen wir die Kantische Meinung als unbrauchbar zur Seite und verlangen eine solche Geschwindigkeit der Vorstellungselemente, dass man die Zeitfolge der Akte nicht mehr messen kann, d. h. wir verlangen die Aufhebung der Zeit. Nun tritt Ruhe

ein, das Ichbewusstsein ist bei jedem Vorstellungselement und überblickt sie alle in gleicher Zeit, d. h. in der subjectiven Zeiteinheit, die eine merkliche Grösse hat.[645] Als Eins aber kann das Coordinatensystem einer Anschauung oder eines Begriffs doch nur betrachtet werden, wenn die Grösse des Bewusstseins, d. h. der Umfang der Zeiteinheit hinreicht, um noch daneben andere Vorstellungen zu fassen, im Vergleich mit welchen erst die Distinction und dadurch das Zählen möglich wird, so dass | nun eine Vorstellung a und eine andere b wie eins und eins nebeneinan- 318
der erscheint.

Durch diese neue Deduction der eine Vielheit zusammenschliessenden Einheit unserer Vorstellungen soll aber nicht etwa die einseitige und desshalb rohe Ausdrucksweise geschützt werden, als wenn der Begriff die Summe seiner Merkmale oder ein Product aus denselben sei;[646] denn eine solche Bezeichnung passt nur auf das Gebiet der Arithmetik und ist sonst überall eine völlig unzulängliche Vergleichung; die Beziehungen, aus welchen die Beziehungseinheiten bestehen, bringen qualitativ verschiedene Beziehungspunkte nach qualitativ verschiedenen Gesichtspunkten zu qualitativ verschiedenen Coordinatensystemen zusammen, während Summen oder Producte von aller Benennung, d. h. von aller qualitativen Differenz abstrahiren müssen und sich daher auf eine bloss formale Beziehungsweise, nämlich bloss auf die abstracte Annotation der Akte, abgesehen von ihren ideellen Inhalten, beschränken.

Das theoretische Coordinatensystem ist von der Ordnung aller geistigen Functionen abhängig.

Wenn wir also sehen, dass nicht bloss die complicirten Begriffe und Argumentationen der Wissenschaften, sondern schon die ganz gewöhnlichen und rohen sogenannten «Vorstellungen», welche noch keine genauere wissenschaftliche Bearbeitung erfahren haben, immer Coordinatensysteme bilden, indem gewisse Beziehungspunkte, die im Bewusstsein gegeben sind, nach einem Gesichtspunkt zu Beziehungseinheiten zusammengefasst werden, so können wir daraus erstens folgern, dass es sich für die theoretische Function schlechthin um die Auffindung irgend eines Coordinatensystems dreht, zweitens aber auch, dass alle diese ideellen Systeme oder Schlüsse als zugeordnete Glieder in die umfassende und allgemeine Ordnung unserer geistigen Functionen hineingehören. Denn die Empfindungen der Sinne, welche die bewusstgewordenen Akte unserer handelnden Function sind, werden ja immer irgendwie unter Kategorien aufgefasst von der theoretischen Function, so dass beide Functionen in Coordination stehen. Diese Zusammenordnung wieder wird durch das Gefühl geleitet, welches sich durch Beifall oder Missfallen äussert. Um dies noch an einem Beispiel deutlich zu machen, versetzen wir uns etwa in die Schule. Der

1 ein, das Ichbewusstsein] ein. Das Ichbewusstsein *Ms*

Schüler hat eine Verbalform in seinem Autor gelesen und wird nach dem Modus ge-
319 fragt, d. h. er soll für eine Empfindungs|gruppe die Kategorie angeben. Sagt er nun, «es ist der Optativ», so runzelt der Lehrer die Stirn; sagt er, «der Conjunctiv», so wird er gelobt. Der Vorgang, der hier als ein gesellschaftlicher zwischen zwei Personen mindestens stattzufinden scheint, spielt sich aber, wie man bei sorgfältiger Beobachtung leicht bemerken kann, auch in jedem der beiden Contrahenten ab; denn der Schüler erröthet und hat Missfallen an sich, sobald die Kategorie nicht passt, und freut sich, wenn es ihm gelingt, die in blindem Mechanismus heranschiessenden Namen von Modalformen durch wirkliches Denken auf das gegebene Wort zu beziehen; hätte er dies Gefühl nicht in sich, so würde ihn Lob oder Tadel gleichgültig lassen oder zum Protest reizen; der Lehrer andererseits hat nicht etwa bloss an dem irrenden Schüler Missfallen, sondern dieses wird vielmehr erst als eine weitere Folge in ihm ausgelöst, nachdem vorher die ideelle Zusammenstellung von Wort und Modus in seinen eigenen Gedanken ihm missfallen hat. Also beruht alle Vorstellungsbildung auf dem Coordinatensystem unserer geistigen Functionen, wobei keine derselben eine geringere Rolle als die andere spielt; denn erstens ohne die Akte des Willens (Befriedigung oder Missfallen als Gefühlsunterschiede) würden sich keine Vorstellungen befestigen können, da das Missfallende als unwahr oder unsicher ausgeschieden und kalt gestellt wird, während das Befriedigende als wahre Erkenntniss gilt und überall als feste Grundlage aller weiteren Erkenntniss dient; ohne die Akte des handelnden Vermögens zweitens fehlten uns die Beziehungspunkte und also das Material oder die Objecte der Erkenntniss, und drittens ohne das Erkenntnissvermögen käme es nicht zu Vorstellungen, zu Begriffen und all dem Inhalt der Wissenschaft.

Es verhält sich also mit jeder einzelnen Vorstellung, mit jedem noch so gering geschätzten Product der Erkenntniss, ähnlich wie mit den wohlfeilen Artikeln etwa einer Eisenhandlung, mit einem Nagel, einer Schraube u. s. w.; denn wie die Analyse in diesen einfachen Producten der Schmiede gleich die Betheiligung des Feuers, des Feilens, Hämmerns und die Technik nach den Grundgesetzen der Mechanik aufweisen kann, in derselben Weise führt jedes Erkenntnissproduct auf das Coordinatensystem der geistigen Functionen zurück. Um dies noch deutlicher zu machen, brauche ich nur auf die obige Erörterung über den Begriff der Frage zurückzuweisen; denn da jede Erkenntniss nothwendig als Schluss eine Vielheit von zusammen-
320 geordneten Elementen besitzt, jedes Element | aber, wie wir oben sahen, in Frage kommen kann, so beruht mithin, wie die Frage selbst, so auch jeder Erkenntnissakt auf der Coordination aller unserer geistigen Vermögen.

21 uns die] uns aber die *Ms*

34 Frage] Frage *Ms*

Streit der Formallogiker gegen Hegel, oder Gedanke und Methode.

Darum können wir jetzt auch erst über eine Schwierigkeit in's Reine kommen, die sonst unüberwindlich scheint. Aristoteles hatte nämlich die Formen des Gedankens in derselben Weise empirisch untersucht und classificirt, wie die Formen der Thiere, ohne doch, wie bei diesen, zu fragen, ob und was das gefundene Allgemeine nun an sich sei. Bei den Thieren zeigte sich, dass das Allgemeine, wie Mensch, Thier, Glied, Fortpflanzung u. s. w. an sich nicht als Wesen und Thun vorhanden sei, sondern nur in und an dem einzelnen Thiere in besonderer Art und einzelner Wirklichkeit vorkomme. Wie sich dies aber mit den allgemeinen logischen Formen, mit Urtheil, Begriff, Schluss, mit Induction und Deduction u. s. w. verhalte, das hatte Aristoteles nicht genauer untersucht, und darum zeigt sich, dass die Scholastiker und alle die Formallogiker der neueren Zeit, welche das Aristotelische Erbe in Niessbrauch[647] nahmen, ebenfalls über die Frage glatt hinweggehen, was doch diese Methoden und Formen des Denkens an sich sein möchten. Hegel aber verdient in dieser Beziehung wieder ausgezeichnet zu werden, weil es ihm klar wurde, dass die Formen, die man am Denken beobachtete, nicht etwas vom Denken Verschiedenes sein könnten, sondern als Gedankenformen selbst Momente des Denkens bilden müssten. Da ihm nun, wie oben gezeigt, Denken und Sein nicht dualistisch auseinanderfiel, so musste diesen formalen logischen Allgemeinheiten auch ein Sein zukommen, wesshalb er die Logik metaphysisch behandelte und sie der Naturphilosophie theils voranschickte, theils folgen liess, je nachdem die Formen dem allgemeinen Sein oder der Subjectivität anzugehören schienen.

Wenn man nun doch fragen muss, was denn die «Formen» des Denkens bei den Formallogikern eigentlich bedeuten oder sind, weil sie auch unter eine allgemeine Gattung gehören werden, so wird man mit einigem Missfallen bemerken, dass man mit einem blossen Namen abgespeist wird. Da man die «Formen» aber doch denken soll, so müssen sie entweder selbst Gedanken sein, oder ein eigenthümliches, vom Denken verschiedenes Sein bilden. Wären sie nun selbst Gedanken, so wären sie also nicht eine vom Denken verschiedene «Form» des Gedankens; wären sie aber bloss Object | (oder «Sein», wie man sich bisher auszudrücken liebt), so müssten sie 321
wohl auch irgend eine chemische Beschaffenheit und Substanz haben, um nicht doch wieder aus dem materiellen und objectiv metaphysischen Gebiete in das Gebiet des Denkens gestossen zu werden. Genug, man sieht, dass die Formallogik mit ihren logischen Formen in jeder Beziehung zu kurz kommt und sich in unlösliche Schwierigkeiten verwickelt, wesshalb sie der Hegelschen Dialektik zur Beute wird. Gerade aus diesem Grunde ist aber die Frage interessant, warum sich dennoch die Formallogiker gegen Hegel halten konnten; denn bloss Unfähigkeit oder Ungeübtheit im Denken bei ihnen, wie eine vis inertiae,[648] vorauszusetzen, würde nur dann statthaft sein, wenn bei Hegel der Nebel der Schwierigkeit durch die Sonnenstrahlen der

Intelligenz vollständig gelichtet wäre. Wir müssen also schliessen, dass die Formallogiker etwas Recht auf ihrer Seite behalten, und dass sie auf diese Stelle immer hinblicken und darum der Hegelschen Kritik gegenüber blind erscheinen, da sie nicht im Stande sind, weder Hegel zu widerlegen, noch ihren Rechtstitel zur Erkenntniss zu bringen. Sie gehen nämlich, ebenso wie Hegel und die ganze frühere Philosophie, von dem armseligen Gegensatze von Denken und Sein, Subject und Object, Ideellem und Realem, oder wie man es formuliren möge, aus und können, da dieser Gegensatz bloss für das Erkenntnissvermögen gilt, sich nicht wehren, das Sein in das Erkennen oder Denken hinüberzunehmen; denn nur, sofern es gewusst ist, kann ja das Sein *für uns* eine Rolle spielen, wesshalb es auch nicht die geringste Proprietät für sich übrig behalten darf, die nicht durch Expropriation in usum publicum[649] für das Wissen in Anspruch genommen würde. Dass die Formallogiker nun trotzdem den Platonischen oder Hegelschen Idealismus nicht annehmen, sondern an dem Gegensatze eines ausserhalb des Gedankens gegebenen Seins festhalten und im Besonderen die «Formen» des Denkens von dem blossen Gedanken scheiden wollen, dies muss als ein Zeichen dafür betrachtet werden, dass sie in gewissem Sinne klüger sind, als sie scheinen.

Erst durch meine Metaphysik aber kann ihr Widerstand gerechtfertigt werden, denn ich verschaffe ihnen auf legitime Weise jenes ersehnte objective Sein ausserhalb des Gedankens, da ich neben dem Erkenntnissvermögen die Functionen des Willens und der Handlung und das Ich nachweise, die nicht durch Erkenntniss, son-
322 dern durch unmittelbares Bewusstsein gegeben sind. Nur wenn | man, wie bisher in der Philosophie üblich, das Bewusstsein als eine Art Wissen nach dem autoritativen Vorgang der Etymologie auffasst, muss man alles im Bewusstsein Gefundene an das Erkenntnissvermögen abliefern, ohne auch nur den geringsten Finderlohn zu erhalten; wenn man aber, wie meine Metaphysik zeigt, das Bewusstsein vom Wissen zu scheiden hat,[650] so braucht man seine Gefühle und sein Ich nicht in blosse Begriffe zu verflüchtigen und behält nun in voller Klarheit im Bewusstsein die Beziehungspunkte, welche für die Erkenntnissfunction das Object bilden, so dass dadurch auch erst der specifische und der semiotische Charakter des Wissens fest bestimmt werden kann; denn wir dürfen mit dem Jehovah der Israeliten lachen und spotten,[651] wenn die Hegelianer in das hochmüthige Wissen alle sogenannten niedrigeren Momente des geistigen Lebens aufzuheben verheissen, als wenn der Begriff der Ehe im Civilrechtshandbuch uns die eigene Hochzeit ersetzen könnte und als wenn die Definition der Liebe höheren Werth und höhere Wirklichkeit hätte, als unser Gefühl der Liebe, während wir jetzt mit voller Deutlichkeit einsehen, dass solche Erkenntnisse bloss semiotischer Art sind, d.h. bloss hindeuten auf Handlungen und Gefühle, die uns unmittelbar bewusst sein müssen und niemals und auf keine Art und Weise in Erkenntniss und Wissen übergehen können.

Darum ist es nur durch meine Philosophie möglich, die Formallogiker zu vertheidigen, den Grund ihres Widerstandes gegen Hegel herauszufinden und den Sinn einer Unterscheidung zwischen Methode und Denken zu erklären; denn nur wenn man mit mir die anderen geistigen Functionen des Ichs neben das Denken stellt und sie durch ein Bewusstsein, welches kein Wissen ist, unmittelbar kund werden lässt, kann man die Coordinationen des Denkens und Wissens zu diesen anderen Functionen als Form und Weg (Methode) des Denkens von seinem Inhalte unterscheiden. Die Abstraction z. B. ist eine solche Methode. Dem Inhalte nach ist das abstrahirende Denken immer mit einem bestimmten particulären Gebiete der Dinge beschäftigt, etwa mit den Gattungen der Fische, oder der Pflichten, oder der Privatrechte, oder der Religionen u. s. w. Die Abstraction als Methode ist aber weder selbst ein besonderes ideelles Gebiet, da sie sonst nicht bei allen diesen noch so verschiedenen Gebieten in gleicher Weise angewendet werden könnte, noch ist sie, wie die Hegelsche Logik im Delirium phantasirt, etwa selbst die allgemeinste Gattung, auf welche alle | Fische und Religionen und Staatsverfassungen zurückgeführt werden 323 könnten.[652] Nein, sie ist allgemein, ohne mit dem Inhalt des Gedankens zusammenzufallen; sie ist ein formales Element, weil sie die Coordination des Denkens zu den anderen geistigen Functionen ausdrückt; denn da zur Abstraction die handelnde Function uns die Empfindungen als Erinnerungen liefern muss und diese nach den Reproductionsgesetzen die zugehörigen Anschauungen, Vorstellungen und Begriffe mit sich führen, so kann nun unter Zustimmung des Gefühlsvermögens das Denken zu den ihm eigenthümlichen, zugeordneten Akten übergehen, die wir die Abstractionen oder die allgemeinen Gesichtspunkte und Begriffe nennen. Die Methode liegt desshalb ausserhalb des Inhalts der Begriffe, sofern sie als Form die Coordination aller geistigen Functionen in einer bestimmten Weise ausdrückt und sich darum nur semiotisch zur Erkenntniss bringt. Hierdurch allein kann die Logik mit ihren Methoden sich von der Metaphysik und den Specialwissenschaften absondern, was unter den Voraussetzungen aller früheren Philosophie unmöglich ist, da man entweder mit Hegel zu der Spottgeburt einer metaphysischen Logik, oder mit den Formallogikern zu lauter verstandlosen und blinden Voraussetzungen kommen muss.

Definition der Methode.

Das Wesen der Methode allgemein zu definiren, scheint eine sehr schwere Aufgabe zu sein, weil die besonderen Methoden, wie die analytische, synthetische u. s. w., unser Auge derart blenden, dass es uns fast lächerlich vorkommt, einen allgemeinen Weg zu suchen, der nicht einer der besonderen Wege sei. Trotzdem liegt die Unvermeidlich-

5 ist, unmittelbar] *so Ms;* ist unmittelbar *DA*

keit einer solchen Definition auf der Hand, weil die besonderen Formen doch bloss Modificationen des Denkens überhaupt bilden.

Nun besteht die Methode, das Wesen der Methode zu definiren, darin, die zugehörigen Coordinaten, also zunächst den Zweck der Forschung festzustellen. Zweck ist aber offenbar die *Erkenntniss*, denn wenn wir eine Sache erkannt haben, so sind wir befriedigt und die Forschung hört auf. Nach der andern Seite hin ist aber jeder Forschung coordinirt als Ursache eine *Frage*; denn wenn wir nichts fragen, also nicht unzufrieden sind, so fehlt das Motiv. Durch die Frage aber wird die handelnde Function des Geistes in's Spiel gesetzt, um von einer unbestimmten zu einer durch den Zweck bestimmt determinirten Erkenntniss überzugehen, wesshalb nun
324 die zugehörigen *ideellen* oder *objectiven Coordi|naten* der in Frage gezogenen Erkenntniss durch unsere Handlung vorzustellen sind. Da sich unter dieser objectiven Constellation die gesuchte Erkenntniss vollzieht, so tritt dann Befriedigung ein und die Forschung ist bei ihrem Ziele angelangt. Ich definire daher allgemein die *Methode* als *diejenige Ordnung der geistigen Functionen durch welche die objectiven Coordinaten einer gesuchten Erkenntniss zum Bewusstsein gebracht werden.*

Wir haben desshalb in dem Begriff der Methode ein subjectives und ein objectives Coordinatensystem zu unterscheiden, und es ist ein Mangel, dass man in der bisherigen Logik das subjective ganz übersehen hat; denn man darf nicht etwa glauben, als wäre die *andere Richtung*, welche *alles Logische auf Psychologisches* zurückführen will, meiner Forderung schon nachgekommen; vielmehr bezieht sich diese psychologische Tendenz bloss auf das objective Coordinatensystem und versucht nur in plebejischer Weise,[653] d. h. sensualistisch, die höhere und eigenthümliche Vernunftfunction durch die vernunftlose Mechanik der Association und Verschmelzung der Vorstellungen und Anschauungen zu ersetzen. Das subjective Coordinatensystem aber ist eine bestimmte Ordnung unserer geistigen Functionen, durch welche sich der Gemüthszustand des Forschenden und wissenschaftlich Arbeitenden von jedem andern unterscheidet; denn bei künstlerischer Thätigkeit, bei blossem Anschauen und Geniessen, bei Trauer und Sorge, bei aller Reproduction und so in allen übrigen Gemüthszuständen ist man nicht in der richtigen Verfassung, um etwas zu erforschen. Mithin darf diese subjective Bedingung nicht weggelassen werden, weil nur, wenn der Wille darauf gerichtet ist, eine unbestimmte Erkenntniss zu bestimmen, die zur Bestimmung erforderlichen Vorstellungen durch die handelnde Function geliefert werden können. Columbus z. B. hatte, wie Jedermann seiner Zeit, die unbestimmte Erkenntniss, dass es wegen der Kugelgestalt der Erde zwar *geometrisch* möglich sei, durch eine Fahrt nach Westen zu dem Indien im Osten zu gelangen, dass aber die *physische* Möglichkeit einer solchen Fahrt von vielerlei unbekannten Bedingungen abhänge. Er wurde nun zum Forscher da-

durch, dass diese unbestimmte Erkenntniss ihn nicht, wie die Meisten seiner Zeit, gleichgültig liess, sondern ihn mit dem lebhaften Gefühl der Unbefriedigtheit stachelte. Desshalb ging nun die zugehörige handelnde Function des Geistes dazu über, alle einschlagenden Nach|richten aus früherer Zeit und alle Berichte von den Erfah- 325
renen seiner Zeit zu sammeln, die zugehörigen Phänomene an der Westküste Spaniens und Portugals zu beobachten und über die Zusammenhänge aller dieser Daten sich zusammenstimmende Vorstellungen zu bilden. Ohne diesen Gemüthszustand wäre er nicht zu der Gewissheit der Erkenntniss gelangt, die er suchte und die ihn allein befriedigte. Darum wird man finden, dass nicht bloss der wissenschaftliche Genius, sondern auch jeder gewöhnliche Mensch, wenn er etwas erforscht, durch diesen Gemüthszustand, durch dies der Methode zugehörige subjective Coordinatensystem charakterisirt wird.

Aber auch das zugeordnete objective Coordinatensystem gehört nicht allein der theoretischen Function an, weil sonst die Zusammenordnung mit dem subjectiven unerfindlich wäre und die gedachte Welt ausser Zusammenhang mit der realen stände. Die Vermittelung liefert eben die handelnde Function, da durch die Phantasie alle diejenigen Anschauungskreise mit zugehörigen Vorstellungen zu Bewusstsein gebracht werden, auf welche die neu entspringende intellectuelle Function hinblickt. Da jede Erkenntniss ein Schluss ist, so besteht also die Methode im Allgemeinen darin, die Prämissen zur Vorstellung zu bringen, weil in Coordination zu diesen der Schlusssatz als Beziehungseinheit in dem Intellect entspringt. Die Prämissen aber liefert die handelnde Function nach dem zugehörigen subjectiven Coordinatensysteme, und dass sie die richtigen, d. h. die zugehörigen liefert, wird wieder durch das Gefühl bedingt, welches gerade mit einem gewissen Vorstellungskreise unzufrieden war und zur Fragestellung trieb. So sehen wir, wie die übrigen Functionen mit dem ideellen Inhalt der Erkenntnissfunction in Harmonie stehen, und wie sich daher ganz von selbst das ergiebt, was wir Methode nennen. Das objective Coordinatensystem erfordert also, dass für jeden gesetzten Punkt die zugehörigen Coordinaten bestimmt werden und für jede von diesen wieder die zugehörigen, bis entweder absolut genommen der Kreis der Erkenntniss sich schliesst, oder bis subjectiv genommen das Gefühl zufrieden gestellt ist; denn der einzelne Forscher beruhigt sich ja nach seiner perspectivisch bestimmten Stellung in der Welt mehr oder weniger schnell bei dem Erfolg seiner intellectuellen Arbeit. Die Methode objectiv genommen besteht aber in nichts Anderem, als in der Aufsuchung der zugehörigen Coordinaten für jedes Problem.

| Begriff der Gedankenbewegung.

Durch den Begriff der Frage und Methode ist nun auch leicht zu erklären, wesshalb man das Denken allgemein unter dem Bilde ei- 326
ner Bewegung auffasst.[654] Die Bewegung gehört zwar in das Gebiet des Gefühls- und Tastsinnes; da man aber aus diesem Gebiete die

meisten Metaphern entlehnt, so ist es natürlich, dass man auch von dem Fortschreiten beim Denken, von Gedankenlauf und Gedankenflug spricht, die Gedanken stille stehen lässt, Gedankensprünge constatirt u. s. w. Dass die Bewegung des Denkens aber nichts zu thun hat mit dem ideellen Inhalte des Gesichtssinnes und daher nicht nach den mechanischen Gesetzen beurtheilt werden kann, nach denen der Lauf einer Flintenkugel oder die Curve des Mondes berechnet wird, ist offenbar genug; gleichwohl ist die Analogie gestattet, weil beim Denken auch eine Abfolge der Gedanken und eine Geschwindigkeit bemerkt und mehr oder weniger genau berechnet werden kann. Der Grund für die Richtigkeit der Analogie liegt darin, dass die Bewegungserscheinungen des Gesichtssinnes wie die Abfolge der Gedanken auf dem technischen Weltsystem beruhen, welches keine logische, sondern eine causale und teleologische Ordnungsform darbietet

Wenn man nun den ideellen Inhalt der Gedanken nimmt, so verschwindet auf der Stelle die Bewegungsphantasie; denn jeder Gedanke steht fest als das, was dabei gedacht wird, möge es Wahrheit oder Irrthum enthalten, wesshalb man die Gedankeninhalte auch in Lehrbüchern fixiren kann, die immer dieselbe Weisheit oder Thorheit dem Leser darbieten und sich an dem Fortschreiten der wissenschaftlichen Arbeit gar nicht betheiligen, sondern als stillhaltendes Object sich der historisch-philologischen Forschung preisgeben. Die Bewegungsvorstellung gehört daher nicht dem ideellen Sein, d. h. dem Inhalte der Gedanken an, sondern dem realen Sein, d. h. den Akten, in denen jedesmal ein bestimmter Inhalt gedacht wird. Da diese Akte in causalen Beziehungen zu einander und zu der Aussenwelt stehen, gehören sie in das allgemeine technische Weltsystem und unterliegen daher der Zeit- und Bewegungsvorstellung.

Mit dieser unbestimmten Erkenntniss würden wir uns beruhigen, wenn nicht unser Interesse wachgerufen würde, die Gründe (Coordinaten) für die bestimmte Art der Gedankenbewegung zu erfahren.

*327* Es ist nämlich interessant, dass die bisherige Logik nicht ge|zeigt, ja nicht einmal gefragt hat, woher die Bewegung oder der Fortschritt im Denken stamme; denn bei der formalen Logik ist es ja ganz klar, dass das caput mortuum[655] der Begriffe, Urtheilsformen und die Figuren und Modi der Schlüsse nicht das mindeste Motiv darbietet, warum man von einem Gedanken zu einem anderen weitergehen und also überhaupt urtheilen und schliessen könne. In naiver Weise wird vielmehr vorausgesetzt, dass irgend ein draussen stehender Regisseur das todte Maschinenwerk in Bewegung bringe und gebrauche, da es für sich selbst unlebendig und also gänzlich unbrauchbar ist; denn die logica inventrix[656] leistet dies nicht im Entferntesten, da

22 stehen, gehören] stehen, so gehören *Ms*

sie auch bloss zeigt, was gethan werden müsste, wenn glücklicher Weise Jemand da wäre, der die Bewegung und das Leben von aussen hereinbrächte.

Nur bei Hegel haben wir die Forderung des Fortschrittes und den guten Willen, eine immanente Bewegung in das Denken zu bringen. Allein seine Leistung ist uns schon durch die Kritik abgängig geworden (S. oben S. 259).[657] Wir können jetzt nach den weiteren Untersuchungen auch sehen, dass die Negation, die er zu Hülfe nimmt, ebenfalls nicht immanent ist, sondern von einem Negirenden durch irgendwie veranlasstes weiteres Denken erst an die Thesis herangebracht werden muss, also ebenso äusserlich ist, wie in der formalen Logik; denn wenn man nicht einen neuen Beziehungspunkt von aussen heranbrächte, so könnte man ja das, was eben richtig, z. B. als seiend, bestimmt ist, nicht wieder als nicht seiend denken; sondern wenn die sich widersprechenden Urtheile auch dasselbe Object treffen, so können sie nur zugleich richtig sein, wenn jedesmal ein anderer Beziehungs- und Gesichtspunkt zu Hülfe genommen wird. Zur Herbeibringung des neuen Gesichtspunktes bedarf man aber eines Commissionärs,[658] mit dessen äusserlicher Hülfe dann erst die Negation zu Stande kommt, die also nicht als romantischer Spukgeist der Negativität in dem Gedanken und in der Sache selber liegt, sondern bloss naiv auf das Object, d. h. auf den Gedanken, projicirt wird. Desshalb ist die panegyrische Verherrlichung[659] des neuen philosophischen Stils, in welchem das Ich und Wir, der Leser und Schriftsteller verschwunden sind, weil der objective Gedanke selbst sich in grandioser Sachlichkeit fortbewegt, nichts als ein schülerhaftes stilistisches Kunststück, das nur Gedankenlose täuschen kann. Denn wenn Hegel z. B. sagt: «Das Wesen ist zunächst Scheinen und Vermittlung in sich,» oder «der Grund hat noch keinen an und für sich bestimmten | Inhalt»[660] u. s. w. — so ist das Ich des Autors und Lesers sofort 328
wieder da, weil das «Zunächst» und «Noch» ja die zeitlosen dialektischen Zusammenhänge nicht betreffen kann, sondern nur für das eitle und ephemere Ich gemeint ist, welches nach und nach dahinterkommen soll. Ebenso zeigt sich die Hohlheit und Geschmacklosigkeit dieses classischen Stils durch die hübschen Beispiele, guten Witze, amüsanten Etymologien u. s. w., weil der absolute Gedanke auf alle solche subjective Einfälle und Belustigungen verzichten muss und daher den Reiz des wahren Lebens und lebendigen Denkens, an dem uns der Autor theilnehmen lässt, unter der todten Maske der sich ohne Autor in sachlicher Maschinerie vollziehenden Gedankenbewegung nicht auf die Bühne bringen darf, ohne zu verrathen, dass unter der Maske ein schlecht vermummtes und ganz geistreiches Ich stecke, welches auch speciell zum Leser rede und nur das absurde stilistische Exercitium[661] aufbekommen habe, langweilig und unnatürlich ohne Ich und Wir zu schreiben.

Zweitens liefert nun auch die dialektische Bewegung bei Hegel nicht etwa Bestimmungen des Gedankens, die aus den vorhergehenden Gedanken nothwendig folg-

ten, sondern Hegel lässt in der bequemsten Manier für die Abfolge der Gedanken eine blosse Abfolge der Vorstellungen eintreten, indem ihm Ideenassociation und Phantasie den zugehörigen Wörtervorrath zur Disposition stellt, den er bloss etymologisch und lexikalisch nach den üblichen Bedeutungen untersucht und z. B. so erst «das Positive und das Verschiedene» sich selbst widersprechen und sich einander aufheben lässt und dann ein synonymes Wort dafür gebraucht: «sie *gehen* hiermit *zu Grunde*»,[662] wodurch er nun die Ideenassociation weiterspinnen kann; denn nun weiss er sofort, den *Grund* zu definiren, nämlich als Einheit der Identität und des Unterschieds (Encycl. § 120). Wenn er ähnlich das Wesen mit Anklang an «gewesen» als in sich gegangenes Sein definirt und mit lexikologischer Heranziehung der Wörter «wesentlich und unwesentlich» dann weitere *Feststellungen seines Sprachgebrauchs* vornimmt, so ist von irgend einer Methode des Denkens und von Prüfung der Richtigkeit und Wahrheit der Gedanken keine Rede. Darum erinnert seine Dialektik, wenn man die Behandlung einer einzelnen Kategorie verfolgt, an die humoristischen Reden bei Sterne[663] und Jean Paul. Wenn man aber seine Logik ordentlich durchstudirt, so wird diese Wortspielerei, die kurz ge-
*329* nossen geistreich erscheint, zur Pedanterie und Monotonie und ebenso abge|schmackt wie die Unterhaltungen der Deipnosophisten des Athenaeas, wenn sie die endlose Reihe der Fische, welche die Alten gegessen hätten, aufzählen und das lustige Spiel zu einer geistlosen Gelehrsamkeit machen.[664]

So giebt es also noch keine Logik oder Dialektik, welche gerade das Eigenthümliche der Bewegung und des Fortschreitens im Denken zu erklären vermocht hätte. Durch die neue Metaphysik aber wird dies Problem gelöst. Da ich die beim Denken ins Spiel gezogenen beiden Coordinatensysteme, das objective und das subjective, schon analytisch gesondert und ihr Ineinandergreifen synthetisch dargelegt habe, so bedarf es jetzt nur kurzer Ergänzungen.

Zuerst nämlich liegt auf der Hand, dass alle Gedanken ihrem ideellen Inhalte nach ein festverkettetes, identisches und unveränderliches System bilden, was schon die Alten unter dem Namen der Ideenwelt oder der series veritatum aeternarum[665] wenigstens nach der Seite der sogenannten allgemeinen und nothwendigen oder apriorischen Erkenntnisse bemerkt hatten, ohne freilich die für alle Zeit-Gläubigen und Nichts-Verehrer unannehmbare und doch unvermeidliche Folgerung zu ziehen, dass in diesen festen und ewigen Kreis der Wahrheiten auch alle empirischen Gedanken der ephemeren Menschen nothwendig hineingehören, weil ja die empirische Erkenntniss nur durch Verknüpfung mit den nothwendigen Wahrheiten zu Stande kommt und ebenso auch kein empirischer Gedanke irgend welche geheime Springfedern in sich hat, wodurch er aus dem fest ruhenden Coordinatensystem, zu welchem er gehört, herausgeschnellt oder auch nur zur allergeringsten Veränderung getrieben werden könnte.

Sonach wäre das Denken also keine Bewegung, sondern diese Phantasievorstellung und Metapher wäre vielmehr völlig unerklärlich und die von uns eben postulirte fortschreitende Dialektik überhaupt ein Unding. Denn möge man formallogisch das denkende Subject, das die Bewegung und Arbeit zum Objecte hinzubringt, mit kindlicher Naivität suppliren, oder, wie in der Hegelschen Dialektik, das Seiende als Subject mit der Idee als Object identificiren, immer muss der gesammte Denk- und Weltinhalt zu einem absoluten Stillstand kommen, da die Wahrheit überall so weit von dem «bacchantischen Taumel»[666] entfernt ist, dass sie vielmehr ebenso zeitlos feststeht, wie die in Hegels Logik gedruckten und sich angeblich entwickelnden Denkbestimmungen, die alle auf ein Mal vom Anti|quar gekauft und vom Buchbinder *330* in Einen Band zusammengebunden werden. Der christliche Glaube hat diese Einsicht von der zeitlosen Einheit und Zusammengehörigkeit alles Erkenntnissinhaltes, des apriorischen wie des empirischen, in dem Dogma von der Allwissenheit Gottes symbolisirt, die keiner Veränderung, Entwickelung, Vergesslichkeit, Ueberraschung, oder irgend einer neuen Entdeckung, zugänglich ist.

Durch die neue Metaphysik kann nun aber die von der Formallogik gedankenlos supplirte und von der Hegelschen Dialektik naiv in das Subject-Object projicirte Bewegung wissenschaftlich nachgewiesen werden. Zuerst nämlich ist der Begriff des Seins seinem Ursprung nach zu studieren, wobei man finden wird, dass das Ich durch sein einfaches Ichbewusstsein, welches alle Functionen in sein Eigenthum zieht, den Typus des Substanzbegriffes darbietet, während die Erkenntnissfunction, die es als Eine seiner Functionen erzeugt, einen eigenen Inhalt, das ideelle Sein, hat, welches grösser und mächtiger als sein Erzeuger, auch das Ich semiotisch als Selbsterkenntniss mit in sich schliesst. Das lebendige substanziale Ich erweist sich also als zu klein, um den gesammten Inhalt der Erkenntnissfunction, d. h. die ganze Wahrheit, in Zuordnung zu jedem einzelnen Akte der anderen beiden Functionen zu fassen, sondern muss, wenn z. B. der ideelle Gedankeninhalt Europa und das neunzehnte Jahrhundert ist, für sich und für jedes seiner Gefühle und seiner Handlungen immer nur einen zugeordneten kleinen Ausschnitt aus der Reihe der objectiven Erkenntniss in Anspruch nehmen. Dadurch entsteht nun das Phänomen der Bewegung; denn wenn man eine Vergleichung aus dem gewöhnlichen Leben verzeihen will, so muss eine Flasche Wein, die in einem kleinen Weinglase Platz finden soll, nicht auf einmal eingeschüttet werden, sondern zuerst von dem Ganzen nur soviel, als das Glas fasst. Erst wenn dies ausgetrunken ist, wird wieder eingeschenkt, bis die ganze Flasche wirklich in dem Glase aufgegangen ist. Wie nun hierbei aber ein Bewegungsvorgang erscheint, so muss auch das Ich, wenn es mit der engen Pupille seiner Erkenntnissfunction oder des Denkens den ganzen Inhalt der objectiven Wahrheit erfassen will, ihn nur stückweis absorbiren, so dass ein Theil verschwinden wird, während ein anderer hervortritt, was durch die verschiedenen Intensitätsstufen des Bewusstseins erreicht

wird. Mithin muss das Denken als eine Bewegung erscheinen, obwohl sich in Wahr-
331 heit nichts bewegt; denn der Inhalt der Erkenntniss steht absolut fest als | identisch, und es ist bloss eine Redensart, wenn man z. B. sagt: «seine Meinung hat sich jetzt geändert»; denn jene Meinung ist schlechthin dieselbe geblieben, die sie früher war, sonst könnte man von ihr ebensowenig erzählen, wie von einem Menschen, der heute ein Kind und später ein Mann wird, da man nicht wissen könnte, wiefern dieser Mann denn jenes verschwundene Kind gewesen wäre, wenn die Vorstellung von dem Kinde nicht schlechthin identisch geblieben und von der Erinnerung aufbewahrt wäre. Also ändern sich niemals die Meinungen, sondern das Ich oder der Mensch ändert seine Meinungen, d. h. er hat jetzt zugeordnet diesen oder jenen andern Bewusstseinsdaten eine andere Meinung, als die in der Erinnerung festgehaltene war, welche er früheren Umständen zugeordnet besass, wobei die Aenderung nur erkannt werden kann, wenn jede der beiden Meinungen schlechthin unveränderlich sich zur Vergleichung darbietet. Wenn nun der ideelle Inhalt der Erkenntnissfunction niemals grösser wäre als derjenige Theil, der den Akten unserer handelnden Function entspricht, so würde uns die Welt in lauter einzelne Ausschnitte zerfallen, die wir niemals durch die Vorstellung der Zeit und der Bewegung aneinanderreihen könnten. Da aber erstens das Ich-Bewusstsein im Wechsel der übrigen Bewusstseinselemente stehen bleibt, zweitens auch die Erinnerungen bei wechselndem sonstigen Inhalte der Erkenntniss verharren, und drittens in die allgemeinen identischen Begriffe das Einzelne eingegliedert wird, so können wir durch Vergleichung der einzelnen Akte die Vorstellung einer Zeitordnung und einer Denkbewegung ausbilden. Zeit und Bewegung sind dabei aber nichts Substanziales und nichts Reales, sondern bloss Vorstellungsinhalt, ebenso wie die Ordnung der Pflanzen und der grammatischen Regeln, was man schon daraus sehen kann, dass man sich bei ihrer Feststellung oft irrt, wie z. B., wenn Zwei ein stattgehabtes Ereigniss erzählen, häufig der Eine dem Andern zuruft: «Nein, dieses war vorher und jenes trat erst nachher ein.» Dass man sich aber in der Abfolge der Akte innerhalb des kleinsten Abschnittes der sogenannten Gegenwart nicht so leicht irrt, ist sehr erklärlich, weil man sich ja auch sonst in den einfacheren Vergleichungen nicht zu irren pflegt und eine Buche mit einer Eiche nicht leicht verwechselt und nicht leicht drei für grösser hält als neun, während doch die Kinder sehr häufig schon 1/9 für grösser als 1/3 halten.

332 Um also das Räsonnement zusammenzufassen, so folgt, dass | das Denken, dessen ideeller Inhalt ruhig und fest steht, nur darum als Bewegung erscheinen kann, weil es ausser dem ideellen Sein noch ein blosses Bewusstsein giebt, das niemals in Erkenntnissinhalt übergeht, ich meine das Ichbewusstsein, das Bewusstsein unserer Gefühle und die Sinnesempfindungen als Bewusstsein unserer handelnden

16 lauter] *so Ms;* laute *DA*

Function. Denn da dieses Gebiet des blossen Bewusstseins durch die Erkenntnissfunction jedesmal einem Theil ihres ideellen Seins zugeordnet wird und daher in semiotischem Ausdruck als ein beschränktes Object in der Erkenntnisssphäre vorkommt, so entsteht dadurch der perspectivische Theil der Erkenntniss in der Art, dass das Ich nach jedem einzelnen seiner realen Akte an diesem oder jenem einzelnen Inhalte der Ideenwelt theilzunehmen scheint, was man das Denken nennt. Wäre also ausser der Gedankenwelt nichts vorhanden, so gäbe es kein Denken und keine Vorstellung von der sogenannten Gedanken-Bewegung. Daher ist der Unterschied von Bewusstsein und Wissen die erste Bedingung für das Verständniss des Denkens. Die zweite Bedingung liegt darin, dass die subjective Bewusstseinssphäre, oder semiotisch ausgedrückt die perspectivische Erkenntniss, als ein Theil in dem zugeordneten Zusammenhang der objectiven Erkenntniss vorkommt, wodurch die aus der Sphäre des Gesichtssinnes entlehnten Metaphern von Continuität und Bewegung nun auf dies Verhältniss anwendbar sind und demgemäss alle die verschiedenen Beziehungen des Subjects zu diesen oder jenen Beziehungspunkten der objectiven ideellen Welt in eine Reihe und Ordnung, die Zeitordnung, gebracht und die einzelnen Akte der Coordination zwischen den blossen Bewusstseinsinhalten und dem zugehörigen ideellen Inhalte der Erkenntnissfunction als Denken bezeichnet werden. Das Denken ist desshalb ein lebendiges und wirkliches Thun des Ichs, sofern es in unserer handelnden Function besteht, welche die Beziehungspunkte des Bewusstseins für den zugeordneten Erkenntnissinhalt liefert; die Zeitordnung aber und die Bewegungsvorstellung ist nichts Wirkliches, sondern nur eine Auffassungsform, die der Erkenntnisssphäre wie alle falschen und wahren Meinungen und Abstractionen angehört. Das Leben und das Bewusstsein des Lebens wollen wir immer fein abtrennen von den blossen Meinungen über das Leben; denn wie nicht alle todt sind, welche für todt gehalten werden, so besteht glücklicher Weise das Leben auch nicht in der blossen Erkenntniss des Lebens.

| Ableitung der logischen Gesetze. 333

Bei allem Denken und darum in allen Methoden werden die sogenannten logischen Principien gebraucht, die also zuerst erklärt werden müssen. Die Behandlung derselben in der bisherigen Logik leidet an dem grossen Fehler, dass man das Sein nicht definirt hatte und daher nicht beachtete, dass in dem Satze «Jedes Ding ist sich selbst gleich» oder «A ist A», das «Ist» undefinirt bleibt. Daher hatte Hegel ganz Recht, wenn er über das Identitätsprincip spottete und vielmehr forderte, den Satz «Jedes Ding widerspricht sich selbst» an die Stelle zu setzen, da die Dinge ja immer im Werden und in Umwandlung begriffen sind und das Kind nicht immer Kind bleibt, sondern Jüngling, Mann, Greis wird. Wenn man das «Ist» aber definirt, so findet sich, dass es nicht das reale und substanziale objective Sein, sondern das ideelle Sein bedeuten soll, d. h. eine bestimmte Erkenntniss, wie z. B. dass, wenn A = 5 ist, damit eben die

Zahl 5 als erkannt gesetzt werden soll und nicht etwa 4 oder 6. Darum darf das logische Princip der Identität nicht etwa als ein unergründbares Axiom angestaunt und wie ein Fetisch an die Spitze der Logik gestellt werden, sondern es dreht sich um einen controlirbaren Schluss, den wir aus der Betrachtung des Denkens ableiten. Da nämlich alle Erkenntniss, wie wir beobachten, in verschiedene Begriffe auflösbar ist, die nur, weil sie von einander verschieden sind, nicht in Eins zusammenfallen, so bemerkt man dies Auseinandertreten des Verschiedenen als die Natur alles Denkens und Erkennens durch die dagegen begangenen Fehler, d. h. durch die Gedankenlosigkeiten.

Dies muss man sich ganz klar vorstellen, weil es die principielle Region betrifft und daher von gouvernementaler Bedeutung ist. Man hat nämlich in allen bisherigen Logiken noch niemals daran gedacht oder darauf hingewiesen, dass ein Fehler gegen das Identitätsprincip, d. h. eine Verwechselung eines Erkenntnisselementes mit einem anderen, *gar nicht bemerkt werden könnte*, wenn die Elemente nicht alle mit einander in einem bestimmten Verhältniss, d. h. in Coordination ständen, so dass jeder Begriff einem Coordinatensysteme zugehört, durch welches er bestimmt ist. Wer desshalb einen andern Begriff an die Stelle des gemeinten setzt, der wird, weil das zugehörige Coordinatensystem mitfolgt, dadurch erst die Ungehörigkeit des vertauschten Begriffes erkennen. Wenn Jemand z. B. seinen Hut vertauscht und von dem
334 fremden behauptet, er erkenne ihn sehr wohl und es wäre | eben sein eigener, so wird er durch das Aufeinanderprallen der zugehörigen Coordinatensysteme erst seinen Verstoss gegen das Identitätsprincip bemerken, wenn ihm nämlich der fremde Hut über die Ohren rutscht und der seinige dem Andern nur auf dem Scheitel wackelt. Darum ist das Identitätsprincip nicht zuerst von den Philosophen gefunden, sondern viel früher im *Rechtsleben* der Menschen durch den *Begriff des Eigenthums* erkannt. Um das Eigenthum, auf welches der Wille Anspruch macht, festzustellen, bedurfte es der Erkenntniss des zu einem Dinge gehörenden Coordinatensystems, wesshalb sich sehr früh schon Regeln für die Nachweisung der Identität der durch Diebstahl, Raub u. s. w. entfremdeten und reclamirten Besitzgegenstände ausbildeten. So suchte man z. B. auch die Identität des Gastfreundes dadurch festzustellen, dass sein halber Ring auf die zurückbehaltene andere Hälfte passte,[667] wie noch heute die Banquiers mit den Checks verfahren, wenn sie Fälschungen befürchten.[668] So stempelt der Fürst seine Pferde, der Adel seine Waffen. So wird die Parole[669] abgefordert. So identificirt die Eurykleia bei Homer an der Narbe ihren Herrn;[670] so die Iphigenia ihren Bruder an dem Wissen um die Familiengeheimnisse.[671] Kurz, jedes Ding und jeder Gedanke steht in einem Coordinatensystem, durch dessen unfragliche Verschiedenheit die zweifelhafte Identität zweier Elemente entschieden wird.

Das Identitätsprincip als Schluss geht auf einen Gesichtspunkt zurück und dieser ist der Begriff von Einerleiheit und Verschiedenheit, d. h. zusammengefasst:

Qualität. Diese Kategorien können als intellectuelle Functionen entspringen, sobald im Bewusstsein verschiedene Empfindungen gegeben sind. Denn wenn z. B. nichts Anderes dem Menschen bewusst würde als etwa die Empfindung Blau, so gäbe es keine Kategorie der Qualität und keine Bemerkung von Einerlei und Verschieden. Erst die Gegensätze zwischen den Farbenempfindungen und der Gegensatz derselben zu den Ton-, Geschmacks-, Geruchs-Empfindungen u. s. w. bringt es dahin, dass der Intellect sich dieser Beziehungen bewusst wird und sie durch die Kategorien Einerlei, Verschieden, Qualität ausdrückt, wobei zugleich als Coordinate die Kategorie Quantität auftreten muss. Mithin ist der Satz der Identität A = A und der Satz des Widerspruchs A nicht = Nicht-A nichts anderes als der Schluss, dass wir beim Denken die Kategorie der Qualität und mithin die Kategorien der Einerleiheit und Ver|schiedenheit bilden und dass wir eben nicht denken, *335* wenn wir, wie in den Nebelbildern[672] und dissolving views[673] der Phantasie, das Verschiedene in einander verschwimmen lassen oder, wie bei den Irrthümern und Fälschungen, das Verschiedene als einerlei setzen, oder bei stupider Gedankenlosigkeit, wie die Thiere, überhaupt diese Kategorie nicht kennen.

Diese beiden logischen Principien folgen also aus dem Begriff der Methode überhaupt, sofern wir das subjective und objective Coordinatensystem beachten und Fragen stellen; denn die durch eine Verwechselung entstandene Unzufriedenheit bewirkt eine derartige Ordnung der geistigen Functionen, dass das zu jedem der fraglichen Elemente gehörige Coordinatensystem aufgesucht wird, wodurch sich, was einerlei und verschieden ist, sofort herausstellt.

Das Princip der Coordination, das die Methode schlechthin ausdrückt, schliesst daher auch den Satz vom Grunde auf, über den ich schon in meiner Religionsphilosophie S. 208 ff. gehandelt habe.[674] Denn wie die Identität und Contradiciton auf der Unterscheidung der Elemente der Coordination beruhen, so drückt der zureichende Grund bloss die Zuordnung der Elemente unter einander aus. Die drei logischen Principien beschreiben daher bloss das Denken selbst. Jedes Element, das im Bewusstsein gegeben ist, wird festgehalten (Identitätssatz), von den anderen Elementen geschieden (Contradictionsprincip) und als Coordinate den andern zugeordnet (Satz vom Grunde), so dass ein Jedes durch die andern erforscht werden kann. Der ganze Vorgang des Denkens wird also durch das von mir so genannte Coordinationsprincip ausgedrückt, worauf der Begriff der Methode beruht.

Ableitung der Arten der Methoden.

Die Methoden ausführlich abzuleiten, ist Sache der speciellen Logik. Hier soll nur in der Kürze gezeigt werden, mit welcher Leichtigkeit sich die verschiedenen Arten von Methoden aus dem allgemeinen Begriff der Methode ergeben.

10 Nicht-A] nicht A *Ms*

Die Methode schlechthin besteht in einer Ordnung der geistigen Functionen, durch welche die objectiven Coordinaten für ein gesuchtes Erkenntnisselement zum Bewusstsein gebracht werden. Alle Begriffe aber sind mehr oder weniger zusammengesetzt; denn da jeder Begriff ein Schluss ist, so muss der einfache Schluss bloss auf die in dem Bewusstsein der handelnden Function, oder der Gefühle, oder des
336 Ichs gegebenen Elemente hinblicken, während | diejenigen Schlüsse, welche als Elemente Begriffe haben, zu immer complicirteren Coordinatensystemen übergehen.

Demgemäss kann es sich bei allem Denken und also bei aller Methode nur um Coordinatensysteme handeln, in welchen die Beziehungspunkte entweder unmittelbares Bewusstsein, oder Begriffe sind. Die Methode des ersten Gebietes nenne ich die inductive, die des zweiten die deductive.

a. Die inductive Methode.[675] Der Name Induction (ἐπαγωγή) entspricht sowohl den historischen Anfängen, als auch der Praxis, aber nicht so den Lehrbüchern. Ich theile diese Methode in zwei Gattungen; denn da es sich um Denken, also um Auffassung eines Coordinatensystems handelt, so kann entweder die in einem Begriff erschlossene Beziehungseinheit oder die Feststellung der Beziehungspunkte in Frage kommen.

Die Erforschung der Begriffe aus den Daten des unmittelbaren Bewusstseins nenne ich die speculative Induction und schliesse diese Methode an die Anfänge des Sokrates im Definiren an. Es ist dabei einerlei, ob die Beziehungspunkte durch die sogenannte Sinnlichkeit, d. h. durch Bewusstwerden unserer handelnden Functionen, geboten werden, oder durch unsere Gefühle und unser Ichbewusstsein hervortreten. Vieles von dem, was die Philosophen als Induction bezeichnet haben, kann hierher gezogen werden, aber nicht alles, weil man bisher das natürliche Eintheilungsprincip der Methoden nicht bestimmen konnte.

Wenn aber umgekehrt die Beziehungspunkte in Frage kommen, d. h. wenn es sich um die begriffsmässige Feststellung der Daten des Bewusstseins handelt, so haben wir die Gattung der empirischen Induction vor uns, und dieser Name findet darin seine Berechtigung, weil wir alle Auffassung des unmittelbaren Bewusstseins durch das Erkenntnissvermögen Erfahrung (ἐμπειρία) nennen. Das Bewusstsein selbst ist nämlich keine Erfahrung, sondern diesen Namen verdient nur die Erkenntniss der bewusst gewordenen Akte, welche als Wahrnehmung, Anschauung, Vorstellung u. dergl. bezeichnet wird. Bei solcher Empirie, wie sie in allen Erfahrungswissenschaften geübt wird, handelt es sich immer entweder um Feststellung der Thatsache, oder zweitens um die begriffliche Bestimmung des Gegebenen, z. B. entweder darum, ob dieser Mensch wirklich farbenblind ist, ob die

12 ἐπαγωγή] *so Ms; DA fälschlich* ἐπαγωγῄ

Kugel wirklich noch in dem Lungengewebe steckt u. s. w., oder | ob zweitens die 337 thatsächlich gegebene Krankheit als eine Pneumonie[676] oder als eine Pleuritis[677] u. s. w. aufzufassen ist.

Man braucht sich nicht darüber zu wundern, dass ich auch die Naturwissenschaft nur mit Daten des Bewusstseins beschäftige; denn es ist ja längst bewiesen, dass die sogenannten Naturerscheinungen nur projectivisch gedeutete Bewusstseinserscheinungen sind, wesshalb es hier gar keinen Unterschied macht, auf welche metaphysische Wesen man später die Phänomene bezieht, ob auf die Psyche oder auf ausser ihr befindliche analoge Wesen. Man kann aber für die Induction noch Unterschiede anderer Art hervorheben. Sind nämlich die Thatsachen singulär, so gehört ihre Feststellung der *historischen Kritik* an, wobei der Begriff «historisch» im allgemeinsten Sinn genommen wird und sich nicht etwa bloss auf die menschliche Geschichte beziehen soll; ist die Thatsache aber generell, so hat die inductive Methode das *Experiment* in irgend einer Form zu versuchen; denn die Palpation,[678] Observation,[679] Auscultation[680] u. s. w. fallen sämmtlich unter den Begriff des Experimentes in weiterem Sinne. Die der Feststellung der Thatsache gegenüberstehende Frage nach der begrifflichen Bestimmung des Gegebenen kann dagegen nach dem Vorbilde der Medicin in einem allgemeineren Sinne als *Diagnose* bezeichnet werden. Auf eine genauere systematische Durchführung muss hier zu Gunsten der speciellen Logik verzichtet werden.

b. *Die deductive Methode.* Nach dem angegebenen Fundament der Eintheilung muss nun eine neue Gattung von Methoden entstehen, wenn die *complicirten* Coordinatensysteme des Gedankens in Frage kommen, d. h. diejenigen, in welchen die Beziehungspunkte selbst Begriffe sind. Ich nenne diese im Allgemeinen die *deductiven* Methoden. Einige Logiker haben aber an den Methoden die Darstellungsweisen unterscheiden wollen und, die Deduction nur als Registrirung eines schon gewonnenen Wissens aufgefasst, durch welche dasselbe bloss bequemer dem Lernenden dargestellt würde. Doch es lohnt kaum der Mühe, solche Gedankenlosigkeiten zu widerlegen; denn alle Darstellungen sind ja bloss durch Zeichen (Worte) vermittelte Abbildungen des Denkens selbst, wodurch der Lernende bestimmt werden soll, dieselbe Denkoperation, wie der Lehrende, zu vollziehen. Also nur wenn die Lehrenden nichts gedacht haben, mögen die Abbildungen und Darstellungen eines solchen Urbildes für die Lernenden auch leer und nichtig erscheinen. Deductiv aber nenne ich alle diese Methoden im Anschluss an die | historisch 338 gültig gebliebene Terminologie des Aristoteles, der die *apodiktische* Beweisart besonders in dieser Gattung suchte, obwohl bei ihm die Terminologie noch schwankend ist, da er zuweilen hier allein Syllogismen zu finden meint und doch auch wieder zuweilen die Induction einen Syllogismus und eine Demonstration (ἀπόδειξις) nennt.[681]

Wenn diese zweite Art von Methoden nur darin ihr Specifisches hat, dass der ganze Inhalt der Deduction aus lauter Begriffen ohne Einmischung blosser Bewusstseinsdaten gebildet ist, so ist sonst doch die allgemeine Dialektik hier dieselbe wie bei allem Denken, da es sich immer nur um die Elemente von Coordinatensystemen handeln kann. Demgemäss müssen wir auch die Untereintheilung dieser Methoden nach demselben Fundamente vollziehen, wie bei dem inductiven Verfahren. Es können nämlich nur entweder für die Beziehungseinheit die Coordinaten gesucht werden, und dies giebt die analytische Methode, oder für die gegebenen Elemente als Coordinaten die Beziehungseinheit, und dies ist die synthetische Methode. So analysirt der Grammatiker den Satz des überlieferten Textes, so bestimmt der Astronom aus der Thatsache des Ortes eines Planeten analytisch die Bahnelemente und die Störungen u. s. w., so analysirt der Chemiker ein Salz in seine Elemente; kurz die Analyse sucht die Coordinaten, die auch die Gründe und je nachdem die Ursachen, die Bedingungen, Umstände, Verhältnisse, oder die Elemente genannt werden. Der Synthetiker umgekehrt bestimmt aus den Gründen als dem Einfacheren die zusammengesetzten Beziehungseinheiten, wie z. B. der Arzt den Verlauf der Krankheit, der Astronom die zukünftige oder längst vergangene Sonnenfinsterniss, der Philolog durch Conjectur[682] die richtige Lesart u. s. w.

Der Ausdruck regressive und progressive Methode, den man mit analytischer und synthetischer Methode gleichsetzt, wurde gebildet, weil man die Zeit für ein wirkliches Ereigniss hielt und desshalb auf die der Zeit nach vorangehenden Ursachen zurückgehen wollte. Obgleich schon durch Leibnitz und dann nachdrücklicher durch Kant ein für allemal die Phänomenalität der Zeit bewiesen ist,[683] können wir doch von jenen Ausdrücken in einem etwas veränderten Sinne noch Gebrauch machen. Die Methode ist nämlich zwar eine Sache der Erkenntnissfunction und hat daher nur mit Erkenntnissgründen (principia cognoscendi) zu
339 thun, das Seiende bildet auch ein zeitloses Coordinatensystem und es giebt | darin kein Vorher und Nachher; gleichwohl kann, wie ich in der Metaphysik zeigte, durch den von der Zeit ganz unabhängigen causalen und teleologischen Zusammenhang die objective Ordnung eines technischen Systemes erkannt und darum der Unterschied zwischen den sogenannten Seins- und Erkenntniss-Gründen in anderer Weise wieder aufgenommen werden, indem man mit Aristoteles zwischen dem für uns Früheren (ἡμῖν πρότερον) und dem der Sache nach Früheren (φύσει πρότερον) unterscheidet,[684] ohne hierbei etwas Anderes als die Ordnung der Beziehungen zu beachten.[685] So sind z. B. die Mondphasen ein πρότερον πρὸς ἡμᾶς[686] und eine blosse causa cognoscendi,[687] während die geometrische Bestimmung der wechselseitigen Lage von Mond, Sonne und Erde eine objective Semiotik erlaubt[688] und daher causa essendi[689] und πρότερον τῇ φύσει[690] heissen kann.

Charakteristik der neuen Dialektik.

Wenn ich das Neue, welches durch diese Untersuchungen über die Methode für die Logik gewonnen wird, kurz charakterisiren soll, so kann ich es unter zwei Punkten zusammenfassen.

Zuerst wird nämlich gleich in die Augen fallen, dass hier die Einheit des Denkens, die allgemeine Dialektik überall durchgeführt und deutlich definirt wird. Denn während in der alten Logik das Denken nichts Allgemeines und Gleiches bei seinen verschiedenen Operationen behält, sondern in die Arten und Unterschiede der Methoden dermassen zerfällt, dass es wie ein Körper, der in seine besonderen Organe anatomisch zerlegt wird, Seele und Leben verliert: so zeigt meine Dialektik, wie alle Methoden immer nur die Eine und gleiche Natur des Denkens in Auffassung von Coordinatensystemen unter Mitwirkung aller drei geistigen Functionen offenbaren. Während aber die neue Hegelsche Dialektik diesen Vorzug, eine absolute Methode zu sein, ebenfalls in Anspruch nehmen will, konnte hier nachgewiesen werden, dass ihre Ansprüche nicht nur durch die Kritik ihrer Gegner rechtsungültig geworden sind, sondern dass, auch wenn sie noch gelten dürfte, die blosse Negation keine Erkenntniss zu schaffen im Stande ist, sondern dass dazu die reiche sachliche Auffassung der jedesmal zugehörigen Coordinaten erforderlich ist, wobei alle Geisteskräfte mitwirken müssen. So besteht der Charakter meiner neuen Dialektik erstens in der absoluten Methode, die nicht bloss formal ist, sondern auf der Coordination der geistigen Functionen beruht, durch welche auch allein die Wahrheit und Gewissheit, d. h. die Befriedigung | des Gefühls oder die Zustimmung *340* des Willens erworben wird, da die absolute Coordination der Welt in der Coordination unserer Functionen zu Tage tritt.

Das zweite charakteristische Resultat sehe ich darin, dass, während die frühere Logik die Methoden nach dem Gebrauch in den Wissenschaften gruppirte, hier die elementären Formen aufgesucht sind. Dass dies eine nothwendige und fruchtbare Arbeit war, zeigt sich leicht, wenn man die gebräuchliche Darstellung der Methoden vergleicht, wo, wie z. B. in der Induction und in der analytischen Methode, die heterogensten Operationen durcheinandergemischt werden. Die Praxis der Forscher nämlich hat einen guten Rechtsgrund, weil ihr Geschäft ja nothwendig immer ein complicirtes ist und sie natürlich alle Gedankenwege bei jeder Frage benutzen dürfen; die Logik aber darf ihnen hierin nicht folgen, sondern muss die praktischen Verknüpfungen theoretisch wieder auflösen und in chemischer Reinheit die Elemente darstellen. Denn wenn auch z. B. der Organismus zu seinen lebendigen Operationen in jedem Organe die verschiedensten Gewebe combinirt, so muss der Anatom doch in jedem Organe diese elementaren Gewebe, wie z. B. Nerven, Bindegewebe, Blut u. s. w. nachweisen, die in den verschiedenen Organen einerlei sind. Solche

14–15 Gegner rechtsungültig] Gegner schon rechtsungültig *Ms*

Nachweisung der Elemente habe ich für die Logik als Aufgabe hingestellt, und ich sehe in der elementären Reinheit der ausgeschiedenen Methoden das zweite charakteristische Kennzeichen meiner Arbeit, die in der Logik an den Methoden dasselbe Werk that, was meine Religionsphilosophie für die Chemie der Religionen zu leisten suchte.[691]

# | Sach- und Namen-Verzeichniss. 341

# Kommentar

## Vorwort.

1 Siehe auch Teichmüllers eigene Notizen zu einer Vorrede (Nachlass A III 16):

«Vorrede

1. dass die angebl. Psycholog. der Naturforscher bloße Naturwissenschaft ist; denn die Sinnesempfindungen, die sie der Zeit, Dauer, Stärke cet. nach messen, gehört ja zu dem Object, welches Natur ist. Ebenso gehören zur Mineralogie, Anatomie u. s. w. die zugehörigen Vorstellungen von allen diesen. Also könnte man die Naturforscher auch Psychologen nennen, weil sie sich mit bestimmten Vorstellungsgebieten zu thun machen u. diese bearbeiten. Allein die zugehörigen Objecte sind Natur u. nicht Geist. Darum sind u. bleiben sie Naturwissenschaft.

2. da ich das handelnde Vermögen der Seele zuerst in die Psych⟨ologie⟩ eingeführt habe, so hier ganz besonders berücksichtigt.

3. Ebenso das Ich, das bisher immer nur als Vernunft u. Wissen betrachtet war.»

2 Siehe dazu den Apparat zu NGPL 168. Ob Teichmüller «qualitativ» durch «substanzialiter» ersetzen wollte, ist unklar, da «qualitativ» nicht durchgestrichen ist.

3 In den Manuskripten zur NGPL findet sich auch ein Heft mit der Aufschrift «Wahrheit», in dem Notizen und Entwürfe zur Wahrheitsthematik niedergeschrieben sind (Nachlass A III 16a). Als Definition der Wahrheit ist dort zu lesen: «Wahr ist ein Gedanke [...], der die object. Beziehungen in dem Coordinatensystem der Welt angiebt.» Auf einem anderen Blatt lautet die Definition etwas anders und ausführlich: «W⟨ahrheit⟩ ist das Bewusstsein des Denkens in Beziehung auf die bloße Ideenassociation nach dem Gesichtspunkt der Erkenntniss. / Die beiden Beziehungspunkte: 1. Ideenassociation – unwillkürliche (Mechanischer Lauf der Worte) u. willkürliche (z. B. Lüge, Dichtung). / 2. Denken = Bewusstsein der auffassenden u. zusammenfassenden Thätigkeit, wodurch die Begriffe sowohl für sich abstract, als auch in ihrer Beziehung auf die Phänomene gebildet werden. / NB Das Thier hat weder willkürliche Ideenassociation noch Denkthätigkeitsbewusstsein. / Gesichtspunkt: Erkenntniss = Bewusstsein der Beziehungspunkte (a. Denken u. b. Gegenstand des Denkens) nach dem Gesichtspunkt des Seins. / Von der Wahrheit gilt demgemäß nach der Zahl: Einheit, opp. Vielheit. / nach der Qualität: Einerleiheit opp. Verschiedenheit / nach der Veränderung: Unveränderlichkeit opp. Wandelbarkeit / Gegensatz der Wahrheit ist a) Irrthum b) Falschheit c) generisch Anderssein z. B. nicht bloß Gedanke sein, z. B. Wollen, Bitten.» Auf einem dritten Blatt: «Wahrheit = allgemeine Übereinstimmung d. h. Coordinatensystem, (nicht bloße Identität), wodurch also alles an

seinem Platze erklärt wird, alle Linien des Weltgebäudes übersehbar sind u. verständlich./ Darum auch alles Falsche verständlich als bloß perspectivische u. particuläre Betrachtung./ a) apriorische Wahrh. ergeben sich so als die allem inhaltl. Denken innewohnenden Bedingungen, wodurch allein Coordination u. Denken möglich ist, wie z.B. Identität, Begründung, Kategorien cet. b) empirische Wahrh. nur approximativ, weil immer particulär u. durch größeren Überblick auflösbar in vollkommenere Ausdrucksweise. Nur soweit mit aprior. Wahrh. unmittelb. verknüpft feststehend[¿]».

4 κατ' ἐξοχήν: vorzugsweise bildungssprachlich: schlechthin, im eigentlichen Sinne.

5 «Ich werde nie vergessen, dass er mir ein Herz aus Gold gezeigt hat» (Paul Tannery, L'Histoire de la Philosophie en France pendant l'année 1887, in: Archiv für Geschichte der Philosophie 2 (1889) 488–498. Im Original «un coeur d'or» in Anführungszeichen. Auf welche Begebenheit Tannery sich bezieht, bleibt unklar. Der Wissenschafts- und Philosophiehistoriker Paul Tannery (1860–1908) stand mit Teichmüller in lebhaftem wissenschaftlichem Austausch in Bezug auf die Geschichte der griechischen Philosophie und Wissenschaft (siehe den Briefwechsel mit Teichmüller in Paul Tannery: Mémoires scientifiques, XVI, éd. A. Diès [Toulouse, Paris 1943] 439–514).

6 Caroline Teichmüller(-Cramer), 1844–1894.

## Erster Theil. Neue Grundlegung der Psychologie.

7 Hom. Od. 1, 28–43: «Unter ihnen [den Göttern] begann der Vater der Menschen und Götter; / Denn er gedachte bei sich des tadellosen Ägisthos, / Den Agamemnons Sohn, der berühmte Orestes, getötet; / Dessen gedacht' er jetzo, und sprach zu der Götter Versammlung: / Welche Klagen erheben die Sterblichen wider die Götter! / Nur von uns, wie sie schrein, kommt alles Übel; und dennoch / Schaffen die Toren sich selbst, dem Schicksal entgegen, ihr Elend. / So nahm jetzo Ägisthos, dem Schicksal entgegen, die Gattin / Agamemnons zum Weib', und erschlug den kehrenden Sieger, / Kundig des schweren Gerichts! Wir hatten ihn lange gewarnet, / Da wir ihm Hermes sandten, den wachsamen Argosbesieger, / Weder jenen zu töten, noch um die Gattin zu werben. / Denn von Orestes wird einst das Blut Agamemnons gerochen, / Wann er, ein Jüngling nun, des Vaters Erbe verlanget. / So weissagte Hermeias; doch folgte dem heilsamen Rate / Nicht Ägisthos, und jetzt hat er alles auf einmal gebüßet.» (Übers. nach Johann Heinrich Voß). Aigisthos, Sohn des Thyestes und dessen eigener Tochter, Pelopeia, tötete Atreus, den Bruder seines Vaters, vertreibt dessen Söhne Agamemnon und Menelaos, nahm die Gattin Agamemnons, Klytämnestra, zur Frau; beide töteten Agamemnon bei dessen Rückkehr vom Trojanischen Krieg. Orestes, der Sohn des Agamemnon und der Klytämnestra und Bruder der Iphigenie, Chrysothemis und Elektra, tötete beide acht Jahre nach dieser Tat.

8 vindizieren: zusprechen, von lat. *vindicare*: (rechtlich) zusprechen, zuerkennen.

9 Siehe Aristot. an. III, 7 (431b20–21).

10 Siehe dazu WSW 233–240, 265–266, 318.

11 Siehe Aristot. metaph. VI, 4 (1027b20–23); IX, 10 (1051b3–9).

12 Siehe René Descartes: Meditationes de prima philosophia VI.

13 Siehe John Locke: An Essay concerning Human Understanding II, 1, §§ 2–5.

14 Siehe ebd. II, 8, §§ 16–17.

15 Dazu Nachweise in DK 59 [46] A 97.

16 Möglicherweise bezieht sich Teichmüller darauf, dass Locke die Zahl zu den primären Qualitäten zählt (J. Locke: Essay II, 8, §§ 9, 17, 22–23, 26. Ebd. 16, § 1 sagt Locke, die Zahl lasse sich auf alles anwenden: «number applies itself [...] to every thing that either doth exist, or can be imagined.»

17 H. Lotze: Metaphysik (1879) 297, 302. Dazu WSW 213–215.

18 Siehe J. Locke: Essay II, 23, § 31.

19 Siehe dazu bereits RPh III–VII. Siehe zu dieser Unterscheidung H. Schwenke: Zurück zur Wirklichkeit, 159–224.

20 J. Locke: Essay II, 1, § 18.

21 Siehe ebd. § 19: «Consciousness is the perception of what passes in a man's own mind.»

22 Siehe ebd.

23 Siehe ebd.

24 Siehe ebd.

25 Teichmüller schreibt dort: «Er [Aristoteles] kommt dabei auf die von Leibnitz hierher entlehnten und viel benutzten unmerklich kleinen Wahrnehmungen, die im wachen Zustande übertäubt werden, in der Ruhe der Nacht aber zum Bewusstsein kommen und, weil sie keinen Massstab finden, übertrieben stark vorgestellt werden und entsprechende Ideenassociationen hervorrufen. So erregen kleine Geräusche in den Ohren die Träume von Blitz und Donnerschlägen, etwas herunterfliessender Schleim die Träume von genossenem Honig und süssen Säften, eine geringe Wärme an einzelnen Körpertheilen die Träume vom Wandeln durch Feuer und von furchtbarer Hitze.»

26 Aristot. div. somn. 463b23, 25. Die Passage lautet im Zusammenhang auf Deutsch: «Daß aber manche Träume nicht in Erfüllung gehen, kann nicht befremden. *Denn das ist auch nicht immer bei den Zeichen an den* elementaren *Körpern* und am Himmel, z. B. bei den Zeichen, die auf Regen oder Wind deuten, der Fall. *Denn wenn eine andere Bewegung eintritt, stärker als die* durch das Zeichen angekündigte, so erfolgt letztere nicht.» (Übers. Eugen Rolfes).

27 Aristot. div. somn. 464a9–10, 12–17. Die Passage lautet auf Deutsch: «[S]o steht nichts im Wege, dass eine bestimmte Bewegung und Wahrnehmung zu den träumenden Seelen gelangt [...], dass sie, wohin sie auch kommt, in der Nacht vernehmlicher ist – denn die Luft ist nachts am ruhigsten, weil da mehr Windstille herrscht – und im Körper wegen des Schlafes eine Empfindung weckt, da man auch die kleinen inneren Bewegungen im Schlafe leichter als im wachen Zustande wahrnimmt.» (Übers. Eugen Rolfes).

28 Siehe Gottfried Wilhelm Leibniz: Nouveaux Essais sur l'Entendement / Neue Abhandlungen über den menschlichen Verstand, hg. und übers. von Wolf von Engelhardt und Hans Heinz Holz, Philosophische Schriften, Bde. 3.1 u. 3.2 (Frankfurt a. M. 1996). Vorrede: «Um diese kleinen Perzeptionen, die wir in der Menge nicht unterscheiden können, noch besser zu fassen, bediene ich mich gewöhnlich des Beispiels vom Getöse oder Geräusch des Meeres, welches man vom Ufer aus vernimmt. Um dieses Geräusch, wie es tatsächlich geschieht, zu hören, muß man sicherlich die Teile, aus denen sich das Ganze zusammensetzt, d. h. das Geräusch einer jeden Welle hören, obgleich jedes dieser geringen

Geräusche nur in der verworrenen Gemeinschaft mit allen übrigen zusammen, d. h. eben im Meeresbrausen, faßbar ist und man es nicht bemerken würde, wenn die Welle, von der es herrührt, die einzige wäre. Denn die Bewegung dieser Welle muß doch auf uns irgendeinen Eindruck machen, und von jedem Einzelgeräusch, so gering es auch sein mag, müssen wir doch irgendeine Perzeption haben, sonst hätte man auch von hunderttausend Wellen keine, da hunderttausend Nichtse zusammen kein Etwas ausmachen.» Siehe auch ebd. II, 9, § 4: «Ich würde lieber zwischen *Perzeption* und bewußter Wahrnehmung [*perception* et entre *s'appercevoir*] unterscheiden. Die Perzeption des Lichtes und der Farbe zum Beispiel ist aus einer Menge kleiner Perzeptionen zusammengesetzt, deren wir uns bewußt werden, und ein Lärm, den wir perzipieren, auf den wir aber nicht aufmerksam werden, wird wahrnehmbar durch eine kleine Zutat oder Vermehrung. Wenn nämlich das, was vorangeht, auf die Seele keinen Eindruck machen würde, so könnte auch diese kleine Zutat nichts bewirken und das Ganze würde nichts mehr vermögen.»

29 Zu Zenon siehe Aristot. phys. VII, 5 (250a19–25); ausführlicher dazu Simplikios (um 490 – um 560), siehe DK 29 [19] A 29, dt. Wilhelm Capelle: Die Vorsokratiker (Stuttgart 1968) 176.

30 Gottfried Wilhelm Leibniz: La Monadologie, publ. par Emile Boutroux (Paris 1881), § 14 («la *Perception*, qu'on doit distinguer de l'apperception ou de la conscience»).

31 Siehe dazu Gottfried Wilhelm Leibniz: Système nouveau de la nature et de la communication des substances, aussi bien que de l'union qu'il y a entre l'âme et le corps [Neues System der Natur und der Verbindung der Substanzen sowie der Vereinigung zwischen Seele und Körper], 1695, in: Die philosophischen Schriften von Gottfried Wilhelm Leibniz, hg. v. Carl Immanuel Gerhardt, Bd. 4 (Berlin 1880) 477–487 (Zitat 478–479): «Zuerst, als ich mich von dem Joche des Aristoteles befreit hatte, hatte ich mich dem Leeren und den Atomen zugewendet, denn diese befriedigten die Einbildungskraft am meisten. Als ich aber – nach vielem Nachdenken – davon abgekommen war, sah ich ein, daß es unmöglich war, *die Prinzipien einer wahrhaften Einheit* bloß in der Materie oder in dem, was sich passiv verhält, zu finden, weil hier alles nur eine unendliche Ansammlung oder Anhäufung von Teilen ist. Die Vielheit kann nämlich ihre Realität nur von *wahrhaften Einheiten* haben, die anderswoher kommen [...]; daher war ich, um diese *wirklichen Einheiten* zu finden, genötigt, auf ein formales Atom zurückzugreifen, da ein materielles Etwas nicht gleichzeitig materiell und völlig unteilbar sein kann bzw. ausgestattet mit einer wahrhaften Einheit. Ich mußte also die substantiellen Formen, die heutzutage so verschrien sind, zurückrufen und gleichsam rehabilitieren; das aber mußte in einer Weise geschehen, die sie verständlich machte und die den Gebrauch, den man von ihnen machen soll, von dem Mißbrauch unterschied, den man damit getrieben hat. So fand ich heraus, daß ihre Natur in der Kraft besteht und daß daraus etwas der Empfindung und dem Begehren Ähnliches folgt. Deshalb mußte ich sie in Nachahmung des Begriffes auffassen, den wir von den Seelen haben.» (Übers. Herbert Herring). Siehe dazu WSW 138–139 und Teichmüllers *Vorlesung Geschichte der Philosophie bis auf Kant 1860/61* (Nachlass A I 6) 231: «In dieser merkw. Abh. [Leibniz' *Système nouveau de la nature*, 1695] macht er [Leibniz] gegen die mechanist. Naturauffassung der Atome, von denen er auch früher ausging, die primitiven Kräfte geltend, die formes substantielles u. meint die Thiere stürben überh. nicht, sondern die Entwicklung des Thieres sei nur das Wachsen u. Zunehmen einer schon fertigen urspr. Form. So findet er dem 'moi' in uns entsprechend eine reale Einheit in der Monade.»

32 Siehe zur Idealität des Raumes bei Leibniz auch WSW 242–243.

33 Siehe dazu vor allem KrV B 316–349.

34 «Denn eine Perzeption kann natürlicherweise nur aus einer anderen Perzeption entstehen, wie eine Bewegung natürlicherweise nur aus einer Bewegung entstehen kann» (Übers. Hermann Glockner).

35 Siehe NSGB III 399 Fn: «Es ist hier nebensächlich, dass Spinoza als res cogitans von der res extensa nichts wissen konnte und daher keine Erkenntnissquelle für die extensio angiebt und diesen das System über den Haufen werfenden Mangel nicht einmal merkt; denn als res extensa hat er ja überhaupt kein Wissen und keinen Gedanken. Mithin gehört dies zweite Attribut gar nicht in's System. Nebensächlich ist auch, dass er dementsprechend die Naivetät hat, beide Attribute parallel ohne wechselseitige Durchdringung sich vorzustellen. [...] *Schopenhauer* fühlte vielleicht die *Hemiplegie des Spinozismus* und versuchte durch eine romantische Grille die reale Welt als Wille irgendwie wieder zu innerviren.» Siehe auch WSW XIII, 102.

36 G. W. Leibniz: Monadologie, § 7: «Les Monades n'ont point de fenêtres, par lesquelles quelque chose y puisse entrer ou sortir.» («Die Monaden haben keine Fenster, durch die etwas hinein- oder heraustreten kann.» [Übers. Hermann Glockner]).

37 *influxus physicus*: natürlicher Einfluss, Bezeichnung für die Einwirkung der Seele auf den Körper und des Körpers auf die Seele ohne die Assistenz Gottes (siehe HWPh IV 354–356). Siehe auch NGPL 58–60.

38 Prästabilierte Harmonie bezeichnet bei Leibniz die von Gott bewirkte Ordnung aller Dinge, insbesondere auch des Verhältnisses von Körper und Seele, die so eingerichtet sind, dass ein harmonisches, obwohl nur paralleles Geschehen beider zustande kommt, ähnlich zwei Uhren, die genau gleich ablaufen, ohne miteinander in Wechselwirkung zu stehen (siehe HWPh III 1001–1003).

39 Siehe RPh 497–498: Der subjective Idealismus «kann überhaupt nur eine vorübergehende Betrachtungsweise, einen kurzen Rausch bilden, aber weder in einer Schule, noch in einem einzelnen Philosophen dauernden Beifall finden, da in jedem vernünftigen Menschen die Anerkennung des selbständigen Seins, des eigenen, wie des fremden ausser ihm unvermeidlich ist.» Er erkläre die «ganze objective Welt bloss für eine Illusion, für eine Projection der in unserer Sinnlichkeit und in unserer Vernunft gegebenen Vorstellungen und Erkenntnissformen» und wolle «dieses ausser uns nicht vorhandene Object wieder in uns zurücknehmen».

40 God. Guil. Leibnitii Opera Philosophica quae exstant Latina Gallica Germanica Omnia, Pars altera, instruxit Johann Eduard Erdmann (Berlin 1839) 793–808.

41 Siehe zum Ich bei Leibnitz auch HWPh IV 1–2; Werner Schüßler: Leibniz' Auffassung des menschlichen Verstandes (intellectus) (Berlin 1992) 170–181.

42 G. W. Leibniz: Monadologie, § 29: «Die Erkenntnis der notwendigen und ewigen Wahrheiten aber ist es, was uns von den bloßen Tieren unterscheidet und in den Besitz der Vernunft und Wissenschaft setzt, indem sie uns zur Erkenntnis unserer selbst und Gottes erhebt. Eben dies ist es, was man in uns als vernünftige Seele oder Geist bezeichnet.» § 30: «Durch die Erkenntnis der notwendigen Wahrheiten und durch ihre Abstraktionen werden wir auch zu den reflexiven Akten erhoben, die uns den Gedanken 'Ich' fassen und Betrachtungen darüber anstellen lassen, daß dieses oder jenes 'in uns ist'. [C'est aussi par la connaissance des vérités nécessaires et par leurs abstractions que nous sommes élevés aux Actes réflexifs, qui nous font penser à ce qui s'appelle Moy, et à consi-

dérer que ceci ou cela est en nous et c'est ainsi qu'en pensant à nous]. Indem wir unsere Gedanken auf uns selbst richten, richten wir sie auch auf das 'Sein', auf die 'Substanz', auf 'Einfaches' und 'Zusammengesetztes', auf 'Unstoffliches' und selbst auf 'Gott', insofern wir das, was in uns beschränkt ist, in ihm als unbeschränkt begreifen. Jene reflexiven Akte liefern somit die Hauptgegenstände unseres Vernunftgebrauchs.» (Übers. Hermann Glockner).

43 Leibnitz – La Monadologie. Publ. d'après les manuscrits et accompagnée d'éclaircissements par Emile Boutroux (Paris 1881) 141 Fn. 1.

44 Siehe Plat. Phil. 15b1–8: «Einmal [der Zweifel und Streit] darüber, ob man annehmen muß, daß es solche wahrhaft seiende Einheiten gebe; sodann, wie diese Einheiten, und zwar jede Einheit für sich stets sie selbst, keinem Wechsel des Entstehens und Vergehens unterworfen, in Wahrheit aufs beharrlichste diese Einheit sei; hierauf wiederum, ob sie als im Werdenden und Unbegrenzten zerteilt und Vieles geworden, oder als Ganzes auch in der Abtrennung von sich selbst anzunehmen sei, was freilich das Allerundenkbarste sein dürfte, daß nämlich Eines und dasselbe sowohl in Einem als in Vielen zugleich sich vorfinde.» (Übersetzung Ludwig von Georgii).

45 Rhetores graeci, ex codicibus florentinis, mediolanensibus, monacensibus, neapolitanis, parisiensibus, romanis, venetis, taurinensibus et vindobonensibus, edidit Christian Walz, Vol. 4: Syriani Sopatri et Marcellini scholia ad Hermogenis status (Stuttgart 1832) 18, Zeilen 25–28. Hermogenes aus Tarsos (ca. 160–230) war ein griechischer Rhetor, der bereits mit fünfzehn Jahren vor Kaiser Marc Aurel vortrug. Seine Schriften zur Rhetorik entfalteten seit der Spätantike weitreichende Wirkung (DNP V 444–445.)

46 Siehe US VI.

47 *cum grano salis*: mit einem Körnchen Salz (Plin. nat. 23, 149), bildungssprachlich: mit Einschränkung, mit Vorbehalt.

48 Möglicherweise bezieht sich Teichmüller auf KrV B 320–332 sowie B 882.

49 Siehe dazu Markus Gabriel: Skeptizismus und Idealismus in der Antike (Frankfurt a. M. 2009).

50 Zu Teichmüllers Kritik an Kants Ding an sich vgl. auch WSW 34, 93, 116, 139–140; Gustav Teichmüller: Ueber das Wesen der Liebe (Leipzig 1879) 39–40; ders.: Wahrheitsgetreuer Bericht über meine Reise in den Himmel, verfaßt von Immanuel Kant (Gotha 1877) 8–12.

51 Vermutlich bezieht sich Teichmüller auf KrV B 274–279.

52 Nach Kant enthält der Verstand die Kategorien «a priori in sich», die als «die wahren Stammbegriffe des reinen Verstandes» im Gegensatz zu den Prädikabilien des Verstandes nicht abgeleitet sind (KrV B 106–107). Die sogenannte transzendentale Deduktion der Kategorien rechtfertigt ihren Gebrauch durch die Erklärung der Möglichkeit ihrer apriorischen Beziehung auf die Objekte der Erfahrung. Siehe auch WSW 22.

53 KrV B 139.

54 Siehe dazu WSW 68, 111–119.

55 J. Locke: Essay II, 17 enthält nur 24 Paragraphen (sections). Wahrscheinlich bezieht sich Teichmüller auf Essay II, 27, §§ 9–29, wo es u. a. um die Bedeutung des Bewusstseins für die Identität der Person geht.

56 Teichmüller bezieht sich hier wahrscheinlich auf Johann Gottlieb Fichte: Grundsätze der gesammten Wissenschaftslehre, I, § 1 (Leipzig 1794) 3–17, wo Fichte das Ich als eine intellektuelle (Selbst-)Setzung bestimmt.

57 φρόνησις: Denken, Verstand, Vernunft; νοῦς: Einsicht, Verstand, Vernunft. Ein Nachweis für die Gleichsetzung von αὐτός mit φρόνησις und νοῦς wurde in Teichmüllers historischen Werken nicht gefunden.

58 Siehe Arthur Schopenhauer: Die Welt als Wille und Vorstellung I, IV, § 71 (Arthur Schopenhauer: Werke in zehn Bänden [Zürcher Ausgabe]. Bd. 2 [Zürich 1977] 506–507): «Wir aber, die wir ganz und gar auf dem Standpunkt der Philosophie stehn bleiben, müssen uns hier mit der negativen Erkenntniß begnügen, zufrieden den letzten Gränzstein der positiven erreicht zu haben. Haben wir also das Wesen an sich der Welt als Wille, und in allen ihren Erscheinungen nur seine Objektität erkannt, und diese verfolgt vom erkenntnißlosen Drange dunkler Naturkräfte bis zum bewußtvollsten Handeln des Menschen; so weichen wir keineswegs der Konsequenz aus, daß mit der freien Verneinung, dem Aufgeben des Willens, nun auch alle jene Erscheinungen aufgehoben sind, jenes beständige Drängen und Treiben ohne Ziel und ohne Rast, auf allen Stufen der Objektität, in welchem und durch welches die Welt besteht, aufgehoben die Mannigfaltigkeit stufenweise folgender Formen, aufgehoben mit dem Willen seine ganze Erscheinung, endlich auch die allgemeinen Formen dieser, Zeit und Raum, und auch die letzte Grundform derselben, Subjekt und Objekt. Kein Wille: keine Vorstellung, keine Welt.»

59 Contrebande: Waren, die verbotswidrig ein- oder ausgeführt werden (von frz. *contrebande*: Schmuggel; dies wiederum von lat. *contra bannum*: gegen das Verbot) (Herders Conversations-Lexikon, Bd. 2 [Freiburg i. Br. 1854] 204).

60 Siehe zur Bewegung der Vorstellungen Johann Friedrich Herbart: Psychologie als Wissenschaft, neu gegründet auf Erfahrung, Metaphysik und Mathematik. Erster, synthetischer Theil (Königsberg 1824) 155–157 (§ 40); ders.: Lehrbuch zur Psychologie (Königsberg ²1834) 11 (§ 13); zur Herleitung von Wollungen und Gefühlen aus den Vorstellungen siehe ders.: Lehrbuch zur Einleitung in die Philosophie (Königsberg 1813) 161 (§ 130): «Wollen, Fühlen, Urtheilen mit Beyfall oder Misfallen, sind Zustände der zum Theil gehemmten und strebenden Vorstellungen.» Siehe auch die vierte Auflage dieses Buches von 1837, 270 (§ 159): «*Gefühle und Begierden sind nichts neben und außer den Vorstellungen; am wenigsten giebt es dafür besondere Vermögen; sondern sie sind veränderliche Zustände derjenigen Vorstellungen, in denen sie ihren Sitz haben.*» Siehe auch ders.: Lehrbuch zur Psychologie (Königsberg ²1834) 30 (§ 38).

61 Zur Subsumtion des Begriffs der Seele unter den Begriffs des Realen siehe Johann Heinrich Herbart: Über die Subsumtion der Psychologie unter die ontologischen Begriffe (1835), in: Johann Friedrich Herbart's sämmtliche Werke, hg. von Gustav Hartenstein, Bd. 7 (Leipzig 1851) 173–182, insbes. 175. Siehe auch Karl Vorländer: Geschichte der Philosophie, Bd. 2 (Leipzig ⁵1919) 333 zu Herbarts Seelenlehre: «Auch unser eigenes Ich, die sogenannte 'Seele', ist ein an sich unerkennbares Reale, das bloß den Boden für das Zusammensein der mannigfach wechselnden, einander hemmenden und fördernden Vorstellungen abgibt. Die Psychologie ist demnach die Lehre von den Selbsterhaltungen der Seele oder vielmehr ihrer Vorstellungen. Denn die Seele selbst ist eine absolute einfache Substanz, deren Beschaffenheit uns immer unbekannt bleiben wird; wir merken ihr Vorhandensein nur an ihrer Selbsterhaltung gegen die Störungen von außen, d. h. eben an ihren *Vorstellungen*.»

62 Siehe dazu Johann Friedrich Herbart: Lehrbuch zur Psychologie (Königsberg ²1834) 9 (§ 10) und den gesamten ersten Teil des Buches (9–36 [§§ 10–52]).

63 Siehe Johann Friedrich Herbart: Allgemeine Metaphysik nebst den Anfängen der philosophischen Naturlehre. Zweyter, systematischer Theil (Königsberg 1829) 402–403 (§ 325), wo er behauptet, «dass das Ich nicht Anderes ist und seyn kann als ein Mittelpunct wechselnder Vorstellungen. Nichts Anderes nämlich bleibt übrig, wenn das Gewusste, mit welchem im Ich das Wissen identisch seyn soll, kein Bestimmtes, das als solches zu dem eigentlichen Ich gehöre, enthalten darf. [...] Derselbe Mittelpunct [...] wird bezeichnet durch die in ihm wechselnden Vorstellungen, die ihm jedoch nicht angehören durch ihr eigenthümliches Vorgestelltes, welches kommt und geht; sondern nur im Wechsel, worin sich die Vorstellungen begegnen; so dass eben dies Begegnen den Punct selbst ausmacht, *worin j e d e Vorstellung der andern einen Ort darzubieten scheint.* Wir nennen diesen Ort einen *Mittel*-Punct, weil in ihm sich die Vorstellungen sinkend und steigend, von Aussen kommend, und nach Aussen wirkend, mit ihrer scheinbaren Bewegung *einander durchkreuzen.*»

64 *Obras* (russ. образ): Heiligenbild.

65 Siehe WSW 142–178 zur Lehre Hegels über das Sein und das Nichts und die Kommentare des Herausgebers.

66 Siehe dazu ausführlich RPh 503–504. Allgemein zum Begriff des Hylozoismus HWPh III 1237–1238: «Hylozoismus (von griech. ὕλη, Materie, und ζωή, Leben) [...] ist jene – erstmals 1678 von R. Cudworth so bezeichnete – hauptsächlich der älteren ionischen Naturphilosophie zugeschriebene Lehre von einem Grundstoff, aus dem alle Dinge derart entstanden sind, daß mit dem Urstoff dessen Entwicklung zu den Dingen infolge seiner ewigen Bewegung und seiner Lebendigkeit ohne weiteres gegeben ist, ohne daß ein zweites dem Stoffe gegenüberstehendes bewegendes und ordnendes Prinzip (etwa ein göttlicher Intellekt) dafür anzusetzen wäre.»

67 Der Neuplatoniker Proklos (412–485) leitete ab etwa 437 die platonische Akademie; seine Theorie einer dialektischen Struktur der Emanation aller Dinge aus dem Einen war noch für Hegel bedeutsam (BE XXII 153).

68 Aporie und Euporie leiten sich von griech. πόρος: Durchgang, Öffnung, Pfad her.

69 Siehe WSW 50.

70 Siehe zur Rolle des Gefühls in der Erkenntnis NGPL 124–127, 142, 272, 303–309, 318–319, 323–325 und RPh 38–47, 445–446.

71 So bereits RPh 36. Gemeint ist Johann Gebhard Ehrenreich Maaß (1766–1823), Professor für Philosophie in Halle. Siehe sein Werk *Versuch über die Gefühle, besonders über die Affecten. Erster oder allgemeiner Theil* (Halle, Leipzig 1811). Zu Tastempfindungen siehe ebd. 2–3 (§ 1): «Eine *Empfindung* werde nun *objectiv* genannt, sofern dadurch das Empfundene von ihr selbst unterschieden und als Object vorgestellt wird. Sofern dies nicht geschieht, sondern bloß ein subjectiver Zustand appercipirt wird, heiße sie eine *subjective Empfindung.* Aus den angeführten Erfahrungen ist also gewiß, daß es objective und subjective Empfindungen giebt; und, da eine Vereinigung beider Arten keinen Widerspruch enthält; so sind auch solche Empfindungen denkbar, welche beides zugleich sind, zum Theil subjectiv, zum Theil objectiv. Die Erfahrung lehrt, daß es dergleichen auch wirklich giebt. Denn es müssen z. B. die Empfindungen, die dem Sinne des Getastes angehören, hieher gerechnet werden, weil dadurch nicht allein das Betastete als Object unterschieden und vorgestellt, sondern auch ein gewisser Zustand des betastenden Organs mit klarem Bewußtseyn empfunden wird». Siehe auch ebd. 4 (§ 2): «objective Empfindungen [...] werden [...] Erkenntnißempfindungen genannt [...]. Subjective Empfindungen heißen *Gefühle.*»

72 Teichmüller fordert deshalb ein Gottesbewusstsein als Quelle des Gottesbegriffs. Siehe dazu das Ms *Erkenntnistheoretischer Beweis für das Dasein Gottes* (Nachlass A VI 5b), gedruckt in: Eduard Tennmann: G. Teichmüllers Philosophie des Christentums. Acta et Commentationes Universitatis Tartuensis (Dorpatensis) B (Humaniora) Bd. XXII.1 (Tartu 1931) 96–104. Siehe auch NGPL 40, 279 sowie RPh VII.

73 Paradigmatisch dafür ist Hegels *Phänomenologie des Geistes* (Bamberg 1807), die «das werdende Wissen» darstellt, welches über die Stufen von «Bewusstsein», «Selbstbewusstsein» und «Vernunft» «reines Wissen oder absoluter Geist wird» (TWA III 592).

74 Siehe vor allem NSGB III.

75 Zu diesen drei Seinsformen siehe WSW 51–59, 63–73, zum ideellen Sein siehe auch NGPL 99–102, wo die weite Definition aus der WSW unterschieden wird von einer engeren Fassung, nach der das ideelle Sein nur noch der Inhalt der Erkenntnisfunktion, also des Denkens, ist.

76 Zur semiotischen Erkenntnis siehe auch NGPL 118, 275–277 sowie WSW 95–99 und RPh 68. Siehe auch H. Schwenke: Zurück zur Wirklichkeit, 181–190.

77 Siehe dazu WSW 14–15, 62–63, RPh 67–68, 217. Siehe auch H. Schwenke: Zurück zur Wirklichkeit, 165, 171–172.

78 Siehe Aristot. an. III, 2 (425b12–17): «Da wir wahrnehmen, daß wir sehen und hören, muß einer entweder mit dem Gesichtssinn wahrnehmen, daß er sieht, oder mit einem andern Sinn: Aber dann wird derselbe Sinn sich auf das Sehen und auf die gegebene Farbe richten. Und so würden sich zwei Sinne auf dieselbe Sache oder eben der eine Sinn auf sich selbst richten. Ferner, wenn es auch die andere Wahrnehmung gäbe, die sich auf das Sehen richtet, würde es entweder ins Unendliche weitergehen, oder eine würde sich auf sich selbst richten. Da wird man dies gleich bei der ersten so ansetzen.» (Übers. Willy Theiler).

79 Siehe HWPh III 574–583.

80 Siehe vor allem G. W. Leibniz: Nouveaux Essais, Vorrede. Vgl. auch die Angaben in HWPh VII 236–238.

81 Siehe KrV B 132, 137: «die *transzendentale* Einheit des Selbstbewußtseins» ist «dasjenige, was allein die Beziehung der Vorstellungen auf einen Gegenstand, mithin ihre objektive Gültigkeit, folglich, dass sie Erkenntnisse werden, ausmacht, und worauf folglich selbst die Möglichkeit des Verstandes beruht».

82 Gemeint ist Hegels *Phänomenologie des Geistes.*

83 Die Stelle lautet ganz und vollständig: «keeping the idea which is brought into it [i. e. the mind], for some time actually in view».

84 Hervorhebung Teichmüller.

85 Wilhelm Traugott Krug (1770–1842) war ab 1805 Nachfolger Kants Professor für Philosophie in Königsberg, ab 1809 in Leipzig. Teichmüller bezieht sich hier auf dessen *Allgemeines Handwörterbuch der philosophischen Wissenschaften, nebst ihrer Literatur und Geschichte,* Bd. 1 (Leipzig [1]1827) 299: «Bewusstsein ist Wissen vom Sein.»

86 Siehe ebd. 299: «Daher kann man die ursprüngliche Verknüpfung des Seins und des Wissens im Ich, wodurch das Bewusstsein selbst eben constituirt wird, die [...] *Urthatsache des Bewusstseins* oder kürzer die *transcendentale Synthese* nennen; und sie ist auch für den Philosophen wie für jeden andern Menschen als der *absolute Gränzpunct* seines Wissens, mithin auch seines Philosophirens anzusehn.»

87 Hermann Lotze: Grundzüge der Psychologie. Dictate aus Vorlesungen (Leipzig 1881) 5 (I, 1 § 3 [!]): «[...] der uns allen wohlbekannte Zustand des Bewußtseins, die *Empfindung*».

88 Siehe J. Locke: Essay II, 10, § 2: «the narrow mind of man»; vgl. auch J. Locke: Essay I, Introd. § 5: «the narrowness of our minds».

89 J. F. Herbart: Psychologie als Wissenschaft, 177 (§ 48); alle Wörter im Orig. hervorgehoben.

90 Ebd. 178; Hervorhebungen von Teichmüller.

91 Zur Pupillenmetapher siehe ebd.

92 Siehe z. B. ebd. 174–175 (§ 47). Vgl. auch Ludwig J. Pongratz: Problemgeschichte der Psychologie (München ²1984) 112: «In Herbarts Darstellung erscheint das Bewusstsein als eine Arena, auf der die Vorstellungen ihre Kraftproben liefern: Die stärkeren verdrängen die schwächeren unter die 'Schwelle' des Bewusstseins, und diese drängen bei genügender Verstärkung wieder über die Schwelle ins Bewusstsein zurück.»

93 *haec fabula docet*: diese Geschichte lehrt.

94 Zur Wölbung von Vorstellungen siehe z. B. J. F. Herbart: Psychologie als Wissenschaft, 365 (§ 100), 368 (§ 101) und ders.: Lehrbuch zur Psychologie, 21 (§ 26), 68 (§ 82).

95 Die Hemmungssumme bei Herbart «das Quantum des Vorstellens, welches von den einander entgegenwirkenden Vorstellungen zusammengenommen, muss gehemmt werden» (J. F. Herbart: Psychologie als Wissenschaft, 159 [§ 42]).

96 Die anderen Elemente des geistigen Lebens sind bei Teichmüller die seelischen Akte Fühlen und Bewegen.

97 Ludwig von Strümpell (1812–1899) war Teichmüllers Vorgänger in Dorpat. Er promovierte bei Johann Friedrich Herbart. Ab 1845 war er außerordentlicher, ab 1849 ordentlicher Professor der theoretischen und praktischen Philosophie in Dorpat. Er wechselte 1871 aus politischen Gründen nach Leipzig und war dort zunächst Privatdozent, dann von 1872–1899 ordentlicher Honorarprofessor (siehe ADB LIV [1908] 623–630).

98 Siehe Ludwig Strümpell: Grundriß der Psychologie oder der Lehre von der Entwickelung des Seelenlebens des Menschen (Leipzig 1884) 21 (§ 30): «das *Empfindungsbewußtsein*, welches ein ursprüngliches ist, sich aber in zahllos vielen Fortbildungen zum *Wahrnehmungs-* und *Anschauungsbewußtsein*, überhaupt zum sinnlichen *Erfahrungsbewußtsein* erweitert»; ebd. 25 (§ 34): «In dem Urtheile zum Beispiel '*der Mond scheint*' wirken zuerst die ursprünglichen Theile des *unmittelbaren* Bewußtseins, welches sich an die Wörter *Mond* und *scheinen* anschließt»; ebd. 29 (§ 42): «Bei den sinnlichen Empfindungen, den Tönen und Geräuschen, den Farben, den Gerüchen u. s. w., überhaupt im *Empfindungsbewußtsein*».

99 Ebd. 41–42 (§ 56): «[D]as aus der Apperception entstehende Bewußtsein. Diesem entsprechen Sätze, wie: da steht ein Haus, es regnet, da läuft ein Pferd u. a.».

100 Ebd. 42 (§ 56): «[D]as die Beziehung der Wahrnehmung oder Vorstellung auf das Subject des Wahrnehmens oder Vorstellens ausdrückende Bewußtsein, das heißt, das Auftreten der Ichvorstellung oder des Ichbewußtseins in seinen Aneignungen. Diesem entsprechen Sätze, wie: ich sehe, ich höre, ich greife, ich gehe, ich stelle vor, ich fühle, ich handle, ich leide u. a.»

101 Ebd.: «[D]as Selbstbewußtsein oder das Wissen von sich. Diesem entsprechen Sätze, wie: ich weiß, daß ich bin, ich weiß, was ich bin und daß ich als dieser mich von jedem Andern unterscheide; oder Sätze, welche unmittelbar das Wissen von dem Inhalte der Ichvorstellung ausdrücken, wie: ich bin der Bürgermeister, ich bin der Prediger, ich bin ein Preuße, u. a.»

102 Siehe ebd. 15 (§ 20).

103 Ebd. 16 (§ 21): «Verstehen wir nun unter dem Letzteren [das, was bewusst ist] *vorläufig* Alles, was gerade als ein Solches da ist, *von dem wir uns ein Wissen zuschreiben*».

104 Ebd. 19 (§ 25). Das Original beginnt: «Zunächst lässt sich vielmehr keine andere Antwort geben [...]». Im Original Hervorhebung von «Jeder» bis Zitatende.

105 Siehe etwa WSW 73–74; dagegen WSW 59, wo Selbstbewusstsein noch als «Wissen um das Ich» definiert wird.

106 Siehe L. Strümpell: Grundriß der Psychologie, 307 (§ 352): «Alle bisher kurz beschriebenen Stufen und Arten der Ichheitsbildung sind, mit Ausnahme der letzteren, welche erst durch bewußte Reflexion zu Stande kommt, im Großen und Ganzen Producte des psychischen Mechanismus»; ebd. 307 (§ 351): «Dann weiß das Ich *sich* als das, was auch Anderes weiß, und hierin liegt das, was die spätere *logische* Definition das *[sic]* Ich sagen wollte, daß nämlich das Ich in der Form des eigentlichen Selbstbewußtseins als Wissendes und Gewußtes Eins und Dasselbe sei: es sei die Identität des Subjects und Objects.»

107 Ebd. 309 (§ 352): «die wandelbarste oder vielmehr bildsamste und trotz den starken Hinstrebens zu Einheit doch die vielgliedrigste».

108 In der *Wirklichen und scheinbaren Welt*, wo er Bewusstsein und Erkenntnis nicht immer streng trennt, beschreibt Teichmüller noch drei Stufen des Selbstbewusstseins (WSW 59–61).

109 *hinc illae lacrimae*: Daher also die Tränen! Geflügeltes Wort für «Das also ist der wahre Grund». Ursprünglich bei Ter. Andr. I, 126.

110 J. F. Herbart: Psychologie als Wissenschaft, 181 (§ 50), Hervorhebungen von Teichmüller; im Original folgt auf «Bestimmungen ab» eine Klammer «(wie sich bald mehr und mehr zeigen wird)» und nach «Formeln» folgt der Relativsatz «die sich noch finden lassen».

111 Siehe dazu Hermann Lotze: Mikrokosmus: Ideen zur Naturgeschichte und Geschichte der Menschheit. Versuch einer Anthropologie. Erster Band (Leipzig 1856) 224–228; z. B. ebd. 227: «Es ist nicht möglich, den Kreis oder das Dreieck mehr oder weniger vorzustellen; man hat entweder ihr richtiges Bild oder hat es nicht». Vgl. auch H. Lotze: Grundzüge der Psychologie, 19 (I, 1, § 4): «sobald eine Vorstellung vollständig mit allem Inhalt und allen Verbindungen seiner Theile gedacht ist, ist es nicht möglich sie dann noch mehr oder weniger stark vorzustellen». Siehe Teichmüllers Kritik an Lotze in LK 217–224.

112 Kuratel: Vormundschaft, Pflegschaft.

113 Vexierfrage: Rätselfrage, verfängliche, sophistische Frage; von lat. *vexare*: stark bewegen, schütteln, plagen.

114 Teichmüllers Schwester Anna starb mit anderthalb Jahren. Sie lebte vom 14. Juli 1840 bis zum 1. Februar 1842 (siehe Familienarchiv Familie Brückner, Basel).

115 Ein apagogischer Beweis (wörtlich «wegführender» Beweis) ist ein indirekter Beweis, bei dem aus der Annahme des kontradiktorischen Gegenteils einer Aussage ein Widerspruch, d. h. irgendeine falsche Aussage, logisch gefolgert wird (vgl. HWPh I 884).

116 Teichmüllers Unterscheidung zwischen Erinnerung und Gedächtnis erinnert an die moderne Unterscheidung zwischen Wissensgedächtnis (explizites Lernen) und Verhaltensgedächtnis (implizites Lernen) (siehe BE X 304).

117 Siehe Teichmüllers Lebenslauf zum Abitur (Nachlass A X 2): «An den Schluss dieser Periode [1847–1850] fällt eine Reise nach Helgoland, um meine Augen wieder herzustellen. Nach solangen inneren Träumen, machte natürlich die Natur u. das Leben großen Eindruck auf mich.»

118 Die Parallele zu Marcel Prousts berühmter Schilderung des Aufsteigens der Kindheitswelt durch den Geschmack einer Madeleine in *A la recherche du temps perdu*, vol. 1: *Du côté de chez Swann* (Paris 1913) 65–71 ist augenfällig.

119 Siehe dazu NPGL 94–95, 131–133.

120 *propria:* Plural zu lat. *proprium*: Merkmal, Eigenschaft. Siehe die Definitionen NGPL 42, 67. In der klassischen Definitionslehre ist proprium ein notwendiges, aber nicht wesentliches Merkmal. Vgl. Aristot. top. I, 5 (102a18–29): «Eigentümlich ist, was zwar nicht das Wesen eines Dinges bezeichnet, aber nur ihm zukommt und in der Aussage mit ihm vertauscht wird». Siehe auch Teichmüllers *Vorlesung Logik 1884* (Nachlass A I 24) 13 (§ 26). «Die Bestimmungen werden zweitens eingetheilt in constitutive, consecutive u. Accidenzen. Die constitutiven bilden die logische Essenz oder Substanz, welche von der Definition erfasst wird, wenn sie das hervorbringende Gesetz der Sache enthält. [...] Consecutiv sind die Bestimmungen, welche aus den constitutiven folgen, wie z. B. die Bestimmungen über die Congruenz aus dem Wesen des Dreiecks. Diese Consecutiven sind entweder notae communes oder propria. Erstere folgen aus den Momenten des Begriffs für sich genommen u. sind deshalb nicht charakteristisch; letztere sind nur der Einigung der Momente in dem bestimmten Begriff eigenthümlich u. daher charakterisirend, z. B. für's Dreieck die Summe der Winkel = 2 r, für bestimmte Krankheiten bestimmte Symptome; in der Chemie können bis jetzt nur propria bestimmt werden».

121 Siehe schon Aristot. an. III, 6 (430b26–31).

122 Hier vermischt Teichmüller zwei verschiedene Bewusstseinsbegriffe. Das Hitzegefühl des Kranken ist ein psychischer Zustand, ein nicht-kognitives zuständliches Bewusstsein, das in der Tat weder wahr noch falsch sein kann. Das Bewusstsein des Richters, ein Verbrechen nicht begangen zu haben, ist hingegen ein kognitives Bewusstsein, eine Form des Wissens. Dieses Bewusstsein kann nicht falsch sein, weil Wissen nicht falsch sein kann. Man kann sich in diesem Sinne keines Verbrechens bewusst sein, das man nicht begangen hat (siehe dazu auch H. Schwenke: Zurück zur Wirklichkeit, 202–203.

123 Siehe Aristot. organ. II, 1 (16a9–18). «Wie im innern Bewusstsein einmal ein Denkinhalt ist ohne die Frage nach wahr oder falsch, ein andermal aber schon derart, dass dem notwendig das eine oder andere davon eignen muss, so auch in der Aussage; denn im Bereich von Verknüpfung und Trennung erst treten 'wahr' und 'falsch' auf. Die bloßen Namen und Handlungsworte für sich gleichen nun dem Denkinhalt ohne Verknüpfung und Trennung, z. B. der ‹Mensch› oder ‹weiss›, wenn nicht etwas hinzugesetzt wird: da liegt nirgends wahr oder falsch vor. Beleg dafür ist: Auch 'Bockhirsch' bezeichnet ja etwas, nur noch nicht Wahres oder Falsches, – solange man noch nicht ein 'sein' oder 'nicht sein' dazusetzt, entweder einfach so oder auf Zeit.» (Übers. Hans Günter Zekl). Zu συμπλοκή siehe Aristot. cat. 1a16–19: «Von allem Ausgesprochenen wird das eine in Form einer Verknüpfung ausgesprochen, anderes ohne Verknüpfung. Also in Form einer Verknüpfung z. B.: 'Mensch', 'Mensch siegt'; ohne Verflechtung z. B.: ‹Mensch›, ‹Rind›, ‹läuft›, ‹siegt›.» (Übers. Hans Günter Zekl).

124 Siehe Komm. 11.

125 Siehe Aristot. an. III, 3 (428a12): «Ferner sind die Sinneswahrnehmungen immer wahr, die Vorstellungsbilder dagegen zum größeren Teile falsch.» (Übers. Olof Gigon).

126 Siehe Komm. 3.

127 Teichmüller bezieht sich dort auf Wilhelm Wundt: Logik. Eine Untersuchung der Principien der Erkenntniss und der Methoden wissenschaftlicher Forschung. Erster Band: Erkenntnisslehre (Stuttgart 1880) 72–75.

128 Siehe zum indirekten Beweis Komm. 115. In der (euklidischen) Geometrie ist dieses Beweisverfahren sehr verbreitet, siehe z. B. Mathias Hartmann: Grundlehren der Geometrie (Wien 1856) V.

129 Der Terminus 'Topik' ist für Teichmüllers Begriffstheorie zentral, da Begriffsbestimmung für ihn Ortsbestimmung im Netz aller Begriffe ist. Siehe dazu WSW 14–15 und die Einleitung des Herausgebers zur WSW, S. 25, 28; RPh 67–68 und die Einleitung des Herausgebers zur RPh, S. 20, 23, 26, Wolfgang Rother: Gustav Teichmüllers Theorie der Begriffsgeschichte, in: Literaturwissenschaft als Begriffsgeschichte, hg. von Christoph Strosetzki (Hamburg 2010) [Archiv für Begriffsgeschichte, Sonderheft 8] 29–41.

130 Teichmüller unterscheidet drei Seelentätigkeiten oder -funktionen, das Denken (Erkennen), das Gefühl (das er mit dem Willen gleichsetzt) und die seelische Handlungs- oder Bewegungsfunktion im engeren Sinne. Die Seelentätigkeiten nennt er reales Sein und unterscheidet dieses vom ideellen Sein, das gedankliche Inhalte bezeichnet. Das ideelle Sein ist der Bereich des Denkens (der Erkenntnis). Es fällt auf, dass Teichmüller hier den Akt des Erkennens nicht zu den Erkenntnisquellen hinzuzählt, möglicherweise, weil für ihn Akt und Inhalt des Erkennens nicht zu trennen sind (siehe WSW 55). Siehe jedoch NGPL 27, 38, 139.

131 Siehe RPh 26–67.

132 Diese 'speculative Theologie' wurde nicht mehr geschrieben.

133 Siehe WSW 295–331.

134 Siehe WSW 53–56, 63–64.

135 Siehe WSW 188–246.

136 Zu Teichmüllers konstruktivistischem Konzept der Zahl siehe auch LK 191–213, zum Zählen LK 192–194.

137 Siehe KrV B 207–218.

138 Hier bewegt sich Teichmüller sprachlich sehr nahe an einer Intensität der Erkenntnis, die er zuvor (NGPL 27) bestritten hatte.

139 Mit dem Problem der Bewegung meint Teichmüller die Zenon'schen Paradoxien der Bewegung, die er in der *Wirklichen und scheinbaren Welt* (WSW 303–312) behandelt. Grundlegend für seinen Lösungsansatz ist die Annahme, dass der subjektiv erlebte Augenblick immer eine gewisse Dauer hat, die durch eine objektive Zeitmessung weiter zerlegt werden kann.

140 Vgl. dazu auch LK 213–214.

141 Siehe H. Lotze: Metaphysik (1879), 602.

142 Zu Descartes' These, dass die Seele immer denke, siehe z. B. seinen Brief an Pater Gibieuf vom 19. Januar 1642 (A/T III 478–479); dagegen J. Locke: Essay II, 1, §§ 9–19; dafür wiederum G. W. Leibniz: Nouveaux Essais II, 1, §§ 9–19. Siehe auch L. Pongratz: Problemgeschichte der Psychologie, 157–162.

143 Seelenblind ist im medizinischen Sinne jemand, der trotz intakter Sehorgane nicht sehen kann. Siehe dazu bahnbrechend Hermann Munk: Über die Functionen der Großhirnrinde. Gesammelte Mittheilungen aus den Jahren 1877–80 (Berlin 1881). Siehe auch H. Lotze: Grundzüge der Psychologie, 80 (II, 6, § 4).

144 Teichmüller bezieht sich hier vermutlich auf Melanchthons Lehre, dass der Glaube als Tugend gute Früchte, d.h. Werke, bringen müsse und somit der Gegensatz zwischen Glauben und Werken abgemildert wird (siehe dazu *Confessio Augustana* VI; Theologische Realenzyklopädie, hg. von Gerhard Müller, Bd. 35 [Berlin 2003] 637).

145 *nota notae nota rei*: Das Merkmal des Merkmals [ist auch] Merkmal des Dinges [selbst]. Dieses Prinzip drückt die Annahme der Transitivität in der Prädikation aus (siehe HWPh V 370; WPhB I 216). Siehe dazu auch LF I 64 Fn. im Hinblick auf den Schluss von der Unsterblichkeit der «Seele als Princip» auf die individuelle Unsterblichkeit: «Allein das wäre ein grober logischer Fehler, auf den freilich die gewöhnliche formale Logik nicht aufmerksam macht. Man muss nämlich wissen, dass das Individuelle immer in realer Coordination steht, also z.B. räumlich und zeitlich bestimmt ist, was bei dem Allgemeinen wegfällt. Z.B. das Recht ist seiner Idee oder Natur nach unentstanden und unvergänglich und nicht hier und da im Raume und nicht geknüpft an diese oder jene Person. Das individuelle Recht aber entsteht erst durch einzelne Handlungen, wie das Recht zur Klage z.B. erst entsteht, wenn man bestohlen oder beleidigt ist. Ist das Gestohlene rechtmässig zurückgegeben, so hört das Recht zu klagen auf. Die Natur des Dreiecks ist nicht entstanden und kann nicht vergehen und es ist nicht gross und nicht klein; das individuelle Dreieck aber entsteht erst, wenn ich es zeichne, und vergeht, wenn es ausgelöscht wird. Folglich lehrt die richtige Logik, dass es fehlerhaft ist, diejenigen Merkmale des Allgemeinen auf das Individuelle zu übertragen, die dem Allgemeinen in seinem Gegensatze zum Individuellen zukommen. Wenn folglich die Natur oder das Wesen der Seele unsterblich, unentstanden und unvergänglich ist als absolutes Princip, so darf man nicht schliessen, dass mithin auch die individuelle Seele unentstanden und unvergänglich sei; sondern man muss überlegen, ob dieses Merkmal, welches der Natur, der Seele nach ihrem allgemeinen Wesen zukommt, auch auf ihre individuelle Erscheinung passt. Nun ist aber die Individualität der Seele ganz accidentell und gleichgültig für das Wesen und die Natur der Seele, und die einzelnen Seelen mögen entstehen oder vergehen, so ändert dies die Natur der Seele nicht im Mindesten, wie die Luft hier im Zimmer warm oder kalt werden mag, ohne dass dies die Natur der Wärme oder Kälte oder die Natur der Luft irgendwie berührte. Mithin ist der Schluss auf individuelle Unsterblichkeit voreilig und logisch unstatthaft.»

146 Siehe LF II VII–X: «Ausser der speciellen Methode muss man aber einer *universellen heuristischen Methode* folgen, welche die bisherige Logik noch nicht kennt. Die Aristotelische und die neuere sogenannte formale Logik basirt die Schlussfiguren auf das Princip der Quantität. Dadurch entstehen die vielen Fehler und unnützen Spitzfindigkeiten dieser Logik, die zuweilen den Eindruck macht, für die eigentliche Forschung überflüssig zu sein. Die zu meiner Metaphysik und Erkenntnisstheorie gehörige Logik ordnet die Figuren in einer neuen Weise und zum eigentlichen Gebrauch für die Forschung und Kritik. Die erste Figur beruht auf dem Wesen des Gesetzes und benutzt daher als *Identitätsfigur* das Princip der Identität und Quantität. Die zweite Figur beruht auf dem zweiten Vorgange des Denkens, auf der Entgegensetzung, und benutzt daher das Princip des Widerspruchs als *Oppositionsfigur*. Die dritte Figur bildet die universelle heuristische Methode und beruht auf dem von mir sogenannten Princip der Coordination. Ich nenne sie den *syllogismus investigatorius*. Obgleich die systematische Erörterung der Logik an einen anderen Ort gehört, will ich mir doch erlauben, diese Methode durch ein paar Beispiele zu

illustriren. Zuerst den fehlerhaften Gebrauch der Figur. Es soll der Zusammenhang zweier Dinge, deren Coordination man nicht kennt, erforscht werden. Nun schliesst z. B. North: Gewisse Dialoge eines unbekannten Autors sind in dorischem Dialekt verfasst; die Fragmente der Pythagoreer sind in dorischem Dialekt verfasst; also gehören jene Dialoge zu den Fragmenten der Pythagoreer. Hierbei ist gar nicht untersucht, ob der Dialekt nicht ein Accidens für die Dialoge ist. Aehnlich schloss *Boeckh*: Der Minos handelt περὶ νόμου gemäss der zweiten Ueberschrift dieses Dialoges; der Schuster Simon hat nach dem Katalog bei dem Laertier einen Dialog περὶ νόμου geschrieben; also ist Simon der Verfasser des Minos. Dabei wird nicht beachtet, dass dieser Gegenstand ein Commune, dass der Dialog eine Recension ist und dass Simon ein Aristokrat und ein Mann von tiefer Einsicht und hoher Gesinnung gewesen wäre, wenn er hätte den Minos schreiben können. Im Gegensatz zu dieser unlogischen Anwendung der dritten Figur [Fn.: Die gemeine, seit Aristoteles gültige Logik macht den medius in der dritten Figur zum Subject, in der zweiten zum Prädicat, was sehr lächerlich ist, da in der zweiten Figur wegen der Verneinung von keiner Unterordnung unter ein Allgemeines die Rede sein kann. Die grammatische Wortstellung ist völlig gleichgiltig, da überhaupt blos ein S u. P in Beziehung zu einem irgendwie gemeinschaftlichen dritten Punkte M ihrer functionellen Coordination nach bestimmt werden sollen.] erlaube ich mir die heuristische Methode zu exemplificiren. Zunächst dreht sich's um Feststellung des Gesichtspunktes; denn bald sucht man die sogenannte Causalität, bald Identität, bald Zugehörigkeit. Gleichzeitigkeit u. s. w. Da man nun etwa bei den Διαλέξεις eines unbekannten Verfassers diesen Verfasser in's Auge fasst, so dreht sich's um Identität. Demgemäss kommt es jetzt zweitens darauf an, das gegebene Object, also die Dialoge, durch so viel Strahlen als möglich zu schneiden, um möglichst viel Beziehungspunkte vor Augen zu haben. So achten wir auf die Capitelüberschriften, auf den Stil und seine einzelnen Eigenschaften, auf die vorgetragene Lehre, auf die Beziehungen dieser Lehre zu den bekannten Lehrsätzen der griechischen Philosophen, auf die einzelnen Termini, auf das Fehlen zu erwartender Termini, auf Zeitbestimmungen, auf Nennung von Personen und Sachen, auf Anspielungen u. s. w. Durch den Inhalt der Lehre wird das Feld der Möglichkeiten gleich auf das kleine Gebiet der Skeptiker und Eristiker eingeschränkt; durch den Friedensschluss des peloponnesischen Krieges als jüngstes Ereigniss wird sofort ein Sokratiker kurz nach Sokrates Tode determinirt; durch die Capitelüberschriften wird die Uebereinstimmung mit den Titeln der Dialoge des Simon dargeboten. Also ist jetzt hypothetisch Simon = P. Nun müssen wir versuchen, den identischen Punkt P ebenso durch möglichst viel Strahlen zu zerlegen. Wir verfolgen also alle Nachrichten über Simon, die Zahl und Benennung seiner Schriften, die Zeit, wann sie abgefasst sein sollen, seine Parteistellung, seine freundschaftlichen, seine feindlichen Beziehungen, den Ort, wo er sich aufhielt, seine Beschäftigung, seine auswärtigen Beziehungen u. s. w. Wenn nun alle diese Strahlen immer durch die in den anonymen Dialogen gefundenen Beziehungspunkte gehen: so muss nothwendig Simon als Centrum derselben betrachtet werden, und wir werden nach der dritten Figur Simon als den Verfasser der anonymen Dialoge erschliessen. Sollten aber einige Beziehungen nicht zutreffen, so werden sie ebensoviel Instanzen bilden, und die Probabilität wird nach der Zahl und Wichtigkeit der Instanzen abnehmen. Einige sind nämlich Instanzen derartig, dass sie die Hypothese nicht vernichten, ich meine, wenn sie Accidentelles betreffen und durch irgend welche annehmbare zufällige Umstände erklärt werden können; in keinem wesentlichen

Punkte darf aber eine Instanz stattfinden. In unserem Falle ist auch nicht ein einziger Beziehungspunkt vorhanden, der gegen die Autorschaft Simon's geltend gemacht werden könnte, mit Ausnahme des dorischen Dialekts, für welchen sich aber ein probabler Beziehungsgrund von selbst darbietet.»

147 Siehe WSW 15–16, 28, 30–31, 51–52, 148–149, 173, 251; RPh 70.

148 transsubstanziieren: in ihrem Wesen verwandeln; von Transsubstantiation (von mlat. *transsubstantiatio*: Wesensverwandlung, zu lat. *trans:* hinüber u. *substantia:* Substanz), bezeichnet die Verwandlung der Substanz von Brot und Wein in die Substanz des Leibes und Blutes Christi, die nach der katholischen Lehre durch die priesterliche Konsekration bewirkt wird (DGWDS 3950; vgl. HWPh X 1349–1358).

149 Gemeint ist Wilhelm Ludwig Friedrich von Preußen (1797–1888), als Wilhelm I. Deutscher Kaiser von 1871 bis 1888.

150 Kaiserwetter: sehr schönes Wetter. «Die Redensart ist seit 1871 dadurch sprichwörtlich geworden, dass in der Regel bei nationalen Festen, bei denen der deutsche Kaiser Wilhelm erschien, ein schönes Wetter gewesen ist» (Deutsches Sprichwörter-Lexikon, hg. von Karl Friedrich Wilhelm Wander, Bd. 2 [Leipzig 1870] Spalte 1478).

151 Siehe WSW 82–90, 136–138.

152 Siehe WSW 188–246.

153 Siehe Komm. 115.

154 Siehe KrV B 249: «Demnach ist die Zeitfolge allerdings das einzige empirische Kriterium der Wirkung, in Beziehung auf die Kausalität der Ursache, die vorhergeht.»

155 Siehe KrV B 183, 233.

156 *genus proximum*: nächste Gattung, Oberbegriff einer Definition. Siehe dazu Teichmüllers *Vorlesung Logik 1884* (Nachlass A I 24) 18 (§ 35): «Die Wissensch. sucht aber auch volle Deutlichkeit (notio perspicua) durch Erklärung des wesentlich. Inh⟨halts⟩ der Begriffe, also durch die constitutiven Merkmale, welche die Realdefinition auffasst. Diese theilen sich [...] in das nächst höhere Allgemeine (genus proximum) u. den artbildenden Unterschied (differentia specifica.) Dieser ist für die Erkenntniss allemal das Entscheidende».

157 *commune*: gemeinsames (Merkmal). *Notae communes* (gemeinsame Merkmale, i. Ggs. zu den eigentümlichen) oder *communia* folgen für Teichmüller «aus den Momenten des Begriffs für sich genommen u. sind deshalb nicht charakteristisch» (*Vorlesung Logik 1884* [Nachlass A I 24] 13 [§ 26]). Vgl. Adolf Trendelenburg: Logische Untersuchungen, Bd. 2 (Leipzig [3]1870) 255: «Die alte Logik unterscheidet die Merkmale in ursprüngliche und abgeleitete (*constitutiva* und *consecutiva*), und die abgeleiteten in allgemeine und eigenthümliche (*communia* und *propria*).» Vgl. etwa schon Aug. conf. XI, XXIII.29: «dona hominibus videre in parvo *communes notitias* rerum parvarum atque magnarum»: «Gib den Menschen, dass sie an kleinen Dingen die allgemeinen Bestimmungen erfassen, die sowohl für kleine wie für große Dinge gelten.» (Lateinischer Text nach der Ausgabe Augustinus: Confessiones / Bekenntnisse [München 1955]; Übers. Kurt Flasch).

158 Bei dieser sogenannten Knallgasreaktion vereinigen sich Wasserstoff und Sauerstoff zu Wasser nach der Formel $2H_2 + O_2 \rightarrow 2\,H_2O$ (BE XV 197).

159 Teichmüller beschreibt hier die sogenannte Elektrolyse des Wassers.

160 Der Historiker Ottokar Lorenz (1832–1904) war ab 1860 Professor für allgemeine und österreichische Geschichte in Wien und nahm aus politischen Gründen 1885 einen Ruf nach Jena an. Er trug entscheidend zur Entwicklung der wissenschaftlichen Genealogie

bei (NDB XV 170–172). Alexander Brückner (1834–1896) war 1861–1867 Professor für Geschichte in Sankt Petersburg, ab 1867 in Odessa, ab 1871 in Dorpat. Brückner wurde dort 1891 im Rahmen der Russifizierung der Universität seines Amtes enthoben und verbrachte die letzten Jahre in Jena. Brückners Familie hatten lebhaften Umgang mit Teichmüllers Familie; sein Sohn Arthur heiratete Teichmüllers Tochter Hertha (1881–1949) (ADB LV [1910] 688–691 und Arthur Brückner: Memoiren. 5. Teil. Unveröffentlichtes Typoskript, Basel, Kopie bei H. S.). Leopold von Ranke (1795–1886) gilt als einer der Begründer der modernen quellenbasierten Geschichtswissenschaft. Er lehrte von 1825 bis zu seiner Erblindung 1871 als Professor in Berlin. Nach seiner Ansicht habe die Geschichtswissenschaft zu zeigen, «wie es eigentlich gewesen» ist (siehe ADB XXVII [1888] 242–269). Siehe dazu auch das Vorlesungsmanuskript *Philosophie der Geschichte* (1887/88) (Nachlass A I 29) 2: «Daher kommt es, dass die Historiker, wenn sie über die principiellen Fragen schreiben, in der Regel sehr wenig Gesundes vorbringen; denn dazu gehört philos. Bildung. So z. B. ist höchst abgeschmackt, wenn Lorenz, Prof. der Gesch. in Jena, als Hauptsache in der Gesch. die Eintheilung nach Generationen betrachtet; aber auch Prof. Brückner will vielleicht nicht das Richtige, wenn er von der Gesch. die Nachweisung allg. Gesetze u. Thatsachenreihen, wie sie die Naturwissensch. bringen, verlangt.» Ebd. 7: «inductive Geschichtswissensch. [...] ist das, was Brückner will: Thatsachenreihen u. Gesetze.» Ebd. 18: «[D]ie von mir sogenannte induct. Geschichtswiss., die bis jetzt noch nicht in ihrer Stellung wiss. erkannt war [und] fast nur Problem ist; denn es giebt hiervon nur kleinere Beiträge, wie z. B. von Brückner Gesch. des Mitleids». Über Ranke ebd. 15: «Wenn wir nun alle die idealen Elemente eliminirt haben, als nicht zu eigentl. Gesch. gehörig, so bleibt für den Verkehr der Persönlichkeiten nur der Einfluss übrig⟨,⟩ den die Einen auf die anderen durch physische oder psychische Mittel ausüben, also die Machtverhältnisse, die sich in den Ereignissen ausdrücken, z. B. in einer Schlacht, der Begründung eines Fürstentums, einer Verfassung u. dergl. Damit ist das eigentl. Object der Weltgeschichte streng definirt; denn es dreht sich darin nur um die Macht u. daher um Thatsachen u. ihre Erklärung. Dies haben die großen Historiker wohl gewollt, aber nicht klar definiren können. Wie z. B. Ranke, der dessh. die Charakteristik der Personen u. die Beschreibung der Thatsachen zum Zweck u. Mittelpunkt macht. Völlig richtig.»

161 Ludwig XVI., seit 1774 König von Frankreich, starb 1793 durch die Guillotine. Mit Kaiser Joseph ist wahrscheinlich Joseph II. (1741–1790) gemeint, von 1765 bis 1790 Kaiser des Heiligen Römischen Reiches. Als Reaktion auf die Märzrevolution oktroyierte Friedrich Wilhelm IV. am 5. Dezember 1848 eine neue preußische Verfassung; am 30. Januar 1850 trat eine revidierte Form in Kraft (BE XVII 223; XIV 108; IX 807).

162 Zu Division (von lat. *divisio*: Verteilung, Einteilung) siehe Teichmüllers *Vorlesung Logik 1884* (Nachlass A I 24) 23 (§ 46): «[D]as Wesen der Division [besteht] nur in der Gliederung eines Gattungsbegriffs in seine Arten». Siehe auch WPhB I 244 und HWPh II 242–244.

163 Als *fundamentum divisionis* (Einteilungsgrund) bezeichnet man allgemein ein Prinzip oder Kennzeichen, mit dessen Hilfe eine Gattung in Arten unterteilt wird. Vgl. auch Teichmüllers Vorlesung *Logik 1860–61* (Nachlass A I 4) 27–28: «Fundamentum divisionis = Eintheilungsgrund. Jeder Gegenst. viele Merkmale. Nach jedem Merkmal kann man versuchen den Umfang einzutheilen. Daher verschiedene Aspecte z. B. eine Bibliothek 1. nach dem Inhalt (medicin. mathem., histor. etc.) 2. nach den Sprachen u. Völkern (franz. Litterat., engl. etc.) 3. nach der Zeit der Abfassung also histor. (antike Littera., mit-

telalt. etc.) 4. nach dem Volumen (z. B. Folianten, encyclopäd. Werke, Brochüren etc.) 5. nach dem Alphabet.» Vgl. auch Teichmüllers *Vorlesung Logik 1884* (Nachlass A I 24) 23 (§§ 46, 48), wonach das *fundamentum divisionis* «der Gesichtspunkt der Eintheilung» «eines Gattungsbegriffs in seine Arten» ist.

164 Teichmüller meint damit vor allem die Zerlegung von Begriffskomplexen in ihre Bestandteile, paradigmatisch für ihn die Trennung des Bewusstseins von der Erkenntnis. Siehe auch NGPL 72, 340, vgl. auch WSW 18, 103, 131; RPh XXXII, 34–35, 196, 402. Bereits Friedrich Schlegel bezeichnete Philosophie als «logische Chemie» (Friedrich Schlegel: Kritische Friedrich-Schlegel-Ausgabe, hg. von Ernst Behler unter Mitwirkung von Jean-Jacques Anstett und Hans Eichner, Bd. 2: Athenäums-Fragmente [Paderborn 1967] 200, Nr. 220). Siehe auch KpV A 291.

165 Siehe G. W. Leibniz: Monadologie, § 7.

166 Siehe KrV B 426–332, 292–293.

167 G. W. Leibniz: Systême nouveau de la nature, 483.

168 Zum Beweis ihrer Absurdität. Siehe Komm. 115.

169 Siehe auch WSW 231–233.

170 Die klassischen griechischen Philosophen.

171 Der philosophische Fachterminus 'Entelechie' (griech. ἐντελέχεια) wurde vermutlich von Aristoteles geprägt und drückt die Verwirklichung der Vermögen oder Möglichkeiten eines Seienden aus, und zwar entweder den Zustand oder Vorgang der Verwirklichung oder das verwirklichende Moment selbst, als Form, die sich im Stoff verwirklicht. Siehe dazu Teichmüller über die Entelechie in AF III 95–123, 162–163 und HWPh II 506.

172 Siehe die Wahrnehmungslehre des Aristoteles in Aristot. an. II, 5–12 (416b32–424b18). Ein genauer Nachweis für Teichmüllers Formulierung konnte nicht gefunden werden, siehe aber an. II, 5 (418a2–6).

173 Siehe J. Locke: Essay II, 8, §§ 9, 15, 26.

174 Siehe etwa den berühmten Vortrag *Über die Grenzen des Naturerkennens* am 14. August 1872 von Emil Heinrich Dubois-Reymond (1818–1896): «Naturerkennen [...] ist Zurückführen der Veränderungen in der Körperwelt auf Bewegungen von Atomen [...] oder Auflösen der Naturvorgänge in Mechanik der Atome.» «Durch keine zu ersinnende Anordnung oder Bewegung materieller Theilchen aber lässt sich eine Brücke in's Reich des Bewusstseins schlagen.» «Gegenüber dem Räthsel aber, was Materie und Kraft seien, und wie sie denken vermögen, muss er [der Naturforscher] ein für allemal zu dem viel schwerer [als 'Ignoramus'] abzugebenden Wahrspruch sich entschliessen: 'Ignorabimus'» (abgedruckt in: Emil du Bois Reymond: Über die Grenzen des Naturerkennens. Die sieben Welträthsel. Zwei Vorträge. Des ersten Vortrages sechste, des zweiten Vortrages zweite Auflage [Leipzig 1884]) 9–60 [Zitate 12, 39, 46].

175 Dort heißt es: «[D]ie angebliche Wissenschaft ist nur eine nützliche *Formel* zum semiotischen Ausdruck der Gesetze der Erscheinungen [...], giebt uns aber nicht das mindeste *Wissen* von den wirklichen Dingen und dem wirklichen Geschehen» (WSW 135).

176 Siehe etwa Aristot. an. II, 2 (413b11–13).

177 Nach Aristoteles ist die Seele kein eigener Körper, sondern etwas am Körper, siehe Aristot. an II, 2 (414a19–25).

178 Siehe Aristot. an. II, 1 (412a27–28), dazu auch AF III 121–122 und HWPh II 506.

179 Siehe NGPL 13 mit Komm. 66.

180 Die sechs vestalischen Jungfrauen nahmen den Kult der Göttin Vesta wahr und hüteten das Herdfeuer des römischen Staates. Vestalin konnten nur Mädchen zwischen sechs und zehn Jahren werden. Sie verpflichteten sich 30 Jahre zum Dienst und lebten in klösterlicher Gemeinschaft neben dem Tempel im Atrium Vestae. Auf Unkeuschheit stand die Todesstrafe durch Einmauerung in einem unterirdischen Verlies, die aber nur sehr selten vollzogen worden sein soll (Plut. Num. 10, 4–7; BE XXIX 39).

181 Der Äther war im 19. Jh. «ein zur Erklärung der Gravitations-, Licht- u. Wärmeerscheinungen hypothetisch angenommenes, den Weltenraum erfüllendes Fluidum», dessen Eigenschaften heute z. T. dem leeren Raum (Vakuum) zugeschrieben werden (PUL I [1857] 885; BE II 604–605).

182 Teichmüller bezieht sich wohl auf die Ablehnung einer Intensität der Vorstellungen bei Lotze, siehe NGPL 26–28 mit Komm. 111.

183 Siehe WSW 116–117, 135, 275, 330–331.

184 Die Quellenangabe ist fehlerhaft, die gemeinte Stelle findet sich in H. Lotze: Grundzüge der Psychologie, 71 (II, 4, § 5): «An dem Orte und in dem Augenblicke, wo sich im Zusammenhang des physischen Naturverlaufs der Keim eines organischen Wesens bildet, ist diese Thatsache der Reiz oder Beweggrund, der jenes allumfassende, nicht anderwärts, sondern auch hier vorhandene Wesen dazu veranlaßt, aus sich selbst als consequente Ergänzung zu dieser physischen Thatsache die zu diesem Organismus gehörige Seele hinzu zu erzeugen.»

185 Der Bezug konnte nicht ganz aufgeklärt werden; siehe etwa US 102–106; Gustav Teichmüller: Darwinismus und Philosophie (Dorpat 1877) 6–9, 21–23, 63–66.

186 Zu diesem Projektivismus siehe auch US 65, 67; WSW XV–XVI, 131, 333, 346.

187 Siehe Friedrich Schillers *Der Taucher*: «Unter Larven die einzige fühlende Brust» (Friedrich Schiller: Sämtliche Werke in zehn Bänden – Berliner Ausgabe, hg. von Hans-Günther Thalheim [Berlin 2005] 425).

188 So bereits US 102–104.

189 Nach einer nachhomerischen Erzähltradition, besonders ausführlich in der *Achilleis* des Publius Papinius Statius (um 40 – um 96), wird Achilleus von seiner Mutter Thetis als Mädchen verkleidet und unter den Töchtern des Königs von Skyros, Lykomedes, versteckt, um seine Teilnahme am Trojanischen Krieg zu verhindern, wo er nach einer Weissagung den Tod finden sollte. Der Seher Kalchas hatte den Achäern geweissagt, dass sie Achill benötigen, um Troja einzunehmen, und ihnen auch seinen Aufenthaltsort genannt. Odysseus fährt nach Skyros und bietet den Töchtern des Lykomedes, die oft als Spinnerinnen dargestellt werden (siehe z. B. die Darstellung auf der Achillesplatte im Museum Augst), Gewänder und Geschmeide, aber auch Waffen an. Achill verrät sich dadurch, dass er als Einziger Schild und Schwert ergreift (siehe Stat. Ach. 1, 689–880; Ov. met. 13, 162–180; DNP I 77).

190 Siehe NGPL 15 mit Komm. 71.

191 KrV B 75.

192 «Instanz bedeutet einen wirklichen oder nur erdachten Fall oder Umstand, welcher zum Beleg, noch gewöhnlicher aber zur Widerlegung irgend eines ausgesprochenen allgemeinen Satzes angeführt wird.» (Allgemeine deutsche Real-Encyklopädie für die gebildeten Stände [Conversationslexikon], Bd. 5 [Leipzig [8]1834] 557).

193 Hermann Ulrici (1806–1884) war ab 1831 außerordentlicher, ab 1861 ordentlicher Professor für Philosophie in Halle und Vertreter des spekulativen Theismus (in der Form des

Panentheismus); siehe Rudolf Eisler: Philosophenlexikon (Berlin 1912) 774–775 und ADB [1895] XXXIX 261–269.

194 Siehe Hermann Ulrici: Compendium der Logik (Leipzig 1860) 23: «Hängt aber sonach das Bewußtwerden sehr schwacher und unbestimmter Empfindungen von unsrer Aufmerksamkeit ab, und besteht letztere darin, daß wir unsre unterscheidende Denkthätigkeit auf sie concentriren (fixiren), so müssen wir wiederum schließen, daß das Bewußtwerden überhaupt und somit die Entstehung des Bewußtseyns durch dieselbe Thätigkeit [d. i. die unterscheidende Denktätigkeit] vermittelt sey.»; ders.: Gott und Mensch. I. Leib und Seele. Grundzüge einer Psychologie des Menschen. Zweiter Band (Leipzig [2]1874) 19: «Wir behaupten [...], daß es nur die Thätigkeit des *Unterscheidens* (Sich-in-sich-unterscheidens) der Seele ist, durch welche uns *überhaupt* etwas zu Bewusstseyn kommt, und durch welche mithin das Bewußtseyn selbst *entsteht*». Siehe zur Unterscheidung als Ursprung oder Merkmal des Bewusstseins im 18. Jhd. bei Christian Wolff, Georg Friedrich Meier und Immanuel Kant HWPh I 449–450. Crusius hingegen behauptet wie Teichmüller: «[W]ir sind uns der Dinge nicht darum bewußt, weil wir sie unterscheiden, sondern darum können wir sie allererst unterscheiden, weil wir uns bewußt sind. Das Bewußtseyn ist der Natur nach eher als das Unterscheiden» (Christian August Crusius: Entwurf der nothwendigen Vernunft-Wahrheiten [Leipzig [3]1766] 911 [§ 444]).

195 Teichmüller hatte in der *Wirklichen und scheinbaren Welt* Ulricis Lehre, alles Bewusstsein habe seinen Ursprung im «Scheiden und Unterscheiden», angegriffen (WSW 65–67). Daraufhin hatte sich Ulrici im Anschluss an eine Rezension von Teichmüllers Buch durch Josef Schuchter verteidigt (Zeitschrift für Philosophie und philosophische Kritik 82 [1882] 71–79), worauf Teichmüller im nächsten Band mit einem eigenen Aufsatz antwortete (Ueber den Ursprung des Bewusstseyns, in: Zeitschrift für Philosophie und philosophische Kritik 83 [1883] 225–245). Ulrici nahm sich als Herausgeber der Zeitschrift die Freiheit, Teichmüllers Aufsatz seinerseits mit mehrseitigen Anmerkungen zu versehen. Teichmüller schreibt resümierend ebd. 244: «Ich unterscheide Vorstellung und Bewußtseyn. Die Vorstellungen, zu denen im weiteren Sinne genommen auch die Begriffe, Urtheile, Schlüsse, Ideen und deren Complexe gehören, schreibe ich unter die *theoretische* Thätigkeit und setze sie dem Willen und den Bewegungen entgegen. Daraus folgt, daß es keine Vorstellungen von einem Willen, einem Triebe, einem Bewegungsacte geben kann [...]. Von der theoretischen Thätigkeit des Vorstellens unterscheide ich aber das *Bewußtseyn* und behaupte, daß es allen drei Seelenthätigkeiten, dem Vorstellen (Erkennen), Wollen und Bewegen zukommen kann. Der unbewußte Zustand dieser Thätigkeiten unterscheidet sich mir nur gradweise von ihrer bewußten Function.»

196 Siehe KrV B 75–76: «Ohne Sinnlichkeit würde uns kein Gegenstand gegeben, und ohne Verstand keiner gedacht werden. Gedanken ohne Inhalt sind leer, Anschauungen ohne Begriffe sind blind. Daher ist es eben so notwendig, seine Begriffe sinnlich zu machen (d. i. ihnen den Gegenstand in der Anschauung beizufügen), als, seine Anschauungen sich verständlich zu machen (d. i. sie unter Begriffe zu bringen). Beide Vermögen, oder Fähigkeiten, können auch ihre Funktionen nicht vertauschen. Der Verstand vermag nichts anzuschauen, und die Sinne nichts zu denken. Nur daraus, daß sie sich vereinigen, kann Erkenntnis entspringen.»

197 Siehe dazu die aristotelische Wahrnehmungslehre Aristot. an. II, 5–12 (416b32–424b18).

198 Siehe Aristot. metaph. IX, 6 (1048a25–1049b26); Aristot. phys. III, 1 (201a27).

199 Das im 19. Jahrhundert verbreitete Konzept der spezifischen Sinnesenergien wurde maßgeblich von dem Physiologen Johannes Müller (1811–1860) geprägt (siehe HWPh IX 882–886), bei dem Teichmüller studiert hatte. Müller zeigte, «daß die Unterschiede der Sinnesqualitäten nicht darauf beruhen können, daß das Auge für elektromagnetische Wellen (= Licht im Sinne der Physik), das Ohr für Schallschwingungen und die Sinnesorgane der Haut für mechanische Reize spezifisch empfindlich sind, da die betreffenden Sinnesnerven auch durch 'nichtadäquate' Reize erregt werden können, der optische Nerv z. B. durch Elektrizität oder durch momentanen Druck. Das von Müller erstmals in seinem Werk 'Zur vergleichenden Physiologie des Gesichtssinnes' (1826) verwendete Erklärungsprinzip beruht auf der Annahme einer jeder Nervenart innewohnenden spezifischen Energie, die keiner näheren physikalischen Definition zugänglich ist.» (HWPh IX 883).

200 Siehe NGPL 20 mit Komm. 80.

201 Sensible Nerven leiten Reize von den Sinnesorganen zum Zentrum (Gehirn, Rückenmark), motorische Nerven leiten Impulse vom Zentrum zu einem Muskel (MGKL [1908] XIV 523, vgl. BE XIX 499). Zu glatten und quergestreiften Muskeln siehe MGKL XIV 319–320, vgl. auch BE XIX 171.

202 Wahrscheinlich eine Bezugnahme auf die damals sehr bekannten (barbarischen) Versuche des bedeutenden Physiologen Eduard Pflüger (1829–1910), die er in seiner Schrift *Die sensorischen Functionen des Rückenmarks der Wirbelthiere* (Berlin 1853) beschrieb. Friedrich Albert Lange berichtet darüber in seiner *Geschichte des Materialismus und Kritik seiner Bedeutung in der Gegenwart* (Iserlohn 1866) 439: «Pflüger wies mit vielem Scharfsinn und experimentellem Talente nach, dass enthauptete Frösche und andre Thiere, selbst abgetrennte Eidechsenschwänze noch längere Zeit hindurch Bewegungen machen, denen wir den Charakter des Zweckmäßigen nicht absprechen können. Der interessanteste Fall ist dieser: ein Frosch, enthauptet, wird auf dem Rücken mit Säure betupft: er wischt den Tropfen ab mit demjenigen Fuss, der dazu am bequemsten dient. Nun wird ihm dieser Schenkel abgeschnitten; er versucht's mit dem Stumpfe, und da mehrere Versuche vergeblich sind, nimmt er endlich den Fuss der entgegengesetzten Seite und vollführt mit diesem die Bewegung. Dies war keine blosse Reflexbewegung mehr; der Frosch scheint zu überlegen. Er macht den *Schluss*, dass er mit dem einen Fuss sein Ziel nicht mehr erreichen kann und deshalb versucht er's mit dem andern.»

203 Ganglien sind Nervenknoten, d.h. Anhäufungen von Nervenzellen außerhalb des Gehirns; bei vielen Wirbellosen bilden Ganglien Zentren des Nervensystem, um bestimmte Körperbereiche nervlich zu kontrollieren (BE X 206).

204 Epauletten sind Schulterstücke einer Militäruniform (BE XXIV 517).

205 Siehe dazu NGPL 74 mit Komm. 201.

206 Wohl Anspielung an die zuvor (NGPL 64) zitierte Stelle aus H. Lotze: Grundzüge der Psychologie, 71 (II, 4, § 5).

207 Majordomus (von lat. *maior*: Verwalter; *domus*: Haus): Hausmeier, ursprünglich der Oberaufseher der Hausverwaltung an germanischen Fürstenhöfen. Das Amt entwickelte sich bei den Merowingern zum höchsten Amt der Staatsverwaltung. Der Hausmeier Pippin der Jüngere krönte sich 751 selbst zum König.

208 In Teichmüllers Jahrhundert wurde z. B. noch die französische Kolonie Louisiana, die einen großen Teil des Mittleren Westens umfasste, von Napoleon I. an die Vereinigten

Staaten verkauft (1803) und Alaska von Russland ebenfalls an die Vereinigten Staaten (1867) (BE XVII 183; I 442).

209 Siehe NGPL 74 mit Komm. 201.

210 Siehe NGPL 206–215.

211 Hekuba (Hekabe) war in der griechischen Mythologie die Frau des Königs Priamos von Troja, Mutter von neunzehn Kindern, u. a. von Hektor und Kassandra. In der gleichnamigen Tragödie von Euripides hat Hekuba drei rhetorisch bemerkenswerte Passagen, zunächst im Disput mit Odysseus, um die Opferung ihrer Tochter Polyxena zu verhindern (Eur. Hec. 239–341), dann bei dem Versuch, Agamemnon als Rachehelfer zu gewinnen (Eur. Hec. 752–904) und schließlich bei einer Art Gerichtsverhandlung vor Agamemnon gegen Polymestros (Eur. Hec. 1187–1237). Siehe dazu Christoph Riedweg: Der Tragödiendichter als Rhetor? Redestrategien in Euripides' Hekabe und ihr Verhalten zur zeitgenössischen Rhetoriktheorie, in: Rheinisches Museum für Philologie 143 (2000) 1–32.

212 Die Rede von einem unmittelbar in Raum und Zeit Gegebenen muss im Rahmen der von Teichmüller vertretenen Idealität von Raum und Zeit verstanden werden.

213 Siehe z. B. NGPL 330–332. Vgl. auch WSW 219–221 zum beschränkten vs. unbeschränkten Bewusstsein.

214 Siehe etwa Moritz Wilhelm Drobisch: Empirische Psychologie nach naturwissenschaftlicher Methode (Leipzig 1842) 87: «Gewöhnlich zählt man vier Arten der Assoziation auf, nach der Aehnlichkeit, Unähnlichkeit, dem räumlichen Nebeneinander- und dem zeitlichen Nacheinanderseyn der vorgestellten Gegenstände.»

215 *fallacia accidentis*: Trugschluss des Zufälligen, auch *fallacia ex accidente* genannt. Dieser Trugschluss besteht darin, dass unwesentliche, zufällige Eigenschaften als wesentlich ausgegeben werden (HWPh XI 694).

216 Der Karmel ist ein Küstengebirge im Norden Israels. Auf ihm stehen heute noch zwei Klöster der Karmeliten (Römisch-katholischer Orden der Brüder der allerseligsten Jungfrau Maria vom Berge Karmel) (BE XIV 500). Saint-Jean d'Acre ist ein mittelalterlicher Name für die nördlich des Karmel an der Bucht von Haifa gelegene Hafenstadt Akko (Akka) (MGKL I [1905] 224). Zum Wettstreit des Elias mit den Priestern des Baal siehe 1 Kön 18. Mit Napoleons Massaker spielt Teichmüller vermutlich auf das Blutbad an, das dessen Truppen nach der Eroberung der weiter südlich gelegenen Hafenstadt Jaffa (Tel-Aviv) verübt hatten (MGKL X [1907] 177). Deshalb wehrten sich die Bewohner von Akko hartnäckig und schließlich erfolgreich gegen die Belagerung durch die napoleonische Armee (MGKL I [1905] 224).

217 Siehe WSW 223–227.

218 Das Flimmerepithel ist eine Hautart, die mit Hilfe von Geißel- oder Flimmerzellen Flüssigkeiten (Schleim) und kleine Partikel transportieren kann, zum Beispiel um die oberen Atemwege des Menschen zu reinigen (BE VIII 205).

219 Zu Johannes Müller siehe Komm. 199. Jakob Henle (1809–1885) arbeitete vor allem im Bereich der mikroskopischen Anatomie und Pathologie und entdeckte unter anderem die nach ihm benannte Henle'sche Schleife der Nierenkanälchen (BE XII 302). Teichmüller studierte sowohl bei Müller in Berlin als auch später – nach dem Tod seiner ersten Frau – als Privatdozent bei Henle in Göttingen: «[I]ch studire seit Anfang der Woche wieder u. bin also Docent u. Student zugleich. Ich höre bei Henle Anatomie u. secire und präparire

seit Anfang der Woche täglich ein Paar Stunden im Anatomischen Theatrum. So fülle ich die mir empfindlichste Lücke in meinen Kenntnissen aus.» (Brief an Georg Cramer vom 11. Dezember 1862, Nachlass B 473).

220 Siehe dazu SGB 412–413: «Plato hatte den Synoptiker für den Dialektiker erklärt, genauer aber unter Dialektik das Vermögen, beide Wege zu gehen, nach Oben und nach Unten, d. h. die Eintheilung und die Zusammenfassung, verstanden. Aristoteles sagt genau dasselbe [hier Verweis auf eine Anmerkung, die beginnt: 'Topic. Θ. 14. p. 164 b 3', und die das Zitat des griechischen Originaltextes Aristot. top. VIII (164b2–7) anschließt, den Teichmüller im folgenden Obertext übersetzt]. 'Es ist aber, schlechthin gesprochen, Dialektiker, wer Protatiker und Enstatiker (d. h. wer allgemeine und besondere Urteile aufstellen kann). Es bedeutet aber das ‹allgemeine-Urteile-aufstellen› (τὸ προτείνεσθαι), dass man das *Viele zu Einem* macht, denn das worauf sich die Rede bezieht, muss dabei als Eins in seiner Allgemeinheit genommen werden; das ‹besondere-Urtheile-aufstellen› oder einen Fall anführen (τὸ ἐνίστασθαι) aber bedeutet, dass man *das Eine zu Vielem* macht; denn entweder theilt man ein, oder man hebt auf, indem man das Eine zugiebt, das andre läugnet von dem was in dem allgemeinen Urtheil aufgestellt war.'» Den Weg vom Vielen zum Einen behandelt Teichmüller SGB 403–428 ausführlich unter dem Titel 'Induction', der Weg vom Einen zum Vielen ist die Deduktion (SGB 404).

221 Der Ausdruck findet sich bei Locke nicht. Wahrscheinlich hat Teichmüller die folgende Stelle aus J. H. Herbart: Lehrbuch zur Psychologie, 100 (§ 127) im Sinn: «Man möchte gleichnißweise dem Geiste ein Auge zuschreiben, das eine äußerst enge Pupille, dabey aber die höchste Beweglichkeit besäße.»

222 Siehe WSW 219–220.

223 Siehe WSW 220–221.

224 Siehe G. W. Leibniz: Monadologie, §§ 56–58.

225 Wartegeld ist «1) Geld, welches derjenige bekommt, welcher ein bestimmtes Recht auf einen schon jetzt fälligen Geldbezug hat, aus äußeren Gründen dieses Geld aber noch nicht erhalten kann, z. B. eingeführt bei Postsendungen, welche nachgewiesener Maßen hätten ankommen sollen, aber nicht angekommen sind, als eine alsdann dem Adressaten zu zahlende einstweilige Abschlagszahlung, bis die Untersuchung über den Verbleib des abhanden gekommenen Products zu Ende geführt ist; 2) bes. ein Gehalt für den, welcher ohne sein Verschulden eine Anstellung aufgeben muß, welches er so lange bekommt, bis ihm eine neue angewiesen wird.» (PUL XVIII [1864] 865).

226 Wahrscheinlich sprachliche Anspielung auf den Schluss von Goethes Faust: «Alles Vergängliche / Ist nur ein Gleichnis; / Das Unzulängliche, / Hier wird's Ereignis» (Faust II, 12104–12107) (Johann Wolfgang von Goethe: Berliner Ausgabe in 22 Bänden, hg. von Siegfried Seidel, Bd. 8 [Berlin 2005] 545).

227 Siehe z. B. G. W. Leibniz: Monadologie, § 61.

228 Die ideale Harmonie ist die prästabilierte Harmonie, siehe NGPL 7 mit Komm. 38.

229 Siehe dazu Gottlob König: Die Forst-Mathematik in den Grenzen wirtschaftlicher Anwendung (Gotha ³1846) 89: «Eine Zahlenreihe, in welcher die auf einander folgenden Glieder gleiche Quotienten haben, heißt eine *geometrische Progression* oder *Reihe*. Z. B. 81, 27, 9, 3, 1. [oder] 2, 4, 8, 16, 32. [...] Der allgemeine Ausdruck für die geometrische Progression ist: a, aq, $aq^2$, $aq^3$, $aq^4$, $aq^5$ ... Hierin kann der Quotient q [...] größer, oder kleiner sein als 1; im ersten Falle ist die Reihe steigend, im zweiten fallend.»

230 Das aride Tiefland von Turan nimmt etwa 1,8 Mio km² ein und erstreckt sich westlich des kaspischen Meeres. Es enthält ausgedehnte Wüsten (z. B. Karakum und Kysylkum) (BE XXVIII 101; PUL XVII [1863] 937–938). Im Tiefland von Turan war früher der heute fast ausgerottete Kulan (Equus hemonius kulan) verbreitet, eine Unterart des Halbesels oder Asiatischen Wildesels.

231 Siehe NGPL 169–171.

232 Siehe zur Bühnenmetapher Ewald Hering: Über das Gedächtnis als allgemeine Funktion der organischen Materie. Vortrag gehalten in der feierlichen Sitzung der Kaiserlichen Akademie der Wissenschaften in Wien am 30. Mai 1870 (Leipzig [3]1921) 9: «Nur flüchtig betreten die Vorstellungen die Bühne des Bewußtseins, um bald wieder hinter den Kulissen zu verschwinden und andern Platz zu machen.»

233 Das 1851 enthüllte Reiterstandbild Friedrichs des Großen (der «alte Fritz») steht in der Mitte der Strasse «Unter den Linden», einerseits vor dem Palais des Prinzen Heinrich, das die Friedrich-Wilhelm-Universität beherbergte, andererseits vor dem Alten Palais, das früher die Residenz des preußischen Königs und Deutschen Kaisers Wilhelm I. war (siehe MGKL II [1905] 693–694).

234 Siehe NGPL 12–13.

235 «Arithmetische Reihe oder Progression der ersten Ordnung ist eine Folge gleichartiger Größen (Glieder der Reihe), deren jede von der vorhergehenden um eine gegebene Größe unterschieden ist; sie heißt steigend oder fallend, je nachdem ihr Unterschied additiv oder subtractiv ist. Beispiele von Reihen gibt das Zählen mit den geraden oder ungeraden Zahlen, z. B. 2, 4, 6, 8 etc., 3, 5, 7 etc.» (Herders Conversations-Lexikon I [1854] 252).

236 Der Große Stern ist der Mittelplatz des Großen Tiergartens in Berlin, wo heute die Berliner Siegessäule steht. Die Straßen laufen sternförmig auf diesen Platz zu.

237 Siehe WSW 295–331.

238 Siehe WSW 227.

239 Siehe dazu WSW 224–225 sowie 192–200.

240 Siehe WSW 225.

241 *res singulares*: Einzeldinge.

242 Möglicherweise bezieht sich Teichmüller auf Aristot. phys. IV, 11 (219b10–12.14–15, wo Aristoteles sagt, das Jetzt sei immer dasselbe, nur sein Sein (Bezug) sei verschieden, oder, anders formuliert: Sofern es den Begriff dessen ausmache, was gerade ist, sei es immer dasselbe. Zu Hegels Begriff des Hier und Jetzt als Allgemeines siehe G. W. F. Hegel: Phänomenologie des Geistes (TWA III) 84–92.

243 Siehe WSW 248–252, 257, 278–285.

244 Siehe dazu WSW 237: Hegel identifiziere die «bloss perspectivische Scheinwelt mit der Welt des Allgemeinen».

245 Siehe NGPL 169–171.

246 Siehe dazu WSW 256–257, 319–331.

247 Siehe René Descartes: Discours de la méthode, V (A/T VI) 56–59.

248 ὀλολύζειν: mit lauter Stimme schreien (Wilhelm Pape: Handwörterbuch der griechischen Sprache. Griechisch-deutsches Handwörterbuch, Bd. 2 [Braunschweig [3]1914] 235).

249 Der Aorist (von griech. ἀόριστος: unbestimmt) ist in einigen indoeuropäischen Sprachen (Altgriechisch, Altindisch, Altkirchenslavisch, Bulgarisch) eine Formkategorie, die ursprünglich den perfektiven Aspekt ausdrückt, d. h. abgeschlossene Vorgänge und

Handlungen bezeichnet. Er ist keine Tempusform, auch wenn er überwiegend zur Bezugnahme auf Vergangenes verwendet wird (Metzler Lexikon Sprache, hg. von Helmut Glück [Stuttgart, Weimar [4]2010] 47; Lexikon der Sprachwissenschaft, hg. von Hadumod Bußmann [Stuttgart [4]2008] 48). Zur Ursprünglichkeit des Aorist wurde kein Beleg gefunden.

250 Siehe WSW 82–90, 129–138.

251 φύσει: von Natur, natürlich; Teichmüller bezieht sich hier vermutlich auf Plat. Krat. 383a5.

252 θέσει: durch Annahme, willkürlich; Gegensatz zu φύσει.

253 νόμῳ: durch Brauch, Sitte, Gesetz.

254 Teichmüller bezieht sich vermutlich auf Plat. Krat. 384c10–d8.

255 Siehe aber Jürgen Broschart: Why Tongan does it differently: Categorial Distinctions in a Language without Nouns and Verbs, in: Linguistic Typology 1 (1997) 123–165.

256 Siehe etwa Johann Gottfried Herder: Ideen zur Philosophie der Geschichte der Menschheit. Erster Theil (Riga, Leipzig 1785) 232: «das göttliche Geschenk der Rede».

257 WSW 51–53, 54–56.

258 Siehe zum Hylozoismus Komm. 66 und NGPL 13, 62, 148, 150–152; zum Monismus siehe auch NGPL 150–151 sowie WSW XIV, XVI; zum Realidealismus NGPL 253–255, wo der Ausdruck synonym mit 'Ideal-Realismus' verwendet wird, sowie WSW XIV, XVI.

259 Siehe dazu HWPh V 878–879 und 495–496.

260 Zur Empfindung siehe G. W. F. Hegel: Enzyklopädie, §§ 399–402; zum Gemein- bzw. Selbstgefühl ebd. §§ 406–408, zum Trieb ebd. §§ 473–478.

261 Siehe dazu z. B. WSW 332–333.

262 Gustav Theodor Fechner (1801–1887) war ab 1834 Professor für Physik, ab 1843 für Naturphilosophie und Anthropologie in Leipzig. Einer seiner Schwerpunkte war die Psychophysik und experimentelle Psychologie. Das sog. Fechnersche Gesetz ist eine mathematische Formulierung des Zusammenhangs von Reizintensität und Stärke der Sinnesempfindung. In der Philosophie vertrat er einen psychophysischen Parallelismus und eine Allbeseelung des Universums (BE IX 25–26; Biographische Enzyklopädie deutschsprachiger Philosophen, bearb. v. Bruno Jahn [München 2001] 111). Ernst Haeckel (1834–1919) war ein Biologe und monistischer Naturphilosoph, der sich in populären Schriften sehr für die Verbreitung des Darwinismus in Deutschland einsetzte (NDB VII 423–425). Der Physiologe, Psychologe und Philosoph Wilhelm Wundt (1832–1920) war einer der Begründer der Psychologie als eigenständiger Wissenschaft (BE XXXIII 333).

263 Bartholomäus von Carneri: Entwicklung und Glückseligkeit: Ethische Essays (Stuttgart 1886). Der österreichische Politiker, Dichter und Philosoph von Carneri (1821–1909) vertrat eine evolutionistische Ethik (siehe Österreichisches Biographisches Lexikon, Bd. 1, Lfg. 2 [Wien 1954] 137; R. Eisler: Philosophen-Lexikon, 88).

264 Die schwedische Zündholzindustrie beherrschte lange Zeit den Weltmarkt für sog. Sicherheitsstreichhölzer mit getrennter Zünd- und Reibmasse, die 1844 in Schweden erfunden wurden (BE XXX 715).

265 Siehe SGB IV.

266 Der Ausdruck 'Theatergötter' findet sich z. B. in Ludwig Feuerbach: Geschichte der neuern Philosophie. Darstellung, Entwicklung und Kritik der Leibniz'schen Philosophie (Ansbach 1837) 203.

267 In der Grafik ist ein Wischer ein «an beiden Enden zugespitztes Gerät aus weichem, gerolltem Leder, Zellstoff o. Ä., mit dem Kreide, Rötel o. Ä. verwischt wird, um weiche Töne zu erzielen.» (DGWDS 4537).

268 Vermutlich bezieht Teichmüller sich auf Hegels *Vorlesungen über die Ästhetik*, wo Hegel sagt, die Poesie setze «die geistigen Formen [...] an die Stelle des Sinnlichen» (TWA XV 228); sie bewege sich auf «dem Gebiete der geistigen Innerlichkeit selber» (TWA XV 223; siehe allgemein auch HWPh VII 1003). Bei Friedrich Theodor Vischer: Aesthetik oder Wissenschaft des Schönen, Dritter Theil, Zweiter Abschnitt: Die Künste, Fünftes Heft: Die Dichtkunst (Stuttgart 1857) hat «die Poesie [...] gar kein Material mehr» (ebd. 811 [§ 759], ähnlich 1164 [§ 836]), nur die «Phantasie des Zuhörers» (ebd. 1166 [§ 836]).

269 Siehe auch WPhB I 369–370.

270 Schulze ist eine sprachliche Variante von Schultheiß und bedeutet eigentlich Leistung Befehlender, zu Schuld, und heißen, veraltet für Gemeindevorsteher (DGWDS 3456); Vertreter der unteren Gerichtsbarkeit, Dorfrichter (PUL XV [1862] 469).

271 Marcus Porcius Cato 95–46 (auch Cato Uticensis oder Cato der Jüngere), römischer Republikaner, entschied sich nach der Niederlage der Republikaner im Bürgerkrieg in der Schlacht bei Thapsus (46 v. Chr.) für den Freitod anstelle der Begnadigung durch Caesar (BE V 382).

272 Diese Meinung wurde im 19. Jahrhundert verschiedentlich vertreten, z. B. von Ernst Haeckel in seinem Bestseller *Die Welträthsel* (Bonn 1899) 282: «Auch unsere Mutter Erde, die vor Millionen von Jahrtausenden aus einem Theile des rotirenden Sonnen-Systems entstanden ist, wird nach Verfluß weiterer Millionen erstarren und, nachdem ihre Bahn immer kleiner geworden, in die Sonne stürzen.»

273 Theorien einer spezifischen Lebenskraft, die im 19. Jahrhundert weit verbreitet waren, entwickelten sich aus «der Erkenntnis, daß die herrschende Maschinentheorie des Organischen (Descartes, LaMettrie) und, allgemeiner, die bekannten physikalischen und chemischen Gesetzmäßigkeiten zur Erklärung der spezifischen Phänomene des Organischen [...] nicht ausreichen» (HWPh V 123).

274 *horror vacui*: Abscheu vor der Leere. Siehe dazu HWPh III 1206–1212. Der Terminus stammt aus der scholastischen Philosophie, wenngleich das Konzept seine Wurzeln in der Antike hat. Er steht für die naturphilosophische Annahme, die Natur schrecke vor der Leere zurück und sei demnach bestrebt, leere Räume auszufüllen.

275 Archaeus (von griech. ἀρχή: Ursprung): «nach Basilius [Valentinus] (15. Jahrh.) das Zentralfeuer als Lebensprinzip der Vegetabilien, nach *Paracelsus* (1493–1541) und *van Helmont* (†1644) das Urprinzip des animalischen Lebens in den Einzelwesen, die individuelle Naturkraft. Paracelsus dachte ihn sich als ein übernatürliches Wesen in einem astralischen Leibe, v. Helmont als Lebensgeist (aura vitalis), welcher den Samen der Dinge gestaltet und erhält.» (Friedrich Kirchner, Carl Michaëlis: Wörterbuch der Philosophischen Grundbegriffe [Leipzig [5]1907] 57; siehe auch HWPh I 500–502).

276 Gustav von Bunge (1844–1920) stammt aus einer Dorpater Gelehrtenfamilie; er promovierte 1874 zum Doktor der Chemie in Dorpat, 1882 zum Doktor der Medizin in Leipzig, war Dozent für Physiologie in Dorpat bis 1885, ab 1885 außerordentlicher und ab 1886 ordentlicher Professor für physiologische Chemie in Basel (siehe Wilhelm Löffler: Zur Erinnerung an Gustav Bunge, in: Beiträge zur Geschichte der Naturwissenschaften und Technik in Basel [Olten 1959] 163–169, 177).

277 Es handelt sich um die zwanzigseitige Schriftfassung eines Vortrags.

278 In der sog. Dreikaiserschlacht am 2. Dezember 1805 in Tschechien bei Austerlitz besiegten Napoleons Truppen die österreichischen und russischen Heere (BE II 781).

279 KrV B 266: «Was mit den materialen Bedingungen der Erfahrung (der Empfindung) zusammenhängt, ist *wirklich.*»

280 Kant bliebt unverheiratet und entfernte sich nie weiter als 120 km von Königsberg (Manfred Kühn: Kant. Eine Biographie [München 2003] 529 Anm. 161).

281 Ausführlicher zu Kants Theorie der Zeit WSW 207–208, 243–246.

282 Im Mittelalter und der frühen Neuzeit erklärte man die Abweichung der Kompassnadel oft durch einen großen Magnetberg in der Arktis. Dieser findet sich auch auf damaligen Weltkarten, wie etwa auf der um 1507 entstandenen Erdkarte von Johannes Ruysch (um 1460–1533) (siehe dazu auch BE VIII 253–254).

283 Siehe WSW 9 mit Fn.; zum Gelten bei Platon NSGB III 212, 381–382. Siehe auch Teichmüller an Max Heinze vom 19. Mai 1876 (Nachlass B 1213): «Ich ersah darin [in Lotzes *System der Philosophie. Erster Teil*] schon eine lichtvolle Darstellung der Ideenlehre Plato's, die in modernem Ausdruck (das 'Gelten') allerdings meine Auffassung bestätigt u. von einer anderen Seite ergänzt.»

284 Siehe dazu Charles Seltman: Greek Coins – A History of Metallic Currency and Coinage down to the Fall of the Hellenistic Kingdoms (London [2]1955) 33.

285 Zu semiotischer und spezifischer Erkenntnis siehe auch NGPL 17–18, 275–277 sowie Einleitung und Komm. 76.

286 Siehe dazu Thomas Hobbes: De corpore II, 7, 3, wonach «vergangene Bewegung dasselbe sei wie vernichtete und zukünftige Bewegung dasselbe wie noch nicht begonnene»; weder vom Vergangenen noch vom Zukünftigen könne man sagen, es sei (Übers. Max Frischeisen-Köhler); G. W. F. Hegel: Enzyklopädie, § 259: «Die Dimensionen der Zeit, die *Gegenwart, Zukunft* und *Vergangenheit,* sind das *Werden* der Äußerlichkeit als solches und dessen Auflösung in die Unterschiede des Seins als des Übergehens in Nichts und des Nichts als des Übergehens in Sein. Das unmittelbare Verschwinden dieser Unterschiede in die *Einzelheit* ist die Gegenwart als *Jetzt,* welches als die Einzelheit *ausschließend* und zugleich schlechthin *kontinuierlich* in die anderen Momente, selbst nur dies Verschwinden seines Seins in Nichts und des Nichts in sein Sein ist.»

287 KrV B 265 lautet wörtlich: «Was mit den formalen Bedingungen der Erfahrung (der Anschauung und den Begriffen nach) übereinkommt, ist *möglich.*»

288 G. W. Leibniz: Monadologie, § 53; vgl. ders.: Théodicée, §§ 7–8, 10.

289 Jona 2,1–11.

290 Von der Renaissance bis zur deutschen Klassik (Winckelmann) hielt man die griechischen Statuen und Bauwerke für farblos. Im 19. Jh. wurden Hinweise auf ihre ursprüngliche Farbigkeit entdeckt. Heute ist die Frage der antiken Polychromie positiv beantwortet (siehe DNP X 50–53; Bunte Götter. Die Farbigkeit antiker Skulptur, hg. von Vinzenz Brinkmann, Andreas Scholl [München 2010]). Pausanias der Perieget (ca. 115 – ca. 180 n. Chr.) verfasste das Werk *Beschreibung Griechenlands* (Ἑλλάδος Περιήγησις), das die Klassische Archäologie mehr als jeder andere Text beeinflusst hat (DNP IX 445–450).

291 Dieser Plan wurde tatsächlich diskutiert, siehe dazu den Beitrag *Canal to unite the upper Nile with the Red Sea* (The Athenaeum No. 2181, 14. August 1869, 211–213) des Afrikaforschers Charles Tilston Beke (1800–1874), der auch in der *Allgemeinen Zeitung* München

(hg. von Johann Friedrich Cotta), 20. August 1869, 3573 besprochen wurde: «Ueber das angebliche kühne Projekt des Herrn von Lesseps, Wasser aus dem Rothen Meer in die Sahara zu leiten, und so in Binnen-Afrika ein zweites Mittelmeer zu schaffen, spricht sich der bekannte Afrika-Reisende Charles Beke im Athenäum aus. [...] Leichter wär' es [nach Bekes Meinung] einen Canal in die Sahara vom Mittelmeer aus zu führen, und zwar von der großen Syrte her in westlicher Richtung auf Bengasi.»

292 Siehe Aristot. metaph. IX, 3 (1046b29–32). Euklid von Megara (435–365) war ein Schüler des Sokrates und gründete die sogenannte Megarische Schule.

293 *complementum possibilitatis*: Ergänzung der Möglichkeit. Nach Christian Wolff war die Existenz «dasjenige, was 'erfüllend' zur Möglichkeit hinzukommen muß, damit sie ins Dasein treten kann» (HWPh I 1024; vgl. auch II 15).

294 Fundament der Beziehung: Übersetzung von lat. *fundamentum relationis*. Teichmüller meint damit den Ausgangspunkt oder das Subjekt einer Beziehung, also das, was auf etwas bezogen ist. Siehe auch RPh 72, 78, 91. «Fundamentum relationis» in dieser Bedeutung beispielsweise bei Duns Scotus, siehe Peter Schulthess: Relation und Funktion (Berlin 1981) 127. WPhB I 248 versteht «fundamentum relationis» hingegen als reale Grundlage einer Beziehung: «Der Zusammenhang des Denkens fordert, daß alles Endliche in Beziehungen zueinander (wirklich oder potentiell) gesetzt werde, was die Relativität jedes endlichen Seins bedingt. Die Beziehung als solche ist ein 'subjectiver', ein (Apperceptions- und) Denkact, aber sie hat, wenn berechtigt, ein 'Fundament' in den Objecten ('fundamentum relationis'), so daß nach der Setzung der Relation die 'Dinge' selbst (nicht bloß Vorstellungen oder Begriffe als solche) in Relationen zueinander stehen.»

295 Das Ziel, das Objekt der Beziehung. Siehe auch NGPL 203 und RPh 72, 78.

296 τὸ ἐνδεχόμενον οὐκ ἄλλως ἔχειν ἀλλ' ἁπλῶς: das, was sich nicht anders verhalten kann, sondern schlechthin [so ist wie es ist]; siehe Aristot. metaph. V, 5 (1015b6–14).

297 Siehe etwa G. W. Leibniz: Théodicée, § 52.

298 KrV B 266. Im Orig. fehlt «den», vor «notwendig» steht «(existiert)».

299 Pleonasmus: Häufung sinngleicher oder -ähnlicher Wörter, von griech. πλεονασμός: Überfluß, Übermaß.

300 Ellipse: Auslassung, von gr. ἔλλειψις: das Ausbleiben, der Mangel.

301 Der Ausdruck «logisches Gefühl» taucht im 18. Jh. zuerst auf, wird aber in der systematischen Philosophie vor Teichmüller wenig gebraucht. Der Sache nach einschlägig und häufig zitiert Rudolph Hermann Lotze: Medicinische Psychologie oder Physiologie der Seele (Leipzig 1852) 254–255 (§ 396): «Aber auch der Gedankenlauf, selbst der abstracteste, ist von Gefühlen beständig durchzogen. Nicht einmal den trocknen Satz der Identität oder den rein logischen Begriff der Verschiedenheit oder des Widerspruchs sind wir zu denken im Stande, ohne jenen mit einem wohltuenden Gefühl der Einheit zu begleiten, in diesen dagegen eine Spur des Hasses und des Widerstrebens zweier Elemente hinein zu verlegen.» Vor Lotze siehe etwa Ernst Klotz: Lehrbuch der Erfahrungsseelenlehre, als Propädeutik zur Philosophie, oder Grundlinien einer empirisch-transcendentalen Critik des gesammten menschlichen Geistes, zum Behufe akademischer Vorlesungen (Leipzig 1824) 154–155 (§ 196): «Zu den *intellektuellen Wahrheitsgefühlen* gehört demnach das Wohlgefallen an *Klarheit* und *Deutlichkeit* und das Missfallen an *Dunkelheit* und *Verworrenheit* der Vorstellungen und Begriffe; darum auch das Wohlgefallen an *Ordnung* und *Systematik*, weil beide die Leichtigkeit der Uebersicht und des Verständnisses erhö-

hen, und das doppelte Missfallen an *Skrupeln*, d.h. dunkeln, nicht recht verstandenen Zweifeln. Dagegen ist die *Bestimmung* des Verstandes zur Möglichkeit und Wahrscheinlichkeit mit einem angenehmen Gefühle der *Beruhigung*, Zufriedenstellung *(acquiescentia)* verknüpft. Doch sind dies nur *logische* Gefühle, wofern sich die Klarheit und Deutlichkeit, sowie die Dunkelheit und Verworrenheit nicht auf ganze Sätze und Urtheile bezieht. Im letzteren Falle aber sind sie *judiciös*, wie ferner das Missfallen bei der *Bedenklichkeit*, welche die Urtheilskraft angeht, wie der Skrupel den Verstand und der Zweifel die Vernunft, und sodann noch in ihrer Verbindung mit Vernunftideen das Wohlgefallen an der durch Begriffe erkannten realen *Zweckmässigkeit*, sey diese nun eine *äussere* (Brauchbarkeit), oder eine *innere* (Vollkommenheit), und das Missfallen an der *Zwecklosigkeit* und *Zweckwidrigkeit*, denn werden gleich die Zwecke von der Vernunft gesetzt, so urtheilt doch nur die Urtheilskraft und beurtheilt mithin auch die Angemessenheit oder Nichtangemessenheit der Dinge, Begebenheiten und Thaten zu den Zwecken, (vgl. § 60).» Siehe auch Allgemeine deutsche Real-Encyclopädie für die gebildeten Stände (Conversations-Lexikon, Bd. 4 (Leipzig [5]1820) 85–86: «Ebenso empfinden wir ein [...] eigenthümliches Wohlgefallen am Wahren und Mißfallen am Falschen, woraus das *Wahrheitsgefühl* entspringt, das man auch ein *logisches* Gefühl nennen könnte.»

302 *dubium*: das Zweifelhafte; zusammengezogen aus *duhibius* von *duo*: zwei und *habere*: halten.

303 βέβαιον: das Feste, Sichere, Beständige. Siehe etwa Plat. Phil. 59c2; Phaid. 90c4.

304 Siehe zu diesem Absatz bereits WSW 50.

305 Gemeint ist wohl der Ethnologe Adolf Bastian (1826–1905), Mitbegründer des Museums für Völkerkunde in Berlin und dessen erster Direktor; Autor zahlreicher Bücher, u.a. *Psychologie und Mythologie* (Leipzig 1860) und *Religionsphilosophische Probleme auf dem Forschungsfelde buddhistischer Psychologie und der vergleichenden Mythologie* (Berlin 1884).

306 Teichmüller spielt hier auf den bekannten Syllogismus der ersten Figur an: Alle Menschen sind sterblich, Sokrates ist ein Mensch, also ist Sokrates sterblich. Sempronius war u.a. der Familienname einer alten römischen Familie, die zahlreiche Konsuln und Tribunen stellte (DNP XI 384–398). Kallias ist u.a. der Name eines reichen Atheners (ca. 450 – nach 371), in dessen Haus Platons Dialog *Protagoras* spielt (siehe DNP VI 178).

307 Dieses Urteil zur Absolutsetzung eines relationalen Begriffs findet sich auch in der *Wirklichen und scheinbaren Welt* bei der Frage nach einer absoluten Zeitdauer (WSW 212). Zu Epikurs Abweichung der Atome (παρέγκλισις, *declinatio*) siehe die Zeugnisse von Cicero, Plutarch und Augustinus in Epicurea, hg. von Hermann Usener (Leipzig 1887) 199–201 (fr. 281: De declinatione atomorum).

308 Vgl. dazu auch H. Schwenke: Zurück zur Wirklichkeit, 233–235.

309 Siehe den Titel von Spinozas Ethik: *Ethica ordine geometrico demonstrata* (postum 1677).

310 An anderen Stellen bezeichnet Teichmüller mit dem realen Sein nur die Tätigkeiten (hier: Funktionen) des Ich und setzt es dem substanzialen Sein des Ich entgegen (siehe NGPL 17, 293, 313).

311 Siehe dazu auch WSW XIV, XVI; RPh 504.

312 Siehe zu diesem Ausdruck J. F. Herbart: Lehrbuch zur Psychologie, 29 (§ 36).

313 Teichmüller folgt hier der im 19. Jh. dominierenden Assoziationspsychologie. Diese ist eine «von britischen Philosophen (T. Hobbes, J. Locke, D. Hume, D. Hartley u.a.) begründete theoret. psycholog. Richtung, die in der 2. Hälfte des 19. Jahrhunderts bestim-

menden Einfluss gewann. Die A[ssoziationspsychologie] nimmt als psych. 'Elemente' Empfindungen und deren Nachwirkungen, die Vorstellungen, an. Aus der Verknüpfung dieser Elemente durch Assoziationen wird das gesamte psych. Geschehen zu erklären versucht. So werden z. B. Gefühle als Eigenschaften der Empfindungselemente oder ihrer Verbindungen aufgefasst, Denkprozesse als Assoziationsverläufe gedeutet. Dieses mechanist. Konzept erwies sich etwa seit 1900 bei der Erforschung komplexer psych. Prozesse als unzulänglich und wurde u. a. von der Gestaltpsychologie widerlegt. Die Grundgedanken der A[ssoziationspsychologie] gingen jedoch in den Behaviorismus (um 1920) ein, wobei der Assoziationsbegriff durch den Begriff der Konditionierung (bedingter Reflex) ersetzt wurde.» (BE II 549–550).

314 In der *Wirklichen und scheinbaren Welt* finden sich vor allem Ausführungen zur Zeit (WSW 188–246), zum Raum (WSW 247–294), zur Bewegung (WSW 295–331) und zum Dingbegriff (WSW 332–347), zu Substanz und Akzidenz (WSW 120–129) und zur Zahl (WSW 110–111). Zur Zahl siehe ausführlicher LK 191–213.

315 Ein Appellativum (von lat. *appellatio*: Benennung) ist «ein Substantiv, das eine Gattung von Dingen od. Lebewesen u. zugleich jedes einzelne Wesen od. Ding dieser Gattung bezeichnet [...,] z. B. Mensch, Blume, Tisch» (DGWDS 272).

316 Siehe Hermann Lotze: Metaphysik (Leipzig 1841) 27–44, insbes. 32, 37, 44.

317 Siehe Johann Gustav Droysen: Grundriss der Historik (Leipzig [2]1875) 19 (§ 37). «Die historische Forschung will nicht erklären, d. h. aus dem Früheren das Spätere als nothwendig und blosse Wirkung ableiten, sondern verstehen». Siehe zum Verstehen als Methode der Geschichtswissenschaft auch ebd. 9–12 (§§ 8–15).

318 Diese Begrifflichkeit kannte Teichmüller wahrscheinlich von seinem Dorpater Kollegen August Rauber (1841–1917), ab 1886 Professor für Anatomie in Dorpat und Direktor der anatomischen Anstalt an der Universität Dorpat. Siehe August Rauber: Personaltheil und Germinaltheil des Individuum, in: Zoologischer Anzeiger 9 (1886) 166–171, wo Rauber seine Prioritätsansprüche gegenüber August Weismann (1834–1914) anmeldet: «Schon im Jahre 1879 nämlich unterschied ich am Individuum einen *Personaltheil* und einen *Germinaltheil*. Das Individuum, so hob ich hervor, ist aus zwei, ihrem Wesen nach ganz verschiedenen Bestandtheilen zusammengesetzt; der eine stellt die *Person* im engeren Sinne dar; der andere enthält die Keime der zukünftigen Generation; dies ist eben der Germinaltheil, mit den wesentlichen Elementen des Eierstocks und des Hodens.» (Ebd. 167) Siehe Teichmüller zu Raubers Entdeckung des Germinal- und Personalteils bereits RPh X. Vgl. zur Sache auch MGKL V [1906] 892: «[Gustav] Jäger [1832–1917], [Francis] Galton [1822–1911] und [August] Weismann [1834–1914] entwickelten seit 1876 die Meinung, daß die Keimzellen dadurch so genau die Identität der Rasse bewahren können, weil sie mehr oder weniger direkte Abkömmlinge des elterlichen Keimstoffes seien, der sich schon im jungen Tier in zwei Teile scheide, einen autogenetischen oder Personalteil, aus dem sich der Körper des neuen Sprößlings aufbaue, und einen phylogenetischen oder Germinalteil, der im Körper desselben aufgespeichert bleibt, sich durch Teilung vermehrt und die neuen Keimzellen liefert.»

319 1878 beschrieb der italienische Astronom Giovanni Schiaparelli Linienstrukturen («canali») auf der Oberfläche des Mars. Manche Astronomen hielten sie für künstliche Kanäle, was die Vorstellung einer Zivilisation auf dem Mars anregte bis hin zum Hörspiel *The War of the Worlds* (1938) von Orson Welles. Es ist umstritten, ob Schiaparellis Linien

bloße optische Täuschungen sind oder zum Teil mit realen Gegebenheiten wie dem riesigen Grabenbruchsystem der *Valles Marineris* korrespondieren.

320 Vermutlich Ausdrucksfehler, denn 'Mandatar' (Beauftragter) passt hier nicht; gemeint ist wohl 'Mandator' oder 'Mandant' (Auftraggeber) (siehe DGWDS 2502; MGKL XIII [1908] 209).

321 Siehe z. B. H. Lotze: Grundzüge der Psychologie, 47 (§ 6), dessen Buch Teichmüller laut Bibliotheksverzeichnis (Nachlass H III 1) besaß: «Den Begriff des Ich pflegt man dahin zu definiren, es sei zugleich Subject und Object des Bewußtseins.» Vgl. dazu auch J. F. Herbart: Psychologie als Wissenschaft 1, 85 (§ 24): «*Fichte* erklärte das Ich als: *Identität des Objects und Subjects*; und hiemit stimmt der grammatische Begriff des Ich, im Gegensatze gegen das *Du* und das *Er*, wohl zusammen, denn die *erste Person* ist die, welche von sich selbst redet.» Siehe auch HWPh X 413–425.

322 Mit *maior*, *medius* und *minor* sind Oberbegriff, Mittelbegriff und Unterbegriff gemeint. Der Oberbegriff ist im kategorischen Syllogismus derjenige Begriff, der in der ersten Prämisse (Obersatz) und im Schlusssatz das Prädikat bildet; der Mittelbegriff taucht in beiden Prämissen auf; der Unterbegriff kommt in der zweiten Prämisse (Untersatz) und im Schlusssatz als Subjekt vor. Im Syllogismus «Alle Menschen sind sterblich. Sokrates ist ein Mensch. Also ist Sokrates sterblich» ist demnach «sterblich» der Oberbegriff, «Mensch» der Mittelbegriff und «Sokrates» der Unterbegriff (siehe HWPh VI 1021–1022; X 688–689; II 287). Vgl. auch *Vorlesung Logik 1884* (Nachlass A I 24) 43 (§ 90): «Die Syllogismen oder mittelbaren Schlüsse bedürfen also 2 Urtheile [...] als Bedingungen oder Gründe, um daraus ein drittes Urtheil, die conclusio, abzuleiten. In diesen 3 Urtheilen sind drei termini, der major, medius u. minor, gegeben, von denen jedes 2 Mal vorkommt. Im Schlusssatz aber wird nur der major (P) von dem minor (S) ausgesagt oder verneint u. die Idee des Schlusses ist, dass ein dritter Begriff⟨,⟩ der medius⟨,⟩ durch sein bekanntes Verh⟨ältnis⟩ zu S. und P. auch das vor dem Schluss noch ungewisse Verh⟨ältnis⟩ von S. und P. bestimmt.»

323 νόησις νοήσεως: Denken des Denkens, siehe Aristot. metaph. XII, 9 (1074b34–35).

324 Der Wilde Jäger ist eine übernatürliche Sagengestalt unterschiedlicher Deutung, oft Anführer eines durch die Lüfte jagenden Geisterheeres, ursprünglich mit Wotan in Verbindung gebracht (Wilhelm Vollmer: Wörterbuch der Mythologie aller Völker, neu bearbeitet von Dr. W. Binder [Stuttgart $^{3}$1874] 452–453).

325 Vgl. zur Begriffsbestimmung als Ortsbestimmung auch RPh 67–68. Siehe auch Nachlass A III 16a:

«Definition

Definition der Definition = logische Ortsbestimmung der Begriffe.

Unterschied vom Begriff. Der Begriff enthält die constitutiven Merkmale (Inhalt) einer Reihe zusammengehöriger Erscheinungen (Umfang). Da es viele Begriffe giebt, so müssen diese wieder in einer gewissen Ordnung stehen, so dass jedem ein bestimmter Platz (Ort) zukommt. Die Feststellung (Topik) dieses Ortes ist die Definition. Der Ort ist natürl. kein räuml. sondern ein logischer.»

326 Siehe Plat. Phaid. 72e3–77b1; dazu auch SBG 118.

327 ἀνάμνησις: Erinnerung.

328 Siehe dazu auch WSW 13–14.

329 Zeughaus: Lager für Waffen und Vorräte (DGWDS 4626).

330 Vgl. dazu auch Hermann Dalton: Lebenserinnerungen, Bd. 1: Aus der Jugendzeit. 1833–1858 (Berlin 1906) 403–404: «Teichmüller zeigte ein feines, sonnenhaftes Auge für die Kunst; sie bot uns ergiebigen und anregenden Stoff der Unterhaltung, wenn auch da unsre unterschiedliche Richtung merkbar sich geltend machte, der eine davon sich hochbefriedigt genügen lassend, die Meisterwerke der Kunst auf den verschiedenen Gebieten auf das Gemüt einwirken, sich von ihnen erziehen, zu ihrer Höhe emporziehen zu lassen, der andere bemüht, den Gesetzen des erkannten und genossenen Schönen nachzuspüren, darüber aber, wie mir scheinen wollte, nun doch etwas von dem reinen, unmittelbaren Genuß des geschauten Kunstwerkes einzubüßen. Ich gedenke noch einer Bootsfahrt einst zwischen den malerischen Inseln in der landschaftlich schönen Umgebung Petersburgs während einer 'weißen', linden Sommernacht. Im Westen verglühte langsam der Feuerball der untergegangenen Sonne und hauchte sein zauberhaftes Farbenspiel auf die regungslose Meeresfläche, während im Osten schon am stahlblauen Himmel in leisen, zarten Farbentönen die Sonne des herauskommenden Tages sich anmeldete und im nahen, duftenden Busch der Jelagin-Insel die Nachtigall ihren Sang ertönen ließ. Ein hinreißend schöner Augenblick! Ich forderte den Kameraden auf, mit einzustimmen in das Entzücken. Statt dessen verlangte er von mir Begründung des Entzückens über das unvergleichlich schöne Landschaftsbild, warum wohl solche Farbenübergänge, solche wunderbare Pracht der Natur der Seele den Eindruck des Schönen mache. Ach, ich hätte den Magister und Philister in diesem Augenblick am liebsten über den Bootsrand ins Wasser geworfen!»

331 Ibykos (um 530 v. Chr.), griech. Dichter aus Rhegion in Unteritalien. «Die Griechen nannten einen, der wider Willen in hohem Alter und kraftlos zu einer gefahrvollen Arbeit getrieben wurde, 'das Pferd des Ibykus'» (Deutsches Sprichwörter-Lexikon: Ein Hausschatz für das deutsche Volk, hg. von Karl Friedrich Wilhelm Wander, Bd. 1 [Leipzig 1867] 55). Zugrunde liegt das Fragment 287: «Es beginnt mich von Neuem die Liebe mit schmelzenden Blicken aus dunkelen Augen hervor / Durch mancherlei Zaubergewalt in Kypris unendliche Netze zu werfen. / Fürwahr ich erzittre sie nahen zu sehn, / Wie ein gejochtes, vor Zeiten gekrönetes Roß in dem Alter sich ungern / mit den hurtigen Wagen zum Kampfe begibt.» (Übers. Georg Thudichum). Platon nimmt darauf im Dialog *Parmenides* (136e9–137a4) Bezug, indem er Parmenides sagen lässt: «[I]ch fürchte, daß es mir ebenso ergehen wird wie dem Rosse bei Ibykos, das zwar wohlgeübt im Wettkampfe, aber doch schon etwas bei Jahren, wenn es das Wagenrennen noch einmal bestehen soll, eben vermöge seiner Erfahrung vor dem Erfolge zittert, und dem er sich selbst vergleicht, indem er singt, daß ebenso auch er, so alt schon, wider seinen Willen gezwungen werde, von neuem die Rennbahn der Liebe zu betreten.» (Übers. Franz Susemihl). Siehe auch Teichmüllers Brief an Georg Ebers vom 15. April 1887 (Nachlass B 752): «Mir geht es [...] wie dem Ibykeischen Rosse, ich zittere und zage vor dem Wettlauf.»

332 Siehe etwa Plat. Phil. 52d7.

333 Siehe zur Wurfschaufel in der Antike Hom. Il. 13, 588; 5, 499–500; Mt 3,12; Lk 3,17.

334 Die Erzählung, auf die sich Teichmüller hier bezieht, konnte nicht ermittelt werden.

335 *principium contradictionis*: Prinzip vom Widerspruch: Ein sinnvolles Urteil kann nicht zugleich wahr und falsch sein. Siehe HWPh VIII 1202.

336 Siehe zur Kritik an der Abstraktionstheorie der Begriffsbildung auch WSW 15–16, 51–52, 173 und RPh 70.

337 Siehe auch RPh 38–40.
338 Siehe WSW 347–348.
339 Siehe WSW 348.
340 Siehe insbesondere auch WSW 50: «[E]s wird keine […] speculative Theorie für wahr gelten können, wenn sich nicht […] der Inhalt des gewöhnlichen Bewusstseins als eine Folge aus den hypothetisch angenommenen Principien wieder ableiten lässt.»
341 Siehe NGPL 57 mit Komm. 162.
342 Diese These wurde Empedokles zugeschrieben, siehe DK 31 [21] A 4, 30, 76, 86, 97, B 105.
343 Nach Anaximander und Anaximenes war die Natur der Seele luftartig, siehe DK 12 [2] A 29 bzw. DK 13 [3] A 23.
344 Möglicherweise bezieht sich Teichmüller auf Aristot. De Juventute et Senectute, De Vita et Morte, De Respiratione VI, 4–5, insbes. 469b16–17.
345 Möglicherweise Bezug auf Heraklit, der die Seele für einen Funken von der Substanz der Gestirne hielt, siehe DK 22 [12] A 15.
346 Siehe dazu Aristot. an. I, 2 (403b31–404a16; 405a8–13); I, 3 (406b20–22).
347 Im Anschluss an Paracelsus wurde von der Alchemie teilweise Quecksilber als Element der Seele angesehen (siehe z. B. Wilhelm Gottlieb Tennemann: Geschichte der Philosophie, Bd. 9 [Leipzig 1814] 214). Der Materialismus des 19. Jh. brachte Phosphor besonders mit den mentalen Fähigkeiten in Verbindung: «Ohne Phosphor kein Gedanke» (Jacob Moleschott: Lehre der Nahrungsmittel [Erlangen 1850] 116).
348 Siehe H. Lotze: Metaphysik (1879), insbes. 492–494 (§ 248).
349 Siehe US 34–36.
350 *petitio principii*: «Forderung des (Beweis)grundes»: «Beweisfehler, der darin besteht, dass zum Beweis eine selbst noch beweisbedürftige Aussage verwendet wird; ein Sonderfall ist der Circulus vitiosus» (BE XXI 288).
351 Antoni van Leeuwenhoek (1632–1723) erreichte mit selbstgebauten Mikroskopen erstmals bis zu 270fache Vergrößerungen und «entdeckte und beschrieb […] z. B. zahlreiche Einzeller, die roten Blutkörperchen, die Querstreifung der Muskulatur, die menschlichen Spermien und sogar Bakterien im Zahnbelag» (BE XVI 512).
352 Siehe Orig. princ. II, 2, 2.
353 Siehe Macr. somn. I, 14, 19; Aristot. an. I, 4 (407b30), ferner Aristot. metaph. I, 5 (985b23–986a3); auch Aristoxenos von Tarent (um 360 – um 300), der den Pythagoräern nahestand, erklärte die Seele als Harmonie des Körpers (Cic. Tusc. 1, 20).
354 Dazu ist in der umfangreichsten Sammlung thaletischer Testimonien (Die Milesier: Thales, hg. von Georg Wöhrle [Berlin 2009]) keine explizite Stelle überliefert, am nächsten kommt Teichmüllers Behauptung vielleicht Diog. Laert. I, 27: «Er [Thales] nahm an, das Prinzip aller Dinge sei das Wasser, der Kosmos beseelt und voller Gottheiten.» (Übers. Georg Wöhrle). Zu Teichmüller über Thales' Lehre siehe SGB 565–568, 101.
355 Siehe etwa DK 22 [12] B 64: «Das Weltall aber steuert der Blitz, d. h. er lenkt es. Unter Blitz versteht er nämlich das ewige Feuer. Er sagt auch, dieses Feuer sei vernunftbegabt und Ursache der ganze Weltregierung.»
356 Siehe dazu HWPh XII 516–517.
357 Siehe dazu NGPL 60 mit Komm. 171.
358 Die beiden Attribute Denken und Ausdehnung sind die einzigen, die der Mensch erkennen kann, siehe z. B. Spinoza: Ethica II, ax. 5: «Andere Einzeldinge als Körper und Modi

des Denkens fühlen wir nicht und nehmen wir nicht wahr». Ob es noch andere Attribute gibt, ist unklar, siehe etwa ebd. I, def. 6: «Unter Gott verstehe ich [...] eine Substanz, die aus unendlichen Attributen besteht»; ebd. II, prop. 7 scholium: «Mögen wir daher die Natur unter dem Attribut der Ausdehnung oder unter dem Attribut des Denkens oder unter irgend einem anderen Attribut auffassen» (Übers. Jakob Stern, Irmgard Rauthe-Welsch).

359 *actus purus*: reiner Akt, bedeutet die «Bestimmtheit oder *Aktualität* unter Ausschluß jeglicher Bestimmbarkeit oder *Potentialität*, ist nach scholastischer Lehre nur Gott, der als *reiner* Akt einzig und unendlich ist» (HWPh I 134). Die lateinischen Termini *potentia* und *actus* entsprechen den griechischen Ausdrücken *dynamis* und *energeia*. Aristoteles bestimmt das Göttliche als reine Energeia in metaph. XII, 7 (z. B. 1072a25).

360 Siehe dazu SGB 479–481, auch NSGB III 307–317. Zu einem nicht sinnlichen, gedanklichen Stoff (ὕλη νοητή) vgl. Aristot. metaph. VII, 7 (1036b35, 1037a 4–5).

361 'Transfiguration' (lat. *transfiguratio*: Umwandlung) bezeichnet gewöhnlich die Umwandlung einer Person in die Gestalt eines himmlischen Wesens, das bekannteste Beispiel ist die Verklärung Christi (Mt 17,1–8; Mk 9,2–8; Lk 9,28–36); Teichmüller hingegen versteht unter Transfiguration die (vollkommene) Aktualisierung eines Substrats (NSGB III 315). Zu 'Transsubstantiation' siehe Komm. 148.

362 Titel eines Buches von Ludwig Büchner, erschienen 1855 in Frankfurt a. M. Das Buch war ein materialistischer Beitrag zum sogenannten Materialismusstreit (siehe HWPh V 868–869).

363 Kritischer Idealismus ist bei Teichmüller der Gegenbegriff zum projektivischen Idealismus, d. h. er projiziert die Begriffe nicht nach außen (siehe RPh 497). Wahrscheinlich entspricht diesem Gegensatzpaar bei Teichmüller der subjektive Idealismus (siehe NPGL 7) und der objektive Idealismus. Mit absolutem Idealismus meint Teichmüller insbesondere den Hegel'schen Idealismus, siehe dazu NGPL 257–258.

364 Siehe A. Schopenhauer: Die Welt als Wille und Vorstellung I, II, §§ 18–19.

365 Siehe J. W. Goethe: Faust I, 1224–1237.

366 Siehe J. W. Goethe: Faust II, 11559–11586.

367 Vermutlich Anspielung auf H. Lotze: Metaphysik (1879) 600–602 (§ 307).

368 KrV B 139.

369 In der *Grundlage der gesammten Wissenschaftslehre* (Leipzig 1794) und dem *Grundriss des Eigenthümlichen der Wissenschaftslehre* (Jena, Leipzig 1795) bildet das «Ich in der Form der sich wissenden Tathandlung [...] Anfang und Ende des Systems», in der *Darstellung der Wissenschaftslehre* von 1801 (in: Johann Gottlieb Fichte's sämmtliche Werke, hg. von I. H. Fichte, Bd. 2 [Berlin 1845] 3–163) ist es das absolute Wissen, das sich in der intellektuellen Anschauung selbst erblickt (Wolfgang Janke: Fichte – Sein und Reflexion [Berlin 1970] 207–222 mit zahlreichen Nachweisen, Zitat 207).

370 Siehe NGPL 12–13 mit Komm. 63.

371 *disiecta membra*: versprengte Glieder: stehender Ausdruck für verstreute Teile eines Ganzen. Der Ausdruck geht auf Hor. sat. I, 4, 62 zurück, wo allerdings von «disiecti membra poetae» (dt.: Glieder des zerstückelten Dichters) die Rede ist (siehe Ernst Lautenbach: Latein – Deutsch: Zitaten-Lexikon [Münster 2002] 838).

372 Teichmüller bezieht sich hier vermutlich auf eine folgende Meldung in Philosophische Monatshefte, hg. von J. Bergmann, IV. Band, Wintersemester 1869/70 (Berlin: Otto Loewenstein) 516: « – (*Ein Brief Goethe's*) Im Märzhefte der Westermann'schen Monats-

hefte theilt *Anton Dohrn* folgendes in den Händen der von Knebel'schen Familie in Jena sich befindliche, bisher ungedruckte Fragment eines Goetheschen Briefes mit». Aus diesem Fragment wird u. a. folgende Passage zitiert: «3) Sodann, lieber bester extramundaner personalist, bitte ich bestens und angelegenst: besinnen Sie Sich auf mehreres, was L. gesagt hat u. – wapnen Ihr System mit mehrern Gründen». Siehe dazu in *Westermanns Monatsheften* (Bd. 27, März 1870, 646–652) den Beitrag des Zoologen Anton Dohrn (1840–1909): «Ein ungedruckter Brief Goethe's. In den Händen der von Knebel'schen Familie in Jena befindet sich der folgende, noch nicht veröffentlichte von Goethe eigenhändig geschriebene Brief: ' – – Einkleidung geben. Der Br. kann an Mendelss. abgehen; aber mit der Bitte, dass er nicht publicirt wird, bis Sie, was Sie aus der Unterredung wollen, publiciren [...] 3) Sodann, lieber bester extramundaner Personalist, bitte ich bestens und angelegenst: besinnen Sie Sich auf mehreres, was L. gesagt hat u. – wapnen Ihr System mit mehrern Gründen [...]'. Der Brief ist, wie man sieht nicht vollständig, auch fehlen Datum und Adresse. Letztere ist indeß für den Kenner der Goethe'schen Correspondenz leicht zu finden, – der Brief ist an Friedrich Heinrich Jacobi in Pempelfort gerichtet. Darauf weist der erste Absatz, weist auch das L. hin, das zweimal vorkommt, und sicherlich nur Lessing bedeutet, wie das J. Jacobi's Namen vertritt.»

Bei diesem Fragment handelt es sich allerdings, wie sich bald herausstellte, nicht um einen Brief Goethes, sondern um eine auszugsweise Abschrift eines Briefes von Johann Gottfried Herder an Friedrich Heinrich Jacobi vom 6. Februar 1784 (Johann Gottfried Herder: Briefe. Gesamtausgabe 1763–1803, Bd. 5 [Weimar 1979] 27–29), vermutlich von Goethes Hand. Der Irrtum wurde allerdings in den *Philosophischen Monatsheften*, soweit ersichtlich, nicht korrigiert, sondern nur im nächsten Band von *Westermanns Monatsheften* (28 [1870] 207). Dort gibt Anton Dohrn nach verschiedenen Lesereinwänden Herders Autorenschaft zu, beharrt aber darauf, «daß das, was ich habe abdrucken lassen, von *Goethe's Hand* geschrieben ist, die ich sehr wohl kenne. Es bleibt somit die sehr einfache Erklärung übrig, daß Goethe einen Brief Herder's an Jacobi abgeschrieben und diese Abschrift an Knebel geschickt hat.» Bernhard Suphan erwägt in seinem Beitrag «Zu Jacobis Fehde über den Spinozismus» (in: Zeitschrift für deutsche Philologie 2 (1870) 478–484), das von Dohrn gefundene Fragment sei möglicherweise «eine von Goethe zum zweck eigener belehrung angefertigte copie von einem briefe Herders» (ebd. 482), falls es sich tatsächlich um Goethes Handschrift handele.

Die Behauptung, Goethe habe Jacobi einen Personalisten genannt, findet sich auch bei Rudolf Eisler: «Goethe nennt Jacobi wegen seines Glaubens an die Persönlichkeit Gottes einen 'Personalisten'» (WPhB II 86). Da Eislers Formulierung der von Teichmüller sehr ähnelt und er eine Seite vorher (WPhB II 85) aus derselben Seite zitiert, auf der sich auch Teichmüllers Bemerkung über Goethe und Jacobi findet, ist zu vermuten, dass er die angebliche Bemerkung Goethes über Jacobi der *Neuen Grundlegung der Psychologie und Logik* entnommen hat. Teichmüllers Bemerkung fand, möglicherweise über Eisler, Eingang in ein Hauptwerk des amerikanischen Personalismus. Albert C. Knudson erwähnt auf der ersten Seite des ersten Kapitels seines Buches über Personalismus (The Philosophy of Personalism – A Study in the Metaphysics of Religion [New York 1927] 17), dass «Goethe spoke of the distinguished theist, F. H. Jacobi, as a 'personalist'». Knudson hat keine schriftliche Quelle für diese Behauptung, sondern schreibt in der Fußnote zur Seite: «For this fact I am indebted to my colleague, Prof. G. C. Cell.» Bei G. C. Cell handelt es sich um den Bostoner Kirchenhistoriker George Croft Cell (1875–1937). In Knudsons Buch kommt der Name Teichmüller nicht vor. Knudsons Erwähnung der Teichmüller'schen Behauptung fand auch Eingang in eine neue angelsächsische Monographie über den Personalismus (Jan Olof Bengtsson: The worldview of personalism: origins and early development [Oxford 2006] 50), die Teichmüller mit keinem Wort erwähnt.

373 In der Tat wurde 'Personalismus' im deutschen Sprachraum bis dahin fast aussschließlich als theistischer Gegenbegriff zum Pantheismus für die Behauptung des Personseins Gottes verwendet. Möglicherweise wurde Teichmüller zur Anwendung dieses Terminus auf seine Philosophie durch die *Geschichte der neueren Philosophie von Nikolaus von Kues bis zur Gegenwart* (Leipzig 1886) von Richard Falckenberg angeregt. Seine intensive Lektüre dieses Werks zur Zeit der Abfassung der NGPL wird durch einen Brief an Falckenberg vom 11. März 1887 (B 854) belegt: «Ich schätze Ihre Gesch. d. Philos. sehr u. lese häufig mit Vergnügen darin.» Im Abschnitt «Erläuterung der wichtigsten philosophischen Kunstausdrücke (R. Falckenberg: Geschichte, 472–486) findet sich 482 unter dem Eintrag «Person» auch in fetter Schrift der Ausdruck «Personalismus», der definiert wird als «die Ansicht, daß alles wahrhaft Wirkliche persönlich (geistig, selbstbewußt) sei». Falckenberg verweist dabei auf den schwedischen Philosophen Christopher Jacob Boström (1797–1866), dessen Lehre er als «ein an Leibniz, Schelling und Krause erinnerndes System der Selbstthätigkeit und des Personalismus» (ebd. 437) charakterisiert. Es scheint sich dabei aber um eine Fremdzuschreibung zu handeln; Boström selbst nennt seine Philosophie 'rationalen Idealismus' (siehe The Encyclopedia Americana, vol. 4 [New York 1962] 304). Bemerkenswert ist, dass Teichmüllers Schüler Wincenty Lutosławski bereits 1887 einen Aufsatz über die Philosophie Teichmüllers mit dem Titel *El personalismo. Un nuevo sistema de filosofía* veröffentlichte (Revista de España 118 [1887] 321–336; auch als Separatum in Buchform [Madrid 1887]).

374 Siehe WSW 336–337, 345. Nagasena (2. Jh. vor Chr.) ist ein buddhistischer Weiser, dessen legendäre Diskussion mit dem indo-griechischen König Menander (Milinda) im *Milindapañhā* dargestellt ist. Milinda ist der Pali-Name für den bedeutenden indo-griechischen König Menandros I., der um die Mitte des 2. Jhs. v. Chr. über ein Reich vom Hindukusch bis zum Pandschab herrschte (DNP VII 1220). Teichmüller bezieht sich auf die Darstellung in Hermann Oldenberg: Buddha (Berlin 1881) 260–263.

375 Siehe zum Selbstbewusstsein WSW 73.

376 Siehe dazu J. F. Herbart: Allgemeine Metaphysik II 363 (§ 311): «Das Ich […] zeigt sich als eine, der Veränderung unterworfene, Complexion von Merkmalen.» Vgl. auch ebd. 364 (§ 313).

377 Siehe dazu J. F. Herbart: Lehrbuch zur Einleitung in die Philosophie, 161 (§ 130): «Wollen, Fühlen, Urtheilen mit Beyfall oder Misfallen, sind Zustände der zum Theil gehemmten und strebenden Vorstellungen.» Vgl. auch die vierte Auflage von 1837, 270 (§ 159): «*Gefühle und Begierden sind nicht neben und ausser den Vorstellungen; am wenigsten giebt es dafür besondere Vermögen; sondern sie sind veränderliche Zustände derjenigen Vorstellungen, in denen sie ihren Sitz haben.*»

378 Um zu vermeiden, dass ein und demselben Ding zahlreiche Eigenschaften und wechselnde Zustände zugeschrieben werden, postuliert Herbart sogenannte «Realen», die jeweils nur eine einzige Qualität besitzen. Sie seien unveränderlich und wirkten nicht aufeinander ein. Das, was wir für die Dinge mit verschiedenen Eigenschaften und Zuständen

halten, sei nur ein Zusammenkommen von verschiedenen Realen (siehe Wolfgang Röd: Geschichte der Philosophie, Bd. 9/1: Die Philosophie der Neuzeit 3, Teil 1: Kritische Philosophie von Kant bis Schopenhauer [München 2006] 187; Karl Vorländer: Geschichte der Philosophie, Bd. 2 [Leipzig $^{5}$1919] 331–332).

379 Siehe G. W. F. Hegel: Wissenschaft der Logik I (TWA V) 66–67: Es gebe «nichts im Himmel oder in der Natur oder im Geiste oder wo es sei, was nicht ebenso die Unmittelbarkeit enthält als die Vermittlung, so daß sich diese beiden Bestimmungen als *ungetrennt* und *untrennbar* und jener Gegensatz sich als ein Nichtiges zeigt»; TWA V 78: «nur das Unmittelbare ist einfach». Siehe dazu auch HWPh XI 237–238.

380 Siehe KrV B 467–470; zu Hegels Auseinandersetzung mit der zweiten Antinomie der KrV siehe G. W. F. Hegel: Wissenschaft der Logik I (TWA V) 216–227.

381 Siehe zur Ich-feindlichen Rhetorik der Objektivität in der Wissenschaft Alan G. Gross, Joseph E. Harmon, Michael Reidy: Communicating Science. The Scientific Article from the 17th Century to the Present (Oxford 2002) 163–172.

382 Arthur Schopenhauer: Grundlage der Moral (Hamburg 2007) 167–170 (orig. 1841).

383 Siehe das Vorwort zur zweiten Auflage von *Die Welt als Wille und Vorstellung.*

384 generische Identität: Zugehörigkeit zur selben Gattung oder Art; von lat. *genus*: Art, Gattung.

385 Siehe WSW 204–206.

386 Siehe WSW 215–227.

387 Siehe dazu KrV B 33–73 (Die transzendentale Ästhetik), z. B. B 73, wo Kant Raum und Zeit «reine Anschauungen a priori» nennt.

388 Siehe dazu WSW 3–4, vgl. auch SGB 608–623.

389 Siehe z. B. die Kritik an Wilhelm Wundt WSW 26–28.

390 Vgl. WSW 131–132.

391 Vgl. insbesondere Plat. Tim. 48e2–52d1. Siehe zum Materiebegriff bei Platon und Aristoteles auch ausführlich SGB 302–339.

392 Gemeint ist das erste Buch der *Physik* des Aristoteles.

393 Aristot. phys. I, 7 (191a7–8).

394 J. Locke: Essay III, 6, §§ 9–11.

395 Siehe die Tafel der Kategorien KrV B 106.

396 Siehe WSW 26–28, wo Teichmüller Wilhelm Wundts *Logik. Eine Untersuchung der Principien der Erkenntniss und der Methoden der wissenschaftlichen Forschung, Bd. 1: Erkenntnisslehre* (Stuttgart 1880) behandelt.

397 Siehe KrV B 106.

398 Siehe Immanuel Kant: Metaphysik der Sitten. Der Rechtslehre erster Teil, § 1 (AA VI 245): «Das rechtlich Meine (*meum iuris*) ist dasjenige, womit ich so verbunden bin, daß der Gebrauch, den ein Anderer ohne meine Einwilligung von ihm machen möchte, mich lädieren würde. Die subjective Bedingung der Möglichkeit des Gebrauchs überhaupt ist der Besitz. Etwas Äußeres aber würde nur dann das Meine sein, wenn ich annehmen darf, es sei möglich, daß ich durch den Gebrauch, den ein anderer von einer Sache macht, in deren Besitz ich doch nicht bin, gleichwohl doch lädiert werden könne. – Also widerspricht es sich selbst, etwas Äußeres als das Seine zu haben, wenn der Begriff des Besitzes nicht einer verschiedenen Bedeutung, nämlich des sinnlichen und des intelligiblen Besitzes, fähig wäre, und unter dem einen der physische, unter dem

andern aber ein bloß rechtlicher Besitz ebendesselben Gegenstandes verstanden werden könnte.»

399 Aristot. cat. 4 (1b27); 9 (11b11–13).

400 Aristot. cat. 9 (11b13).

401 Siehe die *Geschichte Aladdins, oder die Wunderlampe,* in: Tausend und eine Nacht – Arabische Erzählungen, übers. von Gustav Weil, hg. von August Lewald, Bd. 3 [Pforzheim 1841] 163–313 [Nacht 531–558], darin S. 243–244 [Nacht 545).

402 Siehe dazu Teichmüllers Abhandlung *Die Willensfreiheit* (Nachlass A III 16a), vermutlich aus dem Jahr 1886, das die Freiheit in das Gefühl verlegt:

«[Ms55]Die Willensfreiheit.

Es ist bekannt, dass von jeher dem Willen die Freiheit der Wahl zugemuthet u. ihm doch ebenso diese Freiheit wieder aberkannt wurde. Für jede von beiden Forderungen oder Behauptungen giebt es eine Menge Beweise, u. die Frage ist bis jetzt nicht entschieden.

Die bisherige Arbeit an diesem Problem.

Soweit meine Erinnerung an alle die hierüber handelnden Arbeiten reicht, habe ich immer dabei als Voraussetzung die Unterscheidung des Willensvermögens vom Gefühlsvermögen u. Erkenntnissvermögen gefunden. Da man demgemäß den Willen auch niemals definiren konnte, sondern ein chimärisches Vermögen der Selbstbestimmung annahm, welches einerseits etwas intellektuelles zu sein schien, sofern es durch gewisse Schlüsse u. Combinationen nach Geboten, Ideen u. Idealen sich vollzog, u. andererseits wieder sich als Sclaven der Leidenschaft u. Sinnlichkeit zeigte, so war es ganz in der Ordnung, dass man einem offenkundig von zwei Seiten abhängigen Vermögen, dessen eigentliches Wesen ganz mysteriös blieb, [Ms56] auch keine Freiheit der Wahl zugestehen konnte. Der Wille hat, dies sah man ein, nur die Function zu wollen, aber er kann diese Function nicht selbst verursachen, d. h. er kann nicht wollen wollen. Da das Wollen vielmehr von Motiven abhängig ist, so ist von keiner Willensfreiheit die Rede.

Andererseits fühlte man wegen der Schuldfrage in sittlicher u. criminalistischer Beziehung das Bedürfnis, die Freiheit irgendwie zu erhalten, ohne dass man doch die Motivation läugnen durfte. Die Annahme eines liberum arbitrium, d. h. der Möglichkeit einer Wahl zwischen zwei vorgestellten Handlungsweisen, schien nothwendig, um den Menschen zu loben oder zu tadeln, ihn zu verurtheilen und zu bestrafen, oder ihn zu belohnen. Gleichwohl musste man sich mit solcher Annahme schämen vor dem Causalitätsgesetze, welches jede Annahme von Wahlfreiheit als bloße Unkenntniss der bestimmenden Ursachen, der geheim wirkenden Motive bezeichnete u. die Vertheidiger der Freiheit lächerlich machte.

Lösung des Problems durch die neue Lehre.

Über diese Lahmlegung der Frage nach der Willensfreiheit könnte man nun nach der bisherigen Psychologie nicht hinauskommen, da man das Gefühlsvermögen neben dem Willensvermögen u. Erkenntnissvermögen annahm

[*hier Fußnotenzeichen, Fußnote beginnt* Ms56.a]: Auch der ausgezeichnete Präsident vom [¿] Yale College, Professor Noah Porter. der jüngst das hervorragende Werk «The Elements of Moral Science[»] (New York, Ch. Scribner's Sons 1885) geschrieben hat, ist. S. 84ff., wie mir scheint, an dieser Klippe gescheitert. Denn da er voraussetzt, dass der Wille, um wählen zu können, hinblicken müsse auf einen begehrenswerthen (desirable) Gegenstand, so hat er schon offenbar eine Wahl vor der Wahl vollzogen, sofern der Begriff «begehrenswert» (desirable) schon einen Werth, eine Wahl, einen Vorzug eines Gegenstandes vor einem andern voraussetzt. Diese von ihm vorausgesetzte Wahl ist aber gerade die Sache des Gefühls oder der Lust u. Unlust, ohne welche wir überhaupt nichts wählen könnten, weil dadurch allein Werthunterschiede erst in die Welt kommen. Porter sieht sich daher gezwungen (u. dies dient mir als zweiter u. indirecter Beweis), seinem sogenannten Willen oder Wahlvermögen, welches doch neben dem Gefühle eben nicht vorhanden ist, eine erdichtete Function zuzuschreiben; denn wenn er dem Willen einen Act sui generis u. eine Prärogative u. Methode für sich besonders giebt, wonach der Wille keine Zeit bedürfe beim Wählen, sondern ungleich dem Erkenntniss- u. Gefühlsvermögen, in einem Augenblicke perfect sei (An act of choice needs but an instant for its perfection) u. desshalb uns in seiner Natur verborgen bleibe, während uns die Schwankungen des Gefühls u. die langen [Ms56b] Deliberationen des Erkenntnissvermögens sehr wohl bekannt seien wegen ihrer Dauer u. wegen ihres fortwährenden Vorkommens: so sieht man doch wohl ein, dass dieses punktuelle Sichwollende der Wahl u. diese Verborgenheit ihres Aktes nur daher rührt, dass dies ganze Vermögen überhaupt nicht existirt, sondern bloß den Zeitpunkt bezeichnet, wo die Handlung, d. h. die coordinirten Bewegungen anfangen. Denn sobald einige Gegenstände der Wahl vorgestellt werden, so fangen auch die Gefühle an, sich zu äußern u. je nach den Deliberationen für die eine oder die andere Seite stärker zu werden. Mithin dauert die Wahl so lange, bis das Übergewicht eines Gefühls entschieden ist u. die entgegenstehenden Gefühle nichts mehr vermögen. Damit zugleich ist dann der Übergang zu den Bewegungen, welche unseren Gefühlen u. Vorstellungen coordiniert sind, gegeben, u. die Handlung fängt an. Es kann darum nicht verwundern, dass man den Willen, den man von dem Gefühle gegen die Natur abschneiden möchte, in den zeitlosen Punkt versetzen muss, wo der Übergang zur Handlung stattfindet. In Wirklichkeit sind aber selbst solche Übergänge zuweilen bei derselben Handlung oszillirend, indem derselbe Mensch schon seine Hände ausstreckt u. wieder zurückzieht u. wieder [Ms 56.c] ausstreckt, je nachdem die Gefühle ihn erregten u. die coordinirten Bewegungen hervorbringen. Mithin verräth sich die Unmöglichkeit, das Wahlvermögen vom Gefühle zu trennen, dadurch, dass man es in den 'zeitlosen Punkt' des Übergangs zur Handlung setzen muss, gewissermaßen zwischen zwei Stühle, wo es doch keinen angemessenen Platz findet.

Ich würde diese Kritik nicht so ausführlich vorgetragen haben, wenn ich nicht gerade vor Porter die höchste Achtung als vor einem der hervorragendsten Denker Amerika's empfände, mit dem ich in vielen Punkten vollkommen übereinstimme, der aber, weil er, wie bisher allgemein geschehen, den Willen vom Gefühl abtrennt, nothwendig erstens in den Cirkel verfallen muss, die Wahl vor der Wahl vorauszusetzen, u. zweitens den Willen als ein unbekanntes, mysteriöses Fabel-Wesen ohne Zeit sich vollenden zu lassen. Ich nenne diesen Willen ein Fabelwesen, weil alle Akte mit positivem Inhalte nothwendig in Coordination mit anderen Akten stehen u. desshalb eine perspectivische Messung erlauben, wonach ihm eine gewisse Dauer oder Zeitquantität zukommen muss, während dasjenige, was nicht ist, auch keinen Zeitabschnitt füllen kann, wesshalb es ganz natürlich u. nothwendig ist, dass bei Porter die Willensentscheidung ein punktueller oder zeitloser Akt wird.]

[*Fortsetzung* Ms56] u. demgemäß den Willen abenteuerlicher Weise wählen lassen wollte, ob der den Gefühlen oder der Vernunft zu gehorsamen [sic!] geneigt sei. Was muss daher geschehen, [Ms57] wenn die Lähmung der Vernunft aufhören u. die Frage nach der Willensfreiheit wieder lebendig werden soll? Offenbar kann nur eine neue Psychologie helfen. Desshalb kommt durch meine neue Theorie vom Gefühl, d. h. durch die Eliminierung des sogenannten Willensvermögens erst wieder das Recht u. die Möglichkeit, die Frage aufzufrischen; denn wer ohne neue Principien über Willensfreiheit spricht oder schreibt, muss sich doch im Geheimen selbst für einen Schwätzer halten.

Durch meine neue Theorie aber verwandelt sich die ganze Lage des Streites; denn während bisher die Deterministen gewissermaßen gesiegt hatten, da die Verfechter der Freiheitslehre nur ihre guten Wünsche zum Besten der Freiheit u. das Bedürfnis nach Freiheit um der Sittlichkeit, Strafrechtspflege u. Religiosität willen geltend machen konnten, so dreht sich jetzt der Vortheil auf die andere Seite u. die Freiheit siegt so sehr, dass der Determinismus fast lächerlich wird.

Demonstration des Lehrsatzes.

Die Demonstration ist einfach u. leicht zu überschauen, wie das in der Regel bei wahren Lehrsätzen stattfindet. Wenn nämlich das fabelhafte Willensvermögen der früheren Psychologie zu dem übrigen mythologischen Apparat in die Rumpelkammer geworfen wird, so behalten wir bloß das Gefühlsvermögen übrig. Dieses ist aber, sofern es als Lust oder Unlust thätig wird, [Ms58] seinem Wesen nach ein Vermögen der Wahl; denn durch die Lust wählen wir ein vorgestelltes Object, durch die Unlust verwerfen wir dasselbe. Gemäß unserer Wahl coordiniren sich dann die Bewegungen unseres Bewegungssystems ganz von selbst. Hat der Mensch aber ein Vermögen zu wählen, welches ihm eigenthümlich ist, so besitzt er Freiheit, da man unter Freiheit eben dies versteht, dass ein Mensch in seinen Handlungen aus der Verkettung der Nothwendigkeiten herausgenommen ist u. man bei jeder Vorlegung verschiedener Motive erst erwarten muss, wie er sich entscheiden, wie er wählen werde. Das liberum arbitrium gehört dem Menschen, so gewiss er Gefühle hat.

Widerlegung des ersten Einwandes. Motiv.

Diejenigen, welche dialektisch ungeübt sind, werden nun wahrscheinlich einwenden, dass der Mensch doch durch seine Motive bestimmt würde. Sie bemerken nämlich nicht gleich, dass die ganze frühere Argumentationsweise durch die Veränderung der Principien aufgehoben ist. Denn was ist ein Motiv? Schon der Name zeigt, dass man sich darunter eine Ursache der Bewegung vorstellt. Nun gut, was ist die Ursache aller Bewegungen oder Handlungen des Menschen? Offenbar das, was er gewählt hat, d. h. das wobei er Lust oder Unlust fühlte. Was ist z. B. das Motiv der Flucht? Offenbar dies, dass die Vorstellung, ergriffen zu werden, Unlust, die Vorstellung, den Angreifern durch Schnelligkeit zu entgehen, Beifall in dem Fliehenden fand. [Ms59] Das Motiv fällt jetzt also nicht mehr außer dem Willen u. geht ihm nicht vorher, sondern ist der Wille oder das Gefühl selbst. Die Behauptung, dass der Mensch durch Motive regiert u. necessitirt oder determinirt wird, bedeutet jetzt also gerade seine Freiheit.

Widerlegung des zweiten Einwandes. Vorgestelltes.

Es bleibt deshalb den schlechten Dialektikern nun noch der Einwand, dass doch der Wahl wenigstens die Vorstellung von gewissen Objecten vorhergehen müsse. Wenn diese vorgestellten Objecte nun zu sogenannten Motiven gemacht werden könnten, so könnte auch das Vermögen zu wählen wieder in die Kette der Nothwendigkeiten, in den nexus causarum eingegliedert werden. Allein hier ist der logische Fehler fast noch evidenter.

Z. B. Jemand geht in die Oper. Weshalb? Weil er gelesen hatte, dass die Aufführung des Fidelio stattfinden würde. Was war also sein Motiv? Offenbar die Vorstellung von dieser Aufführung. Folglich erscheint sein Wille durch das Motiv motivirt oder determinirt. Nun beachte man den circulus in demonstrando. Die Vorstellung als Motiv soll den Willen determiniren u. wird doch erst ein determinirendes Motiv durch den Willen. Denn diese selbige Vorstellung kann mich ja ganz gleichgültig lassen; ich habe den Fidelio gerade kurz vorher mehrmals in Wien u. München gehört; die Vorstellung, ihn nochmals zu hören, statt einer Wagnerschen Oper, die ich zu hören wünsche, erfüllt mich mit Unlust. Wo ist nun das Motiv geblieben? Die Vorstellungen ohne Ausnahme haben ein völlig indifferentes Gesicht u. [Ms60] können nur zu sogenannten Motiven werden, wenn man bei denselben diese oder jene Gefühle hat. Das Gefühl oder der Wille spielt daher die erste u. entscheidende Rolle, u. nur wenn u. sofern eine Vorstellung wie auf einem Wagen die hochgebietende Magistratsperson des Willens heranführt, nun dann u. nur soweit gelten die Vorstellungen als wichtig u. scheinen Motive zu sein, etwa wie man sagt, das Oberhaus hat entschieden, wobei nur die Peers in Frage kommen u. nicht das Haus, in welchem sie sich versammeln u. welches durch die Versammlung zu einem beachtenswerthen Gebäude wird. Statt dass also die Vorstellungen dem Willensvermögen einen sogenannten Impuls geben könnten, wie man dies etwas grob u. anstößig ausdrückt, muss man jetzt zugestehen, dass das Willensvermögen erst der Grund ist, wesshalb man überhaupt von den begleitenden Vorstellungen bei Gelegenheit von Handlungen spricht, da sie an u. für sich völlig gleichgültig u. werthlos wären. Also liegt dem ganzen Einwande der Deterministen ein circulus vitiosus zu Grunde, u. es ist nicht möglich, auf diese Weise der Freiheit beizukommen.

Causalitätsprincip.

Die neue Auflösung des alten Problems, das wie eine Sphinx so viele kühne Forscher schon in den Abgrund der Rathlosigkeit herabgestoßen hat, wird aber kaum sofort Beifall finden; denn die Gewöhnung in den alten Gedankengängen [Ms61] sich zu bewegen, ist zu groß, um alsbald verschwinden zu können. Es ist darum unsere Pflicht, noch einen ganz gewaltigen Zauberer um seine Macht zu bringen, der bisher die Gedankenwege im Geheimen leitete. Man wird gleich errathen, was ich im Sinn habe, nämlich das sogenannte Gesetz von dem Zusammenhange von Ursache u. Wirkung. Dies Gesetz hat gewiss eine große Bedeutung; denn alle Wissenschaft, Politik, Erziehung, Kunst u. Technik ruht darauf. Wer es bestreitet, ist ein Narr. Wir werden uns also hüten, uns hier die Finger zu verbrennen.

Frühere dogmatische u. sensualistische Annahmen.

Allein dies Gesetz ist in ein merkwürdiges Dunkel eingehüllt, aus dem heraus es nur seine Blitze schleudert, ohne selbst von einem Sterblichen jemals gesehen zu werden. Denn obgleich es von einer so unbedingten Gültigkeit ist, dass man in der neueren Zeit es sogar für das einzige Gesetz des Verstandes erklärt hat, so wurde doch im Alterthum u. Mittelalter u. in der Renaissanceperiode der Philosophie niemals versucht, den Wohnsitz u. Ursprung u. das Wesen dieses Gesetzes zu erforschen, u. in der neueren Zeit nur wagte ein sensualistischer Dilettant, ich meine Hume, sich den Kopf daran zu zerbrechen. Er fand, dass sich bei keiner äußeren oder inneren Verursachung nachweisen ließe, wie die Ursache es machte, eine Wirkung hervorzubringen; u. kam daher, obgleich er die [Ms62] Thatsache der Gültigkeit des Gesetzes nicht antastete, zu dem Schlusse, dass es nur eine Gewöhnung von uns sei, bei einem jeden vorgestellten Ding immer an gleichartige frühere Erfahrungen uns zu erinnern u. desshalb die dort beobachteten vorhergehenden Erscheinungen (Antecedents) auch hier als die sogenannte Ursache anzunehmen oder zu suchen.

Kant's Kategorien.

Kant hat nun diese sensualistische Erklärung gebührend abgewiesen, indem er zeigte, dass die bloß zeitliche Aufeinanderfolge keine Causalität begründe, sondern dass erstens eine Regel für die Abfolge angeführt werden müsse u. dass zweitens wegen der Allgemeinheit u. Nothwendigkeit der Forderung eines Causalzusammenhangs diese Forderung einen apriorischen Charakter habe u. als Kategorie unserem Denken transscendentaliter eigenthümlich sei. Allein bei Kant kann ein Denker niemals stehen bleiben. Kant ist ja sichtlich ein Scholastiker, der eine solche Fülle von Entitäten zur Erklärung der Wirklichkeit gebraucht, dass er seine mittelalterlichen Collegen nur damit übertreffen konnte. Was ist denn eine Kategorie in Kant's Sinn? Was bedeuten denn diese transscendentalen Formen, die sich noch dem Zauber des Schematismus unterwerfen müssen, um für die Anschauung einen Sinn zu haben? Kant hat sie wie ein blindes Fatum in seine Vernunft aufgenommen u. nicht [62.a] den leisesten Versuch gemacht, sie zu erklären. Dies muss aber geradezu einen komischen Eindruck hervorrufen, da die Vernunft ja ihr Wesen darin hat, für Alles einen hinreichenden Grund zu fordern, zu suchen u. zu finden. Eine mit lauter durch die Vernunft nicht begründeten Kategorien ausgestopfte Vernunft ist deshalb ein lächerlicher Popanz u. mithin ist auch das Causalitätsprincip bei Kant etwas Unvernünftiges, das nur ein zufälliges Asylrecht am Altar der reinen Vernunft gefunden hat, wie ja auch Verbrecher, wenn sie sich an den Altar retten, geschützt werden.

Ich will hier natürlich nicht auf eine ausführliche Darlegung eingehen, sondern verweise theils auf die von mir veröffentlichte neue Grundlegung der Metaphysik (Wirkliche u. scheinbare Welt), theils auf die demnächst zu liefernden Einzeldisciplinen, von denen ich vorläufig hier die Religionsphilosophie mitteile. Es kann sich desshalb hier nur um eine kurze Orientirung handeln.

Nun habe ich gezeigt, dass die sogenannte Welt ein Verein selbständiger Wesen ist, die von einander unabhängig sämmtlich durch ein in allen gemeinsam waltendes Urwesen (Gott) in Beziehung zu einander stehen. Diese Beziehungen drücken sich aus in den Functionen, die ein jedes derselben ausübt. Mithin bilden diese Functionen die sogenannten [Ms62.b] Erscheinungen der Welt, die desshalb kein äußerliches Dasein haben, sondern nur Zustände des Bewusstseins bilden, aber in Coordination mit den Functionen der anderen Wesen stehen. Also ist diese erscheinende Welt ein großes Coordinatensystem aller Functionen aller selbständigen Wesen. Die Formen, in welchen die Functionen der anderen Wesen in Beziehung stehen, sind alle der Vernunfterklärung zugänglich u. ihr allgemeiner, ideell ausgedrückter Inhalt ist das, was wir die Gesetze der Weltordnung nennen. Wegen dieser allgemeinen Coordination gilt das Prinzip der Causalität oder des zureichenden Grundes, nicht weil wir überhaupt das Viele nach dem Kantischen Fatum der Vernunft immer auf eine Einheit als ihr Gesetz zurückführen müssen, sondern weil die Vernunft die Wahrnehmung dieser allgemeinen Coordination ist. Die zeitliche Succession ist eine bloß perspectivische Auffassungsform der Causalverknüpfungen; objectiv lässt sich die Welt aber als ein zeitlos geordnetes technisches System begreifen, welches von jedem Wesen perspectivisch in chronologischer Auffassung vorgestellt werden muss.

Das Causalitätsgesetz bedeutet daher nicht einen mechanischen Zusammenhang einer Erscheinung mit einer anderen etwa in der Weise, wie man sich das Aufwinden des Ankers durch die [Ms62.c] eiserne Kette u. die drehenden Matrosen denkt, sondern nur die Ordnung der Functionen überhaupt; denn der Anker könnte auch ohne Kette u. sichtbares Zwischenglied durch bloße magnetische Kraft gehoben werden, u. das harte Eisen der Kette kann durch unsichtbare Wärme seinen Zusammenhang verlieren u. flüssig oder dampfförmig werden. Es kommt also bloß auf eine bestimmte Ordnung der Functionen an, wenn man den Causalitätszusammenhang erkennen will.

Functionen des Geistes aber giebt es drei, das Erkennen, das Fühlen (Küren oder Wollen) u. das Handlen [*sic*!] (Bewegen). Diese drei Functionen stehen in einer bestimmten Coordination, u. die Frage der Freiheit oder der Causalität u. Willens⟨–⟩ ist jetzt einfach die, ob der Wille (Gefühl) von den andern beiden Functionen abhängt oder nicht.

Neuer Lehrsatz.

Nun ist zwar in dem technischen System der Welt eine allgemeine Ordnung aller Functionen gegeben u. insofern auch der Wille oder das Gefühl in den allgemeinen Zusammenhang aufgenommen. Dies verhält sich» [*Ende* Ms62c, *Folgeseiten nicht auffindbar*].

403 G. W. Leibniz: Nouveaux Essais II, 21, § 8: «Das nennt man Willensfreiheit, welche darin bestehen soll, daß die stärksten Gründe und Eindrücke, die der Verstand dem Willen darbietet, den Willensakt nicht daran hindern, kontingent zu sein und ihm keine absolute Notwendigkeit auferlegen. Und in diesem Sinne pflege ich zu sagen, daß der Verstand den Willen bestimmen kann gemäß den überwiegenden Perzeptionen und Gründen, die auf eine sichere und unfehlbare Weise ihn in bestimmter Richtung geneigt machen, ohne ihn jedoch zu nötigen [incline sans necessiter]» (Übers. Wolf von Engelhard und Hans Heinz Holz). Vgl. auch Leibniz: Théodicée. § 43, wo Leibniz sagt, er sei «für die Anhänger der Vorherbestimmung, nur mit der Einschränkung, dass diese niemals eine nothwendig bestimmende ist. Mit einem Worte, ich meine, der Wille hat immer mehr zu der Seite geneigt, welche er demnächst ergreift, entsprechend dem berühmten Ausspruch: Astra inclinant, non necessitant (die Gestirne treiben, aber zwingen nicht)». Vgl. ferner auch ebd. § 22: «Im gewöhnlichen Sinne genommen, besteht der Wille in der Neigung, etwas im Verhältniss des darin enthaltenen Guten zu thun» und ebd. § 34: «Ich halte dafür, dass unser Wille nicht blos frei ist von dem Zwange, sondern auch von der Nothwendigkeit.» (Übers. Julius Hermann von Kirchmann).

404 Eine prägnante Kant-Stelle zu dieser Behauptung konnte nicht gefunden werden, inhaltlich sind hier aber KpV A 54, 277 einschlägig.

405 Die Geschichte des Buckligen findet sich als Rahmenerzählung in: Tausend und eine Nacht – Arabische Erzählungen I 388–564 [Nacht 108–174]).

406 Siehe dazu NGPL 50–53, 119–120 und vor allem RPh 117, 270–272, 446–447, 459.

407 Die Taufe Jesu wird geschildert in Mt 3,13–17; Mk 1,9–11; Lk 3,21–22. Siehe zur Theorie der psychologischen Belastung Jesu durch die Sünde der Welt als Motiv der Taufe Bruno Bauer: Kritik der evangelischen Geschichte der Synoptiker, Bd. 1 (Leipzig 1841) 201: «[U]m wirklich Erlöser zu seyn, ja wenn er auch nur des Mitleids mit dem Elend des menschlichen Geistes fähig seyn sollte, mußte er die Last der Sündhaftigkeit als seine persönliche Beschwerde erfahren haben. Ueberhaupt, je größer ein Geist ist, um so tiefer erfährt er in sich den allgemeinen Gegensatz, der die Menschheit bewegt: wer nun am höchsten steht und die höchste Kraft der Reinheit in sich trägt, muß auch im tiefsten In-

nern jenen Gegensatz erfahren und eben dieses Gefühl des Gegensatzes und der Sündhaftigkeit war es, was Jesum zur Taufe des Johannes trieb.»

408 Siehe etwa Ex 20,5 und 34,7 zur Bestrafung der Kinder und Kindeskinder «bis in das dritte und vierte Glied»); zur Mitbestrafung des Viehs siehe 1 Sam 15 und Dt 13,13–19.

409 Siehe RPh 130 und ausführlicher SGB 175 mit Verweis auf Plat. leg. 873e. Dort heißt es: «Und hat irgend etwas Lebloses einen Menschen des Lebens beraubt, es sei denn ein Blitz oder ein ähnliches Geschoß eines Gottes, also wenn irgend ein anderer Gegenstand ihn getötet hat, mag er nun darauf getreten oder daran gestoßen haben oder umgekehrt jenes auf ihn gefallen sein, so soll der Anverwandte den nächsten Nachbar als Richter einsetzen, um vor ihm sowohl sich selbst als die ganze Verwandtschaft von der Blutschuld zu reinigen, jener leblose Gegenstand aber, den nach dem Ausspruche dieses Richters die Schuld trifft, soll [...] außer Landes geschafft werden». (Plat. Leg. IX [873e6–874a3] Übers. Franz Susemihl). Teichmüller verweist in SGB 175 Fn. auf «Hermann, Gr. Staatsalterth. § 104, 16», wohl Karl Friedrich Hermann: Lehrbuch der griechischen Staatsalterthümer (Heidelberg 1855) 299 (§ 104): «eine vierte Gerichtsstätte derselben [der Epheten], das Prytaneum, war für solche Fälle vorbehalten, wo leblose Gegenstände den gewaltsamen Tod eines Menschen veranlasst hatten, welche dann einem eigenen Gesetze zufolge förmlich über die Gränze geschafft werden mussten.» Der Hinweis auf «16» konnte nicht aufgeklärt werden.

410 Siehe etwa Immanuel Kant: Die Metaphysik der Sitten – Erster Teil, metaphysische Anfangsgründe der Rechtslehre (Königsberg $^2$1798) AA VI 227: «Zurechnung *(imputatio)* in moralischer Bedeutung ist das Urtheil, wodurch jemand als Urheber (*causa libera*) einer Handlung, die alsdann That (*factum*) heißt und unter Gesetzen steht, angesehen wird; welches, wenn es zugleich die rechtlichen Folgen aus dieser That bei sich führt, eine rechtskräftige (*imputatio iudiciaria, s. valida*), sonst aber nur eine beurteilende Zurechnung (*imputatio diiudicatoria*) sein würde. [...] Die guten oder schlimmen Folgen einer schuldigen Handlung – imgleichen die Folgen der Unterlassung einer verdienstlichen, können dem Subject nicht zugerechnet werden (*modus imputationis tollens*). Die guten Folgen einer verdienstlichen – imgleichen die schlimmen Folgen einer unrechtmäßigen Handlung können dem Subject zugerechnet werden (*modus imputationis ponens*). Subjektiv ist der Grad der *Zurechnungsfähigkeit* (*imputabilitas*) der Handlungen nach der Größe der Hindernisse zu schätzen, die dabei haben überwunden werden müssen. – Je größer die Naturhindernisse (der Sinnlichkeit), je kleiner das moralische Hindernis (der Pflicht), desto mehr wird die gute That zum Verdienst angerechnet; z. B. wenn ich einen mir ganz fremden Menschen mit meiner beträchtlichen Aufopferung aus großer Noth rette. Dagegen: je kleiner das Naturhinderniß, je größer das Hinderniß aus Gründen der Pflicht, desto mehr wird die Übertretung (als Verschuldung) zugerechnet. – Daher der Gemüthszustand, ob das Subject die That im Affekt, oder mit ruhiger Überlegung verübt habe, in der Zurechnung einen Unterschied macht, der Folgen hat.»

411 Siehe Wilhelm Wundt: Ethik. Eine Untersuchung der Thatsachen und Gesetze des sittlichen Lebens (Stuttgart 1886) 386: Der «individuelle Wille» sei ein «Element eines *Gesammtwillens* [...] von dem er in seinen Motiven und Zwecken getragen ist. Was vom Standpunkte des Individualwillens aus zuerst als eine Summe getheilter und sogar widerstrebender Kräfte erschien, das erweist sich [...] als eine umfassendere Einheit».

412 Alexander von Oettingen (1827–1905), lutherischer Theologe, Studium der Philosophie und Theologie, ab 1856 Prof. der systematischen Theologie in Dorpat (Tartu), gilt als Hauptvertreter der Moralstatistik (DBETh 1005). Teichmüller bezieht sich auf von Oettingens Buch: *Die Moralstatistik und die christliche Sittenlehre. Versuch einer Socialethik auf empirischer Grundlage. Zweiter Theil: Die christliche Sittenlehre. Deductive Entwicklung der Gesetze christlichen Heilslebens im Organismus der Menschheit* (Erlangen 1873). In diesem Werk fehlen die Begriffe 'Weltwillen' und 'Gesamtwillen', aber siehe z. B. S. 184–185 zur Kirche als «Menschheitsorganismus» und «Reich Gottes auf Erden», das im Kampf gegen das «Weltreich» steht, in dem der «Egoismus» herrscht.

413 Der fern der Eltern aufgewachsene Ödipus erschlug bei einer Streitigkeit nichtsahnend seinen Vater Laios, den König von Theben, und erhielt seine ihm unbekannte Mutter Iokaste zur Frau, als er Theben von der Sphinx befreit hatte. Nach vielen Jahren enthüllte der Seher Teiresias dem Ödipus, dass er der Mörder seines Vaters und Sohn seiner Frau sei, worauf sich Ödipus die Augen ausstach (siehe BE XX 205–206).

414 Siehe Aug. civ. I, 16–19, 25–28.

415 verfitzt: verwickelt, verwirrt.

416 Siehe zu diesem Sprichwort: Deutsche Rechtssprichwörter. Gesammelt und erläutert von Julius Hubert Hillebrand (Zürich 1858) 108, Nr. 142: «Dieses Sprichwort [...] meint, Wer fremde Geschäfte *ohne Auftrag* von deren Herrn besorge, könne keinen Lohn fordern. Und mit Recht, denn solcher setzt doch mindestens eine Aufforderung zu den Diensten des Arbeitenden durch den Interessenten voraus.»

417 Österreichisch-Französischer Krieg: Krieg in Oberitalien 1859, in dem Österreich gegen Frankreich unter Napoleon III. und Piemont-Sardinien kämpfte (siehe BE XIII 629).

418 Diese Anekdote konnte nicht nachgewiesen werden.

419 den Bock melken: sich vergebliche Mühe machen; etwas Vergebliches, Unmögliches versuchen (Deutsches Sprichwörter-Lexikon, Bd. 5 [Leipzig 1880] Sp. 418; Lutz Röhrich: Lexikon der sprichwörtlichen Redensarten, Bd. 1 [Freiburg i. Br. 1991] 226).

420 imputieren (von lat. *imputare*): (als Verdienst oder Schuld) anrechnen, zuschreiben (DGWDS 1921).

421 Plazet: Zustimmung, Einwilligung; von lat. *placet*: es gefällt (DGWDS 2936).

422 Inculpat: Angeklagter, Beschuldigter; von spätlat. *inculpare*: beschuldigen, zu lat. *culpa*: Schuld (DGWDS 1944).

423 Siehe dazu Heinrich Spitta: Die Willensbestimmungen und ihr Verhältnis zu den impulsiven Handlungen (Tübingen 1881) 126–127 und die ausführliche Rezension dieses Buches in den *Philosophischen Monatsheften* 18 (1882) 41–60 (durch Dr. E. Philippi, Tübingen), insbesondere S. 47, wo referiert wird, dass Spitta «die Theorien der älteren Psychiatrie, welche [...] zu den Bezeichnungen 'manie sans délire', 'moral insanity', 'sittlicher Idiotismus' u. s. f. ihre Zuflucht nahm» verurteilt und dementsprechend eine «einseitige Erkrankung des Gemüths, eine Störung der 'facultés affectives' bei völliger Integrität der Erkenntnissfähigkeit [...] wegen der engen Verbundenheit des Fühlens und Denkens für eine psychologische Unmöglichkeit» hält. In der deutschen Psychiatrie wurde der Begriff des 'sittlichen Idiotismus' insbesondere von Heinrich Schüle benutzt (siehe z. B. sein Handbuch der Geisteskrankheiten [Leipzig 1878] 50–51, 66, 269, 346).

424 Arbeitshaus: Früherer Ausdruck für Besserungs- und Strafanstalt mit Arbeitszwang (DGWDS 281).

425 Chimäre: Trugbild, Hirngespinst, nach dem gleichnamigen Mischwesen der griechischen Sagenwelt, beschrieben in Hom. Il. 6, 179–181: «die ungeheure Chimaira, [...] vorn ein Löwe und hinten Schlange und Ziege inmitten» (Übers. Roland Hampe). Der griechische Name Χίμαιρα bedeutet 'Ziege'.
426 Siehe Aristot. cat.
427 Siehe Aristot. metaph. I, 3 (983a26–32); V, 2 (1013a24–b3); Aristot. phys. II, 7 (198a22–24).
428 Siehe die Aufzählung in Aristot. cat. 4 (1b25–27).
429 Siehe dazu KrV B 183: «Das Schema der Ursache und der Kausalität eines Dinges überhaupt ist das Reale, worauf, wenn es nach Belieben gesetzt wird, jederzeit etwas anderes folgt. Es besteht also in der Sukzession des Mannigfaltigen, in so fern sie einer Regel unterworfen ist.» Siehe ferner ausführlich KrV B 232–256 (Zweite Analogie: Grundsatz der Zeitfolge nach dem Gesetze der Kausalität).
430 Siehe NGPL 150 mit Komm. 348.
431 Siehe das bekannte Diktum Albrecht von Hallers (1708–1777): «Ins innre der Natur dringt kein erschaffner Geist», aus seinem Gedicht «Die Falschheit der menschlichen Tugenden» (1730), in: Albrecht von Hallers Gedichte, hg. von Ludwig Hirzel (Frauenfeld 1882) 60–76 (Zitat 74).
432 Die entsprechenden Passagen in der WSW sind nicht ganz eindeutig zu bestimmen; siehe z. B. WSW 83–84, 134–138, 274–276.
433 *terminus relationis*: Das Ziel, das Objekt der Beziehung. Siehe auch NGPL 122 und RPh 72, 78.
434 Faeces: Kot, Ausscheidungen, von lat. *faeces*, Plural zu: *faex*: Bodensatz, Hefe (DGWDS 1154, 1186).
435 In NSGB III 170 beschreibt Teichmüller den Abbau von Geweben und Organen nach dem Aufhören der seelischen Tätigkeit mit dem Begriff «regressives Werden»: «Sobald die Seele als ihr [d. h. der Gewebe und Organe] Act durch mangelnde Nahrung oder durch Verwundung aufhört, so geht das organisch Geformte mit verschiedener Geschwindigkeit sofort in Bewegung über und verwandelt sich durch regressives Werden wieder in die ursprüngliche elementare Materie, aus welcher es sich zur Form actualisirt hatte.» NSGB III 168 stellt er fest, dass bei Aristoteles der «Stoffwechsel nach der regressiven Seite [...] nicht etwa bloss die Ausscheidung der überflüssigen Nahrung im Blut bedeutet, [...] sondern auch speciell die Rückbildung und Auflösung und Ausscheidung der Gewebe selbst».
436 Ontogenetisch bzw. phylogenetisch: die Entwicklung (Genese, von gr. γένεσις: Ursprung, Entstehung) des Einzelwesens (von gr. ὄν, Gen. ὄντος: Seiendes, Partizip Präsens zu εἶναι: sein) bzw. der Art oder des Stammes (gr. φῦλον: Stamm, Geschlecht, Gattung, Art) betreffend.
437 Siehe NGPL 134 mit Komm. 318.
438 Siehe Aristot. an. II,1 (412a16–17); II, 2 (414 a 27–28).
439 Siehe Gottfried Wilhelm Leibniz: Neues System der Natur (Stuttgart 1966) 27–29, wo er unter Berufung auf bedeutende Vertreter der mikroskopischen Naturforschung – Jan Swammerdam (1637–1680), Marcello Malpighi (1628–1694) und Antoni van Leeuwenhoek (1632–1723) – seine Ansicht darlegt, dass es «weder eine erste Geburt noch eine gänzlich neue Zeugung eines Lebewesens gibt, woraus folgt, daß es auch weder eine endgültige Auslöschung noch einen völligen Tod im strengen metaphysischen Sinne geben wird und daß es [...] nur eine Transformation desselben Lebewesens gibt, jenachdem die Organe ver-

schieden angelegt und mehr oder weniger entwickelt sind» (Übers. Herbert Herring); vgl. auch G. W. Leibniz: Théodicée I, § 90: «Ich meine, dass die Seelen und überhaupt die einfachen Substanzen nur durch eine Schöpfung anfangen und nur durch eine Vernichtung aufhören können, und da die Bildung organischer beseelter Körper nur unter Annahme einer vorausgehenden, schon organischen Bildung erklärlich ist, so folgere ich, dass das, was wir Erzeugung eines Thieres nennen, nur eine Umgestaltung und Vermehrung ist, weil derselbe Körper schon belebt war und weil er dieselbe Seele hatte. Umgekehrt schliesse ich aus der Erhaltung der Seele, wenn sie einmal erschaffen worden, dass auch das Thier erhalten wird und dass der Tod nur scheinbar und nur eine Einhüllung ist, da in der Ordnung der Natur anscheinend es keine ganz vom Körper getrennte Seelen giebt, und da das, was nicht auf natürliche Weise beginnt, auch nicht durch natürliche Kräfte wieder aufhören kann.» Ebd. § 91: «Ich glaube deshalb, dass alle Seelen, die einmal menschliche Seelen werden, wie auch die der andern Arten von Geschöpfen, in dem Samen und in den Vorfahren bis zu Adam schon bestanden und daher seit Anfang der Dinge immer in der Weise eines organischen Körpers bestanden haben. In diesem Punkte scheinen Herr Swammerdam, der Pater Malebranche, Herr Bayle, Herr Pitcarne, Herr Hartsoeker und viele andere gelehrte Männer meine Ansicht zu theilen; auch ist diese Lehre durch die mikroskopischen Beobachtungen des Herrn Leeuwenhoek und anderer guter Beobachter genügend bestätigt worden.» (Übers. Julius Hermann von Kirchmann). Vgl. auch ebd. III, § 397.

440 Die Spermatozoen wurden 1677 zum ersten Mal von Antoni van Leeuwenhoek beschrieben (siehe Wolfgang U. Eckart, Geschichte der Medizin: Fakten, Konzepte, Haltungen [Heidelberg 2009] 132).

441 Histologie ist die Lehre von den biologischen Geweben (von griech. ἱστός: Gewebe) (BE XII 509).

442 Helminthen ist eine Sammelbezeichnung für die in Mensch und Tier parasitierenden Würmer (BE XII 288). Von griech. ἕλμινς: Wurm, bes. Eingeweidewurm.

443 Karbolsäure ist eine alte Bezeichnung für Phenol, das aus einem Benzolring mit einer Hydroxy-Gruppe besteht ($C_6H_6O$). Phenol wurde 1834 in Steinkohlenteer gefunden (Römpp-Lexikon Chemie, Bd. 4, hg. von Jürgen Falbe, Manfred Regnitz [Stuttgart [10]1998] 3248–3249).

444 Siehe NGPL 60 mit Komm. 171.

445 εἶδος: Gestalt, Bild, Begriff; ἰδέα: Gestalt; Idee; λόγος: Wort, Rede, Vernunft.

446 Siehe das Mühlengleichnis in der *Monadologie*, § 17.

447 Siehe KU 295–296: «Ein organisiertes Produkt der Natur ist das, in welchem alles Zweck und wechselseitig auch Mittel ist.»

448 Gemeint sind die Klaviervirtuosen, Komponisten und Dirigenten Anton Rubinstein (1829–1894) und Hans von Bülow (1830–1894).

449 Tonus: Spannung, Straffheit, von griech. τόνος: Spannung, Kraft.

450 Amaurose: Altersbedingter Schwarzer Star (Blindheit durch Unempfindlichkeit der Sehnerven) (PUL I [1857] 390).

451 Adolf Lasson: Meister Eckhart, der Mystiker. Zur Geschichte der religiösen Speculation in Deutschland (Berlin 1868). Teichmüller zitiert etwas verkürzend aus S. 86: «Doch kann er auch hier die Schule des *Albertus* und *Thomas* nicht verleugnen; er ist Aristoteliker in demselben Sinne wie sie, und wo der Anlass sich bietet, reproduciert er die Lehre der Aristoteliker bis auf den Wortlaut.»

452 Nämlich zu einem 'Pantheismus des Gefühls', siehe RPh 442–473. Den 'intellectualistischen Pantheismus' nennt Teichmüller auch den Pantheismus des Gedankens, siehe RPh 474–541.

453 Ratiocination (zu gleichbedeutend lat. *ratiocinatio)*: diskursives Denken, Schlussfolgerung. Zu Teichmüllers Zeit noch ein geläufiger philosophischer Begriff (WPhB II 183; Friedrich Kirchner, Carl Michaëlis: Wörterbuch der Philosophischen Grundbegriffe [Leipzig [5]1907] 479).

454 Siehe auch NGPL 43 mit Komm. 136.

455 Couchette: Liege.

456 Siehe WSW 37–43. Der Ausdruck 'Zollgrenzen' kommt WSW 43 vor.

457 Zur Befragung der Natur (*inquisitio naturae*) siehe Francis Bacon: Instauratio magna, Praefatio (Francis Bacon, Novum Organon [Hamburg 1990] 32–33); siehe auch Carolyn Merchant: «The Violence of Impediments» – Francis Bacon and the Origins of Experimentation, in: Isis 99 (2008) 731–760.

458 Nach Ov. met. 3, 356–401 war Echo eine Nymphe, die von Juno zur Strafe für ihre Schwatzhaftigkeit ihrer Sprache soweit beraubt wurde, dass sie nur noch die letzten Worte eines Sprechers wiederholen konnte. Als sie von Narziss verschmäht wurde, verzehrte sie sich vor Kummer, so dass nur noch ihre Stimme erhalten blieb und ihre Knochen zu Felsen wurden. Der Regenbogen als Brücke zwischen Erde und Himmel ist ein gängiges mythologisches Motiv. In der griechischen Mythologie wandelt die Götterbotin Iris als Mittlerin zwischen Göttern und Menschen auf dem Regenbogen, der ihr Symbol ist, vom Himmel zur Erde (Ov. met. 14, 829–830 und 838–839, sowie 11, 629–632; vgl. dazu bereits WSW 147–148). In der germanischen Sagenwelt ist der Regenbogen, von den Göttern Bifrost genannt, eine Brücke von Asgard, der Welt der Götter, bis Midgard, unserer Erde (siehe Wolfgang Menzel: Die vorchristliche Unsterblichkeitslehre, Bd. 1 [Leipzig 1870] 134–136 und W. Vollmer's Wörterbuch der Mythologie aller Völker, 281, 106). Zur schuhbreiten Sonne siehe Heraklit: «Die Sonne hat (wie sie erscheint) die Breite des menschlichen Fußes» (DK 22 [12] 3).

459 RPh 77–79. In der *Religionsphilosophie* scheinen «Person» und «Persönlichkeit» aber noch nicht eindeutig unterschieden (siehe etwa RPh 110: Persönlichkeiten als die wirklichen Wesen; RPh 113: Gleichsetzung «Ichheit» und Persönlichkeit»; RPh 191: Gleichsetzung von Persönlichkeiten und wahrhaften Wesen).

460 Siehe NGPL 30, Komm. 115.

461 Diese Formulierung konnte in Bezug auf ein Ich oder Subjekt nur bei dem von Hegel beeinflussten Friedrich Theodor Vischer (1807–1887) in seiner *Aesthetik, oder Wissenschaft des Schönen, Theil 1: Die Metaphysik des Schönen* (Reutlingen, Leipzig: 1846) 401 (§ 183) gefunden werden: «so ist das ganz empirische Subject als geltende Form der Subjectivität überhaupt mitgesetzt».

462 Die Ausdrücke '*universalia ante rem*' bzw. '*in re*' (wörtlich: Gattungsbegriffe [*genera* und *species*] vor dem [Sinnen-]Ding bzw. in dem [Sinnen-]Ding) bezeichnen die beiden realistischen Positionen im mittelalterlichen Universalienstreit. '*Universalia ante rem*' steht dabei für die Platon zugeschriebene Ansicht, die Universalien seien real und existierten unabhängig und vor den Einzeldingen (*ante rem*), '*Universalia in re*' markiert die aristotelisch genannte Position, dass die Universalien zwar real sind, aber nur in den Einzeldingen existieren (Karl Vorländer: Philosophie des Mittelalters [Leipzig [5]1919] 243–245).

463 *ignoratio elenchii*: Wörtlich 'Unkenntnis der Widerlegung' (von lat. *ignoratio*: Unkenntnis und griech. ἔλεγχος: Widerlegung), ein Argumentationsfehler, bei dem man «statt des zu widerlegenden Satzes einen anderen und nur in gewisser Hinsicht diesem ähnlich lautenden widerlegt» (HWPh IV 610). Siehe Aristot. soph. el. 3 (165b15).

464 Hugo Sommer: Der ethische Evolutionismus Wilhelm Wundt's, Preußische Jahrbücher 59 (Berlin 1887) 189–208; dazu Wilhelm Wundt: Zum «ethischen Evolutionismus». Eine Entgegnung, ebd. 478–485; dazu wiederum Hugo Sommer: Replik auf die Entgegnung des Herrn Professor Wundt, ebd. 486–495. Siehe auch Teichmüllers Brief an Sommer vom 8. März 1887 (Nachlass B 2677): «Mit der heutigen Post empfing ich Ihre Kritik der Wundt'schen Ethik u. habe sie sofort in Einem Zuge durchgelesen. Ich habe mich darüber so gefreut, dass ich mich beeile, Ihnen meinen Dank u. meine Anerkennung dafür auszusprechen. Sie haben in kräftiger Sprache u. mit warmem Herzen die Leerheit u. Sinnlosigkeit dieser Zeitkrankheit gezeigt u. zugleich auf die wahre christliche Gesinnung den To⟨n⟩ gelegt. Dass Sie um der Klarheit der Gesammtauffass⟨ung⟩[¿] willen den zusammengetragenen Reichthum des Buches übergingen, war durchaus berechtigt, obwohl das große Publikum gerade durch die Mannigfaltigkeit solcher Compilationen Respekt bekommt u. einen großen Autor vor sich zu haben meint, wesshalb es nicht übel gewesen wäre, diesen Plunder mal auseinander zu reissen und an seine Eigenthümer zurückzugeben. Wundt ist ein bloßer Arbeiter u. hat niemals eigene Gedanken [...]. Er ist der Repräsentant der Mittelmäßigkeit, u. Sie haben das durch die prächtige Ironie Ihres ganzen Epilogs deutlich an die Wand gemalt.»

465 Fideikommiss: von lat. *fidei commissum*: der Treue Anvertrautes; «eine Einrichtung des deutschen Rechts, wonach ein Familienvermögen, meist Grundbesitz, ungeteilt in der Hand eines Familienmitgliedes blieb, der Inhaber aber in der Verfügung unter Lebenden und von Todes wegen beschränkt war und nur den Ertrag des Vermögens zur freien Verfügung erhielt. Vollstreckungen in das Vermögen wegen Schulden des Inhabers waren ausgeschlossen. Dadurch blieb die vermögensrechtliche Grundlage für eine Familie und ihre soziale Stellung gesichert. [...] Die Erbordnung legte der Stifter fest (in der Regel Primogenitur).» (BE IX 194).

466 steuern: veraltet für 'Steuern zahlen' (DGWDS 3736).

467 Siehe A. Schopenhauer: Die Welt als Wille und Vorstellung I, IV, § 55 (Zürcher Ausgabe II 383): «Denn da der ganze Mensch nur die Erscheinung seines Willens ist; so kann nichts verkehrter seyn, als, von der Reflexion ausgehend, etwas Anderes seyn zu wollen, als man ist: denn es ist ein unmittelbarer Widerspruch des Willens mit sich selbst.»

468 Siehe den Aufsatz des Hegelianers Adolf Lasson (1832–1917) *Ueber Gegenstand und Behandlungsart der Religionsphilosophie*, in: Philosophische Monatshefte 15 (1879) 1–55 (Zitat 30): «Die Vernunftanlage, die alle geistigen Functionen gleichmässig durchdringt, ist im Menschen das Erste und Ursprüngliche.»

469 Siehe dazu ebd. 34: «Der Mensch ist durch und durch historisches Product». Es ist wahrscheinlich, dass Teichmüller genau diese Stelle zitiert, da er zur Zeit der Abfassung der NGPL mit Lasson in intensivem brieflichem Austausch stand.

470 Siehe dazu MGKL IX [1907] 710: «Hypnotismus (griech.), die Wissenschaft, die sich mit den dem Schlafe verwandten Zuständen befaßt, bei denen die Willenstätigkeit eine Hemmung erfährt und oft eine deutliche Störung (Ausschaltung oder Einengung) des Bewußtseins besteht. Einen hypnotischen Zustand (Hypnose) wußten bereits die alten indi-

schen Fakire und mittelalterliche religiöse Extatiker durch Konzentration ihres Blickes oder ihrer Gedanken zu erzeugen. Der durch gewisse Striche erzeugte magnetische Schlaf sowie der Somnambulismus mit dem angeblichen Hellsehen stellen analoge Erscheinungen dar. Aber erst der englische Arzt James Braid machte seit 1841 den H. zum Gegenstand eines genauern Studiums. Seine Beobachtungen gerieten fast in völlige Vergessenheit, obwohl einige Chirurgen die Hypnose, um Schmerzlosigkeit bei Operationen zu erzeugen, verwerteten. Ebensowenig wurden die Untersuchungen Liébeaults, eines Arztes in Nancy, genauer bekannt. Erst in neuerer Zeit haben die auffallenden öffentlichen Schaustellungen des Dänen Hansen das Interesse für den H. von neuem wachgerufen und Untersuchungen durch Weinhold, Heidenhain, Berger, Preyer, Binswanger u.a. veranlaßt. Gleichzeitig und unabhängig beschäftigte sich in Paris Charcot mit dem H. und in Nancy im Anschluß an Liébeault Professor Bernheim. Die Nancyer zeigten besonders den großen Einfluß der Suggestion in der Hypnose. Sie sind der Ansicht, daß alle Erscheinungen der Hypnose durch Suggestion zustande kommen, d.h. dadurch, daß man in der Versuchsperson die Vorstellung und die Überzeugung von dem Eintritt der betreffenden Erscheinungen erweckt. Unter den neuesten Vertretern des wissenschaftlichen H. sind zu nennen Forel, Moll, Dessoir, v. Schrenk-Notzing, Vogt, Wetterstrand u.a.»

471 Othello und Desdemona sind Charaktere aus Shakespeares *The Tragœdy of Othello, the Moor of Venice* (Uraufführung 1604, Erstdruck 1622). Ein Taschentuch Desdemonas, das ihr einst Othello schenkte, gelangt durch Intrigen in die Hände eines angeblichen Nebenbuhlers, was Othellos Eifersucht anstachelte und ihn schließlich dazu bringt, seine Frau zu töten.

472 Der deutsche Anatom August Rauber (1841–1917) war ab 1873 Professor in Leipzig, ab 1886 Professor für Anatomie in Dorpat (Tartu) (Pagel: Biographisches Lexikon hervorragender Ärzte des neunzehnten Jahrhunderts [Berlin, Wien 1901] Sp. 1347). Sein Buch *Homo sapiens ferus oder die Zustände der Verwilderten und ihre Bedeutung für Wissenschaft, Politik und Schule* erschien 1885 in Leipzig und wird in Teichmüllers Bibliotheksverzeichnissen aufgeführt. Rauber beschreibt und diskutiert Fälle von isoliert in der Wildnis aufgewachsenen Menschen.

## Zweiter Theil. Neue Grundlegung der Logik.

473 Ältere Bezeichnung für Dreisatz, ein Rechenverfahren, bei dem man aus drei bekannten Größen eine vierte (unbekannte) Größe bestimmt; dabei wird von einer Mehrheit zunächst auf die Einheit und dann auf eine neue Mehrheit geschlossen (daher oft auch Schlussrechnung genannt). Aus mittellat. *regula de tribus* (*numeris*), und frz. *Règle de tri*: «Regel von den drei (Zahlen.)» (BE VII 274–275). Siehe dazu WSW 136.

474 Bei der doppelten Buchführung wird jeder Geschäftsvorfall zweifach gebucht. «Grundlegende Darstellungsform ist das *Konto*, ein zweiseitiges Rechnungsschema mit einer *Sollseite* (linke Seite) und einer *Habenseite* (rechte Seite). Es nimmt Bestand und Veränderungen eines ökonom. Tatbestandes (z.B. Zahlungseingänge in bar) getrennt nach positivem

und negativem Vorzeichen auf (z. B. Erhöhung des Kassenbestandes oder Verminderung der Forderungen).» (BE IV 797).

475 Die von atomaren Systemen emittierte Strahlung kann, wie Gustav Kirchhoff (1824–1887) und Robert Bunsen (1811–1899) entdeckten, mit Hilfe von Prismen in ihre spektralen Anteile zerlegt und zur Bestimmung chemischer Elemente verwendet werden. Siehe ihren Artikel *Chemische Analyse durch Spektralbeobachtungen*, in: Poggendorffs Annalen der Physik und Chemie 109 (1860) 161–189 und (1861) 337–381.

476 vorrücken: altertümlich für 'vorhalten' im Sinne des Vorwurfs; siehe Deutsches Wörterbuch von Jacob Grimm und Wilhelm Grimm, Bd. 26 (München 1984) Sp. 1425–1426.

477 Das bekannteste Beispiel ist John Stuart Mill: A System of Logic, Ratiocinative and Inductive, Being a Connected View of the Principles of Evidence and the Methods of Scientific Investigation, 2 Vols. (London 1843), auf Deutsch unter dem Titel *System der deduktiven und induktiven Logik. Eine Darlegung der Principien wissenschaftlicher Forschung, insbesondere der Naturforschung* (Braunschweig 1849) erschienen.

478 Wenn Thomas von Aquin (1224/25–1274) Aristoteles anführt, nennt er überwiegend nicht seinen Namen, sondern spricht von ihm als «dem Philosophen» (*philosophus*).

479 Zu Francis Bacon über Induktion siehe z. B. sein *Novum Organum* I 104–106. «Mill» ist der Philosoph und Ökonom John Stuart Mill (1806–1873), der seine Logik und Erkenntnislehre vor allem in *A System of Logic* (1843) darlegt. Dort zum Syllogismus und zur Induktion 226–274, 345–380.

480 Zum Kampf gegen die Windmühlen siehe Miguel de Cervantes: El ingenioso hidalgo don Quijote de la Mancha, Buch I, Cap. VIII (1605–1615); zu Locke gegen die angeborenen Ideen siehe Essay I.

481 Siehe NGPL 126 mit Komm. 309.

482 Möglicherweise Anspielung auf Proklos, der in der Vorrede zu seinem Euklid-Kommentar schrieb: «Da wir behaupten, daß diese Wissenschaft, die Geometrie, auf Voraussetzungen beruhe und von bestimmten Prinzipien aus die abgeleiteten Folgerungen beweise – denn nur eine ist voraussetzungslos [d. i. die Dialektik], die anderen aber empfangen ihre Prinzipien von dieser –, so muß unbedingt der Verfasser eines geometrischen Elementarbuches gesondert die Prinzipien der Wissenschaft lehren und gesondert die Folgerungen aus den Prinzipien; von den Prinzipien braucht er nicht Rechenschaft zu geben, wohl aber von den Folgerungen hieraus. Denn keine Wissenschaft beweist ihre eigenen Prinzipien und stellt sie zur Diskussion, sondern hält sie für an sich gewiß; sie sind klarer als die Ableitungen; erstere erkennt sie in ihrem eigenen Licht, die Ableitungen aber durch die Prinzipien.» (Proklus Diadochus: Kommentar zum ersten Buch von Euklids «Elementen», Übers. Leander Schönberger, hg. von Max Teck [Halle 1945] 218). Vgl. dazu Plat. rep. VI, 20 (511c3–d5).

483 Siehe hier etwa Leibniz' Lob des Aristoteles, «den ich für einen der größten Männer der Antike halte, dem wenige an Umfang, Feinheit und Durchdringungskraft des Geistes gleichkommen, und der sogar darin, daß er dieses kleine System der Formen des Beweisganges [d. h. des Syllogismus] erfunden hat, den Wissenschaft einen großen Dienst erwiesen hat» (G. W. Leibniz: Nouveaux Essais IV, 17, § 4; Übers. Wolf von Engelhardt und Hans Heinz Holz).

484 Siehe KrV B 110–111: «Daß allerwärts eine gleiche Zahl der Kategorien jeder Klasse, nämlich drei sind, welches eben sowohl zum Nachdenken auffodert, da sonst alle Einteilung

a priori durch Begriffe Dichotomie sein muß. Dazu kommt aber noch, daß die dritte Kategorie allenthalben aus der Verbindung der zweiten mit der ersten ihrer Klasse entspringt. [...] Man denke aber ja nicht, daß darum die dritte Kategorie ein bloß abgeleiteter und kein Stammbegriff des reinen Verstandes sei. Denn die Verbindung der ersten und zweiten, um den dritten Begriff hervorzubringen, erfodert einen besonderen Actus des Verstandes, der nicht mit dem einerlei ist, der beim ersten und zweiten ausgeübt wird.»

485 Johann Gottlieb Fichte: Grundlage der gesammten Wissenschaftslehre (Leipzig 1794) 23–48 (§ 3). Siehe auch die Zusammenfassung des Gedankengangs HWPh X 820.

486 Zu Kants unerkennbarem Ding an sich siehe z. B. KrV B 305; zu Fichtes Anstoß siehe J. G. Fichte: Grundlage der gesammten Wissenschaftslehre (1794) 170–171: «das auszuschliessende objektive braucht gar nicht vorhanden zu seyn; es darf nur bloss, dass ich mich so ausdrücke, ein Anstoss für das Ich vorhanden seyn». Siehe dazu auch Heinz Eidam: Fichtes Anstoß: Anmerkungen zu einem Begriff der *Wissenschaftslehre* von 1794, in: Fichte-Studien 10 (1997) 191–208.

487 Siehe Komm. 485.

488 Siehe Komm. 485.

489 J. G. Fichte: Grundlage der gesammten Wissenschaftslehre (1794) 263: Die angeführte Stelle lautet ungekürzt: «Hier erst wird der Sinn des Sazes: *das Ich sezt sich selbst schlechthin*, völlig klar. Es ist in demselben gar nicht die Rede von dem im wirklichen Bewusstseyn gegebnen Ich; denn dieses ist nie schlechthin, sondern sein Zustand ist immer, entweder unmittelbar, oder mittelbar durch etwas ausser dem Ich begründet; sondern von einer Idee des Ich, die seiner praktischen unendlichen Forderung nothwendig zu Grunde gelegt werden muss, die aber für unser Bewusstseyn unerreichbar ist, und daher in demselben nie unmittelbar (wohl aber mittelbar in der philosophischen Reflexion) vorkommen kann.»

490 Siehe KpV A 3–6.

491 Siehe zur 'projektivischen Rechtsreligion' allgemein RPh 270–354, zur Postulierung eines äußeren Gesetzgebers durch Kant RPh 350–351.

492 Siehe Johann Gottlob Fichte: Versuch einer Kritik aller Offenbarung (Königsberg $^{2}$1793) 44 mit Anm.: Der Begriff Gottes sei «gänzlich und allein durch das Sittengesetz bestimmt»; «die Anforderung der practischen Vernunft» sage von Gott das «Seyn» aus, sie sei «in Rücksicht auf ihn [...] constitutiv»; ebd. 6: «Die Idee von Gott, als Gesetzgeber durchs Moralgesetz in uns, gründet sich [...] auf eine Entäusserung des unsrigen, auf Übertragung eines Subjectiven in ein Wesen ausser uns».

493 Johann Gottlieb Fichte: Reden an die deutsche Nation (Berlin 1808).

494 Johann Gottlieb Fichte zog sich den Vorwurf des Atheismus mit seinem Aufsatz *Ueber den Grund unseres Glaubens an eine göttliche Weltregierung* (1798) zu. Seine Demissionsdrohung im Rahmen des sog. Atheismusstreits wurde zum Anlass genommen, ihn 1799 aus seiner Professur in Jena zu entlassen (siehe NDB V 122–125; BE IX 191).

495 Siehe zu Hegels Gottesbegriff HWPh III 787–791.

496 Siehe dazu RPh 474–541.

497 Friedrich Adolf Trendelenburg (1802–1872), ab 1833 Professor für Philosophie in Berlin. In Auseinandersetzung mit Hegel vertrat er eine an Aristoteles orientierte «organische Weltanschauung» (Biographische Enzyklopädie deutschsprachiger Philosophen, 426).

498 Teichmüller meint wahrscheinlich z. B. Moritz Wilhelm Drobisch: Neue Darstellung der Logik (Leipzig [2]1851) III–XIV. Siehe auch HWPh V 377.

499 Siehe A. Trendelenburg: Logische Untersuchungen I ([1]1840) 79–82; ders.: Die logische Frage in Hegels System. Zwei Streitschriften (Leipzig 1843) 12–14.

500 Remontearbeiten sind Ersatzarbeiten. 'Remonte' bezeichnete im 19. Jh. v. a. den «Ersatz des Abganges ausgedienter u. unbrauchbar gewordener Pferde (Remontepferde) bei der Cavallerie u. Artillerie« (PUL XIV [1862] 39).

501 Seit der französischen Revolution ist die rote Fahne ein Zeichen des Umsturzes und linksgerichteter Politik.

502 Die wirkenden Ursachen sind eine von vier Arten von Ursachen bei Aristoteles, nämlich diejenige, von der «der erste Anfang der Veränderung oder Ruhe stammt; so ist z. B. [...] der Vater Ursache des Kindes und überhaupt das Bewirkende Ursache des Bewirkten und das Verändern Ursache des Sichverändernden» (Aristot. metaph. V, 2 [1013b29–32]; Übers. Franz F. Schwarz).

503 Karl Ernst von Baer (1792–1876) war einer der bedeutendsten Biologen und Naturforscher im 19. Jahrhundert. Er gilt als Begründer der modernen Embryologie und Entwicklungsbiologie wie auch der Permafrostforschung. Er entdeckte die Säugetiereizelle und die *Chorda dorsalis* in der Entwicklung der Wirbeltiere sowie das nach ihm benannte Gesetz. Er war ab 1819 Professor für Zoologie in Königsberg, ab 1826 auch für Anatomie. Von 1834–1862 forschte er als ordentliches Mitglied an der St. Petersburger Akademie der Wissenschaften in den Bereichen Zoologie, vergleichender Anatomie und Physiologie. Seine zahlreichen Forschungsreisen führten ihn vor allem nach Nordasien und Nordeuropa, weshalb er auch der «Humboldt des Nordens» genannt wird (siehe *Karl Ernst von Baer, der Humboldt des Nordens.* Ausstellungskatalog [Gießen 2002]). Seinen Lebensabend verbrachte von Baer in Dorpat (Tartu), wo er mit Teichmüller in Kontakt stand, den er bereits aus dessen St. Petersburger Zeit (1856–1860) kannte. In seinem monographischen Aufsatz *Ueber Darwin's Lehre* (in: Reden gehalten in wissenschaftlichen Versammlungen und kleinere Aufsätze vermischten Inhalts von Dr. Karl Ernst v. Baer. Zweiter Theil. Studien aus dem Gebiete der Naturwissenschaften [St. Petersburg 1876] 235–480) druckt von Baer S. 254–255 auch einen Brief Teichmüllers vom 15. September 1874 ab. Zwar wird von Baer allgemein und auch von Teichmüller als Anhänger Schellings angesehen. In einem Vortrag von 1860 spricht er aber von «dem grossen Fiasko der Schelling-Hegel'schen Lehre» und dem «Nebel der Schelling'schen Naturphilosophie» (Karl Ernst von Baer: Welche Auffassung der lebenden Natur ist die richtige? und Wie ist diese Auffassung auf die Entomologie anzuwenden. Zur Eröffnung der Russischen Entomologischen Gesellschaft im Mai 1860 [St. Petersburg 1861] 18). Vorbehalte gegen Schelling hatte er anscheinend schon früh, siehe sein autobiographisches Werk *Nachrichten über Leben und Schriften des Herrn Geheimraths Dr. Karl Ernst Baer*, mitgetheilt von ihm selbst. Veröffentlicht bei Gelegenheit seines fünfzigjährigen Doctor-Jubiläums am 29. August 1864 von der Ritterschaft Ehstlands (St. Petersburg 1866) 170–171: «Ich [...] hörte [1815 in Würzburg] bei Professor Wagner ein Collegium, von dem ich nicht mehr weiss, unter welchem Namen es angekündigt war. Die Studirenden, mit denen ich speiste, nannten es Naturphilosophie, weil alle allgemeinen Betrachtungen für Naturphilosophie galten, und um so gewisser, je weniger sie auf solider Basis beruhten. Ich war sehr begierig, einem consequenten Vortrage über die Schellingsche Philosophie zu folgen; man hörte ja überall von der Naturphilosophie sprechen und fand

ihrer in sehr vielen Büchern erwähnt, ohne sie fassen zu können, wenn man nicht die Schellingschen Schriften der Reihe nach durchgehen wollte. Ich unterzeichnete also bei Wagner, obgleich Döllinger mir gesagt hatte, ich würde nicht viel finden. Ich fand in der That ein höchst sonderbares Schematisiren aller Dinge und aller Verhältnisse, das mir Anfangs, seiner Neuheit wegen, anregend war, das mir aber doch bald eben so leer als gewaltsam erschien, und deshalb von mir nicht zu Ende gehört werden konnte. Weil jedes Wesen sich in einen Gegensatz differenzire und aus der Ausgleichung der Differenzen ein Neues werde, müssten alle Verhältnisse durch eine vierfache oder vielmehr vierwinklige Formel ausgedrückt werden. Das war die einfache Basis dieser Lehre. Zuweilen kam die vierwinklige Formel ganz natürlich heraus, zuweilen komisch gewaltsam. In der Familie z. B. bilden Vater und Mutter die natürliche Differenz, das Kind oder die Kinder sind die natürlichen Folgen der Gegenwirkung der Differenzen. Nun fehlt aber die vierte Ecke. Diese wurde ausgefüllt durch das Gesinde. Das Gesinde wäre also ein wesentlicher Bestandtheil der Familie! Wenn Schelling alle solche Spielereien verantworten sollte, hätte er freilich eine schwere Verantwortung zu tragen. Für längere Zeit war meine Sehnsucht gestillt. Döllinger selbst war ein Verehrer der Naturphilosophie, allein nur von einer ernsten und gründlichen. Ich blieb vorläufig aber lieber bei positiven Dingen.» (Ebd. 170–171). Siehe weiter ebd. 289–290 vemutlich in Bezug auf die 1820er Jahre: «Die 'Schelling'sche Philosophie', dachte ich mir, kann doch so leer nicht seyn, wie einige sie verschreien, da viele wissenschaftliche Männer sich noch erwärmt von ihren Strahlen fühlen. Ich suchte sie kennen zu lernen, aber auf verkürzten Wegen, da eines Theils anderweitiger Beruf nicht erlaubte, die ganze Reihe Schelling'scher oder anderer naturphilosophischer Schriften durchzugehen, andern Theils aber ich mich auch sogleich abgestossen fühlte, wenn ich nebelhafte Unbestimmtheit zu erkennen glaubte, so sehr mich der kühne Flug gegen das Morgenroth anzog, um dort des Lichtes Quell aufzusuchen. So viel mir erinnerlich ist, habe ich nur ein grösseres Werk dieser Art ganz durchstudirt, Oken's Naturphilosophie [Lorenz Oken (1779–1851): *Lehrbuch der Naturphilosophie* (Jena 1809)] Die grosse Bestimmtheit des Ausdrucks und die Consequenz des Gedankenganges, wodurch dieses Werk sich auszeichnet, zogen mich an, erregten aber auch sehr oft meinen sehr bestimmten Widerspruch, z. B. wenn er die Negation aller Beschränkung und die Abwesenheit aller Qualität, also das Absolute und das Nichts (Zero) als identisch behandelt und z. B. zu dem Satze gelangt: 'Gott ist das selbstbewusste Nichts' [Zitat aus L. Oken: Lehrbuch der Naturphilosophie, 14], der denn doch eine *contradictio in adjecto* enthält, die man sich gar nicht besser wünschen kann. Ich fühlte mich durch diesen häufig wiederkehrenden Widerspruch in meinem Urtheile mehr gefördert, als durch die kühnen Flüge auf den Fittigen einer sehnsüchtigen und ästhetischen Phantasie durch Nebel und Morgenroth unternommen, um die Quelle des Lichtes zu finden. Obgleich solche Flüge mich anzogen, weil ich ursprünglich selbst wohl diese Sehnsucht in mir trug, so musste ich doch bald erkennen, dass, wenn die Quelle des Lichtes völlig sichtbar ist, Nebel und Morgenroth bald schwinden, und wo letztere bemerklich sind, sie eben den Beweis liefern, dass die Sonne noch nicht vollständig scheint. – Indessen hatte ich mir doch allmählig theils aus aufgenommenen Lehren, theils aus selbstgefundenen Ergänzungen ein Gerüste gebaut, das vom unmittelbar Wahrnehmbaren zu der allgemeinsten Einsicht zu reichen schien. Ich fühlte mich einen Winter hindurch damit befriedigt und war mein gläubigster Zuhörer. Aber der Zweifel blieb nicht aus und löste die Festigkeit des Gerüstes. Vor allen Dingen musste ein aufgenommener Satz: 'Die (ursprüngliche) Einheit entwickelt sich zur Vielheit; Einheit und Vielheit vereint, bilden die Allheit', der mir zuvörderst das höchste Verständniss der Welt zu enthalten geschienen hatte, meine anhaltende Kritik erfahren. Enthält ein solcher Satz eine objective Wahrheit? musste ich mich fragen. Doch wohl nur für Den, welcher ihn als letzte Abstraction, vieler untergeordneter Abstractionen aus einzelnen Erfahrungen und Beobachtungen ableiten kann und diese Ableitung in jedem Augenblicke zu reproduciren im Stande ist. Für sich allein ist er eine Art mathematischer Formeln, und zwar eine höchst unbestimmte und deshalb wieder unmathematische. Ueberhaupt kann aus hochpotenzirten Abstractionen, deren Genealogie nicht klar vor Augen liegt, der Verstand alles erweisen, wonach das Herz sich sehnt. Es konnte mir bei der einmal erweckten Kritik nicht entgehen, dass mein Gerüst keinesweges, wie ich mir eingebildet hatte, von unten auf gebaut war, sondern von der Spitze, die ich irgendwo aufgelesen, nach unten – und dass es also ein phantastisches sey. Es wurde mir allmählig klar, dass so sehr mein geistiges Bedürfniss auch nach vollständiger und einheitlicher Einsicht strebte, meine Befähigung durchaus nur dem Aufbau aus den Einzelnheiten zu dem Allgemeinern durch Abstractionen entsprach, dabei aber von der Spitze sehr weit entfernt blieb. Ich brauche nicht zu sagen, dass von diesem Standpuncte aus der philosophische Theil meines anthropologischen Systems immer mehr an Inhalt und Glanz verlor. Ich hoffte mit der Zeit ihn nach neuen Principien wieder mehr ausbauen zu können.»

504 Georg Friedrich Wilhelm Hegel: Wissenschaft der Logik (Nürnberg 1812–1816).

505 Gemeint ist der Philosoph und Soziologe Herbert Spencer (1820–1903), der das darwinistische Evolutionsprinzip in allen Wissenschaften anwenden wollte und großen Einfluss auf die Entwicklung des Sozialdarwinismus hatte (siehe BE XXV 726–727).

506 Kampf um's Dasein, Anpassung, Vererbung und Zuchtwahl sind darwinistische Zentralbegriffe, vgl. Charles Darwin: Über die Entstehung der Arten durch natürliche Zuchtwahl oder die Erhaltung der begünstigten Rassen im Kampfe um's Dasein (Stuttgart [9]1899, orig. 1859), insbesondere 80–188.

507 Georg Friedrich Wilhelm Hegel: Grundlinien der Philosophie des Rechts (TWA VII) 23: «Was vernünftig ist, das ist wirklich; und was wirklich ist, das ist vernünftig.»

508 Die Redewendung vom Gang nach Canossa bedeutet: «sich demütig unterwerfen müssen, einen Bittgang antreten, um seine Reue zu zeigen, seinen Gehorsam zu versichern». Der geschichtliche Ursprung der Redensart ist der «Bußgang König Heinrichs IV. zu Papst Gregor VII., der ihn nach dieser Selbstdemütigung 1077 in Canossa vom Bann lösen mußte» (L. Röhrich: Lexikon der sprichwörtlichen Redensarten I 289). Canossa ist eine Burg in der Provinz Reggio Emilia in Norditalien.

509 Teichmüller meint hier sehr wahrscheinlich v.a. die 'Völkerpsychologie'. Dieser Ausdruck verbindet sich vor allem mit Moritz Lazarus (1824–1903), mit dem Teichmüller in seiner Berliner Studienzeit persönlichen Kontakt pflegte, und dessen Schwager Heymann Steinthal (1823–1899). Moritz Lazarus veröffentlichte 1851 einen Aufsatz *Über den Begriff und die Möglichkeit einer Völkerpsychologie als Wissenschaft;* mit Heymann Steinthal gab er ab 1860 die *Zeitschrift für Völkerpsychologie und Sprachwissenschaft* heraus. Systematisiert wurde die Völkerpsychologie von Wilhelm Wundt (siehe auch NGPL 186 Teichmüllers Kritik an Wundt).

510 Siehe z.B. Hermann Schwabe: Betrachtungen über die Volksseele von Berlin, in: Berlin und seine Entwicklung. Städtisches Jahrbuch für Volkswirthschaft und Statistik 4. Jahrgang 1868/1869 (Berlin 1870) 127–151.

511 Livree (von frz. *livrée*, eigtl.: gestellte (Kleidung), zu *livrer*: liefern): mit Litzen o. Ä. besetzte uniformartige Kleidung für Diener und Bedienstete (DGWDS 2445).

512 Gemeint ist die Entwicklung einer logischen Formalsprache, die besonders durch Gottlob Freges *Begriffsschrift, eine der arithmetischen nachgebildete Formalsprache des reinen Denkens* (Halle 1879) gefördert wurde. Möglicherweise kannte Teichmüller diese Arbeit durch seinen Kontakt mit Rudolf Eucken, der Freges Kollege in Jena war und in freundschaftlichem Verhältnis zu ihm stand.

513 Friedrich Ueberweg: System der Logik und Geschichte der logischen Lehren (Bonn 1857, [2]1865, [3]1868, postum [4]1874). Teichmüllers Seitenhinweis auf NGPL 262 («Logik 93f») deutet darauf hin, dass er mit der dritten vermehrten und verbesserten Auflage von 1868 arbeitete. Friedrich Ueberweg (1826–1871) lehrte ab 1852 als Privatdozent in Bonn, ab 1862 als Professor der Philosophie in Königsberg (ADB XXXIX [1895] 119–121).

514 Siehe F. Ueberweg: System der Logik ([3]1868) III: «Die subjectivistisch formale Logik, vornehmlich von der *Kantischen* und *Herbartschen* Schule vertreten, setzt die Formen des Denkens zu den Formen des Seins ausser Beziehung; die metaphysische Logik dagegen, wie *Hegel* sie geschaffen hat, identificirt beiderlei Formen und glaubt in der Selbstbewegung des reinen Gedankens zugleich die Selbsterzeugung des Seins erkannt zu haben.»

515 Siehe dazu Ueberwegs Einschätzung, mit dessen *System der Logik* sich Teichmüller hier auseinandersetzt: «*Schleiermacher*, dessen philosophische Bedeutung nur zu oft neben der theologischen übersehen zu werden scheint, hat in seinen Vorlesungen über die '*Dialektik*' (herausg. von Jonas, Berlin 1839) die Formen des Denkens aus dem Wissen als dem Zwecke des Denkens zu begreifen und die Einsicht in ihren Parallelismus mit den Formen der realen Existenz zu begründen versucht. Diese Auffassung der Denkformen hält die Mitte zwischen der subjectivistisch-formalen und der metaphysischen Logik und steht im Einklang mit der logischen Grundansicht des Aristoteles.» (F. Ueberweg: System der Logik [[3]1868] III).

516 Friedrich Eduard Beneke (1798–1854), ab 1832 Professor für Philosophie in Berlin. Betonte die Bedeutung der inneren Erfahrung und vertrat eine darauf aufbauende, empirisch orientierte Philosophie und Psychologie (NDB II 45). Zu Benekes partiellem Parallelismus von Denk- und Wirklichkeitsformen siehe das Teichmüller vorliegende Referat von F. Ueberweg: System der Logik ([3]1868) 59–61.

517 Dulcinea von Toboso: Figur der imaginären Geliebten Don Quijotes in Miguel de Cervantes Roman *El ingenioso hidalgo Don Quixote de la Mancha* (1605–15) (BE VII 346).

518 Siehe dazu A. Trendelenburg: Logische Untersuchungen I ([3]1870) 141–155, insbes. 142: Der «Bewegung in der Natur» entspricht ein «Gegenbild» der «Bewegung im Denken».

519 Siehe F. Ueberweg: System der Logik ([3]1868) 1: «Das menschliche Erkennen als Nachbildung des Wesens der Dinge im menschlichen Bewusstsein ist zugleich ein *Nach*denken *der* Gedanken, welche das schöpferische göttliche Denken in die Dinge hineingebildet hat.»

520 ideales Prius (von lat. *prius*: das Frühere): ein ideales, allgemeines Prinzip, das den durch es begründeten konkreten, sinnlichen Einzelnen vorausliegt. Siehe auch SGB 294; allgemein HWPh VII 1373–1374.

521 Phantasmagorie nennt man die Kunst, Bilder und Gestalten (in der Öffentlichkeit) erscheinen zu lassen (von griech. φάντασμα: Erscheinung, Bild, Vorstellung und griech. ἀγορά: Versammlungs-, Markt-, Festplatz). Früher üblicherweise mit einer *Laterna Ma-*

*gica*, einer Vorläuferin des Diaprojektors, erzeugt (siehe dazu PUL XIII [1861] 34–35; MGKL XV [1908] 760).

522 Siehe auch WSW 131–132.

523 Siehe G. W. F. Hegel: Wissenschaft der Logik I (TWA V) 190: «Die vielen Eins sind Seiende; ihr Dasein oder Beziehung aufeinander ist Nicht-Beziehung, sie ist ihnen äußerlich, – das abstrakte Leere. Aber sie selbst sind diese negative Beziehung auf sich nun als auf *seiende* Andere, – der aufgezeigte Widerspruch, die Unendlichkeit, gesetzt in Unmittelbarkeit des Seins.»

524 Siehe G. W. F. Hegel: Wissenschaft der Logik I (TWA V) 191: «*[I]hr Sich-selbst-als-Eins-Setzen*, ist das gegenseitige Negieren».

525 Siehe TWA V 192: «Das negative Verhalten der Eins zueinander ist somit nur ein *Mit-sich-Zusammengehen*.»

526 Siehe TWA V: «Dies Sich-in-ein-Eines-Setzen der vielen Eins ist die *Attraktion*».

527 Siehe NGPL 78 mit Komm. 215.

528 *chateaux en Espagne*: Schlösser in Spanien, im übertragenen Sinn Luftschlösser, Fantasiegebilde (siehe Deutsches Sprichwörter-Lexikon, Bd. 3 [Leipzig 1873] Sp. 252).

529 Adolf Lasson: Der Satz vom Widerspruch, nebst der dabei stattgehabten Diskussion. Vortrag gehalten in der Philosophischen Gesellschaft zu Berlin am 28. April 1883. Philosophische Vorträge, hg. von der Philosophischen Gesellschaft zu Berlin, Neue Folge, 10. Heft (Halle a. d. Saale 1885) 197–253. Die zitierten und referierten Stellen lauten bei Lasson im Zusammenhang: «Ohne Zweifel existiert die räumlich-zeitliche Welt. Nur ist ihre Existenz weit eher als ein Sein ein durch die Macht des Begriffes gezügeltes Werden [...]. Diese Existenz ist ferner kein reines An-sich-sein in der Weise wie das gemeine Bewusstsein sich das Ding der Wahrnehmung, den Gegenstand der Anschauung gegenüberstellt: solche Art gedankenlosen Daseins giebt es überhaupt nicht. Existenz hat die Welt nur als Object des Denkens und Wollens, aber freilich nicht des Denkens und Wollens endlicher Geister, die vielmehr nur das Vorgedachte nachdenken und das Vorgewollte nachwollen können. Das wahrhaft Seiende ist das denkende und wollende Absolute» (ebd. 252).

530 *per nefas*: auf unerlaubte Weise (siehe Brockhaus' Kleines Konversations-Lexikon, Bd. 2 [Leipzig [5]1911] 376).

531 A. Lasson: Der Satz vom Widerspruch, 222; Hervorhebungen von Teichmüller. Das Zitat entspricht bis auf kleine Abweichungen in der Rechtschreibung dem Original. Der zitierte Text endet im Original mit einem Komma.

532 Akt nehmen von etwas: «[E]ine Sache zu Protokoll nehmen (um sie demnächst als Beweis zu gebrauchen), allgemein: sich etwas genau merken» (MGKL I [1905] 235).

533 J. F. Herbart: Lehrbuch zur Einleitung in die Philosophie, 2 (§ 4): «Sie [d. i. die Philosophie] ist Bearbeitung der Begriffe». Johann Friedrich Herbart: Hauptpuncte der Metaphysik (Göttingen 1808) 14–15: «In dem Zusammen, also in den Formen des Gegebenen, wie sie durch Begriffe zunächst gedacht werden, müssen Widersprüche stecken: die Speculation wird diese Widersprüche ergreifen; und sie lösen, indem sie die Formen ergänzt, d. h. indem sie den, durch die Erfahrung dargebotenen, formalen Begriffen, diejenigen Begriffe hinzufügt, worauf dieselben sich nothwendig beziehen.»

534 Remedur: Beseitigung, Abschaffung von Missständen, Abhilfe; neulat. Bildung zu spätlat. *remediare*: heilen (DGWDS 3168).

535 Der Ursprung dieser in vielen Sprachen verbreiteten Redensart ist unklar. Johannes Manlius (16. Jh.) schreibt sie Antigonos, dem General Alexanders des Großen und späteren kleinasiatischen König, zu: «König Antigonus befahl seinem Priester, ein Opfer darzubringen, damit Gott ihn vor seinen Freunden schütze. Gefragt, warum nicht vor den Feinden, antwortete er: Vor meinen Feinden kann ich selbst auf der Hut sein, vor meinen Freunden aber nicht» (Ioannes Manlius: Locorum communium Collectanea Frankfurt a. M. 1594 J 246, Übers. L. Röhrich); vgl. auch Deutsches Sprichwörter-Lexikon II 15.

536 *materia peccans*: sündigende Substanz, Ursache einer Krankheit oder Störung.

537 F. Ueberweg: System der Logik ($^{3}$1868) 1.

538 Ebd. 93–94. Dort führt Ueberweg aus, «dass die Grenze zwischen dem individuellen Dasein und dem Aufgehen in ein grösseres Ganzes um so unbestimmter und schwankender wird, je tiefer ein jedes Objekt in der Stufenreihe der Wesen steht» (ebd. 93). Auch «Naturkundige» seien «zu der Ansicht gelangt, dass das Individuum nicht in anderem Sinne für real gelten dürfe, als auch die Species, das Genus etc.» (ebd. 94).

539 Ein Umfangs- oder Peripheriewinkel φ ist ein Winkel ∠APB, dessen Scheitel P auf demjenigen Kreisbogen liegt, der den gegebenen Kreisbogen über [AB] zum vollständigen Kreis (dem Umkreis des Dreiecks ABP) ergänzt. Der zugehörige Mittelpunkts- oder Zentriwinkel μ ∠AMB hat seinen Scheitel M im Mittelpunkt des gegebenen Kreisbogens über [AB]. μ ist stets doppelt so groß wie der zugehörige Umfangswinkel φ. Nach dem Satz des Thales sind alle Umfangswinkel φ, deren zugeordneter Bogen ein Halbkreis ist (Halbkreiswinkel), rechte Winkel. Der zugehörige Mittelpunktswinkel μ beträgt stets 180°.

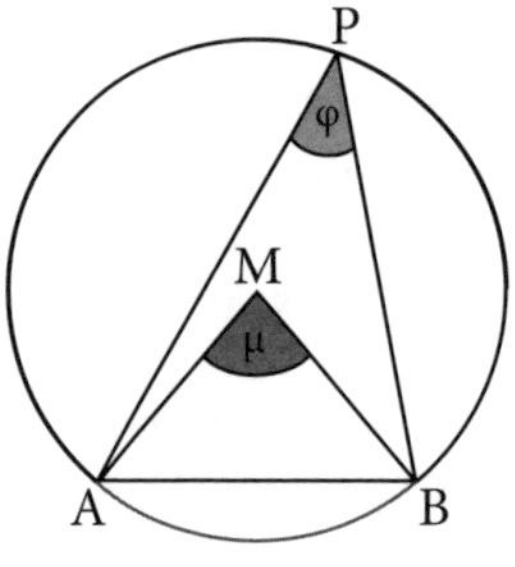


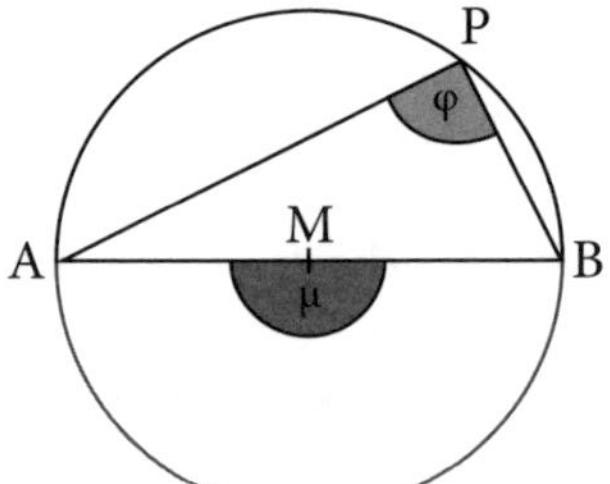


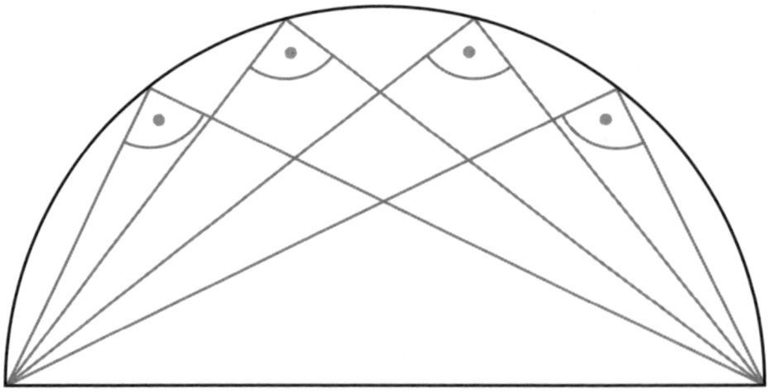

Thaleskreis

540 G. W. F. Hegel: Wissenschaft der Logik II (TWA VI) 352.

541 Die Stelle lautet bei Hegel im Zusammenhang: «Der Begriff zeigt sich obenhin betrachtet als die Einheit des *Seins* und *Wesens*. Das Wesen ist die *erste Negation* des Seins, das dadurch zum *Schein* geworden ist; der Begriff ist die *zweite* oder die Negation dieser Negation, also das wiederhergestellte Sein, aber als die unendliche Vermittlung und Negativität desselben in sich selbst.» (TWA VI 269).

542 Die Stelle lautet bei Hegel im Zusammenhang: «Das Urteilen ist insofern *eine andere* Funktion als das Begreifen oder vielmehr *die andere* Funktion des Begriffes, als es das *Bestimmen* des Begriffes durch sich selbst ist» (TWA VI 301–302).

543 Die Stelle lautet bei Hegel im Zusammenhang: «Das Urteil kann daher die nächste *Realisierung* des Begriffs genannt werden» (TWA VI 302).

544 Die Stelle lautet bei Hegel im Zusammenhang: «Die Intelligenz *erkennt* als denkend; und zwar *erklärt* 1. der Verstand das Einzelne *aus seinen* Allgemeinheiten (den Kategorien), so heißt er sich *begreifend*; 2. *erklärt* er dasselbe *für* ein Allgemeines (Gattung, Art), im Urteil» (G. W. F. Hegel: Enzyklopädie, § 467 [TWA X 285]).

545 Die Stelle lautet bei Hegel im Zusammenhang: «Damit ist der Begriff überhaupt realisiert worden; bestimmter hat er eine solche Realität gewonnen, welche *Objektivität* ist. Die *nächste Realität* war, daß der *Begriff* als die in sich negative Einheit sich dirimiert und als *Urteil* seine Bestimmungen in bestimmtem und gleichgültigem Unterschiede setzt und im Schlusse sich selbst ihnen entgegenstellt.» (G. W. F. Hegel: Wissenschaft der Logik II [TWA VI] 401). Dirimieren: trennen, scheiden, zu gleichbedeutend lat. *dirimere*.

546 Die Stelle lautet bei Hegel: «Der Begriff in seiner *Objektivität* ist *die anundfürsichseiende Sache selbst*.» (TWA VI 271).

547 Siehe TWA VI 401: «Jene Bestimmung des Begriffs aber, welche als *Realität* betrachtet worden, ist umgekehrt ebensosehr ein *Gesetztsein*. Denn nicht nur in diesem Resultate hat sich als die Wahrheit des Begriffs die Identität seiner Innerlichkeit und Äußerlichkeit dargestellt, sondern schon die Momente des Begriffs im Urteile bleiben auch in ihrer Gleichgültigkeit gegeneinander Bestimmungen, die ihre Bedeutung nur in ihrer Beziehung haben. Der Schluß ist *Vermittlung*, der vollständige Begriff in seinem *Gesetztsein*. Seine Bewegung ist das Aufheben dieser Vermittlung, in welcher nichts an und für sich, sondern jedes nur vermittels eines Anderen ist. Das Resultat ist daher eine *Unmittelbarkeit*, die durch *Aufheben der Vermittlung* hervorgegangen, ein *Sein*, das ebensosehr identisch mit der Vermittlung und der Begriff ist, der aus und in seinem Anderssein sich selbst hergestellt hat. Dies *Sein* ist daher eine *Sache*, die *an und für sich* ist, – die *Objektivität*.»

548 *sapienti sat*: «Für den Verständigen [ist] genug [gesagt]!» (Plautus, Persa IV, 7 [729]; siehe MGKL XVII 597).

549 Ein Popanz ist eine «künstlich hergestellte [Schreck]gestalt, bes. ausgestopfte Gestalt, Puppe» (DGWDS VII 2968).

550 *intellectus ipse*: der Verstand selbst. Das Schlagwort *intellectus ipse* hält Teichmüller der empiristischen Meinung entgegen, dass alle Inhalte des Verstandes aus der sinnlichen Erfahrung stammen. Siehe G. W. Leibniz: Nouveaux Essais II, 1, § 2: «Man wird mir jenes von den Philosophen anerkannte Axiom entgegenhalten, *daß nichts in der Seele ist, das nicht von den Sinnen stammt*. Aber man muß die Seele selbst und ihre Affektionen davon ausnehmen. *Nihil est in intellectu quod non fuerit in sensu*, excipe: *nisi intellectus ipse*.»

(Übers. Wolf von Engelhard, Hans Heinz Holz). Siehe dazu HWPh XI 812: «Zum Bereich des 'intellectus ipse' gehört alles, was der Geist nicht durch die Sinne erwerben, sondern nur in sich selbst auffinden kann: die reinen und intellektuellen Ideen, die ersten Prinzipien und Axiome sowie die notwendigen Wahrheiten, zu denen die Idee Gottes ebenso hinzugezählt wird wie die 'verité immediate': 'J'existe ... Je suis'».

551 Aristot. an. III, 4 (429a27). Der τόπος εἰδῶν ist der νοῦς.

552 Siehe NSGB III 404–408.

553 Zur Unbeweisbarkeit (!) der Prinzipien siehe Aristot. an. post. I, 3 (72b19–20), I, 10 (76a31–36); II, 19 (100b5–14); zu ihrer besten Erkennbarkeit Aristot. metaph. I, 2 (982b2–4); IV, 3 (1005b13).

554 Wahrscheinlich meint Teichmüller die Passage Aristot. an. post. II, 19 (99b32–100a11).

555 Antisthenes (um 445 – um 365 v. Chr.), Schüler des Sokrates; in der Erkenntnistheorie Gegner Platons; galt in der Antike als Begründer des Kynismus; einziger namentlich bekannter Schüler des A. ist Diogenes von Sinope (DNP I 793–794).

556 Plat. Tht. 202b2.

557 Teichmüller bezieht sich hier auf Plat. Tht. 201d8–202c5, wo Platon nach verbreiteter Ansicht Antisthenes referiert, vgl. Platon: Theätet, hg. von Ekkehart Martens [Stuttgart 1981] 234–235, Anm. 66 sowie ausführlich Klaus Oehler: Die Lehre vom Noetischen und Dianoetischen Denken bei Platon und Aristoteles (Hamburg [2]1985] 31–51 mit Bezug auf Teichmüller S. 33, Fn. 2). Siehe auch das Antisthenes-Referat in Aristot. metaph. VII, 3 (1043b23–30): «So verfügt also die Unschlüssigkeit, die die Anhänger des Antisthenes und die in dieser Weise ungebildeten Leute vorgebracht haben, über eine gewisse Berechtigung, daß es nämlich nicht möglich ist, das Was zu definieren (Definition wäre nämlich eine lange Rede), sondern man könne nur definieren und lehren, wie etwas beschaffen sei; so lasse sich etwa beim Silber nicht angeben, was es sei, sondern lediglich, daß es wie Zinn beschaffen sei. Demnach kann es für ein gewisses Wesen Definition und Begriff geben – zum Beispiel für ein zusammengesetztes Wesen, mag es sinnlich erfaßbar oder gedacht sein; das kann es aber nicht für die ersten Teile, aus denen das Wesen besteht, geben» (Übers. Franz F. Schwarz). Nach LF II 343 ist sogar der *Theätet* als Ganzer «vor Allem» gegen Antisthenes gerichtet.

558 Die Metaphorik der selbstleuchtenden Ideen findet sich vor allem im Sonnen-, aber auch im Linien- und Höhlengleichnis (Plat. rep. VI, 19–20 [507b–509d; 509d–513e]; VII, 1–4 [514a–519d]). Bei der zusammengesetzten Erkenntnis denkt Teichmüller wahrscheinlich z. B. an Platons Sicht der Geometrie, die sinnliche Gegenstände untersuche, dabei aber an die Ideen denke, denen sie gleichen (Plat. rep. VI, 20 [510d5–511a1]). Zum Erkennen der Welt als Beleuchtung des Dunklen siehe etwa Plat. rep. VI, 20 (509c4–d9); zur platonischen Sehstrahltheorie siehe auch HWPh IX 135; zur Welt des Werdens und Vergehens als Mischung des Lichts mit dem Dunklen siehe Plat. rep. VI, 19 (508b6–7).

559 Possibilität: Möglichkeit, von gleichbedeutend lat. *possibilitas*; oft das (logisch) Denkbare im Gegensatz zum Wirklichen. Projektion bedeutet bei Teichmüller, etwas Subjektives zu etwas Gegenständlichem, Äußeren zu machen, also hier das denkende Subjekt zur Potenz der Idee. Die Wendung «Wunsch der Possibilität» ist unklar.

560 Potenz der Idee (Potenz als Möglichkeit oder Anlage im Gegensatz zum Akt, der Wirklichkeit): Zur «Potenz der Idee» vgl. SGB 335–336, wo Teichmüller mit Bezug auf Plat. Tim. 50b6–8 feststellt, dass «Plato der Materie ein *Vermögen* (δύναμις) zuschreibt, das ihr ewig

identisch und ohne Verrückung zukomme. Dies Vermögen ist aber nicht eine bestimmte Form, [...] sondern es ist das Verhältniss zu den Ideen, wonach die Materie die Ideen aufnimmt und sie dadurch zur Parusie und Immanenz bringt. Ihr Wesen ist also die Potenz der Idee oder die blosse Möglichkeit und nichts weiter.» Siehe auch NSGB III 265.

561 μέθεξις: Teilhabe; bei Platon zunächst die Teilhabe des Einzeldinges an der Idee, siehe z. B. SGB 139–140; LF II 6–7; allgemein HWPh X 961.

562 Siehe Mt 7,6: «Ihr sollt das Heilige nicht den Hunden geben und eure Perlen sollt ihr nicht vor die Säue werfen, damit die sie nicht zertreten mit ihren Füßen und sich umwenden und euch zerreißen.»

563 παρουσία: Gegenwart, Anwesenheit. Siehe zur Parusie AF III 1–94; SGB 624–626; Gustav Teichmüller: Die Platonische Frage. Eine Streitschrift gegen Zeller (Gotha 1876) 29–32; WSW 341–343.

564 οὐκ ἔξω τοῦ νοῦ τὰ νοητά: «Die geistigen Gegenstände sind nicht außerhalb des Geistes» (Plotin: Enneade V, 5 [32], in: Plotins Schriften, übers. von Richard Harder, Bd. 3 [Hamburg 1964] 70–71; Anhang: Porphyrios: Über Plotins Leben und über die Ordnung seiner Schriften, in: Plotins Schriften, übers. von Richard Harder, Bd. 5/c [Hamburg 1958]) 14–15 [§ 27 Harder] und 64–65 [§ 145 Harder]).

565 Ein Prätendent ist «derjenige, welcher Rechte auf irgend etwas zu haben vorgibt u. deshalb Ansprüche an dessen Besitz od. Genuß macht», und entsprechend ein Kronprätendent jemand, der «auf die Krone eines Landes Ansprüche macht, entweder so, daß ihm od. seinem Vorfahren als dem Berechtigten. die Succession durch einen Anderen entzogen worden, od. daß durch eine Revolution seine Familie od. Linie vom Throne gestoßen ist.» (PUL XIII [1861] 464).

566 δύναμις, hier: Potenz, Möglichkeit.

567 WSW 106–111, 116–117.

568 Hans und Georg sind die Namen der beiden ältesten Söhne Teichmüllers (Georg Teichmüller, 1867–1890; Hans Teichmüller, 1868–1898).

569 Siehe NGPL 314–318.

570 Zu diesem kantischen Terminus vgl. HWPh X 93–94.

571 αἴσθησις: Wahrnehmung (durch die Sinne); θίξις: Berühren, Berührung.

572 Ernst Laas (1837–1885), ab 1872 Professor für Philosophie in Straßburg, versuchte die «großen Gegensätze in Philosophie und Weltanschauung auf die Termini 'Platonismus' und 'Antiplatonismus' bzw. 'Idealismus' und 'Positivismus' zu reduzieren» und vertrat selbst einen «philosophischen Positivismus protagoreischer Prägung» (NDB XIII 360–361 [Zitat 360]).

573 Ernst Laas: Ueber die Unsterblichkeit der Seele. Von G. Teichmüller, Professor der Philosophie an der Universität Dorpat. Leipzig, Duncker und Humblot. 1874. S. VII und 206 [Rezension], in: Philosophische Monatshefte 10 (1874) 111–134 (Zitat 123; Hervorhebung Teichmüller).

574 Ebd. 113.

575 Siehe SGB V: «Da ich verschmähte, die von Manchen für geistreich gehaltene Darstellungsweise anzuwenden, wonach die Theorien der Alten immer mit einer kritischen Sauce modernen Räsonnements servirt werden müssen: so hat man mich wegen meiner Aristotelischen Forschungen zu einem reinen Aristoteliker gemacht.» Siehe auch Teichmüllers Entwurf zu einem Lebenslauf aus dem Jahr 1887 (Nachlass A X 6): «Als Schrift-

steller veröffentlichte er [Teichmüller] zuerst noch unter dem Eindrucke Trendelenburgs Forschungen über die Ethik, Politik u. Poëtik des Aristoteles, wesshalb er als *Aristoteliker* bezeichnet wurde.» Siehe ferner SGB VI: «Wer mich nun [nach den *Aristotelischen Forschungen*] für einen unbedingten Bewunderer des Aristoteles gehalten, wird allerdings nicht wenig überrascht sein, wenn er in diesen Studien den Aristoteles neben Plato nur wie den Mond neben der Sonne erscheinen sieht.» Dass Teichmüller sich selbst nicht als Aristoteliker sah, verkennt z. B. Gerald Hartung: Eine Schatzkammer des Wissens – Leben und Werk des Gelehrten Eduard Zeller, in: Eduard Zeller – Philosophie- und Wissenschaftsgeschichte im 19. Jahrhundert, hg. von Gerald Hartung (Berlin 2010) 1–24 (Zitat 12): «Teichmüller, ein selbsternannter Aristoteliker reinsten Wassers».

576 J. Locke: Essay I, 2, § 26: «monsters lodged in his own brain» (Ungeheuer, die in seinem eigenen Gehirn hausen).

577 Eine erste Art des ideellen Seins wird hier nicht explizit beschrieben. Möglicherweise meint Teichmüller hier das ideelle Sein im engeren Sinne, das NGPL 99–102 von einem ideellen Sein im weiteren Sinne absetzt, das allen «von der Erkenntnis aufgefassten Inhalt des Bewusstseins bedeutet, wesshalb auch den Empfindungen und den Gefühlen ein ideelles Sein zugeschrieben werden kann», während das ideelle Sein im engeren Sinne «den erkenntnisslosen Empfindungen, Worten und Gefühlen kein ideelles Sein» zuerkennt, «sondern nur den ihnen zugeordneten Vorstellungen» (NGPL 101).

578 *exempla docent*: Beispiele (be)lehren.

579 Als Antiperistaltik bezeichnet man eine entgegengesetzte Bewegung des Darmkanals, wie sie beim Erbrechen stattfindet (BE II 166; MGKL I 585).

580 Hegel entwickelt die Kategorien Qualität, Quantität, Maß, Grund, Erscheinung, Wirklichkeit, subjektiver Begriff, Objekt und Idee im ersten Teil der *Enzyklopädie* (Die Wissenschaft der Logik, §§ 19–244). Beispiele für die von Teichmüller angedeutete 'lexikalische' (sprachorientierte) Vorgehensweise Hegels (siehe dazu expliziter WSW 11) finden sich ebd. §§ 20, 22. Zur historischen Einordnung als (aus Teichmüllers Perspektive) letztem Ansatz der Kategorienlehre siehe Adolf Trendelenburg: Historische Beiträge zur Philosophie, Bd. 1: Geschichte der Kategorienlehre (Berlin 1846) 355–362.

581 Eine genaue Referenz konnte dazu bei Krause nicht gefunden werden. Siehe aber dessen Lehre vom Geist als Urbildner: «Wir verhalten uns also in der Welt der Phantasie urthätig, urschöpferisch, die Welt der Phantasie enthält Wahrhaftes, Wesenhaftes, was der Geist äußerlich nirgends wahrgenommen hat in den Sinnen des Leibes. Es ist also wahr, daß der Geist ein Urbildner ist, sofern er Phantasie ist, und nicht bloß oder zuerst ein Nachbildner (ein Copist), oder mit andern Worten, daß die Phantasie ursprünglich erzeugend, productiv, ist, nicht bloß oder zuerst wiedererzeugend, reproductiv. Davon überführt mittelbar schon die im Vorigen erklärte Thatsache: daß der Geist, wenn die Wahrnehmnisse der äußern leiblichen Sinnesorgane von ihm aufgefaßt und verstanden werden sollen, schon eine belebte Welt der Phantasie zur sinnlichen Betrachtung hinzubringen muß; – denn in den äußern Sinnen ist nicht einmal Raum wahrnehmbar, nicht Zeit, nicht Kraft, nicht Bewegung. Woraus wir ersehen, daß für den anschauenden Geist die Anschauung in Phantasie das Ehere und das Vorausgehende ist, die sinnliche Anschauung aber durch die leiblichen Sinne das Zweite, das Nachfolgende; – ganz umgekehrt, als es im gewöhnlichen, vorwissenschaftlichen Bewußtseyn erscheint, wo der menschliche Geist in die Beschauung des Aeußern verloren, in das Aeußerlich-Sinnliche

zerstreut, sein selbst überhaupt vergißt, also auch der urschöpferischen Thätigkeit seiner Phantasie nicht mehr inne ist, und es gar nicht bemerkt, daß schon Phantasiethätigkeit dazu erfordert wird, um das geringste äußere Sinnliche wahrzunehmen.» (Karl Christian Friedrich Krause: Vorlesungen über das System der Philosophie [Göttingen 1828] 198).

582 Siehe RPh XVI–XIX.

583 Klappeninsuffizienz: Undichtigkeit einer Herzklappe durch unzureichenden Klappenschluss, wodurch ein Rückfluss von Blut auftritt (BE XII 387–388).

584 Gemeint ist das sog. Torricellische Vakuum, das beim Flüssigkeitsbarometer erzeugt wird. Der gebräuchlichste Fall ist das Quecksilberbarometer, das 1643 von Evangelista Torricelli (1608–1847) erfunden wurde. Ein auf einer Seite fest verschlossenes Glasrohr wird vollständig mit Quecksilber gefüllt, die andere Öffnung ebenfalls vorübergehend verschlossen, in ein ebenfalls mit Quecksilber gefülltes Gefäß getaucht und darin 'unter Quecksilber' wieder geöffnet. Der Quecksilberspiegel im Rohr sinkt etwas und darüber entsteht die 'torricellische Leere'. Die Höhe der Quecksilbersäule ist ein Maß für den in der Umgebung herrschenden Luftdruck (BE XXVII 585–586).

585 Siehe dazu HWPh IX 843.

586 Siehe dagegen Intuition als Erkenntnis WSW 20, 24, 32–43.

587 Interjektion: Syntaktisch oft isolierte, wortähnliche Lautäußerung, mit der Empfindungen od. Aufforderungen ausgedrückt od. Laute nachgeahmt werden; Ausrufewort, Empfindungswort (z. B. oh, pfui, pst, muh); von lat. *interiectio*: das Dazwischenwerfen (DGWDS 1965). Siehe auch MGKL IX [1907] 886: «Gefühlswort, ein Laut oder eine Lautgruppe, welche die Gefühle des Schmerzes, der Freude, der Überraschung, der Furcht, der Entschlossenheit etc. ausdrückt, wie ach! au! Sie gehören zu den ursprünglichsten Bestandteilen aller Sprachen.»

588 Zahlreiche Beispiele dazu in Theodor Lohmeyer: Beiträge zur Etymologie deutscher Flussnamen (Göttingen 1881). Siehe ebd. 9: «Ein deutscher Flussname besteht, wenn er nicht zusammengesetzt ist, aus einem einfachen Grundworte für Fluss, wie aha, ambra, apa, moina u. s. w., welches durch ein Suffix weiter gebildet werden kann, wie z. B. in Travena, oder, wenn er zusammengesetzt ist, aus einem Bestimmungsworte mit einem der Grundwörter für Fluss.»

589 Wörtlich z. B. G. W. F. Hegel: Vorlesungen über die Ästhetik (TWA XIII) 27; ders. Vorlesungen über die Geschichte der Philosophie (TWA XXVIII) 125; Nürnberger und Heidelberger Schriften (TWA IV) 102, 138; Enzyklopädie der philosophischen Wissenschaften im Grundrisse (1817) § 301.

590 D. h., die Allgemeinheit ist ein abgeleitetes Merkmal eines Begriffs; siehe Komm. 120, 157.

591 proleptisch: vorwegnehmend, von griech. πρόληψις: Vorwegnahme.

592 Siehe z. B. J. S. Mill: A System of Logic I 376 (III, 3, § 2): «The tendency, which some call an instinct, and which others account for by association, to infer the future from the past, the known from the unknown, is simply a habit of expecting that what has been found true once or several times, and never yet found false, will be found true again.»

593 Siehe schon WSW 62; RPh 67–68.

594 *medius*: der Mittlere, in der Syllogistik der Mittelbegriff, der im Obersatz (Subjekt) wie im Untersatz (Prädikat) des Schlusses vorkommt. Im folgenden Syllogismus ist 'Hund' der Mittelbegriff: Obersatz: Hunde sind Vierbeiner; Untersatz: Pudel sind Hunde; Konklusion: Pudel sind Vierbeiner.

595 Siehe Plat. Phaid. 74a2–75c6.

596 Siehe Plat. Phaid. 78d10–e4.

597 Siehe zur Tafel der Stammbegriffe des Verstandes KrV B 106, zu Raum und Zeit als Formen der Sinnlichkeit KrV B 33–73 und zu den drei Vernunftideen (transzendentalen Ideen) Seele, Welt und Gott die Aufzählung KrV B 391, zu ihrer den Verstand leitenden, regulativen Funktion KrV B 670–697.

598 *cui bono?*: Wem nützt es, wer hat einen Vorteil davon? (lat. wörtlich: wem zum Guten?; Zitat aus Cic. Mil. 12, 32).

599 Nach Kant ist die Teleologie keine Kategorie des Verstandes, sondern ist nur «ein regulatives Prinzip der Vernunft» (KrV B 716), «eine Maxime der reflektierenden […] Urteilskraft» und gilt «nur subjektiv für uns» (KU B 360).

600 Siehe zum ABC der Anschauung Johann Heinrich Pestalozzi: Wie Gertrud ihre Kinder lehrt (Bern 1801), abgedruckt in: Pestalozzi's sämmtliche Schriften, Bd. 5 (Stuttgart 1820). Dort stellt er 120–121 die Trias Form, Schall und Zahl als Elementarkräfte unserer Erkenntnis vor, eine explizite eindeutige Zuordnung von Form zu Raum und Schall zu Zeit wurde jedoch nicht gefunden. Siehe auch ders.: ABC der Anschauung, oder Anschauungslehre der Maßverhältnisse, 2 Hefte (Zürich 1803); Johann Friedrich Herbart: Pestalozzi's Idee eines ABC der Anschauung als ein Cyklus von Vorübungen im Auffassen der Gestalten (Göttingen ²1804); ders.: Psychologie als Wissenschaft, 2. Theil (Königsberg 1825) 133–163 (§§ 113–116) zu Raum, Zeit und Zahl. Zu Raum, Zeit und Zahl bei Kant siehe KrV B 182: «Das reine Bild, aller Größen (*quantorum*) vor dem äußern Sinne, ist der Raum; aller Gegenstände der Sinne aber überhaupt, die Zeit. Das *reine Schema der Größe* aber (*quantitatis*), als eines Begriffs des Verstandes, ist die Zahl, welche eine Vorstellung ist, die die sukzessive Addition von Einem zu Einem (Gleichartigen) zusammenbefaßt. Also ist die Zahl nichts anders, als die Einheit der Synthesis des Mannigfaltigen einer gleichartigen Anschauung überhaupt, dadurch, daß ich die Zeit selbst in der Apprehension der Anschauung erzeuge.»

601 Stereometrie ist ein «Teilgebiet der Geometrie, das sich mit Körpern im Raum beschäftigt, insbesondere mit der Berechnung ihrer Volumina» (BE XXVI 269).

602 Siehe Etienne Bonnot de Condillac: Traité des sensations, Tome 1 (Paris 1754) 20–76.

603 ἐπέκεινα τῆς οὐσίας: über das Seiende / das Wesen hinaus; siehe Plat. rep. VI, 19 (509b9).

604 Siehe NGPL 285.

605 borniert: beschränkt, von frz. *borner*: abgrenzen, beschränken.

606 G. Teichmüller: Darwinismus und Philosophie, 72–76.

607 Allgemein gilt νόησις als Platons Ausdruck der intellektuellen Anschauung, deren Gegenstand die νοούμενα sind; es ist wahrscheinlich, dass Teichmüller diesen Terminus meint.

608 Siehe WSW 204, 250–251.

609 Siehe zur Diskussion dieses Beispiels auch WSW 84.

610 Siehe WSW 120–140.

611 DK 22 [12] B 89.

612 In Hom. Il. 2, 2–71 sendet Zeus einen Traum zu Agamemnon; Athene spricht viele Male und ausführlich mit Telemach in der ersten vier Gesängen der *Odyssee* (z. B. Hom. Od. 1, 157–318); Athene erscheint Achill z. B. Hom. Il. 1, 197–218.

613 Mnemotechnik: Gedächtniskunst, von griech. μνήμη: Erinnerung, Gedächtnis und τέχνη: Handwerk, Kunst.

614 Siehe Aristot. metaph. III, 1 (995a24–b4).

615 Ein Aporem (griech.: ἀπόρημα) ist nach Aristoteles ein «dialektischer Schluss des Widerspruchs» (auf das Gegenteil des ursprünglich Behaupteten) (Aristot. top. VIII, 11 [162a17–18]) und führt zur Konstruktion einer Aporie, siehe dazu Aristot. metaph. III, insbesondere III, 1 (995a24–b4).

616 Die angeführten Ausdrücke finden sich in Plat. rep. VII, 8 (524d2–5): «Die einen Wahrnehmungen rufen das Denken auf (παρακλητικὰ τῆς διανοίας), die andern nicht; was nun mit seiner Wahrnehmung zugleich sein Gegenteil mitgibt, bezeichne ich als auffordernd, das andere als nicht anregend für den Verstand [οὐκ ἐγερτικὰ τῆς νοήσεως]» und Plat. rep. VII, 8 (524d9–e1): «Wenn die Eins hinreichend für sich allein durch das Gesicht oder einen anderen Sinn erfaßt wird, dann führt sie nicht zum Sein hin [οὐκ ἂν ὁλκὸν εἴη ἐπὶ τὴν οὐσίαν]» (Übers. Karl Kretska).

617 Plat. rep. VII, 7 (524c10). ἐρέσθαι ist Infinitiv Aorist zu ἔρομαι: fragen, befragen.

618 Plat. rep. VII, 7–8 (523a10–524d6).

619 Siehe Plat. Phil. 14c1–17e6; im *Parmenides* geht es praktisch ausschließlich um das Verhältnis des Eins und des Vielen, in Bezug auf Dinge siehe z. B. Plat. Parm. 129b5–130a2.

620 162a17–18.

621 Siehe z. B. Aristot. metaph. III, 1 (995a24–b4) und die Aufzählung der Aporien Aristot. metaph. III, 2–6 (996a18–1003a17).

622 Siehe Komm. 532.

623 *modi cogitandi*: Weisen des Denkens. Siehe z. B. René Descartes: Principia Philosophiae I, 53; B. Spinoza: Ethica II, ax. 3.

624 Hermann Emminghaus (1845–1904) wurde 1880 auf den ersten Lehrstuhl für Psychiatrie an der Universität Dorpat berufen, von wo aus er 1886 nach Freiburg i. Br. wechselte (NDB IV 485–486). Er behandelt in seinem Werk *Allgemeine Psychopathologie zur Einführung in das Studium der Geistesstörungen* (Leipzig 1878) 184–186 (§ 92) die «krankhafte Fragesucht», die «Phrenolepsia erotematica», ebenso in *Die psychischen Störungen des Kindesalters* (in: Gebhardt: Handbuch der Kinderkrankheiten, Bd. 8 [Tübingen 1887] 105–107), fordert aber in beiden Fällen keine Definition der Frage. Möglicherweise bezieht sich Teichmüller auf eine persönliche Mitteilung von Emminghaus, mit dem er zeitweise in regem Austausch stand. Siehe den Brief an Paul Tannery vom 4. September 1885: «Ich selbst habe im letzten Jahre viel Psychiatrie getrieben mit meinem Collegen Emminghaus» (P. Tannery: Mémoires scientifiques XVI 511).

625 Katechetik ist die wissenschaftliche Lehre von der unterrichtlichen Vermittlung des christlichen Glaubens (BE XIV 594).

626 Inquisitionsmethode bedeutet hier wohl die Methode der Befragung und des Verhörs im Gerichtsprozess.

627 Eine Definition der Frage als unvollständiges Urteil konnte vor allem in katechetischen Werken der damaligen Zeit gefunden werden. Da Teichmüller gerade die Katechetik erwähnt, ist es nicht unwahrscheinlich, dass er sich darauf bezieht. Siehe z. B. Lorenz Kraussold: Die Katechetik für Schule und Kirche (Erlangen 1880) 369; aus der Philosophie z. B. Gustav Glogau: Abriss der philosophischen Grund-Wissenschaften, Theil 1: Die Form- und Bewegungsgesetze des Geistes (Breslau 1880) 359.

628 Inversion bedeutet hier die «Umkehrung der üblichen Wortstellung Subjekt-Prädikat in die Stellung Prädikat-Subjekt» (DGWDS 1974).

629 Teil eines Kehrreims im Gedicht *La Fortune* von Pierre Jean de Béranger (1780–1857): «Pan! Pan! est-ce ma brune / Pan! Pan! qui frappe en bas? / Pan! pan! c'est la Fortune: / Pan! pan! je n'ouvre pas.» (Pierre Jean de Béranger: Œuvres Complètes de P. J. de Béranger [Paris 1840] 228–229 (Übersetzung Sigmar Mehring: Die französische Lyrik im 19. Jahrhundert [Grossenhain, Leipzig 1900] 20: «Poch, poch! Wer klopft dort außen? – / Poch, poch! Geliebte, du? – / Poch, poch! Das Glück steht draußen. – / Poch, poch! Die Thür bleibt zu!»).

630 Nach WSW 15 sind für Teichmüller (unter Berufung auf Cicero) die «Sensualisten und Positivisten [...] die Plebejer unter den Philosophen». Siehe auch ausführlicher SGB 393: «Cicero hat sich so sehr in die Platonische Auffassung der Seele hingedacht, dass er alle Philosophen, die von dem durch Sokrates und Plato begründeten Idealismus abweichen, für Plebejer erklärt», mit Verweis auf Cic. Tusc. 1, 55.

631 Plat. Phil. 52d9.

632 Siehe dazu Edward Burnett Tylor: Researches into the Early History of Mankind and the Development of Civilization (London [2]1870) 339–341. Der Mythos wird bereits in J. Locke: Essay II, 13, § 19 erwähnt.

633 Siehe Diog. Laert. I, 27: «Für den Urgrund aller Dinge erklärte er [d. i. Thales] das Wasser» (Übers. Otto Apelt). Ganz ähnlich ist nach Aristoteles bei Thales das Wasser dasjenige, woraus alles letztlich entsteht (Aristot. metaph. I, 3; 983b8–9, 20–21).

634 Leo Tolstoi: Krieg und Frieden (München 1990), Zweiter Teil, Kap. XII, 206–207.

635 Die Frage Kants lautet: «*Wie sind synthetische Urteile a priori möglich?*» (KrV B 19). Siehe NGPL 309–310.

636 Siehe zu diesen drei Kategorien auch WSW 225.

637 Siehe zu dieser Rekonstruktion KrV B 1–25.

638 Das vermutlich gemeinte Boyle-Mariotte-Gesetz besagt, dass das Produkt aus Druck und Volumen (unter bestimmten, idealen Bedingungen) konstant ist. Das bedeutet, wenn man z.B. ein Gas auf die Hälfte seines Volumens zusammenpresst, so steigt sein Druck auf das Doppelte (BE IV 524).

639 Möglicherweise bezieht sich Teichmüller auf Plat. soph. 262e5–6: Jeder Logos (λόγος) müsse ein Logos von etwas (τινὸς εἶναι) sein.

640 Siehe Eur. Iph. T., insb. 800–830.

641 τὸ τί ἦν εἶναι: «das, was es für eine Sache heißt zu sein», d.h. in etwa «das definierbare Wesen oder die Essenz einer Sache» (HWPh X 1310).

642 Siehe dazu etwa G. W. F. Hegel: Enzyklopädie, §§ 163–165.

643 Siehe WSW 243–244 und KrV B 50: «[W]ir [...] stellen die Zeitfolge durch eine ins Unendliche fortgehende Linie vor, in welcher das Mannigfaltige eine Reihe ausmacht, die nur von einer Dimension ist, und schließen aus den Eigenschaften dieser Linie auf alle Eigenschaften der Zeit, außer dem einigen, daß die Teile der erstern zugleich, die der letztern aber jederzeit nach einander sind.» Siehe auch KrV B 156, 292.

644 Diese Redensart bezieht sich ursprünglich auf Taschenspielertricks: siehe Wilhelm Körte: Die Sprichwörter und sprichwörtlichen Redensarten der Deutschen (Leipzig 1837) 151, Nr. 2072.

645 Siehe zur subjektiven Zeit, im Gegensatz zur beliebig unterteilbaren objektiven Zeit WSW 305–312.

646 Siehe dazu auch Teichmüllers Funktionstheorie des Begriffs WSW 62–63.

647 Nießbrauch: «[D]as einer Person zustehende Recht, fremde Sachen ohne Zerstörung der Substanz zu nutzen. Entsteht durch Vertrag oder auch erbrechtlich» (Herders Conversations-Lexikon IV [1856] 343).

648 *vis inertiae*: «'Kraft der Trägheit', Beharrungsvermögen; dann auch die Kraft, mit der ein Körper einem andern Widerstand leistet, der denselben Raum einzunehmen strebt, in dem sich jener befindet.» (MGKL XX 193).

649 Expropriation *in usum publicum*: Enteignung zugunsten des öffentlichen Gebrauchs.

650 Siehe den Paragraphen «Bewusstsein und theoretisches Wissen», WSW 99–106. Die Unterscheidung von Bewusstsein und Erkenntnis ist in der WSW allerdings noch nicht konsequent durchgeführt.

651 Siehe Ps 37,13 («Der Herr lacht seiner [des Gottlosen]»); Ps, 2,4 («Aber der im Himmel wohnt, lachet ihrer, und der Herr spottet ihrer [der Könige der Erde]»).

652 Siehe G. W. F. Hegel: Wissenschaft der Logik (TWA VI) 296: «die *Abstraktion*, welche dasselbe [d. i. das Besondere] wegläßt und zur *höheren* und *höchsten Gattung* aufsteigt».

653 Siehe Komm. 630.

654 Siehe WSW 295–297.

655 *caput mortuum:* totes Haupt, in der älteren Chemie die nach Destillation oder Sublimation in den Gefäßen zurückbleibenden, nutzlosen Rückstände (siehe DGWDS 699).

656 *logica inventrix:* die Erfinderin Logik, dem Sinn nach: Logik der Entdeckung. Siehe auch Nachlass A I 24 (eingelegtes Blatt, grüne Seitenziffer 1a):
«8. Sept. 87 (Tag vor ihrer Abreise nach Berlin)
Logica inventrix (durch Anna als mein Proprium der Methode beobachtet.)
Hauptregel: alles, worüber man auf neue Gedanken kommen will, so deutlich u. anschaulich zur Vorstellung zu bringen suchen, als käme es auf jeden Theil u. Umstand an. Denn sobald man sich nicht mit ungefähren Vorstellungen beruhigt, so merkt man gleich, dass unsere Vorgänger sich dabei beruhigt u. dessh. die Sache nicht klar gedacht haben. Durch diese scheinbare Neugier u. standhaftes Ausdenken aller Coordinaten einer Sache findet man immer Neues, was den oberflächlicheren u. genügsameren Köpfen aus Denkbequemlichkeit entgangen war. So sind hier auch sittliche Eigenschaften das Wichtigste u. die Fähigkeit, ein Spiegel aller Dinge zu sein.»

657 abgängig: verdorben; wird häufig in der Forstwirtschaft als Bezeichnung für absterbende, dem Untergang geweihte Bäume verwendet.

658 Ein Kommissionär kauft oder verkauft gewerbsmäßig Waren oder Wertpapiere im eigenen Namen, aber auf fremde Rechnung (siehe MGKL XI 329–330).

659 panegyrisch: rühmend, preisend; von griech. πανηγυρικὸς λόγος: Festrede. Der Panegyrikos ist ein «feierlich lobendes, auch ruhmredig prahlendes Werk der Dichtung oder der Redekunst, in dem bedeutende Institutionen oder Persönlichkeiten gepriesen werden. In der Antike war der Panegyrikus als öffentliche Festrede zunächst eine Gattung der Rhetorik. Insbesondere seit der Kaiserzeit wurde er zur besonderen Form poetischer Huldigung der Herrscher (Plinius der Jüngere, 'Panegyricus' auf Trajan). Die Blütezeit lag in der Spätantike, wichtige Autoren waren Claudianus und Sidonius Apollinaris» (BE XX 766).

660 G. W. F. Hegel: Enzyklopädie, § 122 (Hervorhebungen Teichmüller, im Orig. «in sich» und «Inhalt» hervorgehoben).

661 *exercitium*: Übung.

662 G. W. F. Hegel: Enzyklopädie, § 120 (Hervorhebung Teichmüller).

663 Gemeint ist Laurence Sterne (1713–1768), dessen berühmtestes Werk *The Life and Opinions of Tristram Shandy, Gentleman* (9 Bde., 1759–1767) ist.

664 *Deipnosophisten* (griech. Δειπνοσοφισταί; dt. «Gelehrte beim Gastmahl«) heißt ein Werk des Sophisten und Grammatikers Athenaios aus Naukratis (ca. 190 n. Chr.) (DNP II 196–197). Teichmüller bezieht sich auf Buch VII dieses Werkes.

665 *series veritatum aeternarum:* Reihe ewiger Wahrheiten. Vgl. zu dem Ausdruck auch RPh XXVI. Teichmüller verwendet den Ausdruck ferner in seiner Rezension von Felice Toccos *Ricerche Platoniche* (Cantazaro 1876), in: Göttingische gelehrte Anzeigen 1880, Stück 9, 3. März 1880, 257–274 (Zitat 265). Hier schreibt Teichmüller den Ausdruck Spinoza zu, bei dem er aber nicht auffindbar ist.

666 Siehe G. W. F. Hegel: Phänomenologie des Geistes (TWA III) 46: «Die Erscheinung ist das Entstehen und Vergehen, das selbst nicht entsteht und vergeht, sondern an sich ist und die Wirklichkeit und Bewegung des Lebens der Wahrheit ausmacht. Das Wahre ist so der bacchantische *Taumel, an dem kein Glied nicht trunken ist*; und weil jedes, indem es sich absondert, ebenso unmittelbar [sich] auflöst, ist er ebenso die *durchsichtige und einfache Ruhe*.

667 Zum Identitätsnachweis durch passende Ringhälften siehe etwa das Märchen *Der Teufel Grünrock*, in: Kinder- und Hausmärchen, gesammelt durch die Brüder Grimm, Bd. 2 (Berlin 1815) 99–103 (Nr. 101).

668 Ein Nachweis für diese Praxis wurde nicht gefunden.

669 Parole ist ein Erkennungswort im Kriegswesen (siehe Adelung: Grammatisch-kritisches Wörterbuch der Hochdeutschen Mundart, Bd. 3 [Leipzig 1798] 658–659).

670 Eurykleia ist Amme des Odysseus und Magd in seinem Haus. Sie erkennt Odysseus nach dessen Wiederkehr an einer Narbe am Oberschenkel wieder, als sie ihm die Füße wäscht (Hom. Od. 19, 392.467–469).

671 Siehe Eur. Iph. T. 492–575.

672 Nebelbilder: «Bilder, die bei tief stehender Sonne als Schatten auf einer nahen Nebelwand entstehen. Täuschung über die wahre Entfernung lässt den Schatten übergroß erscheinen (z. B. Brockengespenst, Glorie)» (BE XIX 437).

673 «Dissolving views» war zu Teichmüllers Zeit ein gängiger Ausdruck für «Nebelbilder». Das sind «die auf denselben Schirm entworfenen Bilder zweier Zauberlaternen [= Laternae magicae]». Sie «lassen sich ineinander verwandeln, indem man das eine Bild allmählich abblendet, das andre entstehen läßt» (Otto Lueger: Lexikon der gesamten Technik und ihrer Hilfswissenschaften, Bd. 2 [Stuttgart 1905] 779).

674 RPh 208–217.

675 Siehe dazu die Arbeiten Teichmüllers über die Geschichte des Begriffs der Induktion: SGB 403–428; Ueber den ursprung des terminus ἐπαγωγή, in: Philologus 34 (1875) 567–568; Über ἐπαναγωγή und ἐπαγωγή, ἐπαναφέρειν und ἐπιφέρειν, in: Rheinisches Museum 36 (1881) 309–312.

676 Pneumonie: Lungenentzündung (BE XXI 599).

677 Pleuritis: Rippenfellentzündung (DGWDS 2954).

678 Palpation: medizinische «Untersuchung durch Abtasten u. Befühlen von dicht unter der Körperoberfläche liegenden inneren Organen» (von lat. *palpare*: streicheln) (DGWDS 2840).

679 Observation: wissenschaftliche Beobachtung (DGWDS 2779).

680 Auscultation: «das Abhören von im Körper entstehenden Schallzeichen durch Anlegen des Ohrs oder mit schallleitenden Instrumenten (Stethoskop) zu diagnostischen Zwecken; eingeführt 1819 von R. Laënnec (zu lat. *auscultare*: zuhören, horchen). Auskultiert werden besonders Herz, Lunge, Blutgefäße und Darm» (BE II 741).

681 Siehe zur Bezeichnung der Induktion als Syllogismus SGB 416.

682 Konjektur: «verbessernder Eingriff eines Herausgebers in einem nicht einwandfrei überlieferten Text», von lat. *coniectura*: Vermutung (DGWDS 2211).

683 Siehe auch zu Leibniz' und Kants Philosophie der Zeit WSW 207, 211, 242–243.

684 Siehe z. B. Aristot. an. post. I, 2 (71b34).

685 Zum Begriff des technischen Systems siehe WSW 223–227. Was es heißt, innerhalb einer zeitlosen Ordnung der Sache nach früher zu sein, erläutert Teichmüller anhand der «Analogie der Zahlenreihe [...], in welcher die Drei zwar vor der Vier steht und die Neun vor der Zehn, aber ohne zeitliches Vorher und Nachher, da alle Zahlen zeitlos als gegeben gedacht werden können» (WSW 219).

686 πρότερον πρὸς ἡμᾶς: ein Früheres für uns.

687 *causa cognoscendi*: Ursache des Erkennens (siehe HWPh I 973).

688 Siehe auch zur objektiven (geometrischen) Semiotik WSW 263–276.

689 *causa essendi*: Ursache des Seins (Ursache, dass etwas so ist, wie es ist) (siehe HWPh I 973).

690 πρότερον τῇ φύσει: ein Früheres der Natur nach.

691 Siehe RPh XXII, 329–330, 402.

# Personenregister

Aufgeführt sind die Personennamen in der Einleitung und in den Kommentaren des Herausgebers.

Das Signet des 1488 gegründeten Druck- und Verlagshauses Schwabe reicht zurück in die Anfänge der Buchdruckerkunst und stammt aus dem Umkreis von Hans Holbein. Es ist die Druckermarke der Petri; sie illustriert die Bibelstelle Jeremia 23,29: «Ist nicht mein Wort wie Feuer, spricht der Herr, und wie ein Hammer, der Felsen zerschmettert?»